Slavoj Žižek
O SUJEITO INCÔMODO
o centro ausente da ontologia política

Tradução: Luigi Barichello

© Slavoj Žižek, 1999
© desta tradução, Boitempo, 2016
Traduzido do original em inglês *The Ticklish Subject: The Absent Centre of Political Ontology* (2. ed., Londres/Nova York, Verso, 2008)

Direção editorial
Ivana Jinkings

Edição
Bibiana Leme

Coordenação de produção
Livia Campos

Assistência editorial
Thaisa Burani

Tradução
Luigi Barichello

Preparação
Mariana Echalar

Revisão
Ligia Cantarelli

Capa
Studio DelRey
sobre imagem de Arman Zhenikeyev/iStock.com

Diagramação
Crayon Editorial

Equipe de apoio: Allan Jones / Ana Yumi Kajiki / Artur Renzo / Eduardo Marques / Elaine Ramos / Giselle Porto / Isabella Marcatti / Ivam Oliveira / Kim Doria / Leonardo Fabri / Marlene Baptista / Maurício Barbosa / Renato Soares / Thaís Barros / Tulio Candiotto

CIP-BRASIL. CATALOGAÇÃO NA PUBLICAÇÃO
SINDICATO NACIONAL DOS EDITORES DE LIVROS, RJ

Z72s
Žižek, Slavoj, 1949-

O sujeito incômodo : o centro ausente da ontologia política / Slavoj Žižek ; tradução Luigi Barichello. - 1. ed. - São Paulo : Boitempo, 2016.

Tradução de: *The ticklish subject: the absent centre of political ontology*
Índice remissivo
ISBN 978-85-7559-486-5

1. Filosofia marxista. 2. Filosofia. I. Barichello, Luigi. II.Título.

16-32570 CDD: 335.4
CDU: 330.85

25/04/2016 27/04/2016

É vedada a reprodução de qualquer
parte deste livro sem a expressa autorização da editora.

1ª edição: junho de 2016

BOITEMPO EDITORIAL
Jinkings Editores Associados Ltda.
Rua Pereira Leite, 373
05442-000 São Paulo SP
Tel./fax: (11) 3875-7250 / 3875-7285
editor@boitempoeditorial.com.br | www.boitempoeditorial.com.br
www.blogdaboitempo.com.br | www.facebook.com/boitempo
www.twitter.com/editoraboitempo | www.youtube.com/tvboitempo

Sumário

Prefácio à edição brasileira – Dessemelhança 5

Prefácio à nova edição – Por que Lacan não é heideggeriano? 7

Introdução – Um espectro ronda a comunidade acadêmica ocidental... 21

Parte I – A "noite do mundo" 27

    1. O impasse da imaginação transcendental, ou Martin Heidegger como
    leitor de Kant 29

    2. O sujeito incômodo hegeliano 89

Parte II – A universalidade cindida 143

    3. A política da verdade, ou Alain Badiou como leitor de são Paulo 145

    4. A subjetivação política e suas vicissitudes 189

Parte III – Da sujeição à destituição subjetiva 263

    5. (Des)apegos apaixonados, ou Judith Butler como leitora de Freud 265

    6. Édipo: para onde? 329

Índice remissivo 413

Prefácio à edição brasileira
Dessemelhança

The Ticklish Subject, o título em inglês desta obra, é para ser lido em dois níveis: tanto como uma referência ao *cogito* cartesiano como no sentido usual da expressão ("um tema sensível"). Nesse segundo sentido, o tema deste livro é o grande "assunto delicado" de toda a história da filosofia: a dialética hegeliana. Todos os meus livros filosóficos tentam propor nomes diferentes para esse núcleo elusivo da dialética: paralaxe, menos que nada... Agora, mais de quinze anos depois (*The Ticklish Subject* foi publicado pela primeira vez em 2000), venho propor outro nome simples: dessemelhança.

"Dessemelhança" deve ser somada à série de noções que se oferecem como os derradeiros significantes mestres do materialismo dialético (negatividade, paralaxe etc.). A razão que a faz uma recém-chegada nessa série é o fato de que a procuramos em vão em Hegel: "dessemelhança" é uma das traduções propostas para *Ungleichheit* (desigualdade), o termo usado por Hegel em tantas passagens – e aqui, excepcionalmente, a tradução funciona melhor que o original. (Por quê? Eis uma lista das conotações de "semelhança" que podem ser negadas por um "des" [ou "dis"]: correspondência, consistência, equivalência, unidade, similaridade, conformidade, uniformidade, paralelismo, congruência). Naquilo que carrega de mais elementar, "dessemelhança" aponta para um Todo cujas partes não se encaixam, de modo que o Todo surge como um composto artificial, com sua unidade orgânica perdida para sempre. Imaginemos um corpo vivo que pareça natural, mas no qual seja possível perceber um membro de metal, um olho de vidro, dentes que sejam parte de uma prótese artificial etc... A totalidade que une as partes é uma falsa totalidade, uma Completude errônea: uma combinação de elementos que, quando costurados, parecem formar um Todo orgânico, embora uma análise mais acurada demonstre facilmente que há uma espécie de confusão classificatória ou curto-circuito quando são colocados juntos. As partes, na verdade, não são indissociáveis: o que é ofuscado é que, fundamentalmente, há apenas um elemento e sua lacuna (o vazio daquilo que falta a esse elemento, sua contraparte simétrica), e o segundo elemento é um intruso heterogêneo que preenche a lacuna. Não há, por exemplo, uma unidade abrangente mais elevada entre a teologia e a ciência moderna, de modo que poderíamos dizer (como os neotomistas gostam de fazer) que a ciência lida com a realidade material finita, ao passo que a teologia fornece o quadro mais amplo do Absoluto infinito que fundamenta a realidade finita.

A lição propriamente filosófica da dessemelhança é que a unidade orgânica ("imediata", como teria dito Hegel) de um fenômeno é, por definição, uma armadilha, uma ilusão que mascara antagonismos subjacentes, e a única forma de chegar à verdade é despedaçando brutalmente essa unidade, a fim de tornar visível seu caráter artificial e composto. E isso vale desde o nível pessoal (em uma passagem memorável no final do capítulo 1 de *O caminho de Guermantes*, o narrador, Marcel, usa o telefone pela primeira vez para falar com sua avó, mas a voz que ouve é subtraída da totalidade "natural" do corpo ao qual pertence, emergindo como um objeto parcial autônomo; para se dar conta da verdade sobre sua avó, Marcel tem de desmontar e desconstruir a experiência que teve da unidade da personalidade dela, dividi-la numa voz obscena autônoma e no resto corpóreo repugnante[1]) até o nível social (a unidade orgânica de um corpo social tem de ser desconstruída pela divisão de classes). No nível conceitual, isso significa que a verdade está do lado da abstração, da redução, da subtração, e não do lado da totalidade orgânica. A unidade restabelecida, a "síntese" das abstrações unilaterais, permanece no nível das abstrações e só pode aparecer como uma montagem monstruosa, um Todo não orgânico semelhante ao rosto do monstro de Frankenstein. Uma das críticas típicas a Hegel é que o automovimento de noções num processo dialético é um movimento artificial de abstrações, e não um movimento orgânico de fato; devemos responder a isso com um "sim", acrescentando que é precisamente esse o ponto para Hegel.

O axioma ontológico da dessemelhança é que essa estrutura dessemelhante é universal, constitutiva da (ou daquilo que experimentamos como) realidade: a realidade que experimentamos nunca é "toda"; para criar a ilusão de "todo", ela deve ser suplementada por um elemento artificial dessemelhante que preenche o buraco ou a lacuna, como um cenário de filme composto de elementos "reais" (árvores, mesas, paredes), mas com um pano de fundo pintado que cria a ilusão de que estamos num mundo externo "real". O primeiro filósofo que viu isso com clareza foi Kant: a realidade que experimentamos é não toda, inconsistente, não podemos totalizá-la sem ser pegos em antinomias, de modo que a única maneira de experimentar a realidade como um Todo consistente é suplementando-a com Ideias transcendentais.

---

[1] Para uma leitura mais detalhada dessa passagem de Marcel Proust, ver meu livro *Menos que nada* (trad. Rogério Bettoni, São Paulo, Boitempo, 2013), p. 385-6.

PREFÁCIO À NOVA EDIÇÃO
POR QUE LACAN NÃO É HEIDEGGERIANO?

O sujeito incômodo põe em foco a reafirmação da subjetividade cartesiana. Um dos principais proponentes filosóficos da crítica da subjetividade é Martin Heidegger, que foi um ponto fundamental de referência para Lacan, ao menos nos anos 1950. Por essa razão é crucial esclarecer a referência de Lacan a Heidegger, em especial como ele se desloca gradualmente da aceitação da crítica de Heidegger ao *cogito* cartesiano como outra versão do "descentramento" freudiano do sujeito para a paradoxal e contraintuitiva aceitação do *cogito* como o sujeito do inconsciente.

O ponto de partida de Lacan é o conceito freudiano de uma *Bejahung* (afirmação) primordial como oposto à *Verwerfung* (geralmente (mal) traduzida por "foraclusão"*). Lacan toma a *Bejahung* como simbolização primordial, contra o pano de fundo do conceito de Heidegger da essência da linguagem como abertura do ser. Quando nos deparamos com um fato que vem de encontro a uma convicção interior profunda, podemos reagir de duas formas básicas: ou simplesmente rejeitá-lo de maneira brutal, ou endossá-lo de forma "sublimada/suprassumida"** como algo que não deve ser tomado literalmente, mas como expressão de uma verdade mais elevada, mais profunda. Podemos, por exemplo, tanto rejeitar

---

* É em *"foreclosure"* (o significante em inglês) que reside a questão de uma tradução que deixa a desejar. No Brasil, opta-se com certa frequência por "foraclusão" para traduzir *Verwerfung*, mas também por outras formas, como "forclusão", "rejeição" e "repúdio". (N. T.)

** No original *subl(im)ated*, que dá a ver tanto *sublimated* (sublimada/sublimado) como *sublated*. Este último, em inglês, vem de *aufheben*, do alemão. Em português, no contexto hegeliano, forjou-se o substantivo "suprassunção" (*Aufhebung*) e o verbo substantivado "o suprassumir" (*das Aufheben*), que permitiriam então a derivação "suprassumido(a)". Para "suprassumir", algumas traduções também optaram por "anular", "abolir", "cancelar". Ver Georg Wilhelm Friedrich Hegel, *Fenomenologia do espírito*, v. 1 (trad. Paulo Meneses, 2. ed., Petrópolis, Vozes, 1992), p. 7. (N. T.)

completamente a ideia de que existe um inferno (um lugar real onde os pecadores sofrem dores intermináveis como punição por suas más ações) como declarar que o inferno é uma metáfora para a "perturbação interna" da qual padecemos quando fazemos algo errado. Recordemos a conhecida expressão italiana *se non è vero, è ben trovato* – "se não é verdade, está muito bem contado" (ou, dito de outro modo, "se não é verdade, bem poderia ser"). Nesse contexto, por exemplo, as histórias sobre pessoas famosas, mesmo quando inventadas, frequentemente caracterizam a essência de sua personalidade de forma mais apropriada do que faria a enumeração de suas qualidades reais; também nesse caso "a verdade tem estrutura de ficção", como diz Lacan. Há uma versão servo-croata esplendidamente obscena dessa expressão que transmite perfeitamente a rejeição protopsicótica da ficção simbólica: *se non è vero, jebem ti mater*! *"Jebem ti mater"* (que se pronuncia "iebem ti mater" e significa "vou foder sua mãe") está entre os mais populares insultos chulos; a graça, é claro, está na coincidência da métrica entre *è ben trovato* e *jebem ti mater* – cada período contém o mesmo número de sílabas, com a tônica nas mesmas posições. Desse modo, o significado se transforma numa explosão de fúria com um toque incestuoso, que investe contra o objeto primordial mais íntimo do outro: "É melhor que seja verdade, porque, se não for, eu vou foder sua mãe!". As duas versões representam claramente as duas reações ao que literalmente se mostra como mentira: ou a rejeição furiosa ou sua "suprassunção/sublimação" [*subl(im)ation*] numa verdade "mais elevada". Em termos psicanalíticos, a diferença entre elas é a diferença entre foraclusão (*Verwerfung*) e transubstanciação simbólica.

As coisas, no entanto, complicam-se rapidamente nesse ponto. A propósito da relação ambígua, em Freud e Lacan, entre *Ausstossung* (a expulsão do Real que é constitutivo do surgimento da ordem simbólica) e *Verwerfung* (a "foraclusão" de um significante do simbólico no Real), ora identificadas, ora diferenciadas, François Balmès faz uma relevante observação:

> Se a *Ausstossung* é o que pensamos ser, ela é radicalmente diferente da *Verwerfung*: longe de ser o mecanismo próprio da psicose, ela seria a abertura do campo do Outro como tal. Em certo sentido, ela não seria a rejeição do simbólico, mas a própria simbolização. Não devemos pensar aqui na psicose e na alucinação, mas no sujeito enquanto tal. Clinicamente, isso corresponde ao fato de que a foraclusão não impede os psicóticos de habitar na linguagem.[1]

---

[1] François Balmès, *Ce que Lacan dit de l'être* (Paris, PUF, 1999), p. 72.

Essa conclusão é fruto de uma série de questões precisas. O fato é que os psicóticos podem falar; em certo sentido, eles habitam na linguagem: "foraclusão" não significa a exclusão dos psicóticos da linguagem, mas a exclusão/suspensão da eficácia simbólica de um significante-chave no interior do universo simbólico dos psicóticos – se um significante é excluído, então já devemos estar na ordem significante. Na medida em que, para Freud e Lacan, *Verwerfung* é correlata a *Bejahung* (a "afirmação", o gesto primordial de assumir subjetivamente seu próprio lugar na ordem simbólica), a solução de Balmès é distinguir entre essa *Bejahung* e uma simbolização ainda mais originária (ou "primária") do Real, o quase mítico nível zero de contato direto entre o simbólico e o Real que coincide com o momento de sua diferenciação, o processo de advento do simbólico, do surgimento da bateria primária de significantes cujo avesso (negativo) é a expulsão do Real pré-simbólico. Quando o pequeno Homem dos Lobos, com um ano de idade, observou o *coitus a tergo* de seus pais, o evento deixou um traço mnêmico em sua mente; foi simbolizado, mas conservado como um traço libidinalmente neutro. Apenas posteriormente, após mais de três anos – quando as fantasias sexuais do Homem dos Lobos foram despertadas e ele ficou intrigado a respeito da origem das crianças – é que esse traço foi *bejaht*, propriamente historicizado, ativado em sua narrativa pessoal como forma de localizá-lo no universo do significado. Os psicóticos dão o primeiro passo, entram na ordem simbólica, mas são incapazes de engajar-se subjetivamente/performativamente na linguagem, de "historicizar" seus processos subjetivos – em suma, de realizar a *Bejahung*.

Como Balmès claramente observou, é por essa razão que a falta se dá num nível diferente na psicose: os psicóticos continuam a habitar no denso espaço simbólico do Outro primordial "pleno" (maternal); eles não tomam a castração simbólica no sentido próprio de uma perda que é em si liberadora, generosa, "produtiva", abrindo espaço para que as coisas apareçam em seu ser (significativo); para eles, uma perda só pode ser puramente *privativa*, que simplesmente os priva de algo.

Num gesto interpretativo arriscado, Lacan vincula essa simbolização "primária", que é acessível aos psicóticos e precede seu envolvimento subjetivo, à distinção de Heidegger entre a dimensão originária da linguagem como abertura do ser e a dimensão da fala como portadora de significações (subjetivas) ou como meio de reconhecimento intersubjetivo: nesse nível originário do dizer como mostrar (*Sagen* como *Zeigen*), a diferença entre significação e referência desaparece, uma palavra que diz uma coisa não "significa" essa coisa, ela a constitui/expõe em seu Ser, abre espaço para sua existência. Esse nível é o nível do "aparecer" enquanto tal, não a aparência como oposta à realidade subjacente, mas "puro" aparecer que "está" inteiramente em sua aparência, atrás da qual não há nada. Em seu seminário sobre as psicoses, Lacan dá uma descrição apropriada dessa pura aparência e da concomi-

10 / O sujeito incômodo

tante tentação propriamente metafísica de reduzir tal aparência a seu fundamento, a suas causas ocultas:

> O arco-íris, *é isso*. E este *é isso* supõe a implicação de que vamos nos comprometer nisso até que percamos o fôlego, para saber o que há de escondido atrás, qual é a sua causa, a que poderemos reduzi-lo. Observem bem que o que desde a origem caracteriza o arco-íris e o meteoro, e todo o mundo o sabe pois que é por isso que o nomearam meteoro, é que precisamente não há nada escondido atrás. Ele está inteiramente nessa aparência. O que contudo o faz subsistir para nós, a ponto de que não cessemos de nos colocar questões sobre ele, deve-se unicamente ao *é isso* da origem, a saber, à nomeação como tal do arco-íris. Não há nada mais que esse nome.[2]

Para colocar nos termos de Heidegger, o psicótico não está *welt-los*, privado do mundo: ele já habita na abertura do Ser.

No entanto, como é frequentemente o caso com Lacan, essa leitura é acompanhada de seu oposto (assimétrico, verdadeiro): uma leitura que atribui aos psicóticos acesso a um nível "mais elevado" de simbolização e priva-os do nível básico "mais baixo". Na medida em que Lacan lê a distinção freudiana entre "representações-coisa" (*Sach-Vorstellungen*) e "representações-palavra" (*Wort-Vorstellungen*) como interna à ordem simbólica – assim como a distinção entre simbolização primordial, o estabelecimento da bateria inconsciente originária de significantes ("traços mnêmicos", na linguagem do jovem Freud pré-psicanalítico), e simbolização secundária, o sistema consciente/pré-consciente da linguagem –, isso lhe fornece uma definição paradoxal da condição dos psicóticos: um psicótico não é, como geralmente se afirma, alguém que regressa a um nível mais "primitivo" de representações-coisa, que "trata palavras como coisas"; ele é, ao contrário, alguém que dispõe precisamente de representações-palavra sem representações-coisa[3]. Em outras palavras, um psicótico pode perfeitamente fazer uso da linguagem de maneira habitual, mas o que lhe falta é o pano de fundo inconsciente que dá a ressonância libidinal às palavras que usamos, seu matiz e seu peso subjetivos específicos. Essa também é uma das formas de compreender a afirmação enganadoramente "excêntrica" de Lacan de que a normalidade é uma espécie de psicose. A compreensão "normal" de linguagem segundo o senso comum define-a como um sistema secundário artificial de signos usados para transmitir informações preexistentes etc., mas o que essa definição desconsidera é o nível subjacente do envolvimento

---

[2] Jacques Lacan, *Le séminaire, livre III: les psychoses* (Paris, Seuil, 1981), p. 358 [ed. bras.: *O seminário, livro 3: as psicoses*, trad. Aluísio Menezes, 2. ed. rev., Rio de Janeiro, Zahar, 2010, p. 366].

[3] François Balmès, *Ce que Lacan dit de l'être*, cit., p. 91.

subjetivo, da posição de enunciação. O paradoxo do psicótico é que ele é o único que se enquadra inteiramente nessa definição, isto é, que efetivamente faz uso da linguagem como um instrumento secundário neutro que não diz respeito ao próprio ser do falante:

> certos significantes não passam pela escritura inconsciente, e esse é o caso do significante paterno na psicose. Isso não impede sua presença no nível pré-consciente – como podemos ver no caso dos significantes que chamamos de foracluídos na psicose e que estão à disposição do sujeito em sua linguagem.[4]

Essa oscilação parece indicar que há algo errado com a solução que distingue os dois níveis, o nível da simbolização primária e o nível da *Bejahung/Verwerfung*. (Soluções que se apoiam em simples distinções entre diferentes níveis são suspeitas *a priori*.) O que se perde é o paradoxo básico do simbólico que envolve ao mesmo tempo a expulsão do Real do simbólico e a rejeição de um significante; ou seja, no caso do Outro simbólico, a limitação interna e a limitação externa coincidem, a ordem simbólica só pode emergir enquanto delimitada em relação ao Real se também estiver delimitada em relação a si mesma, perdendo/excluindo uma parte central de si, não-idêntica a si mesma. Não há *Ausstossung*, portanto, sem *Verwerfung* – o preço pago pelo simbólico para delimitar-se do Real é a mutilação de seu próprio ser. É isso que está na mira de Lacan quando ele diz que o grande Outro não existe, que não há o Outro do Outro – e, como mais tarde reconheceu Lacan, isso implica que, em certo nível mais elementar, somos todos psicóticos. No entanto, devemos ser mais precisos: o significante foracluído não está simplesmente perdido, faltoso, mas é um significante que está no lugar do A barrado (Ⱥ)*, da falta de significante, da incompletude-inconsistência do campo simbólico. Isso significa que o problema do psicótico não é que ele habita uma ordem simbólica (Outro) mutilada, mas, ao contrário, que ele habita um Outro "completo", um Outro ao qual falta a inscrição dessa falta.

Não há necessidade, portanto, de postular duas fases – primeiro a simbolização, o surgimento da bateria primária de significantes pela expulsão do Real, e em seguida a exclusão de um significante. Os dois processos constituem um único e mesmo processo, e a psicose vem depois, num segundo estágio, quando – ou se – o significante que representa a própria incompletude-inconsistência do Outro, que inscreve sua incompletude, é foracluído.

---

[4] Ibidem, p. 81.

* "A" do francês *Autre*, Outro. (N. T.)

12 / O sujeito incômodo

Em que sentido preciso, então, aquilo que é foracluído do simbólico retorna no Real? Tomemos as alucinações verbais: seu conteúdo é substancialmente simbólico, e elas são, no nível de seu significado habitual, perfeitamente compreendidas pelo sujeito (psicótico); assim, mais uma vez, em que sentido elas pertencem ao Real? Duas características interligadas as tornam reais: isolamento e certeza. As alucinações estão foracluídas no sentido preciso de que não "existem" para o sujeito: elas ex-sistem, persistem e impõem-se fora da tessitura simbólica; estão isoladas de seu contexto simbólico, que é por definição o contexto da confiança e da suposição, o contexto em que cada presença surge contra o pano de fundo de sua possível ausência, e cada certeza é acompanhada de uma possível dúvida; em outras palavras, o contexto em que, em última análise, cada certeza depende de uma aposta básica para confiarmos na ordem simbólica. Na religião propriamente dita não conhecemos Deus; assumimos o risco de confiar e acreditar Nele. O psicótico, ao contrário, age como a banda punk eslovena Laibach, que numa entrevista nos Estados Unidos a respeito de sua relação com Deus respondeu com uma referência ao "*In God we trust*" impresso nas cédulas de dólar: "Assim como vocês norte-americanos, nós acreditamos que Deus existe, mas, ao contrário de vocês, nós não confiamos Nele". Ou, como resume Balmès, não é que os psicóticos acreditem *nas* vozes que ouvem, eles simplesmente acreditam *nelas*[5]. É por isso que os psicóticos têm certeza absoluta a respeito das vozes que ouvem: eles não confiam nelas, é claro – eles as consideram vozes malignas, que querem feri-los –, mas simplesmente sabem que essas vozes são reais, e é essa certeza absoluta que as torna reais.

A questão subjacente aqui diz respeito à relação entre o real, o simbólico e a falta. Quando Balmès descreve a ambiguidade radical da definição do jovem Lacan dos termos desse triângulo nos anos 1950 (ele oscila entre a tese de que o simbólico introduz a *falta-a-ser* no Real – não há falta antes do surgimento do simbólico, apenas uma rasa positividade do Real – e a tese de que *ser* surge apenas com o simbólico – não há ser antes do simbólico), ele sabiamente se abstém de propor a óbvia solução heideggeriana de que estamos simplesmente lidando com dois sentidos diferentes de ser. Ser no sentido ontológico da abertura no interior da qual as coisas surgem, e ser no sentido ôntico de realidade, de entes existentes no mundo (o que surge com o simbólico é o horizonte ontológico do Ser, ao passo que seu avesso é falta-a-ser, ou seja, o fato de que um ser humano como ser-aí (*Dasein*) carece de seu lugar na ordem positiva da realidade, o fato de que ele não pode ser reduzido a uma entidade no interior do mundo porque ele é justamente o lugar da própria abertura de um mundo). Balmès procura

---

[5] Ibidem, p. 66.

Prefácio à nova edição – *Por que Lacan não é heideggeriano?* / 13

a solução numa direção totalmente diferente: ele nota que Lacan resolve o problema "tirando dessa pergunta a sua própria resposta", entendendo a pergunta como a sua própria resposta[6]. Isso significa que ser e falta-a-ser coincidem, são duas faces da mesma moeda – o espaço do horizonte no qual as coisas "são" plenamente, ou existem, surge apenas com a condição de que algo seja excluído ("sacrificado") dele, de que algo nele esteja "ausente em seu próprio lugar". Mais precisamente, o que caracteriza um universo simbólico é a ínfima lacuna entre os elementos e os lugares que eles ocupam: as duas dimensões não coincidem diretamente, como é o caso na rasa positividade do Real, razão pela qual, na ordem diferencial dos significantes, a ausência enquanto tal pode ser considerada um traço positivo (como diz Sherlock Holmes na passagem imortal de O *"Estrela de Prata"**, o que chamou a atenção no curioso incidente do cachorro durante a madrugada foi que o cachorro não fez nada, não latiu quando se esperava que latisse). E a hipótese "ontológica" básica de Lacan é que, se deve ocorrer essa ínfima lacuna entre os elementos e seu lugar estrutural, *algo – algum elemento – tem de ser radicalmente (constitutivamente) excluído*; o nome dado por Lacan a esse objeto que está sempre (por definição, estruturalmente) ausente em seu próprio lugar, que coincide com a sua própria falta, é, evidentemente, *objet petit a* como o objeto-causa do desejo, ou mais-gozar, um objeto paradoxal que dá corpo à própria falta-a-ser. O *objet petit a* é aquele que deve ser excluído do quadro da realidade, aquele cuja exclusão constitui e sustenta o marco da realidade. O que ocorre na psicose é precisamente a inclusão desse objeto no quadro da realidade: ele aparece no interior da realidade como o objeto alucinado (a voz ou o olhar que assombra o paranoico etc.), com a consequência lógica de que essa inclusão leva à perda de realidade, o "senso de realidade" do sujeito desintegra-se.

Ao longo de sua obra, Lacan transforma o tema da linguagem de Heidegger na morada do ser: a linguagem não é instrumento e criação do homem, é o homem que "habita" na linguagem – "A psicanálise deveria ser a ciência da linguagem habitada pelo sujeito"[7]. A virada "paranoica" de Lacan, sua volta freudiana suplementar do parafuso, vem com a caracterização dessa morada como uma *casa de tortura*: "Na perspectiva freudiana, o homem é o sujeito preso e torturado pela linguagem"[8]. O homem não habita uma mera "prisão da linguagem" (título do livro

---

[6] Ibidem, p. 138.
* Uma tradução dessa história de Sherlock Holmes pode ser encontrada em Arthur Conan Doyle, *Memórias de Sherlock Holmes* (trad. Alessando Zir, São Paulo, L&M Pocket, 2005). (N. T.)
[7] Jacques Lacan, *Le séminaire, livre III: les psychoses*, cit., p. 276 [ed. bras.: *O seminário, livro 3: as psicoses*, cit., p. 284].
[8] Idem.

14 / O sujeito incômodo

precoce de Fredric Jameson a respeito do estruturalismo*), mas habita uma casa de tortura da linguagem: toda a gama de psicopatologias descrita por Freud, dos sintomas de conversão inscritos no corpo aos surtos psicóticos, são as cicatrizes dessa tortura permanente, sinais de uma lacuna originária e irremediável entre o sujeito e a linguagem, sinais de que o homem nunca pode estar em casa em sua própria casa. É isto que Heidegger ignora: esse outro lado sombrio torturador de nosso habitar na linguagem; e é por isso que não há lugar para o Real da *jouissance* no edifício heideggeriano, visto que o aspecto torturante da linguagem diz respeito primeiramente às vicissitudes da libido. (E, eventualmente, esse é o motivo último por que Lacan, contra a historicização heideggeriana do sujeito enquanto agente da mestria tecnológica na Era Moderna, contra a substituição do "sujeito" pelo *Dasein* como nome para a essência do ser humano, agarrou-se ao problemático termo "sujeito". Assim, quando Lacan insinua que Heidegger deixa escapar uma dimensão crucial da subjetividade, seu ponto não é um argumento humanista ingênuo segundo o qual Heidegger "passiviza" excessivamente o homem, transformando-o num instrumento da revelação do ser e, desse modo, ignorando a criatividade humana. Ao contrário, o ponto para Lacan é que Heidegger deixa de lado o impacto propriamente traumático da própria "passividade" do ser capturado na linguagem, a tensão entre o animal humano e a linguagem: há um "sujeito" porque o animal humano não se "ajusta" à linguagem; o "sujeito" lacaniano é o sujeito torturado, mutilado. Lacan situa da seguinte forma os rituais de iniciação que requerem o corte e a mutilação violenta do corpo:

> Os rituais de iniciação assumem a forma da mudança de forma desses desejos, conferindo-lhes assim uma função pela qual o ser do sujeito se identifica ou se designa como tal, na qual o sujeito, se podemos assim dizer, torna-se homem, mas também mulher. A *mutilação* serve aqui para orientar o desejo, permitindo-lhe assumir precisamente essa função de índice, de alguma coisa que se efetua e não pode se articular, se expressar, a não ser num *para-além simbólico*, num para-além que é aquele que podemos hoje chamar de ser, uma realização de ser no sujeito.[9]

A lacuna que separa Lacan de Heidegger é claramente discernível precisamente em razão de sua proximidade; em particular, em razão do fato de que, para designar a função simbólica no que ela tem de mais elementar, Lacan ainda faz uso do termo heideggeriano "ser": no ser humano, os desejos perdem sua ancoragem na biologia,

---

* Fredric Jameson, *The Prision-House of Language: A Critical Account of Structuralism and Russian Formalism* (Princeton, Princeton University Press, 1974). (N. T.)

9 Jacques Lacan, *Le désir et son interprétation* (seminário não publicado), 20 de maio de 1959.

Prefácio à nova edição – *Por que Lacan não é heideggeriano?* / 15

são operativos apenas na medida em que estão inscritos no horizonte do Ser sustentado pela linguagem. No entanto, para que se dê essa transposição da realidade biológica imediata do corpo para o espaço simbólico, o sujeito deve viver com uma marca da tortura inscrita em seu corpo, ou seja, seu corpo deve ser mutilado.

Isso nos leva, finalmente, ao tema da *jouissance*. Philippe Lacoue-Labarthe situou de forma muito precisa a lacuna que separa a interpretação lacaniana de *Antígona* da interpretação heideggeriana (à qual Lacan se refere abundantemente): o que está totalmente ausente em Heidegger não é apenas a dimensão do Real da *jouissance*, mas sobretudo a dimensão do "entre as duas mortes" (o simbólico e o Real) que designa a posição subjetiva de Antígona após ser excomungada da *polis* por Creonte. Em perfeita simetria com seu irmão Polinices – que na realidade está morto, mas cuja morte simbólica (o ritual de sepultamento) lhe é negada –, Antígona encontra-se morta simbolicamente, excluída da comunidade simbólica, porém biológica e subjetivamente ainda viva. Nos termos de Giorgio Agamben, Antígona encontra-se reduzida à "vida nua", à posição de *homo sacer*, cujo caso característico e mais extremo no século XX é o dos reclusos dos campos de concentração. Os riscos envolvidos nessa omissão de Heidegger são muito altos, visto que dizem respeito ao ponto ético-político crucial do século XX, a catástrofe "totalitária" em sua manifestação mais extrema – e essa omissão é bastante coerente com a incapacidade de Heidegger de resistir às tentações do nazismo:

> O "entre-duas-mortes" é o inferno que nosso século concebeu ou ainda promete conceber, e é a isso que Lacan responde – ele quer que a psicanálise responda a isso. Ele não disse que a política é o "furo" da metafísica? A cena com Heidegger – e existe uma – está aqui localizada em sua inteireza.[10]

Isso diz respeito igualmente à incômoda ambiguidade da descrição heideggeriana das mortes nos campos de extermínio: elas não são mais mortes autênticas – visto que uma morte autêntica exige do indivíduo a aceitação de sua própria morte como a possibilidade de sua mais alta impossibilidade –, e sim apenas mais um processo industrial-tecnológico anônimo. As pessoas não "morreram" nos campos, elas foram exterminadas industrialmente... Assim, Heidegger obscenamente sugere que as vítimas mortas nas câmaras de gás nos campos não morreram "autenticamente", traduzindo assim seu sofrimento extremo em "não-autenticidade" subjetiva. A questão que ele não consegue levantar é precisamente como *elas* subjetivaram

---

[10] Philippe Lacoue-Labarthe, "De l'éthique à propos d'Antigone", em Collège International de Philosophie, *Lacan avec les philosophes* (Paris, Albin Michel, 1991), p. 28.

16 / O sujeito incômodo

(referiram-se a) sua condição? A morte delas foi um processo industrial de extermínio para os executores, *mas não para elas próprias.*

Balmès faz a esse respeito uma observação perspicaz: é como se a crítica clínica que Lacan faz implicitamente à analítica existencial heideggeriana do *Dasein* como "ser-para-a-morte" sugerisse que esta é apropriada apenas para os neuróticos, mas não dá conta dos psicóticos – o sujeito psicótico ocupa uma posição existencial para a qual não há espaço no mapeamento de Heidegger, a posição de alguém que de certo modo "sobrevive a sua própria morte"[11]. Os psicóticos não se encaixam mais na descrição heideggeriana da existência engajada do *Dasein*, sua vida não se move mais nas coordenadas do engajamento livre num projeto futuro contra o pano de fundo da apropriação do passado: sua vida está para além do "cuidado" (*Sorge*), seu ser não mais está direcionado "para a morte".

Esse excesso de *jouissance* que resiste à simbolização (*logos*) é a razão por que, nas suas últimas duas décadas de ensino, Lacan insistiu (às vezes quase pateticamente) que considerava a si mesmo um antifilósofo, alguém que estava se insurgindo contra a filosofia: filosofia é onto-logia, e sua premissa básica, como já expusera Parmênides, o primeiro filósofo, é que "pensar e ser são o mesmo" – há um acordo mútuo entre pensar (*logos* como razão/fala) e ser –, uma premissa que é mantida até Heidegger. O Ser que a filosofia tem em mente é sempre o ser cuja morada é a linguagem, o ser sustentado pela linguagem, o ser cujo horizonte é aberto pela linguagem; em outras palavras, como propusera Wittgenstein, os limites da minha linguagem são os limites do meu mundo. Contra essa premissa ontológica da filosofia, Lacan se concentra no Real da *jouissance* como algo que, embora esteja longe de ser simplesmente externo à linguagem (ele é antes "êxtimo" com relação a ela), resiste à simbolização, permanece um núcleo estranho dentro dela, surge em seu interior como ruptura, corte, lacuna, inconsistência ou impossibilidade:

> Desafio qualquer filosofia a explicar a relação entre o surgimento do significante e a forma como a *jouissance* se relaciona com o ser [...]. Nenhuma filosofia, afirmo, responde por essa tarefa hoje. Os miseráveis refugos de filosofia que arrastamos atrás de nós desde o início do século passado [XIX] como roupas esfarrapadas não passam de uma forma de brincar, mais do que de abordar essa questão, que é a única questão sobre a verdade e é chamada – e foi nomeada por Freud – de pulsão de morte, o masoquismo originário da *jouissance* [...]. Todo discurso filosófico foge e se recolhe aqui.[12]

---

[11] François Balmès, *Ce que Lacan dit de l'être*, cit., p. 73.
[12] Jacques Lacan, *L'objet de la psychanalyse* (seminário não publicado), 8 de junho de 1966.

É nesse sentido que Lacan designa sua posição como a do "realismo da *jouissance*" – o realismo da *jouissance* cujo inimigo "natural" não parece ser outro senão o "panlogismo" de Hegel como clímax da ontologia, da lógica (o autodesdobramento do *logos*) como a plena explicação do ser, por meio do qual o ser perde sua opacidade e torna-se completamente transparente. Mas Lacan não avança muito rápido aqui? As coisas em Hegel são realmente tão simples? Seguindo as "fórmulas de sexuação" de Lacan, o avesso da tese básica de Hegel de que "não há nada que não seja *logos*" não seria a asserção de um não-Todo ("não-todo é *logos*", ou seja, *logos* é não-todo, posto que está corroído e truncado de dentro por antagonismo e rupturas, nunca é completamente ele mesmo)?

Talvez Lacan estivesse de certo modo obscuramente ciente disso, como indica a passagem supracitada com sua curiosa e inesperada limitação e brutal rejeição da filosofia aos "miseráveis refugos [...] que arrastamos atrás de nós desde o início do século passado [XIX]", isto é, ao pensamento *pós*-hegeliano. Em outras palavras, o óbvio teria sido dizer que é precisamente o pensamento pós-hegeliano que rompe com a ontologia, afirmando a primazia de uma vontade ou vida translógica – o antilogos (antifilosofia) que vai do Schelling tardio a Schopenhauer e Nietzsche. É como se Lacan tivesse aprendido a lição de Heidegger: a fórmula de Marx "o ser determina a consciência" não é suficientemente radical – toda a conversa sobre a vida efetiva da subjetividade engajada como oposta ao "mero pensamento especulativo" permanece circunscrita aos confins da ontologia, porque o ser (como demonstrou Heidegger) só pode surgir pelo *logos*. Mas Lacan, diferentemente de Heidegger, em vez de aceitar essa harmonia (mesmidade) entre ser e *logos*, tenta levá-la mais além, a uma dimensão do real indicada pela união impossível entre sujeito e *jouissance*. Não admira, portanto, que Lacan prefira Kierkegaard a Heidegger no que diz respeito à angústia: ele vê Kierkegaard como o anti-Hegel, para quem o paradoxo da fé cristã assinala um rompimento radical com a antiga ontologia grega (em oposição à redução heideggeriana da cristandade a um momento no processo de declínio da ontologia grega na metafísica medieval). A fé é um salto existencial naquilo que (do ponto de vista ontológico) não pode mostrar-se senão como loucura; é uma decisão louca não garantida por nenhuma razão – o Deus de Kierkegaard está, de fato, "para além do ser", é um Deus do Real, não o Deus dos filósofos. Motivo pelo qual, mais uma vez, Lacan estaria de acordo com a famosa afirmação de Heidegger na década de 1920, quando ele abandonou a Igreja católica, de que a religião é inimiga mortal da filosofia – mas Lacan veria essa afirmação como uma razão para aderir ao núcleo do Real na experiência religiosa.

O "sujeito" lacaniano dá nome a uma lacuna no simbólico, seu *status* é real. Segundo Balmès, é por isso que em seu seminário crucial a respeito da lógica da fantasia (1966-1967), após mais de uma década digladiando com Heidegger,

Lacan realiza seu paradoxal e (para quem adota a noção heideggeriana de filosofia moderna) totalmente inesperado movimento de Heidegger para Descartes, para o *cogito* cartesiano. Há realmente um paradoxo aqui: Lacan primeiro aceita o argumento de Heidegger de que o *cogito* cartesiano, que fundamenta a ciência moderna e seu universo matematizado, anuncia o esquecimento máximo do Ser; mas, para Lacan, o Real da *jouissance* é precisamente externo ao Ser, de modo que o que para Heidegger é o argumento *contra* o *cogito* para Lacan é o argumento *a favor* do *cogito* – o Real da *jouissance* só pode ser abordado quando saímos do domínio do ser. É por isso que, para Lacan, não se trata apenas de o *cogito* não ser reduzido à autotransparência do pensamento puro, mas, paradoxalmente, é o *cogito ser* o sujeito do inconsciente – a lacuna/corte na ordem do Ser na qual irrompe o Real da *jouissance*.

Esse *cogito*, é claro, é o *cogito* "vir-a-ser", não ainda a *res cogitans*, a substância pensante que participa inteiramente do Ser e do *logos*. No seminário sobre a lógica da fantasia, Lacan interpreta a verdade do *cogito ergo sum* cartesiano de forma mais radical do que em seus seminários anteriores, nos quais brincava constantemente com as variações da "subversão" do sujeito. Ele começa descentrando o ser com relação ao pensamento – "Não sou onde penso", o núcleo do ser (*"Kern unseres Wesens"*) não está em minha (auto)consciência; no entanto, Lacan percebe rapidamente que essa leitura abre caminho para o tema irracionalista da *Lebensphilosophie* de uma vida que é mais profunda do que o mero pensamento ou linguagem, um tema que vai de encontro à tese básica de Lacan de que o inconsciente freudiano é "estruturado como uma linguagem" e, portanto, é inteiramente "racional"/discursivo. Lacan passa então para um "penso onde não sou" mais refinado, que descentra o pensamento em relação ao meu Ser, a percepção da minha total presença: o Inconsciente é um Outro Lugar puramente virtual (in-existente, insistente) que escapa ao meu ser. Há uma pontuação diferente aqui: "Penso: 'logo sou'" – meu Ser é rebaixado a uma ilusão gerada pelo meu pensamento etc. O que todas essas versões têm em comum é a ênfase na lacuna que separa *cogito* de *sum*, pensamento de ser – o objetivo de Lacan era solapar a ilusão da justaposição, apontando a fissura na aparente homogeneidade de pensamento-ser. Foi apenas mais para o fim de seu ensino que Lacan insistiu nessa justaposição – negativa, é claro. Ou seja, Lacan finalmente apreende o ponto zero mais radical do *cogito* cartesiano como o ponto da intersecção negativa entre ser e pensar: o ponto de fuga no qual *não penso* e *não sou*. *Não sou*: não sou uma substância, uma coisa, um ente; estou reduzido a um vazio na ordem do ser, uma lacuna, uma *béance*. (Lembremos que, para Lacan, o discurso da ciência pressupõe a foraclusão do sujeito – para colocar isso em termos simples, o sujeito, nesse discurso, é reduzido a zero, uma proposição científica deve ser válida para qualquer um que repetir o mesmo experimento. No momento em que temos de incluir a posição de enunciação do sujeito, já não mais estamos na ciência, mas num discurso de sabedoria ou iniciação.) *Não penso*: aqui, mais uma vez, Lacan paradoxalmente aceita a tese de Heidegger de que a ciência (moderna matematizada) "não pensa" – mas, para ele, isso significa precisamente que ela rompe com o quadro da ontologia, do pensamento como *logos* correlativo ao Ser. Como puro *cogito*, eu não penso, sou reduzido a "puro(a) (forma de) pensamento" que coincide com seu oposto, isto é, não tem conteúdo e, como tal, é não-pensar. A tautologia do pensar anula a si mesma, do mesmo modo que a tautologia do ser, por isso para Lacan o "sou aquilo que sou", enunciado da sarça ardente a Moisés no Monte Horebe, indica um Deus para além do Ser, um Deus como Real[13].

---

[13] François Balmès, *Ce que Lacan dit de l'être*, cit., p. 211-3. Aqui podemos estabelecer uma ligação com o projeto do materialismo especulativo de Meillassoux: o Real científico matematizado está fora da correlação transcendental entre *logos* e ser. Ver Quentin Meillassoux, *Após a finitude* (São Paulo, Boitempo, no prelo).

Introdução
Um espectro ronda a
comunidade acadêmica ocidental...

...o espectro do sujeito cartesiano. Todas as potências acadêmicas uniram-se numa santa aliança para conjurá-lo: o obscurantista da Nova Era (que quer suplantar o "paradigma cartesiano" no sentido de uma nova abordagem holística) e o desconstrucionista pós-moderno (para o qual o sujeito cartesiano é uma ficção discursiva, um efeito de mecanismos textuais descentrados); o teórico habermasiano da comunicação (que insiste numa mudança da subjetividade monológica cartesiana para a intersubjetividade discursiva) e o defensor heideggeriano do pensamento do Ser (que salienta a necessidade de "atravessar" o horizonte da subjetividade moderna, culminando no niilismo assolador corrente); o cientista cognitivo (que se esforça para provar empiricamente que não existe uma cena exclusiva do Si, apenas um pandemônio de forças concorrentes) e o ecologista radical (que responsabiliza o materialismo mecanicista cartesiano por fornecer o embasamento filosófico para a implacável exploração da natureza); o crítico (pós-)marxista (que insiste que a liberdade ilusória do sujeito pensante burguês assenta na divisão de classes) e a feminista (que sublinha que o *cogito*, supostamente sem sexo, é na verdade uma formação masculina patriarcal). Que orientação acadêmica não foi acusada por seus adversários de ainda não ter renegado devidamente a herança cartesiana? E qual não lançou a seus críticos mais "radicais" e a seus adversários "reacionários" a pecha infamante da subjetividade cartesiana?

Duas conclusões decorrem desses fatos:

1. A subjetividade cartesiana continua a ser reconhecida por todas as forças acadêmicas como uma tradição intelectual poderosa e ainda ativa;
2. É tempo de os partidários da subjetividade cartesiana exporem, abertamente, ao mundo inteiro, seu modo de ver, seus objetivos e suas tendências, opondo um

22 / O sujeito incômodo

manifesto filosófico da própria subjetividade cartesiana à lenda do espectro da subjetividade cartesiana.

Este livro, portanto, esforça-se para reafirmar o sujeito cartesiano, cuja rejeição compõe o pacto silencioso de todas as áreas conflitantes no mundo acadêmico atual: apesar de todas essas frentes estarem oficialmente envolvidas numa batalha mortal (habermasianos *versus* desconstrucionistas, cognitivistas *versus* obscurantistas da Nova Era...), todas estão unidas na rejeição do sujeito cartesiano. A questão, obviamente, não é retornar ao *cogito* sob a roupagem com a qual essa noção dominou o pensamento moderno (o sujeito pensante autotransparente), mas trazer à tona seu avesso esquecido, o núcleo excessivo desconhecido do *cogito*, que vai além da apaziguadora imagem do Si transparente. As três partes deste livro enfocam os três principais campos nos quais a subjetividade está em jogo hoje: a tradição do idealismo alemão; a filosofia política pós-althusseriana; a mudança "desconstrucionista" do sujeito para a problemática das múltiplas posições-de-sujeito e subjetivações[1]. Cada parte começa com um capítulo a respeito de um autor crucial, cujo trabalho representa uma crítica exemplar da subjetividade cartesiana; um segundo capítulo trata, então, das vicissitudes do conceito fundamental que permeia o capítulo precedente (subjetividade no idealismo alemão; subjetivação política; e, por fim, o "complexo de Édipo" como a narrativa psicanalítica da emergência do sujeito)[2].

A parte I se inicia com uma detalhada *confrontação com o esforço de Heidegger para atravessar o horizonte da subjetividade cartesiana moderna*. A lógica inerente do projeto filosófico dos autênticos filósofos da subjetividade compeliu-os mais de uma vez a articular certo momento excessivo de "loucura" inerente ao *cogito*, que imediatamente eles se empenharam para "normalizar" (o Mal diabólico em Kant, a "noite do mundo" em Hegel etc.). E o problema em Heidegger é que sua concepção de subjetividade moderna não explica esse excesso inerente – simplesmente não "cobre" aquele aspecto do *cogito* em virtude do qual Lacan afirma que o *cogito* é o sujeito do Inconsciente. A falha fatal de Heidegger é claramente discernível no fracasso de sua leitura de Kant: em seu enfoque da imaginação transcendental, Heidegger deixa escapar a dimensão-chave da imaginação, ou seja, seu aspecto disruptivo e antissintético, que é outro nome para o abismo da liberdade;

---

[1] Para uma comparação detalhada com a rejeição crítica da subjetividade cartesiana nas ciências cognitivas, ver Slavoj Žižek, "The Cartesian Subject Versus the Cartesian Theatre", em Slavoj Žižek (org.), *Cogito and the Unconscious* (Durham, Duke University Press, 1998).

[2] Curiosamente, as três partes também correspondem à tríade geográfica da tradição alemã, francesa e anglo-americana: idealismo alemão, filosofia política francesa, estudos culturais anglo-americanos.

Introdução – *Um espectro ronda a comunidade acadêmica ocidental...* / 23

esse fracasso lança uma nova luz na velha questão das relações de Heidegger com o nazismo. Assim, após essa confrontação, o segundo capítulo da parte I dedica-se a elaborar o *status* da subjetividade em Hegel, enfocando a ligação entre a noção filosófica de reflexividade e o giro reflexivo que caracteriza o sujeito (histérico) do Inconsciente.

A parte II traz uma confrontação sistemática com os quatro filósofos que, de um modo ou de outro, tomaram Althusser como ponto de partida, mas posteriormente, por uma crítica a ele, desenvolveram suas próprias teorias da subjetividade política: a teoria da hegemonia de Laclau; a teoria da *égaliberté* de Balibar; a teoria da *mésentente* de Rancière; e a teoria da subjetividade como fidelidade ao acontecimento-verdade de Badiou. O primeiro capítulo dessa segunda parte enfoca o esforço de Badiou para formular uma "política da verdade" que consiga minar o ponto de vista desconstrucionista e/ou pós-moderno de hoje, com especial atenção a sua leitura revolucionária de são Paulo. Apesar de me solidarizar com o esforço de Badiou para reafirmar a dimensão da universalidade como o verdadeiro oposto do globalismo capitalista, rejeito sua crítica a Lacan, isto é, sua tese de que a psicanálise não é capaz de fornecer as bases para uma nova prática política. O capítulo seguinte analisa as formas como os quatro autores enfrentam a postura "pós-política" e liberal-democrática predominante – forma política do atual capitalismo global –, cada qual desenvolvendo sua versão da subjetivação política.

A parte III trata daquelas tendências do pensamento político "pós-moderno" atual que, contra o espectro do sujeito (transcendental), esforçam-se para afirmar a proliferação libertadora das múltiplas formas de subjetividade (feminina, gay, étnica...). Segundo essa orientação, deveríamos abandonar o objetivo impossível da transformação social global e focar nossa atenção nas diversas formas de afirmação da nossa subjetividade particular no interior do nosso universo pós-moderno complexo e disperso, no qual o reconhecimento cultural é mais importante do que a luta socioeconômica, ou seja, no qual os estudos culturais tomam o lugar da crítica da política econômica. A versão mais representativa e persuasiva dessas teorias, cuja expressão prática é a "identidade política" multiculturalista, é a teoria performativa da formação de gênero de Judith Butler. Assim, o primeiro capítulo da terceira parte faz um confronto detalhado com o trabalho de Butler, enfocando os aspectos que tornam possível um diálogo produtivo de seu trabalho com a psicanálise lacaniana (suas concepções de "apegos apaixonados" e o giro reflexivo constitutivos da subjetividade). O último capítulo confronta diretamente a questão-chave do "Édipo hoje": o chamado "modo edipiano de subjetivação" (a irrupção do sujeito pela integração da proibição simbólica, encarnada na Lei paterna) estaria realmente em declínio? E, em caso afirmativo, o que o estaria

24 / O sujeito incômodo

substituindo? Numa confrontação com os proponentes da "segunda modernização" (Giddens, Beck), esse último capítulo defende a duradoura efetividade da "dialética do Esclarecimento/Iluminismo": longe de simplesmente nos libertar das amarras da tradição patriarcal, a mudança sem precedentes no modo de funcionamento da ordem simbólica que estamos testemunhando engendra seus próprios riscos e perigos.

Embora fundamentalmente filosófico, este livro é, antes de tudo, uma intervenção política engajada, voltado para a candente questão de como reformular um projeto político anticapitalista e de esquerda em nossa era de capitalismo global e de multiculturalismo liberal-democrático, seu suplemento ideológico. Uma das fotos emblemáticas de 1997 foi, sem dúvida, a dos membros de uma tribo de Bornéu transportando água em sacos plásticos para apagar o gigantesco incêndio que estava destruindo seu habitat, a ridícula insuficiência de seus modestos esforços diante do horror de ver o completo desaparecimento de seu mundo-da-vida. Segundo os jornais, a imensa nuvem de fumaça que cobriu todo o norte da Indonésia, [da península] da Malásia e o sul das Filipinas – arruinou a natureza local, interrompeu seu ciclo normal (por culpa da escuridão contínua, as abelhas não puderam cumprir sua parte na reprodução das plantas). Temos aqui um exemplo do Real incondicional do capital global perturbando a realidade da natureza – a referência ao capital global é necessária nesse caso, visto que os incêndios não foram simplesmente o resultado da "ganância" dos fazendeiros e madeireiros (e dos funcionários públicos corruptos da Indonésia), mas também do fato de que, por causa do fenômeno El Niño, a seca extraordinária não culminou com as chuvas que regularmente apagam esses incêndios; e o El Niño é *global*.

Essa catástrofe encarna o Real do nosso tempo: o assomo do capital que implacavelmente negligencia e aniquila mundos-da-vida, pondo em risco a própria sobrevivência da humanidade. Mas quais são as implicações de tal catástrofe? Estamos lidando simplesmente com a lógica do capital ou essa lógica seria apenas o impulso predominante da atitude produtivista moderna de dominação tecnológica e de exploração da natureza? Ou, mais ainda, essa mesma exploração tecnológica seria a expressão máxima, a realização do potencial mais profundo da própria subjetividade cartesiana moderna? A resposta deste autor a tal dilema é a enfática alegação de inocência do sujeito cartesiano.

Em sua cuidadosa edição dos meus textos para a Verso, Gillian Beaumont me pega com frequência de calças curtas (as intelectuais): infalivelmente seu olhar identifica as repetições no fluxo de pensamento, as inconsistências estúpidas ao longo da argumentação, as falsas atribuições e as referências que expõem a minha falta de cultura geral, sem contar minha deselegância de estilo... Como não me sentir envergonhado e, assim, *odiá-la*? Por outro lado, é ela quem tem todas as razões para *me* odiar. Eu a bombardeio frequentemente com inserções de última hora e mudanças nos originais, de modo que posso facilmente imaginá-la com um boneco de vodu nas mãos, furando-o com enormes agulhas ao anoitecer. O ódio recíproco, como diríamos nos bons e velhos tempos da Hollywood clássica, indica o começo de uma bonita amizade, e, portanto, é a ela que dedico este livro.

1999

Parte I
A "noite do mundo"

I

O IMPASSE DA IMAGINAÇÃO TRANSCENDENTAL, OU MARTIN HEIDEGGER COMO LEITOR DE KANT

Um dos aspectos enigmáticos do pensamento pós-modernista "progressista", de Derrida a Fredric Jameson, está em sua relação ambígua com a filosofia heideggeriana: Heidegger é tratado com o devido respeito, citado amiúde de modo cauteloso, assim como nos referimos a uma autoridade incontestável; simultaneamente, no entanto, um mal-estar, nunca inteiramente explicado, impede um pleno endosso de sua posição, como se uma espécie de proibição invisível nos dissesse que deve haver algo fundamentalmente errado em Heidegger, apesar de não estarmos (ainda) em posição de determinar o quê. Mesmo quando alguns autores arriscam uma confrontação plena com Heidegger (como faz Derrida em *Do espírito*[1]), o resultado, via de regra, é ambíguo; eles se esforçam para se afastar de Heidegger, ainda que se mantenham de certa forma em sua trilha (Heidegger ainda permanece como um filósofo das Origens e da autêntica Presença, apesar de ter feito de tudo para "desconstruir" a lógica metafísica das Origens...). Por outro lado, aqueles que adotam uma dessas duas posições extremas, e também se envolvem numa tentativa desesperada de apropriação politicamente "progressista" de Heidegger (como a leitura "anárquica" de Reiner Schürmann[2]) ou propõem uma completa rejeição de seu pensamento (como Adorno ou Lyotard[3]), podem ser convincentemente descartados por trabalhar com uma imagem simplificada de Heidegger, que não está à

---

[1] Ver Jacques Derrida, *De l'esprit: Heidegger et la question* (Paris, Galilée, 1987) [ed. bras.: *Do espírito: Heidegger e a questão*, trad. Constança Marcondes Cesar, Campinas, Papirus, 1987].

[2] Ver Reiner Schürmann, *Heidegger on Being and Acting* (Bloomington, Indiana University Press, 1987).

[3] Ver Theodor W. Adorno, *The Jargon of Authenticity* (Londres, New Left Books, 1973) e também Jean-François Lyotard, *Heidegger et "les juifs"* (Paris, Galilée, 1988) [ed. bras.: *Heidegger e "os judeus"*, trad. Ephrain F. Alves, Petrópolis, Vozes, 1994].

30 / O sujeito incômodo

altura de seu rigor filosófico. As raízes ético-políticas desse impasse da referência desconstrucionista a Heidegger foram talvez mais bem formuladas por Derrida em sua entrevista a Jean-Luc Nancy:

> Acredito na força e na necessidade (e, portanto, em certa irreversibilidade) do gesto pelo qual Heidegger *substitui* certo conceito de *Dasein* por um conceito de sujeito ainda muito marcado pelos traços do ser como *vorhanden*, e consequentemente por uma interpretação do tempo, e insuficientemente questionado em sua estrutura ontológica [...]. O tempo e o espaço desse deslocamento abriram um hiato, marcaram uma lacuna, deixaram frágeis ou relembraram a fragilidade ontológica essencial das fundações éticas, jurídicas e políticas da democracia e de todo discurso que se possa opor ao nacional-socialismo em todas as suas formas (as "piores", ou aquelas a que Heidegger e outros poderiam ter sonhado em se opor). Tais fundamentos foram e ainda são essencialmente chancelados no interior de uma filosofia do sujeito. É possível perceber rapidamente a questão, que também poderia ser a tarefa: é possível levar em consideração a necessidade da analítica existencial e o que ela abala no "sujeito" e nos voltar para uma ética, uma política (essas palavras ainda são apropriadas?) e mesmo para "outra" democracia (seria ainda uma democracia?), em todo caso, para outro tipo de responsabilidade que proteja contra aquilo que há pouco chamei muito rapidamente de o "pior"? [...] Creio que certo número de nós esteja trabalhando apenas para isso, que só pode acontecer por uma longa e lenta trajetória.[4]

Trata-se de um terrível impasse: se endossamos a "desconstrução" heideggeriana da metafísica da subjetividade, não solapamos a própria possibilidade de uma resistência democrática filosoficamente fundamentada aos horrores totalitários do século XX? A resposta de Habermas para essa questão é um definitivo e patético "sim!" e, por essa razão, ele também se opôs à *Dialética do Esclarecimento*, de Adorno e Horkheimer*, um livro que – de forma não inteiramente diferente da de Heidegger – situa as raízes dos horrores "totalitários" no projeto de base do Esclarecimento ocidental. Os heideggerianos, é claro, retrucariam que não se pode simplesmente opor a subjetividade democrática a seu excesso "totalitário", visto que esse excesso seria a "verdade" da subjetividade democrática – ou seja, visto que fenômenos como o "totalitarismo" estariam efetivamente arraigados na subjetividade moderna. (É desse modo – para dizê-lo de forma simplificada – que o próprio Heidegger

---

4   "'Eating Well', or the Calculation of the Subject: An Interview with Jacques Derrida", em Eduardo Cadava, Peter Connor e Jean-Luc Nancy, *Who Comes after the Subject* (Nova York, Routledge, 1991), p. 104.

*   Ed. bras.: trad. Guido Antonio de Almeida, Rio de Janeiro, Zahar, 2002. (N. E.)

explica seu breve envolvimento com o nazismo: pelo fato de que o projeto de *Ser e tempo* não estava ainda completamente livre da abordagem transcendental.)

A mesma ambiguidade parece determinar a própria referência (em geral inconsistente) de Lacan a Heidegger, oscilando entre a apropriação de alguns termos-chave heideggerianos que forneceriam o desejado alicerce para a psicanálise e, em seus últimos anos, uma série de observações depreciativas transitórias (como a que classificava suas referências anteriores a Heidegger como puramente externas e didáticas). Contra o pano de fundo desse imbróglio, nossa tese será a de que Lacan tem sucesso onde Habermas e outros "defensores do sujeito", inclusive Dieter Henrich, fracassam: a (re)leitura lacaniana da problemática da subjetividade no idealismo alemão permite não apenas traçar os contornos de um conceito de subjetividade que não se encaixa no marco da noção heideggeriana do niilismo inerente à subjetividade moderna, mas também situar o ponto do fracasso inerente do edifício filosófico de Heidegger, até a questão frequentemente discutida sobre as eventuais raízes de seu engajamento no nazismo.

(Des)engajamento político heideggeriano

Tomemos como ponto de partida a crítica de Nietzsche a Wagner: essa crítica foi incorporada por Heidegger como a rejeição paradigmática de todas as críticas do subjetivismo que permanecem no horizonte da subjetividade cartesiana (isto é, das críticas liberal-democráticas do excesso "totalitário" de subjetividade). Nietzsche tinha um instinto infalível que lhe permitiu discernir, por trás do sábio que prega a negação da vontade de vida, o *ressentimento* da vontade frustrada: Schopenhauer e seus pares são figuras cômicas que converteram e elevaram sua cobiça impotente e sua falta de criatividade para a afirmação da vida à posição de sabedoria resignada. (O diagnóstico de Nietzsche não seria válido também para as atuais tentativas de "superar" o paradigma cartesiano da dominação por meio de uma nova atitude holística de renúncia ao antropocentrismo, do humilde aprendizado a partir das culturas antigas etc.?)

Em seu projeto de "superação" da metafísica, Heidegger endossa integralmente essa rejeição nietzschiana das saídas rápidas e fáceis da metafísica: o único verdadeiro caminho para romper o fechamento metafísico é "passar por ele" em suas formas mais perigosas, suportar a dor no niilismo metafísico em sua forma mais extrema, o que significa que devemos rejeitar como inúteis todos os falsos sedativos, todas as tentativas diretas de interromper o insano círculo vicioso da tecnologia moderna por um retorno à sabedoria tradicional pré-moderna (do cristianismo ao pensamento oriental), todas as tentativas de reduzir a ameaça da tecnologia moderna ao efeito de uma injustiça social ôntica (exploração capitalista, dominação patriarcal, "paradigma mecanicista"...). Essas tentativas não são apenas vãs: o verdadeiro problema é que, num nível mais profundo, elas incitam ainda mais o mal que estão atacando. Um excelente exemplo é a crise ambiental: no momento em que a reduzimos aos desequilíbrios provocados por nossa excessiva exploração tecnológica da natureza, silenciosamente já conjeturamos que a solução é confiar nas inovações tecnológicas, numa nova tecnologia "verde", *mais eficiente e global em seu controle dos processos naturais e dos recursos humanos*... Todas as preocupações ambientais e projetos concretos para mudar a tecnologia, com o intuito de melhorar o estado do nosso ambiente natural, perdem valor por confiar na própria fonte do problema.

Para Heidegger, o verdadeiro problema não é a crise ecológica em sua dimensão ôntica, inclusive uma possível catástrofe global (buraco na camada de ozônio, derretimento das calotas polares etc.), mas o modo tecnológico de relacionamento com os entes ao nosso redor – essa crise real vai nos confrontar de forma ainda mais radical se a esperada catástrofe *não* ocorrer, ou seja, se a humanidade conseguir "dominar" essa situação crítica... Por essa razão, Heidegger também nega relevância filosófica à problemática liberal padrão da tensão entre sociedades "abertas" e "fechadas", entre o funcionamento "normal" do sistema capitalista democrático, com seu respeito aos direitos humanos e liberdades, e seus "excessos" totalitários (fascistas ou comunistas). Ao menos implicitamente, Heidegger deprecia o esforço para conter o sistema – manter seu "rosto humano", forçá-lo a respeitar as regras básicas da democracia e da liberdade, promover a solidariedade humana, impedir que ele caia no excesso totalitário –, considerando-o uma fuga da verdade interior do próprio sistema, que se torna visível justamente em tais excessos: esses esforços pouco empenhados para manter o sistema sob controle são a pior forma de permanecer em seu horizonte. Devemos recordar aqui do papel estratégico do significante "histeria" no discurso político "radical" típico dos bolcheviques, que tachavam de "histéricos" aqueles seus oponentes que resmungavam sobre a necessidade de valores democráticos, a ameaça totalitária à humanidade etc. Seguindo a mesma linha, Heidegger também denuncia as reivindicações liberal-humanitárias por um "capitalismo com rosto humano" como uma relutância em confrontar a verdade epocal em toda a sua insuportável radicalidade. O paralelo com os bolcheviques é absolutamente pertinente: o que Heidegger partilha com os marxistas revolucionários é a ideia de que a verdade do sistema emerge em seus excessos – ou seja, para Heidegger, assim como para os marxistas, o fascismo não é uma simples aberração do desenvolvimento "normal" do capitalismo, mas o resultado necessário de sua dinâmica interior.

Aqui, no entanto, surgem as complicações: num exame mais minucioso, logo se torna claro que a estratégia argumentativa de Heidegger é dupla. Por um lado, ele rechaça toda preocupação com democracia e direitos humanos como puro

acontecimento ôntico, indigno de questionamento ontológico filosófico apropriado – democracia, fascismo, comunismo, todos dão no mesmo no que diz respeito
ao Destino epocal do Ocidente. Por outro lado, contudo, sua insistência no fato de
que não está convencido de que a democracia seja a forma política mais adequada
à essência da tecnologia[5] sugere que há *outra* forma política que se adapta melhor a
essa essência ontológica – por algum tempo, Heidegger pensava tê-la encontrado
na "mobilização total" fascista (embora, significativamente, nunca no comunismo,
que sempre permaneceu, para ele, como historicamente similar ao americanis-
mo...). Heidegger, é claro, enfatiza várias vezes que a dimensão ontológica do nazismo não deve ser comparada com o nazismo enquanto ordem político-ideológica
ôntica; na conhecida passagem de *Introdução à metafísica*, por exemplo, ele repudia
a ideologia biologista de raça por escapar completamente da "grandeza interior" do
movimento nazista, que reside no encontro entre o homem moderno e a tecnologia[6]. Não obstante, resta o fato de que Heidegger *nunca* falou, por exemplo, da
"grandeza interior" da democracia liberal – como se a democracia liberal fosse
apenas uma visão de mundo superficial, sem nenhuma dimensão subjacente de
assunção de seu Destino epocal[7]...

A propósito desse ponto específico, eu mesmo tive meu primeiro problema com
Heidegger (já que comecei como heideggeriano – meu primeiro livro publicado foi
sobre Heidegger e a linguagem). Na juventude, quando fui bombardeado com as
histórias dos filósofos comunistas oficiais sobre o envolvimento de Heidegger com
o nazismo, elas não me interessaram; eu estava muito mais do lado dos heideggerianos iugoslavos. De repente, porém, percebi que os heideggerianos iugoslavos
estavam fazendo com a ideologia iugoslava da autogestão exatamente a mesma

---

[5] Em entrevista ao *Der Spiegel*, quando perguntado qual sistema político seria mais bem ajustado à
tecnologia moderna, Heidegger respondeu: "Não estou convencido de que seja a democracia". Ver
Richard Wolin (org.), *The Heidegger Controversy: A Critical Reader* (Massachusetts, MIT Press,
1993), p. 104.

[6] "O que hoje se apresenta como filosofia do Nacional-Socialismo [...] não tem nada a ver com a
verdade e grandeza interior deste movimento (a saber, com o encontro entre a tecnologia determinada planetariamente e o homem moderno)", Martin Heidegger, *An introduction to metaphysics*
(New Haven, CT, Yale University Press, 1997), p. 199 [ed. bras.: *Introdução à metafísica*, trad.
Emmanuel Carneiro Leão, 4. ed., Rio de Janeiro, Tempo Brasileiro, 1999, p. 217].

[7] Em relação à junção de stalinismo e fascismo, Heidegger silenciosamente dá prioridade ao fascismo. Nesse ponto, discordo dele e sigo Alain Badiou, que alega que, apesar dos horrores cometidos
em seu nome (ou, melhor dizendo, em nome da forma específica desses horrores), o comunismo
stalinista estava inerentemente relacionado a um Acontecimento-Verdade (Revolução de Outubro), ao passo que o fascismo foi um pseudoacontecimento, uma mentira disfarçada de autenticidade. Ver Alain Badiou, *L'éthique* (Paris, Hatier, 1993) [ed. bras.: *Ética: um ensaio sobre a consciência
do mal*, Rio de Janeiro, Relume-Dumará, 1995].

coisa que Heidegger fizera com relação ao nazismo: na ex-Iugoslávia, os heideggerianos tinham a mesma relação ambiguamente assertiva com a autogestão socialista, a ideologia oficial do regime comunista – para eles, a essência da autogestão era a própria essência do homem moderno, por isso o conceito filosófico de autogestão se adequava à essência ontológica da nossa época, ao passo que a ideologia política padrão do regime negava essa "grandeza interior" da autogestão... Assim, os heideggerianos estão eternamente em busca de um sistema político ôntico positivo que estaria mais próximo da verdade ontológica epocal, estratégia essa que conduz inevitavelmente ao erro (que, obviamente, só é reconhecido retroativamente, *post factum*, após a desastrosa consequência de determinado envolvimento).

Como o próprio Heidegger propõe, aqueles que chegaram mais perto da verdade ontológica estão condenados a errar no nível ôntico... Mas errar sobre o quê? Precisamente a respeito da linha de separação entre ôntico e ontológico. O paradoxo que não devemos subestimar é que o próprio filósofo que se interessava pelo enigma da diferença ontológica – o filósofo que advertira repetidamente contra o equívoco metafísico de conferir dignidade ontológica a um conteúdo ôntico (Deus como o Ente mais elevado, por exemplo) – caiu na armadilha de conferir ao nazismo a dignidade ontológica de se adequar à essência do homem moderno. A defesa-padrão de Heidegger ante a vituperação de seu passado nazista consiste de dois pontos: o envolvimento com o nazismo foi um simples erro pessoal (uma "estupidez [*Dummheit*]", como diz o próprio Heidegger), sem nenhuma relação intrínseca com seu projeto filosófico; o principal contra-argumento é que a filosofia de Heidegger é a que nos permite discernir as verdadeiras raízes epocais do totalitarismo moderno. No entanto, o que continua a ser desconsiderado é a cumplicidade oculta entre a indiferença ontológica com relação aos sistemas sociais específicos (capitalismo, fascismo, comunismo), na medida em que todos pertencem ao mesmo horizonte de tecnologia moderna, e a prerrogativa secreta de um modelo sociopolítico concreto (nazismo com Heidegger, comunismo com alguns "marxistas heideggerianos") vir a estar mais próximo da verdade ontológica da nossa época.

Devemos evitar aqui a armadilha em que caíram os defensores de Heidegger, os quais enxergaram seu envolvimento com o nazismo como uma simples anomalia, uma queda no nível ôntico, em flagrante contradição com seu pensamento, que nos ensina a não confundir horizonte ontológico com escolhas ônticas (como vimos, Heidegger chega ao seu ápice quando mostra que, num nível estrutural mais profundo, as oposições ecológicas e conservadoras (entre outras) ao universo moderno da tecnologia já estão cravadas no horizonte daquilo mesmo que pretendem rejeitar: a crítica ecológica da exploração tecnológica da natureza conduziria, em última instância, a uma tecnologia mais "ecologicamente sensata" etc.). Heidegger não se envolveu no projeto político nazista "apesar de" sua abordagem filosófica ontológica, mas *por causa* dela; esse envolvimento não estava "abaixo" de seu nível filosófico – ao contrário, se quisermos entender Heidegger, é importante compreender a cumplicidade (a "identidade especulativa", nos termos de Hegel) entre a elevação acima das preocupações ônticas e o apaixonado engajamento político nazista "ôntico".

Agora podemos ver a armadilha ideológica em que Heidegger caiu: quando critica o racismo nazista em nome da verdadeira "grandeza interior" do movimento nazista, ele repete o gesto ideológico elementar de manter um distanciamento interior em relação ao texto ideológico – afirmar que existe algo mais abaixo dele, um núcleo não ideológico: a ideologia exerce seu poder sobre nós pela própria insistência de que a causa à qual aderimos não é "meramente" ideológica. Onde está, então, a armadilha? Quando o frustrado Heidegger se afasta do engajamento ativo no movimento nazista, ele o faz porque o movimento não preservou o nível de sua "grandeza interior", mas legitimou-se pela ideologia inadequada (a racial). Em outras palavras, ele esperava que o movimento se legitimasse justamente pela percepção direta de sua "grandeza interior". E o problema está na própria expectativa de que seja possível um movimento político que se remeta diretamente a sua fundação histórico-ontológica. No entanto, essa expectativa é profundamente metafísica em si mesma, na medida em que não reconhece que a lacuna que separa a legitimação ideológica de um movimento de sua "grandeza interior" (sua essência histórico-ontológica) é *constitutiva*, é uma condição positiva de seu "funcionamento". Para usarmos os termos do Heidegger tardio, o *insight* ontológico implica necessariamente cegueira e erro ônticos, e vice-versa – isto é, para sermos "eficazes" no nível ôntico devemos ignorar o horizonte ontológico de nossa atividade. (Nesse sentido, Heidegger ressalta que "a ciência não pensa" e que, longe de ser sua limitação, essa inépcia é o próprio motor do progresso científico.) Em outras palavras, o que Heidegger parece incapaz de endossar é um engajamento político concreto que *aceitaria* sua necessária e constitutiva cegueira – como se todo engajamento ôntico fosse depreciado e perdesse sua autêntica dignidade no momento em que reconhecêssemos a lacuna que separa a consciência do horizonte ontológico e o engajamento ôntico.

Outro aspecto do mesmo problema é a passagem do já-à-mão para o presente-à-mão* em *Ser e tempo*. Heidegger toma como ponto de partida a imersão ativa de um agente engajado finito em seu entorno, que se relaciona com os objetos ao seu redor como algo já-à-mão; a percepção impassível de objetos enquanto presente-à-mão surge gradualmente desse engajamento quando as coisas "funcionam mal" de diferentes maneiras e, portanto, é um modo de presença derivativo. O argumento de Heidegger, é claro, é que a descrição ontológica característica do modo como o

---

* Também traduzidos por "manual" e "o simplesmente-dado", respectivamente. (N. T.)

Dasein está no mundo deve abandonar o dualismo cartesiano moderno de valores e fatos: a ideia de que o sujeito encontra objetos presente-à-mão nos quais ele projeta seus objetivos, e os quais ele explora adequadamente, falseia o estado próprio das coisas, isto é, o fato de que a imersão engajada no mundo é primigênia, e todos os outros modos de presença de objetos são dela derivados.

Numa análise mais minuciosa, contudo, o quadro se torna um tanto obscuro e mais complexo. O problema com *Ser e tempo* é como coordenar a série de pares de oposições: existência autêntica *versus* o *das Man* [o impessoal]; angústia *versus* imersão na atividade mundana; pensamento filosófico verdadeiro *versus* ontologia tradicional; sociedade moderna dispersa *versus* o povo que assume seu Destino histórico... Os pares nessa série não se limitam apenas a uma sobreposição: quando um artesão ou um fazendeiro pré-moderno, seguindo seu modo de vida tradicional, está imerso no envolvimento cotidiano com os objetos presente-à-mão que estão incluídos em seu mundo, essa imersão não é definitivamente o mesmo que o *das Man* do citadino moderno. (É por isso que, em seu notório "Por que permanecemos na província?", o próprio Heidegger relata que, quando estava indeciso se deveria ou não aceitar o convite para lecionar em Berlim, consultou um amigo, um batalhador fazendeiro local, que se limitou a balançar a cabeça em silêncio – Heidegger imediatamente aceitou isso como uma resposta autêntica à sua situação.) Em contraste com esses dois modos opostos de imersão – o envolvimento autêntico com o presente-à-mão e o moderno deixar-se ir no embalo do *das Man* –, não seria o caso de haver também dois modos opostos de distanciar-se: a arrasadora experiência existencial da angústia, que nos arrebata da costumeira imersão em nosso modo de vida, e a distância teórica do observador neutro que, como se estivesse de fora, percebe o mundo em "representações"? É como se essa tensão "autêntica" entre a imersão do "ser-no-mundo" e sua suspensão na angústia fosse redobrada pelo par "inautêntico" do *das Man* e da ontologia metafísica tradicional. Temos então quatro posições: a tensão na vida cotidiana entre o autêntico "ser-no-mundo" e *das Man*, a tensão entre os dois modos de sair do fluxo cotidiano das coisas, a determinação existencial autêntica e a ontologia metafísica tradicional. Isso não nos dá uma espécie de quadrado semiótico heideggeriano?

Heidegger não está interessado no problema (hegeliano) da legitimação das normas que regulam nossa imersão no mundo-da-vida cotidiano: ele oscila entre a imersão direta (pré-reflexiva) na vida cotidiana e o abismo da desintegração desse quadro (sua versão do encontro com a "negatividade absoluta")[8]. Ele está aguda-

---

[8] Ver Robert Pippin, *Idealism as Modernism* (Cambridge, Cambridge University Press, 1997), p. 395-414.

mente ciente de que nossa vida cotidiana se funda em certa decisão frágil – de que, apesar de sermos irredutivelmente lançados numa situação contingente, isso não significa que sejamos simplesmente determinados por ela, pegos como um animal: a condição humana original é de deslocamento, de abismo e excesso, e qualquer envolvimento no habitat da vida cotidiana apoia-se num ato de resoluta aceitação dessa condição. O habitat cotidiano e o excesso não são meramente opostos: o próprio habitat é "escolhido" num gesto "excessivo" de decisão infundada. Esse ato de violenta imposição é o "terceiro termo" que solapa a alternativa de adequar-se plenamente a um contexto de mundo-da-vida e de razão descontextualizada abstrata: consiste num gesto violento de fuga do contexto finito, o gesto que ainda não está "estabilizado" na posição de universalidade neutra característica da Razão observadora, mas permanece como uma espécie de "universalidade-em-devir", para usarmos os termos de Kierkegaard. A dimensão "especificamente humana", portanto, não é nem a do agente engajado capturado no finito contexto de mundo-da--vida nem aquela da Razão universal liberta do mundo-da-vida, mas a própria discordância, o "mediador evanescente", entre as duas.

O nome dado por Heidegger a esse ato de imposição violenta, *Ent-Wurf*, indica a fantasia fundamental pela qual o sujeito "dá sentido" – adquire as coordenadas – à situação na qual é lançado (*geworfen*), e na qual se encontra desorientado e perdido[9]. O que é problemático aqui é que Heidegger lança mão do conceito de *Geworfenheit* ("ser-lançado") numa situação contingente finita, e de *Entwurf* (o ato de escolher autenticamente o próprio caminho) em dois níveis cuja relação não está bem fundamentada: o individual e o coletivo. No nível individual, o autêntico encontro com a morte, que é "sempre meu", permite que eu projete meu futuro num autêntico ato de escolha; mas então uma comunidade também é determinada como lançada numa situação contingente na qual ela deve assumir-escolher seu destino. Heidegger passa do nível individual ao da sociedade por meio do conceito de *repetição*: "A repetição própria do vigor de ter sido de uma possibilidade existencial – o fato de a existência escolher seus heróis – funda-se, existencialmente, na decisão antecipadora"[10]. O pano de fundo é inequivocamente kierkegaardiano: a verdadeira comunidade cristã é fundamentada no fato de que cada um de seus membros deve repetir o modo de existência livremente assumido por Cristo, seu herói.

Essa passagem do "projeto lançado" do *Dasein* individual – que num ato de decisão antecipadora alcança um autêntico modo de ser, "escolhe livremente seu

---

[9]   Refiro-me aqui a uma conversa com Eric Santner.

[10] Martin Heidegger, *Being and Time* (Albany, Suny Press, 1996), p. 437 [ed. bras.: *Ser e tempo*, parte II, trad. Marcia Sá Cavalcante Schuback, 13. ed., Petrópolis/Bragança Paulista, Vozes/Universidade São Francisco, 2005, p. 191].

destino" – para uma comunidade humana de um Povo – que num ato coletivo de decisão antecipadora enquanto repetição de uma possibilidade pretérita também assume autenticamente seu Destino histórico – não está fenomenologicamente fundamentada de modo adequado. O *medium* do ser-aí coletivo (da sociedade) não está devidamente desdobrado: o que Heidegger parece deixar de lado é basicamente aquilo que Hegel designou como "Espírito objetivo", o grande Outro simbólico, o domínio "objetificado" dos mandatos simbólicos etc., que não é *ainda* o "impessoal" *das Man*, mas também *não é mais* a imersão pré-moderna num modo de vida tradicional. Esse curto-circuito ilegítimo entre os níveis individual e coletivo está na raiz da "tentação fascista" de Heidegger; nesse ponto, a politização implícita de *Ser e tempo* está em pleno vigor: acaso a oposição entre a moderna sociedade dispersa anônima de *das Man*, com pessoas ocupadas com suas preocupações diárias, e o Povo assumindo autenticamente seu Destino não faz eco à oposição entre a moderna civilização "americanizada" decadente, da falsa atividade frenética, e a conservadora resposta "autêntica" a ela?

Não se trata de afirmar que a concepção heideggeriana de repetição histórica como coincidente com o autêntico projeto antecipador não seja um caso exemplar de análise. O ponto-chave que não deve ser desconsiderado na análise heideggeriana da historicidade propriamente dita é a interconexão dos três êxtases do tempo: quando Heidegger fala de "projeção lançada", isso não significa simplesmente que um agente finito se encontra numa situação que limita suas opções, que ele analisa as potencialidades permitidas por essa situação finita, por sua condição, escolhe a possibilidade que melhor se ajusta a seus interesses e a assume como projeto seu. A questão é que o futuro tem uma primazia: para ser capaz de discernir as possibilidades abertas pela tradição na qual um agente é lançado, este já deve reconhecer seu engajamento num projeto – o movimento de repetição, por assim dizer, revela retroativamente (e, assim, realiza integralmente) aquilo mesmo que ele repete.

Por essa razão, a "decisão" de Heidegger, no sentido preciso de uma resolução antecipadora (*Ent-Schlossenheit*), tem o *status* de uma *escolha forçada*, a decisão heideggeriana como repetição não é uma "livre escolha" no sentido usual do termo. (A ideia de escolha livre entre possibilidades alternativas é absolutamente alheia a Heidegger; ele a rejeita por pertencer ao superficial individualismo liberal americanizado.) Ela é fundamentalmente a escolha de "assumir livremente" o destino imposto. Esse paradoxo – necessário caso se queira evitar a ideia liberal banal de liberdade de escolha – indica a problemática teológica da *predestinação* e da *Graça*: uma verdadeira decisão/escolha (não uma escolha entre uma série de objetos que deixa minha subjetividade intacta, mas a escolha fundamental pela qual eu "me escolho") pressupõe que eu assuma uma atitude passiva de "deixar-me ser escolhido" – em suma, *livre escolha e Graça são estritamente equivalentes*, ou, como posto por Deleuze, escolhemos verdadeiramente apenas quando somos escolhidos: "*Ne choisit bien, ne choisit effectivement que celui qui est choisi*" [Só escolhe bem, só efetivamente escolhe aquele que é escolhido][11].

Para dissipar a ideia de que estamos lidando aqui com uma problemática obscurantista-teológica, citemos o exemplo à esquerda mais revelador da interpelação da classe proletária: quando um sujeito se reconhece como um revolucionário proletário, quando assume livremente e se identifica com a causa da revolução, ele se reconhece como tendo sido escolhido pela História para cumprir essa tarefa. Em linhas gerais, o conceito de interpelação ideológica de Althusser envolve a situação da "escolha forçada" pela qual o sujeito emerge do ato de escolher livremente o inevitável – ou seja, na qual a ele/ela é dada liberdade de escolha, desde que ele/ela faça a escolha certa: quando um indivíduo é chamado por uma interpelação, ele é "convidado a representar um papel de tal forma que o convite aparente já ter sido respondido pelo sujeito antes mesmo de ter sido feito, mas ao mesmo tempo que o convite pudesse ter sido recusado"[12]. Nisso reside o ato ideológico de reconhecimento, no qual me reconheço como o "sempre-já" em que sou interpelado como tal: ao reconhecer-me como "x", assumo/escolho livremente o fato de que sempre-já fui "x". Quando, por exemplo, sou acusado de um crime e concordo em me defender, *pressuponho-me* como um agente livre legalmente responsável por meus atos.

Em sua discussão virtual com Ernesto Laclau, Judith Butler levantou um ponto hegeliano interessante a respeito da decisão: não é apenas que nenhuma decisão seja tomada num vazio absoluto, que toda decisão esteja contextualizada, seja uma decisão num contexto, mas é que os próprios contextos

> são de certa forma produzidos pelas decisões, ou seja, há uma certa duplicação na tomada de decisão [...] Há, primeiramente, a decisão de demarcar ou delimitar o contexto no qual uma decisão [a respeito dos tipos de diferenças que não devem ser incluídas

---

[11] Gilles Deleuze, *Image-temps* (Paris, Éditions de Minuit, 1985), p. 232 [ed. bras.: *A imagem-tempo*, trad. Eloisa de Araújo Ribeiro, São Paulo, Brasiliense, 2005, p. 215]. Dito de outra forma, a escolha é sempre uma metaescolha, envolve a escolha de escolher ou não. A prostituição, por exemplo, é uma simples troca: um homem paga a uma mulher para que ela faça sexo com ele. O casamento, por outro lado, envolve dois níveis: no casamento tradicional, em que o homem é arrimo de família, ele *paga* muito mais à mulher (mantendo-a como esposa) para *não ter de pagá-la* (por sexo). Assim, no caso do casamento por dinheiro, pode-se dizer que o marido paga à mulher para que ela venda não apenas seu corpo, mas também sua alma – para que simule que está se entregando a ele por amor. Outra forma seria dizer que se paga a uma prostituta para fazer sexo, ao passo que a esposa se torna uma prostituta a quem se deve pagar ainda mais caso não se faça sexo com ela (posto que, nesse caso, ela não é/está satisfeita e deve-se satisfazê-la de outra forma, com presentes caros).

[12] Mark Poster, *The Second Media Age* (Cambridge, Polity Press, 1995), p. 81.

40 / O sujeito incômodo

em determinada organização política] será tomada, e então há o isolamento de certos tipos de diferenças como inadmissíveis.

A indecidibilidade aqui é radical: não se pode chegar a um contexto "puro" anterior à decisão; todo contexto está "sempre-já" retroativamente constituído por uma decisão (bem como as razões para se fazer uma coisa, as quais estão sempre ao menos minimamente postuladas de forma retroativa pelo ato de decisão que estabelecem – apenas ao decidirmos acreditar é que as razões para acreditar tornam-se convincentes, e não vice-versa). Outro aspecto desse mesmo ponto é que não apenas não existe decisão sem exclusão (isto é, toda decisão exclui uma série de possibilidades), como também o próprio ato de decisão torna-se possível por algum tipo de exclusão: algo deve ser excluído para que nos tornemos seres que tomam decisões.

A observação lacaniana a respeito da "escolha forçada" não seria uma forma de explicar esse paradoxo? A "exclusão" primeira que fundamenta a decisão (isto é, a escolha) acaso não indicaria que a escolha, num certo nível radicalmente fundamental, é forçada – que eu tenho (livre) escolha apenas se fizer a escolha adequada –, de forma que, nesse nível, haja uma escolha paradoxal que se justapõe à sua metaescolha: "Dizem o que devo escolher livremente"? Longe de ser um sinal de "distorção patológica (ou politicamente 'totalitária')", esse nível de "escolha forçada" é, precisamente, o que *falta* à posição psicótica: o sujeito psicótico age como se realmente tivesse livre escolha "em todo o caminho".

Dessa forma, antes de descartarmos como uma descrição codificada de uma pseudorrevolução conservadora a descrição heideggeriana da resolução antecipadora como o livre assumir de seu destino, devemos parar por um momento e retomar a afirmação de Fredric Jameson de que de certo modo o verdadeiro sujeito à esquerda está muito mais próximo do comunitarista neoconservador do que de um liberal-democrata: ele endossa integralmente a crítica conservadora à democracia liberal e concorda com o conservador em praticamente tudo, *exceto no essencial*, exceto numa característica por vezes minúscula que, no entanto, muda tudo. Quanto ao conceito heideggeriano de escolha autêntica como repetição, o paralelo com a ideia de revolução como repetição, de Walter Benjamin – elucidada nas "Teses de filosofia da História"[13] –, é notável que, aqui também, a revolução é conceituada como uma repetição que concretiza a possibilidade velada do passado, de forma que uma visão apropriada do passado (aquela que compreende o passado

---

[13] Ver Walter Benjamin, "Theses on the Philosophy of History", em *Illuminations* (Nova York, Schocken Books, 1969). [As teses de Walter Benjamin (também chamadas "Sobre o conceito de história") podem ser encontradas em Michael Löwy, *Walter Benjamin: aviso de incêndio*, São Paulo, Boitempo, 2005. – N. T.]

não como um conjunto fechado de fatos, mas como aberto, envolvendo uma possibilidade que fracassou ou foi reprimida em sua realidade) abre-se apenas do ponto de vista de um agente engajado numa situação presente. A revolução presente, em sua tentativa de libertar a classe trabalhadora, também redime retroativamente todas as tentativas passadas frustradas de libertação – ou seja, o ponto de vista de um agente presente engajado num projeto revolucionário torna repentinamente visível aquilo a que a historiografia objetivista/positivista, confinada à facticidade, é cega por definição: as potencialidades ocultas de libertação que foram esmagadas pela marcha vitoriosa das forças de dominação.

Lida desse modo, a apropriação do passado por meio de sua repetição numa decisão antecipadora que encena um projeto – essa identificação de destino e liberdade, de assumir seu Destino como a mais elevada (embora forçada) escolha livre – *não* envolve a questão nietzschiana simples de que até mesmo a mais neutra descrição do passado sirva aos propósitos presentes de um projeto político de poder. Devemos insistir aqui na oposição entre a apropriação do passado do ponto de vista daqueles que governam (a narrativa da história passada como a evolução que os conduziu ao triunfo e o legitima) e a apropriação daquilo que, no passado, permaneceu como sua potencialidade utópica e fracassada ("reprimida"). Assim, o que a descrição heideggeriana deixa de lado – dito de forma direta e um pouco bruta – é a compreensão da natureza radicalmente *antagônica* de todo modo de vida comunal até este momento.

Portanto, a ontologia de Heidegger é de fato "política" (refiro-me ao título do livro de Bourdieu sobre Heidegger): seu esforço para romper com a ontologia tradicional, e declarar como chave para o "sentido-do-ser" a decisão do homem de adotar um "projeto" pelo qual ele toma ativamente seu "ser-lançado" numa situação histórica finita, situa o ato histórico-político da decisão no coração da ontologia: a própria escolha da forma histórica do *Dasein* é de certo modo "política", consiste numa decisão insondável que não se fundamenta em nenhuma estrutura ontológica universal. Assim, a argumentação liberal habermasiana convencional – que situa a fonte da tentação fascista de Heidegger em seu decisionismo "irracional", em sua rejeição de quaisquer critérios universais racional-normativos para a atividade política – foge completamente da questão: o que sua crítica rejeita como decisionismo protofascista é simplesmente a condição básica do *político*. Numa forma pervertida, o engajamento nazista de Heidegger foi um "passo na direção certa", um passo na direção da admissão aberta e da assunção integral das consequências da falta de garantia ontológica, do abismo da liberdade humana[14]: segun-

---

[14] Fredric Jameson já foi alvo de críticas por sua controversa afirmação de que o conhecido engajamento político de Heidegger, em 1933, longe de constituir uma anomalia deplorável, foi seu único gesto público solidário.

42 / O sujeito incômodo

do Alain Badiou, aos olhos de Heidegger a "revolução" nazista foi formalmente indistinguível do autêntico "acontecimento"* histórico-político. Ou, para dizê-lo de outra forma, o engajamento político de Heidegger foi uma espécie de *passage à l'acte* no Real que testemunha o fato de que ele se recusou a ir fundo no Simbólico – a matutar sobre as consequências teóricas de seu avanço em *Ser e tempo*.

A história-padrão a respeito de Heidegger é que ele fez a sua *Kehre* (virada) depois de tomar consciência de que o projeto original de *Ser e tempo* levaria de volta ao subjetivismo transcendental: devido ao imponderável resto de subjetivismo (decisionismo etc.), Heidegger deixou-se seduzir por seu engajamento nazista; no entanto, quando percebeu que "se queimou" fazendo isso, ele recolheu o que restou do subjetivismo e desenvolveu a ideia do caráter histórico-epocal do próprio Ser... É tentador inverter essa história: há uma espécie de "mediador evanescente" entre Heidegger I e Heidegger II, uma posição de subjetividade radicalizada que coincide com seu oposto – ou seja, reduzida a um gesto vazio, a impossível *interseção* entre o "decisionismo" de Heidegger I e seu "fatalismo" tardio (o acontecimento do Ser "se dá" no homem, que serve como seu pastor...). Longe de ser a "consequência prática" dessa subjetividade radicalizada, o engajamento nazista de Heidegger foi uma tentativa desesperada de *evitá-la*... Em outras palavras, o que Heidegger descartou depois como o resto da abordagem transcendental subjetivista em *Ser e tempo* é justamente aquilo a que deveria ter se aferrado. O fracasso final de Heidegger não foi o fato de ele ter continuado preso ao horizonte da subjetividade transcendental, mas o fato de ter abandonado esse horizonte rápido demais, antes de refletir sobre suas possibilidades inerentes. O nazismo não foi uma expressão política do "potencial demoníaco niilista da subjetividade moderna", mas sim seu exato oposto: uma tentativa desesperada de evitar esse potencial.

A lógica do "elo perdido" está frequentemente presente na história do pensamento, de Schelling à Escola de Frankfurt. No caso de Schelling, temos a intolerá-

---

* O termo *événement* (central na filosofia de Alain Badiou) vem sendo traduzido no Brasil como "evento" e "acontecimento". Na tradução de *L'être et l'événement* (Paris, Seuil, 1988), optou-se por "evento" (*O ser e o evento*, trad. Maria Luiza Borges, Rio de Janeiro, UFRJ/Zahar, 1996). Já em Gilles Deleuze, por exemplo, optou-se por "acontecimento" – como em *Lógica do sentido* (trad. Luiz Roberto Salinas Fortes, São Paulo, Perspectiva/Edusp, 1974). Privilegiaremos, contudo, o termo "acontecimento", com vistas, num primeiro momento, a destacar a demarcação de algo que "brota", "irrompe" (em contraste com "evento", que não parece carregar semelhante contundência), e dar relevo à força que "acontecimento" tenciona trazer, força essa igualmente presente no edifício teórico de Badiou ao lançar mão desse registro. "Evento", contudo, não será deixado de lado, sendo referido amiúde em aproximação a "ocorrência", "fato", "episódio". Essa diferenciação, a alegada "força" do termo "acontecimento" e o modo como Žižek faz uso disso certamente se tornarão mais evidentes para o leitor a partir das próprias distinções estabelecidas ao longo da teorização. (N. T.)

vel tensão dos rascunhos de *Weltalter*, seu fracasso final; sua filosofia ulterior, que segue *Weltalter*, resolve efetivamente essa tensão intolerável, mas no sentido errado – perdendo a própria dimensão que era nela a mais produtiva. Encontramos o mesmo procedimento de "falsa resolução" no modo como o projeto de Habermas se liga à "dialética do Esclarecimento" de Adorno e Horkheimer. Esta última também é um projeto autodestrutivo, um gigantesco fracasso; e, uma vez mais, o que Habermas faz é resolver a intolerável tensão da "dialética do Esclarecimento" inserindo uma distinção, uma espécie de "divisão de trabalho" entre as duas dimensões, produção e interação simbólica (em estrita homologia com Schelling, que dissolve a tensão de *Weltalter* introduzindo a distinção entre filosofia "negativa" e "positiva"). Nosso argumento é que o ulterior "pensamento-do-ser" de Heidegger encena uma falsa resolução análoga para o impasse inerente do projeto original de *Ser e tempo*[15].

Por que Ser e tempo *permanece inconcluso?*

Por que *Kant e o problema da metafísica*[16], de Heidegger, é crucial aqui? Recordemos o simples fato de que *Ser e tempo*, da forma como o conhecemos, é um fragmento: o que Heidegger publicou como livro consiste das duas primeiras seções da primeira parte; o projeto se revelou impossível, e o que adveio desse fracasso, o que (para usarmos o bom e velho jargão estruturalista) preencheu o vazio da parte final ausente de *Ser e tempo* foi a abundância de escritos de Heidegger posteriores à famosa *Kehre*. Nossa pretensão, obviamente, não é apenas imaginar a versão finalizada de *Ser e tempo*: o impedimento que deteve Heidegger era inerente. Vista mais de perto, a situação é mais complexa. Por um lado – ao menos no nível dos manuscri-

---

[15] O estilo também deve ser considerado aqui: Heidegger I é técnico, "não musical", introduz novas e complexas distinções técnicas, cunha termos, priva categorias com conotação ética de seu engajamento concreto etc., ao passo que Heidegger II é "musical", troca distinções conceituais rigorosas por mediações poéticas, substitui o extenso desenvolvimento sistemático da linha de pensamento (basta lembrarmos o uso dos parágrafos em *Ser e tempo*) por ruminações poéticas breves e circulares. Aquilo que ficou de fora em ambos os termos dessa alternativa deve, obviamente, ser observado: ambos (I e II) são "mortalmente sérios", um de forma técnica compulsória, amontoando termos recém-cunhados para lidar com distinções conceituais, e o outro em resignação poética diante do mistério do destino. O que falta nos dois casos é uma ironia lúdica, traço verdadeiramente determinante do estilo de Nietzsche. (Lembremos a forma meticulosa e óbvia com que Heidegger deixa escapar a profunda ironia e ambiguidade da rejeição aparentemente brutal de Nietzsche a Wagner – em *O caso Wagner* – quando exalta essa rejeição como crucial para o amadurecimento de Nietzsche como pensador).

[16] Ver Martin Heidegger, *Kant and the Problem of Metaphysics* (Bloomington, University of Indiana Press, 1997).

tos – o projeto de *Ser e tempo* foi cumprido: não apenas temos *Kant e o problema da metafísica*, que abrange a primeira seção da planejada parte II, mas também as preleções de Heidegger em Marburgo, em 1927 (publicadas posteriormente como *Problemas fundamentais da fenomenologia**), que cobrem amplamente, e com precisão, as seções remanescentes do projeto original de *Ser e tempo* (o tempo como o horizonte da questão do ser; o *cogito* cartesiano e a concepção aristotélica de tempo como a segunda e a terceira seções da segunda parte), de modo que, se reunirmos esses três volumes publicados, teremos uma versão preliminar de todo projeto de *Ser e tempo*. Além disso, mais enigmático talvez seja o fato de que, apesar da versão publicada de *Ser e tempo* não cobrir nem mesmo a primeira parte completa do projeto, mas apenas suas duas primeiras seções (falta a terceira seção, a exposição do tempo como o horizonte transcendental para a questão do ser), de alguma forma ela nos dá a impressão de estar "completa", de ser um Todo orgânico, como se não faltasse nada. Portanto, estamos lidando aqui com o oposto do conceito-padrão de "fechamento" que oculta ou "sutura" a abertura persistente (inconclusividade): com *Ser e tempo* é como se a insistência de Heidegger de que a versão publicada constitui apenas um fragmento escondesse o fato de que o livro está concluído, terminado. Os capítulos finais (sobre a historicidade) não fazem nada mais do que nos surpreender, como se tivessem sido artificialmente inseridos, como se incluíssem na conclusão uma tentativa, urdida de forma precipitada, de designar outra dimensão (a das formas coletivas da historicidade), para a qual não haveria lugar apropriado no projeto original[17]...

Se a versão publicada de *Ser e tempo* cobrisse toda a parte I do projeto original, a sensação de completude seria justificada. (O que temos é toda a parte "sistemática"; o que falta é apenas a parte "histórica", a interpretação dos três momentos--chave na história da metafísica ocidental – Aristóteles, Descartes, Kant –, cuja "repetição" radicalizada é a própria analítica do *Dasein* heideggeriano.) Evidentemente, o impedimento inerente, a barreira que impede a realização do projeto, já afeta a última seção da parte I. Se deixarmos de lado o problema da não publicação desses textos (notas da preleção) que cobrem as duas seções remanescentes da parte II (isso teria a ver com o *status* enigmático da imaginação em Aristóteles, como

---

* Ed. bras.: trad. Marco Antônio Casanova, Petrópolis, Vozes, 2012. (N. E.)

[17] Num nível mais geral, seria interessante elaborar o conceito dos projetos filosóficos inconclusos, do jovem Hegel a Michel Foucault (cujo primeiro volume de *História da sexualidade* anuncia um projeto global fundamentalmente diferente daquilo que posteriormente foi de fato publicado como os volumes II e III); essa não conclusão é o avesso do procedimento daqueles filósofos (de Fichte a Husserl) que nunca foram além do estabelecimento dos princípios de fundação de seus edifícios – ou seja, que (re)escreveram repetidamente a mesma fundamentação e/ou texto introdutório.

demonstrou Cornelius Castoriadis, o *status* que implode o edifício ontológico, ou estaria relacionado com o ímpeto antiontológico implícito do *cogito* cartesiano como o primeiro anúncio da "noite do mundo"?), resta o enigma: por que Heidegger não conseguiu levar a cabo a sua exploração sistemática do tempo como o horizonte do Ser? A resposta-padrão, "oficial", é bem conhecida: porque ficou claro para ele que a abordagem de *Ser e tempo* ainda era muito metafísica/transcendental, "metodológica", avançando do *Dasein* para a questão do ser, ao invés de se aproximar diretamente da Abertura Temporal do Ser como o que sustenta o *status* único do *Dasein* em meio a todos os entes. Mas e se houvesse outro impasse, outro tipo de abismo, que Heidegger teria encontrado – e dele se afastado – nesse ponto? Queremos argumentar, portanto, contra a versão "oficial" desse obstáculo (de que Heidegger percebeu que o projeto de *Ser e tempo* ainda estava preso ao procedimento transcendental-subjetivista de estabelecer primeiro as "condições de possibilidade" do sentido do Ser mediante a análise do *Dasein*): o que Heidegger encontrou de fato em sua busca em *Ser e tempo* foi o abismo da subjetividade radical anunciado na imaginação transcendental kantiana, e ele recuou desse abismo na direção de seu pensamento da historicidade do Ser.

A crítica de Heidegger não parece nova: ela já havia sido feita, entre outros, por Castoriadis, que defende que a concepção kantiana de imaginação (como aquilo que solapa a imagem ontológica "cerrada" convencional do cosmos) já estava estabelecida numa singular passagem do *De Anima* [*Da alma*]* (III, 7 e 8), na qual Aristóteles declara que "a alma nunca pensa sem imagem" e depois desenvolve essa perspectiva numa espécie de "esquematismo aristotélico" (todo conceito abstrato – de um triângulo, por exemplo – deve ser acompanhado em nosso pensamento de uma representação imagética consciente, ainda que não corpórea – quando pensamos num triângulo, temos em nossa mente uma imagem de um triângulo concreto)[18]. Aristóteles já anuncia a noção kantiana de tempo como o horizonte intransponível da nossa experiência quando afirma que "não é possível pensar sem o tempo o que não se encontra no tempo"[19] – sem encontrar uma espécie de figuração em algo temporal; por exemplo, aquela que "dura para sempre". Castoriadis opõe essa concepção de imaginação à noção-padrão que prevalece tanto em *Da Alma* como em toda a tradição metafísica subsequente: essa concepção radical de imaginação não é nem passivo-receptiva nem conceitual – isto é, não se pode localizá-la ontologicamente, porque ela designa a lacuna no próprio edifício ontológico do Ser. Castoriadis parece plenamente justificado em sua afirmação, portanto:

---

* Ed. port.: trad. Carlos Humberto Gomes, Lisboa, Edições 70, 2011. (N. E.)
[18] Ver Cornelius Castoriadis, "The Discovery of the Imagination", *Constellations*, v. 1, n. 2, out. 1994.
[19] Aristóteles, *On Memory*, 449-50.

46 / O sujeito incômodo

no que diz respeito ao "recuo" que Heidegger imputa a Kant quando confrontado com o "abismo sem fundo" aberto pela descoberta da imaginação transcendental, é o próprio Heidegger quem de fato "recua" após escrever seu livro sobre Kant. Ocorrem novo esquecimento, encobrimento e obliteração da questão da imaginação, de modo que nenhum vestígio da questão será encontrado em seus escritos posteriores; há uma supressão daquilo que essa questão vem perturbar em toda a ontologia (e em todo o "pensamento do Ser").[20]

Castoriadis também tira consequências políticas disso: é o recuo de Heidegger diante do abismo da imaginação que justifica sua aceitação do fechamento político "totalitário", ao passo que o abismo da imaginação fornece o fundamento filosófico para a abertura democrática – a concepção de sociedade fundamentada num ato coletivo de imaginação histórica:

> Um completo reconhecimento da imaginação radical só é possível se caminhar de mãos dadas com a descoberta da outra dimensão do imaginário radical, o imaginário histórico-social, instituindo a sociedade como fonte de criação ontológica desenvolvendo-se enquanto história.[21]

Com Castoriadis, no entanto, a concepção de imaginação permanece no interior do horizonte existencialista do homem como o ser que projeta sua "essência" no ato de imaginação que transcende todo Ser positivo. Então, antes de passarmos ao julgamento final, seria conveniente examinarmos os contornos da imaginação na obra de Kant.

O mistério da imaginação transcendental enquanto espontaneidade reside no fato de que ela não pode ser devidamente localizada em relação ao par "fenomênico" e "numênico". O próprio Kant está preso num impasse e/ou ambiguidade fatal. Por um lado, ele concebe a liberdade transcendental ("espontaneidade") como *numênica*: enquanto entes fenomênicos, somos apanhados na teia das conexões causais, ao passo que nossa liberdade (o fato de que, como sujeitos morais, somos agentes livres, auto-originários) indica a dimensão numênica. Dessa maneira, Kant resolve as antinomias dinâmicas da razão: ambas as proposições podem ser verdadeiras – ou seja, visto que todos os fenômenos estão casualmente conectados, o homem, como ente fenomênico, não é livre; como ente numênico, no entanto, o homem pode agir moralmente como um agente livre... O que borra essa imagem

---

[20] Cornelius Castoriadis, "The Discovery of the Imagination", cit., p. 185-6.
[21] Ibidem, p. 212.

clara é o próprio entendimento de Kant das consequências catastróficas do nosso acesso direto à esfera numênica: se isso viesse a acontecer, os homens *perderiam* sua liberdade moral e/ou espontaneidade transcendental, seriam marionetes sem vida. Num subcapítulo de *Crítica da razão prática*, misteriosamente intitulado "Da proporção sabiamente ajustada entre a destinação prática do homem e a sua faculdade de conhecer", Kant responde à questão do que nos aconteceria se tivéssemos acesso ao domínio numênico, às coisas em si mesmas:

> em vez da luta que agora a disposição moral tem de travar com as inclinações e na qual, após algumas derrotas, a alma adquire gradualmente força moral, Deus e a eternidade, em sua tremenda majestade, estariam incessantemente diante de nossos olhos [...]. Assim, a maior parte das ações conformes à lei deveria ocorrer por temor, apenas umas poucas pela esperança, nenhuma por dever. O valor moral das ações, do qual depende exclusivamente o valor da pessoa e mesmo o do mundo aos olhos da suprema sabedoria, não existiria. A conduta dos homens, enquanto sua natureza permanecer como agora é, seria transformada num mero mecanismo, em que, como num espetáculo de marionetes, tudo gesticularia bem, mas não se encontraria nenhuma vida nas figuras.[22]

Dessa forma, a liberdade transcendental e/ou a espontaneidade em si são, em certo sentido, fenomênicas: ocorrem apenas na medida em que a esfera numênica não é acessível ao sujeito. Esse lugar intermediário – que não é fenomênico nem numênico, mas a lacuna que os separa e, de certo modo, precede – "é" o sujeito, de modo que o fato de o sujeito não poder ser reduzido à substância significa precisamente que a liberdade transcendental, apesar de não ser fenomênica (isto é, apesar de romper a cadeia da causalidade a que estão submetidos todos os fenômenos), apesar de não poder ser reduzida a um efeito sem consciência de suas causas numênicas ("sinto-me livre" apenas porque estou cego para a causalidade que determina meus atos "livres"), também não é numênica, e desapareceria no caso do acesso direto do sujeito à ordem numênica. Essa impossibilidade de situar tanto a liberdade transcendental como a espontaneidade em relação ao par fenomênico/numênico explica por que Kant se encontrava nesse embaraço, e por que se envolveu numa série de inconsistências em seus esforços para determinar o *status* ontológico exato da espontaneidade transcendental[23]. O mistério da imaginação transcendental coincide, em última instância, com o mistério do abismo da liberdade.

---

22 Immanuel Kant, *Critique of Practical Reason* (Nova York, Macmillan, 1956), p. 152-3 [ed. port.: *Crítica da razão prática*, trad. Artur Morão, Lisboa, Edições 70, Coleção Textos Filosóficos].
23 Como demonstrado por Robert Pippin no capítulo 1 de *Idealism as Modernism*, cit.

48 / O sujeito incômodo

A façanha de Heidegger foi ter percebido claramente esse impasse kantiano, vinculando-o à relutância de Kant a extrair todas as consequências da finitude do sujeito transcendental: o "retrocesso" de Kant à metafísica tradicional ocorre no momento em que ele interpreta a espontaneidade da apercepção transcendental como a prova de que o sujeito tem um lado numênico que não é suscetível às coerções que unem todos os fenômenos. A finitude do sujeito kantiano não equivale à cética asserção convencional do caráter inconfiável e delusório do conhecimento humano (o homem nunca pode penetrar o mistério da realidade mais elevada, posto que seu conhecimento é limitado aos fenômenos perceptíveis efêmeros...); ela envolve uma posição muito mais radical: a própria dimensão que surge para o sujeito, do interior do horizonte de sua experiência temporal finita, como rastro do inacessível "Para-Além" numênico já está marcada pelo horizonte da finitude – ela designa o modo como o "para-além" numênico *aparece para o sujeito no interior de sua experiência temporal finita*.

A consequência radical disso tudo para a relação entre temporalidade e eternidade é que a temporalidade não é um modo defeituoso de eternidade; ao contrário, é a própria "eternidade" que deve ser concebida como uma modificação específica da (auto)experiência temporal do sujeito. Isso significa que a verdadeira cisão não é mais entre o fenomênico (o domínio da experiência temporal e/ou sensível) e o numênico; antes, ela atravessa o numênico em si, à guisa de divisão entre o modo como o em-si numênico *aparece para o sujeito* e seu "impossível" em-si *sans phrase, tout court*, sem referência ao sujeito. Deus, o Ser supremo que dá corpo à ideia do Bem mais elevado, é claro, designa um ente numênico (um ente que não podemos conceber de forma consistente como um objeto de nossa experiência temporal). Contudo, ele designa um ente numênico no modo do "para-nós" – ou seja, designa o modo como um ente racional finito (o homem) deve representar para si mesmo o Ser supremo numênico; ou, em termos fenomenológicos, apesar de Deus enquanto Ser supremo nunca poder ser um fenômeno no sentido de um objeto da experiência temporal sensível, ele é, não obstante, um "fenômeno" num sentido mais radical de algo que é significativo apenas enquanto ente que *aparece* para um ser finito dotado de consciência e/ou capacidade para a liberdade. Talvez, se nos aproximarmos demais dessa divindade, essa qualidade sublime de Benevolência suprema se transforme numa Monstruosidade atroz.

Aqui, Heidegger é plenamente justificado em sua aversão feroz à leitura que Cassirer faz de Kant no célebre debate em Davos, em 1929[24]. Cassirer simples-

---

[24] Ver "Appendix V: Davos Disputation", em Martin Heidegger, *Kant and the Problem of Metaphysics*, cit., p. 193-207.

mente compara a finitude temporal da condição humana (nesse nível, os seres humanos são entes empíricos cujo comportamento pode ser explicado por diferentes conjuntos de ligações causais) com a liberdade do homem como agente ético: em sua atividade simbólica, a humanidade constrói gradualmente o universo de valores e significados que não podem ser reduzidos (ou explicados pela referência) ao domínio dos fatos e suas inter-relações – esse universo de valores e significados firmados pela atividade simbólica do homem é a versão moderna do reino das ideias eternas de Platão: isso significa que, nele, uma dimensão diversa daquela do circuito dinâmico da vida, da geração e da deterioração irrompe e entra na existência – uma dimensão que, apesar de não existir fora do mundo-da--vida real do ser humano, é, em si, "imortal" e "eterna". Em sua capacidade enquanto "animal simbólico", o homem transcende os confins da finitude e da temporalidade... Contra essa distinção, Heidegger demonstra que a "imortalidade" e a "eternidade" do sistema simbólico de valores e significados, irredutíveis ao nível dos fatos positivos empiricamente dados, somente podem emergir como parte da existência de um ser finito e mortal que é capaz de se relacionar com sua finitude enquanto tal: seres "imortais" não se engajam numa atividade simbólica, visto que, para eles, a lacuna entre fato e valor desaparece. A questão-chave, que Cassirer não responde, é: qual é a estrutura específica da *temporalidade* da existência humana, de modo que ela permita o surgimento do significado – ou seja, de modo que um ser humano seja capaz de experimentar sua existência como inserida num Todo significativo?

Agora podemos ver claramente por que Heidegger se concentrou na *imaginação* transcendental: o caráter singular da imaginação reside no fato de que ela solapa a oposição entre receptividade/finitude (do homem como um ser empírico preso na rede causal fenomênica) e espontaneidade (isto é, a atividade autocriadora do homem como agente livre, portador da liberdade numênica): a imaginação é simultaneamente receptiva e postulante, "passiva" (somos afetados, nela, por imagens sensíveis) e "ativa" (o próprio sujeito concebe livremente essas imagens, de modo que sua afeição vem a ser autoafeição). E Heidegger ressalta que a espontaneidade em si pode ser concebida apenas por meio dessa unidade com um elemento irredutível de receptividade passiva que caracteriza a finitude humana: se conseguisse se livrar da receptividade e ter acesso direto ao numênico em si, o sujeito perderia a "espontaneidade" de sua existência... O impasse de Kant está condensado, portanto, em sua leitura equivocada (ou falsa identificação) da espontaneidade da liberdade transcendental como numênica: espontaneidade transcendental é, precisamente, algo que não pode ser concebido como numênico.

O problema da imaginação transcendental

Nosso próximo passo será enfocar a ambiguidade fundamental da concepção kantiana de imaginação. Como se sabe, Kant estabelece uma distinção entre a atividade sintética do entendimento (*synthesis intellectualis*) e a síntese das múltiplas intuições sensoriais que, enquanto absolutamente "espontâneas" (produtivas, livres, não sujeitas às leis empíricas de associação), ainda assim permanecem no nível da intuição, reunindo a multiplicidade sensorial sem envolver a atividade de entendimento – essa segunda síntese é a *síntese transcendental da imaginação*. Ao examinar essa distinção, os comentadores geralmente enfocam a densa e ambígua última seção do capítulo 1 da "Primeira divisão da lógica transcendental" ("Dos conceitos puros do entendimento ou categorias"), que, após definir a síntese como "o ato de juntar, umas às outras, diversas representações e conceber a sua diversidade num conhecimento", defende que a síntese é:

> um simples efeito da imaginação, função cega, embora imprescindível, da alma, sem a qual nunca teríamos conhecimento algum, mas da qual muito raramente temos consciência. Todavia, reportar essa síntese a conceitos é uma função que compete ao entendimento e pela qual ele nos proporciona pela primeira vez conhecimento no sentido próprio da palavra.[25]

Dessa forma, obtemos um processo em três passos que nos leva ao conhecimento propriamente dito:

> O que primeiro nos tem de ser dado para efeito do conhecimento de todos os objetos *a priori* é o diverso da intuição pura; a síntese desse diverso pela imaginação é o segundo passo, que não proporciona ainda conhecimento. Os conceitos, que conferem unidade a esta síntese pura e consistem unicamente na representação desta unidade sintética necessária, são o terceiro passo para o conhecimento de um dado objeto e assentam no entendimento.[26]

No entanto, na medida em que a "síntese pura, representada de maneira universal, dá o conceito puro do entendimento", a ambiguidade é claramente discernível: a síntese, "de um modo geral [...] é um simples efeito da imaginação", com o Entendimento como uma capacidade secundária que intervém após a imaginação já ter

---

[25] Immanuel Kant, *Critique of pure reason* (Londres, Everyman's Library, 1988), p. 78 [ed. port.: *Crítica da razão pura*, trad. Manuela Pinto dos Santos e Alexandre Morujão, 5. ed., Lisboa, Fundação Calouste Gulbenkian, 2001, p. 135].

[26] Idem.

realizado seu trabalho, ou é a "síntese pura, representada de uma maneira universal, que dá o conceito puro do entendimento", de forma que a síntese da imaginação é meramente a aplicação do poder sintético do entendimento num nível inferior, mais primitivo, pré-cognitivo[27]? Ou, para falarmos em termos de gênero e espécie: a força da imaginação é o derradeiro mistério impenetrável da espontaneidade transcendental, a raiz da subjetividade, o gênero abrangente do qual o entendimento se desprende como sua especificação cognitiva discursiva, ou o gênero abrangente é o próprio entendimento, com a imaginação como uma espécie de sombra que o entendimento lança retroativamente sobre o nível inferior da intuição – ou, nos termos de Hegel, a síntese da imaginação é o "em-si" subdesenvolvido de uma força postulada "como tal", "para si", no Entendimento? Segundo a leitura de Heidegger, devemos determinar a síntese da imaginação como a dimensão fundamental na raiz do entendimento discursivo, que portanto deve ser analisada independentemente das categorias do Entendimento – Kant se furtou a dar esse passo radical e reduziu a imaginação a uma simples força mediadora entre a pura multiplicidade sensorial da intuição e a atividade sintética cognitiva do Entendimento.

Em contraste com esse enfoque, ficamos tentados a sublinhar um aspecto distinto: o fato de que a concepção kantiana de imaginação passa silenciosamente ao largo de um traço "negativo" crucial da imaginação: obcecado como está em sintetizar, reunir a multiplicidade dispersa dada na intuição, Kant omite o poder oposto da imaginação, que depois será enfatizado por Hegel – a imaginação enquanto "atividade de dissolução", que trata como um ente separado aquilo que tem existência efetiva apenas enquanto parte de um Todo orgânico. Esse poder negativo também compreende entendimento e imaginação, o que fica claro se lermos juntas duas passagens cruciais de Hegel. A primeira, menos conhecida, está nos manuscritos de *Jenaer Realphilosophie*, a respeito da "noite do mundo":

O ser humano é essa noite, esse nada vazio que tudo contém em sua simplicidade – uma riqueza inesgotável de muitas representações, imagens, das quais nenhuma pertence a ele ou não estão presentes. Essa noite, o interior da natureza, que aqui existe – puro si – em representações fantasmáticas, é noite em tudo, na qual surge aqui uma cabeça ensanguentada – acolá outra aparição espectral, subitamente antes, e assim então desaparece. É essa noite que descobrimos quando olhamos os seres humanos nos olhos, numa noite que se torna terrível...[28]

---

[27] Idem.

[28] Georg Wilhelm Friedrich Hegel, "Jenaer Realphilosophie", em *Frühe politische Systeme* (Frankfurt, Ullstein, 1974), p. 204; tradução para o inglês extraída de Donald Phillip Verene, *Hegel's Recollection* (Albany, Suny Press, 1985) p. 7-8.

Que melhor descrição do poder da imaginação poderia ser oferecida em seu aspecto negativo, disruptivo, de decomposição, como o poder que dispersa a realidade contínua numa multidão confusa de "objetos parciais", aparições espectrais daquilo que, na realidade, é apenas parte de um organismo maior? Em última instância, a imaginação representa a capacidade de nossa mente de desmembrar aquilo que a percepção imediatamente une, de "abstrair" não uma ideia comum, mas determinado traço de outros traços. "Imaginar" significa imaginar um objeto parcial sem corpo, uma feição sem forma, uma forma sem corpo: "aqui uma cabeça ensanguentada – acolá outra aparição espectral". Essa "noite do mundo" é a imaginação transcendental em seu aspecto mais elementar e violento – o reino irrestrito da violência da imaginação, de sua "liberdade esvaziada", que desfaz todo vínculo objetivo, toda conexão fundamentada na coisa em si: "*Para si mesmo* está aqui a *liberdade arbitrária* – para rasgar as imagens e juntá-las sem nenhuma restrição"[29]. A outra passagem – universalmente conhecida e frequentemente citada e interpretada – vem do prefácio à *Fenomenologia do espírito*:

> Decompor uma representação em seus elementos originários é retroceder a seus momentos que, pelo menos, não tenham a forma da representação já encontrada, mas constituam a propriedade imediata do Si. Decerto, essa análise só vem a dar em *pensamentos*, que por sua vez são determinações conhecidas, fixas e tranquilas. Mas é um momento essencial esse *separado*, que é também inefetivo; uma vez que o concreto, só porque se divide e se faz inefetivo, é que se move. A atividade do dividir é a força e o trabalho do *Entendimento*, a força maior e mais maravilhosa, ou melhor: a potência absoluta. O círculo, que fechado em si repousa, e retém como substância seus momentos, é a relação imediata e portanto nada maravilhosa. Mas o fato de que, separado de seu contorno, o acidental como tal – e o que está vinculado, o que só é efetivo em sua conexão com outra coisa – ganhe um ser-aí próprio e uma liberdade à parte, eis aí a força portentosa do negativo: é a energia do pensar, do puro Eu. A morte, se assim quisermos chamar essa inefetividade, é a coisa mais terrível; e suster o que está morto requer a força máxima. A Beleza sem-força detesta o Entendimento porque lhe cobra o que não tem condições de cumprir. Porém não é a vida que se atemoriza ante a morte e se conserva intacta da devastação, mas é a vida que suporta a morte e nela se conserva, que é a vida do Espírito. O Espírito só alcança sua verdade à medida que se encontra a si mesmo no dilaceramento absoluto. Ele não é essa potência como o positivo que se afasta do negativo – como ao dizer de alguma coisa que é nula ou falsa, liquidamos com ela e passamos a outro assunto. Ao contrário, o Espírito só é essa potência enquanto

---

[29] Ibidem, p. 204-5.

encara diretamente o negativo que converte o negativo em ser. Trata-se do mesmo poder que acima se denominou Sujeito...[30]

Como era de se esperar, Hegel *não* elogia a Razão especulativa, mas o *Entendimento* como o poder mais forte no mundo, como o poder infinito da "falsidade", o poder de separar e tratar como disjunto aquilo que naturalmente está unido. E não seria essa uma descrição precisa do gesto negativo básico de – arrisquemos a expressão – "imaginação pré-sintética", seu poder destrutivo de solapar toda unidade orgânica? Assim, apesar de ambas as citações[31] parecerem tratar de fenômenos opostos (a primeira da confusa imersão pré-racional/pré-discursiva na interioridade puramente subjetiva; a segunda da atividade discursiva abstrata do Entendimento, que decompõe toda a "profundidade" da unidade orgânica em elementos separados), elas devem ser lidas em conjunto: ambas se referem ao "mais poderoso dos poderes", o poder de cindir a unidade do Real, instalando violentamente o domínio dos *membra disjecta*, dos *phenomena* no sentido mais radical do termo. A "noite" do "puro si", na qual "representações fantasmáticas" desmembradas e disjuntas surgem e desaparecem, é a manifestação mais elementar do poder da negatividade por meio da qual "o acidental como tal – e o que está vinculado, o que só é efetivo em sua conexão com outra coisa – ganh[a] um ser-aí próprio e uma liberdade à parte". Em sua *Crítica da razão pura*, Kant elabora o conceito de "imaginação transcendental" como raiz misteriosa e insondável de toda a atividade subjetiva, como capacidade "espontânea" para unir as impressões sensíveis que precedem a síntese racional dos dados sensíveis por meio de categorias *a priori*. Seria possível que, nessas duas passagens citadas, Hegel estivesse indicando uma espécie de *avesso* ainda mais misterioso da imaginação sintética, um poder ainda mais primevo da "imaginação pré-sintética", um poder de *apartar* elementos sensíveis de seu contexto, de *desmembrar* a experiência imediata de um Todo orgânico? Seria precipitado identificar essa "noite do mundo" com o vazio da experiência mística: ela designa, antes, o seu exato oposto, isto é, o Big Bang primordial, o autocontraste violento por meio do qual são perturbados e desconjuntados o equilíbrio e a paz interior do vazio de que falam os místicos.

Se existe alguma verdade na alegação de Heidegger de que Kant recuou do abismo da imaginação, esse recuo teve a ver, acima de tudo, com sua recusa a trazer à luz a imaginação em seu aspecto negativo/disruptivo, como a força que rasga o tecido contínuo da intuição. Kant se precipita ao supor automaticamente que a

---

[30] Idem, *Phenomenology of Spirit* (trad. A. V. Miller, Oxford, Oxford University Press, 1977), p. 18-9 [ed. bras.: *Fenomenologia do espírito*, cit., p. 38].

[31] Aos quais eu mesmo me referi diversas vezes em praticamente todos os meus livros.

multiplicidade da instituição é dada diretamente, de modo que a maior parte da atividade do sujeito é constrangido a unir essa multiplicidade, a organizá-la num Todo interconectado, desde a síntese mais primitiva da imaginação, passando pela atividade sintética das categorias do Entendimento, até a ideia reguladora da razão, a tarefa impossível de unificar toda nossa experiência do universo numa estrutura orgânica racional. Kant negligencia o fato de que a forma primordial de imaginação é o oposto exato dessa atividade sintética: a imaginação nos permite rasgar a trama da realidade, tratar como efetivamente existente algo que é apenas um componente de um Todo vivente.

Como então a oposição entre imaginação e entendimento se relaciona com a oposição entre síntese e análise (no sentido de ruptura, decomposição da unidade imediata primeva da intuição)? Essa relação pode ser concebida como trabalhando em ambas as direções: a imaginação pode ser definida como a síntese espontânea da multiplicidade sensorial numa percepção de objetos e processos unificados, que em seguida são separados, decompostos e analisados pelo entendimento discursivo; ou a imaginação pode ser tomada como o poder primeiro de decomposição, separação, enquanto o papel do entendimento é reunir esses *membra disjecta* num novo Todo racional. Em ambos os casos, a continuidade entre imaginação e entendimento é rompida; há um antagonismo inerente entre os dois – ou o Entendimento cura a ferida causada pela imaginação, sintetizando seus *membra disjecta*, ou o Entendimento mortifica, rasga a unidade sintética espontânea da imaginação em pedaços e fragmentos.

Neste ponto, cabe uma pergunta ingênua: qual dos dois eixos, das duas relações, é mais fundamental? A estrutura subjacente, obviamente, é a de um círculo vicioso ou de uma implicação mútua: "a ferida só pode ser curada pela lança que a causou" – ou seja, a multiplicidade que a síntese da imaginação se esforça para unir já é o resultado da imaginação, de seu poder disruptivo. Essa implicação mútua, no entanto, dá precedência ao aspecto "negativo" e disruptivo da imaginação – não apenas pela razão óbvia do senso comum de que os elementos devem primeiro ser desmembrados para dar espaço ao esforço de uni-los novamente, mas por um motivo mais radical: por conta da irredutível finitude do sujeito, o próprio esforço de "síntese" é sempre "violento" e disruptivo em alguma medida. Ou seja, a unidade que o sujeito se esforça para impor à multiplicidade sensorial pela via de sua atividade sintética é sempre errática, excêntrica, desequilibrada, "insana", algo que é imposto de fora e violentamente à multiplicidade, nunca um simples ato impassível de discernimento das conexões subterrâneas intrínsecas entre os *membra disjecta*. Nesse sentido preciso, toda unidade sintética é baseada num ato de "repressão", que gera um resto indivisível: impõe como traço unificador um momento "unilateral" que "quebra a simetria". No âmbito da arte cinematográfica, é isso que parece visar o conceito de "montagem intelectual" de Eisenstein; a atividade intelectual une pedaços e fragmentos que o poder da imaginação arrancou de seu próprio contexto, recompondo-os violentamente numa nova unidade que gera um novo significado inesperado.

Desse modo, a ruptura de Kant com a problemática racionalista/empirista pode ser localizada com precisão: em contraste com essa problemática, ele não aceita mais certos elementos pré-sintéticos de nível zero elaborados por nossa mente – não existe uma matéria-prima elementar neutra (como as "ideias" sensoriais elementares em Locke) que seja composta pela mente, ou seja, a atividade sintética de nossa mente *está sempre-já trabalhando*, até mesmo em nossos contatos mais elementares com a "realidade"[32]. O Real pré-sintético, sua "multiplicidade" pura ainda não modelada, não sintetizada por um mínimo de imaginação transcendental, é, *stricto sensu, impossível:* um nível que deve ser pressuposto retroativamente, mas que não pode jamais ser efetivamente *encontrado*. Nosso enfoque (hegeliano), no entanto, é que esse ponto de partida mítico/impossível, a pressuposição da imaginação, já é o produto, o resultado da atividade disruptiva da imaginação. Em síntese, o nível zero mítico e inacessível da pura multiplicidade ainda não afetada/modelada pela imaginação não é senão *pura imaginação em si*, imaginação em seu estado mais violento, como atividade de ruptura da continuidade da inércia do Real "natural" pré-simbólico. Essa "multiplicidade" pré-sintética é o que Hegel descreveu como a "noite do mundo", como a "insubordinação" da liberdade insondável do sujeito que explode violentamente a realidade numa flutuação dispersa de *membra disjecta*. É crucial, portanto, "fechar o círculo": nós nunca saímos do círculo da imaginação, já que a pressuposição mítica de nível zero da imaginação sintética, a "matéria-prima" com que ela trabalha, é a própria imaginação em sua forma mais pura e violenta, a imaginação em seu aspecto negativo, disruptivo[33].

A passagem pela loucura

Hegel postula explicitamente essa "noite do mundo" como pré-ontológica: a ordem simbólica, o universo da Palavra, *logos*, emerge somente quando essa intros-

---

[32] A respeito desse ponto crucial, ver Zdravko Kobe, *Automaton Transcendentale* I (Liubliana, Analecta, 1995).

[33] Aqui, é claro, repetimos a inversão de Hegel a respeito da Coisa-em-si kantiana: essa pura pressuposição de nossa afirmação/mediação subjetiva, essa Coisa externa que nos afeta, mas ainda não foi trabalhada pela atividade reflexiva do sujeito, acaba sendo, na verdade, o seu exato oposto: algo puramente postulado, o resultado de um esforço extremo de abstração mental, uma pura Coisa-de-pensamento (*Gedankending*). Da mesma forma, a pressuposição real pré-sintética da imaginação já é o produto da mais pura imaginação.

pecção do puro si "deve entrar também na existência, tornar-se um objeto, opor-se a sua interioridade para ser externa; retornar ao ser. Essa é a linguagem como poder de dar nome [...]. Por meio do nome nasce do eu o objeto como ente individual"[34]. Consequentemente, devemos considerar que, para o objeto "nascer do eu", é necessária, por assim dizer, "uma folha em branco" – apagar a totalidade da realidade enquanto *ainda* não "nascida do eu", atravessando a "noite do mundo". Isso nos leva finalmente à *loucura* como categoria filosófica inerente ao conceito de subjetividade. A percepção básica de Schelling – segundo a qual o sujeito, antes de afirmar-se como o instrumento da Palavra racional, é a pura "noite do Si", a "infinita falta a ser", o violento gesto de retraimento que nega todo ser em seu exterior – também constitui o núcleo da concepção da loucura em Hegel: quando ele determina a loucura como um recolhimento do mundo real, o fechamento da alma em si mesma, seu "retraimento", o rompimento dos vínculos com a realidade exterior, também concebe esse recolhimento como "uma regressão" ao nível da "alma animal" ainda integrada em seu ambiente natural e determinada pelo ritmo da natureza (dia e noite etc.). Mas esse recolhimento, ao contrário, não designaria o corte dos laços com o *Umwelt*, o fim da imersão do sujeito em seu ambiente natural imediato? E, como tal, isso não seria o gesto fundador da "humanização"? Esse "recolher-se-a-si-mesmo" já não fora realizado por Descartes em sua dúvida e redução universais ao *cogito*, que, como apontou Derrida em "Cogito e história da loucura"[35], também envolve uma passagem pelo momento de loucura radical?

Devemos ter cuidado neste ponto para não deixar escapar que o modo como Hegel rompe com a tradição do Esclarecimento pode ser discernido na inversão da metáfora do sujeito: o sujeito já não é mais a luz da Razão, oposta à impenetrável e não transparente Matéria-Prima (da Natureza, da Tradição...). Seu próprio núcleo, o gesto que abre o espaço para a Luz do *Logos*, é absoluta negatividade, a "noite do mundo", o ponto de total loucura no qual aparições fantasmáticas de "objetos parciais" vagam sem rumo. Consequentemente, não há subjetividade sem esse gesto de recolhimento; por isso, Hegel está plenamente justificado quando inverte a questão-padrão de como é possível cair/regredir à loucura: a verdadeira questão é, antes, como o sujeito pode sair da loucura e alcançar a "normalidade". Ou seja: o recolher-se-a-si-mesmo, o rompimento dos vínculos com o ambiente, é seguido pela constituição de um universo simbólico, projetado pelo sujeito na realidade

---

[34] Georg Wilhelm Friedrich Hegel, "Jenaer Realphilosophie", cit., p. 206; citação extraída de Donald Phillip Verene, *Hegel's Recollection*, cit., p. 8.

[35] Ver Jacques Derrida, "Cogito and the History of Madness", em *Writing and Difference* (Chicago, University of Chicago Press, 1978) [ed. bras.: "Cogito e história da loucura", em *Escritura e diferença*, trad. Maria Beatriz Marques Nizza da Silva, São Paulo, Perspectiva, 2009].

como uma espécie de formação substitutiva destinada a compensar a perda de nosso Real pré-simbólico imediato. No entanto, como Freud afirmou em sua análise a respeito de Daniel Paul Schreber, a elaboração de uma formação substitutiva, que compensa o sujeito pela perda da realidade, não seria a definição mais sucinta da construção paranoica como tentativa do sujeito de se curar da desintegração de seu universo?

Em síntese, a necessidade ontológica da "loucura" reside no fato de que não é possível passar diretamente da pura "alma animal", imersa em seu mundo-da-vida, para a subjetividade "normal" que habita seu universo simbólico. O "mediador evanescente" entre as duas é o gesto "louco" de recolher-se da realidade, o que abre espaço para sua (re)constituição simbólica. Hegel já havia enfatizado a ambiguidade radical da afirmação "o que penso, o produto de meu pensamento, é objetivamente verdadeiro". Essa afirmação é uma proposição especulativa que expressa simultaneamente o "inferior" – a atitude errática do louco preso em seu universo fechado em si mesmo, incapaz de se relacionar com a realidade – e o "superior", a verdade do idealismo especulativo, a identidade do pensamento e do ser. Portanto, se nesse sentido preciso a normalidade em si é, como diz Lacan, um tipo ou subespécie de psicose – ou seja, se a diferença entre "normalidade" e loucura é inerente à loucura –, em que consiste então essa diferença entre a construção "louca" (paranoica) e a construção "normal" (social) da realidade? A "normalidade", em última instância, é apenas uma forma mais "mediada" da loucura? Ou, como propôs Schelling, a Razão normal é simplesmente "loucura controlada"?

A breve descrição de Hegel ("surge aqui uma cabeça ensanguentada – acolá outra aparição espectral") não se harmoniza perfeitamente com a noção lacaniana do "corpo despedaçado" (*le corps morcelé*)? O que Hegel chama de "noite do mundo" (o domínio pré-simbólico fantasmático das pulsões parciais) é um componente inegável da autoexperiência mais radical do sujeito, ilustrada, entre outros, pelas célebres obras de Hieronymus Bosch. De certo modo, a totalidade da experiência psicanalítica enfoca os traços da passagem traumática dessa "noite do mundo" para o nosso universo "cotidiano" do *logos*. A tensão entre a forma narrativa e a "pulsão de morte", como o "recolher-se-a-si-mesmo" constitutivo do sujeito, é, pois, o elo perdido que deve ser pressuposto para explicar a passagem do ambiente "natural" para o âmbito "simbólico".

O ponto-chave, portanto, é que a passagem da "natureza" para a "cultura" não é direta, não podemos representá-la numa narrativa evolutiva contínua: algo deve intervir entre as duas, uma espécie de "mediador evanescente", que não é a Natureza nem a Cultura – esse Intermédio é silenciosamente pressuposto por todas as narrativas evolutivas. Não somos idealistas: esse Intermédio não é a faísca de *logos* conferida magicamente ao *Homo sapiens*, permitindo-lhe criar seu ambiente simbólico virtual suplementar, mas é precisamente algo que, embora não seja mais natureza, ainda não é *logos* e deve ser "recalcado" pelo logos – o nome freudiano para esse Intermédio, obviamente, é pulsão de morte. A propósito desse Intermédio, é interessante observar que as narrativas filosóficas sobre o "nascimento do homem" são sempre levadas a pressupor um momento desse tipo na (pré-)história, quando (o que virá a ser) o homem já não é mais um simples animal e, ao mesmo tempo, tampouco é ainda um "ser de linguagem", regido pela Lei simbólica; um momento de natureza totalmente "pervertida", "desnaturalizada", "descarrilada", que não é ainda cultura. Em seus escritos pedagógicos, Kant enfatizou que o animal humano precisa de pressão disciplinar para domesticar uma estranha "insubordinação" que parece ser inerente à natureza humana – uma propensão selvagem, irrestrita, que insiste obstinadamente na própria vontade, custe o que custar. Em virtude dessa "insubordinação", o animal humano precisa de um Mestre para discipliná-lo: a disciplina mira essa "insubordinação", não a natureza animal no homem:

> É a disciplina que impede que o homem seja desviado da humanidade, seu fim marcado, pelos impulsos animais. A disciplina, por exemplo, deve contê-lo para que não se aventure selvagem e imprudentemente no perigo. Disciplina, portanto, é meramente negativa, sua ação consiste em frustrar a insubordinação natural do homem. A parte positiva da educação é a instrução.
>
> A insubordinação consiste em independência com relação à lei. Pela disciplina, os homens são submetidos às leis da humanidade e levados a sentir sua coerção. E isso deve ocorrer cedo. As crianças, por exemplo, são encaminhadas primeiro à escola não tanto com o objetivo de que aprendam algo, mas para que se acostumem a permanecer sentadas e fazer exatamente aquilo que lhes é dito. [...]
>
> O amor à liberdade é naturalmente tão forte no homem que, uma vez que tenha crescido acostumado à liberdade, sacrificará tudo em seu nome. [...] Em virtude de seu amor natural à liberdade, é necessário suavizar a aspereza natural do homem. Nos animais, seu instinto torna isso desnecessário.[36]

Tudo está nesse texto admirável: do tema foucaultiano da microprática disciplinadora precedendo qualquer instrução positiva à relação althusseriana do sujeito livre com sua sujeição à Lei. No entanto, sua ambiguidade fundamental não é menos discernível: por um lado, Kant parece conceber a disciplina como o procedimento que torna livre o animal humano, libertando-o dos instintos animais; por outro, está claro que a disciplina não visa diretamente a natureza animal do homem,

---

[36] *Kant on Education* (Londres, Kegan Paul, Trench, Trubner & Co., 1899), p. 3-5.

mas seu excessivo amor à liberdade, sua "insubordinação" inata que vai além da obediência aos instintos animais – nessa "insubordinação" emerge violentamente outra dimensão, propriamente numênica, que suspende a inserção do homem na rede fenomênica da causalidade natural. A história da moralidade não é, portanto, a narrativa convencional de natureza *versus* cultura, da Lei moral contendo nossas propensões "patológicas" de busca do prazer; ao contrário: a batalha é entre a Lei moral e a "insubordinação" violenta e *não natural*, e, nessa luta, as propensões naturais do homem estão do lado da Lei moral contra o excesso de "insubordinação" que ameaça seu bem-estar (o homem, "uma vez que tenha crescido acostumado à liberdade, sacrificará tudo em seu nome", inclusive seu bem-estar!). Em *Filosofia da história**, de Hegel, a referência aos "negros" tem um papel similar: significativamente, Hegel trata dos "negros" antes da história propriamente dita (que começa com a China Antiga), na seção intitulada "O contexto natural ou as bases geográficas da história universal": os "negros" representam o espírito humano em seu "estado de natureza"; são descritos como crianças perversas, monstruosas, extremamente licenciosas e ao mesmo tempo ingênuas – isto é, vivendo num estado supralapsário de inocência e, precisamente como tais, os mais cruéis bárbaros; parte da natureza e, ainda assim, completamente desnaturalizados; manipulam a natureza sem piedade por meio da feitiçaria primitiva, mas ao mesmo tempo apavoram-se com as furiosas forças naturais; são covardes estupidamente valentes[37]...

Numa leitura mais atenta, podemos ligar o problema da imaginação como espontaneidade transcendental ao seu ponto de fracasso, anunciado nas duas formas do Sublime: essas duas formas são precisamente os dois modos de fracasso da imaginação para dar conta de sua atividade sintética. Jacob Rogozinski chamou a atenção para o modo como uma espécie de violência elementar já opera na razão pura, nas sínteses mais elementares da imaginação (memória, retenção, temporalidade). Ou seja: Kant não leva em consideração em que medida essa síntese constitutiva da realidade "normal" já é – num sentido inédito e ao mesmo tempo mais fundamental – violenta, na medida em que consiste numa ordem imposta pela atividade sintética do sujeito à desordem heterogênea de impressões[38]. Acrescentemos que essa violência da síntese já é talvez uma resposta à violência mais fundamental do desmembramento, do rompimento da continuidade natural da experiência. Se a síntese da imaginação ocorresse sem uma lacuna, teríamos uma autoafeição perfeita, autossuficiente e

---

* Trad. Maria Rodrigues e Hans Harden, 2. ed., Brasília, Editora da Universidade de Brasília, 2008. (N. E.)

[37] Ver Georg Wilhelm Friedrich Hegel, *Lectures on the Philosophy of World History, Introduction: Reason in History* (Cambridge, Cambridge University Press, 1975), p. 176-90.

[38] Ver Jacob Rogozinski, *Kanten* (Paris, Kimé, 1996), p. 124-30.

60 / O sujeito incômodo

fechada em si mesma. A síntese da imaginação, no entanto, fracassa necessariamente; ela fica presa a uma inconsistência de duas maneiras distintas:

- em primeiro lugar, de maneira inerente, pelo desequilíbrio entre apreensão e compreensão, o qual gera o sublime matemático: a compreensão sintética não é capaz de "acompanhar" a magnitude das percepções apreendidas que bombardeiam o sujeito, e é esse fracasso da síntese que revela sua natureza violenta;
- em segundo lugar, de maneira externa, pela intervenção da Lei (moral) que anuncia outra dimensão, a do numênico: a Lei (moral) é necessariamente experimentada pelo sujeito como uma violenta intrusão que perturba o funcionamento suave e autossuficiente da autoafeição de sua imaginação.

Nesses dois casos da violência que emerge como uma espécie de resposta à violência anterior da imaginação transcendental em si, encontramos a matriz das antinomias matemáticas e dinâmicas. Esse é o *locus* exato em que o antagonismo entre materialismo (filosófico) e idealismo torna-se discernível na filosofia kantiana: ele diz respeito à questão da primazia na relação entre as duas antinomias. O idealismo prioriza a antinomia dinâmica, a maneira como a Lei suprassensível transcende e/ou suspende de fora a cadeia causal fenomênica: dessa perspectiva, a inconsistência fenomênica é simplesmente o modo como o Para-além numênico se inscreve no domínio fenomênico. O materialismo, por outro lado, prioriza a antinomia matemática, a inconsistência inerente ao domínio fenomênico: o resultado da antinomia matemática é o domínio de um "Todo inconsistente", de uma multiplicidade que carece da consistência ontológica da "realidade". Dessa perspectiva, a própria antinomia dinâmica aparece como uma tentativa de resolver o impasse inerente da antinomia matemática transpondo-a para a coexistência de duas ordens distintas, o fenomênico e o numênico. Em outras palavras, a antinomia matemática (isto é, o fracasso inerente ou colapso da imaginação) "dissolve" a realidade fenomênica em direção a um Real monstruoso, ao passo que a antinomia dinâmica transcende a realidade fenomênica em direção à Lei simbólica – ela "salva os fenômenos" dando uma espécie de garantia externa do domínio fenomênico[39].

Como Lenin já havia enfatizado, a história da filosofia consiste num traçamento incessante e repetitivo da diferença entre materialismo e idealismo; o que devemos acrescentar é que, via de regra, essa linha de demarcação não corre onde obviamente se espera – com frequência a escolha materialista depende de nossa decisão

---

[39] Para uma exposição mais detalhada a respeito da conexão entre as antinomias kantianas e os paradoxos lacanianos do não-Todo, ver o capítulo 2 de Slavoj Žižek, *Tarrying with the Negative* (Durham, Duke University Press, 1993).

entre alternativas aparentemente secundárias. Segundo o clichê filosófico predominante, o último vestígio de materialismo em Kant deve ser procurado em sua insistência na Coisa-em-si, o Outro externo que resiste eternamente a sua dissolução na atividade de (auto)afirmação reflexiva do sujeito. Fichte, em sua rejeição à Coisa--em-si kantiana – isto é, em sua ideia do ato absoluto da autoposição do sujeito – elimina o último rastro de materialismo do edifício kantiano, abrindo caminho para a redução "panlogicista" de Hegel de toda realidade a uma externalização da automediação conceitual do sujeito absoluto... Contrariamente a esse clichê predominante, incorretamente sustentado pelo próprio Lenin, o "materialismo" de Kant consiste, antes, na *afirmação da primazia da antinomia matemática* e na concepção da antinomia dinâmica como secundária, como uma tentativa de "salvar os fenômenos" pela Lei numênica como a exceção constitutiva destes últimos.

Em outras palavras, só é fácil localizar o esforço maior e o alcance da imaginação – e, ao mesmo tempo, seu fracasso final – em sua incapacidade de tornar a dimensão numênica presente (nisto reside a lição do Sublime: a tentativa de representar o numênico – isto é, de preencher a lacuna entre o numênico e o fenomênico imaginado – fracassa, de modo que a imaginação só pode revelar a dimensão numênica de forma negativa, pela via do fracasso, como aquilo que escapa até mesmo ao maior esforço da imaginação). Anterior a essa experiência da lacuna e do fracasso, "imaginação" já é um nome para o gesto violento que abre e sustenta essa mesma lacuna entre o numênico e o fenomênico. O verdadeiro problema não é saber como transpor essa lacuna que separa os dois, mas como ela surgiu.

De modo que, em certo sentido, Heidegger estava certo em enfatizar que a imaginação transcendental precede e fundamenta a dimensão das categorias constitutivas do Entendimento, e essa mesma prioridade vale para o Sublime como esquema impossível das Ideias da Razão. O gesto que devemos fazer aqui é simplesmente o de inverter e/ou deslocar a concepção-padrão, segundo a qual os fenômenos sublimes, por seu próprio fracasso, testemunham negativamente a outra dimensão, a dimensão numênica da Razão. Mas o que ocorre é o contrário: o Sublime, em seu extremo, em sua aproximação do Monstruoso, indica um abismo que já foi dissimulado, "gentrificado", pelas Ideias da Razão. Em outras palavras, não é que, na experiência do Sublime, a imaginação não consiga esquematizar/temporalizar adequadamente a dimensão suprassensível da Razão; são as Ideias reguladoras da Razão que, em última instância, não passam de um esforço secundário para encobrir, sustentar o abismo do Monstruoso, anunciado no fracasso da imaginação transcendental.

Para esclarecer um pouco mais esse ponto, devemos introduzir aqui a distinção entre esquema e símbolo: o esquema oferece uma apresentação direta e sensata do conceito de Entendimento, ao passo que o símbolo mantém certa distância, limitando-se a indicar algo além dele. A persistência no tempo é então um *esquema* adequado da categoria de "substância", ao passo que a Beleza, um objeto bonito é – como diz Kant – o "símbolo do Bem", isto é, não um esquema, mas uma representação simbólica do Bem como uma Ideia da Razão, e não uma categoria do Entendimento. E as coisas se complicam com o Sublime: o Sublime não é um símbolo do Bem; assim, em certo sentido, ele está mais próximo do esquema, representa um esforço da imaginação para "esquematizar" a Ideia da Razão. Trata-se, no entanto, de um estranho caso de esquematismo fracassado, de um esquema que tem êxito por meio de seu próprio fracasso. Por conta desse êxito-no-fracasso, o Sublime envolve uma estranha mistura de dor e prazer: é um prazer proporcionado pela própria experiência da dor, do penoso fracasso da imaginação, da dolorosa lacuna entre apreensão e compreensão. Não encontramos de novo aqui o paradoxo freudiano/lacaniano da *jouissance* "além do princípio do prazer", como prazer-na-dor – da *das Ding* que só pode ser experimentada negativamente – cujos contornos só podem ser discernidos negativamente, como os contornos de um vazio invisível? De forma similar, não seria a Lei (moral) em si uma Coisa sublime, na medida em que também suscita o doloroso sentimento de humilhação, de autodepreciação, misturado com uma profunda satisfação porque o sujeito cumpriu seu dever?

No primeiro, negativo e doloroso momento da experiência do Sublime, aproximamo-nos daquilo a que Kant se refere como um "agregado caótico", como "natureza madrasta", natureza como uma mãe cruel que não está submetida a nenhuma Lei. Como demonstrou Rogozinski, esse conceito de "agregado caótico" como *das Ungeheure* (o Monstruoso) desempenha o mesmo papel que o "Mal diabólico" na ética kantiana: uma hipótese necessariamente evocada, mas imediatamente revogada, "domesticada". Essa referência ao feminino não é de forma alguma acidental ou neutra. Como se sabe, em sua "Analítica do Sublime", em *Crítica da faculdade de julgar**, Kant evoca a inscrição no templo de Ísis (a divina Mãe Natureza) como a mais sublime de todas as declarações: "Eu sou tudo o que é, o que foi e o que será, e nenhum mortal erguerá meu véu". Como indica claramente a descrição temporal, estamos lidando com a Natureza em sua totalidade impossível, a Natureza como a totalidade dos fenômenos que jamais poderá ser acessível a nossa experiência finita. Entretanto, alguns anos mais tarde, em "Seu Grande Mestre", a polêmica contra os que quiseram ou tentaram revelar o segredo por baixo do véu, Kant dá uma guinada masculina nesse segredo: "A Deusa oculta diante da qual [...] caímos de joelhos não é outra senão a Lei moral em nós mesmos"[40]. A mulher (a Mãe Natureza primigênia) surge aqui, literalmente, como "um dos Nomes-do-

---

* Trad. Daniela Botelho B. Guedes, São Paulo, Ícone, 2009. (N. E.)
[40] Citado em Rogozinski, *Kanten*, cit., p. 118.

-Pai" (Lacan): seu verdadeiro segredo é a Lei moral paterna. Estamos lidando aqui não com a totalidade dos fenômenos, mas com o que está além dos fenômenos: a Lei numênica. Essas duas versões para o que está por trás do véu referem-se, obviamente, aos dois modos do Sublime (matemático/dinâmico) e aos dois tipos correspondentes de antinomias da razão. Devemos tirar disso duas conclusões:

1. O próprio Kant, ainda que implicitamente, já havia sexualizado as duas antinomias ao vincular a totalidade dos fenômenos que geram o primeiro tipo de antinomias (o matemático) ao princípio "feminino" da pura e monstruosa multiplicidade caótica e o segundo tipo de antinomias (o dinâmico) ao princípio masculino da lei moral.
2. A transformação da dor em prazer na experiência do Sublime também é implicitamente sexualizada; ela ocorre quando nos damos conta de que, debaixo do horror do agregado caótico dos fenômenos, existe a Lei moral – ou seja, essa transformação envolve a passagem "mágica" da monstruosidade feminina para a Lei masculina.

Mais uma vez, tudo depende de onde se põe a ênfase: a monstruosidade do agregado caótico dos fenômenos é – na opção idealista – apenas o extremo da nossa imaginação, que ainda não conseguiu transmitir a dimensão numênica adequada da Lei moral? Ou – na opção materialista – ocorre justamente o contrário, e a própria Lei moral, com sua qualidade sublime, é "o último véu cobrindo o Monstruoso", o modo (já minimamente "gentrificado", domesticado) como nós, sujeitos finitos, podemos perceber (e suportar) a Coisa inimaginável?

A violência da imaginação

Assim, quando Kant se esforça para ir além do domínio da imaginação e articular as Ideias Racionais suprassensíveis como aquilo que responde pela dignidade humana, Heidegger interpreta esse movimento como um "recuo" diante do abismo da imaginação. E Heidegger tem razão, na medida em que Kant está, de fato, tentando fundamentar a imaginação num sistema de ideias racionais cujo *status* é numênico. Mas seria essa a única maneira de fugir do fechamento da autoafeição que constitui a imaginação sintética? E se é a própria insistência na imaginação sintética como o horizonte intransponível da aparição/abertura do ser que, ao nos manter no interior do fechamento da autoafeição temporal, encobre o abismo do inimaginável que *não é eo ipso* a dimensão metafísica dos números? Ou seja: quando Kant afirma que sem a síntese mínima da imaginação transcendental não haveria "fenômenos" no sentido próprio do termo, mas apenas "um jogo cego de representações [...], menos que um sonho", ele também não evoca o "agregado caótico" monstruoso, o "ainda-não-mundo", a *chora* pré-ontológica que constitui o pano de fundo da experiência do Sublime?

A experiência do Sublime chega à própria fronteira desse "agregado caótico" dos sentidos para afastar-se rumo à dimensão suprassensível da lei numênica. O Monstruoso, que se torna um tema explícito na dialética do Sublime na terceira *Crítica*, já não estaria em ação no âmago da estética transcendental da primeira *Crítica*? A imaginação transcendental (em sua função sintética) já não seria uma defesa contra esse agregado caótico? As aparições espectrais dos objetos parciais (mencionadas por Hegel nas passagens supracitadas sobre a "noite do mundo") não seriam precisamente esse "jogo cego de representações" pré-sintético e pré-ontológico, que é "menos do que um sonho"? A aposta do Sublime kantiano é que uma síntese outra, não aquela das sínteses ontológicas realizadas pela autoafeição temporal da imaginação transcendental, possa nos salvar desse abismo do fracasso da imaginação.

A violência da imaginação no Sublime é dupla: é a violência *da* imaginação em si (nossos sentidos são tensionados ao máximo e bombardeados com imagens de caos extremo) e a violência *infligida* à imaginação pela Razão (que compele nossa faculdade de imaginar a exercer todos os seus poderes e, então, fracassar miseravelmente, na medida em que é incapaz de compreender a Razão). Toda imaginação já é violenta em si, à maneira da tensão entre apreensão (*Auffassung*) e compreensão (*Zusammenfassung*): essa última nunca pode alcançar a primeira. Consequentemente, a própria temporalidade, "como tal", implica uma lacuna entre a apreensão da multiplicidade dispersa e o ato sintético de compreensão da unidade dessa multiplicidade. Nossa faculdade de imaginação não consegue alcançar essa unidade quando o objeto é muito vasto – isto é, no caso do "sublime matemático": "não há tempo", há unidades demais para que consigamos sintetizá-las. Essa "falta de tempo" não é uma deficiência secundária, mas concerne à própria noção de tempo – isto é, "há tempo" apenas na medida em que "não há tempo suficiente", a temporalidade *como tal* é sustentada pela lacuna entre apreensão e compreensão: um ser capaz de fechar essa lacuna e compreender integralmente a multiplicidade apreendida seria um *archetypus intellectus* numênico que não é mais constrangido pelas limitações da temporalidade. Essa violência da síntese de compreensão é seguida então pela violência da síntese de retenção, que se esforça para desafiar o fluxo do tempo, reter aquilo que escapa, resistir ao escoamento temporal.

A conclusão de Rogozinski a respeito dessa lacuna dupla e/ou violência (da compreensão sobre a apreensão, da retenção do fluxo do tempo) é que o próprio tempo e a imaginação transcendental em sua atividade sintética de autoafeição não são a mesma coisa, visto que a segunda já exerce uma *violência* sobre a dispersão temporal pura – sem essa violência, a própria realidade não conservaria sua consistência ontológica mínima. O esquematismo transcendental designa, assim, o procedimento pelo qual, já no nível da experiência temporal pré-discursiva meramente intuitiva, a dispersão temporal pré-sintética pura é violentamente subordinada à atividade simbólica do sujeito, cuja forma definitiva é a aplicação de categorias discursivas do Entendimento à intuição. O esquematismo forja nossa experiência temporal na forma de uma sucessão linear homogênea na qual passado e futuro são subordinados ao presente (o qual retém o passado e anuncia o futuro): o que o esquematismo transcendental nos impede de pensar é, precisamente, o paradoxo da *creatio ex nihilo*.

No tempo esquematizado, nada realmente *novo* pode emergir – tudo está sempre-já ali e apenas desenvolve seu potencial inerente[41]. O Sublime, ao contrário, marca o momento em que algo emerge do Nada – algo novo que não pode ser explicado pela referência à rede preexistente de circunstâncias. Estamos lidando aqui com uma temporalidade outra, a temporalidade da liberdade, de uma ruptura radical na cadeia da causalidade (natural e/ou social)... Quando é que a experiência do sublime ocorre, por exemplo, na política? Quando as pessoas, "contrariando seu juízo perfeito", desconsideram o balanço de ganhos e perdas e "arriscam a liberdade"; nesse momento, algo que literalmente não pode ser "explicado" em termos de "circunstâncias" milagrosamente "se torna possível"[42]. O sentimento do Sublime é suscitado por um Acontecimento que suspende momentaneamente a rede da causalidade simbólica.

Uma vez que "liberdade" é o nome apropriado para essa suspensão da causalidade, podemos lançar uma nova luz sobre a definição hegeliana de liberdade como "necessidade concebida": o conceito consequente de idealismo subjetivo nos obriga a inverter essa tese e a conceber *a necessidade como (em última instância, nada mais que) liberdade concebida*. O princípio central do idealismo transcendental kantiano é que o ato espontâneo (isto é, radicalmente *livre*) de apercepção transcendental do sujeito é que transforma o fluxo confuso de sensações em "realidade", a qual é regida por leis necessárias. Isso fica mais claro na filosofia moral: quando Kant afirma que a Lei moral é a *ratio cognoscendi* de nossa liberdade transcendental, ele não

---

[41] O grande feito da ideia de Schelling de Passado, Presente e Futuro como as três "idades" do Absoluto foi romper as restrições do esquematismo temporal kantiano, com sua predominância do Presente: o que Schelling tematiza, disfarçado de abismo do Real, são os contornos de um Passado que nunca foi presente, uma vez que é passado desde o princípio do tempo; como complemento a isso, o conceito de um futuro que permanecerá sempre como "devir", e não apenas como modalidade falha do Presente.

[42] Neste ponto, somos tentados a estabelecer uma conexão com o conceito de Badiou de Acontecimento-Verdade como irrupção imprevista de algo novo que não pode ser explicado com base nos termos da rede causal existente (ver capítulo 3, neste volume).

está dizendo literalmente que necessidade é liberdade concebida? Isso significa que a única maneira que temos para conhecer (conceber) nossa liberdade passa pela pressão insuportável da Lei moral, de sua *necessidade*, que nos manda agir contra a compulsão de nossos impulsos patológicos. Num nível mais geral, podemos afirmar que a "necessidade" (a necessidade simbólica que regula nossa vida) apoia-se no insondável ato livre do sujeito, em sua decisão contingente, no *point de capiton* que magicamente converte a confusão em uma nova ordem. Essa liberdade que ainda não foi capturada na teia da necessidade não seria o abismo da "noite do mundo"?

Por essa razão, a radicalização de Fichte com relação a Kant é consistente, e não apenas uma excentricidade subjetivista. Fichte foi o primeiro filósofo a enfocar a estranha contingencia no próprio cerne da subjetividade: o sujeito fichtiano não é o desmedido "Eu = Eu" como a Origem absoluta de toda realidade, mas um sujeito finito lançado, capturado, numa situação social contingente cuja mestria nunca será possível[43]. O *Anstoss*, o impulso primordial que põe em movimento a gradual auto-limitação e autodeterminação do sujeito inicialmente vazio, não é um mero impulso mecânico externo; ele também indica outro sujeito que, no abismo de sua liberdade, funciona como o desafio (*Aufforderung*) que me impele a limitar/especificar minha liberdade, isto é, a realizar a passagem da liberdade egoísta abstrata para a liberdade concreta no interior do universo ético racional – talvez esse *Aufforderung* não seja apenas a especificação secundária do *Anstoss*, mas seu caso exemplar.

É importante que tenhamos em mente os dois sentidos fundamentais da palavra *Anstoss* em alemão: freio, obstáculo, impedimento, algo que *resiste* à expansão irres-trita de nosso esforço; *e* um ímpeto, um estímulo, algo que *incita* nossa atividade. *Anstoss* não é apenas o obstáculo que o eu absoluto se impõe para estimular sua atividade – de modo que, ao superar um obstáculo autoimposto, ele reafirma seu poder criador, como os jogos do famoso santo ascético pervertido que inventa novas tentações para confirmar sua força ao resistir a elas. Se a *Ding an sich* kantia-na corresponde à Coisa freudiano-lacaniana, o *Anstoss* está mais próximo do *objet petit a*, o corpo estranho primordial "atravessado na garganta" do sujeito, o objeto--causa de desejo que *divide o sujeito*: o próprio Fichte define *Anstoss* como o corpo estranho não assimilável que determina a divisão do sujeito em sujeito absoluto vazio e sujeito determinado finito, limitado pelo não-eu. *Anstoss* designa, portanto, o momento do "desacordo", o lance arriscado, o *encontro* do Real em meio à idea-lidade do eu absoluto: não há sujeito sem *Anstoss*, sem o choque com um elemento de facticidade e contingência irredutíveis – "espera-se que o eu encontre algo estranho

---

[43] Ver Daniel Breazeale, "Check or Checkmate? On the Finitude of the Fichtean Self", em Karl Ameriks e Dieter Sturma (orgs.), *The Modern Subject: Conceptions of the Self in Classical German Philosophy* (Albany, Suny, 1995), p. 87-114.

dentro de si mesmo". Trata-se então de reconhecer "a presença, dentro do próprio eu, de um reino de alteridade irredutível, de absoluta contingência e incompreensibilidade [...]. Em última instância, não apenas a rosa de Angelus Silesius, mas todo *Anstoss,* qualquer que seja, *ist ohne Warum*"[44].

Em claro contraste com a *Ding* numênica de Kant, que afeta nossos sentidos, o *Anstoss* não vem de fora e é, *stricto sensu, "êxtimo":* um corpo estranho não assimilável no cerne do sujeito – o próprio Fichte ressalta que o paradoxo do *Anstoss* reside no fato de ele ser ao mesmo tempo "puramente subjetivo" *e* não produzido pela atividade do eu. Se o *Anstoss* não fosse "puramente subjetivo", se já fosse o não-eu, parte da objetividade, cairíamos novamente no "dogmatismo" – ou seja, o *Anstoss* não seria mais do que um resto sombrio da *Ding an sich* kantiana e, portanto, testemunharia a incongruência de Fichte (crítica comum a ele); se o *Anstoss* fosse simplesmente subjetivo, seria um caso do vazio do sujeito jogando consigo mesmo, e nunca alcançaríamos o nível da realidade objetiva – ou seja, Fichte seria de fato um solipsista (outra crítica frequente a sua filosofia). O ponto crucial é que o *Anstoss* põe em marcha a constituição da "realidade": no princípio é o puro eu com o corpo estranho não assimilável em seu âmago; o sujeito constitui a realidade tomando distância do Real do *Anstoss* amorfo e conferindo a ele a estrutura da objetividade[45].

Se a *Ding an sich* de Kant não é o *Anstoss* de Fichte, qual é a diferença entre eles? Ou – dito de outra maneira – onde *encontramos* em Kant o que anuncia o *Anstoss* de Ficthe? Não devemos confundir a *Ding an sich* de Kant com o "objeto transcendental", que (ao contrário de algumas formulações confusas e enganadoras encontradas no próprio Kant) não é o numênico, mas o "nada", o vazio do horizonte da objetividade, o vazio daquilo que se levanta contra o sujeito (finito), a mínima forma de resistência que não é ainda nenhum objeto positivo determinado com que o sujeito se depara no mundo – Kant usa o termo alemão *Dawider,* que é aquilo que está "lá fora opondo-se a nós, de pé contra nós". Esse *Dawider não* é o abismo da Coisa, não aponta para a dimensão do inimaginável; ele é, ao contrário, o próprio horizonte de abertura para a objetividade, no interior da qual objetos específicos aparecem para um sujeito finito.

---

[44] Ibidem, p. 100. [Daniel Breazeale se refere à famosa frase do poeta polonês Johannes Scheffler, cujo pseudônimo era Angelus Silesius: *"Die Rose ist ohne Warum. Sie blühet, weil sie blühet. Sie achtet nicht ihrer selbst, fragt nicht, ob man sie siehet"*, "A rosa não tem porquê. Ela floresce porque floresce. Não cuida de si mesma nem pergunta se alguém a vê". – N. T.]

[45] Impõe-se aqui o paralelo entre o *Anstoss* fichtiano e o esquema freudiano-lacaniano da relação entre o *Ich* primevo (*Ur-Ich*) e o objeto, o corpo estranho em seu centro, que perturba seu equilíbrio narcísico, pondo em movimento o longo processo de expulsão e estruturação gradual de seu nó interior, por meio do qual se constitui (aquilo que experimentamos como) a "realidade objetiva, exterior"; ver capítulo 3 de Slavoj Žižek, *Enjoy Your Symptom* (Nova York, Routledge, 1993).

O monstruoso

Fichte foi um filósofo da primazia da Razão prática sobre a Razão teórica; assim, podemos mostrar agora como nossa leitura de Kant afeta a abordagem kantiana da problemática ética. Em seu *Kant e o problema da metafísica*, Heidegger empenha-se em refletir sobre a Lei moral em si – ou seja, a problemática da Razão prática –, seguindo o mesmo modelo da síntese da imaginação como pura autoafeição, como a unidade de atividade (espontaneidade) e passividade (receptividade): em sua experiência moral, o sujeito se submete a uma Lei que não é externa, mas posta por ele mesmo, de modo que ser afetado pelo Chamado da Lei moral é a forma derradeira de autoafeição – nela, assim como na Lei que caracteriza a subjetividade autônoma, receptividade e autonomia coincidem. Essa é a origem de todos os paradoxos da leitura heideggeriana: Heidegger primeiro reduz a temporalidade e a Lei à pura autoafeição do sujeito, depois as rejeita por essa mesma razão – porque permanecem no interior das coerções da subjetividade. Em síntese, o próprio Heidegger gera uma leitura "subjetivista" de Kant à qual se refere para rechaçá-lo...

A desvalorização da filosofia prática de Kant em *Kant e o problema da metafísica* alinha-se aos numerosos críticos, de Heinrich Heine e Feuerbach a Adorno e Horkheimer na *Dialética do Esclarecimento*, que desprezam a *Crítica da razão prática* como uma traição de Kant ao potencial subversivo antimetafísico de sua *Crítica da razão pura*: em seu pensamento ético, Kant declara a liberdade e a Lei moral como aquelas em virtude das quais o sujeito finito (o homem) não se vê limitado à experiência fenomênica, isto é, como uma janela para o puro domínio numênico racional, para além ou fora do tempo: literalmente o domínio da metafísica. O preço pago por Kant é ter de limitar o escopo, o papel fundamentador, da imaginação transcendental e seu movimento de temporalização: a experiência da liberdade e da Lei moral *não* está radicada na autoafeição temporal. Para Heidegger, a causa derradeira dessa "regressão" para a oposição metafísica entre temporal e eterno reside na proposta metafísica kantiana do tempo como sucessão linear de momentos sob o domínio do presente: assim, apesar de Kant ver-se obrigado a invocar as determinações temporais em sua concepção do sujeito como agente moral (a moralidade envolve o progresso temporal infinito; apenas um ser finito que habita no tempo pode ser afetado pelo Chamado do Dever etc.), ele só pode conceber o fato da liberdade como algo que aponta para um domínio que está fora do tempo (para uma eternidade numênica), e não como o êxtase de outra forma de temporalidade (mais original ou não linear).

Não há um vínculo entre o dever ético de Kant e o Chamado da Consciência de Heidegger? O registro heideggeriano do Chamado de Consciência é geralmente criticado por seu decisionismo formal: essa Voz é puramente formal, diz ao *Dasein* para fazer uma escolha autêntica sem oferecer nenhum critério concreto que permita ao sujeito identificar a escolha autêntica. (O lugar desse Chamado é "êxtimo" no sentido lacaniano: como ressalta Heidegger, esse Chamado não é proferido/emitido por *outro Dasein* ou Agente divino; ele vem de fora, mas é ao mesmo tempo algo que emerge de lugar nenhum, já que é a voz do âmago do *Dasein*, recordando-lhe a própria potencialidade singular.) Heidegger associa esse Chamado da Consciência ao tema da culpa, concebida como um traço formal (existencial) *a priori* do *Dasein* como tal: não é uma culpa concreta a respeito de determinado ato ou não-ato, mas a expressão do ato formal que, no caso do *Dasein* – em virtude de sua finitude e de sua condição de ser-lançado e, ao mesmo tempo, de sua abertura projetivo-antecipadora em direção ao futuro, potencialidade –, sempre e *a priori* ultrapassa a efetivação da existência determinada do *Dasein*. A questão habitual aqui é que Heidegger "seculariza a ideia protestante de pecado como consubstancial com a existência humana como tal", privando-a de seu fundamento teológico positivo quando a redefine de modo puramente formal.

Heidegger, contudo, deve ser defendido aqui: essa crítica não é mais bem fundamentada do que a crítica convencional de que a narrativa marxista da revolução comunista que levará a uma sociedade sem classes é uma versão secularizada da narrativa religiosa da Queda e Salvação. Em ambos os casos, a resposta deveria ser: por que não inverter a crítica e afirmar que essa versão supostamente "secularizada" é a versão verdadeira, da qual a narrativa religiosa é meramente uma antecipação ingênua e mistificada? Além do mais, os conceitos heideggerianos de Culpa e Chamado da Consciência" não estariam ligados à tradição paradigmaticamente moderna, que se estende da ética kantiana ao estrito conceito freudiano de supereu? Ou seja, o que devemos notar em primeiro lugar é que o caráter formal do Chamado da Consciência e a Culpa universalizada são rigorosamente idênticos, dois lados da mesma moeda: precisamente por nunca receber nenhuma injunção positiva do Chamado da Consciência é que o *Dasein* nunca pode estar seguro de estar cumprindo seu dever – por isso a Culpa é consubstancial com ele. Estamos lidando aqui com uma reformulação do imperativo categórico kantiano, que é também tautologicamente vazio: ele afirma que o sujeito deve cumprir seu dever sem especificar que dever é esse e, portanto, transfere o ônus da determinação do conteúdo do dever inteiramente para o sujeito.

Heidegger estava plenamente justificado, portanto, quando anos depois (no curso que deu em 1930 sobre a essência da liberdade humana) cedeu a uma breve tentativa de salvar a *Crítica da razão prática* interpretando o imperativo moral kantiano nos termos de *Ser e tempo*, como o Chamado da Consciência que nos abala e nos expulsa de nossa imersão no *das Man*, na moral ôntica espúria do "é assim que é, assim que *se faz*": a razão prática kantiana oferece um vislumbre do abismo de

70 / O sujeito incômodo

liberdade que está além (ou, antes, por baixo) das restrições da ontologia metafísica tradicional. Essa referência à *Crítica da razão prática* baseia-se num entendimento acurado da revolução ética radical de Kant, que rompe com a ética metafísica do Bem Supremo – e, se Heidegger recuou diante do abismo da monstruosidade inimaginável à espreita na problemática kantiana da imaginação transcendental, ele também recua diante da monstruosidade discernível no "formalismo ético" kantiano quando, após a sua *Kehre*, não reservou mais um papel excepcional para Kant. A partir de meados da década de 1930, é o Acontecimento da Verdade do Ser, seu (des)velamento, que fornece a lei histórica/epocal ou medida daquilo que, em nossa experiência cotidiana, pode ser tomado como uma injunção ética. Dessa forma, Kant é reduzido a mais uma figura da linha que se estende da Ideia de Bem Supremo de Platão (que já subordinava o Ser ao Bem Supremo) ao moderno falatório niilista sobre "valores": ele até prepara o terreno para o giro moderno da ideia do Bem como algo inerente à própria ordem do Ser para o conceito subjetivista dos "valores" que os seres humanos impõem à realidade "objetiva", de forma que sua revolução ética constitui um elo fundamental no encadeamento que vai do platonismo ao niilismo moderno com relação aos valores. Kant foi o primeiro a afirmar a Vontade como Vontade de Vontade: em todos os seus objetivos, o que a Vontade deseja é ela própria, e aí se encontram as raízes do niilismo. A autonomia da Lei moral indica que essa Lei é *autopostulada*: quando minha vontade segue seu Chamado, o que ela deseja, em última instância, é a si mesma[46].

Heidegger nega, assim, qualquer potencial verdadeiramente subversivo da revolução ética kantiana, de sua afirmação da Lei como barrada/vazia, não determinada por nenhum conteúdo positivo (é a partir desse traço que Lacan fundamenta sua tese de que a filosofia prática de Kant é o ponto de partida na linhagem que culmina na invenção da psicanálise por Freud). Assim como demonstrou Rogozinski, o crucial nesse caso é o destino da tríade Belo/Sublime/Monstruoso: Heidegger ignora o Sublime – isto é, vincula a Beleza diretamente ao Monstruoso (de forma mais evidente em sua leitura de Antígona em *Introdução à metafísica*): a Beleza é o modo de aparecimento do Monstruoso; designa uma das modalidades do Acontecimento-Verdade que destroça nossa submissão ao curso cotidiano das coisas – ou seja,

---

[46] Rogozinski contrapõe a essa leitura outra tendência "subterrânea" no próprio Kant, segundo a qual o imperativo categórico kantiano representa um chamado da alteridade que não apenas envolve sua própria temporalidade ou finitude (uma temporalidade que rompe com as coerções da sucessão linear de "agoras", visto que é a temporalidade dos Acontecimentos de Liberdade, de rupturas, que emergem *ex nihilo*), mas é também uma Lei que já não é mais fundada numa vontade: assim como a Lei enigmática do tribunal de *O processo*, de Kafka, o imperativo moral é uma Lei que "nada quer de você". O derradeiro enigma da Lei reside nessa *indiferença* fundamental às questões humanas.

desvia nossa imersão no *das Man* (no modo como "é")[47]. Essa obliteração do Sublime está diretamente relacionada com a inserção de Kant na linhagem platônica do Bem Supremo – com a rejeição da revolução ética kantiana por Heidegger: se o Belo é, como afirma Kant, o símbolo do *Bem*, então o Sublime é precisamente o esquema fracassado da *Lei* ética. Quando Heidegger vincula diretamente o Belo ao Monstruoso, sua aposta é mais alta do que parece: o desaparecimento do Sublime na leitura que Heidegger faz de Kant é o avesso de sua ignorância do tema kantiano da *pura forma* da Lei; o fato de que a Lei moral kantiana é "vazia", pura forma, afeta radicalmente o *status* do Monstruoso. Como?

Heidegger, é claro, tematiza o Monstruoso (ou melhor, o Estranho, *das Unheimliche*, como ele traduz o "demoníaco" do primeiro grande coro de *Antígona*): na leitura detalhada que faz desse coro em *Introdução à metafísica*, ele desenvolve os contornos da violência avassaladora da natureza, da terra, assim como a violência do homem, que, por habitar na linguagem, joga "para fora dos trilhos" o curso natural dos acontecimentos e explora isso para seus próprios objetivos. Heidegger ressalta repetidamente o caráter "fora dos gonzos" do homem: não apenas no "sair dos trilhos" de sua luta com/contra os poderes da natureza; a própria instituição da *polis*, de uma ordem comunal, é caracterizada como um ato de imposição violenta, baseado numa decisão insondável. Portanto, Heidegger está bastante ciente de que todo habitar no universo cotidiano familiar é fundado num ato violento/monstruoso de decidir/assumir resolutamente o próprio destino: que, uma vez que o homem se encontra primordialmente "fora dos gonzos" [*out of joint*], a própria imposição de um "lar" (*heim*), de um local de habitação comum, a *polis*, é *unheimlich*, repousa numa ação excessiva/violenta. O problema é que o domínio dos *Unheimliches* continua a ser para ele o próprio domínio da abertura da forma histórica do ser, de um mundo, fundado na terra impenetrável, na qual o homem habita historicamente, da tensão entre a terra (o ambiente natural) e a forma do ser comunal do homem. E na medida em que a forma particular do ser histórico é a "beleza", podemos ver o sentido preciso no qual, para Heidegger, o Belo e o Monstruoso são codependentes.

O Monstruoso kantiano/lacaniano, no entanto, envolve outra dimensão: a dimensão "ainda-não-mundana", ontológica, a abertura de uma forma histórica do destino comunal do ser, mas um universo pré-ontológico da "noite do mundo" no qual os objetos parciais vagam num estado que precede qualquer síntese, como aquele das pinturas de Hieronymus Bosch (que são estritamente correlatas à emergência da subjetividade moderna). O próprio Kant abre o domínio dessa inquietante espectralidade pré-ontológica, das aparições de "mortos-vivos", com

---

[47] Ver Martin Heidegger, *Introdução à metafísica*, cit.

sua distinção entre juízo negativo e juízo infinito[48]. Esse domínio não é o velho "*underground*" pré-moderno como estrato inferior e sombrio da ordem cósmica global na qual habitam entidades monstruosas, mas algo *stricto sensu* acósmico.

Em outras palavras, o que Heidegger deixa escapar é o impulso antiontológico radical (ou anticosmológico) da filosofia de Kant: contra a equivocada leitura neokantiana histórico-culturalista ou epistemológica de Kant, Heidegger é justificado quando ressalta que a *Crítica da razão pura* fornece a base para uma nova ontologia da finitude e da temporalidade; no entanto, ele passa ao largo do fato de que as antinomias da razão pura, geradas pela insistência de Kant na finitude do sujeito, solapam a própria ideia de cosmos como um todo do universo, como uma totalidade hermenêutica significativa de ambientes, como um *mundo-da-vida* no qual habita uma população histórica. Ou, dito de outra forma, o que Heidegger deixa de lado é a suspensão da dimensão do (ser-no-)mundo, o autorrecolhimento psicótico, como a (im)possibilidade derradeira, como a dimensão mais radical da subjetividade, contra a qual a violenta imposição sintética de uma (Nova) Ordem – o Acontecimento da Abertura Histórica do Ser – é a defesa.

Isso nos leva de volta à problemática do Sublime, que Heidegger omite em sua leitura de Kant: o conceito kantiano de Sublime é estritamente correlato ao seu fracasso com a ontologia/cosmologia; ele designa a incapacidade da imaginação transcendental para provocar o fechamento do horizonte necessário para o conceito de um cosmos. Assim, o Monstruoso conceituado por Kant em suas diferentes formas (do agregado caótico da natureza madrasta ao Mal diabólico) é absolutamente incompatível com o Monstruoso de que fala Heidegger: é quase o exato avesso da violenta imposição de uma nova forma histórica do Ser; nomeadamente, o próprio gesto de suspensão da dimensão da Abertura-do-Mundo. E a Lei ética é vazia/sublime precisamente porque seu conteúdo "primordialmente recalcado" é o abismo da "noite do mundo", o Monstruoso de uma espontaneidade ainda não regulada por nenhuma Lei – em termos freudianos, da pulsão de morte.

Kant com David Lynch

A ideia kantiana da constituição transcendental da realidade abre um "terceiro domínio" específico, que não é nem fenomênico nem numênico, mas *stricto sensu* pré-ontológico. Nos termos de Derrida, poderíamos designá-lo como espectralidade; nos termos lacanianos, seria precipitado e inapropriado designá-lo como fantasia, visto que, para Lacan, a fantasia está do lado da realidade – isto é, ela sustenta

---

[48] Ver capítulo 3 de Slavoj Žižek, *Tarrying with the Negative*, cit.

o "senso de realidade" do sujeito: quando o suporte fantasmático se desintegra, o sujeito sofre uma "perda de realidade" e começa a perceber a realidade como um universo pesadelar "irreal", sem nenhum fundamento ontológico sólido; esse universo pesadelar não é "pura fantasia", mas, ao contrário, *aquilo que resta de realidade depois que a realidade é privada de seu suporte na fantasia.*

Assim, quando o *Carnaval* de Schumann – com sua "regressão" a um universo onírico em que o intercurso entre "pessoas reais" é substituído por uma espécie de baile de máscaras no qual ninguém sabe quem ou o que está escondido atrás da máscara, rindo loucamente de nós: uma máquina, uma substância vital viscosa ou (certamente o mais horripilante) apenas o duplo "real" da própria máscara – musica o *Unheimliche* de Hoffmann, o que temos não é o "universo da pura fantasia", mas antes a versão artística singular da *desintegração* do suporte fantasmático. Os personagens representados musicalmente no *Carnaval* são como as aparições espectrais vagando pela avenida principal de Oslo na célebre pintura de Munch, os rostos pálidos e uma fonte de luz frágil, porém intensa, em seus olhos (demarcando o *olhar* como o objeto que toma o lugar de um olho que vê): mortos-vivos dessubjetivados, débeis espectros privados de sua substância material. É contra esse pano de fundo que devemos nos aproximar da concepção lacaniana de "travessia (atravessamento) da fantasia": a expressão "atravessar a fantasia", precisamente, *não* designa o que sugere quando tomada pelo viés do senso comum, ou seja, "livrar-se das fantasias, das inclinações e perturbações ilusórias que distorcem nossa visão da realidade e, assim, aprender finalmente a aceitá-la como se apresenta...". Na "travessia da fantasia" nós não aprendemos a suspender nossas produções fantasmáticas; ao contrário, identificamo-nos ainda mais radicalmente com o trabalho de nossa "imaginação", em toda a sua inconsistência, ou seja, com aquilo que é anterior a sua transformação no suporte fantasmático que garante nosso acesso à realidade[49].

---

[49] É preciso ter cautela ao defender a tese de que o fato de que a subjetividade feminina acha mais fácil romper com o domínio da fantasia, "atravessar" sua fantasia fundamental, do que a subjetividade masculina significa que as mulheres têm com relação ao universo de ficções/semblantes simbólicos uma atitude de distância cínica ("sei que o falo, o poder fálico simbólico, é mero semblante, e a única coisa que conta é o Real da *jouissance*" – o conhecido clichê a respeito das mulheres como sujeitos que podem facilmente "enxergar através" do feitiço das ficções simbólicas, ideais e valores, e conseguem se concentrar em fatos concretos – sexo, poder... – que realmente importam e são o verdadeiro suporte dessublimado de semblantes sublimes). Essa distância cínica não constitui a "travessia da fantasia", visto que implicitamente reduz a fantasia ao véu de ilusões que distorcem nosso acesso à realidade "como ela realmente é". Em oposição a essa conclusão, que se impõe com uma falsa evidência, devemos insistir que o sujeito cínico é, justamente, o que está *menos* livre do domínio da fantasia.

74 / O sujeito incômodo

Nesse "nível zero", impossível de suportar, temos apenas o puro vazio da subjetividade, confrontado com uma multiplicidade de "objetos parciais" espectrais que, precisamente, são ilustrações da *lamela* lacaniana, a libido objetal morta-viva[50]. Ou, dito de outra forma, a pulsão de morte *não* é o Real numênico pré-subjetivo em si, mas o momento impossível do "nascimento da subjetividade", do gesto negativo de retraimento/recolhimento que substitui a realidade por *membra disjecta*, por uma série de órgãos que assumem o lugar da libido "imortal". O Real monstruoso oculto pelas Ideias da Razão não é o numênico, mas esse espaço primevo da *imaginação pré-sintética "selvagem"*, o domínio impossível da espontaneidade/liberdade transcendental em seu estado mais puro, anterior a sua subordinação a qualquer Lei autoimposta, o domínio vislumbrado em vários momentos "extremos" da arte pós-renascentista, de Hieronymus Bosch aos surrealistas. Esse domínio é imaginário, mas não ainda o Imaginário como identificação especular do sujeito com uma imagem fixa, anterior à identificação imaginária como formadora do eu. Assim sendo, a grande realização implícita de Kant não é a afirmação da lacuna entre a realidade fenomênica transcendentalmente constituída e o domínio numênico transcendental, mas do "mediador evanescente" entre os dois: se levarmos essa linha de raciocínio a sua conclusão, devemos pressupor que, entre a animalidade imediata e a liberdade humana subordinada à Lei, a monstruosidade de uma imaginação pré-simbólica "surta", gerando aparições espectrais de objetos parciais. É apenas nesse nível que, sob a forma de objetos parciais da libido, encontramos o impossível objeto correlato ao puro vazio da espontaneidade absoluta do sujeito: esses objetos parciais ("aqui uma cabeça ensanguentada – acolá outra aparição espectral") são as formas impossíveis sob as quais o sujeito como espontaneidade absoluta "depara consigo entre os objetos".

Quanto a Lacan, observamos amiúde que sua consideração clássica da identificação imaginária já pressupõe a lacuna que deve ser preenchida por ela, a horripilante experiência dos dispersos "órgãos sem corpo", do *le corps morcelé*, de seus *membra disjecta* flutuando livremente – é *nesse* nível que encontramos a pulsão de morte em seu aspecto mais radical. E, mais uma vez, é *essa* a dimensão de imaginação pré--fantasmática e pré-sintética da qual Heidegger se afastou quando abandonou a ideia de manter Kant como o ponto central de referência em seu desenvolvimento

---

[50] Sobre "lamela" [*lamelle*], ver Jacques Lacan, *The Four Fundamental Concepts of Psychoanalysis* (Nova York, Norton, 1979), p. 197-8 [ed. bras.: *O seminário, livro 11: os quatro conceitos fundamentais da psicanálise*, trad. M. D. Magno, Rio de Janeiro, Zahar, 1998), p. 186-7]. [Na edição brasileira, o termo francês *lamelle* foi traduzido por "lâmina". No entanto, certas traduções – por exemplo, a dos *Escritos* (trad. Vera Ribeiro, 2. ed., Rio de Janeiro, Zahar, 1998, p. 860-1 e outras) – optaram pela palavra "lamela", aqui priorizada por se aproximar do jogo de palavras entre "omelette" e "lamelle" que Lacan faz para se referir posteriormente à libido (presente tanto nos *Escritos* como no trecho indicado do *Seminário 11*), a qual é resgatada nessa passagem. – N. T.]

da analítica do *Dasein*. Além disso, o mesmo movimento deveria se repetir no nível da intersubjetividade: o *Mit-Sein* heideggeriano, o fato de que o ser-no-mundo do *Dasein* está sempre-já relacionado a outros *Daseins*, não sendo, pois, o fenômeno primário. Antes dele há uma relação com outro sujeito que ainda não está propriamente "subjetivado", um coparticipante numa situação discursiva, mas que continua a ser o "próximo" enquanto corpo estranho êxtimo absolutamente íntimo de nós[51]. Tanto para Freud como para Lacan, "próximo" é definitivamente um dos nomes de *das Ungeheure*, do Monstruoso: o que está em jogo é o processo de "edipização", o estabelecimento do regime da Lei paterna, é precisamente o processo de "gentrificação" dessa alteridade monstruosa, transformando-a num parceiro dentro do horizonte da comunicação discursiva. Hoje, um artista obcecado pela imaginação em sua dimensão monstruosa pré-ontológica é David Lynch. Após a estreia de *Eraserhead*, seu primeiro filme, começou a circular um estranho rumor para explicar seu impacto traumático:

> Naquela época, corria o rumor de que a trilha sonora do filme emitia um ruído de frequência ultrabaixa que afetava o subconsciente do espectador. As pessoas diziam que, ainda que inaudível, esse ruído provocava uma sensação de inquietação e, até, de náusea. Isso aconteceu há mais de dez anos, e o nome do filme era *Eraserhead*. Hoje, olhando para trás, podemos dizer que o primeiro longa-metragem de David Lynch foi uma experiência audiovisual tão intensa que o público precisou inventar explicações [...], a ponto de dizer que ouvia ruídos inaudíveis.[52]

O *status* dessa voz que ninguém distingue, embora nos domine e gere efeitos materiais (sensação de inquietação e náusea), é *real-impossível* no sentido lacaniano do termo. É crucial distinguir essa voz inaudível da voz que é objeto da alucinação psicótica: na psicose (na paranoia), não apenas se pressupõe que a voz "impossível" exista e exerça sua efetividade, como o sujeito parece ouvi-la de fato. Outro exemplo da mesma voz pode ser encontrado (inesperadamente, talvez) na caça: é sabido que os caçadores usam um pequeno apito de metal para dar comandos aos cães; por causa da alta frequência do som, apenas os cães podem ouvi-lo e reagir; isso, é claro, suscitou o mito persistente de que nós humanos, sem saber também ouvimos o apito (por baixo do limiar de percepção consciente) e obedecemos a ele... Um exemplo perfeito da ideia paranoica de que os seres humanos podem ser controlados pela mídia invisível/imperceptível.

---

[51] Ver, uma vez mais, o capítulo 3 de Slavoj Žižek, *Tarrying with the Negative*, cit.
[52] Yuji Konno, "Noise Floats, Night Falls", em David Lynch, *Paintings and Drawings* (Tóquio, Tokyo Museum of Contemporary Art, 1991), p. 23.

76 / O sujeito incômodo

Essa ideia ganhou uma virada crítico-ideológica no menosprezado *Eles vivem* (1988), um filme de John Carpenter em que um andarilho solitário chega a Los Angeles e descobre que nossa sociedade consumista é dominada por alienígenas, cujos disfarces humanos e mensagens publicitárias subliminares só podem ser vistos com o uso de um par de óculos especiais: quando pomos os óculos podemos perceber as infinitas injunções ao nosso redor ("Compre isto!", "Entre nesta loja!" etc.), às quais obedecemos sem nos dar conta. O encanto dessa ideia, mais uma vez, reside em sua própria ingenuidade: como se o excedente de um mecanismo ideológico sobre sua presença visível fosse materializado em outro nível, invisível, de modo que, com óculos especiais, poderíamos literalmente "ver a ideologia"[53]...

No nível da fala em si, uma lacuna indelével separa aquilo que se chama "protofala", ou "fala-em-si", da "fala-para-si", o registro simbólico explícito. Por exemplo: os atuais terapeutas sexuais dizem que, antes mesmo de um casal afirmar explicitamente sua intenção de ir para a cama, tudo já está decidido no nível das insinuações, da linguagem corporal, da troca de olhares... A armadilha que devemos evitar aqui é a *ontologização* precipitada dessa "fala-em-si", como se a fala realmente preexistisse a ela mesma numa espécie de "fala antes da fala": como se essa "fala *avant la lettre*" existisse na forma de uma linguagem outra, mais fundamental, plenamente constituída, reduzindo a linguagem "explícita" normal a seu reflexo superficial secundário, como se tudo já estivesse verdadeiramente decidido antes mesmo de se falar explicitamente a respeito. Contra essa ilusão, devemos sempre ter em mente que essa outra protofala continua virtual: ela se torna efetiva apenas quando seu escopo é demarcado, postulado como tal na Palavra explícita. A melhor prova disso é o fato de que essa protolinguagem é irredutivelmente ambígua e indeterminável: está "prenhe de significado", mas de uma espécie de significado flutuante indeterminado à espera da simbolização que vai lhe conferir um giro definitivo... Num célebre trecho de sua carta a Lady Ottoline Morrell, no qual recorda as circunstâncias em que declarou seu amor a ela, Bertrand Russell se refere precisamente a essa lacuna que separa para sempre o domínio ambíguo da protofala do ato explícito de assunção simbólica: "Eu não sabia que a amava até me escutar dizendo-lhe isso; por um instante pensei 'Meu Deus, o que foi que eu disse?', e então eu soube que era a verdade"[54]. E, mais uma vez, seria errôneo ler essa passagem do Em-si para o Para-si como se, em seu âmago, Russell "já soubesse que a amava": esse efeito do sempre-já é estritamente retroativo; sua temporalidade é a do

---

[53] É claro que permanece em aberto até que ponto essa ideia paranoica se justifica no caso da propaganda subliminar.

[54] Citado em Ronald William Clark, *The Life of Bertrand Russell* (Londres, Weidenfeld & Nicolson, 1975), p. 176.

futur antérieur, isto é, Russell não estava apaixonado por ela o tempo todo sem saber; mas, antes, ele *terá estado apaixonado* por ela.

Na história da filosofia, o primeiro a se aproximar dessa inquietante tessitura pré-ontológica ainda-não-simbolizada de relações não foi ninguém menos que Platão, que, em seu diálogo tardio *Timaeus*, sentiu-se obrigado a pressupor uma espécie de matriz-receptáculo de todas as formas determinadas governadas por suas próprias regras contingentes (*chora*) – é crucial que não nos precipitemos em identificar essa *chora* com a matéria aristotélica (*hyle*). Todavia, foi o grande avanço do idealismo alemão que conseguiu marcar os contornos precisos dessa dimensão pré-ontológica do Real espectral, a qual precede e elude a constituição ontológica da realidade (em oposição ao clichê que diz que os idealistas alemães teriam defendido a redução "panlogicista" de toda realidade à condição de produto da automediação do conceito). Kant foi o primeiro a detectar essa fissura no edifício ontológico da realidade: se (aquilo que experimentamos como) a "realidade objetiva" não está simplesmente posta "lá fora", esperando ser percebida pelo sujeito, mas é um composto artificial constituído pela participação ativa do sujeito – isto é, pelo ato de síntese transcendental –, então cedo ou tarde surge a questão: qual é o estatuto do estranho X que *precede* a realidade transcendentalmente constituída? F. W. J. Schelling deu a descrição mais detalhada desse X em seu conceito de Fundamento da Existência – daquilo que "em Deus ainda não é Deus": a "loucura divina", o obscuro domínio pré--ontológico das "pulsões", o Real pré-lógico que continua a ser sempre o esquivo Fundamento da Razão que nunca pode ser apreendido "como tal", apenas tenuamente vislumbrado em seu próprio gesto de recolhimento[55]... Ainda que essa dimensão aparente ser absolutamente estranha ao "idealismo absoluto" de Hegel, foi ele que a descreveu de maneira mais pungente na passagem citada de *Jenaer Realphilosophie*: o espaço pré-ontológico da "noite do mundo", no qual "surge aqui uma cabeça ensanguentada, acolá outra aparição espectral, subitamente antes, e então desaparece", não seria a descrição mais sucinta do universo de Lynch?

Essa dimensão pré-ontológica pode ser mais bem discernida por meio do gesto hegeliano decisivo de transposição da limitação epistemológica para a falta ontológica. Em certo sentido, tudo o que Hegel faz é complementar a conhecida máxima kantiana da constituição transcendental da realidade ("as condições de possibilidade do nosso conhecimento são ao mesmo tempo as condições de possibilidade do objeto do nosso conhecimento") com seu negativo – a limitação do nosso conhecimento (seu fracasso em apreender o todo do ser, a forma como nosso conhecimento

---

[55] Para uma explicação mais detalhada, ver Slavoj Žižek, *The Indivisible Remainder: An Essay on Schelling and Related Matters* (Londres, Verso, 1996).

se enreda inexoravelmente em contradições e inconsistências) é simultaneamente a limitação do próprio objeto do nosso conhecimento, ou seja, as lacunas e os vazios em nosso conhecimento da realidade são as lacunas e os vazios no próprio edifício ontológico "real". A essa altura, pode parecer que Hegel esteja se opondo radicalmente a Kant: em evidente contraste com a afirmação de Kant de que é impossível conceber o universo como um Todo, Hegel não teria desenvolvido o último e mais ambicioso edifício ontológico da totalidade do Ser? Essa impressão, no entanto, é enganosa: ela falha ao não perceber que o "motor" mais íntimo do processo dialético é justamente a interação entre o obstáculo epistemológico e o impasse ontológico. No decurso de um giro reflexivo dialético, o sujeito é compelido a assumir que a insuficiência de seu conhecimento da realidade sinaliza a mais radical insuficiência da própria realidade (pensemos, por exemplo, na proposta marxista padrão de "crítica da ideologia", cuja premissa básica é a de que a "incapacidade" da visão ideologicamente distorcida da realidade social não é um simples erro epistemológico, mas assinala simultaneamente o fato muito mais problemático de que algo vai terrivelmente mal em nossa própria realidade social – apenas uma sociedade que "vai mal" produz uma "má" consciência de si mesma). Hegel diz algo muito preciso aqui: as inconsistências e contradições de nosso conhecimento não apenas não o impedem de funcionar como "verdadeiro" conhecimento da realidade, como também só existe "realidade" (no sentido mais habitual de "dura realidade exterior" em oposição às "meras ideias") porque o domínio do Conceito está alienado de si mesmo, dividido, atravessado por um impasse radical, preso a uma inconsistência debilitadora.

Para termos uma ideia aproximada desse turbilhão dialético, recordemos a clássica oposição entre os dois conceitos excludentes de "luz": a luz composta por partículas e a luz como onda – a "solução" da física quântica (a luz é tanto partícula como onda) transpõe essa oposição para a "coisa em si", com o resultado necessário de que a própria "realidade objetiva" perde seu *status* ontológico pleno – ela se converte em algo que é ontologicamente incompleto, composto de entes cujo *status* é fundamentalmente virtual. Ou pensemos como é cheio de "buracos", não plenamente constituído, o universo que reconstruímos em nossa mente quando lemos um romance: quando Conan Doyle descreve o apartamento de Sherlock Holmes, é inútil perguntarmos quantos livros há exatamente nas prateleiras – o próprio autor não tem uma ideia precisa a esse respeito. E se, porventura, pudéssemos dizer o mesmo com relação à própria realidade, ao menos no nível do significado simbólico? A famosa frase de Abraham Lincoln ("Você pode enganar algumas pessoas o tempo todo, ou todas as pessoas por algum tempo, mas você não pode enganar todas as pessoas o tempo todo") é ambígua do ponto de vista lógico: significa que existem *algumas* pessoas que podem ser *sempre* enganadas, ou em qualquer circunstância *uma pessoa ou outra* está fadada a ser enganada? Talvez seja errado perguntar "O que Lincoln realmente quis dizer?". A solução mais provável desse enigma não seria que o próprio Lincoln não estava ciente dessa ambiguidade, queria apenas dizer algo espirituoso, e a afirmação então "se impôs a ele" porque "soava bem"? E se essa situação em que um mesmo *significante* (nesse caso, uma mesma linha) "sutura" a ambiguidade fundamental e a inconclusividade que persistem no nível do conteúdo significado também for parte daquilo que chamamos de "realidade"? E se nossa realidade social também for "simbolicamente construída" nesse sentido radical, de modo que para manter a aparência de sua consistência seja preciso um significante vazio (o que Lacan chamou de Significante-Mestre) para cobrir e ocultar sua lacuna ontológica?

Assim, a lacuna que separa incessantemente o domínio da *realidade* (mediado simbolicamente, isto é, constituído ontologicamente) do *real* espectral e elusivo que o precede é crucial: o que a psicanálise chama de "fantasia" é o esforço para fechar essa lacuna pela percepção (errada) do Real pré-ontológico como simplesmente *outro* nível de realidade, "mais fundamental" – a fantasia projeta no Real pré-ontológico a forma de realidade constituída (como na concepção cristã de uma realidade outra, suprassensível). O grande mérito de Lynch está no fato de que ele resiste a essa tentação propriamente metafísica de fechar a lacuna entre os fenômenos pré-ontológicos e o nível da realidade. Afora o recurso visual primário para transmitir a dimensão espectral do Real (o close exagerado no objeto retratado, que o torna irreal), devemos prestar atenção no modo como Lynch brinca com os inquietantes sons não localizáveis. A sequência do pesadelo em *O homem elefante*, por exemplo, é acompanhada de um estranho ruído vibratório que parece ultrapassar o limite que separa o dentro e o fora: é como se, nesse ruído, a *externalidade* extrema da máquina coincidisse com a máxima *intimidade* do interior do corpo, com o ritmo do coração palpitante. E essa coincidência entre o núcleo do ser do sujeito, sua substância vital, e a externalidade da máquina não oferece uma ilustração perfeita da noção lacaniana de *extimidade*?

No nível da fala, talvez a melhor ilustração dessa lacuna seja a cena de *Duna* em que o representante da guilda espacial, em confronto com o imperador, pronuncia murmúrios incompreensíveis que se transformam em fala articulada somente após passarem por um microfone – em termos lacanianos, somente após passarem pela mediação do grande Outro. Da mesma forma, em *Twin Peaks*, o anão da Sala Vermelha fala um inglês incompreensível e distorcido que só se torna inteligível com a ajuda das legendas, que nesse caso assumem o papel do microfone, ou seja, da mediação do grande Outro... Lynch revela, em ambos os casos, a lacuna indelével que separa a protofala pré-ontológica, esse "murmúrio do Real", do *logos* plenamente constituído.

80 / O sujeito incômodo

Isso nos conduz à observação do traço fundamental da ontologia materialista dialética, da lacuna mínima, do eterno hiato que separa um acontecimento "em si" de sua inscrição/registro simbólico: essa lacuna pode ser discernida em suas diferentes feições, desde a física quântica (segundo a qual um acontecimento "converte--se em si mesmo", é plenamente efetivado, apenas por meio de sua inscrição no ambiente, isto é, no momento em que seu ambiente "toma conhecimento" dele) até o recurso da "dupla reação" nas comédias clássicas de Hollywood (a vítima de uma fraude ou de um acidente primeiro percebe o evento indicativo de catástrofe com toda a calma, ou até com ironia, sem se dar conta das consequências; então, após um mínimo lapso de tempo, subitamente estremece e petrifica-se – como o pai que, ao descobrir que sua filha solteira e inocente está grávida, primeiro pergunta tranquilamente "Ok, e qual é o problema?", e só depois de alguns instantes fica pálido e começa a esbravejar...). Em termos hegelianos, estamos lidando aqui com a lacuna mínima entre o "Em-si" e o "Para-si". Derrida descreveu essa lacuna a propósito da ideia de presente [regalo]: enquanto não é reconhecido, um presente ainda não "é" integralmente um presente; no momento em que é reconhecido, porém, ele já não é mais puro presente, posto que já foi capturado no ciclo de trocas. Outro caso exemplar seria a tensão numa relação amorosa que está se iniciando: todos nós conhecemos o encanto da situação imediatamente anterior à quebra do silêncio mágico – os dois parceiros estão certos da atração mútua, há uma tensão erótica no ar, a situação em si parecer estar "prenhe" de significados, lançando-se à Palavra, aguardando pela Palavra, procurando pela Palavra que vai nomeá-la... No entanto, quando essa Palavra é finalmente pronunciada, ela nunca é adequada, e produz necessariamente um efeito de decepção, o encanto se perde, todo nascimento de significado é um aborto...

Esse paradoxo aponta para a característica-chave do materialismo dialético, que é mais claramente perceptível na teoria do caos e na física quântica (e talvez defina aquilo que chamamos de "pós-modernismo"): uma abordagem apressada e alheia aos detalhes revela (ou até mesmo produz) as características que permanecem fora do alcance de uma abordagem mais atenta e minuciosa. Como bem sabemos, a teoria do caos nasceu da imperfeição dos instrumentos de medição: quando os mesmos dados, repetitivamente processados pelo mesmo programa de computador, levaram a resultados radicalmente diferentes, os cientistas tomaram ciência de que uma diferença nos dados pequena demais a ponto de não ser percebida podia produzir uma diferença gigantesca no resultado final... O mesmo paradoxo está em ação na própria fundação da física quântica: a distância em relação à "própria coisa" (a imprecisão constitutiva de nossa medição, isto é, a barreira de "complementa-riedade" que nos impede de realizar diferentes medições simultaneamente) é parte da *"própria coisa"*, e não apenas nosso defeito epistemológico; ou seja, para que (aquilo que percebemos como) a realidade apareça, alguns de seus traços *devem permanecer indeterminados.*

A lacuna entre o nível das potencialidades quânticas e o momento de "inscrição" que lhe confere realidade não seria homóloga, de certa forma, à lógica da "dupla reação" – a lacuna entre o próprio acontecimento (o pai que fica sabendo da gravidez da filha) e sua inscrição simbólica – o momento em que o processo "aparece para si mesmo", é registrado? É de crucial importância aqui a diferença entre essa concepção materialista dialética de "inscrição simbólica" – que, "após o fato", confere realidade ao fato em questão – e a equação idealista *esse = percipi*: o ato de inscrição (simbólica), a "segunda reação", sempre ocorre após uma dilação mínima e permanece para sempre incompleto, superficial; uma lacuna o separa do Em si do processo registrado – ainda que, como tal, seja parte da "própria coisa", como se a "coisa" em questão só pudesse conceber plenamente seu *status* ontológico por meio de uma dilação mínima com relação a si mesma.

O paradoxo reside, portanto, no fato de que *a "falsa" aparência está contida no interior da "própria coisa"*. E, por sinal, *nisso* reside a "unidade dialética de essência e aparência", deixada completamente de lado pelos chavões apostilados de como "a essência deve aparecer" etc.: a "visão de longe", que ignora todos os detalhes e se limita à "mera aparência", está mais próxima da "essência" do que um olhar aproximado; a "essência" de uma coisa, portanto, constitui-se paradoxalmente por meio da própria remoção da aparência "falsa" do Real em sua imediatez[56]. Temos então três elementos, não apenas a essência e sua aparência: primeiro, há a realidade; dentro dela, há a tela-interface de aparências; por fim, sobre essa tela, surge a "essência". O ponto crucial, portanto, está no fato de que a aparência é literalmente o aparecer/irromper da essência, isto é, a aparência é o único lugar que a essência pode habitar. A habitual redução idealista da realidade como tal, em sua totalidade, à mera aparência de uma Essência oculta é insuficiente: devemos traçar uma linha no interior do domínio da própria "realidade", separando a realidade "bruta" da tela pela qual surge a Essência oculta da realidade, de modo que, se retirarmos esse meio de aparência, perdemos a própria "essência" que nela aparece...

O acosmismo de Kant

Desse ponto de vista, podemos ver claramente onde Kant recua ante o abismo da imaginação transcendental. Recordemos sua resposta à questão sobre o que aconteceria se

---

[56] O mesmo se aplica à Lei moral kantiana: quando se chega muito perto dela, sua grandeza sublime se transforma repentinamente no abismo horripilante da Coisa que ameaça devorar o sujeito.

tivéssemos acesso ao domínio numênico, às Coisas-em-si: não é de se admirar que essa visão do homem que se torna uma marionete sem vida por conta de sua percepção direta da monstruosidade do Ser-em-si divino tenha provocado tamanha inquietação entre os comentadores de Kant (é comum não se falar muito a respeito de sua argumentação ou desmerecê-la como estranha, deslocada): o que Kant desenvolve não é nada menos do que aquilo que podemos chamar de *fantasia fundamental kantiana*, a Outra Cena de liberdade, do agente livre espontâneo, a Cena na qual o agente livre é transformado em marionete sem vida à mercê de um Deus perverso. Assim, a lição é que não há agente livre ativo sem esse suporte fantasmático, sem essa Outra Cena em que ele é totalmente manipulado pelo Outro. Em síntese, a proibição kantiana de acesso direto ao domínio numênico deve ser reformulada: o que deve permanecer inacessível a nós não é o Real numênico, mas nossa *fantasia fundamental* – o sujeito perde a consistência de sua existência no momento em que chega muito perto desse núcleo fantasmático.

Para Kant, portanto, o acesso direto ao domínio numênico nos privaria da própria "espontaneidade" que compõe o núcleo da liberdade transcendental: esse acesso nos transformaria em autômatos sem vida, ou, dito em termos mais atuais, em computadores, em "máquinas pensantes". Essa conclusão, no entanto, é realmente inevitável? O *status* da consciência é basicamente aquele da liberdade num sistema de determinismo radical? Somos livres apenas na medida em que não conseguimos reconhecer as causas que nos determinam? Para que possamos sair dessa situação, devemos deslocar mais uma vez o obstáculo ontológico para uma condição ontológica positiva. Ou seja, o erro da identificação da consciência(-de-si) com equivocação, com um obstáculo epistemológico, reside no fato de que isso (re)introduz furtivamente a habitual concepção "cosmológica" pré-moderna da realidade como uma ordem positiva do ser: nessa "cadeia do ser" positiva e plenamente constituída não há, obviamente, lugar para o sujeito, de modo que a dimensão da subjetividade pode ser concebida apenas como algo estritamente codependente do desconhecimento epistemológico da verdadeira positividade do ser. Consequentemente, o único modo de explicar o *status* da consciência(-de-si) é afirmar *a incompletude ontológica da própria realidade*: só há "realidade" na medida em que existe uma lacuna ontológica, uma fissura em seu âmago – ou seja, um excesso traumático, um corpo estranho que não pode ser integrado a ela. Isso nos leva de volta à ideia de "noite do mundo": nessa suspensão momentânea da ordem positiva da realidade, confrontamo-nos com a lacuna ontológica que faz com que a "realidade" nunca seja uma ordem positiva do ser, completa e fechada em si mesma. É somente a experiência do recolhimento psicótico, do absoluto autorretraimento diante da realidade que responde pelo misterioso "fato" da liberdade transcendental – pela consciência(-de-si) que é "espontânea" de fato e cuja espontaneidade não é efeito do reconhecimento equívoco de um processo "objetivo".

É só nesse nível que podemos apreciar a impressionante realização de Hegel: longe de retroceder da crítica kantiana à metafísica pré-crítica que postulava a estrutura racional do cosmos, Hegel aceitou plenamente (e anteviu as consequências d)o resultado das antinomias cosmológicas kantianas – não *há* nenhum "cosmos", o próprio conceito de cosmos como a totalidade positiva plenamente constituída do ponto de vista ontológico é inconsistente. Por conta disso, Hegel também rejeita a visão de Kant do homem que se torna uma marionete sem vida por causa de sua visão direta da monstruosidade do Ser-em-si divino: essa visão é inconsistente e sem sentido, visto que, como já apontamos, ela reintroduz furtivamente a totalidade divina plenamente constituída do ponto de vista ontológico: um mundo concebido *apenas* como Substância, mas *não* também como Sujeito. Para Hegel, a fantasia dessa transformação do homem em marionete-instrumento sem vida da monstruosa Vontade divina (ou capricho), por pior que pareça já assinala o recuo diante da verdadeira monstruosidade, que é a do abismo da liberdade, da "noite do mundo". O que Hegel faz é "atravessar" essa fantasia, demonstrando sua função de preencher o abismo pré-ontológico da liberdade – ou seja, reconstruindo a cena positiva na qual o sujeito é introduzido numa ordem numênica positiva.

Nossa diferença fundamental em relação a Rogozinski está na resposta divergente à indagação: "O que está além da imaginação sintética? Qual é seu abismo derradeiro?". Rogozinski busca uma unidade-na-diversidade não violenta, pré--sintética, pré-imaginativa, de uma "conexão secreta entre as coisas", uma Harmonia Secreta utópica além dos vínculos causais fenomênicos, uma misteriosa Vida do Universo como unidade espaçotemporal não violenta de pura diversidade, o enigma que preocupou Kant em seus últimos anos (*Opus postumum*). De nossa perspectiva, no entanto, essa Harmonia Secreta é precisamente a tentação a que devemos resistir: nosso problema é como conceber o gesto fundador da subjetividade, a "violência passiva", o ato negativo (não ainda de imaginação, mas) de abstração, o autorrecolhimento à "noite do mundo". Essa "abstração" é o abismo oculto pela síntese ontológica, pela imaginação transcendental constitutiva da realidade – como tal, ela é o ponto da irrupção misteriosa da "espontaneidade" transcendental.

O problema em Heidegger, portanto, é que ele limita a análise do esquematismo à analítica transcendental (ao Entendimento, às categorias constitutivas da realidade), furtando-se a considerar como a problemática do esquematismo volta a surgir na *Crítica da faculdade de julgar*, na qual Kant concebe o Sublime precisamente como uma tentativa de *esquematizar* as próprias Ideias da Razão: o Sublime nos confronta com o fracasso da imaginação, com aquilo que será *a priori* e para sempre (in)imaginável – e é aqui que encontramos o sujeito como vazio da negatividade. Em síntese, é precisamente por causa da limitação da análise heideggeriana do esquematismo à analítica transcendental que Heidegger não consegue se voltar para a dimensão excessiva da realidade, para sua loucura inerente.

De nosso ponto de vista, o problema em Heidegger, em última análise, é o seguinte: a leitura lacaniana nos permite trazer à luz a tensão intrínseca na subjetividade cartesiana entre o momento do excesso ("Mal diabólico" em Kant, "noite do mundo" em Hegel...) e o esforço subsequente para gentrificar/domesticar/normalizar esse excesso. Os filósofos pós-cartesianos são frequentemente compelidos pela lógica inerente de seu projeto filosófico a articular certo momento excessivo de "loucura" intrínseca ao *cogito*, que eles imediatamente se esforçam para "normalizar". E o problema em Heidegger é que sua noção de subjetividade moderna parece não dar conta desse excesso inerente. Resumindo, essa concepção simplesmente não "cobre" o aspecto do *cogito* que leva Lacan a afirmar que o *cogito* é o sujeito do inconsciente.

Ou, dito de outra forma, o feito paradoxal de Lacan, que normalmente passa despercebido até mesmo entre seus seguidores, é que, em nome da psicanálise, ele retorna a uma concepção de sujeito típica da Idade Moderna, uma concepção racionalista "descontextualizada". Vejamos: um dos clichês da atual apropriação norte-americana de Heidegger é enfatizar como ele elaborou, junto com Wittgenstein, Merleau-Ponty e outros, o arcabouço conceitual que permite que nos livremos da concepção racionalista de sujeito como um agente autônomo que, excluído do mundo, processa como um computador os dados fornecidos pelos sentidos. O conceito heideggeriano de "ser-no-mundo" indica nossa "inserção" irredutível e insuperável num mundo-da-vida concreto e, em última análise, contingente: estamos sempre-já *no* mundo, engajados num projeto existencial contra um pano de fundo que não se deixa apreender e será, para sempre, o horizonte opaco no qual somos "lançados" como seres finitos. E, não raro, interpreta-se a oposição entre consciente e inconsciente dessa mesma forma: o Eu descorporificado representa a consciência racional, ao passo que o "inconsciente" é sinônimo do pano de fundo opaco do qual nunca podemos nos assenhorear, posto que sempre-já somos parte dele, por ele capturados.

Lacan, no entanto, num gesto sem precedentes, afirma exatamente o contrário: o "Inconsciente" freudiano não tem absolutamente nada a ver com a opacidade estruturalmente necessária e irredutível do pano de fundo, do contexto-de-vida no qual nós, os agentes sempre-já envolvidos, estamos imersos; o "Inconsciente" é antes a máquina racional descorporificada que segue seu caminho a despeito das demandas do mundo-da-vida do sujeito; ele representa o sujeito racional na medida em que está originalmente "fora dos gonzos", em desacordo com sua situação contextualizada: o "Inconsciente" é a fenda que converte a posição primordial do sujeito em algo distinto do "ser-no-mundo".

Desse modo, podemos oferecer também uma solução nova e inesperada para o velho problema fenomenológico de como o sujeito pode se desembaraçar de seu mundo-da-vida concreto e (equivocamente) perceber-se como um agente racional descorporificado: esse desengajamento só pode ocorrer porque desde o princípio existe algo no sujeito que resiste a sua completa inclusão em seu contexto de mundo-da-vida, e esse "algo", obviamente, é o inconsciente enquanto máquina psíquica que despreza as exigências do "princípio de realidade". Isso demonstra que, na tensão entre nossa imersão no mundo enquanto agentes engajados e o colapso momentâneo dessa imersão na angústia, não há lugar para o Inconsciente. O paradoxo está no fato de que, uma vez que jogamos fora o sujeito racional cartesiano da consciência(-de-si), perdemos o Inconsciente.

Talvez seja esse também o momento de verdade na resistência de Husserl a *Ser e tempo* – em sua insistência de que Heidegger deixa escapar a verdadeira posição transcendental da *epoché* fenomenológica e, em última instância, concebe o *Dasein* como um ente mundano: ainda que essa reprovação, *stricto sensu*, erre o alvo, ela expressa bem o receio de que, no conceito heideggeriano de ser-no-mundo, o ponto de "loucura" que caracteriza a subjetividade cartesiana, o autorrecolhimento do *cogito* dentro de si mesmo, o eclipse do mundo, desapareça... É sabido que Heidegger inverteu a conhecida afirmação kantiana de que o maior escândalo da filosofia seria o fato de que a passagem da nossa representação dos objetos para os próprios objetos não estaria devidamente demonstrada. Para Heidegger, o verdadeiro escândalo estava justamente em tomar essa passagem como um problema, uma vez que a situação fundamental do *Dasein* como ser-*no*-mundo, como sempre-já envolvido com os objetos, tornaria sem sentido a própria formulação desse "problema". De nossa perspectiva, no entanto, a "passagem" (isto é, a entrada do sujeito no mundo, sua constituição como agente engajado na realidade na qual foi lançado) não é apenas um problema legítimo, mas é *a* questão da psicanálise[57]. Em resumo, minha intenção é ler a afirmação de Freud de que "o Inconsciente é atemporal" contra o pano de fundo da tese heideggeriana da temporalidade como o horizonte ontológico da experiência do Ser: precisamente na medida em que está "fora do tempo", o *status* do Inconsciente (pulsão) é "pré-ontológico" (como Lacan afirma no *Seminário 11*). O pré-ontológico é o domínio da "noite do mundo" no qual o vazio da subjetividade é confrontado com a protorrealidade espectral dos "objetos parciais", é bombardeado

---

[57] Dessa perspectiva, é crucial reler os manuscritos ulteriores de Husserl a respeito da "síntese passiva", publicados na *Husserliana* após sua morte, como apontando para esse domínio que escapa de Heidegger, isto é, do qual Heidegger se afasta. Talvez o Husserl tardio não estivesse imerso exclusivamente num projeto filosófico que se tornou obsoleto com o grande avanço de *Ser e tempo*... Ver Edmund Husserl, *Analysen zur passiven Synthesis* (Haia, Martinus Nijhoff, Husserliana, 1966), v. 11.

86 / O sujeito incômodo

com as aparições do *corps morcelé*. Deparamo-nos aqui com o domínio da pura fantasia radical como espacialidade pré-temporal.

A distinção de Husserl entre o *eidético* e a redução *fenomenológico-transcendental* é crucial nesse caso: nada se perde na redução fenomenológico-transcendental, a totalidade do fluxo dos fenômenos é conservada, e só o que se modifica é a posição existencial do sujeito: ao invés de aceitar o fluxo de fenômenos como índice de entes (objetos e estados de coisas) que existem "em si mesmos", no mundo, a redução fenomenológica os "desrealiza", aceitando-os como o puro fluxo fenomênico não substancial (uma mudança que talvez esteja mais próxima de algumas versões do budismo). Essa "desconexão" da realidade se perde na concepção heideggeriana de *Dasein* como o "ser (lançado) no mundo". Por outro lado, apesar da redução fenomenológico-transcendental de Husserl aparentar ser o exato oposto da dimensão transcendental kantiana (a dimensão das condições *a priori* da experiência), há, todavia, um vínculo inesperado com Kant. Em seu manuscrito inédito "O materialismo de Kant", Paul de Man aborda a problemática kantiana do Sublime como o lócus do materialismo de Kant:

> O olhar de Kant para o mundo tal como o vemos [*wie man ihn sieht*] é um formalismo radical absoluto que não envolve nenhuma referência ou semiose [...] o formalismo radical que anima o juízo na dinâmica do sublime é o que se chama materialismo.

Nos termos de Heidegger, a experiência do Sublime envolve a suspensão de nosso engajamento no mundo, de nosso trato com os objetos "presentes-à-mão", capturados numa complexa rede de significados e usos que forma a trama de nosso mundo-da-vida. A afirmação paradoxal de Man contradiz a tese-padrão segundo a qual o materialismo deve ser alocado no nível de um conteúdo positivo determinado que preencha o marco formal vazio (no materialismo, o conteúdo gera e determina a forma, ao passo que o idealismo postula um formal *a priori* irredutível ao conteúdo que ele abarca), assim como contradiz o nível do engajamento prático com os objetos como algo oposto a sua contemplação passiva. Somos tentados a complementar esse paradoxo com outro: o materialismo de Kant é, em última instância, *o materialismo da imaginação*, de uma *Einbildungskraft* que precede toda realidade ontologicamente constituída.

Quando falamos sobre o mundo, devemos ter em mente que estamos lidando com duas concepções distintas: (1) a proposta metafísica tradicional do mundo como a totalidade dos entes, a ordenada "Grande Cadeia do Ser", na qual o homem ocupa um lugar específico como um desses entes; (2) a concepção propriamente heideggeriana, de base fenomenológica, do mundo como o horizonte finito da abertura do ser, do modo como os entes se entregam a um *Dasein* histórico que projeta seu futuro contra o pano de fundo do ser lançado numa situação concreta. Quando nos deparamos com um objeto de um passado histórico distante – digamos, uma ferramenta medieval –, o que o torna "passado" não é sua idade enquanto tal, mas o fato de ele ser um vestígio de um mundo (de um modo histórico de abertura do ser, de uma trama interconectada de significações e práticas sociais) que já não é mais diretamente "nosso".

Portanto, quando afirmamos que Kant, em suas antinomias da razão pura, abala (a validade ontológica d)a ideia de mundo, essa afirmação não estaria limitada à concepção metafísica tradicional do mundo como a totalidade dos entes (a qual está efetivamente além do horizonte da experiência possível)? Além do mais, o conceito de horizonte transcendental (como oposto à transcendência numênica) já não apontaria para a concepção heideggeriana do mundo como o horizonte histórico finito da abertura do ser, caso fosse expurgada de suas conotações fisicalistas cartesianas (as categorias do entendimento como arcabouço conceitual da compreensão científica das representações dos objetos naturais, "presentes-à-mão") e transportada para o horizonte de significado de um agente engajado finito? Talvez devêssemos acrescentar outra concepção de mundo a essa lista: a visão "antropocêntrica" pré-moderna, embora não ainda a visão subjetiva do mundo enquanto cosmos, como a ordenada "Grande Cadeia do Ser" com a Terra em seu centro e as estrelas sobre nós, o universo cuja ordem atesta um significado mais profundo etc. Apesar de esse cosmos ordenado (reafirmado hoje em diversas abordagens "holísticas") também diferir radicalmente do "universo silencioso" propriamente moderno de vazios e átomos, infinito e carente de sentido, ele não deve ser confundido com a ideia fenomenológico-transcendental do mundo como um horizonte de sentido que determina como os entes se abrem para um agente finito.

Isso significaria então que a destruição kantiana da concepção de mundo pela via das antinomias da razão pura não afeta o mundo como horizonte finito da abertura dos entes para um agente engajado? Nossa aposta é que ela afeta: o que para Freud é a dimensão do Inconsciente, da pulsão de morte etc., é precisamente a dimensão pré-ontológica que introduz uma lacuna na própria imersão engajada no mundo. O nome dado por Heidegger para a forma como a imersão do agente engajado no mundo pode ser perturbada é, obviamente, "angústia": uma das ideias centrais de *Ser e tempo* é que qualquer experiência de mundo concreta vem a ser, em última instância, contingente e, como tal, está sempre sob ameaça; diferentemente de um animal, o *Dasein* nunca se ajusta inteiramente ao seu ambiente; a imersão em seu mundo-da-vida determinado é sempre precária e pode ser arruinada por uma experiência súbita de sua fragilidade e contingência. A questão-chave, portanto, é: como essa experiência perturbadora da angústia, que alheia o *Dasein* de sua imersão em seu modo de vida contingente, está relacionada com a experiência da "noite do mundo", do ponto de loucura, de retraimento radical, de autorrecolhimento, enquanto gesto fundador da subjetividade? Como o ser-para-a-morte heideggeriano está relacionado à pulsão de morte freudiana? Em contraste com algumas tentativas de equipará-los (encontradas na obra de Lacan do princípio dos anos 1950), devemos insistir em sua radical incompatibilidade: "pulsão de morte" designa a lamela "morta-viva", a insistência "imortal" da pulsão que precede a abertura ontológica do Ser, cuja finitude confronta um ser humano na experiência do "ser-para-a-morte".

2
O SUJEITO INCÔMODO HEGELIANO

O que é "negação da negação"?

From Atlantis to the Sphinx, de Colin Wilson, mais um daquela série interminável de livros de bolso da Nova Era vendidos em aeroportos sobre "a recuperação da sabedoria perdida do mundo antigo" (subtítulo do livro), contrapõe dois tipos de saber no último capítulo: o saber "antigo" intuitivo abrangente, que nos faz experimentar diretamente o ritmo subjacente da realidade ("percepção do lado direito do cérebro") e o moderno saber da consciência-de-si e dissecção racional da realidade ("conhecimento do lado esquerdo do cérebro"). Após todo o enaltecimento dos poderes mágicos da antiga consciência coletiva, o autor reconhece que, embora esse tipo de saber tivesse enormes vantagens, ele "era essencialmente *limitado*. Era demasiado ameno, muito descontraído, e suas conquistas tendiam a ser coletivas"; assim, em nome da evolução humana, era necessário sair desse estado rumo a uma atitude de dominação tecnológica racional mais ativa[1]. Hoje, é claro, somos confrontados com a perspectiva de reunir as duas metades e "recuperar a sabedoria perdida", combinando-a com os progressos modernos (a história usual de que a própria ciência moderna, com suas conquistas mais radicais – a física quântica etc. –, já aponta para a autossuprassunção da visão mecanicista na direção do universo holístico regido por um padrão oculto da "dança da vida").

Nesse ponto, no entanto, o livro de Wilson dá uma guinada inesperada: como ocorrerá essa síntese? Wilson é inteligente o suficiente para rechaçar ambas as visões predominantes: a visão pré-moderna, segundo a qual a história do "Ocidente

---

[1]   Colin Wilson, *From Atlantis to the Sphinx* (Londres, Virgin Book, 1997), p. 352.

90 / O sujeito incômodo

racionalista" foi mera aberração e, portanto, deveríamos simplesmente retornar à sabedoria antiga, e a ideia pseudo-hegeliana de uma "síntese" que, de alguma forma, conservaria o equilíbrio entre os dois princípios espirituais, permitindo-nos reter o melhor dos dois mundos: recuperar a Unidade perdida e conservar as conquistas obtidas com essa perda (o progresso tecnológico, a dinâmica individualista etc.). Contra essas duas versões, Wilson sublinha que a próxima etapa – a superação das limitações da posição individualista/racionalista ocidental – deve emergir de algum modo dessa postura ocidental. O autor localiza essa fonte na força da imaginação: o princípio ocidental de consciência-de-si e individuação também ocasionou um aumento vertiginoso em nossa capacidade de imaginação e, se desenvolvermos essa capacidade em sua plenitude, ela nos levará a um novo nível de consciência coletiva, de imaginação *compartilhada*. A surpreendente conclusão, portanto, é que o cobiçado próximo passo na evolução humana, o passo para além do alheamento da natureza e do universo como um todo, "já foi dado. Ele tem sido dado nos últimos 3.500 anos. Agora, o que temos de fazer é reconhecê-lo" (essas são as últimas palavras do livro)[2].

Mas o que aconteceu há 3.500 anos, ou seja, por volta de 2000 a.C.?* Resposta: o declínio do Antigo Império egípcio, a grande façanha da sabedoria antiga, e o surgimento de novas e violentas culturas que deram origem à consciência europeia moderna: o que aconteceu, em resumo, foi a Queda propriamente dita, o fatídico esquecimento da sabedoria antiga, a qual nos permitiria manter um contato direto com a "dança da vida". Se tomarmos essas afirmações de forma literal, *a conclusão inevitável é que o momento da Queda (o esquecimento da sabedoria antiga) coincide com seu oposto exato, com o cobiçado próximo passo na evolução.* Temos aqui a matriz propriamente hegeliana do desenvolvimento: a Queda já é *em si* sua própria autossuprassunção; a ferida já é em si sua própria cicatrização, de modo que a percepção de que estamos diante da Queda é, em última instância, claudicante, é um efeito de nossa perspectiva distorcida – tudo que temos de fazer é passar do Em-si para o Para-si, mudar nossa perspectiva e reconhecer como a almejada inversão já está em operação naquilo que está acontecendo.

A lógica interna do movimento de uma etapa para outra não é a de um extremo para o extremo oposto, e daí para uma unidade mais elevada; ao contrário, a segunda passagem é apenas a radicalização da primeira. O problema da "atitude mecanicista ocidental" não é ter esquecido/recalcado a antiga sabedoria holística, mas não ter rompido o suficiente com ela: ela continuou a perceber o novo universo (da

---

[2] Ibidem, p. 354.

* Como o leitor notará ao fazer essa conta de cabeça, talvez o mais apropriado seja o ano de 1500 a.C. (N. T.)

posição discursiva) da perspectiva do velho, da "sabedoria antiga"; e dessa perspectiva, obviamente, o universo só pode aparecer como o mundo catastrófico que surge "após a Queda". Ressurgimos da Queda não pela via da anulação de seus efeitos, mas reconhecendo na própria Queda a cobiçada libertação.

Em *States of Injury*, Wendy Brown se refere à mesma lógica do processo dialético quando sublinha que a primeira reação dos oprimidos ante a sua opressão é imaginar um mundo privado do Outro que exerce opressão sobre eles – as mulheres imaginam um mundo *sem homens*, os afro-americanos um mundo *sem brancos*, os trabalhadores um mundo *sem capitalistas*[3]... O equívoco dessa atitude não é o fato de ser "excessivamente radical", de desejar aniquilar o Outro, ao invés de simplesmente transformá-lo, mas, ao contrário, de não ser radical o suficiente: ela fracassa ao examinar a forma como a identidade de sua própria posição (de trabalhador, mulher, afro-americano...) está "mediada" pelo Outro (não há trabalhador sem capitalista organizando o processo de produção etc.), de modo que, para nos vermos livres desse Outro opressor, temos de transformar substancialmente o conteúdo de nossa própria posição. Essa é também a falha fatal da historicização precipitada: aqueles que desejam uma "sexualidade livre, liberta do fardo edipiano da culpa e da angústia" agem do mesmo modo que o trabalhador que quer sobreviver *como trabalhador* sem capitalista; eles também falham ao considerar a forma como sua própria posição está "mediada" pelo Outro. O conhecido mito de Mead e Malinowski a respeito da sexualidade livre e desinibida que reinaria no Pacífico Sul é um caso exemplar desse tipo de "negação abstrata": ele simplesmente projeta no Outro histórico-espacial das "sociedades primitivas" a fantasia de uma "sexualidade livre", enraizada em nosso próprio contexto histórico. Sendo assim, essa negação não é "histórica" o suficiente: ela permanece presa às coordenadas do próprio horizonte histórico precisamente em sua tentativa de imaginar uma alteridade "radical". Em resumo, o anti-Édipo é o derradeiro mito de Édipo...

Esse equívoco diz muito a respeito da "negação da negação" hegeliana: sua matriz não é a de uma perda e sua recuperação, mas a do processo de passagem do estado A para o estado B: a primeira e imediata "negação" de A nega a posição de A, *embora permaneça em seus limites simbólicos*, de modo que deve ser seguida por outra negação, que nega tanto o próprio espaço simbólico comum a A como sua negação imediata (o reinado de uma religião é subvertido primeiro na forma de uma heresia teológica; o capitalismo é subvertido em nome do "reinado do Trabalho"). Aqui, é crucial a lacuna entre a morte "real" negada do sistema e sua morte

---

[3] Ver Wendy Brown, *States of Injury* (Stanford, Stanford University Press, 1996), p. 36.

"simbólica": o sistema tem de morrer duas vezes. Na única vez que Marx utiliza a expressão "negação da negação" em *O capital*, a respeito da "expropriação dos ex-propriadores" no socialismo, ele tem em mente, precisamente, esse processo em duas etapas. O ponto de partida (mítico) é o estado em que os produtores detêm seus próprios meios de produção: numa primeira etapa, o processo de expropriação tem lugar *no marco da propriedade privada dos meios de produção*, o que significa que a expropriação da qual padece a maioria corresponde à apropriação e à concentração da propriedade dos meios de produção numa pequena classe (de capitalistas); na segunda etapa, esses expropriadores são expropriados quando é abolida a forma da propriedade privada... O que interessa aqui é que, aos olhos de Marx, *o capitalismo em si, em sua própria noção*, é concebido como um ponto de passagem entre dois modos de produção mais "estáveis": o capitalismo vive da realização incompleta de seu próprio projeto (o mesmo ponto foi levantado posteriormente por Deleuze, que sublinhou que o capitalismo põe um limite às próprias forças de "desterritorialização" que ele mesmo desencadeia)[4].

A mesma matriz da tríade hegeliana estruturou também a experiência da luta dissidente contra o governo do Partido Comunista; na Eslovênia, essa luta se deu em três etapas. A primeira foi a etapa da oposição inata, da crítica ao regime em nome de seus próprios valores: "O que temos não é o verdadeiro socialismo, não é a verdadeira democracia socialista!". Essa crítica era "pré-hegeliana": não levava em consideração o fato de que o fracasso do regime na concretização de sua proposta assinalava a insuficiência da própria proposta, por isso, a resposta do regime a essa crítica foi, estritamente falando, correta: foi abstrata; ela expôs a posição da Bela Alma incapaz de perceber na realidade que criticava a única realização historicamente possível dos ideais que defendia contra essa realidade.

No momento em que aceitou essa verdade, a oposição passou à etapa seguinte: a construção do espaço da "sociedade civil-burguesa" autônoma, concebida como externa à esfera do poder político. A atitude era a seguinte: não queremos poder,

---

4 Podemos encontrar a matriz da célebre "tríade hegeliana" nas duas mudanças ocorridas na relação entre a dor de cabeça e o sexo. Nos bons e velhos tempos pré-feministas, a esposa sexualmente submissa deveria esquivar-se das investidas de seu marido ou companheiro com um "hoje não, meu bem, estou com dor de cabeça". Nos sexualmente liberados anos 1970, quando o papel ativo da mulher na provocação sexual se tornou aceito, era o homem que costumava usar a mesma desculpa para se esquivar das investidas da mulher: "Hoje não quero, estou com dor de cabeça". Nos terapêuticos anos 1980 e 1990, no entanto, as mulheres voltaram a usar a dor de cabeça como argumento, mas, dessa vez, com o objetivo oposto: "Estou com dor de cabeça, 'vamos transar' (para eu relaxar)!". (Entre a segunda e a terceira fase, talvez devesse ser inserido outro breve estágio de absoluta negatividade, no qual os cônjuges simplesmente concordam que, já que ambos estão com dor de cabeça, não devem fazer nada.)

queremos apenas o espaço autônomo fora do domínio do poder político, um espaço no qual possamos articular nossos interesses artísticos, espirituais, de direitos civis etc., criticar o poder e refletir sobre suas limitações, sem tentar suplantá-lo. Mais uma vez, é claro, a crítica fundamental do regime a essa atitude ("A indiferença de vocês ao poder é falsa e hipócrita – o que vocês realmente almejam é o poder!") estava correta, e a passagem para a terceira e última etapa consistiu, portanto, em tomar coragem e, ao invés de afirmar de maneira hipócrita que nossas mãos estavam limpas e que não queríamos o poder, inverter nossa posição e concordar enfaticamente com a crítica do poder: "Sim, *de fato* nós queremos o poder, por que não? Por que só vocês podem tê-lo?".

Nas duas primeiras etapas, encontramos a divisão entre saber e verdade: a posição dos defensores do regime era falsa, ainda que houvesse alguma verdade em sua crítica, ao passo que a oposição era hipócrita (apesar dessa hipocrisia ser condicionada pelas restrições impostas pelo próprio regime, de modo que na hipocrisia de sua oposição o regime recebia a verdade sobre a falsidade de seu próprio discurso); na terceira etapa, a hipocrisia estava finalmente do lado do regime. Ou seja: quando os dissidentes finalmente reconheceram que estavam em busca do poder, os membros liberais "civilizados" do partido os criticaram por seu brutal desejo de poder – essa crítica, obviamente, era pura hipocrisia, já que havia sido enunciada por aqueles que de fato (ainda) *detinham* o poder absoluto. Outra característica determinante era que o que realmente importava nas duas primeiras etapas era *a forma em si*; quanto ao conteúdo, a crítica positiva do poder existente era irrelevante (na maioria das vezes era a rejeição às reformas do mercado emergente, que então faziam o jogo da linha dura do partido) – o que realmente importava era seu lugar de enunciação, o fato de que a crítica fosse formulada *de fora*. Na etapa seguinte, a da sociedade civil-burguesa autônoma, esse "de fora" se tornou apenas o "para si", isto é, a dimensão-chave era, mais uma vez, puramente formal e consistia em limitar o poder ao âmbito político no sentido estrito do termo. Somente na terceira etapa a forma e o conteúdo coincidiram.

A lógica da passagem do Em-si ao Para-si é crucial nesse ponto. Quando um(a) amante abandona o(a) companheiro(a), é sempre traumático para o sujeito abandonado saber da terceira pessoa que causou o rompimento; mas não é ainda pior saber que *não houve ninguém*, que o parceiro rompeu sem nenhuma razão externa? Nessas situações, o infame "terceiro" é a causa por que o(a) amante deixa o(a) amado(a), ou esse terceiro serve simplesmente como um pretexto, dando corpo a um descontentamento que já existia na relação? "Em si", a relação já havia terminado antes que o(a) amante encontrasse um novo amor, mas esse fato passou a ser "para si", tornou-se consciência de que a relação havia terminado, somente quando surgiu o novo parceiro. De modo que, em certo sentido, o(a) novo(a) companheiro(a) é uma "magnitude negativa" que dá corpo ao descontentamento na relação – embora, precisamente como tal, ele(a) seja necessário caso esse descontentamento deva se tornar "para si", deva se efetivar. A passagem do Em-si ao Para-si envolve, portanto, a lógica da repetição: quando algo se torna "para si", nada muda de fato: ele se limita a afirmar reiteradamente aquilo que já era em si mesmo[5]. A "negação da negação" nada mais é, portanto, do que a repetição em sua expressão mais pura: no primeiro movimento, certo gesto se realiza e fracassa; em seguida, no segundo movimento, esse mesmo gesto é simplesmente *repetido*. Assim, a razão nada mais é do que a repetição do Entendimento, que o priva do excesso de bagagem do Mais-Além irracional suprassensível, da mesma forma que Jesus não é o oposto de Adão, mas simplesmente o segundo Adão.

A autorreferencialidade dessa passagem é mais bem captada pelo excelente chiste de W. C. Fields, que oferece uma versão particular da observação de Hegel de que os segredos dos egípcios eram secretos também para os próprios egípcios: *só se pode fazer trapaças com um trapaceiro*, ou seja, a trapaça só terá sucesso se mobilizar e manipular a própria propensão da vítima para trapacear. Esse paradoxo é confirmado por qualquer vigarista bem-sucedido: a melhor forma de dar um golpe é tentar a vítima escolhida com a oportunidade de fazer uma pequena fortuna de maneira "semilegal", de forma que a vítima, incitada pela proposta de enganar um terceiro, não perceba o verdadeiro o golpe que fará *dela* a otária. Ou, nos termos de Hegel, a reflexão externa sobre a vítima já é uma determinação reflexiva inerente da própria vítima. Em minha "negação" – a fraude da terceira vítima inexistente –, eu efetivamente "nego a mim mesmo", o próprio enganador é enganado (numa espécie de inversão paródica da "redenção do redentor" da ópera *Parsifal*, de Wagner).

É assim que trabalha a "astúcia da Razão" hegeliana: ela conta com a tendência das vítimas ao egotismo e ao engodo, ou seja, a "razão na história" hegeliana é como o proverbial vigarista americano que engana suas vítimas acionando e manipulando as estratégias sorrateiras das próprias vítimas. Nessa inversão há, sem dúvida, uma espécie de justiça poética: o sujeito, por assim dizer, recebe do vigarista sua própria

---

[5] Por essa razão, *la traversée du fantasme* no tratamento psicanalítico é dupla, isto é, há duas *traversées*, e a análise propriamente dita cobre a distância entre elas. A primeira *traversée* é o colapso do suporte fantasmático da existência cotidiana do analisando, que sustenta sua demanda para iniciar uma análise: algo deve dar errado, a pauta de sua vida cotidiana deve se desintegrar, caso contrário a análise se tornará uma tagarelice vazia, sem nenhuma consequência subjetiva radical. O objetivo das conversas preliminares é estabelecer que essa condição elementar para uma análise real esteja satisfeita. Então o trabalho será no sentido de "atravessar" a fantasia. Essa lacuna é, mais uma vez, a lacuna entre o Em-si e o Para-si: a primeira travessia é "Em-si", e apenas a segunda é "Para-si".

mensagem sob uma forma invertida/verdadeira – isto é, ele não vem a ser a vítima das tenebrosas maquinações do verdadeiro vigarista, mas é, antes, vítima de sua própria vigarice. Encontramos outro exemplo dessa mesma inversão na forma como a total *moralização da política* acaba necessariamente em seu próprio oposto: na não menos radical *politização da moral*. Aqueles que traduzem diretamente o antagonismo político do qual participam em termos morais (a luta do Bem contra o Mal, da honestidade contra a corrupção...) veem-se obrigados, cedo ou tarde, a realizar a instrumentalização política do âmbito da moral: subordinar suas avaliações morais às necessidades reais de sua luta política – "Eu apoio X porque X é moralmente bom" converte-se imperceptivelmente em "X deve ser bom porque eu o apoio". De forma análoga, a politização direta da sexualidade pela esquerda ("o pessoal é político", isto é, a noção de sexualidade é uma arena para a luta pelo poder político) converte-se inevitavelmente na sexualização da política (o enraizamento direto da opressão política na questão da diferença sexual, que, cedo ou tarde, termina em uma versão ao estilo Nova Era da transformação da política na luta entre os princípios masculino e feminino...).

A anamorfose dialética

Os dois últimos exemplos mostram com clareza como o comando de Hegel para conceber o Absoluto "não apenas como Substância, mas também como Sujeito" denota o exato oposto daquilo que parece significar (o sujeito absoluto "engolindo" – integrando – a totalidade do conteúdo substancial por meio de sua atividade de mediação): a *Fenomenologia do espírito*, de Hegel, não nos apresenta reiteradamente a mesma história do repetido fracasso dos esforços do sujeito para concretizar seu projeto na Substância social, para impor sua visão ao universo social – a história de como o "grande Outro", a substância social, frustra reiteradamente esse projeto, virando-o de cabeça para baixo? Desse modo, Lacan pode ser ao menos parcialmente desculpado por seu deslize, confundindo duas "figuras de consciência" distintas da *Fenomenologia* (a "Lei do Coração" e a "Bela Alma"); o que elas compartilham é a mesma matriz, que, talvez ainda mais que a "Consciência Infeliz", condensa a operação básica da *Fenomenologia*: em ambos os casos, o sujeito se esforça para afirmar sua atitude particular justa e reta, mas a percepção social real de sua atitude é o oposto exato de sua percepção de si – para a Substância social, a retidão do sujeito se iguala ao crime.

Aqui se impõe um contra-argumento óbvio: no decurso do processo fenomenológico, ainda lidamos com um sujeito que está preso a seu marco narcísico limitado e, portanto, tem de pagar um preço por isso pela via de sua derradeira desaparição; o sujeito universal real emerge somente no fim do processo, e não se

96 / O sujeito incômodo

opõe mais à substância, mas realmente a abarca... A resposta propriamente hegeliana a essa crítica é que *não há o tal "sujeito absoluto"*, posto que o sujeito hegeliano *nada mais é* que o próprio movimento do autoengano unilateral, da *hybris* de afirmar-se na própria particularidade exclusiva, que se volta necessariamente contra si mesma e termina em autonegação. "Substância como Sujeito" significa precisamente que esse movimento de autoengano, por meio do qual um aspecto particular afirma-se enquanto princípio universal, não é externo à Substância, mas constitutivo dela.

Por essa razão, a "negação da negação" hegeliana não constitui um retorno mágico à identidade, a qual é posterior à dolorosa experiência de divisão e alienação, mas é a vingança do Outro descentrado contra a presunção do sujeito: a primeira negação consiste no movimento do sujeito contra a Substância social (em seu ato "criminoso" que perturba o equilíbrio substancial), e a subsequente "negação da negação" nada mais é que *a vingança da Substância* (na psicanálise, por exemplo, "negação" é o recalque no inconsciente de algum conteúdo substancial do ser do sujeito, ao passo que a "negação da negação" vem a ser o retorno do recalcado). Para voltar ao conhecido exemplo da Bela Alma: "negação" é a atitude crítica da Bela Alma em relação a seu ambiente social, e "negação da negação" é a percepção de como a Bela Alma em si depende – e, portanto, participa – do universo pernicioso que tenciona rechaçar. A "negação da negação" não pressupõe nenhuma inversão mágica; apenas assinala o inevitável deslocamento ou frustração da atividade teleológica do sujeito. Por essa razão, a insistência no modo como a negação da negação também pode fracassar, no modo como a divisão pode também não ser seguida pelo "retorno ao Si", erra o alvo: a negação da negação é a própria matriz lógica do fracasso necessário do projeto do sujeito – ou seja, uma negação sem sua negação autorreferente seria, precisamente, a realização *bem-sucedida* da atividade teleológica do sujeito.

Esse traço crucial pode também ser esclarecido pela referência a um dos aspectos mais importantes da revolução empreendida por David Lynch no cinema: em contraste com toda a história do cinema, na qual uma perspectiva subjetiva dominante organiza o espaço narrativo (no *film noir*, por exemplo, a perspectiva do próprio protagonista, cuja voz em *off* comenta a ação), Lynch tenta apresentar múltiplos pontos de vista. Em *Duna*, ele lança mão de um recurso (injustamente reprovado por muitos críticos, que o consideravam uma ingenuidade não fílmica que beirava o ridículo) que consiste em utilizar *múltiplos* comentários de vozes em *off* a respeito da ação que, além do mais, não falam a partir de um lugar futuro imaginado (o mocinho recordando eventos passados em *flashback*...), mas são contemporâneas das ações e eventos que comentam, expondo as dúvidas do sujeito, suas angústias etc. A voz em *off* do protagonista não abarca a situação representada, mas está inserida nela, é parte dela, e expressa o engajamento do sujeito nela.

Não surpreende, portanto, que esse recurso pareça ridículo ao espectador de hoje – ele é estranhamente próximo de outro gesto frequente em Hollywood: quando uma personagem ouve ou vê alguma coisa que a surpreende (por ser absurda, inacreditável etc.), seu olhar geralmente endurece, ela inclina levemente a cabeça e olha diretamente para a câmera, acompanhando esse gesto de um "O quê?" ou outra observação similar – se essa cena se passa em uma série de televisão, esse gesto é, via de regra, seguido de uma trilha de risadas, como ocorria frequentemente em *I Love Lucy*. Esse gesto bobo marca o momento reflexivo do registro: a imersão direta do ator em sua realidade narrativa é momentaneamente perturbada; o ator se retira do contexto narrativo, por assim dizer, e assume a posição de um observador da situação... Tanto em *Duna* como em *I Love Lucy*, esse recurso aparentemente inocente ameaça a própria fundação do edifício ontológico padrão; ele inscreve um ponto de vista subjetivo no âmago da "realidade objetiva". Em outras palavras, ele solapa a oposição entre objetivismo ingênuo e subjetivismo transcendental: não temos nem a "realidade objetiva" – que está posta antecipadamente, com uma multitude de perspectivas subjetivas que oferecem visões distorcidas dessa realidade – nem seu contraponto transcendental, o Sujeito unificado que abarca e constitui o todo da realidade; o que temos é o paradoxo dos sujeitos múltiplos que estão *incluídos* na realidade, inseridos nela, e cujas perspectivas sobre a realidade não são menos constitutivas dela. O que Lynch está se esforçando para ilustrar é o *status* ambíguo e inquietante da ilusão subjetiva, a qual, precisamente como ilusão (uma visão distorcida da realidade), constitui a realidade: se subtraímos da realidade sua perspectiva ilusória, perdemos a própria realidade.

Num nível filosófico, essa delicada distinção nos permite compreender o rompimento de Hegel com o idealismo kantiano. Hegel, obviamente, aprendeu a lição do idealismo transcendental de Kant (não há realidade anterior à atividade "postulante" do sujeito); entretanto, ele se recusou a elevar o sujeito a agente universal neutro que constitui diretamente a realidade. Em termos kantianos: enquanto admitia que não existe realidade sem o sujeito, Hegel insistia que *a subjetividade é inerentemente "patológica"* (tendenciosa, limitada a uma perspectiva distorcida e desequilibrada do Todo). O feito de Hegel, portanto, foi *combinar*, de uma forma sem precedentes, *o caráter ontologicamente constitutivo da atividade do sujeito com o viés patológico irredutível do sujeito*: quando esses dois traços são pensados em conjunto, concebidos como codependentes, obtemos o registro do *viés patológico constitutivo da própria "realidade"*.

O nome lacaniano para esse viés patológico constitutivo da realidade é, obviamente, *anamorfose*. O que a anamorfose efetivamente representa, por exemplo, na pintura *Os embaixadores*, de Holbein? Parte da cena observada aparece de tal forma distorcida que somente adquire contornos adequados do ponto de vista específico a partir do qual a realidade circundante resta deformada: quando percebemos claramente a mancha como uma caveira, quando chegamos ao ponto do "Espírito é um osso", o resto da realidade deixa de ser discernível. Tornamo-nos cientes, portanto, de que a realidade sempre envolve nosso olhar, de que esse olhar está *incluído* na cena que estamos observando, e que essa cena já "nos vê" no mesmo sentido preciso no qual em *O processo*, de Kafka, a porta da Lei já estava lá para o "homem do campo", e apenas para ele. Podemos discernir novamente a lacuna tênue e imperceptível, porém crucial, que separa Lacan da concepção idealista convencional de "constituição subjetiva" (segundo a qual a realidade *como tal*, em sua totalidade, seria "anamorfótica" no sentido geral de *esse = percipi*, do "ser-aí" apenas para o olhar do sujeito): o conceito lacaniano do ponto cego na realidade *introduz a distorção anamórfica na própria realidade*. O fato de que a realidade é/está aí apenas para o sujeito *deve ser inscrito na própria realidade sob a forma de uma mancha anamórfica* – essa mancha representa o olhar do Outro, o olhar como objeto. Em outras palavras, a mancha anamórfica corrige o "idealismo subjetivo" convencional ao restituir a lacuna entre o olho e o olhar: o sujeito que observa é sempre-já fitado de um ponto que se esquiva de seus olhos.

3, 4, 5

O conceito hegeliano de "Substância como Sujeito" é identificado, via de regra, com a forma triádica do processo dialético: "a Substância é Sujeito" significa que ela é um ente que se autodesenvolve, externalizando-se, postulando sua Alteridade e reconciliando-se com ela... Em contraste com essa trivialidade, é possível afirmar que a real dimensão da subjetividade pode ser discernida precisamente nos impasses da triplicidade, naquelas ocasiões em que Hegel oscila e propõe uma forma de quadruplicidade, e até mesmo de quintuplicidade. Até que ponto, então, a forma triádica, isto é, o infame "ritmo" tripartido do processo hegeliano, é pertinente? Apesar de parecerem puramente formais no pior sentido do termo, essas considerações nos confrontam imediatamente com a profunda tensão e instabilidade do sistema hegeliano enquanto sistema de *subjetividade*.

Tomemos como ponto de partida a conhecida passagem das anotações "metodológicas" finais de sua renomada *Lógica*, na qual o próprio Hegel fala a respeito da triplicidade *ou* quadruplicidade: o ponto intermediário de um processo, entre a imediatez inicial e a imediatez mediada conclusiva – isto é, o momento de *negação* – pode ser contado duas vezes: como negação imediata e/ou como negação autorreferente, de forma que a totalidade do processo consiste de três ou quatro momentos. Em sua filosofia da natureza, Hegel parece oferecer um embasamento ontológico positivo para essa alternativa formal quando afirma que a forma básica do espírito é a triplicidade, e a da natureza é a quadruplicidade: visto que a natureza é o reino da externalidade, cada um dos momentos lógicos deve adquirir nela uma existência positiva separada. (Na medida em que, da perspectiva machista hegeliana padrão, homem e mulher relacionam-se como natureza e cultura, surge a tentação de afirmar que a atribuição hegeliana de uma quadruplicidade à natureza aponta para a tradicional oposição entre 3 e 4 como os números "masculino" e "feminino" no pensamento oriental[6].)

No entanto, há outra demonstração muito mais substancial e pertinente a respeito da lógica da quadruplicidade. A Ideia, o reino da Lógica, das puras determinações conceituais, de "Deus antes do ato de Criação", pode ser negada de duas maneiras: enquanto Natureza e também como Espírito finito. A Natureza é a negação imediata da Ideia; representa a Ideia em sua externalidade espacial indiferente. Muito distinto dela é o Espírito finito, subjetividade ativa, que afirma seu direito infinito e se opõe ao Universal, perturbando seu equilíbrio orgânico, subordinando o interesse do Todo ao seu egotismo; essa negação é autorreferente, é o "Mal", o momento da Queda (em contraste com a inocência da Natureza). O paradoxo dessa segunda negação é que ela é mais radical, o momento da dor infinita, da autoalienação; mas, por essa mesma razão, é mais próxima

---

[6] A oscilação, no entanto, não é apenas aquela entre a triplicidade e a quadruplicidade: a dialética histórica parece amiúde apontar para uma quintuplicidade. Na *Fenomenologia* de Hegel, a tríade ideal da história do Ocidente seria a *Sittlichkeit* grega – o mundo da substancialidade ética imediata e da unidade orgânica –, sua alienação no universo medieval, culminando no utilitarismo moderno, e a reconciliação final da Substância ética com a individualidade livre no Estado racional moderno. Todavia, em cada uma das duas passagens (da unidade substancial para sua alienação, e da alienação total para a reconciliação) interpõe-se um estranho momento intermediário: entre a unidade substancial grega e a alienação medieval há a época romana do individualismo abstrato (na qual, apesar da unidade ética substancial grega estar praticamente perdida, a alienação *ainda não ocorreu* – os romanos não concebiam ainda seu mundo real como um simples reflexo da divindade transcendente); entre a sociedade civil-burguesa utilitária e o Estado racional moderno houve um breve período de liberdade absoluta, o traumático terror da revolução (que já superava a alienação, embora de uma forma imediata e, portanto, culminando numa fúria absoluta autodestrutiva, ao invés de conduzir à verdadeira reconciliação). O interessante é que uma mudança homóloga da triplicidade para a quadruplicidade mediante a intrusão de dois estágios intermediários parece também perturbar a tríade materialista histórica convencional de sociedade tribal pré-classes, sociedades de classes "alienadas" e a germinal sociedade socialista pós-classes): o "despotismo oriental" se interpõe entre a sociedade tribal pré-classes e a sociedade escravocrata clássica, e interpõe-se novamente na forma do Estado stalinista despótico entre o capitalismo e o socialismo "autêntico".

100 / O sujeito incômodo

da Reconciliação: visto que, no caso do Si finito, a Queda da Totalidade é autor-referente, postulada como tal, e está presente também como anseio pela reunificação com a Totalidade perdida... A leitura de Vittorio Hösle é que o momento de Reconciliação que deve se seguir ao do Espírito finito não é outro senão o Espírito "objetivo", no qual os dois momentos divididos, natureza e espírito finito, são reconciliados: a totalidade da *Sittlichkeit* intersubjetiva como "segunda natureza" do homem[7]. A integralidade do sistema poderia, portanto, ser composta por quatro momentos: a Ideia lógica, sua imediata externalização na Natureza, seu abstrato "retorno a si mesma" no sujeito finito oposto à Natureza e, num quarto momento, a Substância ética, a "segunda natureza", como a reconciliação entre Natureza e Espírito finito. Segundo Hösle, a insistência de Hegel na Tríade contra a quadruplicidade deve-se a seu fracasso em captar adequadamente a lógica da intersubjetividade enquanto oposta ao Sujeito monádico e seu movimento dialético em direção ao Objeto.

Esses problemas sobredeterminam a oscilação de Hegel entre as diferentes estruturas gerais de sua Lógica, assim como entre as diferentes correlações entre a Lógica em si e a *Realphilosophie*. Em sua Lógica, a articulação triádica de Ser-Essência-Conceito sobrepõe-se estranhamente à divisão diádica em "lógica objetiva" (Ser e Essência) e a "lógica subjetiva" do Conceito – em evidente contraste com a articulação geral do processo dialético no qual a subjetividade aparece em segundo lugar e representa o momento de divisão, negatividade, perda. Para Hösle, que se justifica plenamente ao sublinhar que os jogos com "histórias alternativas", com as possíveis diferentes versões do sistema hegeliano, são profundamente produtivos, o ponto fraco sintomático, o ponto de fracasso que evidencia a natureza problemática da "lógica subjetiva" como o momento conclusivo de toda a Lógica, é a passagem dessa sua primeira parte para a "objetividade", que nos lança de volta às estruturas que pertencem propriamente ao domínio da Essência (mecanismos causais), à filosofia da Natureza (quimismo, organismo) ou à filosofia do espírito finito (teleologia externa). Hegel *teve* de levar adiante esse gesto de "externalização" da lógica subjetiva em objetividade, de modo que pudesse propor, como terceiro momento, a Ideia absoluta, a síntese da lógica subjetiva com a objetividade.

Assim, teria sido muito mais consistente postular a "lógica subjetiva" (conceito-juízo-silogismo) como *segunda* parte de uma estrutura triádica geral e acrescentar

---

[7] Ver Vittorio Hösle, *Hegels System: Der Idealismus der Subjektivität und das Problem der Intersubjektivität* (Hamburgo, Felix Meiner, 1988), v. 1 e 2 [ed. bras.: *O sistema de Hegel: o idealismo da subjetividade e o problema da intersubjetividade*, trad. Antonio Celiomar Pinto de Lima, São Paulo, Loyola, 2007].

à "lógica subjetiva" propriamente dita (a primeira parte da lógica do Conceito) uma terceira lógica, uma síntese da lógica "objetiva" (que descreve a estrutura categorial da realidade pré-subjetiva do Ser, passando pela Essência, culminando no conceito de Efetividade, de Substância como *causa sui* e sua passagem ao sujeito) e de lógica "subjetiva" (que descreve a estrutura categorial do raciocínio finito do sujeito – é precisamente aqui que encontramos o conteúdo da "lógica" tradicional). Essa terceira lógica descreveria a estrutura categorial da "segunda natureza", da Substância espiritual como a unidade dos momentos objetivo e subjetivo – ou seja, ela definiria a estrutura categorial da *inter*subjetividade. E – somos tentados a acrescentar, numa prolepse anacrônica – na medida em que Lacan não define a ordem simbólica nem como objetiva nem como subjetiva, mas precisamente como a ordem da intersubjetividade, a candidata perfeita a essa terceira lógica da intersubjetividade não seria a "lógica do significante" psicanalítica, que instaura a estranha estrutura da relação do sujeito com o Outro como sua Substância simbólica, isto é, o espaço no qual ele interage com outros sujeitos? Será que já não temos fragmentos dessa lógica numa infinidade de domínios e formas? A saber: na estrutura lógica da física atômica, que inclui a subjetividade em sua estrutura – a posição do observador, a passagem da virtualidade quântica para a existência real; ou na "autopoiese" da vida, que já apresenta uma teleologia interna; ou no registro lacaniano do "tempo lógico"; ou, ainda, na própria dialética intersubjetiva hegeliana do Crime (contra a Substância ética) e seu Perdão, a reconciliação do Criminoso com a Comunidade marginalizada, na qual Habermas discerne o modelo do processo comunicacional intersubjetivo...

No entanto, devemos ainda encarar a questão de saber se a Substância social é, de fato, a reconciliação consumada entre Natureza e Espírito finito: não subsistirá para sempre uma lacuna entre a "primeira" natureza e a "segunda"? E não seria a "segunda natureza" um estado precário de equilíbrio, que pode ser destruído a qualquer momento, seja por uma contingência externa (o proverbial cometa se chocando contra a Terra), seja pela autodestruição da humanidade por meio de uma guerra ou uma catástrofe ambiental? Além do mais, o objeto da psicanálise não seria precisamente essa lacuna entre a primeira natureza e a segunda – a posição incerta de um sujeito humano que, após perder o pé na primeira natureza, jamais poderá se sentir à vontade na segunda: o que Freud denominou *das Unbehagen in der Kultur*, os distintos caminhos pelos quais a passagem do sujeito da primeira para segunda natureza pode dar errado (psicose, neurose...)? Há, portanto, um núcleo que resiste à plena reconciliação do sujeito com sua segunda natureza: a esse núcleo Freud dá o nome de pulsão; Hegel o chama de "negatividade abstrata" (ou, nos termos mais poéticos do jovem Hegel, a "noite do mundo"). Não é por essa razão que Hegel vai insistir na necessidade da guerra, a qual, de tempos em tempos, deve permitir ao sujeito recuperar o gosto pela negatividade abstrata e sair de sua completa imersão na totalidade concreta da Substância social como sua "segunda natureza"?

Por causa dessa lacuna, a estrutura geral da lógica deveria, de preferência, ter sido *quádrupla*: a "lógica objetiva" (que descreve as estruturas categoriais da realidade pré-subjetiva) e a "lógica subjetiva" (que descreve a estrutura do raciocínio do sujeito finito, do conceito ao silogismo) devem ser seguidas pela "lógica intersubjetiva" e, ainda (visto que a Substância intersubjetiva ainda não preenche a lacuna entre ela mesma e a objetividade, entre a primeira e a segunda natureza), pela "lógica absoluta". Em termos lacanianos, a lógica intersubjetiva é a lógica do significante havendo-se com a estrutura do *desejo*, ao passo que a lógica absoluta é a lógica do Real, a lógica da *pulsão*. E, de fato, na conclusão de sua Lógica, em sua busca por uma síntese entre a Ideia de Verdade e a Ideia de Bem, Hegel parece descrever o paradoxo central da pulsão: a solução da tensão entre passividade (a contemplação da Verdade) e atividade (o esforço para efetivar o Bem) é o sujeito dar-se conta de que, em seu esforço ético, ele não está lutando em vão para realizar um Ideal impossível, mas está realizando algo que já é real por seus próprios esforços repetidos para torná-lo real. Esse não é o paradoxo apresentado posteriormente por Lacan em sua distinção entre o *aim* e o *goal* da pulsão (o verdadeiro *aim* [trajeto] da pulsão assenta justamente no fracasso reiterado para realizar seu *goal* [alvo])*?

Naquilo que diz respeito à relação entre a lógica em si e a *Realphilosophie*, Hösle reforça uma vez mais que o paralelismo entre elas nunca é perfeito e estável: na forma-padrão do sistema de Hegel (Lógica-Natureza-Espírito), a tríade da Lógica (Ser-Essência-Conceito) não se reflete adequadamente na mera dualidade da *Realphilosophie* (Natureza-Espírito); se, no entanto, convertermos a *Realphilosophie* na tríade Natureza-Espírito finito-Espírito objetivo/naturalizado, a estrutura geral do sistema não é mais uma tríade, mas torna-se quádrupla. Dessa forma, ou temos a tríade geral, mas sem o paralelismo perfeito entre Lógica e *Realphilosophie*, ou temos o paralelismo triádico perfeito, mas com a divisão diádica geral entre Lógica e *Realphilosophie*...

E sou ainda tentado a acrescentar que esse fracasso de Hegel na tentativa de realizar, com outra volta do parafuso, a reconciliação do Espírito como "retorno

---

* "*Aim* – alguém que vocês encarreguem de uma missão, isso não quer dizer o que ele deve levar, isto quer dizer por qual caminho deve passar. '*The aim*' é o trajeto. 'O alvo' tem uma outra forma, que é o '*goal*'. '*O goal*', isto não é também, no lançamento com arco e flecha, o alvo, não é a ave que vocês abatem, é ter acertado o tiro e, assim, atingido o alvo de vocês" (Jacques Lacan, *O seminário, livro 11*, cit., p. 170). (N. T.)

a si" da Ideia de Natureza com a própria Natureza pode ser discernido também em sua concepção reducionista de sexualidade. Hegel concebe a "culturalização" da sexualidade como sua simples "suprassunção" na forma civilizada e sociossimbólica do casamento. Em sua filosofia da natureza, ele trata a sexualidade como mero fundamento natural e pressuposto da sociedade humana, na qual a cópula natural é "suprassumida" no vínculo espiritual do matrimônio, a procriação biológica é "suprassumida" na descendência simbólica marcada pelo Nome de família etc. No entanto, ainda que Hegel esteja bastante ciente de que essa "suprassunção" também afeta e modifica a forma de satisfação das necessidades naturais (o coito é precedido do processo de sedução, ocorre geralmente na clássica posição "papai-mamãe", e não *a tergo* como entre os animais etc.), ele não leva em consideração que essa "suprassunção" simbólico-cultural não apenas transforma a maneira de satisfazer as necessidades naturais, como de certo modo afeta a própria substância destas: numa obsessão sexual como o amor cortês, a finalidade última, a satisfação em si, está desconectada de seu fundamento natural; torna-se uma paixão letal que persiste para além do ciclo natural da necessidade e sua satisfação.

Não se trata apenas do fato de que os seres humanos fazem sexo de forma mais refinada (ou, talvez, de forma incomparavelmente mais cruel) do que os animais, mas que possam elevar a sexualidade a uma Finalidade absoluta, à qual podem subordinar toda a sua vida – Hegel parece ignorar essa transformação da necessidade biológica de copular em pulsão sexual como uma "paixão metafísica" propriamente dita. Tomemos, por exemplo, Tristão e Isolda: que lugar, no sistema de Hegel, está reservado para essa paixão mortal, para essa vontade de se afogar na noite da *jouissance*, de deixar para trás o universo cotidiano das obrigações simbólicas – para essa pulsão absoluta que não é nem Cultura nem Natureza? Ainda que essa paixão lute para suspender o domínio da Cultura (das obrigações simbólicas etc.), ela não tem absolutamente nada a ver com um retorno à Natureza instintiva; antes, envolve a perversão mais radical do instinto natural, de modo que, paradoxalmente, seja o próprio recurso à ordem da Cultura que nos permita escapar do furacão mortal dessa paixão "não natural" e recuperar o equilíbrio natural apaziguador das necessidades instintivas em sua forma simbolizada[8]. Dito ainda de

---

[8] Outro indicativo da falha de Hegel parece ser o modo como ele vê a loucura em sua "Antropologia": ele reduz o recolhimento do universo público social que caracteriza a loucura à condição de regressão à "alma animal", passando ao largo da questão óbvia de que a "noite do mundo" para a qual retornamos na psicose não é o universo animal, mas, antes, a negação radical, a suspensão da imersão do ser vivo em seu ambiente natural. Ver *Hegel's Philosophy of Mind* (Oxford, Clarendon, 1992), §408.

outra forma: o que Hegel não leva em consideração é o fato de que "não há relação sexual": a cultura não apenas confere à sexualidade uma forma mais refinada, como a desvia completamente, de modo que a única maneira de um ser humano ser capaz de "fazê-la", de gozá-la, é ancorá-la em algum cenário fantasmático idiossincrático "perverso" – a derradeira perversão humana está no fato de que *a assim chamada satisfação sexual instintiva "natural" requer uma prótese cultural, uma espécie de muleta simbólica, para que permaneça operativa.* É apenas nesse nível, na culturalização "perversa" do impulso sexual em si, que obtemos a efetiva "reconciliação" de Natureza e Cultura[9].

Seguindo essa linha, também podemos explicar o "segredo" da real estrutura bipartida da *Fenomenologia*, de Hegel: a contrapartida lógica das duas partes em que evidentemente recai o desenvolvimento da *Fenomenologia* – a tríade "sincrônica" Consciência-Consciência-de-Si-Razão e a tríade "histórica" Espírito-Religião--Filosofia (isto é, Saber Absoluto) – é a dualidade que encontramos no jovem Hegel (até os anos em Jena) de Lógica *e* Metafísica como as duas partes da filosofia "pura", que é então seguida pela *Realphilosophie* (correspondendo à ulterior filosofia da Natureza e do Espírito). A distinção entre Lógica e Metafísica encaixa-se propriamente na distinção entre Razão reflexiva subjetiva, para a qual apenas a realidade finita capturada na rede de relações/mediações é acessível, e Espírito humano, na medida em que ela apreende (ou melhor, identifica-se com) o Absoluto em si, para além de todas as oposições reflexivas (sujeito e objeto, pensamento e ser, razão e intuição...). Essa distinção, é claro, continua schellinguiana: Hegel "tornou-se Hegel" quando aceitou que não havia Absoluto *além* ou *acima* das oposições reflexivas e das contradições do Finito – o Absoluto *nada mais é do que* o movimento de autossuprassunção dessas determinações finitas; ele não está além da reflexão, mas é reflexão absoluta em si. Quando Hegel chegou a essa percepção, a distinção entre Lógica e Metafísica teve de ruir: a Lógica teve de ser identificada com a "Metafísica",

---

[9] A argumentação habitual da Igreja católica contra a contracepção (segundo a qual o sexo sem o objetivo mais elevado da procriação se reduz à fornicação animal) é obviamente equívoca: o sexo apenas para fins de procriação (a reprodução biológica) não seria justamente o sexo animal? Não é algo especificamente humano o fato de a atividade sexual destacar-se de sua finalidade natural e converter-se num fim em si? Ou, em termos machistas chauvinistas: é possível imaginarmos a diferença entre "prostituta" e "mãe" no reino animal? Do ponto de vista da natureza, o "espírito" é um dispêndio sem sentido, um instinto *zielgehemmtes*, isto é, um instinto desviado de seu propósito "natural" e, portanto, capturado pelo interminável movimento repetitivo da pulsão. Se, como salientou Lacan mais de uma vez, o gesto simbólico por excelência é um gesto vazio e/ou interrompido, um gesto concebido para não ser realizado, então a sexualidade se "humaniza" justamente por cortar seu vínculo com o movimento natural de procriação.

com a ciência filosófica da rede categorial intrínseca que determina toda forma concebível de realidade.

O que temos aqui é o caso paradigmático do "progresso" dialético: passamos da Lógica (que trata das oposições reflexivas externas, do raciocínio como oposto a seu objeto, o Ser) para a Metafísica (que descreve diretamente a estrutura do Absoluto) não por um tipo qualquer de "progresso", de transmutação fundamental da Lógica, mas tomando consciência de como aquilo que percebemos (erroneamente) como simples *organon*, ferramenta introdutória, estágio preparatório para nossa apreensão do Absoluto – ou seja, para a Metafísica propriamente dita –, *já descreve* a estrutura do Absoluto. Em outras palavras, fracassamos na apreensão do Absoluto *precisamente na medida em que continuamos a supor que, além e acima do domínio de nosso raciocínio reflexivo finito, há um Absoluto a ser apreendido* – nós superamos de fato a limitação da reflexão exterior simplesmente tomando consciência de que essa reflexão exterior é inerente ao Absoluto em si. *Esta* é a crítica fundamental de Hegel a Kant: não que Kant tenha fracassado na tentativa de superar a reflexão externa do Entendimento, mas que ele ainda considere que exista um Para-além que se esquive de apreensão. O que Kant não conseguiu ver foi que sua *Crítica da razão pura*, como "prolegômenos" críticos de uma futura metafísica, *já era* a única metafísica possível.

A essa distinção sobrepõe-se a diferença entre "Lógica" no sentido (aristotélico tradicional) de *organon*, fornecendo as ferramentas conceituais que nos ajudam a apreender a estrutura ontológica da realidade (as regras de nossa formação de Conceitos e formas de juízo e raciocínio), e "Metafísica" (que descreve diretamente a estrutura ontológica): a primeira tríade da *Fenomenologia* permanece no nível da "Lógica", fornecendo a sequência fenomênica dos diferentes modos com que o sujeito finito e isolado pode apreender a sociedade; a segunda tríade, por sua vez, descreve diretamente a sequência fenomênica das reais formas/figurações históricas do Absoluto em si. (A "lógica" do jovem Hegel ajusta-se de forma vaga à primeira parte da "lógica subjetiva" do Hegel maduro, que se sucede à lógica "objetiva" que estabelece a estrutura ontológica da realidade pré-subjetiva). Nesse sentido preciso, pode-se argumentar com razão que a *Fenomenologia* de Hegel é um trabalho de transição – que em sua estrutura ainda se notam os traços do jovem Hegel, especialmente em seu fascínio pela "dança louca" da reflexividade, das inversões dialéticas, como o (ainda) introdutório prelúdio ao Sistema propriamente dito, com seu autodesdobramento especulativo satisfeito. Em outras palavras, a *Fenomenologia* não é "verdadeiramente hegeliana" precisamente porque ainda concebe seu papel como de "introdução" ao Sistema propriamente dito (embora se conceba ao mesmo tempo como sua primeira parte – que é a fonte de sua irresoluta e derradeira ambiguidade).

106 / O sujeito incômodo

Para Hegel, a Razão não é uma capacidade outra, "mais elevada", que a do Entendimento "abstrato": o que define o Entendimento é a própria ilusão de que, além dele, haja outro domínio (ou Místico inefável ou Razão) que se esquiva de sua apreensão discursiva. Em síntese, para ir do Entendimento à Razão, não devemos *acrescentar* nada, mas, ao contrário, *subtrair* algo: o que Hegel chama de "Razão" é o *Entendimento em si*, privado da ilusão de que haja algo Além dele. É por isso que, na escolha direta entre Entendimento e Razão, devemos primeiro escolher o Entendimento: não para cair no jogo estúpido de auto-ofuscamento (o sujeito absoluto deve primeiro alienar-se, postular a realidade exterior como independente de si mesma, de forma a suplantar/suprassumir essa alienação reconhecendo nela seu próprio produto...), mas pelo simples fato de que *fora ou além do Entendimento não há nada*. Primeiro optamos pelo Entendimento e, então, num segundo movimento, *tornamos a optar pelo Entendimento*, mas sem lhe acrescentar nada (isto é, sem a ilusão de que exista uma capacidade "mais elevada" abaixo ou além dele, mesmo que essa capacidade "mais elevada" se chame Razão) – e esse Entendimento, privado da ilusão de que haja algo além dele, é a Razão.

Essas considerações nos permitem lançar uma nova luz sobre a velha questão da relação entre Kant e Hegel. A resposta mais convincente dos atuais kantianos à crítica de Hegel a Kant (como exemplificada, por exemplo, no exame detalhado das inconsistências e deslocamentos discerníveis na "visão moral do mundo" na *Fenomenologia do espírito*) é um mero "E daí?". O que Hegel critica como inconsistência (o fato de que a teoria moral de Kant postula a *necessidade* da atividade ética ao mesmo tempo que caracteriza o ato ético verdadeiro como *impossível de realizar* etc.) é precisamente o paradoxo da autêntica posição kantiana... A resposta hegeliana seria: é verdade, mas Kant não é capaz de *reconhecer*, de *enunciar abertamente* esses paradoxos que constituem o núcleo de seu edifício filosófico; e, longe de *acrescentar* algo a Kant (por exemplo, a capacidade "mais elevada" da Razão que seria capaz de ir além das oposições kantianas entre numênico e fenomênico, liberdade e necessidade etc.), *a crítica de Hegel limita-se a enunciar e assumir abertamente os paradoxos constitutivos da posição de Kant.* Basta citar a relação entre Essência e seu Aparecer: Kant, é claro, implicitamente já sabe que a Essência numênica além da realidade fenomênica não é apenas um Em-si transcendental, mas de certa forma deve *aparecer* no interior de sua própria realidade (recordemos seu conhecido exemplo do entusiasmo como um *signo* da Liberdade numênica: no entusiasmo que a Revolução Francesa provocou nos observadores esclarecidos de toda a Europa, a Liberdade numênica *apareceu* como crença na possibilidade de um ato histórico que, por assim dizer, surge *ex nihilo* – suspende a cadeia de dependências causais e realiza a liberdade); no entanto, essa identidade definitiva entre o numênico e a aparência permaneceu "em si" para Kant – em seu edifício, não era possível afirmar explicitamente que a Liberdade numênica *nada mais é* que uma ruptura dentro da realidade fenomênica, o presságio de uma dimensão outra que *aparece* no interior da realidade fenomênica[10].

A identidade especulativa *entre substância e sujeito*

Voltemos então à crítica basilar de Hösle a Hegel: o que Hegel deixa de lado é a necessidade da *segunda* Reconciliação entre Natureza e Espírito (como Natureza que se volta para si mesma a partir de sua externalidade), porque não consegue estabelecer todas as consequências do fato de que o movimento de *Er-Innering* (internalização do externo, daquilo que é dado meramente como necessário--contingente) é estritamente correlato ao movimento oposto de externalização, de "naturalização" renovada. Hegel, que sempre dá ênfase ao aspecto de *Er--Innerung*, do "retorno a si mesmo" do Espírito a partir da externalidade da Natureza, não leva suficientemente em conta o movimento oposto de externalização – o fato de que o Espírito que "retorna da natureza a si mesmo" é ainda o Espírito finito abstratamente oposto à Natureza e deve como tal, em outra volta dialética do parafuso, haver-se novamente com ela... Parece, no entanto, que Hösle desconsidera o gesto tipicamente hegeliano em que a internalização "abstrata" (recolhimento ao Interior do pensamento) é acompanhada – é outro aspecto – da asserção da externalidade sem sentido, abstratamente oposta ao sujeito. O exemplo político clássico é, obviamente, o do Império romano: o sujeito se recolhe da *Sittlichkeit* da pólis grega para a liberdade interior abstrata e, *por essa mesma razão*, a externalidade afirma seu direito na forma do poder estatal do império, experimentado pelo sujeito como um poder externo no qual ele já não reconhece mais sua substância ética.

---

[10] O procedimento mais delicado na interpretação dos grandes textos da tradição filosófica é a posição precisa de uma tese ou conceito categoricamente rechaçado por um autor: nessas ocasiões, a pergunta que deve ser feita é sempre: "O autor está simplesmente rejeitando um conceito alheio ou está *introduzindo* essa ideia na própria forma de sua rejeição?". Tomemos como exemplo o rechaço de Kant da ideia de "Mal diabólico" (o Mal elevado à categoria de Dever moral, isto é, executado não a partir de uma motivação "patológica", mas tão somente "por si só"): Kant não estaria *rejeitando uma ideia cujo espaço conceitual foi aberto justamente por seu sistema filosófico* – ou seja, Kant não estaria se digladiando com a consequência mais particular, com o excesso insuportável de *sua própria* filosofia? (Para fazermos uma comparação inusitada: Kant não estaria se comportando como a proverbial esposa que acusa o melhor amigo de seu marido de insinuar-se para ela, revelando assim seu próprio desejo sexual, rejeitado por ele?). Uma das matrizes do "progresso" na história da filosofia é um filósofo, discípulo de um primeiro, assumir abertamente e articular completamente a ideia que foi introduzida por seu mestre na forma de rejeição polêmica, como foi o caso de Schelling, com sua teoria do mal, em relação a Kant.

A forma mais elementar da externalização do Espírito é, sem dúvida, a *linguagem*: como Hegel sublinha repetidamente, nossa experiência interior só pode se livrar dos traços dos sentidos exteriores e adquirir a forma de um pensamento puro se tornar a se externalizar num signo sem sentido – nós *pensamos* apenas com *palavras*, com linguagem. O mesmo vale para os *costumes* em geral: eles formam o pano de fundo necessário, o espaço de nossa liberdade social. E o mesmo vale também para a própria Substância social, para a ordem positiva da *Sittlichkeit*, o "grande Outro" lacaniano, que é precisamente nossa "segunda natureza": o "espírito objetivo", a naturalização e/ou externalização renovada do Espírito[11].

Em uma abordagem de Hegel que, com sua ênfase na dialética histórica como o único aspecto de Hegel que vale a pena salvar, é o exato oposto da reconstrução sistemática de Hösle, Charles Taylor se esforça para expor a inconsistência interna da lógica hegeliana da externalização da Ideia. Segundo Taylor[12], o Espírito hegeliano tem duas corporificações: ele postula sua pressuposição, suas condições de existência, *e* expressa-se em seu exterior corpóreo. No caso do Espírito Absoluto, as duas corporificações coincidem, ao passo que no caso do homem como ser finito as duas são para sempre disjuntas – ou seja, o homem está sempre imerso num conjunto de condições de existência que ele não pode jamais "internalizar" completamente, transformar numa expressão de sua subjetividade –, há sempre um elemento persistente de externalidade contingente.

A primeira associação aqui, é claro, é Schelling: o essencial da distinção de Schelling entre a Existência Divina e seu Fundamento insuperável é que a lacuna que separa para sempre a expressão das condições externas de existência também se aplica ao Sujeito Absoluto, ao Próprio Deus – o Próprio Deus está imerso num

---

[11] Ademais, deve-se opor essa externalidade da ordem *simbólica* à externalidade do *peu de réalité*, de um elemento positivo irrisório ao qual o Outro em si deve se incorporar para adquirir plena efetividade: "o Espírito é um osso", o Estado como uma totalidade racional torna-se real na figura do Monarca, e assim por diante. O papel do Rei (Monarca) no Estado racional hegeliano é aquilo que Edgar Allan Poe chamou de "o demônio da perversidade": quando um criminoso realiza a façanha de ocultar as pistas de seu crime – quando não há qualquer "retorno sintomático do recalcado", nenhum "indício" que revele a presença de uma Outra Cena do crime, isto é, quando o criminoso não corre nenhum risco de ser descoberto, quando a camuflagem da racionalização funciona perfeitamente –, ele sente um impulso irresistível de exibir seu ato publicamente, de vociferar a verdade sobre seu terrível feito. Não acontece o mesmo com a dedução hegeliana da monarquia? Precisamente quando o edifício social alcança a racionalidade completa de um Estado perfeitamente organizado, essa racionalidade se paga com a necessidade de suplementá-lo – e deixar evidente essa suplementação – com o elemento completamente "irracional" do monarca hereditário, que é *de imediato*, em sua natureza (dada sua descendência biológica), aquilo que é "na cultura" em termos de seu título simbólico.

[12] Ver Charles Taylor, *Hegel* (Cambridge, Cambridge University Press, 1975), p. 92.

conjunto de condições que permanecerá para sempre um Outro insondável. Por essa razão, Schelling é o enigmático "mediador evanescente" entre o Idealismo absoluto e o historicismo pós-hegeliano. Essa passagem do Idealismo para o historicismo talvez esteja mais bem expressa na célebre declaração que se encontra no princípio de *O 18 de brumário*, de Marx, sobre como os homens criam a história, mas não a partir do nada ou em condições que eles próprios escolhem – eles criam a história nas condições que encontram e que se impõem a eles*. Há aqui um claro contraste com (certa imagem d)o Idealismo hegeliano, em que a Ideia absoluta age como o Sujeito que postula a totalidade de seu conteúdo e, assim, torna-se real por si próprio, sem depender de qualquer conjectura contingente exterior – ou seja, não é limitado pelos confins da temporalidade-contingência-finitude. No entanto, entre o Idealismo absoluto e o historicismo pós-idealista surge a posição singular de Schelling como "mediador evanescente": Schelling conserva o Absoluto como Sujeito (isto é, ele fala de Deus, não do homem), mas *aplica a Ele o postulado fundamental da temporalidade-contingência-finitude*, de modo que, em última instância, o que Schelling afirma é que Deus criou o universo, mas não a partir do nada – Ele o criou nas condições que foram encontradas e impostas a Ele (essas "condições", obviamente, são o Real imperscrutável do Fundamento de Deus, aquilo que no Próprio Deus ainda não é Deus)[13].

O equívoco de Taylor é que ele redobra o conceito de sujeito na subjetividade humana (finito, preso na lacuna entre a pressuposição e a expressão) e num monstro espectral chamado "Sujeito Absoluto", o Espírito (*Geist*), Deus – ou, como o chama Taylor (de modo nada hegeliano), o "espírito cósmico", cujo mero "veículo" é a consciência(-de-si) do sujeito humano finito. Dessa forma, temos no fim uma divisão entre dois sujeitos, o Sujeito absoluto infinito e o sujeito humano finito, ao invés da identidade especulativa propriamente dialética entre a Substância infinita e o Sujeito como o agente da finitude/aparência/divisão – "Substância é Sujeito" significa que a cisão que separa Sujeito de Substância, do inacessível Em-Si além da realidade fenomênica, é inerente à própria Substância. Em outras palavras, o ponto-chave está em ler a proposição hegeliana "Substância é Sujeito" não como uma afirmação direta de identidade, mas como um exemplo (talvez *o* exemplo) de "juízo infinito", como "o Espírito é um osso". A questão não é que a Substância (o fundamento supremo de todos os entes, o Absoluto) não seja um Fundamento pré-subjetivo, mas sim um

---

* Karl Marx, *O 18 de brumário de Luís Bonaparte* (trad. Nélio Schneider, São Paulo, Boitempo, 2011), p. 25. (N. E.)

[13] Lembremos aqui a caracterização irônica de alguém como "um gênio relativo" – ou você é um gênio ou não é; "gênio" não é um atributo que permite níveis ou gradações. Da mesma maneira, Schelling classifica Deus de "relativamente Absoluto": Ele é o Mestre e Criador absoluto, mas seu poder absoluto é menos qualificado, limitado por aquilo que nele ainda não é Deus.

110 / O sujeito incômodo

Sujeito, um agente de autodiferenciação que postula sua alteridade e reapropria-se dela, e assim por diante: "Sujeito" representa a agência não substancial da fenomenalização, aparência, "ilusão", cisão, finitude, Entendimento etc., e conceber Substância como Sujeito significa precisamente que a cisão, a fenomenalização etc. são inerentes à vida do próprio Absoluto. Não há "Sujeito absoluto" – o sujeito "como tal" é relativo, está preso na autodivisão, e é *como tal* que o Sujeito é inerente à Substância.

Em contraste com essa identidade *especulativa* entre Substância e Sujeito, a proposta de sua identidade *direta* implica redobrar os sujeitos, o que reduz mais uma vez a subjetividade propriamente dita a um acidente ("veículo") do Absoluto substancial, de um Outro que fala "por meio" dos sujeitos finitos humanos. Isso sugere a ideia falsa pseudo-hegeliana de um processo dialético no qual seu Sujeito ("espírito cósmico") postula sua externalidade, aliena-se de si mesmo, a fim de recuperar sua integridade num nível mais elevado: o pressuposto enganoso nesse caso é que o Sujeito do processo seja de alguma forma dado desde o princípio, não gerado pelo próprio processo de cisão da Substância.

Outra maneira de abordar a questão é pelas duas formas diferentes de interpretar a situação do sujeito confrontado com o excesso insondável da Coisa que se esquiva de sua apreensão simbólica reflexiva. A leitura "substancialista" resume-se a afirmar que nossa capacidade (enquanto sujeitos finitos) de apreender o Objeto com que somos confrontados sempre e *a priori* nos ultrapassa: há algo no objeto que resiste eternamente a sua tradução em nossa rede conceitual (a questão da "preponderância do objetivo" apresentada reiteradamente por Adorno em sua *Dialética negativa**). Contudo, em que consiste esse excesso? E se o que escapa de nossa apreensão, o que é "no objeto mais que o próprio objeto", forem os traços daquilo que, na história passada, esse "objeto" (uma situação histórica que o sujeito tenta analisar, por exemplo) *poderia ter se tornado*, mas não conseguiu? Apreender uma situação histórica "em seu devir" (como diria Kierkegaard) não é percebê-la como um conjunto positivo de traços ("o modo como as coisas realmente são"), mas discernir nela os vestígios das tentativas "emancipatórias" frustradas ante a libertação. (Aqui, é claro, faço alusão à concepção de Walter Benjamin de olhar revolucionário, que vê o ato revolucionário real como a repetição redentora de tentativas emancipatórias que fracassaram no passado). Nesse caso, no entanto, a "preponderância do objetivo", daquilo que na Coisa escapa a nossa apreensão, já não é mais o excesso de seu conteúdo positivo sobre nossas capacidades cognitivas, mas, ao contrário, sua *falta*, isto é, os vestígios dos *fracassos*, as *ausências* inscritas em sua existência positiva: compreender a Revolução de Outubro "em seu devir"

---

* Ed. bras.: trad. Marco Antonio Casanova, Rio de Janeiro, Zahar, 2009. (N. E.)

significa discernir o tremendo potencial emancipatório que foi simultaneamente suscitado e esmagado por sua efetividade histórica. Consequentemente, esse excesso/falta não é a parte do "objetivo" que excede as capacidades cognitivas do sujeito; ele consiste antes nos traços do próprio sujeito (suas esperanças e desejos frustrados) no objeto, de modo que o que é realmente "insondável" no objeto é a contrapartida/correlato objetivo do núcleo mais íntimo do próprio desejo do sujeito.

A escolha forçada hegeliana

Esses paradoxos dão uma pista da oposição hegeliana entre universalidade "concreta" e universalidade "abstrata". Hegel foi o primeiro a elaborar o conceito propriamente moderno de *individualização pela identificação secundária*. A princípio, o sujeito está imerso numa forma de vida particular, aquela em que nasceu (família, comunidade): a única forma de romper com essa comunidade "orgânica" primeva, de cortar os laços com ela e, assim, afirmar-se como um "indivíduo autônomo" é deslocando sua lealdade fundamental, reconhecendo a substância de seu ser em uma comunidade secundária, que é universal e ao mesmo tempo "artificial"; não mais "espontânea", mas "mediada", sustentada pela atividade de sujeitos independentes livres (nação *versus* comunidade local; profissão no sentido moderno – emprego numa grande empresa desconhecida – *versus* relação "pessoal" entre aprendiz e mestre artesão; comunidade acadêmica do conhecimento *versus* sabedoria tradicional transmitida de geração em geração etc., até o caso da mãe que confia mais nos manuais de cuidados infantis do que nos conselhos parentais). Essa passagem da identificação primária para a secundária não implica uma perda direta das identificações primárias: o que ocorre é que as identificações primárias sofrem uma espécie de transubstanciação; elas passam a funcionar como a forma de aparecimento da identificação secundária universal (digamos, precisamente por ser um bom membro da minha família, eu contribuo para o funcionamento adequado do meu Estado-nação). Nisto reside a diferença hegeliana entre a universalidade "abstrata" e a universalidade "concreta": a identificação universal secundária permanece "abstrata" na medida em que é diretamente oposta às formas particulares da identificação primária – isto é, na medida em que compele o sujeito a renunciar a suas identificações primárias; ela se torna "concreta" quando reintegra as identificações primárias, transformando-as em modos de aparecimento da identificação secundária.

Essa tensão entre a universalidade "concreta" e a "abstrata" é claramente discernível no precário *status* social da Igreja cristã primitiva: havia, de um lado, o fanatismo dos grupos radicais que consideravam impossível combinar a verdadeira atitude cristã com o espaço das relações sociais predominantes e, por essa razão, eram vistos como uma séria ameaça à ordem social; de outro lado, havia as tentativas de

112 / O sujeito incômodo

conciliar o cristianismo com as estruturas de dominação, de modo que um cristão pudesse participar da vida social, ocupando um lugar determinado nela (como criado, camponês, artesão, senhor feudal...), e permanecer um bom cristão – o cumprimento desse papel social determinado não era visto apenas como algo compatível com ser um bom cristão, mas era tomado também como um modo específico de cumprir com o dever universal de ser cristão.

À primeira vista, as coisas parecem claras e inequívocas: o filósofo da universalidade abstrata é Kant (e em seu encalço está Fichte): na filosofia de Kant, o Universal (a Lei moral) funciona como o *Sollen* abstrato, o que "deve ser" e que, como tal, possui um potencial subversivo/terrorista – o Universal representa uma demanda incondicional/impossível, cujo poder de negatividade está destinado a solapar qualquer totalidade concreta; contra essa tradição da universalidade abstrata/negativa oposta a seu conteúdo particular, Hegel sublinha que a verdadeira universalidade se efetiva na série de determinações concretas percebidas pelo abstrato ponto de vista do Entendimento como obstáculo à plena realização do Universal (por exemplo, o Dever moral universal efetiva-se, torna-se real, por meio da riqueza concreta das paixões e lutas humanas particulares, as quais Kant menosprezava por considerá-las obstáculos "patológicos").

Mas será que as coisas são tão simples? Para não interpretar mal o verdadeiro caráter hegeliano da oposição entre universalidade concreta e universalidade abstrata, outra oposição deve ser "cruzada" com ela, aquela entre a Universalidade positiva como simples meio neutro/impassível da coexistência de seu conteúdo particular (a "universalidade muda" de uma espécie definida por aquilo que todos os membros da espécie têm em comum) e a Universalidade em sua existência real, que é a *individualidade*, a afirmação do sujeito como singular e irredutível à totalidade concreta particular na qual está inserido. Nos termos de Kierkegaard, essa diferença é a que existe entre o Ser positivo do Universal e a universalidade-em--devir: o avesso do Universal como um continente/veículo pacificador neutro de seu conteúdo particular é o Universal enquanto poder da negatividade que solapa a fixidez de qualquer constelação particular, e esse poder ganha existência sob a forma do autorretraimento egotista absoluto do indivíduo, sua negação de todo conteúdo determinado. A dimensão da Universalidade torna-se real (ou, nos termos de Hegel, estabelece-se "para si") apenas ao "entrar na existência" como *universal*, isto é, opondo-se a todo o seu conteúdo particular, ingressando numa "relação negativa" com o seu conteúdo particular.

Com relação à oposição entre Universalidade abstrata e Universalidade concreta, isso significa que o único caminho em direção a uma verdadeira universalidade "concreta" passa pela plena afirmação da negatividade radical, por meio da qual o universal nega a totalidade de seu conteúdo particular: apesar das aparências enganadoras, a "universalidade muda" do continente neutro de um conteúdo particular é a forma predominante da universalidade abstrata. Em outras palavras, a Universalidade só pode se tornar concreta se deixar de ser um veículo abstrato-neutro de seu conteúdo particular *e incluir-se entre suas subespécies particulares*. Paradoxalmente, isso significa que o primeiro passo em direção à "universalidade concreta" é a negação radical da totalidade do conteúdo particular: apenas pela negação é que o Universal ganha existência, torna-se visível "como tal". Aqui, devemos recordar a análise hegeliana de frenologia que encerra o capítulo sobre a "Razão observadora", na *Fenomenologia do espírito*. Hegel recorre a uma metáfora explicitamente fálica para explicar a oposição entre as duas leituras possíveis da proposição "o Espírito é um osso" (a leitura "reducionista" materialista vulgar – a forma do nosso crânio determina direta e efetivamente as características da nossa mente – e a leitura especulativa – o espírito seria forte o suficiente para afirmar sua identidade a partir do material mais absolutamente inerte e "suprassumi-lo", ou seja, nem mesmo o material mais absolutamente inerte consegue escapar do poder de mediação do Espírito). A leitura materialista vulgar se assemelha à abordagem que vê o falo apenas como o órgão da micção, ao passo que a interpretação especulativa é capaz de discernir nele a função mais elevada da inseminação (ou seja, precisamente a "concepção" como a antecipação biológica do *conceito**).

Numa primeira abordagem, lidamos aqui com o conhecido movimento elementar da *Aufhebung* ("suprassunção"): temos de passar pelo menos elevado para alcançar de novo o mais elevado, a totalidade perdida (temos de perder a realidade imediata no autorretraimento da "noite do mundo" para recuperá-la como "postulada", mediada pela atividade simbólica do sujeito; temos de renunciar ao Todo orgânico imediato e nos submeter à atividade mortificadora do Entendimento abstrato a fim de recuperar a totalidade perdida num nível "mediado", mais elevado, como a totalidade da Razão). Esse movimento parece oferecer-se como alvo ideal para a crítica-padrão: sim, é óbvio que Hegel reconhece o horror do autorretraimento psicótico e sua "perda da realidade"; sim, ele admite a necessidade do desmembramento abstrato, mas apenas como um passo, um desvio num caminho triunfante que, segundo a inexorável necessidade dialética, leva de volta ao Todo orgânico reconstituído... Sustentamos, contudo, que essa é uma *leitura equivocada* da argumentação de Hegel:

> A *profundeza* que o espírito tira do interior para fora, mas que só leva até sua *consciência representativa* e ali a larga, como também a *ignorância* de tal consciência sobre o que diz

---

* Do latim *conceptus*: ação de conter, ato de receber, germinação, fruto, feto, pensamento (*Dicionário Houaiss da Língua Portuguesa*). (N. T.)

114 / O sujeito incômodo

são a mesma conexão do sublime e do ínfimo, que no organismo vivo a natureza exprime ingenuamente, na combinação do órgão de sua maior perfeição – o da geração – com o aparelho urinário. O juízo infinito, como infinito, seria a perfeição da vida compreendendo-se a si mesma. Mas a consciência da vida comporta-se como o urinar, ao permanecer na representação.[14]

Uma leitura atenta dessa passagem deixa claro que o problema, para Hegel, *não* é que, em oposição à visão empirista vulgar que só considera a micção, a atitude propriamente especulativa deva escolher a inseminação. O paradoxo está no fato de que *a escolha direta da inseminação é a maneira infalível de errar*: não é possível escolher diretamente o "verdadeiro significado" – ou seja, *temos* de começar pela escolha "errada" (a da micção): o verdadeiro significado especulativo surge apenas por meio da leitura reiterada, como efeito secundário (ou produto derivado) da primeira leitura, "incorreta"[15].

O mesmo se aplica à vida social, na qual a escolha direta da "universalidade concreta" de um mundo-da-vida ético particular só pode acabar numa regressão à sociedade orgânica pré-moderna, que nega o direito infinito da subjetividade enquanto característica fundamental da modernidade. Uma vez que o sujeito--cidadão de um Estado moderno não pode mais aceitar sua imersão num papel social particular, que lhe confere um lugar determinado no interior do Todo orgânico social, o único caminho para a totalidade racional do Estado moderno passa pelo horror do Terror revolucionário: devemos extirpar implacavelmente as coerções da "universalidade concreta" orgânica pré-moderna e afirmar plenamente o direito infinito da subjetividade em sua negatividade abstrata. Em outras palavras,

---

[14] Georg Wilhelm Friedrich Hegel, *Phenomenology of Spirit*, cit., p. 210 [ed. bras.: *Fenomenologia do espírito*, cit., p. 220]. Na nota de rodapé [da edição inglesa], o tradutor chama a atenção para uma passagem de *Filosofia da Natureza* na qual Hegel afirma a mesma identidade: "Em muitos animais os órgãos de excreção e os genitais, as partes superiores e inferiores da organização animal, estão intimamente conectados: do mesmo modo que o falar e o beijar, por um lado, e o comer, o beber e o cuspir, por outro, todos realizados com a boca".

[15] Devo essa observação a Mladen Dolar; ver "The Phrenology of Spirit", em Joan Copjec (org.), *Supposing the Subject* (Londres, Verso, 1994). Há um claro paralelo entre essa necessidade de fazer a escolha incorreta para alcançar o resultado adequado (isto é, escolher a "micção" para chegar à "inseminação") e a estrutura de uma piada russa, da época socialista, sobre um tal senhor Rabinovitch que desejava emigrar da União Soviética por duas razões: "Em primeiro lugar, temo que toda a culpa pelos crimes do comunismo seja lançada sobre nós, os judeus, caso a ordem socialista venha a se desintegrar". O burocrata exclama: "Mas nada vai mudar na União Soviética! O socialismo durará para sempre!", ao que Rabinovitch calmamente responde: "Essa é a minha segunda razão". Também nesse caso, o único modo de chegar à verdadeira razão consiste em passar primeiro pela razão errada.

O sujeito incômodo hegeliano / 115

o problema da merecidamente célebre análise do Terror revolucionário na *Fenomenologia* de Hegel não é a percepção óbvia de que o projeto revolucionário envolvia a afirmação direta unilateral da Razão Universal abstrata e, como tal, estava fadado a perecer numa fúria autodestrutiva, posto que foi incapaz de organizar a transposição de sua energia revolucionária para uma ordem social concreta, estável e diferenciada; o problema para Hegel é, antes, o enigma do por que, apesar de o Terror revolucionário ser um impasse histórico, termos de passar por ele para chegar ao Estado racional moderno... Podemos ver aqui quão equivocados estavam os hegelianos conservadores do final do século XIX na Inglaterra (Bradley e outros), que consideravam que a lógica social da universalidade concreta de Hegel exigia a identificação de cada indivíduo com seu posto específico no Todo definido e hierárquico do corpo social global – é isso, precisamente, que o conceito moderno de subjetividade impossibilita.

Em outras palavras, "conceber o absoluto não apenas como Substância, mas também como Sujeito" significa que, quando nos deparamos com a escolha radical entre o Todo orgânico e a "loucura" do traço unilateral que desloca e lança o Todo num desequilíbrio danoso, essa escolha tem a estrutura de uma escolha forçada – isto é, devemos escolher a "loucura" unilateral contra o Todo orgânico. Ante a escolha entre o Corpo social orgânico pré-moderno e o Terror revolucionário que desencadeia a força destrutiva da negatividade abstrata, *devemos escolher o terror* – só assim criaremos o terreno para uma nova reconciliação pós--revolucionária entre as demandas da Ordem social e a liberdade abstrata do indivíduo. A monstruosidade do Terror revolucionário é um "mediador evanescente" absolutamente indispensável – essa explosão de negatividade radical, que minou a velha ordem estabelecida, limpou o terreno, por assim dizer, para a nova ordem racional do Estado moderno[16]. O mesmo vale para o par *Sittlichkeit/Moralität*: para a oposição entre a imersão do sujeito em seu mundo-da-vida social concreto e sua oposição moral individualista/universal abstrata a esse universo concreto herdado; diante dessa opção, devemos escolher a *Moralität*, isto é, o ato do indivíduo que, em nome de uma universalidade mais ampla, solapa a ordem positiva determinada de costumes [*mores*] que definem sua sociedade (Sócrates *versus* a totalidade concreta da cidade grega; Cristo *versus* a totalidade concreta dos judeus...). Hegel está plenamente ciente de que a forma positiva na qual essa universalidade abstrata obtém existência real é a da violência extrema: o avesso da paz interior da

---

[16] Para dizê-lo nos termos do antagonismo *versus* a estrutura das diferenças, de Ernesto Laclau: para Hegel, todo sistema de diferenças – toda estrutura social positiva – assenta num combate de forças antagônicas, e a guerra é o retorno da lógica antagônica do "Nós contra Eles" que sempre ameaça qualquer estrutura de diferenças.

Universalidade é a fúria destrutiva contra todo conteúdo particular, isto é, a universalidade "em devir" é o oposto do veículo neutro pacífico de todo conteúdo particular – somente dessa forma a universalidade pode vir a ser "para si"; somente desse modo pode ocorrer "progresso".

Podemos então determinar com precisão o momento em que "Hegel se tornou Hegel": apenas quando renunciou à visão estética/grega da totalidade social orgânica da *Sittlichkeit* (que encontrou sua expressão mais articulada em *System der Sittlichkeit* (1802-1803), texto de publicação póstuma que aponta definitivamente para aquilo que mais tarde se desenvolveria como a concepção orgânica corporativo-organicista e protofascista de sociedade) – ou seja, quando tomou claramente consciência de que o único caminho para a verdadeira totalidade concreta é que, em toda escolha direta entre a negatividade abstrata e um Todo concreto, o indivíduo deve escolher a negatividade abstrata. Essa mudança é mais claramente detectável na hesitação do jovem Hegel em sua apreciação do cristianismo: Hegel "se torna Hegel" quando endossa inteiramente o disruptivo *skandalon* "abstratamente negativo" do surgimento de Cristo – isto é, quando renuncia à esperança nostálgica de um retorno a uma nova versão dos costumes [*mores*] gregos como solução para os problemas da modernidade.

Nesse sentido, a "reconciliação" hegeliana madura continua totalmente ambígua: ela designa a reconciliação de uma cisão (a cicatrização da ferida do corpo social), mas também a reconciliação *com* essa cisão como preço necessário para a liberdade individual. A respeito da política, ficamos tentados a inverter o mito convencional sobre o jovem Hegel "revolucionário" que, em seus últimos anos, traiu suas origens subversivas e tornou-se o filósofo do Estado, enaltecendo a ordem existente como a corporificação da Razão, como o "Deus realmente existente": na verdade, foi justamente o jovem Hegel, cujo projeto "revolucionário" – ao menos da perspectiva atual – anunciou a "estetização [fascista] do político", o estabelecimento de uma nova Ordem orgânica que aboliu a individualidade moderna; "Hegel se tornou Hegel" por sua inarredável afirmação do "infinito direito do indivíduo" – de que a estrada para a "universalidade concreta" deve passar pela plena afirmação da "negatividade abstrata".

Outro modo de discernir essa passagem de um Hegel pré-hegeliano para um "Hegel que se tornou Hegel" é por uma mudança tímida, porém significativa, na estrutura social. Em *System der Sittlichkeit*, a sociedade é subdividida em três estágios, cada qual implicando uma posição ética específica: o campesinato com sua atitude de confiança pré-reflexiva, sua imersão na substância; o empresariado, a classe burguesa, com sua postura típica de competição e realização individual (a sociedade civil-burguesa propriamente dita, a indústria, as trocas); a aristocracia, a classe universal, que conduz a vida política e vai à guerra, disposta a arriscar a vida quando necessário. É significativo que, depois que Hegel "se tornou Hegel", a classe universal não é mais a aristocracia (como proprietários de terras, os aristocratas foram incluídos no campesinato), mas a burocracia estatal esclarecida. O ponto-chave dessa mudança é que, agora, não apenas a aristocracia, mas todos, qualquer indivíduo de qualquer classe, podem ser mobilizados e ir à guerra: a negatividade absoluta, o risco de morte que dissolve todos os apegos fixos a determinado conteúdo, não é mais privilégio de uma classe específica, mas tornou-se um direito/obrigação universal de todo cidadão. Acima e além de seu lugar específico no corpo social, cada cidadão participa da negatividade absoluta/abstrata: nenhum indivíduo é completamente delimitado por aquilo que o reduz a seu lugar particular no interior do edifício social[17].

É por essa razão que, no trecho da introdução à *Fenomenologia* citado no capítulo 1, Hegel aclama o *Entendimento* (*não* a Razão!), seu poder infinito de romper qualquer vínculo orgânico, tomar como separado aquilo que originalmente está unido e tem existência apenas como parte de seu contexto concreto: aqui "Entendimento" é outro nome para o que chamamos de "imaginação pré-sintética", para o poder da imaginação de dissipar qualquer Todo orgânico, o poder que antecede

---

[17] Talvez o problema com essa articulação triádica do edifício social seja o fato de que Hegel tenta condensar numa ordem sincrônica três princípios globais distintos de organização social: (1) o princípio campesino/feudal, que no feudalismo estrutura o todo da sociedade (os artesãos se organizam em guildas e estamentos, não operam num mercado livre; o poder estatal é paternalista e envolve uma confiança pré-reflexiva ingênua de seus súditos no direito divino do Rei); (2) o princípio do mercado liberal moderno da sociedade civil-burguesa, que também determina o modo de funcionamento da vida campesina (com a agricultura organizada como um braço da produção industrial) e da superestrutura política (o Estado reduzido a um "Estado policial", o "guarda noturno" que garante as condições legais e políticas/policiais da vida civil); (3) a lógica planejada do socialismo estatal, na qual a burocracia do Estado, enquanto classe universal, esforça-se para fazer funcionar toda a produção, inclusive a agricultura (não admira, portanto, que o maior esforço do stalinismo, enquanto expressão suprema dessa tendência, tenha sido o de esmagar o campesinato, aproveitando-se de sua atitude pré-reflexiva de confiança ingênua). Esses três princípios podem ser efetivamente "mediados" em um completo e estável "silogismo da Sociedade"? O problema é que cada um deles já está cindido, envolvido numa tensão antagônica que introduz a dimensão propriamente *política*: a ordem orgânica arcaica pode descambar na violência fascista populista contra "Eles"; o liberalismo se divide entre um *laissez-faire* conservador e uma posição ativista de *égaliberté*; o socialismo de Estado provoca uma reação na forma de uma auto-organização espontânea das bases. Portanto, esses três princípios não necessitam (ou envolvem) um quarto princípio, a saber, o do *político como tal*, do antagonismo social, da desestabilização democrática do corpo social articulado, um princípio que, de tempos em tempos, encontra expressão nas diferentes formas de democracia "direta" ou "espontânea" (como os conselhos de trabalhadores na agitação revolucionária do fim da Primeira Guerra Mundial ou nos "fóruns" democráticos na desintegração do socialismo)? Para uma consideração mais detalhada dessa concepção do político, ver adiante o capítulo 4.

a *síntese* da imaginação cuja expressão mais elevada é o *logos* (como Heidegger gostava de salientar, *legein* em grego antigo também significa "juntar, reunir"). É por isso que estão distantes de Hegel aqueles que defendem a submissão voluntária do sujeito e a aceitação de seu lugar próprio na totalidade concreta da Ordem substancial: a própria existência da subjetividade implica uma escolha "falsa" e "abstrata" do Mal, do Crime – isto é, um gesto unilateral excessivo que desequilibra a Ordem harmoniosa do Todo. Por quê? Porque essa escolha arbitrária por algo trivial e insubstancial, esse exercício de um capricho absoluto baseado em nenhuma boa razão ("Eu quero porque quero!") é, paradoxalmente, o único caminho que o Universal tem para se afirmar "para si", contra todo conteúdo particular determinado.

Essa entrada na existência do Universal "como tal", em contraste com todo conteúdo determinado, esse violento endosso unilateral a um aspecto "abstrato", que o arranca de seu contexto de vida concreto e implica assim a mortificação do Todo da Vida orgânico, é o momento da efetivação do Sujeito contra a Ordem substancial equilibrada. O temor de que o movimento dialético hegeliano gere uma negatividade "muito forte" para ser reinserida no círculo da mediação dialética é, portanto, absolutamente descabido: o fato de que "a Substância é [também concebida como] Sujeito" significa que essa explosão da Unidade orgânica é o que *sempre acontece* no curso do processo dialético, e a nova Unidade "mediada" ulterior não assinala de forma alguma um retorno em "um nível mais elevado" à Unidade inicial perdida – na totalidade "mediada" recém-restabelecida, lidamos com uma Unidade *substancialmente distinta*, uma Unidade baseada num poder disruptivo da negatividade, uma Unidade em que *essa própria negatividade assume uma existência positiva*.

Talvez essa seja a fonte da tensão não resolvida com que se conclui a *Lógica* de Hegel, a tensão entre vida e conhecimento como os dois paradigmas da Ideia absoluta: na Vida, o Particular ainda está imerso no Universal, ou seja, a vida é um sistema dinâmico no qual o Universal se reproduz pelo processo incessante de irrupção e cessação de seus momentos particulares, um sistema mantido vivo pela própria dinâmica perpétua do automovimento de seus constituintes; contudo, esse sistema, em que o Universal é o Poder que se expressa na produção incessante da riqueza de seus momentos particulares, permanece uma "substância dinamizada", que não implica ainda uma subjetividade propriamente dita. Nos termos de Taylor (não tão adequados), estamos lidando aqui com a oposição entre o aspecto produtivo/"expressivista" do Absoluto (a Vida como *causa sui* que se reproduz e se "expressa" pelo processo infinito de geração e deterioração de seus momentos) e seu aspecto "cognitivo" (o Absoluto que se efetiva apenas por meio de seu pleno autoconhecimento). Como conciliá-los?

O primeiro paradoxo é que a atividade está do lado da Substância (o poder gerador "expressivista") e a passividade está do lado do Sujeito (o Sujeito como consciência considera passivamente aquilo que acontece): a Substância é *praxis*, intervenção ativa, ao passo que Sujeito é *theoria*, intuição passiva. O que temos aqui é a oposição de *Sein* e *Sollen*, de Verdade e Bem; todavia, ao contrário do modo convencional de conceituar essa oposição (a intuição passiva spinoziana da Substância *versus* o sujeito ativo fichtiano que postula autônoma e espontaneamente a totalidade do conteúdo objetivo), Hegel conecta os quatro termos de forma entrecruzada: a produtividade expressiva está do lado da Substância spinoziana que realiza constantemente o Bem moldando ativamente a realidade, enquanto a atitude fundamental do Sujeito é a do Conhecer – o Sujeito se esforça para estabelecer o que é Verdade, para discernir os contornos da objetividade.

A solução de Hegel como idealista alemão, obviamente, é um conhecimento "espontâneo" – isto é, em si, uma *praxis* geradora de seu objeto, mas *não* no sentido (fichtiano) da "intuição intelectual", de um conhecimento que produz diretamente seus objetos, tampouco no sentido kantiano, relativamente mais débil, do conhecimento como transcendentalmente constitutivo de seus objetos. Somos tentados até mesmo a afirmar que Hegel optou precisamente pela solução oposta: no nível do conteúdo substancial, "tudo já foi feito", de modo que o conhecimento se limita a levar isso em consideração – ou seja, é um ato puramente formal que registra o estado das coisas. No entanto, precisamente como tal – como gesto puramente formal de "levar em consideração" aquilo que "em si" já está posto –, o conhecimento é "performativo" e provoca a efetivação do absoluto. Assim, *não* estamos diante de uma nova versão da União mística, em que a atividade do sujeito coincide com a atividade do próprio Deus-Absoluto – em que o sujeito se experimenta como "veículo do Absoluto" (em sua atividade maior, ele é passivo, visto que é o Absoluto que está efetivamente ativo por meio dele); essa União mística continua a ser o ápice do "spinozismo dinamizado" de Schelling. O problema de Hegel é justamente o contrário: *em minha maior passividade, eu já sou ativo* – ou seja, o próprio "recolhimento" passivo por meio do qual o pensamento "separa-se", "cinde-se" de seu objeto, toma distância dele, arranca-se violentamente do "fluxo das coisas", assumindo a posição de um "observador externo"; esse não-ato é seu ato mais elevado, o Poder infinito que introduz uma lacuna no Todo da Substância fechado em si mesmo.

O mesmo problema nos confronta na forma da oposição entre reflexão "proponente" e reflexão "exterior" apresentada no princípio do Livro II da *Lógica* de Hegel. A reflexão proponente é "ontológica", conceitua a essência como o poder gerador/produtor que "postula" a riqueza das aparências; a reflexão exterior, por sua vez, é "epistemológica", representa a penetração reflexiva do objeto do conheci-

120 / O sujeito incômodo

mento – o esforço do sujeito para discernir, por trás do véu dos fenômenos, os contornos da estrutura racional subjacente (a Essência) destes últimos[18]. O impasse fundamental de toda a "lógica da Essência" é que esses dois aspectos, o "ontológico" e o "epistemológico", nunca podem estar plenamente sincronizados: nenhuma solução pode resolver a oscilação entre os dois polos – ou a aparência é reduzida a algo "meramente subjetivo" ("a Essência das coisas é inacessível em si, o que posso contemplar é apenas sua aparência ilusória"), ou a Essência em si torna-se subjetivada ("a Essência oculta é, em última instância, um construto racional do sujeito, o resultado de seu trabalho conceitual" – basta pensar na atual física das subpartículas, em que os constituintes últimos da realidade têm o *status* de hipóteses altamente abstratas – de pura conjectura racional que jamais encontraremos fora da rede teórica, em nossa experiência cotidiana). Essa tensão, mais uma vez, não se resolve pela inclusão da reflexão exterior na estrutura geral da atividade de autoposição do Absoluto, como um momento de mediação da cisão e da externalidade, mas sim pela afirmação oposta do *status* "ontológico" direto da "externalidade" da própria reflexão – todo ente ontológico positivo e determinado só pode emergir "como tal" na medida em que o Absoluto é "externo a si mesmo", na medida em que uma lacuna impede sua plena efetivação ontológica[19].

"Universalidade concreta"

Podemos ver agora em que sentido preciso a lógica de Hegel continua "transcendental" no sentido kantiano estrito – isto é, no sentido em que sua rede conceitual não é meramente formal, mas constitutiva da própria realidade, cuja estrutura categorial é descrita por essa rede. O que põe em movimento o progresso dialético na *Lógica* de Hegel é a tensão intrínseca ao *status* de toda categoria limitada/determinada: cada conceito é *necessário* (isto é, indispensável, caso queiramos conceber a realidade, sua

---

[18] Lembremos que todas as categorias de reflexão envolvem diretamente a referência ao sujeito cognoscente: a diferença entre essência e aparência, por exemplo, só existe para o olhar do sujeito, que tem acesso direto apenas à aparência e se esforça para penetrar na essência subjacente, escondida sob o véu. Ver Charles Taylor, *Hegel*, cit., p. 257-9.

[19] Esse ponto também é crucial para a compreensão adequada da diferença que separa Hegel de Schelling: enquanto Hegel continuou engajado na crítica de Schelling ao subjetivismo kantiano-fichtiano, ele, por assim dizer, apoiava a inseminação contra a micção, isto é, a escolha direta da totalidade concreta contra a divisão subjetiva abstrata. Hegel "tornou-se Hegel" no momento em que tomou consciência de que toda escolha entre a Totalidade e a subjetividade abstrata que dissolve os vínculos orgânicos concretos da Totalidade é, em última instância, uma escolha forçada na qual o sujeito é compelido a escolher *a si mesmo* – ou seja, a violência disruptiva "unilateral" que "é" o sujeito.

estrutura ontológica subjacente) e ao mesmo tempo *impossível* (isto é, inconsistente, passível de refutar a si próprio: no momento em que plena e consequentemente nós o "aplicamos" à realidade, ele se desintegra e/ou se converte em seu oposto). Essa tensão/"contradição" conceitual é simultaneamente o derradeiro *spiritus movens* da própria "realidade": longe de assinalar o fracasso de nosso pensamento para apreender essa realidade, a inconsistência inerente de nosso aparato conceitual é a prova definitiva de que nosso pensamento não é um simples jogo lógico, mas é capaz de atingir a própria realidade, manifestando seu princípio estruturador intrínseco.

O que explica essa paradoxal sobreposição de *necessidade* e *impossibilidade* é, sem dúvida, o conceito de Universalidade autorreferente, que se fundamenta em sua exceção constitutiva. Por que as moedas de cinco centavos são maiores do que as de dez centavos? Por que essa exceção à regra geral de que o volume é proporcional ao valor? Karel van het Reve, o célebre linguista holandês, estudioso da literatura e crítico popperiano da psicanálise e da desconstrução, formulou a lógica da regra e sua exceção na forma do que chamou ironicamente de "Hipótese de Reve"[20]: no domínio das regras simbólicas, a lógica da refutação de Popper deve ser *invertida* – ou seja, longe de refutar a regra, a exceção vem *confirmá-la*. Ao invés de listar exemplos oriundos da diversidade de atividades simbólicas reguladas por regras (no xadrez, o "roque" é uma exceção, um movimento que viola a lógica fundamental dos outros movimentos possíveis; no jogo de cartas, sempre existe uma combinação inferior excepcional que consegue derrotar uma combinação superior...), Reve se debruça sobre a linguística: na gramática, uma exceção específica é necessária para revelar (e assim nos sensibilizar para) a regra universal a que obedecemos: "Uma regra não pode existir se não houver exceção da qual possa se distinguir"[21]. Essas exceções são usualmente descartadas como *deponentia*, irregularidades "irracionais" devidas à influência de uma língua estrangeira ou a vestígios de formas linguísticas anteriores. Em latim, por exemplo, quando uma forma verbal termina em *-or*, ela indica em geral uma forma passiva: *laudo* é "eu louvo", *laudor* é "eu sou louvado", e assim por diante; surpreendentemente, no entanto, *loquor* não significa "eu sou falado", mas "eu falo"!

Em termos hegelianos, essas exceções são necessárias se as regras deixam de ser um simples "em si" natural e se convertem num "para si", isto é, se for "notada", percebida "como tal"[22]. Por essa razão, qualquer tentativa de explicar essas exceções

---

[20] Ver Karel van het Reve, "Reves Vermutung", em *Dr. Freud and Sherlock Holmes* (Hamburgo, Fischer, 1994), p. 140-51.

[21] Ibidem, p. 149.

[22] Lacan tem em mente algo da mesma ordem ao postular a correlação entre a "função fálica" universal e sua exceção constitutiva.

122 / O sujeito incômodo

e/ou violações invocando a influência de línguas próximas ou de formas passadas da mesma língua é insuficiente: é incontestável que essas conexões causais são "historicamente precisas"; contudo, para que se tornem *efetivas*, elas devem satisfazer uma necessidade intrínseca no sistema *presente* (como os lamentáveis "restos do passado burguês" evocados nos países ex-comunistas como desculpa para justificar todos os infortúnios do presente socialista, como se esses "restos" não desempenhassem um papel necessário na – e não fossem mantidos vivos pela – inconsistência desse mesmo presente socialista). Os exemplos são abundantes: a sociedade utilitarista burguesa precisa de uma aristocracia como exceção para revelar sua postura utilitarista elementar, e assim por diante; até a *ereção* (do pênis), que serve como prova e sinal de potência precisamente por causa do risco imanente de fracasso: da expectativa de que isso *não* ocorra[23].

Há três versões principais da relação entre o Universal e seu conteúdo particular.

1. O conceito-padrão de universalidade neutra, indiferente a seu conteúdo particular: o *cogito* cartesiano é a substância pensante neutra, comum a todos os seres humanos, indiferente ao gênero e, como tal, o fundamento filosófico de toda igualdade política dos sexos. Dessa perspectiva, o fato de encontrarmos uma predominância de traços masculinos nas descrições do *cogito* na filosofia moderna é, em última instância, uma inconsistência devida às circunstâncias históricas: com Descartes, Kant, Hegel e outros, o *cogito* permaneceu um "projeto inacabado"; suas consequências não foram investigadas até o fim. (Quando os pós-cartesianos, como Malebranche, repetiram que as mulheres não podiam pensar com clareza e eram muito mais susceptíveis que os homens às impressões de seus sentidos, eles estavam simplesmente seguindo os preconceitos da realidade social da época.)
2. A leitura marxista convencional ou "sintomal" crítico-ideológica, que não apenas discerne por baixo da universalidade do *cogito* a predominância de certas características masculinas ("o *cogito* representa efetivamente o indivíduo masculino branco patriarcal de classe alta"), mas, numa versão mais forte, até afirma que *o próprio gesto de universalização, de obliteração das diferenças particu-*

---

[23] Outro exemplo: como é que um casal toma a decisão de se casar, de entrar numa relação permanente, simbolicamente declarada? Normalmente, a decisão *não* é tomada quando os dois parceiros percebem enfim a natureza harmoniosa de suas respectivas necessidades e traços de caráter, após um período de experiência e deliberação; ao contrário, somente depois de alguns pequenos conflitos perturbarem a felicidade de sua vida em comum os parceiros se dão conta da insignificância desses conflitos – de que o vínculo entre eles é infinitamente mais forte que a contrariedade. É a própria circunstância perturbadora, portanto, que me obriga a tomar ciência da profundidade do meu apego.

lares – a forma *da universalidade abstrata como tal – não é neutro no que diz respeito ao gênero, mas inerentemente "masculino"*, uma vez que define a atitude masculina moderna de dominação e manipulação, de modo que a diferença sexual não apenas representa a diferença das duas espécies do gênero humano, mas também implica dois modos distintos de funcionamento da própria relação entre o Universal e o Particular.

3. Há ainda uma terceira versão, elaborada em detalhes por Ernesto Laclau[24]: o Universal é vazio, mas precisamente como tal está sempre-já preenchido, isto é, hegemonizado por um conteúdo particular contingente que atua como seu representante – em síntese, cada Universal é o campo de batalha no qual uma multiplicidade de conteúdos particulares luta por hegemonia. (Se o *cogito* privilegia tacitamente os homens em detrimento das mulheres, isso não é um fato eterno inscrito em sua própria natureza, mas algo que pode ser modificado na luta pela hegemonia.) Essa terceira versão se diferencia da primeira por não admitir nenhum conteúdo do Universal que possa a ser efetivamente neutro e, como tal, comum a toda sua espécie (não podemos jamais definir quaisquer características que sejam comuns a todos os seres humanos dentro de uma mesma modalidade): todo conteúdo positivo do Universal é o resultado contingente da luta pela hegemonia – o Universal, em si, é absolutamente vazio.

Ao aceitar essa terceira posição, devemos enfatizar o *corte* no conteúdo substancial particular, corte por meio do qual se estabelece o Universal. Ou seja, o paradoxo do próprio conceito hegeliano de Universal é que ele não é o marco neutro da multiplicidade de conteúdos particulares, mas inerentemente divisor, cindindo seu conteúdo particular: o Universal sempre se afirma na forma de um conteúdo particular que pretende dar corpo a ele diretamente, excluindo todo outro conteúdo meramente particular.

O que é, então, a "universalidade concreta" hegeliana, se implica esse corte radical – se *não* é a articulação orgânica de um Todo em que cada elemento desempenha seu papel único e particular, porém insubstituível? Talvez uma referência à música possa nos ajudar; tomemos o conceito de *concerto para violino* – quando, de que forma, podemos tratá-lo como uma "universalidade concreta"? Quando não o subdividimos simplesmente em suas formas particulares (concerto para violino clássico, grandes concertos românticos de Mendelssohn a Sibelius, passando por Tchaikovsky etc.), mas concebemos suas "espécies" ou "estágios" como tentativas de apreender – determinar, dar uma forma, lutar contra – a própria universalidade

---

[24] Ver Ernesto Laclau, *Emancipation(s)* (Londres, Verso, 1996).

124 / O sujeito incômodo

do conceito. É profundamente significativo que os concertos para violino de Mozart sejam um pequeno fracasso (ao menos quando medidos pelo alto padrão do compositor ou comparados com seus concertos para piano); não surpreende que sua peça mais popular para violino e concerto seja a *Sinfonia concertante*, que é um bicho estranho (o violino ainda não tem permissão para assumir um papel autônomo diante da orquestra, assim estamos diante de uma sinfonia em modo "concertante", não propriamente um concerto para violino).

A razão disso está provavelmente no fato, sublinhado por Adorno, de que o violino, muito mais do que o piano, é o instrumento musical e a expressão supremos da subjetividade: um concerto para violino solo, com sua interação entre violino e orquestra, talvez seja o derradeiro esforço musical para expressar aquilo que o idealismo alemão chamou de interação entre Sujeito e Substância; o fracasso de Mozart testemunha o fato de que seu universo não era ainda aquele da afirmação radical da subjetividade, o que ocorreu apenas com Beethoven. Com o único concerto para violino de Beethoven, as coisas se tornaram um tanto problemáticas: Beethoven foi acusado, não sem razão, de acentuar a linha melódica principal no primeiro movimento de uma maneira excessivamente repetitiva, beirando o *kitsch* musical – em resumo, o equilíbrio entre violino e orquestra, entre Sujeito e Substância, já é perturbado pelo excesso subjetivo. O contraponto adequado a esse excesso é o (também único) concerto para violino de Brahms, que foi adequadamente caracterizado como "concerto *contra* violino": é o peso sinfônico maciço da orquestra que em última instância engole a voz solo do violino, digladiando com ele e esmagando seu ímpeto expressivo, reduzindo-o a mais um dos elementos da tessitura sinfônica. Talvez o último elo nessa sequência seja o "Concerto para orquestra" de Bartók (ou seja, somente para orquestra, em que nenhum instrumento é autorizado a se destacar como solista), um verdadeiro contraponto ao "concerto sem orquestra" de Schumann (a fórmula mais exata de sua queda na loucura, isto é, na reclusão psicótica gradualmente privada de seu suporte no "grande Outro", na ordem simbólica substancial). O que todos esses exemplos têm em comum é o fato de que cada um não é apenas um caso particular da concepção universal de "concerto para violino", mas uma tentativa desesperada de extrair uma posição com relação à própria universalidade desse conceito: em cada caso, esse conceito universal é "perturbado" de uma maneira específica – é renegado, invertido, banido pela ênfase excessiva num de seus polos. Em suma, jamais um concerto para violino "tornou real o seu conceito" (um diálogo engendrando uma tensão produtiva e uma reconciliação entre violino e orquestra, Sujeito e Substância): a cada vez um obstáculo invisível impede o cumprimento e a realização do conceito. (Esse obstáculo intrínseco que impede o cumprimento e a efetivação do conceito é outro nome para o Real lacaniano.) Temos aqui um exemplo da "universalidade concreta" hegeliana: um processo ou uma sequência de intentos particulares que não ilustram simplesmente o conceito universal neutro, mas lutam com ele e lhe dão um giro específico – o Universal é então plenamente engajado no processo de sua exemplificação particular, ou seja, esses casos particulares, de certo modo, decidem o destino do próprio conceito universal[25].

Aos que ainda se lembram da elaboração anti-hegeliana proposta por Althusser a respeito do conceito de *sobredeterminação* como categoria-chave da dialética marxista não surpreenderá que a polêmica de Althusser contra o conceito de universalidade de Hegel estava mal orientada: o traço que Althusser sublinhou como característica principal da sobredeterminação (em cada constelação particular, a universalidade em questão é "sobredeterminada", segundo um sabor ou giro específico, pelo conjunto singular de condições concretas – ou seja, na dialética marxista *a exceção é a regra*: nunca encontramos a corporificação adequada da universalidade como tal) é a característica fundamental da universalidade concreta de Hegel. Não basta afirmar, portanto, que a universalidade concreta está articulada numa trama de constelações particulares, de situações em que um conteúdo específico hegemoniza o conceito universal; devemos ter em mente também que todas essas exemplificações particulares da universalidade em questão carregam a marca de seu fracasso derradeiro: cada uma das figuras históricas do concerto para violino é, acima de tudo, o *fracasso* da tentativa de tornar real, de forma plena e adequada, a "noção" de concerto para violino. A "universalidade concreta" de Hegel implica, assim, o Real de uma impossibilidade central: a universalidade é "concreta", estruturada como uma trama de figurações particulares, precisamente porque é impedida para sempre de adquirir uma figura que seja adequada a seu conceito. É por essa razão que, como afirmou Hegel, o gênero Universal é sempre *um de sua própria espécie*: há universalidade somente na medida em que há uma lacuna, um furo, no meio do conteúdo particular da universalidade em questão, isto é, na medida em que, entre as espécies de um gênero, há sempre uma espécie faltante: nomeadamente, a espécie que encarnaria adequadamente o próprio gênero.

"...a nada querer"

A ideia que ilustra melhor a necessidade de uma escolha "falsa" ("unilateral", "abstrata") no curso de um processo dialético é a de "apego obstinado"; essa ideia amplamente ambígua é operativa em toda a *Fenomenologia* de Hegel. Por um lado,

---

[25] Talvez a melhor formulação desse abismo vertiginoso no qual o Universal é pego no processo dialético hegeliano seja aquela apresentada por Jean-Luc Nancy em *Hegel, l'inquiétude du négatif* (Paris, Hachette, 1997).

representa o apego patológico a um conteúdo particular (interesse, objeto, prazer...) desdenhado pela consciência moralista julgadora. Hegel está longe de se limitar a condenar tal apego: ele ressalta reiteradamente que esse apego é o *a priori* ontológico de um *ato* – o ato do herói (do sujeito ativo) pelo qual ele perturba o equilíbrio da totalidade socioética dos costumes [*mores*] é sempre e necessariamente vivenciado pela comunidade como um crime. Por outro lado, um "apego obstinado" ainda mais arriscado é aquele do sujeito julgador inativo, que permanece patologicamente apegado a seus padrões morais abstratos e, em nome deles, condena todo ato como criminoso: esse apego tenaz a padrões morais abstratos, que nos autorizaria a julgar toda subjetividade ativa, é a forma suprema do Mal.

Quanto à tensão entre particularidade étnica e universalismo, o "apego obstinado" descreve o apego do sujeito a sua identidade étnica particular, que ele não está disposto a abandonar em nenhuma circunstância – e ao mesmo tempo faz uma referência direta à universalidade abstrata como aquilo que permanece o mesmo, o marco imutável na mudança universal de todo conteúdo particular. O paradoxo propriamente dialético está, sem dúvida, na consideração de que, se o sujeito deve se extrair do conteúdo substancial de sua totalidade étnica particular, ele só pode fazer isso apegando-se a um conteúdo idiossincrático radicalmente contingente. Por essa razão, o "apego obstinado" é ao mesmo tempo a resistência à mudança-mediação-universalização *e* o próprio operador dessa mudança: quando, independentemente das circunstâncias, eu me apego com obstinação a um traço particular casual, ao qual não estou ligado por nenhuma necessidade interior, esse apego "patológico" permite que eu me desprenda da imersão no meu contexto de vida particular. É isso que Hegel chama de "direito infinito da subjetividade": arriscar tudo, a totalidade do meu conteúdo substancial, em nome de um traço idiossincrático irrisório que, para mim, importa mais do que qualquer outra coisa. O paradoxo, portanto, está no fato de que só posso chegar ao Universal-para-si por meio de um apego obstinado a um conteúdo particular contingente, que funciona como uma "magnitude negativa", como algo completamente indiferente em si, cujo significado reside inteiramente no fato de que ele dá corpo à vontade arbitrária do sujeito ("Eu quero porque quero", e, quanto mais irrisório esse conteúdo, mais firme será minha vontade...). É claro que esse traço idiossincrático é, em si, contingente e sem importância: uma metonímia do vazio, do nada – querer esse X é um modo de "querer o Nada".

O oposto imediato do "apego obstinado" como expressão suprema da obstinação do sujeito é, obviamente, a *disciplina*. A ideia do poder formador da disciplina (precisamente em sua dimensão "traumática" de obediência a um ritual "mecânico", cego e sem sentido) foi crucial para a concepção hegeliana de subjetividade. Em seus *Gymnasialreden*, publicados no fim do ano letivo, quando estava à frente do Ginásio de Nuremberg, Hegel insistia na necessidade do exercício mecânico no serviço militar e no ensino do latim. O estranho *status* outorgado ao latim tem especial interesse: por que o latim, e não o grego, tornou-se a *lingua franca* do Ocidente? O grego é a mítica "língua das origens", dotada de significado pleno, ao passo que o latim é "mecânico", de segunda mão, uma língua em que a riqueza original de significados se perdeu (como Heidegger relembra reiteradamente) – por isso é significativo que tenha sido o latim, e não o grego, a se tornar o veículo universal da civilização ocidental[26]. Por quê?

Não é simplesmente o fato de esse exercício mecânico – a capacidade de obedecer a regras sem sentido – fornecer o fundamento de uma atividade espiritual autônoma ulterior significativa (devemos primeiro aprender as regras gramaticais e a etiqueta social, e nos acostumar com elas, para em seguida poder enveredar numa atividade criativa "mais elevada") e subsequentemente ser "suprassumido" (*aufgehoben*), reduzido à mera condição de Fundamento invisível para uma atividade mais elevada. O ponto crucial é antes o fato de que, sem essa externalização radical, sem esse sacrifício de todo conteúdo espiritual substancial interior, o sujeito permanece imerso em sua Substância e não consegue emergir como pura negatividade autorreferente – o verdadeiro significado especulativo do exercício externo está no abandono radical de todo conteúdo substancial "interior" da minha vida espiritual; apenas por meio desse abandono é que posso emergir como o puro sujeito da enunciação, não mais apegado a qualquer ordem positiva, radicado num mundo-da-vida específico. Assim, do mesmo modo que Foucault, Hegel insiste num vínculo estreito entre disciplina e subjetivação, embora dê um giro ligeiramente distinto: o sujeito produzido pelas práticas disciplinadoras não é "a alma como prisão do corpo", mas – se posso arriscar essa formulação – é precisamente um sujeito sem alma, um sujeito privado da profundidade de sua "alma"[27].

Assim, o que Hegel afirma é justamente o contrário daquilo que lhe atribuem: a atividade "mecânica" de exercícios sem sentido e a obediência cega não podem jamais ser suprassumidas num exercício espiritual "mais elevado" do Sentido – não por causa do resto irredutível da inércia material, mas, ao contrário, precisamente para garantir a autonomia do sujeito com relação a seu conteúdo substancial: a completa "suprassunção" do exercício mecânico em conteúdo espiritual (ou, nos termos de Lacan, da máquina simbólica em Significado) equivaleria à plena imersão do sujeito na Substância. Na medida em que o exercício mecânico sem sentido

---

[26] Ver Renata Salecl, *The Spoils of Freedom* (Londres, Routledge, 1994), p. 136.

[27] No âmbito da linguagem, Hegel elabora uma proposição similar por meio de seu conceito de "memória mecânica". Ver o capítulo 2 de Slavoj Žižek, *The Metastases of Enjoyment* (Londres, Verso, 1994).

128 / O sujeito incômodo

compele o sujeito a se afastar de todo conteúdo substancial, de tempos em tempos o sujeito tem de ser sacudido de sua imersão autocomplacente na totalidade substancial do Significado e confrontado com o vazio da pura negatividade – esse, segundo Hegel, é o papel da guerra, que ele considera necessária precisamente na medida em que envolve um sacrifício e uma destruição sem sentido, que solapam a complacência de nossa rotina diária. E, mais uma vez, Hegel tem de ser suplementado com Lacan: o que faz o sujeito suportar os exercícios sem sentido da autodisciplina é o mais-gozar produzido por eles. Em outras palavras, o suplemento do exercício sem sentido é para a totalidade espiritual o mesmo que o suplemento de *objet petit a* é para o campo do Significado: ele testemunha o fato de que Hegel não era um "idealista semântico", de que ele estava ciente de que o domínio do Significado não pode jamais fechar-se e fundamentar-se num círculo autorreferente – ele deve contar com um "resto indivisível" de *jouissance* proporcionado pelo exercício mecânico cego. Esse é, por excelência, o caso da religião em relação ao raciocínio filosófico: a oração não é o exemplo "mais elevado" de atividade mecânico-repetitiva destinada a obter sua própria satisfação – leia-se: gozo –, como Hegel ressalta em suas *Lições sobre a filosofia da religião*?

A vantagem da leitura hegeliana das práticas disciplinadoras em relação à leitura de Foucault é que Hegel fornece, por assim dizer, a gênese transcendental da disciplina ao responder à seguinte questão: como e por que (aquilo que virá a ser) o sujeito (o "indivíduo" althusseriano) submete-se de bom grado à disciplina formadora do Poder? Como e por que se deixa ser capturado? A resposta de Hegel, é claro, é o medo da Morte, o Mestre absoluto: dado que a existência corpórea está sujeita à decomposição natural, e visto que não posso me livrar do corpo e negá-lo totalmente, a única coisa que posso fazer é dar corpo à negatividade: ao invés de negar diretamente meu corpo, vivo minha existência corporal como a permanente negativação, a subordinação, a mortificação e o disciplinamento do corpo... A vida da disciplina formadora – que Hegel chama de *Bildung* – é, portanto, um esforço para neutralizar o excesso de substância vital em mim, um esforço para viver minha vida real como se já estivesse morto, para repelir o desejo que "me faz sentir-me vivo". A figura positiva do Mestre que verdadeiramente me oprime é, em última instância, um substituto para a negatividade radical da Morte, o Mestre absoluto – isso explica o impasse do neurótico obsessivo que organiza toda a sua vida como a expectativa do momento em que seu Mestre morrerá, quando finalmente será capaz de viver em plenitude, de "gozar a vida"; quando o Mestre morre de fato, o impacto de sua morte causa exatamente o oposto: o neurótico se depara com o vazio da Morte, o Mestre absoluto, que estava à espreita por trás do Mestre real.

O que Hegel sugere, e Lacan elabora, é que essa renúncia ao corpo, aos prazeres corporais, produz uma satisfação própria – precisamente o que Lacan chama de mais-gozar. A "perversão" fundamental da economia libidinal humana é que, quando uma atividade prazerosa é proibida ou "recalcada", não passamos simplesmente a ter uma vida de obediência estrita à Lei, privada de todos os prazeres – o próprio exercício da Lei se torna libidinalmente catexizado, portanto a própria atividade proibitiva fornece uma satisfação específica. A respeito do asceta, por exemplo, Hegel ressalta como a infinita mortificação de seu corpo torna-se fonte de um gozo perverso excessivo: a própria renúncia à satisfação libidinal converte-se em fonte autônoma de satisfação; e é esse o "suborno" que faz o servo aceitar sua servidão[28].

A questão-chave, portanto, é a estranha possibilidade da inversão dialética da *negação do corpo* em *negação corporificada*, na possibilidade de recalcar um ímpeto libidinal obtendo satisfação libidinal do próprio ato de recalque. Esse mistério é o do *masoquismo*: como a negação e a rejeição violentas da satisfação erótica podem ser erotizadas? Como o investimento libidinal pode não apenas se afastar de seu alvo direto, mas ainda mudar seu curso para a atividade oposta a esse alvo? O nome freudiano para esse "afastamento" singular do impulso erótico de seu objeto "natural", para essa troca de fixação de objeto em objeto, não é outro senão *pulsão de morte*. Para explicar a negação niilista da assertiva vontade de vida, Nietzsche apresentou, em *Genealogia da moral*, a conhecida distinção entre querer o Nada e nada querer: a aversão niilista à vida é "uma revolta contra os mais fundamentais pressupostos da vida, mas é e continua sendo uma vontade! [...] o homem preferirá ainda querer o nada a nada querer"[29]. Lembremos que Lacan (que, em geral, não cita Nietzsche) se refere implicitamente a essa mesma distinção em sua definição da anorexia histérica: o sujeito anoréxico não apenas recusa comida e nada come; ele

---

[28] Judith Butler afirma que, quando Hegel trata da estrutura do gesto sacrificial religioso, ele abandona sua subversão dialética, que consistiria em mostrar que a renúncia sacrificial é falsa, na medida em que produz uma satisfação própria, um "prazer na dor" (ou, em termos lacanianos, o enfraquecimento do conteúdo enunciado pela referência a sua posição de enunciação: "Inflijo dor a mim mesmo, mas no nível da posição subjetiva da enunciação experimento essa dor como algo excessivamente prazeroso"). Para Butler, no caso do gesto sacrificial religioso, dor e satisfação são opostas externamente; o que me faz suportar a dor, ou até mesmo infligi-la a mim mesmo, não é a satisfação perversa direta que tiro dela, mas a crença de que quanto mais eu sofrer na vida mais serei recompensado, mais satisfação obterei no Além, após a minha morte; ver Judith Butler, *The Psychic Life of Power* (Stanford, Stanford University Press, 1997), p. 44. Mas essa seria de fato a posição de Hegel? Ele já não está bastante ciente de que a satisfação prometida do Além é mera dissimulação para a satisfação que obtenho aqui e agora ao imaginar essa recompensa futura?

[29] Friedrich Nietzsche, *On the genealogy of morals* (Nova York, Vintage, 1989), p. 163 [ed. bras.: *Genealogia da moral: uma polêmica*, trad. Paulo César de Souza, São Paulo, Companhia das Letras, 1996, p. 149].

130 / O sujeito incômodo

*come o Nada**. Para Lacan, o desejo humano (em contraposição ao instinto animal) é sempre e constitutivamente mediado pela referência ao Nada: o verdadeiro objeto-causa de desejo (como oposto aos objetos que satisfazem nossas necessidades) é, por definição, uma "metonímia da falta", um substituto para o Nada. (É por isso que, para Lacan, o *objet petit a* como objeto-causa de desejo vem a ser o objeto originalmente perdido: não se trata apenas de o desejarmos porque está perdido – esse objeto não é nada senão uma perda positivada[30].)

Voltamos, portanto, à problemática do "apego obstinado", visto que é absolutamente crucial termos em mente a codependência entre o desapego a um conteúdo determinado e o apego excessivo a um objeto específico, que nos torna indiferentes a todos os outros objetos – esse objeto é aquilo que Lacan, na esteira de Kant, chama de "magnitude negativa", isto é, um objeto que, em sua própria presença positiva, atua como um substituto para o vazio do Nada (ou para o abismo da Coisa impossível), de modo que *querer esse objeto particular, manter o "apego obstinado" a ele a qualquer preço, é a forma mais concreta de "querer o Nada"*. Em sentido estrito, portanto, falta e excesso de apego coincidem, visto que o apego excessivo a um objeto contingente particular é o próprio operador do desapego letal. Para dar um exemplo dramático, por assim dizer, podemos dizer que o apego incondicional e excessivo de Tristão a Isolda (e vice-versa) era a própria forma de seu desapego, do corte de todos os seus laços com o mundo e de sua imersão no Nada. (Uma bela mulher como imagem da morte é um traço característico do espaço fantasmático masculino.)

Podemos ver agora como esse paradoxo se liga perfeitamente ao registro lacaniano de sublimação como a elevação de um objeto positivo particular à "dignidade de Coisa": o sujeito se torna excessivamente apegado a um objeto na medida em que esse objeto passa a funcionar como um substituto para o Nada. Aqui, temos Nietzsche de um lado e Freud e Lacan de outro: o que Nietzsche denuncia como o gesto "niilista" destinado a neutralizar os instintos afirmadores de vida é concebido por Freud e Lacan como a própria estrutura básica da pulsão humana enquanto oposta aos instintos naturais. Em outras palavras, o que Nietzsche não pode aceitar

---

* "Já lhes disse que a anorexia mental não é um *não comer*, mas um *comer nada*. Insisto: isso quer dizer *comer nada*", Jacques Lacan, *O seminário, livro 4: a relação de objeto* (trad. Dulce Duque Estrada, Rio de Janeiro, Zahar, 1995), p. 188. (N. T.)

[30] E isso não está vinculado à distinção lógica entre negação externa e negação interna? O procedimento básico da paranoia stalinista consistia em ler a negação externa como interna: a indiferença das pessoas para com a construção do socialismo (um não querer efetivá-lo) era interpretada como conspiração (um querer não efetivá-lo, isto é, opondo-se a ele). Podemos dizer, portanto, que o espaço da pulsão de morte é essa própria lacuna entre a negação interna e a externa, entre o nada querer e o querer ativamente o Nada.

é a dimensão radical da pulsão de morte – o fato de que o excesso de Vontade sobre uma mera satisfação autoafirmada é sempre mediado pelo apego obstinado "niilista" ao Nada. A pulsão de morte não é apenas uma oposição niilista direta a um apego afirmador de vida; ela é antes a própria estrutura formal da referência ao Nada que nos permite superar o estúpido ritmo autoafirmado de vida, para que nos tornemos "apaixonadamente apegados" a uma Causa – seja a arte, o amor, o saber ou a política –, pela qual estamos dispostos a arriscar tudo. Nesse sentido preciso, é absurdo falar de sublimação das pulsões, visto que a pulsão enquanto tal envolve a estrutura da sublimação: passamos do instinto para a pulsão quando, ao invés de apontar diretamente para aquilo que nos satisfaria, obtemos satisfação orbitando ao redor do vazio, deixando escapar repetidamente o objeto que substitui o vazio central. Portanto, quando um sujeito deseja uma série de objetos positivos, o que ele deve fazer é distinguir aqueles objetos que são realmente desejados enquanto objetos específicos e *o* objeto que é desejado como substituto do Nada, que funciona como uma "magnitude negativa" no sentido kantiano do termo.

"Inclua-me fora dessa!"

A diferença nietzschiana entre "querer o Nada" e "nada querer" pode ser lida contra o pano de fundo da distinção de Lacan – a propósito de um paciente de Ernst Kris que acusava a si mesmo de plágio – entre "nada roubar" (no sentido simples de "não roubar coisa nenhuma") e "roubar o Nada": quando o paciente – um intelectual obcecado com a ideia de que estava constantemente roubando ideias de seus colegas – ouve do analista (Kris) que ele, na realidade, não roubou nada, isso ainda não prova que ele é inocente. O que o paciente está roubando de fato é o próprio "nada", assim como a anoréxica não está simplesmente comendo nada (no sentido de "não comer coisa nenhuma"), mas antes está *comendo o próprio Nada*... E o que exatamente significam essas passagens tão frequentemente citadas? Darian Leader relaciona esse caso com outro, no qual um paciente evoca a anedota de um homem que é suspeito de roubo por seu empregador: todas as noites, quando saía da fábrica, seu carrinho de mão era sistematicamente revistado, mas nada era encontrado, até que, finalmente, entenderam que o que ele estava roubando eram os próprios carrinhos de mão[31]... Analogamente, como destaca Lacan, quando o paciente de Kris expõe sua obsessão com a sensação "patológica" de plagiar, o ponto crucial é não tomar essa autoacusação por seu "valor de face", e empenhar-se para provar ao

---

[31] Ver Darian Leader, *Promises Lovers Make when it gets Late* (Londres, Faber & Faber, 1997), p. 49--66 [ed. bras.: *Promessas que os amantes fazem quando já é tarde demais*, Rio de Janeiro, Rocco, 2000, p. 49-58].

paciente que ele não está roubando nada de seus colegas – o que o paciente (assim como o analista) não consegue ver é que "o verdadeiro plágio está na própria forma do objeto, o fato de que para esse homem algo só tem valor se pertencer a outra pessoa"[32]: o receio do paciente de que tudo que ele possuía era roubado dissimulava a profunda satisfação – *jouissance* – que obtinha do fato de não ter nada que pertencesse verdadeiramente a ele, que fosse realmente "dele".

No nível do desejo, a atitude de roubar significa que o desejo é sempre o desejo do Outro, nunca imediatamente "meu" (eu só desejo um objeto na medida em que ele é desejado pelo Outro), de modo que a única forma que tenho de "desejar" autenticamente é rejeitar todos os objetos positivos de desejo e desejar o próprio Nada (de novo em todos os sentidos do termo, inclusive o de desejar essa forma específica de um Nada que é o próprio desejo – por essa razão, o desejo humano é sempre desejo de desejo, desejo de ser o objeto de desejo do Outro). Mais uma vez, podemos ver a homologia com Nietzsche: uma Vontade pode ser uma "Vontade de Vontade", uma vontade que quer a própria vontade, apenas na medida em que é uma Vontade que quer ativamente o Nada. (Outra forma conhecida dessa inversão é a caracterização dos amantes românticos como seres apaixonados não pela pessoa amada, mas pelo próprio Amor.)

É crucial aqui o giro autorreferencial por meio do qual a própria forma (simbólica) passa a contar entre seus elementos: querer ter a própria Vontade é não ter Vontade de nada, assim como roubar o carrinho de mão (a própria forma-continente dos bens roubados) é roubar o próprio Nada (o vazio que contém potencialmente os bens roubados). Esse "nada", em última instância, representa o próprio sujeito, isto é, ele é o significante vazio sem significado, que representa o sujeito. O sujeito, portanto, não está diretamente incluído na ordem simbólica: ele comparece como ponto no qual a significação falha. A célebre réplica de Sam Goldwyn* a uma proposta inaceitável de trabalho, "Inclua-me fora dessa!", expressa perfeitamente o *status* intermediário da relação do sujeito em relação à ordem simbólica, entre inclusão direta e exclusão direta: o significante que "representa o sujeito para outros significantes" é o significante vazio, o "significante sem significado", o significante por meio do qual (ou no lugar do qual) o "nada (o sujeito) é contado como algo" – nesse significante, o sujeito não é simplesmente incluído no campo do significante; antes, sua própria exclusão desse campo (assinalada pelo fato de que não há significado para esse significante) é "incluída" nele, marcada, registrada por ele.

---

[32] Ibidem, p. 56 [ed. bras.: ibidem, p. 57].

* O polonês Samuel Goldwyn, também conhecido como Samuel Goldfish, foi um dos pioneiros da indústria cinematográfica hollywoodiana: seu nome compõe a sigla MGM: Metro-Goldwyn-Mayer. (N. T.)

Essa situação é semelhante ao conhecido e pueril disparate também frequentemente citado por Lacan: "Tenho três irmãos: Paulo, Ernesto e eu" – o terceiro termo, "eu", designa o modo como o sujeito é simultaneamente incluído na série (enquanto "eu") e dela excluído (enquanto o "sujeito da enunciação" ausente, que tem três irmãos, incluindo ele próprio) –, ou seja, esse termo precisamente "me inclui fora dessa". Essa reflexividade sustenta a lacuna entre o sujeito da enunciação e o sujeito do enunciado/afirmação: quando – para resgatarmos aqui um clássico exemplo freudiano – o paciente diz "Não sei quem era aquela pessoa no meu sonho... mas *não* era minha mãe!", o enigma é: por que ele negou algo que nem sequer foi sugerido a ele? Em outras palavras, a mensagem real do "*não* era minha mãe" do paciente não reside em seu conteúdo enunciado, mas no próprio fato de que a mensagem foi proferida – a mensagem real consiste no próprio ato de proferir a mensagem (como a pessoa que se defende de forma veemente, "Eu *não* roubei nada!", quando ninguém a acusou de nada – por que se defender, se ninguém estava pensando em acusá-la?). O fato de que a mensagem tenha sido proferida é semelhante ao carrinho de mão que deveria estar "excluído dentro" do conteúdo, ao invés de estar "incluído fora" dele: esse é um fato que diz muito, e fornece o elemento crucial com relação ao conteúdo (o roubo).

A fórmula "inclua-me fora" oferece a definição mais sucinta da atitude subjetiva do *obsessivo*, ou seja, qual é o alvo da atitude obsessiva? Alcançar a posição de puro mediador evanescente, isto é, fazer, nas trocas intersubjetivas, o papel daquilo que na química é chamado de "catalisador": uma substância que acelera, ou até mesmo dispara, o processo de reação química sem ser ela própria afetada por essa reação. Da minha experiência pessoal, lembro-me das consequências catastróficas de uma de minhas intervenções bem-intencionadas. Estava dormindo no apartamento de um amigo, na sala onde esse amigo, um psicanalista, recebia seus pacientes; ao lado dessa sala, havia outra sala, onde outro analista também recebia pacientes. Numa tarde, voltei rapidamente ao apartamento para deixar um pacote; ao ouvir vozes que me fizeram concluir que o outro analista estava recebendo pacientes em sua sala, fui na ponta dos pés até a outra sala e deixei o pacote sobre uma cômoda. No caminho, notei um livro perdido sobre a mesa; também vi um espaço vazio na estante na qual, obviamente, ficava o livro. Incapaz de resistir à tentação compulsiva, coloquei o livro de volta no lugar e fui embora na ponta dos pés. Mais tarde, soube por meu amigo que, simplesmente por ter colocado um objeto de volta em seu lugar, eu tinha provocado um colapso nervoso no analista da sala ao lado. O livro que encontrei sobre a mesa seria devolvido por esse analista ao meu amigo, em cuja sala eu estava dormindo. Pouco antes de eu chegar, esse analista entrou na sala e, como estava atrasado e o paciente já o aguardava, apenas deixou o livro sobre a mesa. Imediatamente depois de eu sair, o paciente precisou usar o toalete, de modo que o analista aproveitou esse breve intervalo para entrar na sala de novo e colocar o livro de volta na estante. Podemos imaginar o choque que teve quando percebeu que o livro *já estava em seu devido lugar na estante!* Transcorreram apenas dois ou três minutos entre suas duas idas à sala, e ele não ouvira nenhum barulho (eu entrei e saí na ponta dos pés!), de modo que estava convencido de que ele próprio colocara o livro de volta na estante. No entanto, como se recordava claramente de ter apenas jogado o livro sobre a mesa, pensou que pudesse estar tendo alucinações ou perdendo o domínio sobre seus atos – até mesmo meu amigo, a quem o analista contou a história mais tarde, pensou que seu colega estivesse "variando"...

Algo similar se passa em *Gosto de sangue*, um excelente filme dos irmãos Coen: contratado pelo marido ciumento para matar a esposa deste e o amante dela, um detetive particular acaba, em vez disso, matando o marido. Mais tarde, ao deparar com o morto, o amante pensa que a esposa o matou e apaga as pistas do crime; a esposa, por outro lado, também assume equivocadamente que o amante cometeu o crime – uma série de complicações inesperadas surge do desconhecimento do casal de que outro agente interveio na situação... Esse é justamente o ideal inalcançável que o neurótico obsessivo tenta alcançar: ser "incluído" (intervir numa situação), mas "de fora", como um intercessor/mediador invisível que nunca é contado ou incluído entre os elementos da situação.

Em *Dormindo com o inimigo*, Julia Roberts foge de um marido sádico e assume uma nova identidade numa pequena cidade de Iowa; em seus esforços para encontrá-la, o marido localiza a mãe da esposa, cega, num lar para idosos – numa armadilha para fazê-la revelar o paradeiro da filha, ele se passa por um investigador da polícia que sabe que o marido é um assassino patológico e quer avisar Julia Roberts de que ele está a sua procura e protegê-la de sua vingança impiedosa. Assim, o marido lança mão de seus próprios esforços para protegê-la contra sua fúria como forma de persegui-la e vingar-se – incluindo-se na lista dos que tentam defendê-la, ele "se inclui fora"... Uma inversão similar fornece o que vem a ser talvez a melhor solução para o subgênero do "mistério do quarto trancado" (um assassinato que "não poderia ocorrer", visto que foi cometido num lugar hermeticamente isolado), o qual John Dickson Carr se especializou em produzir: o assassino é a própria pessoa que descobriu o assassinato – ela começa a gritar "Assassino, assassino!", induzindo a pessoa que será assassinada a destrancar a porta do quarto e *então* a assassina rapidamente: como o assassino é justamente aquele que "descobre" o assassinato, ninguém suspeita *dele*... Mais uma vez, o assassino é "incluído fora" da lista daqueles que tentam solucionar o crime. (Essa lógica, obviamente, é a mesma do ladrão que grita "Pega ladrão!", incluindo-se fora da lista dos potenciais ladrões.)

Em ambos os casos, o erro dos interessados é que, em sua busca pelo perigoso assassino, eles se esquecem de incluir o carrinho de mão na lista de suspeitos, isto é, os envolvidos no esforço para solucionar ou prevenir o crime. Novamente, o vínculo entre a "impossível" inscrição da subjetividade na série e a forma vazia (do "significante sem significado") é fundamental: a série é "subjetivada" quando e apenas quando um de seus elementos é um elemento vazio, isto é, um elemento que inscreve na série seu próprio princípio formal: esse elemento não "significa nada" simplesmente; ele "significa o próprio Nada" e, como tal, representa o sujeito.

Voltamos assim para o mistério da *reflexão*, do giro reflexivo autorreferente que é consubstancial com a subjetividade. O recalque surge primeiro como tentativa de *regular desejos* que são considerados "ilícitos" pela ordem sociossimbólica predominante; esse poder do recalque, no entanto, só pode subsistir na economia psíquica se for sustentado pelo *desejo de regulação* – se a própria atividade formal de regulação/recalque/sujeição for investida libidinalmente e tornar-se uma fonte autônoma de satisfação libidinal. Essa satisfação obtida da própria atividade reguladora, esse desejo de regulação, faz exatamente o mesmo papel estrutural que o carrinho de mão na situação descrita por Leader: podemos vasculhar de perto todos os desejos que o sujeito se esforça para regular, mas só conseguimos a chave para ler o modo específico de sua posição subjetiva se "incluímos fora" o próprio desejo de regulação...

Essa inversão reflexiva é a histeria em sua forma mais elementar: a inversão da impossibilidade de satisfação de um desejo em desejo de que o desejo permaneça não satisfeito (tornando-se, assim, um desejo "refletido", "um desejo de *desejar*"). Talvez tenha sido essa a limitação da filosofia de Kant: não em seu formalismo enquanto tal, mas antes no fato de que Kant não foi capaz e/ou não estava pronto a *incluir/contar a forma no conteúdo, enquanto parte do conteúdo*. À primeira vista, pode parecer que, precisamente, Kant *foi* capaz: não é o fato misterioso que, num agente moral, a pura *forma* da Lei moral *possa* atuar como causa, como força motivadora da atividade prática – esse não é o ponto-chave de sua teoria ética? Aqui, entretanto, devemos introduzir a distinção hegeliana entre "em si" e "para si": Kant dá esse passo ("incluir fora" a forma no próprio conteúdo) *em si*, mas não ainda *para si* – ou seja, ele não está pronto para assumir todas as consequências dessa "inclusão fora" da forma no conteúdo, e continua a tratar a forma como "pura forma", abstratamente oposta a seu conteúdo (por isso, em suas formulações, ele frequentemente "retrocede" à ideia convencional do homem dividido entre o "Chamado do Dever" universal e a riqueza dos impulsos egotistas patológicos). Hegel, de certa forma, está mais próximo de Kant do que pode parecer: o que não raro cria uma diferença entre eles é a lacuna quase imperceptível que separa o Em-si do Para-si.

136 / O sujeito incômodo

Para uma teoria materialista da graça

A "universalidade concreta" hegeliana é, portanto, muito mais paradoxal do que parece: ela não tem absolutamente nada a ver com qualquer tipo de totalidade orgânica estética, visto que sua reflexividade "inclui fora" o próprio excesso e/ou a lacuna que frustra essa totalidade – a lacuna irredutível e inexplicável entre uma série e seu excesso, entre o Todo e o Um de sua exceção, é o próprio *terreno* da "universalidade concreta". Por essa razão, os verdadeiros herdeiros político--filosóficos de Hegel não são os autores que tentaram retificar os excessos da modernidade pelo retorno a uma nova forma de Ordem substancial orgânica (como os comunitaristas), mas são antes os autores que endossaram integralmente a lógica política do excesso constitutivo de toda Ordem estabelecida. O caso exemplar, obviamente, é a afirmação decisionista de Carl Schmitt de que o regulamento da lei depende, em última instância, de um imenso ato de violência (imposição violenta), fundamentado exclusivamente em si mesmo: todo estatuto positivo a que esse ato alude para se legitimar é postulado de forma autorreferente por esse próprio ato[33].

O paradoxo básico da posição de Schmitt é que sua própria polêmica contra o formalismo liberal-democrático cai fatalmente na arapuca formalista. Schmitt mira o fundamento utilitarista-esclarecido do político em determinado conjunto pressuposto de normas neutras e universais ou de regras estratégicas que regulam (ou deveriam regular) a interação de interesses individuais (seja na forma do normativismo legal à la Kelsen, seja na forma do utilitarismo econômico): não é possível passar diretamente de uma ordem normativa pura para a efetividade da vida social – o mediador necessário entre os dois é um ato de Vontade, uma decisão baseada apenas em si mesma, que *impõe* certa ordem ou uma hermenêutica legal (uma interpretação das regras abstratas). Qualquer ordem normativa, tomada em si mesma, permanece presa ao formalismo abstrato, não consegue transpor a lacuna que a separa da vida real. No entanto – e é esse o núcleo da argumentação de Schmitt – a decisão que transpõe essa lacuna não é uma decisão por uma ordem concreta, mas essencialmente a decisão pelo princípio formal da ordem enquanto tal. O conteúdo concreto da ordem imposta é arbitrário, dependente da vontade do Soberano, deixado à sorte da contingência histórica – o *princípio da ordem*, o *Das--Sein* da Ordem, tem prioridade sobre seu conteúdo concreto, sobre seu *Was-Sein*. Essa é a principal característica do conservadorismo moderno, a qual o diferencia

---

[33] Ver Carl Schmitt, *Political Theology: Four Chapters on the Concept of Sovereignty* (Cambridge, MIT Press, 1988) [ed. bras.: *Teologia política*, trad. Elisete Antoniuk, São Paulo, Del Rey, 2006].

nitidamente de toda forma de tradicionalismo: o conservadorismo, mais que o liberalismo, assume a tarefa de dissolução do conjunto tradicional de valores e/ou autoridades – não há mais nenhum conteúdo positivo que possa ser pressuposto como o marco de referências universalmente aceito. (Hobbes foi o primeiro a postular de forma explícita essa distinção entre o princípio de ordem e a ordem concreta.) O paradoxo, portanto, está no fato de que a única maneira de se opor ao formalismo normativo legal é retornar ao formalismo decisionista: no horizonte da modernidade não há como escapar do formalismo.

E acaso essa lacuna não nos fornece o pano de fundo político implícito para a lógica lacaniana do universal e sua exceção constitutiva? É fácil traduzir a crítica de Schmitt ao liberalismo para os termos de Lacan: o liberalismo se equivoca a respeito do papel constitutivo do Significante-Mestre excepcional/excessivo. Essa referência a Lacan nos permite explicar a necessária ambiguidade da ideia de exceção em Schmitt: ela representa simultaneamente a intrusão do Real (da pura contingência que perturba o universo do *automaton* simbólico) e o gesto do Soberano que (violentamente, sem fundamentação na norma simbólica) impõe uma ordem simbólica normativa: em termos lacanianos, ela corresponde ao *objet petit a* e ao S_1, o Significante-Mestre.

Essa dupla natureza do ato fundacional é claramente discernível na religião: Cristo exorta seus seguidores a obedecer e respeitar seus superiores segundo os costumes estabelecidos *e* a odiá-los e desobedecê-los, para cortar todos os laços humanos com eles: "Se alguém vem a mim e não odeia seu pai e sua mãe, sua mulher e filhos, seus irmãos e irmãs – sim, até sua própria vida – não pode ser meu discípulo" (Lucas 14,26). Não encontramos aqui a "suspensão religiosa da ética" pelo próprio Jesus? O universo das normas éticas estabelecidas (*mores*, a substância da vida social) é reafirmado, mas apenas na medida em que é "mediado" pela autoridade de Cristo: primeiro, temos de cumprir o gesto de negatividade radical e rejeitar tudo aquilo que é mais precioso para nós; depois, temos tudo de volta, mas como uma expressão da vontade de Cristo, mediado por ela (o modo como um Soberano se relaciona com as leis positivas envolve o mesmo paradoxo: um Soberano nos obriga a respeitar as leis precisamente na medida em que ele é o ponto de suspensão das leis). Quando Jesus afirma que não veio destruir a Antiga Lei, mas apenas cumpri-la, devemos ler nesse "cumprimento" toda a ambiguidade do suplemento derridiano: *o próprio ato de cumprir a Lei enfraquece sua autoridade direta*. Nesse sentido preciso, "o amor é o cumprimento da lei" (Romanos 13,10): o amor cumpre o que visa a Lei (os Mandamentos), mas esse próprio cumprimento envolve ao mesmo tempo a suspensão da Lei. O conceito de crença que se ajusta a esse paradoxo da autoridade foi elaborado por Kierkegaard; é por isso que, para ele, *a religião é eminentemente moderna*: o universo tradicional é ético, ao passo que o

138 / O sujeito incômodo

Religioso implica uma quebra radical dos Velhos Caminhos – a verdadeira religião é uma aposta louca no Impossível que temos de criar uma vez que perdemos o esteio na tradição.

O que é propriamente moderno no conceito de exceção de Schmitt, portanto, é o gesto violento de afirmação da independência do ato insondável de decisão livre em relação ao seu conteúdo positivo. O que é "Moderno" é a lacuna entre o ato de decisão e seu conteúdo – a percepção de que o que realmente importa é o ato como tal, independentemente de seu conteúdo (ou "ordenamento", independentemente da ordem positiva determinada). O paradoxo (que está na base do chamado "modernismo conservador") é que a possibilidade mais recôndita de modernismo é asseverada na forma de seu aparente oposto, de retorno a uma autoridade incondicional que não pode ser fundamentada em razões positivas. Consequentemente, o Deus propriamente moderno é o Deus da predestinação, uma espécie de político schmittiano que traça a linha de separação entre Nós e Eles, Amigos e Inimigos, Libertado e Condenado, *por meio de um ato de decisão insondável, puramente formal, sem nenhum fundamento nos atos e propriedades reais dos seres humanos envolvidos* (uma vez que ainda nem eram nascidos). No catolicismo tradicional, a salvação depende das boas ações terrenas; na lógica da predestinação protestante, fortuna (riqueza) e ações terrenas constituem, na melhor das hipóteses, um *signo* ambíguo do fato de que o sujeito já foi redimido pelo ato divino inescrutável – ou seja, ele não é salvo *porque* é rico ou realizou boas ações, mas realiza boas ações e é rico *porque* já está salvo... É crucial aqui a passagem do ato para o signo: do ponto de vista da predestinação, uma ação se torna um *signo* da decisão divina predeterminada.

A versão epistemológica desse decisionismo voluntarista foi exposta por Descartes (em *Objeções e respostas**), a propósito das verdades matemáticas mais elementares:

> Deus não quis que os três ângulos de um triângulo fossem iguais a dois ângulos retos porque sabia que não poderia ser de outra forma. Ao contrário, é porque quis que os três ângulos do triângulo fossem necessariamente iguais a dois ângulos retos que isso é verdade e não pode ser diferente.

A melhor evidência de que essa lacuna, uma vez afirmada, não pode ser negada, foi fornecida por Malebranche, que se opôs a essa afirmação "modernista" da primazia da Vontade sobre a Razão, visto que não estava disposto a aceitar como Fundamento definitivo do mundo "um certo decreto absoluto, sem razão" (como Leibniz escreveu em "Sobre a filosofia de Descartes"); no entanto, essa rejeição não implica-

---

* Ed. bras: trad. J. Guinsburg e Bento Prado Júnior, São Paulo, Nova Cultural, 1996. (N. E.)

va um retorno à identificação pré-moderna de Deus com a ordem harmoniosa racional de um universo no qual a Verdade coincide com o Bem Supremo[34].

Malebranche começa desdobrando, da Natureza à Graça, a necessidade racional seguida por Deus em seus atos: não apenas a Natureza é um gigantesco mecanismo cartesiano que, em seu movimento, obedece a leis simples, como o mesmo se passa com a Graça, cuja distribuição segue leis universais que são indiferentes para com os indivíduos. Pode muito bem acontecer de – assim como a chuva que, obedecendo às leis cegas da Natureza, pode cair justamente em terra improdutiva, condenando à seca os campos vizinhos cuidadosamente cultivados; ou o proverbial tijolo do telhado, que pode acertar a cabeça de uma pessoa virtuosa e errar um criminoso que caminhava pela vizinhança – a Graça alcançar o pior dos delinquentes ou um hipócrita e ignorar o homem virtuoso. Por quê? Porque Deus valoriza mais a simplicidade e a ordem da estrutura de todo o universo do que a felicidade de seres insignificantes: o destino cruel e injusto de indivíduos virtuosos é o preço que se deve pagar para que o universo seja regido por leis universais simples. O Deus de Malebranche é, portanto, estranhamente próximo do Deus das memórias de Daniel Paul Schreber: um Deus cruel e indiferente que categoricamente *não* "compreende" nossos sonhos e segredos individuais, um Egoísta que ama a Si próprio mais do que a Suas criaturas, e cuja cega Vontade universal pisoteia, sem escrúpulos, as flores individuais:

> As leis gerais que difundem a graça em nossos corações não encontram nada em nossas vontades que determine sua eficácia – assim como as leis gerais que governam a chuva não se baseiam na disposição dos lugares onde chove. Seja nas terras em pousio, seja nas cultivadas, chove indistintamente em todos os lugares, tanto no deserto como no mar.[35]

Então, para começar, por que Deus criou o mundo? Por causa da vinda de Cristo, isto é, para que o mundo fosse entregue a Cristo. Malebranche inverte a ideia de que "Deus amou tanto o mundo que lhe entregou seu único filho" e a converte em "seria indigno de Deus amar o mundo se essa obra não fosse inseparável de seu filho". A partir dessa inversão, Malebranche não teme esboçar a única conclusão lógica, embora mórbida, de que Deus Pai "nunca teve uma visão mais agradável do que a de seu único filho pregado na cruz para restabelecer a ordem no universo"[36]. Como tal, Cristo é a causa ocasional da Graça: em contraste com Deus Pai, Cristo

---

[34] Ver Miran Božovič, "Malebranche's Occasionalism, or Philosophy in the Garden of Eden", em Slavoj Žižek (org.), *Cogito and the Unconscious*, cit.

[35] Nicolas Malebranche, *Treatise on Nature and Grace* (Oxford, Clarendon Press, 1992), p. 140-1.

[36] Idem, *Traité de morale* (Paris, Garnier-Flammarion, 1995), p. 41.

140 / O sujeito incômodo

Filho dispensa a Graça com respeito aos méritos individuais, mas, visto que é limitado pelo horizonte finito da alma humana, age e faz suas escolhas conforme sua vontade particular, e está sujeito a erros.

Malebranche, desse modo, impõe um giro teológico ao ocasionalismo epistemológico cartesiano convencional: para ele, o ocasionalismo não é apenas ou primordialmente uma teoria da percepção e da volição (não vemos corpos, mas "vemos todas as coisas em Deus"; nossa mente não é capaz de deslocar diretamente nem o menor dos corpos), mas é também a teoria da Salvação, visto que a alma humana de Cristo é a causa ocasional da distribuição da Graça a pessoas específicas. Malebranche se baseia numa homologia com o âmbito da Natureza, no qual, se queremos explicar um acontecimento X, necessitamos de leis gerais que regulem os processos físicos e a trama de eventos particulares prévios que, de acordo com as leis gerais, geraram o acontecimento X – as leis gerais passam a vigorar apenas mediante a trama de existências particulares que as efetiva. De forma similar, Deus Pai sustenta as leis gerais da Graça, ao passo que Cristo age como sua causa ocasional e determina quem será verdadeiramente tocado pela Graça[37]. Desse modo, Malebranche se esforça para evitar os dois extremos: antes da Queda, Deus tencionava estender a Graça a todos os homens (em contraste com o calvinismo, que defende a predestinação – seleção de alguns poucos – antes da Queda), mas, por causa da Queda de Adão, o pecado é universal; todos os homens merecem ser perdidos e, para redimir o mundo, Deus enviou seu Filho, de modo que Cristo fosse o único que pudesse dar ocasião para a distribuição da Graça. A alma de Cristo, porém, era humana e, como tal, sujeita às limitações humanas; seus pensamentos eram "acompanhados de certos desejos" com relação às pessoas que encontrava; algumas o intrigavam e deixavam perplexo, outras lhe causavam aversão – de modo que ele distribuiu a Graça de forma desigual, dando-a ao pecador ou a negando aos virtuosos.

Malebranche não pode evitar a discrepância entre a Graça e a virtude: a vontade geral de Deus opera num nível universal e distribui a Graça de acordo com leis

---

[37] O uso que Malebranche faz do termo "ocasionalismo" é bastante idiossincrático, combinando seu significado (a necessidade de uma determinada causa para suplementar a lei universal) com um significado distinto, que se refere à (falta de uma) relação (direta) entre as duas substâncias: posto que não há nenhum vínculo direto entre o corpo e a alma – posto que o corpo não pode agir diretamente sobre a alma (e vice-versa), a coordenação entre os dois (o fato de que quando penso em erguer minha mão ela de fato se levanta) deve ser garantida pela vontade geral de Deus. Nesse segundo caso, uma causa ocasional (digamos, minha intenção de erguer a mão) não tem de depender apenas de leis gerais para se conectar com outros objetos da mesma ordem (minhas outras intenções e pensamentos): as leis gerais divinas devem sustentar também a coordenação entre duas séries completamente independentes de eventos particulares, a série "mental" e série "corporal".

cartesianas simples que, vistas de uma perspectiva individual, parecem injustas e atravessadas por uma cruel indiferença. Malebranche nega a ideia de um Deus que me vê em minha particularidade, um Deus que age movido por uma vontade particular de me ajudar, de responder à minha oração; Cristo, por sua vez, age com uma *volonté particulière*, mas, dadas suas limitações humanas, a distribuição que faz da Graça é irregular e injusta, patologicamente deturpada... Isso não nos leva de volta a Hegel, à tese sobre *a universalidade abstrata coincidir com a subjetividade arbitrária*? A relação entre as leis gerais da Graça e as causas ocasionais particulares de Cristo é da ordem da *identidade especulativa*: as leis gerais abstratas se concretizam na forma de seu oposto, nos caprichos particulares contingentes da disposição de um sujeito (Cristo) – como na sociedade civil-burguesa de mercado de Hegel, na qual a lei anônima universal se concretiza pela interação contingente dos interesses subjetivos particulares[38].

Aqui surge a pergunta: por que esse desvio pela Queda de Adão e pela vinda de Cristo? Por que Deus não distribui a Graça direta e abundantemente a todos os homens por meio de sua *volonté générale*? *Por causa do seu narcisismo*: Deus criou o mundo para a sua glória, ou seja, de modo que o mundo fosse redimido pelo sacrifício de Cristo. Aqueles que se opõem a Malebranche, obviamente, apressaram-se em tirar esta conclusão estranha e inevitável: *todos* os homens tiveram de ser condenados para que Cristo pudesse redimir *alguns* – ou, como disse Bossuet, "todos seríamos salvos, se não tivéssemos um Salvador"[39]. Esse paradoxo é a chave para a série de estranhas inversões que Malebranche faz com os clichês teológicos estabelecidos: Adão teve de cair; a corrupção foi necessária para possibilitar a vinda de Cristo; em nenhum momento Deus foi mais feliz do que ao ver Cristo sofrendo na cruz... Qual é, então, o papel da liberdade dentro dos confins do estrito ocasionalismo? Malebranche não teme tirar uma conclusão radical: no nível do conteúdo, tudo é decidido *"en nous sans nous"*[40] – ou seja, nós somos mecanismos; Deus nos comanda, produz sentimentos e movimentos em nós; somos completamente regidos por motivos. A margem de liberdade está apenas na capacidade do sujeito de dar ou negar seu consentimento a um motivo – a liberdade é o poder "que a alma tem de retirar ou dar seu consentimento aos motivos, os quais, naturalmente,

---

[38] Devemos estar atentos aqui para a dialética implícita do Universal e sua exceção: o Universal é apenas potencial, "prelapsário", e concretiza-se pela Queda, na forma da Graça particular eventualmente distribuída.

[39] Ver também a versão de Fénelon: "é precisamente porque temos um Salvador que tantas almas perecem" ("Réfutations du système du père Malebranche", em Œuvres de Fénelon, Paris, Chez Lefèvre, 1835, cap. 36).

[40] Nicolas Malebranche, *Entretiens sur la métaphysique* (Paris, Vrin, 1984), p. 117.

seguem percepções interessantes". O que ocorre, então, num ato de liberdade (humana)? A resposta de Malebranche é radical e consistente: "Nada... A única coisa que fazemos é parar, colocar-nos em repouso". Esse é um "ato imanente que não produz nada de físico em nossas substâncias", "um ato que nada faz e que faz a causa geral [Deus] não fazer nada"[41]. A liberdade como consentimento aos motivos é, portanto, puramente reflexiva: tudo é efetivamente decidido *en nous sans nous*; o sujeito apenas dá seu consentimento formal. Essa redução da liberdade ao "nada" de um gesto vazio não é a "verdade" do Sujeito absoluto hegeliano?

---

[41] Idem, *Recherche de la vérité* (Paris, Galerie de la Sorbonne, 1991), p. 428-31.

PARTE II
A UNIVERSALIDADE CINDIDA

3
A POLÍTICA DA VERDADE, OU ALAIN BADIOU COMO LEITOR DE SÃO PAULO

"O início é a negação daquilo que com ele começa"[1] – essa afirmação de Schelling combina perfeitamente com o itinerário dos quatro filósofos políticos contemporâneos que começaram como althusserianos e posteriormente elaboraram posições distintas, distanciando-se de seu ponto de partida. Os casos que de imediato nos vêm à mente são os de Étienne Balibar e Jacques Rancière.

Na década de 1960, Balibar era o discípulo predileto e um colaborador privilegiado de Althusser; todo o seu trabalho na última década, no entanto, está sustentado por uma espécie de cuidado em evitar (e silenciar) o nome "Althusser" (significativamente, o principal ensaio de Balibar a respeito de Althusser intitula-se *"Tais-toi, Althusser!"*: "Cale-se, Althusser!"). Num revelador trabalho comemorativo, ele descreve a última fase da atividade teórica de Althusser (anterior a seus pesarosos problemas de saúde mental) como uma busca sistemática (ou um exercício) de autodestruição, como se Althusser tivesse caído num turbilhão de solapamento e subversão sistemáticos de suas proposições teóricas anteriores. Contra o pano de fundo desses escombros do edifício teórico althusseriano, Balibar se esforça laboriosamente para formular sua própria posição, nem sempre de maneira plenamente consistente, combinando amiúde as referências althusserianas habituais (Spinoza) com referências aos arquirrivais de Althusser (note-se, por exemplo, a importância crescente de Hegel nos recentes ensaios de Balibar).

Rancière, que também começou como althusseriano estrito (com uma contribuição em *Lire Le Capital**), levou adiante (em *La leçon d'Althusser*) um veemente

---

[1]   Friedrich Wilheim Joseph Schelling em Karl Friedrich August Schelling (org.), *Sämtliche Werke* (Stuttgart, Cotta, 1856-1861), v. 8, p. 600.
*   Ed. bras.: *Ler O Capital* (trad. Nathanael C. Caixeiro, Rio de Janeiro, Zahar, 1979), 2 v. (N. E.)

146 / O sujeito incômodo

gesto de distanciamento que lhe permitiu seguir seu próprio caminho, concentrando-se naquilo que percebia como o aspecto negativo preponderante do pensamento althusseriano: seu elitismo teoricista, sua insistência no hiato que separaria eternamente o universo de conhecimento científico do universo de (des)conhecimento ideológico no qual as massas estariam imersas. Contra essa posição, que permite aos teóricos "falar pelas massas", saber a verdade sobre elas, Rancière tenta elaborar, repetidas vezes, os contornos daqueles momentos mágicos de subjetivação, violentamente poéticos, em que os excluídos ("classes inferiores") reivindicam seu direito de falar por si mesmos, de efetuar uma mudança na percepção global do espaço social para que suas reivindicações tenham nele um lugar legítimo.

De modo mais indireto, ocorre o mesmo com Ernesto Laclau e Alain Badiou. No caso de Laclau, seu primeiro livro (*Política e ideologia na teoria marxista**) é ainda bastante althusseriano (a noção de interpelação ideológica tem nele um papel central); seus escritos subsequentes (especialmente *Hegemonia e estratégia socialista*, em parceria com Chantal Mouffe****) podem ser lidos como uma espécie de deslocamento "pós-moderno" ou "desconstrucionista" do edifício althusseriano: a distinção entre ciência e ideologia desmorona, uma vez que o conceito de ideologia é universalizado como a luta pela hegemonia que despedaça o núcleo de toda formação social, sendo responsável por sua frágil identidade e, ao mesmo tempo, impedindo indefinidamente seu fechamento; o conceito de sujeito é reconceituado como o próprio operador da hegemonia. Por fim, há o insólito caso de Alain Badiou. Não era esse autor também intimamente ligado a Althusser, não apenas no nível de sua biografia intelectual (ele começou como membro do *Cahiers pour l'Analyse*, o lendário grupo althusseriano-lacaniano, nos anos 1960; seu primeiro opúsculo foi publicado na série *Théorie*, de Althusser), mas igualmente num nível teórico intrínseco? Sua oposição entre saber (relacionado à ordem positiva do Ser) e verdade (relacionada ao Acontecimento que salta do vazio existente no centro do ser) parece inverter a oposição althusseriana entre ciência e ideologia: o "saber", para Badiou, está mais próximo (de uma visão positivista) da ciência, ao passo que sua descrição daquilo que vem a ser o Acontecimento-Verdade ostenta uma estranha semelhança com a "interpelação ideológica" de Althusser.

---

* Ed. bras.: trad. João Maia e Lucia Klein, Rio de Janeiro, Paz e Terra, 1978. (N. E.)

** Ed. bras.: trad. Joanildo A. Burity, Josias de Paula Jr e Aécio Amaral, São Paulo, Intermeios, 2015. (N. E.)

O Acontecimento-Verdade...

O eixo do edifício teórico de Badiou é – como indica o título de sua principal obra – a lacuna entre o Ser e o Acontecimento[2]. "Ser" representa a ordem ontológica positiva acessível ao Saber, a infinita multiplicidade daquilo que "se apresenta" em nossa experiência, categorizada em gêneros e espécies segundo suas propriedades. Para Badiou, a única ciência do Ser-enquanto-Ser é a matemática – sua primeira conclusão paradoxal é, portanto, a ênfase na lacuna que separa a filosofia da ontologia: ontologia é ciência matemática, e não filosofia, que envolve uma dimensão diferente. Badiou apresenta a uma análise elaborada do Ser. Na base, por assim dizer, está a apresentação do múltiplo puro, a multiplicidade da experiência ainda não estruturada simbolicamente, aquilo que é dado; essa multiplicidade não é de "Uns", dado que a contagem ainda nem teve lugar. Badiou chama de "situação" toda multiplicidade consistente particular (a sociedade francesa, a arte moderna...); uma situação está estruturada, e é sua estrutura que nos permite "contar [a situação] como Um". Aqui, contudo, as primeiras fissuras no edifício ontológico do Ser começam a aparecer: para podermos "contar [a situação] como Um", já deve estar em ação a "reduplicação" própria à simbolização (inscrição simbólica) de uma situação; para que uma situação possa ser "contada como Um", sua estrutura deve ser sempre-já uma metaestrutura que a designe como um (ou seja, a estrutura significada da situação deve ser redobrada na rede simbólica de significantes). Quando uma situação é "contada como Um", identificada por sua estrutura simbólica, temos o "estado da situação". Aqui, Badiou joga com a ambiguidade do termo "estado": "estado de coisas" e Estado (no sentido político) – não há "estado de sociedade" sem um "Estado" no qual a estrutura da sociedade esteja re-presentada/redobrada.

Essa *reduplicatio* simbólica já envolve a dialética mínima do Vazio e do Excesso. O múltiplo puro do Ser não é ainda uma multiplicidade de Uns, posto que, como acabamos de ver, para termos Um, o múltiplo puro deve ser "contado como Um"; do ponto de vista do estado de uma situação, o múltiplo antecedente só pode surgir como *nada*, portanto "nada" é o "nome próprio do Ser enquanto Ser" antes de sua simbolização. O Vazio é a categoria central da ontologia desde o atomismo de Demócrito: os "átomos" nada mais seriam do que configurações do Vazio. O excesso correlato a esse Vazio assume duas formas. Por um lado, cada estado de coisas envolve ao menos um elemento excessivo que, apesar de pertencer

---

[2] Alain Badiou, *L'être et l'événement*, cit. [Sobre a tradução de "*événement*" por "acontecimento", ver a nota do tradutor na p. 42. – N. T.]

claramente à situação, não é "contado" por ela, não é devidamente incluído nela (a plebe "não integrada" numa situação social etc.): esse elemento está presente, mas não está "re-presentado". Por outro lado, há o excesso de re-presentação sobre aquilo que se apresenta: a agência que leva à passagem da situação para o seu estado (Estado na sociedade) está sempre em excesso com relação àquilo que estrutura: o poder do Estado é necessariamente excessivo, ele nunca representa a sociedade de forma simples e transparente (o sonho liberal impossível do Estado reduzido ao serviço da sociedade civil-burguesa) e atua como uma intervenção violenta naquilo que representa.

Essa, então, é a estrutura do Ser. De tempos em tempos, no entanto, de modo completamente contingente, imprevisível, fora do alcance do Saber do Ser, sobrevém um Acontecimento pertencente a uma dimensão completamente distinta – aquele, precisamente, do não-Ser. Tomemos, por exemplo, a sociedade francesa do final do século XVIII: o estado da sociedade, seus estratos, seus conflitos econômicos, políticos ideológicos etc. são acessíveis ao saber. Todavia, nenhuma quantidade de Saber nos permite vaticinar ou explicar o Acontecimento propriamente inexplicável chamado "Revolução Francesa". Nesse sentido preciso, o Acontecimento emerge *ex nihilo*: se não é possível explicá-lo nos termos da situação, isso não significa que ele seja apenas uma intervenção de Fora ou Para-além – ele se agarra precisamente ao Vazio de cada situação, prende-se a sua inconsistência intrínseca e/ou a seu excesso. O Acontecimento é a Verdade da situação que torna visível/legível aquilo que a situação "oficial" teve de "recalcar", mas é também sempre localizada, ou seja, a Verdade é sempre a Verdade *de* uma situação específica. A Revolução Francesa, por exemplo, é o Acontecimento que torna visíveis/legíveis os excessos e inconsistências, a "mentira", do *Ancien Régime*; e é a Verdade *da* situação do *Ancien Régime*, localizada, agarrada a ela. Um Acontecimento, portanto, implica sua própria série de determinações: o Acontecimento em si; sua nomeação (a designação "Revolução Francesa" não é uma categorização objetiva, mas parte do próprio Acontecimento, o modo como seus seguidores percebiam e simbolizavam sua atividade); seu Alvo final (uma sociedade de emancipação plenamente realizada, de liberdade-igualdade--fraternidade); seu "operador" (os movimentos políticos em luta pela revolução); e, *last but not least*, seu *sujeito*, o agente que, em nome do Acontecimento--Verdade, intervém no múltiplo histórico da situação e identifica/reconhece nele os sinais-efeitos desse Acontecimento. O que define o sujeito é sua *fidelidade* ao Acontecimento: o sujeito *sobrevém* ao Acontecimento e segue reconhecendo seus rastros no interior de sua situação.

Para Badiou, portanto, o sujeito é uma irrupção contingente finita: não apenas a Verdade não é "subjetiva", no sentido de estar subordinada aos caprichos do sujeito, como o próprio sujeito "serve à Verdade" que o transcende; o sujeito nunca se ajusta completamente à ordem infinita da Verdade, uma vez que sempre tem de operar no interior de um múltiplo finito de uma situação na qual ele discerne os sinais da Verdade. Para deixar mais claro esse ponto crucial, tomemos a religião cristã (que talvez seja *o* exemplo por excelência de um Acontecimento-Verdade): o Acontecimento é a encarnação e morte de Cristo; seu Alvo é o Juízo Final, a Redenção; seu "operador" no múltiplo da situação histórica é a Igreja; seu "sujeito" é o conjunto de crentes que intervêm em sua própria situação em nome do Acontecimento-Verdade, nele procurando os sinais de Deus. (Ou, para tomarmos o exemplo do amor: quando estou completamente apaixonado, eu me "subjetivo", mantendo-me fiel a esse Acontecimento e seguindo-o ao longo da vida.)

Hoje, no entanto, quando até mesmo o mais radical dos intelectuais sucumbe à compulsão de se distanciar do comunismo, parece mais apropriado reafirmar a Revolução de Outubro como um Acontecimento da Verdade definido contra os "tolos" oportunistas de esquerda e os "patifes" conservadores. A Revolução de Outubro também nos permite identificar claramente as três formas de trair o Acontecimento-Verdade: a simples renegação, ou a tentativa de seguir os velhos modelos como se não tivesse acontecido nada além de uma pequena perturbação (a reação da democracia liberal "utilitarista"); o arremedo do Acontecimento da Verdade (a encenação fascista da revolução conservadora como um pseudo--Acontecimento); e a "ontologização" direta do Acontecimento da Verdade, sua redução a uma nova ordem positiva do ser (stalinismo)[3]. Aqui podemos perceber claramente a lacuna que separa Badiou do ficcionalismo desconstrucionista: sua oposição radical ao conceito de "multiplicidade de verdades" (ou melhor, "efeitos--verdade"). A verdade é contingente, depende de uma situação histórica concreta; é a verdade *dessa* situação, embora em cada situação histórica concreta e contingente haja *uma e somente uma verdade*, que, uma vez articulada, declarada, funciona como indício de si mesma e da falsidade do campo por ela subvertido.

Quando Badiou fala dessa "torção sintomal do ser que é uma verdade na trama sempre total dos saberes"[4], cada palavra usada tem seu peso. A trama do Saber é,

---

[3] Para tornar mais clara essa lógica, citamos mais um dos exemplos de Badiou a respeito do Acontecimento-Verdade: a revolução atonal que a Segunda Escola de Viena (Schönberg, Berg, Webern) realizou na música. Nesse caso, também temos três formas de revelar esse Acontecimento da Verdade: o menosprezo dos tradicionalistas pela revolução atonal como um experimento formal vazio, que lhes permitiu continuar compondo como antes, como se nada tivesse acontecido; o arremedo pseudomodernista da atonalidade; e a tendência a transformar a música atonal numa nova tradição positiva.

[4] Alain Badiou, *L'être et l'événement*, cit., p. 25.

por definição, sempre total – ou seja, para o Saber do Ser não há excesso; o excesso e a falta de uma dada situação são visíveis apenas do ponto de vista do Acontecimento, e não do ponto de vista dos servidores instruídos do Estado. Desse último ponto de vista, obviamente, os "problemas" são vistos, mas são automaticamente reduzidos a dificuldades "locais", marginais, a erros contingentes – o que a verdade faz é revelar que (aquilo que o Saber compreende equivocadamente como) mau funcionamento marginal e pontos de falha são uma necessidade estrutural. Para o Acontecimento é crucial, portanto, que um obstáculo empírico se eleve a uma limitação transcendental. Com relação ao *Ancien Régime*, o que o Acontecimento-Verdade revela é que as injustiças não são um mau funcionamento marginal, mas parte da própria estrutura do sistema, que é "corrupta" em sua essência. Essa entidade – que, equivocadamente percebida pelo sistema como uma "anormalidade" local, condensa efetivamente a "anormalidade" global do sistema como tal, em sua totalidade – é aquilo que na tradição freudiano-marxiana leva o nome de *sintoma*: para a psicanálise, lapsos, sonhos, formações e atos compulsivos etc. são "torções sintomais" que tornam acessível a Verdade do sujeito, inacessível ao Saber, que os vê como mero mau funcionamento; no marxismo, a crise econômica é essa "torção sintomal".

Aqui, Badiou se opõe clara e radicalmente ao impulso antiplatônico pós-moderno, cujo dogma básico é que a era na qual se podia embasar um movimento político numa referência direta a uma verdade eterna transcendental ou metafísica ficou definitivamente para trás: a experiência do nosso século prova que essa referência a um *a priori* metafísico só pode levar a consequências sociais "totalitárias" catastróficas. Por essa razão, a única solução seria aceitar que vivemos numa nova era, uma era privada de certezas metafísicas, uma era de contingência e conjecturas, uma "sociedade de risco" na qual a política é uma questão de *phronesis*, de juízos estratégicos e diálogo, e não de percepções cognitivas elementares aplicadas... O que Badiou visa, contra essa *doxa* pós-moderna, é precisamente ressuscitar a *política da Verdade (universal)* nas atuais condições de contingência global. Portanto, nessas condições modernas de multiplicidade e contingência, Badiou reabilita não apenas a filosofia, mas também a dimensão propriamente *meta-física*: a Verdade infinita é "eterna" e *meta-* com relação ao processo temporal do Ser; é um lampejo de uma dimensão outra que transcende a positividade do Ser.

A versão mais recente da recusa da Verdade vem da oposição da Nova Era à *hybris* da chamada subjetividade cartesiana e sua atitude mecanicista de dominação da natureza. Segundo o clichê da Nova Era, o pecado original da civilização ocidental moderna (e, certamente, da tradição judaico-cristã) é a *hybris* do homem, sua assunção arrogante de que ocupa o lugar principal no universo e/ou é dotado do direito divino de dominar todos os outros seres e explorá-los em proveito próprio. Essa *hybris*, que perturba o equilíbrio justo dos poderes cósmicos, cedo ou tarde forçaria a natureza a restabelecê-lo: a atual crise ambiental, social e psíquica é interpretada como uma resposta correta do universo à presunção do homem. Nossa única solução, portanto, estaria numa mudança do paradigma global, na adoção de uma nova atitude holística na qual humildemente assumiríamos nosso lugar restrito na Ordem global do Ser...

Em oposição a esse clichê, é necessário afirmar o excesso de subjetividade (o que Hegel chamava de "noite do mundo") como a única esperança de redenção: o verdadeiro mal não está no excesso de subjetividade como tal, mas em sua "ontologização", em sua reinscrição em determinado quadro cósmico global. Já em Sade a crueldade excessiva é ontologicamente "coberta" pela ordem da Natureza como "Ser Supremo do Mal"; tanto o nazismo como o stalinismo envolviam uma referência a alguma Ordem global do Ser (no caso do stalinismo, a organização dialética do movimento da matéria).

A verdadeira arrogância consiste, portanto, no oposto da aceitação da *hybris* da subjetividade: ela reside na falsa humildade – ou seja, aparece quando o sujeito finge falar e agir em nome da Ordem Cósmica Global, apresentando-se como seu humilde instrumento. Em contraste com essa falsa humildade, toda a postura ocidental foi sempre antiglobal: não apenas o cristianismo envolve uma referência a uma Verdade mais elevada que irrompe e perturba a velha ordem pagã do cosmos expressa em sabedorias profundas, como até o Idealismo de Platão pode ser considerado uma primeira elaboração clara da ideia de que a "Cadeia do Ser" cósmica global não é "tudo que há", há uma outra Ordem (das Ideias) que suspende a validade da Ordem do Ser.

Uma das grandes teses de Badiou é que ao múltiplo puro falta a dignidade de objeto de pensamento propriamente dito: de Stalin a Derrida, o senso comum filosófico sempre insistiu na complexidade infinita (tudo está interconectado; a realidade é tão complexa que só é acessível por aproximações...). Badiou condena implicitamente o próprio desconstrucionismo como a versão mais recente desse tema da complexidade infinita. Entre os defensores da política de identidade pós-moderna "antiessencialista", por exemplo, é possível encontrar a afirmação insistente de que não existe "a mulher em geral", mas apenas as mulheres de classe média, as mães solteiras negras, as lésbicas etc. Devemos rejeitar essas "percepções" como banalidades indignas de ser objetos de reflexão. O problema do pensamento filosófico reside precisamente no modo como a universalidade da "mulher" surge dessa multiplicidade sem fim. Assim, também podemos reabilitar a diferença hegeliana entre a má infinitude (espúria) e a infinitude propriamente dita: a primeira refere-se à complexidade infinita segundo o senso comum; a segunda diz respeito à infinitude de um Acontecimento, que, precisamente, transcende a "complexidade infinita" de seu contexto. Exatamente da mesma forma, podemos distinguir entre o historicismo e a historicidade propriamente dita: o historicismo refere-se ao conjunto de circunstâncias – econômicas, políticas, culturais etc. – cuja complexa interação nos permitiria explicar o Acontecimento que deve ser explicado, ao passo que a historicidade propriamente dita envolve a temporalidade específica desse Acontecimento e suas consequências, o hiato entre o Acontecimento e seu Fim (entre a morte de Cristo e o Juízo Final, entre revolução e comunismo, entre o amor à primeira vista e a felicidade realizada da vida a dois...).

A lacuna que separa Badiou dos teóricos políticos desconstrucionistas pós-modernos talvez se deva ao fato de que esses permaneçam dentro dos limites da sabedoria pessimista do encontro frustrado: acaso a principal lição desconstrucionista não seria a de que todo encontro arrebatador com a Coisa Real, toda identificação emocional de um Acontecimento empírico positivo com ela, seja um semblante ilusório, sustentado pelo curto-circuito entre um elemento positivo contingente e o Vazio universal precedente? Nesse encontro sucumbimos momentaneamente à ilusão de que se cumpriu a promessa da Plenitude impossível – à ilusão de que, parafraseando Derrida, a democracia não é mais um *à venir*, mas já existe de fato; a partir disso, os desconstrucionistas concluem que o principal dever ético-político consiste em manter a lacuna entre o Vazio da impossibilidade central e todo conteúdo positivo que dá corpo a ele – ou seja, nunca se deve sucumbir ao entusiasmo da identificação precipitada de um Acontecimento positivo com a Promessa redentora que está sempre "por vir". Nessa posição desconstrucionista, a admiração pela Revolução em seu aspecto utópico entusiasta caminha de mãos dadas com a melancólica percepção conservadora de que o entusiasmo se transforma inevitavelmente em seu oposto, no pior dos terrores, no exato momento em que arriscamos transformá-lo no princípio estruturador positivo da realidade social.

Aparentemente, Badiou permanece nesse marco: não nos adverte ele contra a *désastre* da tentação revolucionária de confundir o Acontecimento-Verdade com a ordem do Ser, de se "ontologizar" a Verdade, convertendo-a no princípio ontológico da ordem do Ser? As coisas, no entanto, são mais complexas: Badiou sustenta que, embora a Ordem universal tenha o *status* de um semblante, de tempos em tempos, de forma imprevista e contingente, pode ocorrer um "milagre" na forma de um Acontecimento-Verdade que causa vergonha até mesmo a um cético pós-moderno. O que Badiou tem em mente é um tipo muito preciso de experiência política. Por exemplo, na França, durante o primeiro governo de Mitterrand no princípio dos anos 1980, toda a esquerda bem-intencionada se mostrava descrente quanto à intenção do ministro da Justiça, Robert Badinter, de abolir a pena de morte e introduzir outras reformas de cunho progressista no Código Penal. Diziam: "Sim, é claro que o apoiamos, mas a situação está madura o suficiente para isso? Será que as pessoas, aterrorizadas com o aumento dos índices de criminalidade, estarão dispostas a aceitar essa mudança? Esse não seria um caso de obstinação idealista que pode enfraquecer nosso governo e nos prejudicar muito mais do que nos ajudar?". Badinter simplesmente ignorou as previsões catastróficas das pesquisas de opinião e persistiu em seu propósito – com o resultado surpreendente de que, subitamente, a maioria da população mudou de opinião e passou a apoiá-lo.

Algo similar ocorreu na Itália, em meados dos anos 1970, com o referendo sobre o divórcio. Privadamente, a esquerda, até mesmo os comunistas – que obviamente defendiam o direito ao divórcio –, mostrava certo ceticismo quanto ao desfecho, temendo que a maioria da população ainda não estivesse madura o suficiente e ficasse apavorada com a intensa propaganda católica que exibia mães e filhos abandonados etc. Para surpresa geral, no entanto, o referendo impôs um grande revés à Igreja e à direita, visto que uma considerável maioria de 60% da população votou a favor do direito ao divórcio. Eventos como esse ocorrem na política e são Acontecimentos autênticos, que desmentem o vergonhoso "realismo pós-ideológico": eles não são impulsos momentâneos entusiasmados que ocasionalmente perturbam o curso depressivo/conformista/utilitário das coisas apenas para no dia seguinte serem seguidos de uma desilusão inexorável que dá o que pensar; ao contrário, são o momento da Verdade no interior de uma estrutura geral de desilusão e engodo. A lição número um da política pós-moderna é que *não há Acontecimento*, "nada acontece de fato", o Acontecimento-Verdade não passa de um curto-circuito ilusório e passageiro, uma falsa identificação que cedo ou tarde será desfeita pela reafirmação da diferença ou, na melhor das hipóteses, uma promessa fugaz de uma Redenção-por-vir, da qual devemos manter distância para evitar consequências "totalitárias" catastróficas. Contra esse ceticismo estrutural, Badiou justifica-se plenamente quando insiste que – para usarmos o termo com todo o seu peso teológico – *milagres acontecem*[5].

---

[5]   Em teoria, a principal indicação dessa suspensão do Acontecimento talvez seja o conceito e a prática dos "estudos culturais" como nome predominante da abordagem abrangente das produções sociossimbólicas: a característica básica dos estudos culturais é o fato de que eles não podem ou não estão mais dispostos a enfrentar as obras religiosas, científicas ou filosóficas no que diz respeito a sua Verdade inerente, apenas as reduzem a um produto das circunstâncias históricas, a um objeto da interpretação antropológico-psicanalítica.

154 / O sujeito incômodo

... *e sua indecidibilidade*

Podemos ver agora em que sentido o Acontecimento-Verdade é "indecidível": ele é indecidível do ponto de vista do Sistema, do "estado de coisas" ontológico. O Acontecimento é circular, portanto, no sentido de que sua identificação só é possível do ponto de vista daquilo que Badiou chama de *intervenção interpretativa*[6] – isto é, se falamos a partir de uma posição subjetivamente engajada ou, em termos mais formais, se incluímos na situação designada seu ato de nomeação: os caóticos eventos na França do final do século XVIII só podem ser identificados como "Revolução Francesa" por aqueles que aceitam a "aposta" de que esse Acontecimento de fato existiu. Badiou define formalmente a *intervenção* como "todo procedimento por meio do qual um múltiplo é reconhecido como um Acontecimento" – assim, "será sempre duvidoso se houve de fato um acontecimento, salvo para o interveniente [*l'intervenant*] que decidiu que pertenceu à situação"[7]. Fidelidade ao Acontecimento designa o esforço contínuo para atravessar o campo do saber do ponto de vista do Acontecimento, nele intervindo e procurando os sinais da Verdade. É nesse sentido que Badiou interpreta também a tríade paulina de Fé, Esperança e Amor: Fé é a fé no Acontecimento (a crença de que o Acontecimento – a ressurreição de Cristo – realmente aconteceu); Esperança é a esperança de que a reconciliação final anunciada pelo Acontecimento (o Juízo Final) vai de fato acontecer; Amor é a batalha paciente para que isso aconteça, isto é, o árduo e longo trabalho para afirmar a fidelidade ao Acontecimento.

Badiou dá o nome de "língua-sujeito" à linguagem que busca nomear o Acontecimento-Verdade. Essa língua carece de significado do ponto de vista do Saber, que julga as proposições no que diz respeito a seus referentes no domínio do ser positivo (ou ao funcionamento próprio da fala no interior da ordem simbólica estabelecida): quando a língua-sujeito fala sobre a redenção cristã, a emancipação revolucionária, o amor etc., o Saber os rejeita como um conjunto de frases vazias sem nenhum referente apropriado ("jargão político-messiânico", "hermetismo poético" etc.). Imaginemos, por exemplo, uma pessoa apaixonada elencando as características de seu amado para um amigo: o amigo, que não está apaixonado pela mesma pessoa, não verá sentido nessa entusiástica descrição, não compreenderá o que de fato está em questão. A língua-sujeito, em síntese, supõe a lógica do xibolete*, da

---

[6] Alain Badiou, *L'être et l'événement*, cit., p. 202.
[7] Ibidem, p. 224 e 29.
* Historicamente, *xibolete* é o nome dado à tentativa de reconhecimento de um semelhante ou de um estranho (num grupo ou numa tribo) por meio da verbalização de determinada palavra, na qual a pronúncia de um fonema específico tem valor diferencial e funciona como uma espécie de "senha linguística". (N. T.)

diferença visível apenas de dentro, não de fora. Isso não significa, no entanto, que a língua-sujeito implique outra referência "mais profunda" a um conteúdo verdadeiro oculto: ao contrário, a língua-sujeito "descarrila" ou desestabiliza o uso-padrão da língua com seus sentidos estabelecidos e deixa a referência "vazia" – com a "aposta" de que esse vazio será preenchido quando seu Alvo for atingido, quando a Verdade se realizar como uma nova situação (o reino de Deus na terra, a sociedade emancipada...). A nomeação do Acontecimento-Verdade é "vazia" precisamente porque se refere à plenitude que ainda está por vir.

A indecidibilidade do Acontecimento significa, portanto, que um Acontecimento não possui nenhuma garantia ontológica: não pode ser reduzido a (ou deduzido, gerado de) uma Situação (prévia): ele surge "do nada" (o Nada que era a verdade ontológica da situação anterior). Não há, portanto, um olhar neutro do saber que permita discernir o Acontecimento em seus efeitos: a Decisão é sempre--já aqui – ou seja, podemos discernir os sinais de um Acontecimento na Situação somente a partir de uma Decisão prévia pela Verdade, da mesma forma que na teologia jansenista os milagres divinos são legíveis somente para aqueles que já se decidiram pela Fé. Um olhar historicista neutro nunca verá na Revolução Francesa a série de traços do Acontecimento que ganhou o nome de "Revolução Francesa"; verá simplesmente a multiplicidade de ocorrências apanhadas na rede de determinações sociais. Para um olhar externo, o Amor não passa de uma sucessão de estados psíquicos e fisiológicos... (Talvez essa tenha sido a façanha negativa que deu fama a François Furet: o grande impacto causado por ele não derivaria de sua "desacontecimentalização" da Revolução Francesa, ao adotar uma perspectiva externa com relação a ela e transformá-la numa sucessão de fatos históricos específicos e complexos?) O observador engajado percebe as ocorrências históricas positivas como partes do Acontecimento da Revolução Francesa somente na medida em que as observa do ponto de vista singular da Revolução – como disse Badiou, um Acontecimento é autorreferente na medida em que *inclui sua própria designação*: a designação simbólica "Revolução Francesa" é parte do próprio conteúdo designado, uma vez que, se subtrairmos essa designação, o conteúdo descrito se converte numa multiplicidade de ocorrências positivas acessíveis ao saber. Nesse sentido preciso, um Acontecimento envolve subjetividade: a "perspectiva subjetiva" engajada no Acontecimento é parte do próprio Acontecimento[8].

Aqui, a diferença entre "veracidade" (a precisão, adequação do saber) e Verdade é crucial. Tomemos a tese marxista de que toda história é a história da luta de classes: essa tese já pressupõe uma subjetividade engajada, ou seja, só a partir desse viés

---

[8] Até certo ponto, podemos dizer que o Saber é constativo, enquanto a Verdade é performativa.

é que o todo da história surge enquanto tal; só a partir desse ponto de vista "interessado" é que se pode identificar os traços da luta de classes em todo o edifício social, até nos produtos da mais alta cultura. A resposta ao contra-argumento óbvio (esse mesmo fato prova que lidamos com uma visão distorcida, não com o verdadeiro estado das coisas) afirma que o olhar supostamente "objetivo" e "imparcial" é que não é neutro, mas parcial – ou seja, é o olhar dos vencedores, da classe dominante. (Não admira que o lema dos revisionistas históricos de direita seja: "Vamos abordar o tema do Holocausto de modo frio e objetivo; vamos colocá-lo em seu devido contexto, vamos examinar os fatos...".) Um teórico da revolução comunista não é alguém que, depois de estabelecer por um estudo objetivo que o futuro pertence à classe trabalhadora, decide tomar partido e se juntar aos vencedores: seu olhar engajado permeia toda a sua teoria desde o princípio.

Na tradição marxista, a ideia de que a parcialidade não é apenas um obstáculo, mas uma condição positiva da Verdade foi articulada de forma mais clara por György Lukács em sua obra *História e consciência de classe**, e de forma mais diretamente "messiânica" e protorreligiosa por Walter Benjamin em "Teses de filosofia da História": a "verdade" surge quando uma vítima, a partir de sua posição catastrófica presente, chega à súbita compreensão de todo o passado como uma série de catástrofes que o conduziram à situação atual. Desse modo, quando lemos um texto sobre a Verdade, devemos estar atentos para não confundir o nível do Saber com o nível da Verdade. Por exemplo, embora o próprio Marx usasse o termo "proletariado" como sinônimo de "classe trabalhadora", é possível perceber em sua obra uma clara tendência a conceber a "classe trabalhadora" como um termo descritivo pertencente ao domínio do Saber (um objeto de estudo sociológico "neutro", um estrato social subdividido em componentes etc.), ao passo que "proletariado" designa o operador da Verdade, isto é, o agente engajado da luta revolucionária.

Além do mais, o *status* do múltiplo puro e de seu Vazio é também indecidível e puramente "intermediário": não podemos encontrá-lo "agora", visto que é sempre reconhecido como tal de forma retroativa, por meio do ato de Decisão que o dissolve, isto é, por meio do qual já o deixamos para trás. Por exemplo, o nazismo enquanto pseudoacontecimento concebe a si mesmo como a Decisão que opta pela harmonia e pela ordem social contra o Caos da moderna sociedade liberal, judia, de luta de classes. A sociedade moderna, no entanto, nunca se vê em primeira pessoa como fundamentalmente "caótica": ela percebe o "caos" (a "desordem" ou a "degeneração") como um impasse contingente, restrito, uma crise temporária – a sociedade moderna aparece como fundamentalmente "caótica" apenas do ponto

---

* Ed. bras.: trad. Rodnei Nascimento, 2. ed., São Paulo, WMF Martins Fontes, 2012. (N. E.)

de vista da Decisão pela Ordem, isto é, uma vez que a Decisão *já tenha sido tomada*. Devemos resistir, portanto, à ilusão retroativa segundo a qual a Decisão *sucede* à percepção da indecidibilidade da situação: é apenas a Decisão que revela o estado anterior como "indecidível". Antes da Decisão, habitamos uma Situação que está encerrada em seu horizonte; do interior desse horizonte, o Vazio constitutivo de tal Situação é, por definição, invisível; isso significa que a indecidibilidade é reduzida a (e surge como) uma perturbação marginal do Sistema global. Após a Decisão, a indecidibilidade desaparece, visto que passamos a habitar o novo domínio da Verdade. O gesto que fecha/decide a Situação coincide (mais uma vez), portanto, com o gesto que a abre (retroativamente).

O Acontecimento é, portanto, o Vazio de uma linha invisível que separa um fechamento de outro: antes dele, a Situação estava fechada, ou seja, do interior de seu horizonte (aquilo que será) o Acontecimento apresenta-se necessariamente como *skandalon*, como uma intrusão caótica, indecidível, que não tem lugar no estado da Situação (ou, em termos matemáticos, é "supranumerária"); uma vez produzido o Acontecimento, e tomado como tal, a própria Situação anterior aparece como um Caos indecidível. Para uma Ordem política estabelecida, a agitação revolucionária que ameaça derrubá-la é um deslocamento caótico, ao passo que, do ponto de vista da revolução, o próprio *Ancien Régime* é um nome para a desordem, para um despotismo impenetrável e, em última análise, "irracional". Aqui, Badiou se opõe claramente à ética derridiana da abertura para o Acontecimento em sua alteridade imprevisível: essa ênfase na alteridade imprevisível como horizonte último não extravasa dos confins da Situação, servindo apenas para protelar ou obstruir a Decisão – isso nos envolve na indefinida hesitação "pós-moderna" do "como saber que isso é realmente um Acontecimento e não outro semblante de Acontecimento?".

Como *traçar* então uma linha de demarcação entre um Acontecimento verdadeiro e seu semblante? Acaso Badiou não é obrigado a basear-se numa oposição "metafísica" entre a Verdade e seu semblante? A resposta, uma vez mais, envolve a forma como um Acontecimento se relaciona com a Situação cuja Verdade é por ele articulada: o nazismo foi um pseudoacontecimento, e a Revolução de Outubro um Acontecimento autêntico, porque apenas esta última se relacionava com os próprios fundamentos da Situação da ordem capitalista, solapando efetivamente esses fundamentos, ao contrário do nazismo, que encenava um pseudoacontecimento precisamente para *salvar* a ordem capitalista. A estratégia nazista consistia em "mudar as coisas de modo que, em seu nível mais fundamental, elas permanecessem as mesmas".

Todos lembramos da famosa cena de *Cabaret*, de Bob Fosse, que se passa no começo dos anos 1930, numa boate perto de Berlim: um garoto (de uniforme nazista, como se percebe ao longo da canção) começa a cantar uma canção elegíaca

158 / O sujeito incômodo

sobre a pátria, dando aos alemáes um sinal de que o amanhá pertence a eles etc.; as pessoas se juntam pouco a pouco a ele, e todos, inclusive um grupo de notívagos decadentes de Berlim, ficam impressionados com o impacto emocional... Essa cena é frequentemente evocada por pseudointelectuais como o momento em que as pessoas "finalmente compreenderam o que era o nazismo, como ele funcionava...". Sinto-me tentado a dizer que eles estão certos, mas pelas razões erradas: não é o *páthos* do engajamento patriótico *como tal* que é "fascista". O que de fato prepara o terreno para o fascismo é a própria desconfiança liberal e a denúncia de toda forma de envolvimento incondicional, de devoção a uma Causa, como um fanatismo potencialmente "totalitário" – isto é, o problema está na própria cumplicidade do clima de gozo de si incapacitante, decadente e cínico com o evento fascista, com a Decisão que pretende (re)introduzir Ordem no Caos. Em outras palavras, o que é falso na máquina ideológica nazista não é a retórica da Decisão como tal (do Acontecimento que põe fim à impotência decadente etc...), mas – ao contrário – o fato de que o "Acontecimento" nazista é um teatro estetizado, um evento falso efetivamente incapaz de pôr fim ao impasse decadente e paralisante. É nesse sentido preciso que a reação comum à canção nazista de *Cabaret* está certa pelas razões erradas: o que ela não percebe é que foi o nosso prazer cínico com as canções decadentes de cabaré sobre dinheiro e promiscuidade sexual que nos tornou suscetíveis ao impacto da canção nazista.

Então como o Acontecimento e sua nomeação estão relacionados? Badiou rejeita a leitura kantiana do Acontecimento da Revolução Francesa, a leitura que situa o efeito crucial da revolução no sentimento sublime de entusiasmo que os eventos revolucionários em Paris suscitaram nos observadores passivos de toda a Europa, os que não estavam diretamente envolvidos no acontecimento em si, e opõe esse efeito sublime (a afirmação da nossa crença no progresso da Razão e da Liberdade humanas) à severa realidade da própria revolução (Kant admite prontamente que aconteceram coisas horríveis na França: a revolução serviu muitas vezes como catalisadora para os impulsos das paixões destrutivas mais torpes da populaça enfurecida). Badiou observa com sarcasmo que essa estetização da revolução, admirada a uma distância segura pelos observadores passivos, caminha de mãos dadas com uma profunda aversão aos reais revolucionários. (Não encontramos mais uma vez aqui a tensão entre o Sublime e o Monstruoso [*das Ungeheure*], aquilo que a uma distância adequada parece ser a Sublime causa de entusiasmo torna-se a figura do Mal monstruoso quando nos aproximamos demais e nos envolvemos diretamente?)

Contra essa celebração kantiana do efeito sublime sobre os observadores passivos, Badiou insiste na imanência do Acontecimento-Verdade: o Acontecimento--Verdade é a Verdade em si para os seus agentes, não para os observadores externos. À primeira vista, pode parecer que a posição de Kant aqui é mais "lacaniana":

a Verdade de um Acontecimento não está aprioristicamente descentrada com relação ao acontecimento em si? Acaso ela não depende do modo como é inscrita no grande Outro (personificado aqui pela opinião pública esclarecida), inscrição essa que é sempre, *a priori*, protelada? O que é propriamente impensável não é precisamente uma Verdade que reconheceria a si mesma como Verdade? A demora da compreensão não é constitutiva? (E aí reside a lição materialista de Hegel: a Coruja de Minerva só levanta voo ao anoitecer.) Ademais, se um Acontecimento-Verdade é radicalmente imanente, como podemos distinguir a Verdade de seu simulacro? Não seria apenas a referência ao grande Outro descentrado que nos permitiria estabelecer essa distinção?

Badiou, todavia, oferece um critério preciso para essa distinção no modo como um Acontecimento se relaciona com suas condições, com a "situação" da qual ele surge: um Acontecimento verdadeiro irrompe do "vazio" da situação; ele está ligado ao *élément surnuméraire*, ao elemento sintomático que não tem lugar adequado na situação, apesar de pertencer a ela, ao passo que o simulacro de um Acontecimento renega o sintoma. Por essa razão, a leninista Revolução de Outubro permanece como um Acontecimento, uma vez que se relaciona com a "luta de classes" como a torção sintomática de sua situação, ao passo que o movimento nazista é um simulacro, uma negação do trauma da luta de classes... A diferença não reside nas qualidades intrínsecas do Acontecimento em si, mas em seu lugar – no modo como ele se relaciona com a situação da qual surgiu. Quanto ao olhar externo que testemunha a Verdade do Acontecimento, ele é capaz de discernir essa Verdade somente na medida em que é o olhar dos indivíduos que já estão engajados em nome dessa Verdade: não há uma opinião pública neutra esclarecida que deva ser impressionada pelo Acontecimento, visto que a Verdade é discernível apenas para os membros potenciais da nova Comunidade de adeptos, para o olhar engajado.

Desse modo, paradoxalmente podemos preservar a distância *e* o engajamento: no caso do cristianismo, o Acontecimento (a crucificação) torna-se um Acontecimento-Verdade "após o fato", isto é, quando leva à constituição do grupo de crentes, da Comunidade engajada, unida pela fidelidade ao Acontecimento. Há, portanto, uma diferença entre um Acontecimento e sua nomeação: um Acontecimento é um encontro traumático com o Real (a morte de Cristo, a comoção histórica da revolução etc.), ao passo que sua nomeação vem a ser a inscrição do Acontecimento na linguagem (doutrina cristã, consciência revolucionária). Em termos lacanianos, um Acontecimento é *objet petit a*, ao passo que sua nomeação é o novo significante que estabelece aquilo que Rimbaud chama de Nova Ordem, a nova legibilidade da situação baseada na Decisão (na perspectiva revolucionária marxista, toda a história precedente passa a ser a história da luta de classes, do esforço emancipatório derrotado).

Verdade e ideologia

A partir dessa breve descrição, já podemos ter um presságio daquilo que podemos chamar, com toda a simplicidade, de poder intuitivo da concepção de sujeito de Badiou: ela descreve a experiência que vivenciamos quando estamos plena e subjetivamente engajados em uma Causa que é "só nossa": nesses momentos preciosos, eu não sou "plenamente sujeito"? Mas essa mesma condição não torna essa experiência *ideológica*? Ou seja, a primeira coisa que chama a atenção de qualquer um que seja versado na história do marxismo francês é que o conceito de Acontecimento-Verdade de Badiou é estranhamente próximo do conceito de interpelação ideológica de Althusser. Além disso, não é significativo que o exemplo supremo de Acontecimento para Badiou seja a *religião* (o cristianismo, desde são Paulo até Pascal) como protótipo de *ideologia*, e que esse acontecimento, precisamente, *não* pertença a nenhum dos quatro *génériques* que ele enumera (amor, arte, ciência, política)[9]?

Assim, se tomarmos o pensamento de Badiou como uma "situação" do Ser, subdividida em quatro *génériques*, seria a religião (cristã) sua "torção sintomal", o elemento que pertence ao domínio da Verdade sem ser uma de suas partes ou subespécies reconhecidas? Isso parece indicar que o Acontecimento-Verdade consiste no gesto ideológico elementar de interpelar indivíduos (elementos de uma "situação" do Ser) em sujeitos (portadores/ seguidores da Verdade). Somos tentados a dar mais um passo: o exemplo paradigmático do Acontecimento-Verdade não é apenas a religião em geral, mas é, especificamente, a religião *cristã* centrada no Acontecimento da vinda e da morte de Cristo (como Kierkegaard já havia assinalado, o cristianismo inverte a relação metafísica padrão entre Eternidade e Tempo: em certo sentido, a Eternidade passa a depender do Acontecimento temporal de Cristo). Assim, Badiou talvez possa ser lido como o último grande autor da tradição francesa do dogmatismo católico, desde Pascal e Malebranche (basta lembrarmos que dois de seus principais referenciais são Pascal e Claudel). Durante anos, o paralelo entre o marxismo revolucionário e o cristianismo messiânico foi um tema comum entre críticos liberais, como Bertrand Russell, que rejeitava o marxismo como uma versão secularizada da ideologia religiosa messiânica; Badiou, ao contrá-

---

[9] Como Badiou aponta com perspicácia, esses quatro domínios do Acontecimento-Verdade são hoje, no discurso público, cada vez mais substituídos por seus falsos duplos: falamos de "cultura" em vez de arte, de "administração" em vez de política, de "sexo" em vez de amor e "know-how" e "sabedoria" em vez de ciência: a arte é reduzida a uma expressão/articulação de uma cultura historicamente específica; o amor é reduzido a uma forma historicamente datada de sexualidade; a ciência é rejeitada como uma forma ocidental, falsamente universalizada, de saber prático em pé de igualdade com formas de saber pré-científico; a política (com todas as paixões e lutas que essa ideia carrega) é reduzida a uma versão ideológica imatura ou precursora da "arte da gestão social"...

rio (seguindo uma linha que vai do Engels tardio a Fredric Jameson), endossa integralmente essa homologia.

Essa leitura se confirma ainda pela defesa apaixonada que Badiou faz de são Paulo como aquele que articulou o Acontecimento-Verdade cristão – a ressurreição de Cristo – como um "singular universal" (um acontecimento singular que interpela indivíduos em sujeitos de forma universal, independentemente de raça, sexo, classe social...) e as condições da fidelidade dos seguidores desse acontecimento[10]. É claro que Badiou sabe perfeitamente que, hoje, em nossa era da ciência moderna, não podemos aceitar a fábula do milagre da ressurreição como forma do Acontecimento-Verdade. Embora o Acontecimento-Verdade designe a ocorrência de algo que, dentro do horizonte da ordem predominante do Saber, parece impossível (pensamos nas risadas com que os filósofos gregos receberam a afirmação de são Paulo, em sua visita a Atenas, de que Jesus havia ressuscitado), hoje, situar o Acontecimento-Verdade no nível dos milagres sobrenaturais implica necessariamente uma regressão ao obscurantismo, visto que o acontecimento da Ciência é irredutível e não pode ser desfeito. Hoje, só podemos aceitar como Acontecimento-Verdade, como intrusão do Real traumático que perturba a trama simbólica predominante, ocorrências que se dão num universo compatível com o saber científico, ainda que se movam em seus limites e questionem seus pressupostos – os "locais" do Acontecimento são, hoje, os da própria descoberta científica, do ato político, da invenção artística, da confrontação psicanalítica com o amor...

Esse é o problema do drama *The Potting Shed* [O galpão], de Graham Greene, que tenta ressuscitar a versão cristã do impacto devastador do Real impossível. A vida da família de um grande filósofo positivista, que dedicou todos os seus esforços à luta contra a superstição religiosa, é abalada por um milagre inesperado: o filho, objeto do maior amor do filósofo, fica gravemente enfermo e é dado como morto quando, milagrosamente, volta à vida por meio do que, evidentemente, não pode ser outra coisa senão uma intervenção direta da Graça divina. A história é contada retrospectivamente do ponto de vista de um amigo da família que, após a morte do filósofo, escreve sua biografia e fica intrigado com um enigma em sua vida: por que, pouco antes de sua morte, o filósofo parou repentinamente de escrever, por que perdeu o desejo de viver, como se sua vida tivesse sido subitamente privada de sentido, e entrou num período de resignação, passivamente à espera da morte? Ao entrevistar os membros sobreviventes da família, ele logo descobre que existe um segredo sombrio sobre o qual ninguém quer falar, até que, finalmente,

---

[10] Ver Alain Badiou, *São Paulo: a fundação do universalismo* (trad. Wanda Caldeira Brant, São Paulo, Boitempo, 2009).

um dos familiares cede e confessa que o terrível segredo é a ressurreição milagrosa do filho do filósofo, que tornou sem sentido todo o seu trabalho teórico, o engajamento de toda a sua vida... Embora intrigante, uma história como essa já não consegue, hoje, de fato, nos cativar.

A propósito de são Paulo, Badiou aborda o problema da localização de seu posicionamento com relação aos quatro *génériques* que geram verdades efetivas (ciência, política, arte, amor), isto é, com relação ao fato de que (hoje, ao menos) o cristianismo, assentado no fabuloso acontecimento da ressurreição, não pode ser contado como um efetivo Acontecimento-Verdade, mas apenas como seu semblante. A solução proposta por Badiou é a de que são Paulo tenha sido o *teórico antifilosófico das condições formais do procedimento-verdade*, o primeiro a propor uma articulação detalhada do funcionamento da fidelidade ao Acontecimento--Verdade em sua dimensão universal: o excesso, o Real *surnuméraire* de um Acontecimento-Verdade (a "ressurreição") que surge pela Graça (isto é, não pode ser explicado nos termos dos constituintes de uma dada situação) põe em movimento, nos sujeitos que se reconhecem em seu chamado, o militante "trabalho de amor", isto é, a luta para disseminar, com persistente fidelidade, a Verdade em seu alcance universal, como concernente a todos. Desse modo, ainda que a mensagem particular de são Paulo já não seja operativa para nós, os próprios termos nos quais ele formula o modo operativo da religião cristã têm um alcance universal para todo Acontecimento-Verdade: todo Acontecimento-Verdade leva a uma espécie de "ressurreição" – pela fidelidade a ele e por um trabalho de Amor em seu nome, entra-se em outra dimensão, irredutível ao mero *service des biens*, ao bom funcionamento dos negócios no domínio do Ser, o domínio da Imortalidade, da vida desimpedida da morte... No entanto, permanece o problema de como foi possível que ocorresse a primeira e mais pertinente descrição do modo de operação da fidelidade a um Acontecimento-Verdade a propósito de um Acontecimento-Verdade que é mero semblante, e não uma Verdade de fato.

De um ponto de vista hegeliano, há uma profunda necessidade nesse sentido, confirmada pelo fato de que, no século XX, o filósofo que forneceu a descrição definitiva de um autêntico *ato* político (Heidegger em *Ser e tempo*) tenha sido ele próprio seduzido por um ato político que era um verdadeiro embuste, e não um Acontecimento-Verdade de fato (o nazismo). De certo modo, é como se, para expressar a estrutura formal da fidelidade ao Acontecimento-Verdade, tivéssemos de fazê-lo a propósito de um Acontecimento que é apenas seu próprio semblante. Talvez a lição a esse respeito seja ainda mais radical do que parece: e se aquilo que Badiou chama de Acontecimento-Verdade *for*, em seu princípio fundamental, um ato de decisão puramente formal, que não apenas não é assentado numa verdade efetiva, mas é, em última análise, *indiferente* ao *status* preciso (real ou fictício) do

Acontecimento-Verdade ao qual se refere? E se isso que estamos analisando for um componente-chave intrínseco ao Acontecimento-Verdade, isto é, e se a verdadeira fidelidade ao Acontecimento for "dogmática" no sentido preciso de uma Fé incondicional, de uma atitude que não pede boas razões e que, por isso mesmo, não pode ser refutada por nenhuma "argumentação"?

Voltemos a nossa linha principal de raciocínio: Badiou define como "genérico" o múltiplo incluído numa situação que não têm propriedades particulares, referência que nos permite classificá-lo como sua subespécie: o múltiplo "genérico" é parte da situação, embora não esteja propriamente incluído nela como sua subespécie (a "plebe" na filosofia hegeliana do direito, por exemplo). Um múltiplo que é elemento/parte da situação, mas não cabe dentro dela, que sobressai, é genérico precisamente na medida em que dá corpo de modo direto ao ser da situação como tal. Ele subverte a situação ao encarnar diretamente sua universalidade. E, com relação à própria classificação de Badiou dos procedimentos genéricos em quatro espécies (política, arte, ciência, amor), acaso a ideologia religiosa não ocupa justamente esse lugar genérico? Ela não é nenhum deles, ainda que, precisamente como tal, dê corpo ao genérico[11].

Essa identidade entre Acontecimento-Verdade e ideologia não seria confirmada ainda pelo *futur antérieur* como temporalidade específica dos procedimentos genéricos? A partir da nomeação do Acontecimento (morte de Cristo, revolução), o procedimento genérico procura seus sinais na multiplicidade com um objetivo último que lhe dará a plenitude (o Juízo Final, o comunismo, ou, em Mallarmé, *le Livre* [o Livro]). Os procedimentos genéricos envolvem, portanto, um circuito temporal: a fidelidade ao Acontecimento lhes permite julgar o múltiplo histórico do ponto de vista da plenitude futura, mas a chegada dessa plenitude já supõe o ato subjetivo da Decisão – ou, nos termos de Pascal, a "aposta". Não estaríamos, portanto, muito próximos do que Laclau descreve como hegemonia? Tomemos o Acontecimento político democrático-igualitário: a referência à revolução democrática nos permite ler a história como uma batalha democrática contínua que visa a emancipação total; a situação presente é experimentada como essencialmente "deslocada", "fora dos gonzos" (a corrupção do *Ancien Régime*, a sociedade de classes, a vida terrena) com relação à promessa de um futuro redimido. Para a língua-sujeito, "agora" é sempre um tempo de antagonismo, um tempo dividido entre o "estado de coisas" corrompido e a promessa de Verdade.

Uma vez mais, a ideia de Badiou de Acontecimento-Verdade não estaria então estranhamente próxima da noção althusseriana de interpelação ideológica? O pro-

---

[11] É claro que, simultaneamente, Badiou mobiliza a associação entre "genérico" e "generante/gerador": é o elemento "genérico" que nos permite "gerar" as proposições da língua-sujeito em que ressoa a Verdade.

cesso descrito por Badiou não vem a ser aquele do indivíduo interpelado como sujeito por uma Causa? (Significativamente, para descrever a estrutura formal da fidelidade ao Acontecimento-Verdade, Badiou lança mão do mesmo exemplo de Althusser em sua descrição do processo de interpelação.) A relação circular entre o Acontecimento e o sujeito (o sujeito serve ao Acontecimento em sua fidelidade, mas o Acontecimento só é visível como tal para um sujeito já devidamente engajado) não é o próprio circuito da ideologia? Antes de restringir o conceito de sujeito à ideologia – tomando o próprio sujeito como ideológico –, Althusser alimentou por certo tempo a ideia das quatro modalidades da subjetividade: o sujeito ideológico, o sujeito na arte, o sujeito do inconsciente e o sujeito da ciência. Não haveria assim um claro paralelo entre os quatro genéricos da verdade segundo Badiou (amor, arte, ciência, política) e essas quatro modalidades de subjetividade (nas quais o amor corresponde ao sujeito do Inconsciente – o foco da psicanálise – e a política, obviamente, corresponde ao sujeito da ideologia)? O paradoxo, portanto, está no fato de que a oposição de Badiou entre saber e verdade parece girar exatamente ao redor da oposição althusseriana entre ideologia e ciência: o saber "não autêntico" estaria limitado à ordem positiva do Ser, cego a seu vazio estrutural, a sua torção sintomal, ao passo que a Verdade engajada que leva à subjetivação viria a permitir uma percepção autêntica numa determinada situação.

São Paulo com Badiou

Seguindo uma lógica profunda – embora inusitada –, o tema do cristianismo paulino também é crucial para a confrontação de Badiou com a psicanálise. Quando se opõe categoricamente à "obsessão mórbida da morte", quando contrapõe o Acontecimento-Verdade à pulsão de morte etc., Badiou revela seu momento de fraqueza, sucumbindo à *tentação do não-pensamento*. É sintomático que Badiou se veja compelido a identificar o *service des biens* liberal-democrático – o bom funcionamento das coisas na positividade do ser, no qual "nada acontece de fato" – com a "obsessão mórbida da morte". Não é difícil identificar o traço de verdade nessa equação (mero *service des biens*, privado da dimensão de Verdade, longe de ser capaz de funcionar como uma vida cotidiana "sã", não perturbada por questões "eternas", retrocede necessariamente a uma morbidez niilista – como diriam os cristãos, só em Cristo há vida verdadeira, e a vida à margem do Acontecimento de Cristo converte-se, cedo ou tarde, em seu oposto, uma decadência mórbida; quando dedicamos nossa vida aos prazeres excessivos, esses mesmos prazeres acabam se corrompendo). Todavia, é preciso insistir aqui naquilo que Lacan denomina o espaço ou distância *entre as duas mortes*: nos termos cristãos de Badiou, para sermos capazes de nos abrir para a vida da verdadeira Eternidade, temos de suspender o apego a "esta" vida e entrar no domínio de *Até*, o domínio entre as duas mortes, o domínio do "morto-vivo".

Esse ponto merece uma observação mais detalhada, porque condensa a lacuna que separa Badiou de Lacan e da psicanálise em geral. Badiou, obviamente, está ciente da oposição entre as duas mortes (e as duas vidas): quando são Paulo opõe Vida e Morte (o espírito é vida, e a carne traz a morte), essa posição nada tem a ver com a oposição biológica da vida e da morte como partes do ciclo de geração e deterioração ou com a oposição platônica entre Corpo e Alma. Para são Paulo, "Vida" e "Morte", Espírito e Carne, designam duas posições subjetivas, duas formas de viver a vida. Assim, quando são Paulo fala de Morte e de Ressurreição – a ascensão à Vida eterna em Cristo –, isso tampouco tem a ver com a vida e a morte biológicas, mas dá as coordenadas das duas "atitudes existenciais" fundamentais (para usarmos aqui, anacronicamente, esse termo moderno). Isso leva Badiou a uma interpretação específica do cristianismo que *dissocia radicalmente Morte e Ressurreição*: elas não são a mesma coisa, não estão sequer interconectadas dialeticamente no sentido de ter o acesso à Vida eterna à custa do sofrimento que nos redime de nossos pecados. Para Badiou, a morte de Cristo na cruz indica simplesmente que "Deus se tornou homem", que a Verdade eterna é algo imanente à vida humana, acessível a qualquer um. A mensagem concernente ao fato de que Deus teve de se tornar homem e morrer (padecer o destino de toda carne) para ressuscitar é a de que a Vida eterna é algo acessível à humanidade, a todos os homens enquanto seres mortais finitos: cada um de nós pode ser tocado pela Graça do Acontecimento- -Verdade e entrar no domínio da Vida eterna. Aqui, Badiou é declaradamente anti-hegeliano: não há dialética de Vida e Morte, no sentido de que o Acontecimento- -Verdade da Ressurreição surge como a inversão mágica da negatividade em positividade quando estamos plenamente preparados para "permanecer com o negativo", para assumir a mortalidade e o sofrimento em seu aspecto mais radical. O Acontecimento-Verdade nada mais é do que um começo radicalmente novo; ele designa a intrusão violenta, traumática e contingente de uma outra dimensão, uma dimensão não "mediada" pelo domínio da finitude e da deterioração terrenas.

Devemos evitar então as ciladas da moral masoquista mórbida, que vê o sofrimento como intrinsecamente redentor: essa moralidade permanece dentro dos limites da Lei (que nos impõe um preço pela admissão na Vida eterna) e não está ainda no nível do conceito propriamente cristão de Amor. Para Badiou, a morte de Cristo não é em si um Acontecimento-Verdade; ela simplesmente prepara o terreno para o Acontecimento (Ressurreição) ao afirmar a identidade de Deus e do homem – o fato de que a dimensão infinita da Verdade imortal é acessível a um finito humano mortal; o que importa, em última instância, é apenas a Ressurreição do Cristo morto (isto é, humano mortal), assinalando que todos os seres humanos

166 / O sujeito incômodo

podem ser redimidos e entrar no domínio da Vida eterna, ou seja, participar do Acontecimento-Verdade.

Nisto reside a mensagem do cristianismo: a positividade do Ser, a Ordem do cosmos regulada por sua Lei, que é o domínio da finitude e da mortalidade (do ponto de vista do cosmos, da totalidade do Ser positivo, não somos mais do que seres particulares, determinados por nosso lugar específico na ordem global – a Lei é, em última instância, outro nome para a Ordem da Justiça cósmica, que coloca cada um de nós em seu devido lugar), não é "tudo o que há"; há outra dimensão, a dimensão da Vida verdadeira no Amor, acessível a todos nós por meio da Graça divina, e da qual podemos todos participar. A revelação cristã é, portanto, um exemplo (talvez *o* exemplo) de que nós, seres humanos, não somos limitados à positividade do Ser; que, de tempos em tempos, de forma contingente e imprevisível, pode ocorrer um Acontecimento-Verdade que nos abre a possibilidade de participar de uma outra Vida, se permanecemos fiéis ao Acontecimento-Verdade. É interessante notar aqui como Badiou inverte a oposição-padrão entre a Lei enquanto universal e a Graça (ou carisma) como particular, a ideia de que estaríamos todos submetidos à Lei divina universal, ao passo que apenas alguns seriam tocados pela Graça e poderiam ser redimidos. Na leitura que Badiou faz de são Paulo, ao contrário, é a Lei em si que, por mais "universal" que pareça, é em última instância "particularista" (uma ordem legal sempre nos impõe deveres e direitos específicos, e é sempre uma Lei que define uma comunidade específica à custa da exclusão dos membros de outras comunidades, sejam elas étnicas ou outras), ao passo que a Graça divina é verdadeiramente universal, isto é, não excludente, endereçando-se a todos os seres humanos, independentemente de raça, sexo, condição social etc.

Temos, portanto, duas vidas: a vida biológica finita e a Vida infinita da participação no Acontecimento-Verdade da Ressurreição. Analogamente, há também duas mortes: a morte biológica e a Morte no sentido de sucumbir ao "destino de toda carne". Como são Paulo determina essa oposição entre Vida e Morte enquanto as duas atitudes existenciais subjetivas? Tocamos aqui no ponto crucial da argumentação de Badiou, que também interessa à psicanálise: para Badiou, a oposição entre Morte e Vida coincide com a oposição entre Lei e Amor. Para são Paulo, sucumbir às tentações da carne não significa simplesmente entregar-se às infrenes conquistas mundanas (a busca por prazeres, poder, riqueza...), a despeito da lei (das proibições morais). Ao contrário, seu princípio central – elaborado naquela que é talvez a passagem (merecidamente) mais célebre de seus escritos, o versículo 7 do capítulo 7 da Epístola aos Romanos – é o de que não existe Pecado anterior ou independente da Lei: o que vem antes da Lei é uma vida prelapsária inocente, para sempre perdida para nós, seres humanos mortais. O universo em que vivemos, *nosso* "destino de toda carne", é o universo em que Pecado e Lei, desejo e sua proibição, estão inextri-

A política da verdade, ou Alain Badiou como leitor de são Paulo / 167

cavelmente entrelaçados: é o próprio ato de Proibição que suscita o desejo de sua transgressão, isto é, que finca nosso desejo no objeto proibido:

> Que diremos então? Que a lei é pecado? De forma alguma! Mas eu não teria conhecido o pecado se não existisse a lei, nem teria conhecido a cobiça se a lei não tivesse dito: "Não cobiçarás". Mas o pecado, aproveitando a ocasião desse mandamento, despertou em mim todo tipo de cobiça; sem a lei, o pecado está morto. Antes eu vivia sem a lei; mas, quando veio o mandamento, o pecado reviveu, e eu morri. O mandamento que devia dar a vida tornou-se para mim motivo de morte. Porque o pecado aproveitou a ocasião do mandamento, me seduziu e, por meio dele, me matou. [...] Não consigo entender nem mesmo o que faço; pois não faço aquilo que eu quero, mas aquilo que mais detesto. Ora, se eu faço o que não quero, reconheço que a lei é boa; portanto, não sou eu que faço, mas é o pecado que habita em mim. Sei que o bem não mora em mim, isto é, em minha carne. Sou capaz de desejar o que é bom, mas não sou capaz de fazê-lo.[12]

Essa passagem, obviamente, deve ser tomada em seu contexto: em toda essa parte da epístola, são Paulo se digladia com a questão de como evitar a armadilha da *perversão*, isto é, de uma Lei que gera sua própria transgressão, já que necessita dela para se afirmar como Lei. Por exemplo, em Romanos 3,5-8, são Paulo dispara uma saraivada de perguntas desesperadas:

> [...] se a nossa injustiça realça a justiça de Deus, que diremos então? Que Deus é injusto quando descarrega a sua cólera? [...] Mas, se a verdade de Deus brilha ainda mais para a sua glória por minha mentira, por que serei eu ainda julgado pecador? Então, por que não "fazer o mal para que dele venha o bem", expressão que os caluniadores, falsamente, nos atribuem?

"Por que não 'fazer o mal para que dele venha o bem'?" é a definição mais sucinta do curto-circuito da posição perversa. Isso não faz de Deus um perverso dissimulado que provoca nossa queda para poder nos redimir com seu sacrifício? Ou, citando Romanos 11,11, "acaso tropeçaram para cair?", isto é, tropeçamos (caímos no Pecado, como "toda carne") porque Deus precisava de nossa Queda como parte de seu plano de Redenção final? Se é assim que as coisas são, a resposta para a pergunta "Permaneceremos no pecado para que haja abundância da graça?" (Romanos 6,1) é

---

[12] Romanos 7,7-18; extraído de *The Holy Bible: New Revised Standard Version* (Nashville, Thomas Nelson, 1990). [Para esta edição, foram consultadas versões da Bíblia disponíveis online, mais especificamente a Bíblia Online, disponível em: <www.bibliaonline.com.br>, sendo a tradução ligeiramente modificada em alguns trechos para se assemelhar à versão utilizada por Slavoj Žižek em inglês. – N. T.]

168 / O sujeito incômodo

afirmativa: é apenas e precisamente nos entregando ao pecado que permitimos a Deus desempenhar sua parte como nosso Salvador. O esforço de são Paulo, no entanto, é para romper esse círculo vicioso em que a Lei proibitiva e sua transgressão são produzidas e sustentadas uma pela outra.

Em seus *Cadernos filosóficos*, Lenin faz a conhecida afirmação de que todo aquele que almeja realmente compreender *O capital*, de Marx, deve ler em detalhes a íntegra da *Lógica* de Hegel. O próprio Lenin resolveu fazê-lo, acrescentando às citações de Hegel centenas de "sic" e comentários marginais, como: "A primeira parte dessa sentença contém uma percepção dialética engenhosa; a segunda parte é lixo teológico!". Uma tarefa à espera de verdadeiros materialistas dialéticos lacanianos é repetir esse mesmo gesto com são Paulo, já que, mais uma vez, todo aquele que deseja realmente compreender os *Escritos* de Lacan deveria ler em detalhes as epístolas aos Romanos e aos Coríntios – embora não devamos esperar por uma obra lacaniana do tipo *Cadernos teológicos*, com citações acompanhadas de centenas de "sic" ou comentários como: "A primeira parte dessa sentença traz uma profunda compreensão da ética lacaniana, mas a segunda parte não passa de lixo teológico!"[13]...

Voltemos então à extensa citação da Epístola aos Romanos: o resultado direto da intervenção da Lei é que ela *divide* o sujeito e introduz uma confusão mórbida entre Vida e Morte: o sujeito é dividido entre obediência (consciente) à Lei e desejo (inconsciente) de sua transgressão, gerado pela própria proibição legal. Não sou eu, o sujeito, quem infringe a Lei, é o próprio "Pecado" não subjetivado, os impulsos

---

[13] Para Badiou, o problema fundamental de são Paulo era o do discurso adequado: a fim de afirmar o universalismo cristão autêntico, são Paulo teve de romper com a sofística filosófica grega e com o obscurantismo profético judeu, que é ainda o estilo discursivo predominante dos evangelhos. Aqui, no entanto, talvez devêssemos complicar um pouco as coisas: talvez as obscuras parábolas de Jesus nos evangelhos sejam mais subversivas do que parecem; talvez estejam lá justamente para atarantar e frustrar os discípulos que não conseguem discernir um sentido mais evidente nelas; talvez a conhecida declaração de Mateus (19,12) – "Quem puder aceitar [ou, como também é traduzido, compreender] que o faça" – deva ser tomado ao pé da letra, como um sinal de que a procura por um significado mais profundo é enganosa; talvez devam ser tomadas como a parábola da porta da lei em *O processo*, de Kafka, submetidas a uma exasperante leitura literal por parte dos sacerdotes, uma leitura que não dê margem a qualquer significado mais profundo. Portanto, talvez essas parábolas não sejam o resto do velho discurso profético judeu, mas, ao contrário, sua subversão satírica imanente. E, a propósito, não seria surpreendente que esse "Quem puder aceitar que o faça" tivesse sido proferido por Cristo com relação ao problema da castração? A passagem completa é a seguinte: "Nem todos são capazes de aceitar/compreender o sentido desta palavra, mas somente aqueles a quem foi dada. Porque há eunucos que o são desde o ventre de sua mãe, há eunucos tornados tais pelas mãos dos homens e há eunucos que a si mesmos se fizeram eunucos por amor do Reino dos céus. Quem puder aceitar/compreender que o faça" (Mateus 19,12). O que é, em última análise, inapreensível, para além da compreensão, é o fato da castração em suas diferentes modalidades.

pecaminosos em que não me reconheço e até odeio. Por conta dessa divisão, meu Eu (consciente) é experimentado, em última instância, como "morto", como privado de impulso de vida, ao passo que a "vida", a afirmação extática da energia vital, só pode aparecer sob a forma de "Pecado", de uma transgressão que causa um sentimento mórbido de culpa. Meu real impulso de vida, meu desejo, surge para mim como um automatismo estranho, que insiste em seguir seu caminho independentemente de minha Vontade consciente e de minhas intenções. O problema de Paulo, portanto, não é o mórbido problema moralista padrão (como destruir os impulsos transgressores, como purificar meus ímpetos pecaminosos), mas seu exato oposto: como posso romper esse círculo vicioso de Lei e desejo, de proibição e transgressão, com o qual só consigo afirmar minhas paixões na forma de seu oposto, como uma mórbida pulsão de morte? Como eu poderia experimentar meu impulso de vida não como um automatismo que não me pertence, como uma cega "compulsão à repetição" que me faz transgredir a Lei com a inconfessa cumplicidade da própria Lei, mas como um "sim" à minha Vida completamente subjetivado?

Aqui, tanto são Paulo como Badiou parecem endossar a leitura de Hegel de que o Mal só existe para o olhar que vê algo como o Mal: é a Lei em si que não apenas inaugura e sustenta o domínio do Pecado, dos impulsos pecaminosos para transgredi-la, mas também encontra uma satisfação mórbida e perversa em nos fazer sentir culpa por eles. O derradeiro resultado da norma da Lei consiste, portanto, nos conhecidos truques e paradoxos do supereu: só posso gozar se me sentir culpado por isso, o que significa que, numa virada autorreflexiva, só posso obter satisfação *em* me sentir culpado; posso encontrar gozo em me castigar por pensamentos pecaminosos etc. Assim, quando Badiou fala da "mórbida fascinação da pulsão de morte" etc., ele não está recorrendo a platitudes, mas referindo-se à precisa leitura "paulina" dos conceitos psicanalíticos dos quais lança mão: todo o complexo enredamento entre Lei e desejo – e não só os desejos pecaminosos ilícitos que vão contra a Lei, mas esse entrelaçamento mórbido entre vida e morte no qual a letra "morta" da Lei perverte meu próprio gozo da vida, convertendo-o em fascínio da morte. Esse universo perverso, em que o asceta que se flagela em nome da Lei goza mais intensamente que a pessoa que tira um prazer inocente dos deleites mundanos, é o que são Paulo chama de "o destino da carne", em oposição ao "destino do espírito": a "carne" não é a carne oposta à Lei, mas a carne como uma fascinação mórbida, mortificante, excessiva e torturadora *produzida pela Lei* (ver Romanos 5,20: "a lei sobreveio para que abundasse o pecado").

Como salienta Badiou, são Paulo está inesperadamente próximo de seu grande detrator Nietzsche, cujo problema também era como romper o círculo vicioso da mórbida negação automortificante da Vida: para ele, o "destino cristão do espírito" é precisamente a ruptura mágica, o novo começo que nos liberta desse mórbido

170 / O sujeito incômodo

impasse debilitante e permite que nos abramos para a Vida eterna do Amor sem Pecado (isto é, sem a Lei e a culpa que a Lei produz). Em outras palavras, é como se o próprio são Paulo tivesse respondido à infame afirmação de Dostoiévski: "Se Deus não existe, tudo é permitido" – para são Paulo, é precisamente porque existe *o Deus do Amor que tudo é permitido ao crente cristão* –, isto é, a Lei que regula e proíbe certos atos é suspensa. Para um fiel cristão, o fato de não fazer certas coisas está baseado não em proibições (que geram o desejo transgressor de se entregar precisamente a essas coisas), mas na atitude afirmativa e positiva do Amor, que torna sem sentido a realização de atos que dão testemunho do fato de que eu não sou livre, mas ainda dominado por uma força externa. "'Tudo me é permitido', mas nem tudo me convém. 'Tudo me é permitido', mas eu não me deixarei dominar por coisa alguma" (1 Coríntios 6,12; "Tudo me é permitido" é traduzido muitas vezes como "Nada me é proibido"!). Essa ruptura com o universo da Lei e sua transgressão talvez esteja mais claramente articulada numa "analogia com o matrimônio" bastante inquietante:

> Ignorais, irmãos (falo aos que têm conhecimentos jurídicos), que a lei só tem domínio sobre o homem durante o tempo que vive? Assim, a mulher casada está sujeita ao marido pela lei enquanto ele vive; mas, se o marido morrer, fica desobrigada da lei que a ligava ao marido. Por isso, enquanto viver o marido, se se tornar mulher de outro homem, será chamada adúltera. Porém, morrendo o marido, fica desligada da lei, de maneira que, sem se tornar adúltera, poderá casar-se com outro homem. Assim, meus irmãos, também vós estais mortos para a lei, pelo sacrifício do corpo de Cristo, para pertencerdes a outrem, àquele que ressuscitou dentre os mortos, a fim de que demos frutos para Deus. De fato, quando estávamos na carne, as paixões pecaminosas despertadas pela lei operavam em nossos membros, a fim de frutificarmos para a morte. Agora, mortos para essa lei que nos mantinha sujeitos, dela nos temos libertado [...]. (Romanos 7,1-6)

Para se tornar um verdadeiro cristão e abraçar o Amor, é preciso "morrer para a Lei", romper o círculo vicioso das "paixões pecaminosas provocadas pela Lei". Como teria dito Lacan, é preciso sofrer a segunda morte, a morte simbólica, que envolve a suspensão do grande Outro, a Lei simbólica que dominava e regulava nossa vida até então. O ponto crucial, portanto, é que temos *duas* "divisões do sujeito", e não devemos confundi-las. Por um lado, temos a divisão do sujeito da Lei entre seu Eu consciente, que adere à letra da Lei, e seu desejo descentrado que, operando "automaticamente", contra a vontade consciente do sujeito, compele-o a fazer "aquilo que mais detesta", a transgredir a Lei e entregar-se à *jouissance* ilícita. Por outro lado, temos a divisão mais radical entre a totalidade desse domínio da Lei/desejo, da proibição gerando sua transgressão, e o caminho propriamente cristão do Amor, que marca um novo começo, superando o impasse da lei e sua transgressão.

Entre as duas mortes

Que posição o "sujeito dividido" lacaniano adota em relação a essas duas divisões? A resposta pode parecer simples e direta: a psicanálise é *a* teoria que conceitualiza, trazendo à tona, a estrutura paradoxal da primeira divisão. A descrição de Badiou do entrelaçamento da Lei e do desejo não está cheia de referências implícitas (às vezes até explícitas!) a Lacan e paráfrases dele? O domínio fundamental da psicanálise não é a conexão entre a Lei simbólica e o desejo? A multiplicidade de satisfações perversas não é justamente a forma em que se dá a conexão entre a Lei e o desejo? A divisão lacaniana do sujeito não é a divisão que diz respeito, precisamente, à relação do sujeito com a Lei simbólica? Além disso, a confirmação definitiva disso não é o artigo de Lacan intitulado "Kant com Sade"*, que postula diretamente o universo sadiano de perversão mórbida como a "verdade" da afirmação mais radical do peso moral da Lei simbólica na história humana (ética kantiana)? (O ponto irônico que não devemos esquecer é que Foucault concebe a psicanálise como o elo final na cadeia que se iniciou com o modo confessional cristão de sexualidade, vinculando-o diretamente à Lei e à culpa, ao passo que – ao menos na leitura de Badiou – são Paulo, figura fundadora do cristianismo, faz o exato oposto: ele se esforça para *quebrar* o vínculo mórbido entre Lei e desejo...) Uma questão crucial para a psicanálise, no entanto, é: a própria psicanálise permanece dentro dos limites dessa obsessão masoquista "mórbida" da morte, da combinação perversa de Vida e Morte que caracteriza a dialética da Lei proibitiva que gera o desejo de sua transgressão? A melhor forma de responder a essa questão talvez seja começar com o fato de que o próprio Lacan se concentrou nessa mesma passagem de são Paulo em sua elaboração do vínculo entre Lei e desejo, referindo-se à Coisa como objeto impossível da *jouissance*, acessível apenas por meio da Lei proibitiva, como sua transgressão. Deve-se citar essa passagem na íntegra:

> É a Lei a Coisa? De modo algum. Mas eu não conheci a coisa senão pela Lei. Porque não teria ideia da concupiscência se a Lei não dissesse – Não cobiçarás. Foi a Coisa, portanto, que, aproveitando-se da ocasião que lhe foi dada pelo mandamento, excitou em mim todas as concupiscências; porque sem a Lei a Coisa estava morta. Quando eu estava sem

---

* Em *Escritos*, cit. (N. E.)

172 / O sujeito incômodo

a Lei, eu vivia; mas, sobrevindo o mandamento, a Coisa recobrou vida, e eu morri. Assim o mandamento que me devia dar a vida, conduziu-me à morte. Porque a Coisa, aproveitando da ocasião do mandamento, seduziu-me, e por ele fez-me desejo de morte.*

Imagino que, já há alguns instantes, alguns dentre vocês pelo menos desconfiam de que não sou mais eu quem fala. Com efeito, com a exceção de uma pequena modificação – Coisa no lugar de pecado – este é o discurso de são Paulo concernindo às relações da lei e do pecado, Epístola aos Romanos, capítulo 7, parágrafo 7.

[...] A relação entre a Coisa e a Lei não poderia ser mais bem definida do que nesses termos [...] A relação dialética do desejo com a Lei faz nosso desejo não arder senão numa relação com a Lei, pela qual ele se torna desejo de morte. É somente pelo fato da Lei que o pecado [...] adquire um caráter desmesurado, hiperbólico. A descoberta freudiana, a ética psicanalítica deixam-nos suspensos a essa dialética?[14]

O ponto crucial está na última frase, que aponta claramente que, para Lacan, *há* "uma maneira de reencontrar, a certa altura para além da lei, a relação com *das Ding*"[15] – o essencial da ética da psicanálise é formular a possibilidade de uma relação que evite as armadilhas da culpabilização do supereu, que responde pelo gozo "mórbido" do pecado, evitando também aquilo que Kant chamou de *Schwämerei*, o apelo obscurantista para dar voz (e assim legitimar determinada posição por uma referência) à iluminação espiritual, a uma visão direta da Coisa Real impossível. Quando Lacan formula sua máxima da ética da psicanálise, *"ne pas céder sur son désir"*, isto é, "não transigir, não ceder do seu desejo", o desejo em questão aqui já não é mais o desejo transgressor produzido pela Lei proibitória e, por isso, envolvido numa dialética "mórbida" com a Lei; trata-se, antes, de uma fidelidade a um desejo que é elevada ao nível de dever ético, de modo que *"ne pas céder sur son désir"* venha a ser, em última instância, um outro modo de dizer: "Faz o que tem de ser feito!"[16].

---

* Esse trecho da epístola de são Paulo difere sutilmente em alguns pontos da mesma citação feita anteriormente, seguindo agora a tradução proposta na versão brasileira do Seminário 7 de Jacques Lacan. (N. T.)

[14] Jacques Lacan, *The ethics of psychoanalysis* (Londres, Routledge, 1992), p. 83-4 [ed. bras.: *O seminário, livro 7: a ética da psicanálise*, trad. Antônio Quinet, Rio de Janeiro, Zahar, 2008, p. 103-4].

[15] Idem.

[16] Outro problema aqui é o do *status* da referência a Kant: na medida em que Kant é visto como o filósofo da Lei no sentido paulino de Badiou, o ensaio "Kant com Sade" de Lacan conserva toda a sua força – isto é, o *status* da Lei moral kantiana permanece o de uma formação do supereu, de modo que sua "verdade" é o universo sadiano de perversão mórbida. Há, no entanto, outro modo de conceituar a injunção moral kantiana que o liberta das coerções do supereu. Ver o apêndice III de Slavoj Žižek, *The Plague of Fantasies* (Londres, Verso, 2008).

Seria tentador então arriscar uma leitura do final da análise a partir do enfoque de Badiou e de são Paulo, determinando-o como um novo começo, um "renascimento" simbólico – a reestruturação radical da subjetividade do analisando, de forma tal que o círculo vicioso do supereu seja suspenso, deixado para trás. O próprio Lacan não dá um certo número de indicações de que o final da análise inauguraria o domínio do *Amor para além da Lei* (para usarmos o próprio termo paulino a que Badiou se refere)? A proposta de Lacan, no entanto, não é a mesma de são Paulo ou Badiou: psicanálise não é "psicossíntese"; ela *não postula* uma "nova harmonia", um novo Acontecimento-Verdade; ela, por assim dizer, apenas propõe que se recomece. Esse "apenas", contudo, deveria ser escrito entre aspas, pois demarca a controvérsia de Lacan de que, nesse gesto negativo de "recomeçar", há algo (um vazio) que é confrontado e que já se encontra "suturado" com a chegada de um novo Acontecimento-Verdade. Para Lacan, a negatividade, um gesto negativo de recolhimento, antecede qualquer gesto positivo de identificação entusiasta com uma Causa: a negatividade funciona como a condição de (im) possibilidade da identificação entusiasta – ou seja, ela prepara o terreno, abre espaço para a identificação, mas é ao mesmo tempo ofuscada e solapada por ela. Por essa razão, Lacan modifica implicitamente o equilíbrio entre Morte e Ressurreição em favor da Morte: o que a "Morte" representa naquilo que ela tem de mais radical não é apenas a partida da vida terrena, mas "a noite do mundo", o autorrecolhimento, o absoluto retraimento da subjetividade, o corte de seus vínculos com a "realidade" – é *esse* o "recomeçar" que inaugura o domínio de um novo começo simbólico, da emergência da "nova harmonia" sustentada por um Significante--Mestre recém-surgido.

Aqui, Lacan se afasta de são Paulo e Badiou: Deus não apenas está morto, como sempre-já esteve, isto é, depois de Freud, não há como se ter uma fé direta num Acontecimento-Verdade; todo e qualquer Acontecimento permanece, em última instância, um semblante que encobre um Vazio anterior cujo nome freudiano é *pulsão de morte*. Lacan difere de Badiou quanto à determinação do *status* exato desse domínio que está para além da regra da Lei. Isso significa que, tal como Lacan, Badiou traça os contornos de um domínio para além da Ordem do Ser, para além da política do *service des biens*, para além da "mórbida" conexão do supereu entre a Lei e seu desejo de transgressão. Mas, para Lacan, a temática freudiana da pulsão de morte não pode ser tomada nos termos dessa conexão: a "pulsão de morte" *não* é o efeito da confusão mórbida entre Vida e Morte causada pela intervenção da Lei simbólica. Para Lacan, o estranho domínio que está para além da Ordem do Ser é o que ele chama de domínio "entre as duas mortes", o domínio pré-ontológico de aparições espectrais monstruosas, o domínio que é "imortal", não no sentido da imortalidade da participação na Verdade, como em

174 / O sujeito incômodo

Badiou, mas no sentido daquilo que Lacan chama de *lamela*, no sentido da monstruosa libido objetal "morta-viva"[17].

Esse domínio, em que Édipo (ou o rei Lear, para tomarmos outro caso exemplar) encontra-se após a Queda, quando está cumprido seu destino simbólico, é para Lacan o domínio específico do "para além da Lei". Em sua leitura do mito de Édipo, o jovem Lacan se concentrou naquilo que a versão usual do "complexo de Édipo" deixa de lado: a figura primeira daquilo que está "para além de Édipo", que é *o próprio Édipo* depois de haver cumprido seu destino até seu implacável fim, a figura horrenda de Édipo em Colono, o velho amargurado e sua atitude absolutamente intransigente, amaldiçoando a todos a seu redor... Acaso essa figura de Édipo em Colono não nos confronta com o impasse inerente, a impossibilidade de *jouissance*, oculta por sua Proibição? E não foi Édipo justamente aquele que transgrediu a Proibição e pagou o preço por assumir essa impossibilidade? Para ilustrar a posição de Édipo em Colono, Lacan a compara com o desafortunado Sr. Valdemar da famosa história de Edgar Allan Poe*, o sujeito que, por hipnose, é executado e então despertado, implorando às pessoas que observam a terrível experiência: "Pelo amor de Deus! Depressa! Depressa! Me façam dormir...", ou: "Rápido! Me acordem! Rápido! ESTOU DIZENDO QUE ESTOU MORTO!". Quando finalmente o despertam, o Sr. Valdemar:

> não é senão uma liquefação nojenta, uma coisa que não tem nome em língua nenhuma, a aparição nua, pura e simples, brutal, desta figura impossível de se olhar de frente, que está por detrás de todas as imaginações do destino humano, que está para além de qualquer qualificação, e para a qual a palavra carniça é absolutamente insuficiente, a recaída total desta espécie de empolamento que é a vida – a bolha se esboroa e se dissolve no líquido purulento inanimado.
>
> É disto que se trata no caso de Édipo. Édipo, tudo o denota, desde o início da tragédia, não é mais do que o refugo da terra, rebotalho, resíduo, coisa esvaziada de qualquer aparência especiosa.[18]

---

[17] Ver Jacques Lacan, *The Four Fundamental Concepts of Psychoanalysis*, cit., p. 197-8 [ed. bras.: *O seminário, livro 11*, cit., p. 186-7].

* O conto mencionado pode ser encontrado em Edgar Allan Poe, *Contos de imaginação e mistério* (trad. Cassio de Arantes Leite, São Paulo, Tordesilhas, 2012). (N. T.)

[18] Jacques Lacan, *The Seminar, book II: The Ego in Freud's Theory and in the Technique of Psychoanalysis* (Nova York, Norton, 1991), p. 231-2 [ed. bras.: *O seminário, livro 2: o eu na teoria de Freud e na técnica da psicanálise*, trad. Lasnik Penot e Antonio Quinet, Rio de Janeiro, Zahar, 1985, p. 291].

Fica claro que estamos lidando aqui com o domínio "entre as duas mortes", a simbólica e a real: o objeto primordial do horror é a irrupção súbita dessa "vida além da morte", posteriormente teorizada por Lacan (no *Seminário 11*) como *lamela*, o objeto morto-vivo indestrutível, a Vida privada de suporte na ordem simbólica. Isso talvez esteja relacionado hoje com o fenômeno do ciberespaço: quanto mais nossa (experiência da) realidade é "virtualizada", transformada num "fenômeno-tela" que pode ser encontrada numa interface, mais o "resto indivisível" que resiste a ser integrado na interface apresenta-se como resto horripilante da vida morta-viva – não admira que imagens dessa substância morta-viva disforme sejam tão frequentes nas narrativas de ficção científica, de *Alien* em diante.

Recordemos uma célebre sequência de *Brazil*, de Terry Gilliam, ao qual me refiro com frequência – a cena em que o garçom de um restaurante de alta classe recomenda aos clientes as melhores sugestões do menu do dia ("Hoje nossos medalhões estão realmente especiais!" etc.). No entanto, o que os clientes recebem depois de fazer o pedido é uma belíssima fotografia da comida num suporte sobre o prato, e no próprio prato uma massa pastosa, repugnante e excrementícia[19]. Essa cisão entre a imagem da comida e o Real de seu refugo excrementício disforme ilustra perfeitamente a desintegração da realidade sob a aparência insubstancial e espectral numa dita interface e a matéria bruta do resto do Real – a obsessão com esse resto é o preço que temos de pagar pela suspensão da Proibição/Lei paterna, que sustenta e garante nosso acesso à realidade. E, é claro, a leitura de Lacan é que, se explorarmos totalmente os potenciais abertos por nossa existência como *parlêtres* ("falasseres"), cedo ou tarde estaremos nesse horrível estado intermediário – a ameaçadora possibilidade de que isso venha a ocorrer paira sobre cada um de nós.

Esse "resto indivisível", essa mancha disforme do "tiquinho de Real" que "é" Édipo após ter cumprido seu Destino simbólico, dá corpo diretamente àquilo que Lacan denomina *plus-de-jouir*, o "mais-gozar", o excesso que não pode ser contabilizado por nenhuma idealização simbólica. Quando usa o termo *plus-de-jouir*, Lacan joga, é claro, com a ambiguidade da expressão francesa ("excesso de gozo", mas também "não mais gozar"); seguindo esse modelo, somos tentados a falar desse

---

[19] Essa cena de *Brazil* é psicótica, visto que envolve o desaparecimento do Simbólico – isto é, o que acontece nela é aquilo que Lacan descreve como a torção psicótica do "esquema L" da comunicação simbólica: a realidade simbólica desmorona, por um lado, no puro Real do excremento e, por outro lado, no Imaginário puro da imagem alucinatória sem substância... (Ver Jacques Lacan, "De uma questão preliminar a todo tratamento possível da psicose", em *Escritos*, cit.) Em síntese, o que ocorre nessa cena é a dissolução do nó borromeano em que, na intricada interconexão entre as três dimensões, cada par delas é ligado pela terceira: quando a eficácia do Simbólico é suspensa, rompe-se o elo entre as outras duas dimensões (o Imaginário e o Real) que sustentam nosso "senso de realidade".

176 / O sujeito incômodo

"resto indivisível" disforme que é Édipo após ter cumprido seu Destino simbólico como um caso de *plus d'homme* – ele é "excessivamente humano", viveu a "condição humana" até o fim, realizando sua possibilidade mais fundamental, e, por essa mesma razão, é "não mais humano" e torna-se um "mostro inumano", guiado por leis e considerações não "humanas"... Como ressalta Lacan, há duas formas principais de lidar com esse "resto": o humanismo tradicional o renega, evita confrontá-lo e cobre-o de idealizações, ocultando-o com imagens nobres da Humanidade; por outro lado, a economia capitalista, cruel e sem limites, vai fazer uso desse excesso/resto, manipulando-o para manter em movimento perpétuo sua maquinaria produtiva (como se diz por aí, não há desejo ou depravação que não possa ser explorado pela usura capitalista).

Nesse ponto, quando Édipo já está reduzido à condição de "escória da humanidade", encontramos mais uma vez a relação ambígua (ou, em termos hegelianos, a identidade especulativa) entre o mais baixo e o mais elevado, entre a escória excrementícia e o sagrado: depois de sua dejeção, de repente mensageiros de diferentes cidades disputam os favores de Édipo, pedindo-lhe para que abençoe a cidade com sua presença, ao que Édipo responde: "Eu me fiz alguém [ou um homem, segundo algumas leituras] ao me tornar ninguém [quando já não sou mais humano]?"*. Essas palavras acaso não revelam a matriz elementar da subjetividade? Isto é, você se torna "algo" (é contado como sujeito) apenas depois de atravessar o ponto zero, depois de ter sido privado de todos os traços "patológicos" (no sentido kantiano de empírico, contingente) que sustentam sua identidade, e então é reduzido ao "nada" – "um Nada que é contado como Algo" talvez seja a fórmula mais concisa do sujeito "barrado" lacaniano[20].

Podemos dizer que Martinho Lutero foi o primeiro grande anti-humanista: a subjetividade moderna não foi anunciada na celebração do homem pelos humanistas do Renascimento, para quem o ser humano "coroava a criação", isto é, na tradição de Erasmo e outros (para quem Lutero só pode parecer um "bárbaro"), mas, antes, na famosa afirmação de Lutero de que o homem é o excremento que caiu do ânus de Deus. A subjetividade moderna nada tem a ver com a ideia do homem como a criatura superior na "Grande Cadeia do Ser", como ápice da evolução do

---

* Ver Sófocles, *Édipo em Colono* (trad. Trajano Vieira, São Paulo, Perspectiva, 2005), p. 45-6. (N. T.)

[20] Outro conhecido dito espirituoso a respeito do amargurado Édipo é pronunciado pelo Coro, que afirma que a maior bênção que pode ser concedida a um ser humano mortal é de não ter nascido [Sófocles, *Édipo em Colono*, cit., p. 95-6]; a conhecida réplica cômica citada por Freud e Lacan ("Infelizmente, isso só acontece uma vez a cada cem mil") adquire um novo significado hoje, em meio ao acalorado debate sobre o aborto: em certo sentido, as crianças abortadas não são as que conseguiram não nascer?

universo: a subjetividade moderna surge quando o sujeito se percebe "fora dos gonzos", *excluído* da "ordem das coisas", da ordem positiva dos entes. Por essa razão, o equivalente ôntico do sujeito moderno é inerentemente *excrementício*: não há subjetividade propriamente dita sem a ideia de que, em outro nível, e em outra perspectiva, eu sou um mero pedaço de merda. Para Marx, o surgimento da subjetividade da classe trabalhadora é estritamente codependente do fato de que o trabalhador se vê compelido a vender como mercadoria no mercado a própria substância de seu ser (seu poder criativo) – ou seja, a reduzir o *agalma*, o tesouro, o núcleo precioso de seu ser, a um objeto que pode ser comprado com dinheiro: não há subjetividade sem a redução do ser substancial positivo do sujeito à condição de um "pedaço de merda" descartável. Nesse caso de correlação entre a subjetividade cartesiana e sua contraparte excrementícia objetal não estamos lidando apenas com um exemplo daquilo que Foucault chamou de par empírico-transcendental que caracteriza a antropologia moderna, mas sim com a cisão entre o sujeito da enunciação e o sujeito do enunciado[21]: para que o sujeito cartesiano surja no nível da enunciação, ele deve ser reduzido à condição de um "quase nada", de um excremento descartável no nível do conteúdo enunciado.

Aquilo que Badiou não leva em consideração pode ser resumido pelo fato de que, na iconografia cristã, são Paulo tomou o lugar do traidor Judas entre os doze apóstolos – num caso de substituição metafórica, se é que um dia houve alguma. O ponto-chave é que são Paulo estava em posição de estabelecer o cristianismo como uma instituição, de formular sua Verdade universal, precisamente porque *não* conheceu Cristo pessoalmente – como tal, estava excluído do impasse inicial daqueles que estavam pessoalmente envolvidos com o Mestre; mas, para que essa distância se tornasse produtiva, isto é, para que sua mensagem universal fosse mais importante do que sua pessoa, Cristo *teve de* ser traído... Em outras palavras, qualquer idiota pode realizar milagres simples e estúpidos, como caminhar sobre as águas ou fazer chover comida do céu – o verdadeiro milagre, como disse Hegel, é o do pensamento universal, e coube a são Paulo realizá-lo, ou seja, traduzir o idiossincrático Acontecimento de Cristo num pensamento universal.

O sujeito lacaniano

O que então é o sujeito aqui? O sujeito é estritamente correlato à lacuna ontológica entre o universal e o particular – à indecidibilidade ontológica, ao fato de não ser possível derivar a Hegemonia ou a Verdade diretamente do conjunto ontológico

---

[21] Ver Jacques Lacan, *Écrits: A Selection* (Nova York, Norton, 1977), p. 300 [ed. bras. *Escritos*, cit, p. 670].

178 / O sujeito incômodo

positivo dado: o "sujeito" é o *ato*, a *decisão* pela qual passamos da positividade de uma dada multiplicidade para o Acontecimento-Verdade e/ou Hegemonia. Esse *status* precário do sujeito apoia-se na percepção anticosmológica kantiana de que a realidade é "não-Toda", não plenamente constituída do ponto de vista ontológico, portanto necessita da suplementação do gesto contingente do sujeito para que adquira um semblante de consistência ontológica. "Sujeito" não é um nome para a lacuna da liberdade e contingência que infringe a ordem ontológica positiva, ativa em seus interstícios; "sujeito" é, antes, a contingência que fundamenta a própria ordem ontológica positiva, é o "mediador evanescente" cujo movimento transforma a caótica multiplicidade pré-ontológica no semblante de uma ordem "objetiva" positiva da realidade. Nesse sentido preciso, toda ontologia é "política": baseia-se num ato de decisão "subjetivo" contingente renegado[22]. De modo que Kant estava certo: a própria ideia do universo, do "Todo" da realidade, como uma totalidade que existe em si, deve ser rechaçada, vista como um paralogismo – ou seja, o que parece ser uma *limitação epistemológica* de nossa capacidade de apreender a realidade (o fato de que sempre percebemos a realidade a partir de nosso ponto de vista temporal finito) é a *condição ontológica* positiva da própria realidade.

Aqui, no entanto, devemos evitar a armadilha fatal que é conceber o sujeito como o ato, o gesto que intervém posteriormente para preencher a lacuna ontológica, e insistir no círculo vicioso irredutível da subjetividade: "só a lança que abriu a ferida pode curá-la", isto é, o sujeito "é" a própria lacuna preenchida pelo movimento de subjetivação (o qual, em Laclau, estabelece uma nova hegemonia; em Rancière, dá voz à "parcela dos sem-parcela"; em Badiou, supõe fidelidade ao Acontecimento-Verdade etc.). Em síntese, a resposta lacaniana à pergunta feita (e respondida de forma negativa) por filósofos distintos como Althusser, Derrida e Badiou – "A lacuna, a abertura, esse Vazio que antecede o gesto de subjetivação, pode ainda ser chamada de 'sujeito'?" – é um enfático "Sim!": o sujeito é, ao mesmo tempo, a lacuna ontológica (a "noite do mundo", a loucura do autorrecolhimento radical) e o gesto de subjetivação que, por meio de um curto-circuito entre o Universal e o Particular, cicatriza a ferida dessa lacuna (em termos lacanianos: o gesto do Mestre que estabelece uma "nova harmonia"). "*Subjetividade*" é um nome para essa circularidade irredutível, para o poder que não luta contra uma força externa de resistência (digamos, a inércia de uma dada ordem substancial), mas sim contra um obstáculo que é absolutamente inerente, que, em última instância, "é" o próprio

---

[22] Esta é a tarefa da crítica da ideologia hoje: descobrir, sob qualquer semblante de ordem ontológica "reificada", sua fundamentação "política" renegada: como essa fundamentação depende de um desmesurado ato "subjetivo".

sujeito[23]. Em outras palavras, o próprio esforço do sujeito para preencher a lacuna sustenta e gera, retroativamente, essa lacuna.

A "pulsão de morte" é, portanto, o avesso constitutivo de toda afirmação enfática da Verdade irredutível à ordem positiva do Ser: o gesto negativo que abre espaço para a sublimação criativa. O fato de a sublimação pressupor a pulsão de morte significa que, quando estamos entusiasticamente paralisados ante um objeto sublime, esse objeto é uma "máscara da morte", um véu que cobre o Vazio ontológico primordial – como diria Nietzsche: querer esse objeto sublime equivale a querer o Nada[24]. Essa é a diferença entre Lacan e Badiou. Lacan insiste na primazia do *ato* (negativo) sobre a fundação (positiva) de uma "nova harmonia" por meio da intervenção de algum novo Significante-Mestre, ao passo que, para Badiou, as diferentes facetas da negatividade (as catástrofes éticas) são reduzidas a versões da "traição" (ou negação, ou infidelidade) ao Acontecimento-Verdade positivo.

Essa diferença entre Lacan e Badiou diz respeito, precisamente, ao estatuto do sujeito: a questão principal em Badiou é evitar a identificação do sujeito com o Vazio constitutivo da estrutura – essa identificação já "ontologiza" o sujeito, embora de modo puramente negativo, isto é, ela converte o sujeito num ente consubstancial com a estrutura, um ente que pertence à ordem daquilo que é necessário e apriorístico ("não há estrutura sem sujeito"). A essa ontologização lacaniana do sujeito, Badiou opõe a "raridade" desse sujeito, a irrupção local, contingente, frágil e transitória da subjetividade: quando, de forma contingente e imprevisível, ocorre um Acontecimento-Verdade, o sujeito está lá para mostrar fidelidade ao Acontecimento, discernindo seus traços numa Situação cuja Verdade é esse Acontecimento[25]. Para Badiou, assim como para Laclau, o sujeito é consubstancial com um ato contingente de

---

[23] Talvez a primeira – e ainda não superada – descrição desse paradoxo tenha sido a concepção fichtiana de *Anstoss*, o "obstáculo/impulso" que põe em movimento o esforço produtivo do sujeito para "postular" a realidade objetiva: esse *Anstoss* não é mais a Coisa-em-si kantiana – um estímulo externo que afeta o sujeito a partir de fora –, mas um núcleo de contingência êxtimo: um corpo estranho no âmago do sujeito. A subjetividade é definida, portanto, não como uma luta contra a inércia da ordem substancial oposta, mas como uma tensão absolutamente intrínseca. (Ver capítulo 1.)

[24] Consequentemente, não há lugar para a pulsão de morte freudiana no par Ser e Acontecimento proposto por Badiou: a pulsão de morte seguramente interrompe a economia do "serviço dos Bens" (*service des biens*), o princípio do bom funcionamento das coisas, que é o princípio político mais elevado da Ordem do Ser; por outro lado, Badiou seguramente tem razão ao destacar que a eclosão do Acontecimento-Verdade nega a pulsão de morte... Em síntese, a pulsão de morte é o ponto que solapa o dualismo ontológico protokantiano de Badiou entre a Ordem do Ser e o Acontecimento da Verdade: ela é uma espécie de "mediador evanescente" entre os dois; abre uma lacuna na positividade do Ser, uma suspensão no tal bom funcionamento, e é essa lacuna que depois pode ser preenchida pelo Acontecimento-Verdade.

[25] Alain Badiou, *L'être et l'événenent*, cit., p. 472-4.

180 / O sujeito incômodo

Decisão, enquanto Lacan introduz a distinção entre o sujeito e o gesto de subjetivação: o que Badiou e Laclau descrevem é o processo de subjetivação – o engajamento enfático, a assunção de fidelidade ao Acontecimento (ou, em Laclau, o gesto expressivo de identificação da universalidade vazia com algum conteúdo particular que a hegemoniza), ao passo que o sujeito é o gesto negativo de rompimento das amarras do Ser, gesto esse que abre espaço para uma possível subjetivação.

Em termos lacanianos, o sujeito "anterior" à subjetivação é a pura negatividade da pulsão de morte antes de sua reversão na identificação com algum novo Significante-Mestre[26]. Em outras palavras, a questão em Lacan não é que o sujeito está inscrito na própria estrutura ontológica do universo como seu vazio constitutivo, mas que *"sujeito" designa a contingência de um Ato que sustenta a própria ordem ontológica do ser*. O "sujeito" não cava um buraco em plena ordem do Ser: o "sujeito" é o gesto contingente-excessivo que constitui a própria ordem universal do Ser. A oposição entre o sujeito como fundamento ontológico da ordem do Ser e o sujeito como eclosão particular contingente é, portanto, falsa: o sujeito é a eclosão/ato contingente que sustenta a própria ordem universal do Ser. O sujeito não é simplesmente a *hybris* excessiva por meio da qual um elemento particular perturba a ordem global do Ser postulando a si mesmo – um elemento particular – como seu centro; o sujeito é, antes, o paradoxo de um elemento particular que sustenta o próprio marco universal.

O conceito lacaniano do ato como real é oposto, portanto, tanto a Laclau como a Badiou. Em Lacan, o ato é uma categoria puramente *negativa*: dito nos termos de Badiou, ele representa o gesto de romper as limitações do Ser, a referência ao Vazio

---

[26] Em sua polêmica implícita com Laclau e Lacan, Rancière segue o mesmo caminho de Badiou: enfatiza que a política não é consequência da incompletude do sujeito social – não há nenhuma garantia ou fundamentação ontológica da política no Vazio apriorístico do Ser, no sujeito como Falta/Finitude/Incompletude constitutiva; buscamos em vão a "condição de possibilidade" filosófico-transcendental da política. A ordem da "polícia" (a ordem positiva do Ser) é em si completa, não há buracos nela; é só o ato político em si, o gesto de subjetivação política, que lhe acrescenta a "distância em relação a si mesma" e desaloja sua autoidentidade... Ver Jacques Rancière, *La mésentente* (Paris, Galilée, 1995), p. 43-67 [ed. bras.: *O desentendimento: política e filosofia*, trad. Ângela Lopes Leite, São Paulo, Editora 34, 1996]. A resposta lacaniana seria que, aqui, Rancière fetichiza a ordem da polícia, deixando de reconhecer que essa mesma ordem se baseia num gesto excessivo do Mestre, que é um substituto para a Falta política – a "gentrificação", a positivação do excesso propriamente político. Em síntese, o que temos não é a plena positividade da ordem policial sendo perturbada, de tempos em tempos, pela intervenção heterogênea da subjetividade política: é essa própria positividade que sempre-já conta com (a renegação de) um gesto excessivo do Mestre. Em outras palavras, a política não é uma *consequência* da lacuna (pré-política) na ordem do Ser ou não coincidência do sujeito social com ele mesmo: o fato de o sujeito social nunca ser completo e idêntico a si mesmo significa que o próprio ser social é sempre-já *baseado* num gesto (renegado) de politização e é, como tal, totalmente político.

A política da verdade, ou Alain Badiou como leitor de são Paulo / 181

que está em seu núcleo, *antes que se preencha esse Vazio*. Nesse sentido preciso, o ato envolve a dimensão da pulsão de morte que fundamenta uma decisão (para realizar uma identificação hegemônica; para se entregar à fidelidade a uma Verdade), mas não pode ser reduzido a isso. A pulsão de morte lacaniana (uma categoria à qual Badiou se opõe categoricamente) é, portanto, uma vez mais, uma espécie de "mediador evanescente" entre o Ser e o Acontecimento: há um gesto "negativo" constitutivo do sujeito que é ofuscado no "Ser" (a ordem ontológica estabelecida) e na fidelidade ao Acontecimento[27].

Essa mínima distância entre a pulsão de morte e a sublimação, entre o gesto negativo de suspensão-recolhimento-retraimento e o gesto positivo de preenchimento de seu vazio, não é apenas uma distinção teórica entre os dois aspectos, que são inseparáveis em nossa experiência concreta: como vimos, todo o esforço de Lacan se concentrou, precisamente, naquelas experiências-limite em que o sujeito se vê confrontado com a pulsão de morte em seu aspecto mais puro, anterior a sua inversão em sublimação. A análise que Lacan faz de Antígona não focalizou justamente o momento em que ela se encontra no estado "entre as duas mortes", reduzida à condição de uma morta-viva, excluída do domínio simbólico[28]? Isso não vem a ser similar à estranha figura de Édipo em Colono, que, após ter cumprido seu destino, também se vê reduzido a "menos que nada", a uma mancha informe, à corporificação de um horror indescritível? Essas e outras figuras (do rei Lear de Shakespeare a Sygne de Coûfontaine de Claudel) encontram-se nesse vazio, cruzando o limite da "humanidade" e entrando no domínio que, na Grécia antiga, era chamado de *Até*, "a loucura inumana". Aqui, Badiou paga o preço por sua adesão protoplatônica à Verdade e ao Bem: o que permanece além de seu alcance, em sua violenta (e, em seu contexto, plenamente justificada) polêmica contra a obsessão contemporânea do "Mal radical" despolitizado (o Holocausto etc.) e em sua insis-

---

[27] Essa diferença entre Lacan e Badiou tem consequências precisas também na avaliação de eventos políticos concretos. Para Badiou, a desintegração do socialismo do Leste Europeu não foi um Acontecimento-Verdade: afora suscitar um breve entusiasmo popular, o fermento dissidente não conseguiu transformar-se num movimento estável de seguidores pacientemente comprometidos com uma fidelidade militante ao Acontecimento, desintegrando-se rapidamente, de modo que, hoje, vemos ou um retorno ao capitalismo parlamentar liberal ou o fundamentalismo étnico racista. Todavia, se aceitamos a distinção lacaniana entre o ato como um gesto negativo de dizer "não!" e sua consequência positiva, situando a dimensão-chave no gesto negativo primordial, então o processo de desintegração produziu um verdadeiro *ato* na forma do movimento entusiasta das massas, que disseram "não!" ao regime comunista em nome da solidariedade autêntica; esse gesto negativo valeu mais que sua frustrada positivação ulterior.

[28] O caso de Antígona, obviamente, é mais complexo, já que ela põe sua vida em risco e entra no domínio "entre as duas mortes" *precisamente para evitar a segunda morte de seu irmão*: dar a ele um rito funeral apropriado para assegurar sua eternização na ordem simbólica.

182 / O sujeito incômodo

tência de que as diferentes facetas do Mal não são mais do que consequências da traição ao Bem (ao Acontecimento-Verdade), é esse domínio "para além do Bem", em que o ser humano se depara com a pulsão de morte como o limite extremo da experiência humana e paga o preço por se submeter a uma radical "destituição subjetiva", por ser reduzido a um resto excrementício. Para Lacan, essa experiência limite é condição constitutiva/irredutível da (im)possibilidade do ato criativo de abarcar um Acontecimento-Verdade: essa experiência abre e sustenta o espaço para o Acontecimento-Verdade, embora seu excesso sempre ameace combali-lo.

A ontoteologia clássica está focada na tríade da Verdade, do Belo e do Bem. O que Lacan faz é levar esses três conceitos a seu limite, demonstrando que o Bem é a máscara do Mal "diabólico", que o Belo é a máscara do Feio, do horror repugnante do Real, e que a Verdade é a máscara do Vazio central ao redor do qual é tecido todo edifício simbólico. Em síntese, há um domínio que está "para além do Bem", que não se resume à vilania "patológica" cotidiana, mas é o pano de fundo constitutivo do próprio Bem, a fonte ambígua aterrorizante de seu poder; há um domínio "para além do Belo" que não é simplesmente a feiura dos objetos cotidianos triviais, mas o pano de fundo constitutivo do próprio Belo, o Horror velado pela fascinante presença do Belo; há um domínio "para além da Verdade" que não é simplesmente o domínio cotidiano das mentiras, dos enganos e das falsidades, mas o Vazio que sustenta o lugar em que só se podem formular as ficções simbólicas que chamamos de "verdades". Se há uma lição ético-política na psicanálise, ela consiste na percepção de que as grandes calamidades de nosso tempo (do Holocausto ao *désastre* stalinista) não são o resultado do fato de sucumbirmos à mórbida atração desse Para-além, mas, ao contrário, são o resultado de nosso esforço para evitar o confronto com ele e impor um controle decisivo da Verdade e/ou do Bem.

O Mestre ou o analista?

Estamos agora em condições de oferecer uma definição mais precisa da lacuna que separa Badiou de Lacan: para Badiou, o que a psicanálise fornece é um *insight* do mórbido entrelaçamento entre vida e Morte, entre Lei e desejo, um *insight* da obscenidade da própria Lei como a "verdade" do pensamento e da posição moral que se limitam à Ordem do Ser e suas Leis discriminatórias; como tal, a psicanálise não pode tematizar adequadamente o domínio para além da Lei, isto é, o modo de operação da fidelidade ao Acontecimento-Verdade – o sujeito psicanalítico é o sujeito dividido da Lei (simbólica), *não* o sujeito dividido entre a Lei (que regula a Ordem do Ser) e o Amor (enquanto fidelidade ao Acontecimento-Verdade). A consequência lógica disso é que a psicanálise, para Badiou, permanece restrita ao campo do Saber, incapaz de abordar a dimensão propriamente positiva dos processos da Verdade: no caso do amor, a psicanálise o reduz à expressão sublimada da sexualidade; no caso da ciência e da arte, a psicanálise pode apenas fornecer as condições libidinais subjetivas da invenção científica ou da obra de arte, que, em última instância, são irrelevantes para sua dimensão de verdade – que tal artista ou cientista foi movido por seu complexo de Édipo não resolvido ou por sua homossexualidade latente, e assim por diante; no caso da política, a psicanálise pode conceber a coletividade apenas contra o pano de fundo de *Totem e tabu* ou *Moisés e o monoteísmo**, com a problemática do crime e da culpa primordiais etc., não sendo capaz de conceber um coletivo "revolucionário" militante guiado *não* pela culpa parental, mas pela força positiva do Amor.

Para Lacan, por outro lado, *um Acontecimento-Verdade só pode operar contra o pano de fundo do encontro traumático com a Coisa morta-viva/monstruosa*: o que são os quatro *génériques* de Badiou – arte, ciência, amor, política – senão quatro maneiras de reinscrever o encontro com a Coisa Real na trama simbólica? Na *arte*, a beleza é "o último véu do Monstruoso"; a *ciência*, longe de ser apenas outra narrativa simbólica, é o esforço para formular a estrutura do Real subjacente à ficção simbólica; para o Lacan tardio, o *amor* não é mais a tela narcísica que ofusca a verdade do desejo, mas uma forma de "gentrificar" e chegar a um acordo com a pulsão traumática; por fim, a *política* militante é a maneira de pôr em uso a extraordinária força da Negatividade com vistas a reestruturar nossas questões sociais... Lacan não é, portanto, um relativista cultural pós-moderno: *há* definitivamente uma diferença entre um Acontecimento-Verdade autêntico e seu semblante, e essa diferença está no fato de que, num Acontecimento-Verdade, continua a ressoar o vazio da pulsão de morte, da negatividade radical, uma lacuna que suspende momentaneamente a Ordem do Ser.

Isso nos leva de volta à problemática da finitude humana: quando Badiou descarta o tema da finitude humana, desde o "ser-para-a-morte" heideggeriano até a "pulsão de morte" freudiana, vendo-o como uma mórbida obsessão por aquilo que iguala e reduz o homem a um mero animal – como a cegueira a essa dimensão propriamente metafísica que eleva o homem para além do reino animal e permite que ele "conquiste a imortalidade" pela participação num Acontecimento-Verdade –, seu gesto teórico envolve uma "regressão" ao "não-pensamento", a uma oposição (pré-crítica, pré-kantiana) tradicional e ingênua entre duas ordens (a finitude do Ser positivo e a imortalidade do Acontecimento-Verdade) que permanece cega ao fato de que o próprio espaço para a "imortalidade" específica em que os seres

---

* Ed. bras.: trad. Órizon Carneiro Muniz, Rio de Janeiro, Imago, 2005; trad. Maria Aparecida Moraes Rego, Rio de Janeiro, Imago, 2001, respectivamente. (N. E.)

humanos podem participar do Acontecimento-Verdade só se abre em virtude da relação singular do homem com sua finitude e a possibilidade da morte. Como Heidegger demonstrou de forma conclusiva em sua polêmica contra a leitura neokantiana de Kant realizada por Cassirer, que é a grande revolução filosófica de Kant: é a própria finitude do sujeito transcendental como constitutiva da "realidade objetiva" que permite a Kant romper com o marco da metafísica tradicional, rechaçar a ideia de cosmos como a totalidade ordenada do Ser – afirmar que a ordem do Ser, o campo da realidade transcendentalmente constituída, é em si mesmo não-totalizável, não pode ser coerentemente pensado como um Todo, visto que sua existência está vinculada à subjetividade finita; a espontaneidade transcendental da liberdade emerge, portanto, como um terceiro domínio, que não é o da realidade fenomênica nem o do Em-si numênico[29].

O ponto-chave é que a "imortalidade" de que fala Lacan (a da *lamela* "morta-viva", o objeto que "é" a libido) só pode surgir no horizonte da finitude humana, como uma formação que representa e preenche o Vazio ontológico, o buraco aberto na trama da realidade pelo fato de que essa realidade é transcendentalmente constituída pelo sujeito transcendental finito. (Se o sujeito transcendental não fosse finito, mas infinito, estaríamos lidando não com a constituição transcendental, mas com uma "intuição intelectual" – uma intuição que cria diretamente aquilo que percebe: uma prerrogativa do Ser divino infinito). Não se trata, portanto, de negar o modo especificamente humano de "imortalidade" (a participação num Acontecimento-Verdade que sustenta uma dimensão irredutível à ordem positiva e limitada do Ser), mas de ter em mente que essa "imortalidade" assenta no modo específico da finitude humana. Para Kant, a finitude do sujeito transcendental não é uma limitação de sua liberdade e espontaneidade transcendental, mas sua condição positiva: se o sujeito humano tivesse acesso direto ao domínio numênico, deixaria de ser um sujeito livre para se converter numa marionete sem vida, diretamente confrontada e dominada pelo aterrorizante Poder divino.

Em resumo, contra Badiou, devemos insistir que só para um ser finito/mortal é que o ato (ou Acontecimento) aparece como uma intrusão traumática do Real, como algo que não se pode nomear diretamente: o próprio fato de que o homem se divide entre a mortalidade (um ser finito destinado a perecer) e a capacidade de participar da Eternidade de um Acontecimento-Verdade atesta que estamos diante de um ser finito/mortal. Para um ser verdadeiramente infinito/imortal, o ato seria transparente, diretamente simbolizado, o Real coincidiria com o Simbólico – ou

---

[29] Outro problema é que Kant recuou frequentemente de sua descoberta, identificando a liberdade como numênica. (Ver capítulo 1.)

seja, nos termos de Badiou, a nomeação estaria diretamente inscrita no e coincidiria com o Acontecimento em si, que assim perderia seu caráter traumático como intrusão do Real *innomable* (que não se pode nomear). Ou, dito ainda de outra forma, o ato (Acontecimento) não pode jamais ser plenamente subjetivado, integrado ao universo simbólico, precisamente porque o sujeito que é seu agente é um ente mortal/finito. Prova disso não é o fato de que, para Badiou, a Verdade é sempre a Verdade de uma situação contingente específica, vinculada a ela (a eternidade/imortalidade é sempre a eternidade/imortalidade *de* uma dada situação ou condição específica, contingente, finita)?

Essa lacuna que separa Badiou de Lacan talvez possa ser mais bem formulada nos termos da diferença entre a Histérica e o Mestre. Badiou se interessa em como conservar a fidelidade ao Acontecimento-Verdade, como formular o arcabouço simbólico universal que possa garantir e levar adiante essa fidelidade, como transmudar a singularidade do Acontecimento num gesto constitutivo de um edifício simbólico duradouro, baseado na fidelidade ao Acontecimento – ou seja, Badiou se opõe à falsa poética daqueles que permanecem fascinados pela singularidade inefável do Acontecimento e consideram qualquer nomeação do Acontecimento uma traição. Badiou, por essa razão, exalta a figura do Mestre: o Mestre é quem *nomeia o Acontecimento* – aquele que, ao produzir um novo *point de capiton*, Significante-Mestre, reconfigura o campo simbólico por meio da referência ao novo Acontecimento. Lacan, por outro lado, seguindo Freud, toma o partido da Histérica que, precisamente, questiona e desafia a nomeação do Acontecimento pelo Mestre – isto é, que em nome de sua própria fidelidade ao Acontecimento insiste na lacuna entre o Acontecimento e sua simbolização/nomeação (nos termos de Lacan, a lacuna entre o *objet petit a* e o Significante-Mestre). A pergunta da Histérica é simples: "*Por que esse nome é o nome do Acontecimento?*".

Em seu curso inédito de 1997-1998, quando elaborou as quatro posições subjetivas possíveis com relação ao Acontecimento-Verdade, Badiou acrescentou como quarto termo à tríade Mestre/Histérica/Universidade a posição do Místico. O Mestre pretende nomear – e assim traduzir diretamente numa fidelidade simbólica – a dimensão do ato – isto é, o traço característico do gesto do Mestre consiste em transformar o ato num novo Significante-Mestre, assegurar a continuidade e as consequências do Acontecimento. Em contraste com o Mestre, a Histérica mantém a atitude ambígua de divisão com relação ao ato, insistindo na necessidade e impossibilidade (fracasso derradeiro) de sua simbolização: houve um Acontecimento, mas cada simbolização do Acontecimento já evidencia seu verdadeiro impacto traumático – ou seja, a Histérica reage a cada simbolização do Acontecimento com um "*ce n'est pas ça*", um "não é isso". Diferentemente do Mestre e da Histérica, o agente perverso do discurso universitário nega, em primeiro lugar, que tenha havido o advento de um ato – com sua pretensão de saber, ele anseia reduzir as consequências do ato à condição de algo que pode ser explicado como parte do funcionamento normal das coisas; em outras palavras, em contraste com o Mestre, que quer assegurar a continuidade entre o Acontecimento e suas consequências, e a Histérica, que insiste na lacuna que separa para sempre o Acontecimento e suas consequências (simbólicas), o discurso universitário visa "suturar" o campo das consequências, explicando-as sem nenhuma referência ao Acontecimento ("Amor? Ora, nada mais é do que o resultado de uma série de fenômenos em nossa rede neuronal" etc.).

A quarta atitude que Badiou acrescenta é a do Místico, que vem a ser o avesso exato do discurso universitário perverso: enquanto este último quer isolar a cadeia simbólica de consequências do Acontecimento fundador, o Místico quer isolar o Acontecimento da rede de suas consequências simbólicas: ele insiste na inefabilidade do Acontecimento e despreza suas consequências simbólicas. Para o Místico, o que interessa é o júbilo da imersão no Acontecimento, que oblitera toda a realidade simbólica. Lacan, no entanto, em contraste com Badiou, acrescenta o discurso analítico como quarto termo à tríade do discurso do mestre, do discurso da histeria e do discurso universitário perverso: para ele, o misticismo é a posição isolada do psicótico imerso em sua *jouissance* e, como tal, não um discurso (um laço social). Portanto, a solidez de todo o edifício lacaniano depende do fato de que seja possível uma quarta posição *discursiva*, que não é a do mestre, a da histeria ou a do universitário. Essa posição, insistindo na lacuna entre o Acontecimento e sua simbolização, evita a armadilha histérica e, ao invés de ser pega no círculo vicioso do fracasso permanente, afirma essa lacuna como positiva e produtiva: afirma o Real do Acontecimento como o "dínamo", o núcleo gerador a ser orbitado reiteradamente pela produtividade simbólica do sujeito.

As consequências políticas dessa reafirmação da psicanálise em face da crítica de Badiou constituem o oposto do ceticismo psicanalítico padrão a respeito do resultado final dos processos revolucionários (a conhecida história de que "o processo revolucionário deve dar errado e terminar numa fúria autodestrutiva porque não tem consciência de seus próprios fundamentos libidinais, da agressividade assassina que encoraja seu idealismo" etc.): somos tentados a afirmar, ao contrário, que a resistência de Badiou à psicanálise é parte de seu kantismo velado, que, em última instância, também o leva a se opor à plena *passage à l'acte* revolucionária. Ou seja: apesar de Badiou ser veementemente antikantiano e, em suas posições políticas, radicalmente de esquerda (rejeitando não apenas a democracia parlamentarista, mas também a "política das identidades" multiculturalista), num nível mais profundo sua distinção entre a ordem do Saber positivo do Ser e o inteiramente distinto Acontecimento-Verdade permanece kantiana: quando salienta que, do ponto de vista do Saber, simplesmente não há Acontecimento – isto é, que os vestígios do Acontecimento podem ser discernidos como sinais somente por aqueles que estão de fato envolvidos no apoio ao Acontecimento – Badiou já não está repetindo o conceito kantiano dos sinais que anunciam o fato numênico da liberdade sem demonstrá-lo positivamente (como o entusiasmo pela Revolução Francesa)?

O inconsistente múltiplo puro de Badiou é o Real lacaniano como *pas-tout*, aquilo que o "estado de uma situação" unifica, inscreve, explica e transforma numa estrutura consistente, o X que precede a síntese transcendental kantiana. A transformação do múltiplo puro num estado de coisas corresponde à síntese transcendental constitutiva da realidade, de Kant. A ordem da realidade, em Kant, é ameaçada/limitada de duas formas[30]: pelas "antinomias matemáticas" – isto é, pelo fracasso inerente à síntese transcendental, a lacuna entre apreensão e compreensão, a dilação entre esta e aquela (em Badiou, o Vazio ontológico e o correlativo excesso de presentação sobre a re-presentação, excesso que ameaça o funcionamento dito normal de um estado de coisas) – e pelas "antinomias dinâmicas" – isto é, pela intervenção de uma ordem completamente distinta de fins éticos numênicos de Liberdade racional (em Badiou, o Acontecimento-Verdade). E em Kant, assim como em Badiou, o espaço para a liberdade não é aberto pelo excesso e pela inconsistência da ordem ontológica[31]?

O kantismo de Badiou é discernível precisamente no modo como ele limita o âmbito da Verdade: apesar de a Verdade ser universal e necessária enquanto a verdade de uma situação, ela não pode, contudo, nomear o Todo da situação, mas pode existir como esforço incessante e infinito para discernir, na situação, os traços do Acontecimento-Verdade, de forma exatamente homóloga ao esforço ético infinito kantiano. Quando a Verdade aspira alcançar/nomear a totalidade da situação, o que ocorrem são catástrofes como o stalinismo ou a Revolução Cultural maoista, com sua fúria destrutiva absolutamente "totalitária". Esse "excesso" *innomable*, que resiste para sempre a ser nomeado numa situação é, para Badiou, precisamente definido em cada um dos quatro "genéricos" da Verdade: a comunidade na política, a *jouissance* sexual no amor, e assim por diante. De uma perspectiva lacaniana, no entanto, esse núcleo que resiste a ser nomeado

---

[30] Ver, mais uma vez, o capítulo 1.

[31] O kantismo de Badiou também pode ser identificado pelo modo como seu projeto político é apanhado no quintessencial paradoxo kantiano do "infinito espúrio" em nossa abordagem do Ideal: para Badiou, o objetivo último da atividade política é alcançar uma presença sem representação, isto é, uma situação já não mais reduplicada em seu Estado; todavia, o próprio ato político, em sua essência, é dirigido contra o Estado, é uma intervenção no Estado existente que mina seu funcionamento – ele necessita, portanto, de um Estado preexistente, do mesmo modo que precisamos de um inimigo para nos afirmar ao lutar contra ele.

está estruturado numa "fantasia fundamental", isto é, ele é o núcleo da *jouissance*, e um ato autêntico *intervém* nesse núcleo. Portanto, para resumirmos, para Lacan o que no fim das contas é *innomable* é o ato autêntico em sua dimensão negativa, o ato como o Real de um "objeto" antes da nomeação. Podemos ver aqui o peso crucial da distinção lacaniana entre ato como objeto, como gesto negativo de descontinuidade, e sua nomeação num procedimento-Verdade positivo. Por essa razão, devemos nos agarrar à tese lacaniana de que "a verdade tem estrutura de ficção": a verdade está condenada a permanecer uma ficção precisamente porque o Real *innomable* não se deixa apreender.

4

A SUBJETIVAÇÃO POLÍTICA E SUAS VICISSITUDES

Badiou, Balibar, Rancière

Como Fredric Jameson sublinhou mais de uma vez, a tríade Tradicionalismo-Modernismo-Pós-Modernismo fornece uma matriz lógica que pode igualmente ser aplicada a um conteúdo histórico em particular. Há claramente três leituras a respeito de Nietzsche: a tradicional (o Nietzsche do retorno aos valores guerreiros e aristocráticos pré-modernos, contra a modernidade judaico-cristã decadente), a moderna (o Nietzsche da hermenêutica da dúvida e da irônica autossondagem) e a pós-moderna (o Nietzsche do jogo de aparências e diferenças). O mesmo não se aplicaria às três principais posições político-filosóficas de hoje, os (tradicionalistas) *comunitaristas* (Taylor e outros), os (modernos) *universalistas* (Rawls e Habermas) e os (pós-modernos) "dispersionistas" (Lyotard e outros)? O que todos compartilham é uma *redução do político*, certa versão da ética *pré-política*: não há uma política propriamente dita numa comunidade fechada, regida por um conjunto tradicional de valores; os universalistas assentam a política num *a priori* procedimentalista da ética discursiva (ou distributiva); os "dispersionistas" condenam a política como sendo algo unificador, totalitário, violento etc., e assumem a posição do crítico ético que revela (ou proclama) o Mal ou Erro ético cometido pelos políticos, sem se engajar num projeto político alternativo[1].

Cada uma dessas três posições envolve, portanto, um paradoxo pragmático (performativo) específico. O problema dos comunitaristas é que, na sociedade

---

[1] Essa não seria também a versão do RSI lacaniano (Real-Simbólico-Imaginário), o tradicionalismo é centrado no Deus imaginário materializado no modo de vida comunitário; o modernismo, no Dever universal; o pós-modernismo, na disseminação do Real?

global de hoje, sua posição é *a priori* falsa, marcada por uma cisão entre enunciado e enunciação: eles próprios não falam a partir de uma posição particular de uma comunidade fechada, sua posição de enunciação já é universal (seu erro, portanto, é o oposto daquele dos universalistas, que ocultam o núcleo particular de sua pretensa universalidade). O problema dos universalistas é que seu universalismo é sempre muito estreito, baseado numa exceção, num gesto de exclusão (ele recalca o *différend*, nem sequer permite que este seja formulado). E, por fim, o problema oposto dos "dispersionistas" é que eles são excessivamente inclusivos: como passarmos de sua afirmação "ontológica" da multiplicidade para uma ética (da diversidade, da tolerância...)[2]?

Três filósofos políticos franceses contemporâneos (Alain Badiou, Étienne Balibar e Jacques Rancière) formularam uma espécie de autocrítica inerente dessas três posições, isto é, podemos dizer que cada um se concentrou na cisão inerente da posição em questão:

- Badiou não seria o comunitarista anticomunitarista? Ele não introduziu uma cisão no conceito de comunidade, uma cisão entre comunidades positivas baseadas na ordem do Ser (nação, Estado etc.) e a "impossível" comunidade-em-devir fundada na fidelidade ao Acontecimento-Verdade, como a comunidade dos crentes em Jesus ou a comunidade revolucionária (ou, somos tentados a acrescentar, a comunidade psicanalítica)?
- Balibar não seria o habermasiano anti-habermasiano, na medida em que aceita a universalidade como o horizonte último da política, mas concentra-se na cisão intrínseca do próprio universal entre um universal concreto e um universal abstrato (nos termos de Hegel), entre a ordem universal concretamente estruturada e a demanda universal infinita/incondicional de *égaliberté* que ameaça solapá-la?

---

[2] Encontramos em Lyotard a ambiguidade do Real lacaniano como aquilo que resiste à simbolização; por um lado, temos a dispersão do Múltiplo puro não ainda totalizado/homogeneizado por alguma forma do Um simbólico – cada forma de simbolização já é excludente, "recalca" o *différend*; por outro lado, o inefável tem a forma do Crime/Injustiça absoluta, o *Holocausto*, o evento único que não pode ser descrito em palavras, em que nenhum trabalho de luto simbólico pode proporcionar reconciliação. (Em termos éticos, essa cisão é a cisão entre o Real como pré-simbólico, prelapsário, a inocência do múltiplo, e o Real como o singular, ponto único do Mal inefável, absoluto). No primeiro caso, a injustiça é o *ato de simbolização do Múltiplo puro em si*, excludente por natureza; no segundo caso, a injustiça é o ponto traumático que, precisamente, *não pode* ser simbolizado. A violência/injustiça é, portanto, o ato de simbolização e, ao mesmo tempo, aquilo que escapa à simbolização... A solução desse paradoxo é que entre o Real primordial do Múltiplo puro e o universo simbólico há um "mediador evanescente", o gesto do/no Real que funda a própria simbolização, a violenta abertura de uma lacuna no Real que não é ainda simbólica.

A subjetivação política e suas vicissitudes / 191

- Rancière não seria o lyotardiano antilyotardiano? Elaborando a lacuna entre a ordem global positiva (que ele denomina *la politique/police*) e as intervenções políticas que perturbam essa ordem e dão voz ao *le tort* [dano]* (ao Errado, aos que não estão incluídos, àqueles cujas declarações não são compreensíveis no interior do espaço político/policial dominante), Rancière opta por um modo *político* de rebelião contra a ordem política/policial universal.

Um quarto nome poderia ser adicionado a esse trio, como uma espécie de exceção constitutiva: o "schmittiano antischmittiano" Ernesto Laclau (que trabalha com Chantal Mouffe). Laclau reconhece o *status* fundamental e insuperável do antagonismo, mas, em vez de fetichizá-lo num conflito bélico heroico, inscreve-o no simbólico como a lógica política da luta pela hegemonia. Apesar de uma série de diferenças óbvias, os edifícios teóricos de Laclau e Badiou são unidos por uma profunda homologia. Contra a visão hegeliana do "universal concreto", da reconciliação entre o Universal e o Particular (ou entre o Ser e o Acontecimento), que é ainda claramente visível em Marx, ambos começam insistindo na lacuna irredutível e constitutiva que abala a consistência, fechada em si mesma, do edifício ontológico: para Laclau, essa lacuna é aquela entre o Particular e o Universal vazio, que exige uma hegemonização (ou a lacuna entre a estrutura diferencial da ordem social positiva – a lógica das *diferenças* – e o antagonismo propriamente político, que envolve a lógica da *equivalência*); para Badiou, trata-se da lacuna entre o Ser e o Acontecimento (entre a ordem do Ser – estrutura, estado da situação, saber – e o acontecimento da Verdade, a Verdade como Acontecimento).

Em ambos os casos, o problema é como sair do campo fechado em si mesmo da ontologia como descrição do universo positivo; em ambos os casos, a dimensão que mina o fechamento da ontologia tem um caráter "ético" – ela diz respeito ao ato contingente de *decisão* contra o pano de fundo da multiplicidade "indecidível" do Ser; consequentemente, ambos os autores esforçam-se para conceituar um novo modo de *subjetividade* pós-cartesiana, que corte seus vínculos com a ontologia e gire em torno de um ato contingente de decisão. Ambos os autores retornam a um formalismo protokantiano: elaboram uma teoria quase transcendental (da hegemonia ideológica ou da Verdade), que está destinada a servir como quadro apriorístico para os acontecimentos da hegemonia ou da Verdade. Em ambos os casos, no entanto, esse caráter formal da teoria está ligado, por uma espécie de cordão umbilical parcialmente reconhecido, a uma constelação e prática histórico-política concreta e limitada (em Laclau, a estratégia pós-marxista da multiplicidade

---

* Tradução originalmente proposta em nota do revisor técnico em Jacques Rancière, *O desentendimento: política e filosofia*, cit., p. 20. (N. T.)

192 / O sujeito incômodo

de lutas emancipatórias por reconhecimento; em Badiou, a política revolucionária "marginal" contra o Estado, nas fábricas, nas universidades etc...).

O mesmo vale para os outros dois autores. No caso de Rancière, seu paradigma evidente é a rebelião "espontânea" das massas proletárias (não o mítico proletariado marxiano como Sujeito da História, mas os grupos reais de artesãos, tecelões, operárias e outras pessoas "comuns" exploradas) que rejeitam o marco policial que define seus lugares "próprios" e, num veemente gesto político-poético, sobem na tribuna e começam a falar por si mesmos. Balibar está mais focado no universo da "civilidade", até mesmo da decência: seu problema é como manter, hoje, um espaço cívico de diálogo em que possamos articular nossa demanda por direitos humanos; por essa razão, Balibar resiste à retórica antiestatal da nova esquerda da década de 1960 (a ideia de Estado como mecanismo de "opressão" das iniciativas pessoais) e dá ênfase ao papel do Estado como o (possível) garantidor do espaço da discussão cívica.

Todos esses autores oscilam entre propor um marco formal neutro que descreva o funcionamento do campo político, sem tomar um partido específico, e a prevalência dada a uma prática política de esquerda em particular. Essa tensão já era claramente discernível no trabalho de Michel Foucault, que serve de marco referencial para a maioria desses autores: seu conceito de Poder é apresentado como uma ferramenta neutra que descreve o modo de funcionamento de todo campo das estruturas de poder existentes e das resistências a elas. Foucault gostava de se apresentar como um positivista imparcial, desnudando os mecanismos usuais que subjazem à atividade de agentes políticos apaixonadamente opostos; por outro lado, é inevitável a impressão de que Foucault estava apaixonadamente do lado dos "oprimidos", daqueles que foram capturados no mecanismo de "vigilância e punição", e visa dar a eles a chance de se expressar, de permitir que "falem por si próprios"... Não encontramos, num nível distinto, a mesma tensão em Laclau? O conceito de hegemonia de Laclau descreve o mecanismo universal do "cimento" ideológico que une todo corpo social, um conceito que pode analisar todas as ordens sociopolíticas possíveis, do fascismo à democracia liberal; por outro lado, Laclau defende uma opção política específica: a "democracia radical"[3].

---

[3] Em sua crítica a Derrida, Laclau deu destaque à lacuna entre a posição filosófica global de Derrida (a *différance*, o inevitável "fora dos gonzos" de toda identidade etc.) e sua política de *démocratie à venir*, de abertura para o Acontecimento da Alteridade irredutível: por que não se chegaria, a partir do fato de que a identidade é impossível, à conclusão "totalitária" *oposta* de que, por essa mesma razão, necessitamos de um Poder forte para impedir a explosão e assegurar um frágil mínimo de ordem? (Ver Ernesto Laclau, "The Time Is Out of Joint", em *Emancipation(s)*, cit.) O mesmo, contudo, não se aplica ao próprio Laclau? A partir de um conceito de hegemonia que envolve a lacuna irredutível entre o Universal e o Particular, e, portanto, a impossibilidade estrutural da sociedade, por que não optar por uma política totalitária "firme", que limite os efeitos dessa lacuna tanto quanto possível?

A hegemonia e seus sintomas

Procedamos então como verdadeiros materialistas e comecemos pela exceção à série: com Laclau, cuja proposição de que, atualmente, "o reino da filosofia chega a seu fim e começa o reino da política"[4] faz ressoar, curiosamente, a tese de Marx sobre a passagem da interpretação teórica para a transformação revolucionária. Ainda que essa tese ganhe um significado diferente em Laclau, há, contudo, um fio comum: em ambos os casos, toda abordagem teórica que se esforce para compreender e refletir adequadamente "o que é" (o que Marx chamou de "visão de mundo") é denunciada como algo que, sem saber, fia-se num ato prático contingente – ou seja, em ambos os casos, a solução final para os problemas filosóficos é a prática. Para Marx, o problema filosófico da liberdade encontraria sua solução no estabelecimento revolucionário de uma sociedade livre; para Laclau, por outro lado, o colapso da ontologia fechada tradicional revela que os traços que percebemos (equivocamente) como ontologicamente positivos baseiam-se numa decisão ético-política que sustenta a hegemonia prevalente.

E o que é a "hegemonia"? Aqueles que se recordam dos bons e velhos tempos do realismo socialista sabem do papel-chave que a ideia do "típico" desempenhava em seu edifício teórico: a literatura socialista verdadeiramente progressista deveria retratar heróis "típicos" em situações "típicas". Escritores que, por exemplo, apresentavam um quadro predominantemente sombrio da realidade soviética não eram acusados de mentir – a acusação era que ofereciam uma visão distorcida da realidade social, focando fenômenos que não eram "típicos", que eram tristes restos do passado, ao invés de focar fenômenos realmente "típicos", no sentido preciso de expressar a tendência histórica subjacente e mais profunda do progresso ao comunismo. Um romance que apresentava um novo tipo de homem socialista, que dedicava sua vida à felicidade de todos, refletia um fenômeno pouco usual (a maioria das pessoas não era assim), mas esse fenômeno permitia identificar as forças verdadeiramente progressistas que estavam ativas na situação social.

Por mais ridícula que essa ideia de "típico" possa parecer, há nela um grão de verdade – este reside no fato de que cada concepção ideológica aparentemente universal é sempre hegemonizada por algum conteúdo particular que realça sua própria universalidade e explica sua eficácia. Na recente rejeição do sistema de assistência social pela nova direita dos Estados Unidos, por exemplo, a própria noção universal do atual sistema de assistência como ineficiente está contaminada pela representação mais concreta da notória mãe solteira afro-americana, como se

---

[4] Ernesto Laclau, "The Time Is Out of Joint", cit., p. 123.

a assistência social fosse, em última instância, um programa dirigido às mães solteiras negras – o caso particular da "mãe solteira negra" é sorrateiramente concebido
como "típico" da ideia universal de assistência social, e do que há de errado nela...
O mesmo vale para *toda* noção ideológica universal: devemos sempre buscar o
conteúdo particular que explica a eficácia específica de uma concepção ideológica.
No caso da campanha da maioria moral contra o aborto, por exemplo, o caso "típico" é exatamente oposto ao da mãe negra (desempregada): uma mulher bem-
-sucedida e sexualmente promíscua que prioriza sua vida profissional em detrimento de sua atribuição "natural" da maternidade (em flagrante contradição com os
fatos, que apontam que [nos Estados Unidos] a grande maioria dos abortos ocorre
em famílias de classe baixa com muitos filhos).

Esse "giro" específico, o conteúdo particular decretado como "típico" da noção
universal, é o elemento de fantasia, é o suporte/fundo fantasmático do conceito
ideológico universal – nos termos de Kant, ele desempenha o papel do "esquematismo transcendental", traduzindo a noção universal vazia numa ideia que se relaciona diretamente com nossa "experiência real" e se aplica a ela. Como tal, essa
especificação fantasmática não é de modo algum uma simples ilustração ou exemplificação insignificante: é nesse nível de qual conteúdo particular contará como
típico que se ganham ou se perdem as batalhas ideológicas. Para voltar ao exemplo
do aborto: a perspectiva muda radicalmente no momento em que percebemos
como "típico" o caso do aborto numa família grande e de classe baixa que não está
preparada economicamente para outro filho[5]...

A "mãe solteira desempregada" é, portanto, um *sinthome* no sentido lacaniano
estrito: um nó, um ponto para o qual convergem todas as linhas da argumentação
ideológica predominante (o retorno aos valores da família, a rejeição ao Estado de
bem-estar e seus "gastos descontrolados" etc.). Por essa razão, se "desatamos" esse
sinthome, suspendemos a eficácia de todo o seu edifício ideológico. Podemos ver

---

[5]   Outro nome para esse curto-circuito entre o Universal e o Particular, por meio do qual um conteúdo particular hegemoniza o Universal é, obviamente, *sutura* [*suture*]: a operação de hegemonização "sutura" o Universal vazio a um conteúdo particular. Por essa razão, Friedrich Wilhelm
Joseph Schelling deve ser considerado aquele que deu origem à concepção moderna de crítica da
ideologia: ele foi o primeiro a elaborar a ideia de "falsa" unidade e/ou universalidade. Para
Schelling, o "mal" não reside na divisão (entre o Universal e o Particular) como tal, mas antes em
sua unidade "falsa"/distorcida, isto é, numa Universalidade que privilegia de forma efetiva um
conteúdo particular estreito e está impenetravelmente "ancorada" nele. Schelling foi, portanto, o
primeiro a elaborar o procedimento elementar da crítica da ideologia: o gesto de discernir, por
baixo da aparência de universalidade neutra (dos "direitos humanos", por exemplo), o conteúdo
particular privilegiado (o homem branco de classe média alta) que a "hegemoniza". Ver a parte I
de Slavoj Žižek , *The Indivisible Remainder*, cit.

agora em que sentido o *sinthome* psicanalítico se opõe ao sintoma médico: este último é um sinal de que outro processo está ocorrendo em outro nível. Quando dizemos, por exemplo, que a febre é um sintoma, a conclusão é que não devemos apenas curar o sintoma, mas atacar diretamente suas causas. (Ou, nas ciências sociais, quando dizemos que a violência dos adolescentes é um sintoma da crise global de valores e da ética do trabalho, supomos implicitamente que devemos atacar o problema "em suas raízes", dirigindo-nos diretamente aos problemas da família, do emprego etc., e não apenas punir os infratores). O *sinthome*, em contrapartida, não é um "mero sintoma", mas aquilo que mantém unida a "coisa em si" – se o desatarmos, a "coisa em si" se desintegra. Por essa razão, a psicanálise *cura* dirigindo--se ao *sinthome*...

Esse exemplo deixa mais claro em que sentido "o universal é fruto de uma cisão constitutiva na qual a negação de uma identidade particular transforma essa identidade no símbolo de identidade e plenitude como tal"[6]: o Universal surge no interior do Particular quando um conteúdo particular começa a funcionar como substituto para o Universal ausente – ou seja, o universal só é operativo por meio de uma cisão no particular. Há alguns anos, a imprensa marrom da Inglaterra mirou as mães solteiras como a fonte de todos os males da sociedade moderna, da crise orçamentária à delinquência juvenil; nesse espaço ideológico, a universalidade do "Mal social moderno" era operativa apenas por meio da cisão da figura da "mãe solteira" em sua particularidade e como substituta do "Mal social moderno". Em virtude do caráter contingente desse vínculo entre o universal e o conteúdo particular que funciona como seu substituto (isto é, o fato de que esse vínculo é resultado de uma luta *política* pela hegemonia), a existência do Universal sempre depende de um significante vazio: "A política é possível porque a impossibilidade constitutiva da sociedade só pode se revelar por meio da produção de significantes vazios"[7]. Uma vez que "a sociedade não existe", a unidade definitiva só pode ser simbolizada na forma de um significante hegemonizado por um conteúdo particular – a batalha por esse conteúdo é a batalha política. Em outras palavras, a política existe porque "a sociedade não existe": a política é a luta pelo conteúdo do significante vazio que representa a impossibilidade da Sociedade. A desgastada expressão "a política do significante" é então plenamente justificada: a ordem do significante como tal é política e, inversamente, não há política fora da ordem do significante. O espaço da política é a lacuna entre a série de significantes "comuns" (S_2) e o Significante-Mestre vazio (S_1).

---

[6] Ernesto Laclau, "The Time Is Out of Joint", cit., p. 14-5.

[7] Ibidem, p. 44.

196 / O sujeito incômodo

A única coisa a acrescentar à formulação de Laclau é que seu giro hegeliano vem a ser, talvez, demasiado repentino:

> Não estamos lidando aqui com a "negação determinada" no sentido hegeliano: enquanto esta última provém da aparente positividade do concreto e "circula" pelos conteúdos que são sempre determinados, nossa concepção de negatividade depende do fracasso na constituição de toda determinação.[8]

Mas e se a infame "negação determinada hegeliana" apontasse precisamente para o fato de que toda formação particular envolve uma lacuna entre o Universal e o Particular – ou, em termos hegelianos, para o fato de que uma formação particular nunca coincide com seu conceito (universal) – e de que é essa própria lacuna que provoca sua dissolução dialética? Tomemos o exemplo do Estado: sempre há uma lacuna entre a concepção de Estado e suas formas particulares de concretização; a questão em Hegel, no entanto, não é que, no decurso do processo teleológico da história, positivamente existente, os Estados reais aproximam-se gradualmente de seu conceito, até que finalmente, no Estado pós-revolucionário moderno, realidade e conceito coincidam. Hegel alega, antes, que a deficiência dos estados positivos efetivamente existentes, com relação a seu próprio conceito, baseia-se numa deficiência intrínseca do próprio conceito de Estado; a cisão, portanto, é inerente ao conceito de Estado – ele deveria ser reformulado como a cisão entre o Estado como totalidade racional de relações sociais e a série de antagonismos irredutíveis que, *já no nível do conceito*, impedem que essa totalidade se efetive completamente (a divisão entre Estado e sociedade civil-burguesa, divisão em razão da qual a unidade do Estado é sempre, em última instância, experimentada pelos indivíduos como "imposta de fora", de modo que os sujeitos individuais nunca são plenamente "eles mesmos" no Estado, nunca podem conciliar plenamente a Vontade do Estado com a sua própria). O argumento de Hegel, uma vez mais, não é que seja impossível ao Estado adequar-se plenamente a esse conceito – isso é possível; a questão, no entanto, é que *ele não seria mais um Estado, mas uma comunidade religiosa*. O que deveria mudar é o próprio conceito de Estado – isto é, o próprio padrão pelo qual medimos a deficiência dos Estados reais.

A luta pela hegemonia político-ideológica é, portanto, sempre a luta pela apropriação dos termos que são "espontaneamente" experimentados como "apolíticos", como termos que transcendem as fronteiras políticas. Não admira que o nome da grande força dissidente de oposição no Leste Europeu fosse Solidariedade: um

---

[8] Ibidem, p. 14.

significante da plenitude impossível da sociedade, se é que algum dia houve algum. Foi como se, naqueles anos, aquilo que Laclau denomina a "lógica da equivalência" tivesse sido levado a seu extremo: "os comunistas no poder" serviram como *a* materialização da não-sociedade, da decadência e da corrupção, unindo magicamente todos que estavam contra eles, inclusive "comunistas honestos" descontentes. Os nacionalistas conservadores os acusaram de trair os interesses poloneses em benefício do mestre soviético; já as pessoas orientadas para os negócios os viam como um obstáculo a sua atividade capitalista desenfreada; para a Igreja católica, os comunistas eram ateus imorais; para os camponeses, eles representavam a força da violenta modernização que destruiu seu modo de vida; para os artistas e intelectuais, o comunismo era sinônimo de uma censura estúpida e opressiva em sua experiência cotidiana; os trabalhadores viam a si mesmos não apenas como sendo explorados pela burocracia do partido, mas, ainda pior, sendo humilhados pela alegação de que tudo fora feito em nome e benefício deles; por fim, os velhos esquerdistas desiludidos viam o regime como uma traição ao "verdadeiro socialismo". A impossível aliança *política* entre todas essas posições divergentes e potencialmente antagônicas era possível apenas sob a bandeira de um significante que se mantivesse, por assim dizer, na fronteira que separa o político do pré-político, e "solidariedade" era o candidato perfeito a esse papel: gravitava politicamente como designação da unidade "simples" e "fundamental" dos seres humanos, que deveriam aproximar e unir o político e o pré-político para além de toda diferença política.

No entanto, agora que passou esse momento mágico da solidariedade universal, o significante que está emergindo em alguns países pós-socialistas como o significante que Laclau chama de "plenitude ausente" da sociedade é *honestidade*: esse significante constitui o foco da ideologia espontânea das "pessoas comuns" que se veem pegas na turbulência econômico-social em que as esperanças de uma nova plenitude da Sociedade que deveria se seguir ao colapso do socialismo foram cruelmente traídas, de modo que, para elas, a "velha guarda" (os ex-comunistas) e os ex-dissidentes que entraram para as fileiras do poder passaram a explorá-las ainda mais do que antes, agora sob o manto da democracia e da liberdade... A batalha pela hegemonia, é claro, visa agora o conteúdo particular que dará um giro nesse significante: o que significa "honestidade"? Para um conservador, ela significa retornar à moral tradicional e aos valores religiosos, assim como expurgar do corpo social os restos do antigo regime; para alguém de esquerda, significa justiça social e resistência à veloz privatização, e assim por diante. A mesma medida – a devolução das terras da Igreja, por exemplo – pode ser "honesta" do ponto de vista conservador e "desonesta" do ponto de vista da esquerda – cada posição (re)define silenciosamente a "honestidade" para acomodá-la a sua própria posição político-ideológica. Seria incorreto afirmar, no entanto, que o conflito se dá, em última instância, sobre os diferentes significados do termo "honestidade": o que se perde nessa "clarificação semântica" é o fato de que cada posição sustenta que *sua honestidade é a "verdadeira" honestidade*: a luta não é apenas entre conteúdos particulares distintos, é uma luta inerente ao próprio Universal[9].

De que modo então um conteúdo particular logra tomar o lugar de outro conteúdo como substituto do Universal? A resposta de Laclau é *legibilidade*: numa situação concreta de pós-socialismo, "honestidade" como significante da plenitude ausente da Sociedade será hegemonizado pelo conteúdo particular que tornar mais convincentemente "legível" a experiência cotidiana dos indivíduos engajados – o que vai lhes permitir organizar mais efetivamente sua experiência de vida numa narrativa consistente. "Legibilidade", obviamente, não é um critério neutro; ele depende da batalha ideológica: o fato de que, após o colapso da narrativa burguesa padrão na Alemanha do princípio da década de 1930, que foi incapaz de explicar a crise global, o antissemitismo nazista tenha tornado a crise "mais convincentemente legível" do que a narrativa socialista revolucionária é o resultado contingente de uma série de fatores sobredeterminados. Em outras palavras, essa "legibilidade" não implica uma simples relação de competição entre uma multiplicidade de narrativas/descrições e a realidade extradiscursiva, em que venceria a narrativa mais "adequada" com relação à realidade; a relação é circular e autorreferente: a narrativa já predetermina aquilo que experimentaremos como "realidade".

Somos tentados a propor uma forma de pensar simultaneamente a ideia de universalidade ideológica de Laclau como vazia, como o quadro em cujo interior diferentes conteúdos particulares lutam pela hegemonia, e a noção marxista clássica da universalidade ideológica como "falsa" (privilegiando um interesse particular). Ambos trazem à baila a lacuna constitutiva entre o Universal e o Particular, ainda que de modo distinto. Para Laclau, essa lacuna é a lacuna *entre* a plenitude ausente do Universal e um conteúdo particular contingente que atua como substituto dessa plenitude ausente; para Marx, é a lacuna *no interior* do conteúdo (particular) do Universal, isto é, a lacuna entre o conteúdo "oficial" do Universal e suas pressuposições não reconhecidas, que implicam um conjunto de exclusões.

Tomemos o exemplo clássico dos direitos humanos. A leitura sintomal marxista pode mostrar de forma convincente o conteúdo particular que dá à ideia de direitos humanos um giro ideológico especificamente burguês: "os direitos humanos são, na verdade, os direitos de proprietários privados homens e brancos de realizar livremente suas trocas no mercado, explorar trabalhadores e mulheres e exercer a dominação

---

[9] Laclau desenvolve essa lógica a respeito do conceito de unidade nacional. Ver Laclau, "The Time Is Out of Joint", cit., p. 94-5.

política..." – tendencialmente, ao menos, essa abordagem considera o giro "patológico" oculto como constitutivo da própria forma do Universal. Contra esse rápido abandono da própria forma universal como ideológica (como uma forma que oculta um conteúdo particular não reconhecido), Laclau insiste na lacuna entre a universalidade vazia e seu conteúdo determinado: o vínculo entre o conceito universal vazio de "direitos humanos" e seu conteúdo particular universal é contingente – isto é, os "direitos humanos", no momento em que foram formulados, passaram a funcionar como um significante vazio, cujo conteúdo concreto podia ser questionado e ampliado – e os direitos das mulheres, das crianças, das raças não brancas, dos criminosos, dos loucos...? Cada um desses gestos suplementares não apenas *aplica* o conceito de direitos humanos a âmbitos sempre novos (mulheres, negros etc. *também* podem votar, ter propriedade privada, participar ativamente da vida pública etc.), como retroativamente *redefine o próprio conceito de direitos humanos*.

Relembremos então a essência do conceito marxista de exploração: a exploração não é simplesmente oposta à justiça – o argumento de Marx não é que os trabalhadores são explorados porque não lhes é paga a totalidade do valor de seu trabalho. A tese central do conceito de "mais-valor" de Marx é que *o trabalhador é explorado até mesmo quando é "integralmente pago"*; portanto, a exploração não se opõe à troca equivalente "justa", mas funciona antes como seu ponto de exceção inerente – há uma mercadoria (a força de trabalho) que é explorada precisamente quando "se paga seu valor integral". (Outro ponto que não podemos esquecer é que a produção desse *excesso* é estritamente equivalente à *universalização* da função de troca: no momento em que a função de troca é universalizada – isto é, quando ela passa a ser o princípio estruturador de toda a vida econômica – surge a exceção, visto que, nesse momento, a própria força de trabalho torna-se uma mercadoria trocada no mercado. Marx, na realidade, anuncia aqui o conceito lacaniano do Universal que envolve uma exceção constitutiva.) A premissa básica da leitura sintomal é, portanto, que toda universalidade ideológica dá origem, necessariamente, a um elemento "êxtimo" particular, a um elemento que – precisamente como produto intrínseco e necessário do processo designado pela universalidade – simultaneamente a solapa: o sintoma é um exemplo que subverte o Universal ao qual serve de exemplo[10].

---

[10] O problema de Jürgen Habermas é que ele abandona essa abordagem "sintomal" do Universal. Basta lembrarmos de sua visão da modernidade como um "projeto inacabado": o que se perde no esforço de Habermas para compreender os potenciais inibidos do Esclarecimento é a compreensão propriamente dialética de que aquilo que parece ser obstáculos empíricos externos à plena compreensão do projeto iluminista é, na verdade, *inerente à própria ideia desse projeto*. O passo hegeliano fundamental consiste em converter o limite externo em interno: o Esclarecimento é um "projeto inacabado" não por circunstâncias externas contingentes que impedem sua plena realização, mas "em sua própria ideia" – o projeto plenamente realizado do Esclarecimento solaparia sua própria ideia.

A lacuna entre o significante vazio e a multiplicidade de conteúdos particulares que, na luta pela hegemonia, esforçam-se para funcionar como os representantes dessa plenitude ausente é, portanto, *refletida no interior do próprio Particular*, sob a forma da lacuna que separa o conteúdo hegemônico particular de uma universalidade ideológica do sintoma que abala essa universalidade (por exemplo, a lacuna que separa a noção burguesa de "troca justa e equivalente" da troca entre capital e força de trabalho como a troca particular que envolve exploração precisamente na medida em que é "justa" e "equivalente"). Portanto, devemos considerar não mais dois níveis, mas três: o *Universal* vazio ("justiça"), o conteúdo *particular* que hegemoniza o Universal vazio ("troca justa e equivalente") e o *individual*, o excesso sintomático que abala esse conteúdo hegemônico (a troca entre capital e força de trabalho). Podemos ver de imediato em que sentido o individual é a unidade dialética do Universal e do Particular: o individual (o excesso sintomático) testemunha a lacuna que existe entre o Universal e o Particular: o fato de que o Universal é sempre "falso" em sua existência concreta (hegemonizada por um conteúdo particular que implica uma série de exclusões).

Consideremos essa questão por outra perspectiva. Há alguns anos, Quentin Skinner assinalou que uma possível discussão entre um liberal tradicional e um radical marxista a respeito do alcance do termo "político" envolveria mais do que o significado dessa palavra[11]. Para o liberal, a esfera do político está restrita a um âmbito específico de tomada de decisões que diz respeito à administração dos negócios públicos – estão fora de seu escopo não apenas os interesses íntimos (sexuais), mas também a arte, a ciência e até mesmo a economia. Para o radical marxista, é claro, a política permeia toda a esfera de nossa vida, desde a social até a mais íntima e particular, e a própria percepção de algo como "apolítico", "privado" etc. baseia-se numa decisão política renegada. Nenhuma das versões filosóficas convencionais, a "realista" ou a "nominalista", consegue explicar essa luta pelo Universal. Segundo a perspectiva realista, há um conteúdo "verdadeiro" da ideia de político que deve ser trazido à tona pela verdadeira teoria, de modo que, uma vez que tenhamos acesso a esse conteúdo, possamos mensurar quão próximo dele chegaram as diferentes teorias do político. A explicação nominalista, ao contrário, reduz o problema às diferentes definições nominais do termo: não há um conflito real; as duas partes simplesmente usam a palavra "político" em sentidos diferentes, atribuindo-lhe um alcance distinto.

O que as duas perspectivas deixam de lado, o que desaparece em ambas, é o antagonismo, a luta inscrita no cerne da "coisa em si". Na explicação realista, há

---

[11] Ver Quentin Skinner, "Language and Social Change", em James Tully (org.), *Meaning and Context: Quentin Skinner and His Critics* (Oxford, Polity Press, 1988).

um conteúdo verdadeiro do conceito universal a ser descoberto, e a luta é simplesmente o conflito entre diferentes leituras errôneas a seu respeito – isto é, ela surge da percepção equivocada do conteúdo verdadeiro. Pela explicação nominalista, a luta decorre de uma confusão epistemológica, e é neutralizada numa coexistência pacífica da pluralidade de significados. Em ambos os casos, o que se perde é o fato de que a luta pela hegemonia (pelo conteúdo particular que funcionará como o substituto da universalidade do político) é infundada: é o Real derradeiro que não pode ser fundamentado em nenhuma estrutura ontológica.

Neste ponto, no entanto, devemos acrescentar uma vez mais que, para que a operação do marxista seja eficaz, ela tem de envolver a leitura sintomal da posição do liberal, que visa demonstrar como o estreitamento liberal do âmbito do "político" deve renegar – excluir violentamente – o caráter político de algo que, *segundo a própria definição liberal do termo*, deve fazer parte do âmbito do político; e, além disso, como *a própria exclusão de algo do campo político é um gesto político por excelência*. Tomemos o exemplo-padrão: a definição liberal de "vida familiar privada" como apolítica naturaliza – e/ou transforma em relações hierárquicas baseadas em atitudes psicológicas pré-políticas, em diferenças de natureza humana, em constantes culturais apriorísticas etc. – todo um conjunto de relações de subordinação e exclusão que, na verdade, dependem de relações políticas de poder.

Acolher o sujeito

Como a *subjetividade* entra nesse processo de universalização hegemônica? Para Laclau, o "sujeito" é o agente que realiza a operação de hegemonização – que sutura o Universal a um conteúdo particular. Ainda que as concepções de sujeito de Laclau e Badiou pareçam similares (em ambos, o sujeito não é um agente substancial, mas irrompe no decurso de um ato de decisão/escolha que não está fundado em nenhuma Ordem factual pré-dada), eles estão separados, no entanto, por posições diferentes a respeito da "desconstrução".

O movimento de Laclau é desconstrutivo – por isso, para ele, a operação de hegemonização no decurso da qual irrompe o sujeito vem a ser a matriz elementar da ideologia: a hegemonia envolve uma espécie de curto-circuito estrutural entre o Particular e o Universal, e a fragilidade de toda operação hegemônica está fundada no caráter basicamente "ilusório" desse curto-circuito; a tarefa da teoria é precisamente "desconstruí-lo", isto é, demonstrar que toda identificação hegemônica é intrinsecamente instável, consequência contingente de uma luta; em síntese, para Laclau, toda operação hegemônica é, em última instância, "ideológica". Para Badiou, em contraste, o Acontecimento-Verdade é aquilo que não pode ser "desconstruído", reduzido a um efeito de uma intricada trama sobredeterminada de "indícios"; aqui, Badiou introduz a tensão entre a Necessidade de uma situação global e o aparecimento contingente de sua Verdade. Para Badiou (em seu modo antiplatônico, apesar de seu amor por Platão), a Necessidade é uma categoria da veracidade, da ordem do Ser, ao passo que a Verdade é intrinsecamente contingente, podendo ocorrer ou não. Assim, se contra a política desconstrucionista e/ou pós-moderna da "indecidibilidade" e do "semblante" Badiou – para parafrasearmos o célebre comentário de Saint-Just sobre "a felicidade como um fator político" – quer (re)afirmar *a verdade como um fator político*, isso não significa que pretenda retornar à fundamentação pré-moderna da política em alguma ordem eterna neutra da Verdade. Para Badiou, *a própria Verdade é um conceito teológico-político*: teológico na medida em que a revelação religiosa é o paradigma inconfesso de sua concepção de Acontecimento-Verdade; político porque a Verdade não é um estado que deve ser compreendido por meio de uma intuição neutra, mas uma questão de engajamento (político, em última instância). Consequentemente, para Badiou, a subjetivação designa o acontecimento da Verdade que desmantela o fechamento do domínio ideológico hegemônico e/ou o edifício social existente (a Ordem do Ser); ao passo que, para Laclau, o gesto de subjetivação é o próprio gesto de estabelecimento de uma (nova) hegemonia e, como tal, é o gesto elementar da ideologia[12].

De certo modo, tudo parece depender da relação entre Saber e Verdade. Badiou limita o Saber a uma apreensão enciclopédica positiva do Ser que, como tal, é cega à dimensão da Verdade como Acontecimento: o Saber conhece apenas a veracidade (adequação), não a Verdade, que é "subjetiva" (não no sentido habitual de subjetivismo, mas vinculada a uma "aposta", a uma decisão/escolha que, de certo modo, transcende o sujeito, já que o sujeito em si nada mais é que a atividade de ir atrás das consequências da decisão). Não é um fato, no entanto, que todo campo concreto e socialmente operativo de Saber pressupõe um Acontecimento-Verdade, visto que esse campo é, em última instância, uma espécie de "sedimentação" desse Acontecimento, sua "ontologização", de modo que a tarefa da análise consiste precisamente em trazer à tona o Acontecimento (a decisão ético-política) cuja dimensão escandalosa sempre se esconde por trás do saber "domesticado"[13]? Podemos ver agora a lacuna que separa Badiou de Laclau: para Badiou, um Acontecimento é

---

[12] Não surpreende que os exemplos que ilustram mais adequadamente a operação de hegemonização descrita por Laclau sejam aqueles do populismo de direita, desde o fascismo até o peronismo: *o* exemplo por excelência de hegemonia é o modo como uma atitude conservadora toma para si e inscreve os temas populares revolucionários em seu campo.

[13] Lacan tenta fazer quase o exato oposto: em seus últimos anos de ensino, ele se esforçou desesperadamente para formular o *status* precário de um saber "acéfalo", dessubjetivado, que não se apoia mais num Acontecimento-Verdade prévio – o nome que Lacan deu a esse saber é pulsão.

uma ocorrência contingente rara na ordem global do Ser, ao passo que, para Laclau (usando aqui os termos de Badiou), toda ordem do Ser é, em si, sempre uma "sedimentação" de um Acontecimento passado, a "normalização" de um Acontecimento fundador (por exemplo, a Igreja como instituição da ordem é sedimentada a partir do Acontecimento de Cristo) – toda ordem ontológica positiva depende de uma decisão ético-política renegada.

Laclau e Badiou, no entanto, compartilham veladamente uma referência a Kant. A questão filosófica fundamental que se esconde por trás de tudo isso é a do formalismo kantiano. O horizonte do conceito central de hegemonia em Laclau é a lacuna constitutiva entre o Particular e o Universal: o Universal nunca é pleno; ele é *a priori* vazio, destituído de conteúdo positivo. Diferentes conteúdos particulares esforçam-se para preencher essa lacuna, mas todo particular que consegue exercer a função hegemônica será sempre um substituto temporário e contingente, para sempre dividido entre seu conteúdo particular e a universalidade que representa... Não encontramos aqui a lógica paradoxal do *desejo* como constitutivamente *impossível*, sustentado por uma falta constitutiva (a plenitude ausente do significante vazio) que não pode jamais ser preenchida por um objeto positivo, isto é, por um "fora dos gonzos" constitutivo do Particular com relação ao Universal...? E se, contudo, esse desejo impossível de suprir a falta, de remediar o "fora dos gonzos" não for o fato derradeiro? E se para além (ou, antes, aquém) desse desejo impossível devêssemos pressupor não a plenitude de uma Fundação, mas a luta *oposta*: uma estranha *vontade ativa de rompimento*? (Foi Hegel que, a propósito do Entendimento, sublinhou que, ao invés de nos queixarmos da qualidade negativa e abstrata do Entendimento, do fato de o Entendimento substituir a imediata plenitude da vida com categorias abstratas estéreis, devemos exaltar o poder infinito do Entendimento que é capaz de dilacerar aquilo que, na natureza, permanece unido, afirmando como separado aquilo que, na realidade, segue ligado.) E o nome freudiano para essa vontade ativa de rompimento não é *pulsão de morte*? Em contraste com o desejo, que luta para recuperar o equilíbrio impossível entre o Universal e o Particular – isto é, por um conteúdo particular que preencheria a lacuna entre ele mesmo e o Universal –, a pulsão visa e sustenta a lacuna entre o Universal e o Particular.

Por que as ideias dominantes não são as ideias dos que dominam?

Nossa conclusão é que a ideologia dominante, para ser operativa, tem de incorporar uma série de características em que a maioria explorada/dominada possa reconhecer seus anseios[14]. Em síntese, toda universalidade hegemônica tem de

---

[14] Essa questão é elaborada em detalhes em Étienne Balibar, *La crainte des masses* (Paris, Galilée, 1997).

incorporar *ao menos dois* conteúdos particulares: o conteúdo popular "autêntico" e sua "distorção" pelas relações de dominação e exploração. É óbvio que a ideologia fascista "manipula" o anseio popular autêntico por uma comunidade verdadeira e uma solidariedade social contra a feroz competição e exploração; é óbvio que ela "distorce" a expressão desse anseio a fim de legitimar a continuação das relações de dominação e exploração social. Para conseguir esse efeito, porém, ela deve incorporar o anseio popular autêntico. A hegemonia ideológica não é, portanto, o caso de um conteúdo particular que consegue preencher diretamente o vazio do Universal; ao contrário, a própria forma da universalidade ideológica atesta a luta entre (ao menos) dois conteúdos particulares: o conteúdo "popular", que expressa os anseios secretos da maioria dominada, e o conteúdo específico, que representa o interesse das forças dominantes.

Aqui, ficamos tentados a fazer referência à distinção freudiana entre o pensamento onírico latente e o desejo inconsciente expresso no sonho: eles não são o mesmo, visto que o desejo inconsciente articula-se, inscreve-se, mediante o próprio "trabalho do sonho" ou tradução do pensamento onírico latente para o texto explícito de um sonho*. Da mesma forma, não há nada "fascista" ("reacionário" etc.) nos "pensamentos oníricos latentes" da ideologia fascista (o anseio por uma comunidade autêntica e pela solidariedade social...); o que explica o caráter propriamente fascista da ideologia fascista é o modo como esse "pensamento onírico latente" é transformado/elaborado pelo "trabalho do sonho" ideológico em um texto ideológico explícito, que continua a legitimar as relações sociais de exploração e dominação. E não ocorre o mesmo com o atual populismo de direita? Os críticos liberais não se apressam em descartar como intrinsecamente "fundamentalistas" ou "protofascistas" os próprios valores aos quais remete o populismo?

A não ideologia (o que Fredric Jameson chama de momento utópico presente até mesmo na mais atroz das ideologias) é então absolutamente indispensável: de certa forma, a ideologia nada mais é que a forma de aparência, a distorção/deslocamento formal da não ideologia. Para voltarmos ao pior dos casos imagináveis: o antissemitismo nazista não teria se fundamentado no anseio utópico de uma autêntica vida em comunidade, numa recusa plenamente justificada da irracionalidade da exploração capitalista, e assim por diante? Uma vez mais, nosso argumento é que é teórica e politicamente incorreto condenar o anseio por uma autêntica vida em comunidade como "protofascista", denunciá-lo como uma "fantasia totalitária" – procurar as possíveis "raízes" do fascismo nesse mesmo anseio (o erro comum da crítica

---

* Ver capítulo VI ("O trabalho do sonho") de Sigmund Freud, *A interpretação dos sonhos* (trad. Walderedo Ismael de Oliveira, Rio de Janeiro, Imago, 2001), p. 276. (N. T.)

liberal-individualista do fascismo): o caráter utópico não ideológico desse anseio deve ser plenamente afirmado. O que o torna "ideológico" é sua articulação, o modo como esse anseio é funcionalizado como a legitimação de uma concepção muito específica de exploração capitalista (o resultado da influência judaica, o predomínio do capital financeiro sobre o "produtivo", que tenderia a uma "parceria" harmoniosa com os trabalhadores...) e como superá-la (livrando-se dos judeus, é claro).

Para que uma ideologia tenha êxito, portanto, é crucial a tensão *no interior* de seu conteúdo entre os temas e motivos que pertencem aos "oprimidos" e aqueles que dizem respeito aos "opressores": as ideias dominantes *nunca* são diretamente as ideias da classe dominante. Tomemos aquele que é provavelmente o melhor exemplo, o cristianismo: como ele se tornou a ideologia dominante? Incorporando uma série de temas e aspirações dos oprimidos (a verdade está do lado dos humilhados e sofredores; o poder corrompe...) e rearticulando-os de forma que se tornassem compatíveis com as relações de dominação existentes. E o mesmo vale para o fascismo. A contradição ideológica fundamental do fascismo é aquela entre o organicismo e o mecanicismo: a visão estetizada corporativista-orgânica do Corpo Social *e* a extrema "tecnologização", mobilização, destruição e aniquilação dos últimos vestígios das comunidades "orgânicas" (famílias, universidades, tradições locais de autogestão) no nível das micropráticas reais do exercício do poder. No fascismo, a ideologia corporativa organicista estetizada é a própria forma de uma mobilização tecnológica sem precedentes da sociedade, que destrói os vínculos "orgânicos"[15]. Esse paradoxo nos permite fugir da armadilha liberal--multiculturalista de tachar de "protofascista" todo chamado a um retorno aos vínculos orgânicos (étnicos etc.): o que define o fascismo é antes uma combinação específica de corporativismo organicista e o impulso a uma modernização implacável. Em outras palavras: em todo fascismo real sempre encontramos elementos que nos levam a dizer: "Isso ainda não é fascismo de verdade; ainda há nele elementos inconsistentes das tradições da esquerda ou do liberalismo": contudo, esse afastamento – essa distância – do fantasma do fascismo "puro" é o fascismo *tout court*. O "fascismo", em sua ideologia e prática, não é mais do que um princípio formal de distorção do antagonismo social, uma certa lógica de deslocamento desse antagonismo por meio de uma combinação e condensação de atitudes inconsistentes.

Essa mesma distorção é discernível no fato de que, hoje, a única classe que, em sua autopercepção "subjetiva", concebe e apresenta a si mesma como classe é a famosa "classe média", que é precisamente a "não classe": os supostos estratos médios

---

[15] Isso talvez expresse, *per negationem*, a fórmula do verdadeiro antifascismo hoje: a inversão da constelação fascista, isto é, a dessacralização tecnológica no nível da ideologia, suplementada por moções concretas, de "micropráticas", para salvar e fortalecer os vínculos "orgânicos" locais.

trabalhadores da sociedade que se definem não apenas por sua adesão a sólidas normas morais e religiosas, mas também por sua dupla oposição a ambos os "extremos" do espaço social – as ricas corporações não patrióticas "desenraizadas", por um lado, e os imigrantes pobres e excluídos, membros dos guetos, por outro. A "classe média" fundamenta sua identidade na exclusão de ambos os extremos que, quando são diretamente contrapostos, dão a mais pura versão do "antagonismo de classe". A mentira constitutiva da própria noção de "classe média" é a mesma, portanto, que aquela da linha verdadeira do partido entre os dois extremos de "desvio de esquerda" e "desvio de direita" no stalinismo: a "classe média" é, em sua própria existência "real", a *mentira encarnada*, a negação do antagonismo – em termos psicanalíticos, a "classe média" é um *fetiche*, a intersecção impossível entre esquerda e direita que, ao jogar os dois polos do antagonismo na posição de "extremos" antissociais que corroem o saudável corpo social (as multinacionais e os imigrantes intrusos), apresenta-se como a base comum neutra da Sociedade. Em outras palavras, a "classe média" é a própria forma da negação do fato de que "a Sociedade não existe" (Laclau) – nela, a Sociedade *existe*. Quem é de esquerda costuma lamentar o fato de que a linha divisória na luta de classes seja, via de regra, borrada, deslocada, alterada – mais escancaradamente no caso do populismo de direita, que se apresenta como aquele que fala em nome do povo quando, na verdade, defende os interesses dos que governam. Todavia, esse constante deslocamento e "alteração" da linha de divisão (de classes) é a própria "luta de classes": uma sociedade de classes em que a percepção ideológica da divisão de classes fosse pura e direta seria uma estrutura harmoniosa sem luta – ou, nos termos de Laclau, o antagonismo de classes seria plenamente simbolizado; não seria mais impossível/real, seria um simples traço estrutural diferencial.

O campo político e suas renegações

Se, portanto, o conceito de hegemonia expressa a estrutura elementar de dominação ideológica, estamos condenados a deslocamentos dentro do espaço da hegemonia, ou é possível suspender – ao menos temporariamente – seu mecanismo? Jacques Rancière afirma que essa subversão ocorre, e até mesmo constitui o núcleo da política, de um acontecimento político propriamente dito.

E o que é política propriamente dita para Rancière[16]? Um fenômeno que surgiu pela primeira vez na Grécia Antiga, quando os membros do *demos* (as pessoas que não tinham um lugar firmemente determinado no edifício social hierárquico) não

---

[16] Refiro-me aqui a Jacques Rancière, *La mésentente*, cit.

apenas exigiram que seu clamor fosse escutado contra os que estavam no poder, os que exerciam o controle social – isto é, não apenas protestaram contra o agravo (*le tort*) que sofriam, e exigiram que sua voz fosse ouvida, reconhecida como parte da esfera pública, em pé de igualdade com a aristocracia e a oligarquia dominante –, como também se apresentaram, eles, os excluídos, os que não têm lugar determinado no edifício social, como os representantes, os substitutos, do Todo da Sociedade, da verdadeira Universalidade ("nós – o 'nada' não contado na ordem social – somos o povo, somos o Todo contra os Outros que representam apenas seus interesses privilegiados"). Em síntese, o conflito político designa a tensão entre o corpo social estruturado – no qual cada parcela tem um lugar – e "a parcela dos sem-parcela" que perturba essa ordem em nome do princípio vazio da universalidade – do que Balibar chama de *égaliberté*, a igualdade, baseada em princípios, de todos os homens enquanto seres falantes. A política propriamente dita envolve, portanto, uma espécie de curto-circuito entre o Universal e o Particular: o paradoxo de um *singulier universel*, um singular que aparece como o substituto do Universal, desestabilizando a ordem funcional "natural" das relações no corpo social. Essa identificação da não-parcela com o Todo, da parcela da sociedade que não tem um lugar propriamente definido em seu seio (ou resiste a ocupar o lugar subordinado que lhe é designado) com o Universal, é o gesto elementar de politização, discernível em todos os grandes eventos democráticos, da Revolução Francesa (em que *le troisième état* se proclamou idêntico à Nação como tal, contra a aristocracia e o clero) à queda do ex-socialismo europeu (em que os "foros" dissidentes se proclamaram representantes de toda a sociedade contra a *nomenklatura* do Partido).

Nesse sentido preciso, política e democracia são sinônimos: o alvo básico da política antidemocrática é sempre, e por definição, a despolitização, isto é, a exigência incondicional de que "as coisas voltem à normalidade", com cada indivíduo realizando sua tarefa específica... Além disso, assim como Rancière prova contra Habermas, a luta política propriamente dita não é um debate racional entre interesses múltiplos, mas uma luta para que uma voz seja ouvida e reconhecida como a voz de um parceiro legítimo: quando os "excluídos", desde o *demos* grego até os trabalhadores poloneses, protestaram contra a elite dominante (aristocracia ou *nomenklatura*), o que estava em jogo não eram apenas suas demandas explícitas (aumento de salário ou melhores condições de trabalho), mas o próprio direito de serem ouvidos e reconhecidos no debate como parceiros em pé de igualdade – na Polônia, a *nomenklatura* perdeu exatamente no momento em que teve de aceitar o Solidariedade como um parceiro em pé de igualdade.

Essas súbitas intrusões da política propriamente dita acabam por minar a ordem da polícia de Rancière, a ordem social estabelecida em que cada parcela é devidamente considerada. Rancière reforça, obviamente, que a linha de separação entre a polícia e a política é sempre turva e contestada: na tradição marxista, por exemplo, o "proletariado" pode ser lido como a subjetivação da "parcela dos sem-parcela", elevando sua injustiça à prova definitiva de sua universalidade e, simultaneamente, como o operador que possibilitará o estabelecimento de uma sociedade racional pós-política[17]. Por vezes, a passagem da política propriamente dita para a polícia pode ser apenas uma questão de troca do artigo definido pelo indefinido, como no caso das multidões na Alemanha Oriental manifestando-se contra o regime comunista nos últimos dias da República Democrática Alemã: primeiro, elas gritavam: "Somos *o* povo!" ("*Wir sind* das *Volk!*"), realizando o gesto de politização em sua essência – eles, a "escória" contrarrevolucionária excluída do Todo oficial do Povo, sem lugar específico no espaço oficial (ou, mais precisamente, apenas com títulos como "contrarrevolucionários", "vândalos" ou, na melhor das hipóteses, "vítimas da propaganda burguesa" reservados para eles), reivindicavam representar *o* povo, Todos; anos mais tarde, no entanto, o lema passou a ser: "Somos *um* povo!" ("*Wir sind* ein *Wolk!*"), assinalando claramente o fechamento da momentânea abertura política autêntica e a apropriação do ímpeto democrático pela confiança na reunificação da Alemanha, que significava passar a ser parte da ordem política/policial liberal-capitalista da Alemanha Ocidental.

No Japão, a casta dos intocáveis é chamada de *burakumin*: aqueles que entram em contato com a carne morta (açougueiros, curtidores, coveiros), às vezes chamados de *eta* ("imundícia"). Hoje, em nosso presente "esclarecido", eles não são mais publicamente menosprezados, mas silenciosamente ignorados – não apenas as empresas evitam contratá-los, e os pais não permitem que seus filhos se casem com eles, mas ainda, com o pretexto "politicamente correto" de não melindrá-los, prefere-se ignorar a questão. No entanto, o ponto crucial, e a prova do funcionamento "corporativo" pré-político (ou melhor, apolítico) da sociedade japonesa, é o fato de que embora algumas vozes tenham se levantado em nome dos *burakumin* (podemos mencionar simplesmente a grande Sue Sumii, que, em uma série impressionante de romances intitulada *O rio sem ponte**, usou a refe-

---

[17] Podemos ver por que as sociedades tribais, anteriores ao Estado, apesar de seus procedimentos protodemocráticos autênticos para decidir assuntos comuns (reuniões com todos, deliberações ordinárias, discussão e voto etc.) não são ainda *democráticas*, não porque a política como tal implique autoalienação da sociedade – não porque a política seja a esfera elevada acima dos antagonismos sociais concretos (como alegaria o argumento marxista padrão) –, mas porque o litígio nessas reuniões tribais pré-políticas não apresenta o paradoxo propriamente político do *singulier universel*, da "parcela dos sem-parcela" que se apresenta como um substituto imediato da universalidade como tal.

* Não há tradução dessa série de escritos para a língua portuguesa. Em inglês, o primeiro volume foi traduzido do japonês como *The River with no Bridge*, tendo sua primeira edição nessa língua em 1990. O nome em português é uma livre tradução a partir do nome em inglês. (N. T.).

rência aos *burakumin* para expor a falta de sentido de toda a hierarquia de castas japonesa; significativamente, a experiência traumática primordial de Sue foi seu choque quando, ainda criança, viu um parente raspar a privada utilizada pelo imperador para preservar um pedaço de seus excrementos como relíquia sagrada), eles não conseguiram *politizar* ativamente seu destino, não constituíram sua posição como a do *singulier universel*, reivindicando que, precisamente como "parcela dos sem-parcela", eles representam a verdadeira universalidade da sociedade japonesa[18]...

Há uma série de renegações desse momento político, da lógica própria do conflito político:

- a *arquipolítica*: as tentativas "comunitárias" para definir um espaço social homogêneo, organicamente estruturado, fechado, tradicional, que não permita nenhum vazio em que possa emergir o acontecimento-momento político;
- a *parapolítica*: é a tentativa de despolitizar a política (traduzi-la para a lógica da polícia); o conflito político é aceito, mas é reformulado na forma de uma competição, no interior do espaço representacional, entre as partes/agentes reconhecidos, para a ocupação (temporária) do lugar do poder executivo[19];
- a *metapolítica* marxista (ou socialista utópica): o conflito político é afirmado sem reservas, *mas* como um teatro de sombras em que são encenados eventos cujo lugar apropriado é em Outra Cena (a dos processos econômicos); o objetivo derradeiro da "verdadeira" política seria, portanto, o de sua autoanulação, a transformação da "administração do povo" em "administração

---

[18] A identificação excrementícia dos *burakumin* é crucial: quando Sue Sumii viu seu parente prezando as fezes do imperador, sua conclusão foi que, da mesma forma, seguindo a tradição dos "dois corpos do rei" – do corpo do rei representando o corpo social como tal –, os *burakumin*, enquanto excremento do corpo social, também deveriam ser prezados. Em outras palavras, Sue Sumii tomou a homologia estrutural entre os dois corpos do imperador mais literalmente e com alcance maior do que o usual: mesmo a parte mais baixa (os excrementos) do corpo do imperador tem de ser reduplicada em seu outro, seu corpo sublime, que representa o corpo da sociedade. Sua situação era similar à de Platão, que em *Parmênides* enfrentou bravamente o embaraçoso problema do alcance preciso da relação entre as formas/ideias eternas e suas cópias materiais: quais objetos materiais são "abarcados ontologicamente" pelas Ideias eternas como seus modelos? Há também uma Ideia eterna dos objetos "baixos" como o barro, a sujeira ou os excrementos?

[19] A parapolítica, obviamente, tem uma série de versões sucessivas diferentes: a principal ruptura é aquela entre suas formulações clássica e hobbesiana moderna, centrada na problemática do contrato social, na alienação dos direitos individuais quando do surgimento do poder soberano. As éticas habermasiana ou rawlsiana talvez sejam os últimos vestígios filosóficos dessa atitude: a tentativa de "desantagonizar" a política formulando regras claras que devem ser obedecidas, de modo que o procedimento agonístico do litígio não venha a explodir na política propriamente dita.

210 / O sujeito incômodo

de coisas" no interior de uma ordem racional, plenamente autotransparente, da Vontade coletiva[20];

- a quarta forma, a versão mais astuta e radical da negação (não mencionada por Rancière), é aquela que fico tentado a chamar de *ultrapolítica*: a tentativa de despolitizar o conflito, levando-o a um extremo pela militarização direta da política – reformulando-o como uma *guerra* entre "Nós" e "Eles", nosso Inimigo, na qual não haveria base comum para o conflito simbólico – é profundamente sintomático que, em vez de *luta* de classes, a direita radical fale de *guerra* de classes (ou de sexos)[21].

---

[20] Mais precisamente, o marxismo é mais ambíguo, visto que a própria expressão "economia política" também abre espaço para o gesto oposto de introdução da política no centro da economia, ou seja, a denúncia do caráter "apolítico" dos processos econômicos como a suprema ilusão ideológica. A luta de classes não "expressa" uma contradição econômica objetiva, mas é a própria *forma de existência* dessa contradição. Essa ambiguidade também pode ser formulada nos termos das fórmulas de sexuação de Lacan: podemos ler a afirmação "tudo é político" como a afirmação universal que envolve seu ponto de exceção, o processo econômico objetivo (de modo que o discernimento implacável de uma posição política oculta nas sublimes criações artísticas ou ideológicas aparentemente apolíticas possa caminhar de mãos dadas com a caracterização do processo econômico como o ponto de suspensão do político) ou segundo a lógica do "não-Todo", isto é, no sentido de que "não há nada que não seja político" – aqui, "tudo é político" significa precisamente que não há como formular/definir o político de um modo universal unívoco, visto que toda afirmação sobre o político já está "politizada". Fredric Jameson expõe corajosamente a paradoxal coincidência entre a versão mais extrema do neoliberalismo – a modelação universal da conduta humana nos termos da maximização utilitária – e o socialismo marxista, com sua ênfase na organização econômica da sociedade, na "administração das coisas", no fato de ambas abolirem a necessidade de qualquer pensamento político propriamente dito: há uma prática política marxista, mas não há um pensamento político marxista. Desse ponto de vista, a queixa tradicional contra o marxismo (de que carece de uma reflexão política autônoma) parece mais uma força do que uma fraqueza – ou, como conclui Jameson, "Temos muito em comum com os neoliberais: a rigor, praticamente tudo – exceto o essencial" (Fredric Jameson, *Post-Modernism, or the Cultural Logic of Late Capitalism* (Londres, Verso, 1992), p. 265 [ed. bras.: *Pós-modernismo: a lógica cultural do capitalismo tardio*, trad. Maria Elisa Cevasco, São Paulo, Ática, 1997]). Nesse sentido, não seria possível definir a posição em relação ao comunitarismo neoconservador como o anverso, na medida em que um marxista tem comum com ele apenas o essencial (a necessidade de uma sociedade orgânica harmoniosa)? O contra-argumento seria talvez que essa negligência com a dimensão propriamente política teve consequências políticas muito precisas para a história do movimento comunista – fenômenos como o stalinismo não indicam, precisamente, um violento retorno da dimensão política recalcada?

[21] A indicação mais clara dessa recusa schmittiana do político é a primazia da política externa (relações entre Estados soberanos) sobre a política interna (antagonismos sociais internos), na qual ele insiste: a relação com um Outro externo como o Inimigo não é uma espécie de recusa à luta interna que atravessa o corpo social? Em contraste com Schmitt, uma posição de esquerda deve insistir na primazia incondicional do antagonismo inerente como constitutivo do político.

O que esses quatro casos têm em comum, portanto, é uma tentativa de gentrificar a dimensão propriamente traumática do político: algo surgiu na Grécia Antiga com o nome de *demos* exigindo seus direitos, e, desde o princípio (isto é, desde a *República* de Platão) até o recente ressurgimento da "filosofia política" liberal, a "filosofia política" foi uma tentativa de suspender o potencial desestabilizador do político, de renegá-lo e/ou regulá-lo de um modo ou de outro: levando ao retorno a um corpo social pré-político, estabelecendo as regras da competição política etc...[22]

A "filosofia política" é, portanto, em todas as suas diferentes formas, uma espécie de "mecanismo de defesa", e sua tipologia talvez possa ser estabelecida com referência às distintas modalidades de defesa contra uma experiência traumática na psicanálise. Pode parecer, contudo, que a psicanálise, a abordagem psicanalítica da política, envolve também uma redução da dimensão propriamente política, isto é, quando abordamos a política pela rede conceitual psicanalítica, em geral focamos a elaboração do conceito de "massas" de Freud a propósito do Exército e da Igreja. Essa abordagem, no entanto, parece abrir caminho para uma crítica justificada: o Exército e a Igreja não são precisamente exemplos da *renegação* da dimensão propriamente política, isto é, as duas formas de organização social em que a lógica da deliberação e da decisão coletiva a respeito das questões públicas que definem o espaço político é substituída por uma nítida cadeia hierárquica de comando? Isso não é uma prova por negação de que a psicanálise é incapaz de definir o espaço propriamente *político*, já que a única forma de "sociabilidade" que ela pode articular é a distorção/ofuscamento "totalitário" do político?

Hannah Arendt parece apontar para essa direção ao dar ênfase à distinção entre o poder político e o mero exercício da violência (social): as organizações dirigidas por uma autoridade direta não política – por uma ordem de comando que não vem a ser uma autoridade fundamentada politicamente (o Exército, a Igreja, a escola) – são exemplos de violência (*Gewalt*), e não de Poder político no sentido estrito do termo. Aqui, no entanto, seria produtivo introduzir a distinção entre a Lei simbó-

---

[22] O marco metafórico que usamos para explicar o processo político nunca é neutro ou inocente: ele "esquematiza" o significado concreto da política. A ultrapolítica recorre ao modelo de *guerra*: a política é concebida como uma forma de guerra social, como a relação com "Eles", com um Inimigo). A arquipolítica prefere referir-se ao modelo *médico*: a sociedade é um corpo corporativo, um organismo; as divisões sociais são como doenças desse organismo – isto é, aquele contra quem devemos lutar, nosso inimigo, é um intruso canceroso, uma peste, um parasita estranho que deve ser exterminado para que a saúde do corpo social possa ser restabelecida. A parapolítica lança mão do modelo da competição *agonística*, com algumas regras aceitas de comum acordo, como num evento esportivo. A metapolítica se baseia no modelo do procedimento *instrumental* científico-tecnológico, ao passo que a pós-política envolve o modelo de *negociação* comercial e acordo estratégico.

lica pública e seu suplemento obsceno[23]: o conceito do duplo suplemento de Poder do supereu obsceno implica que *não há Poder sem violência*. O Poder tem sempre de contar com uma mancha obscena de violência; o espaço político nunca é "puro", envolve sempre uma espécie de confiança na violência "pré-política". Obviamente, a relação entre o poder político e a violência pré-política tem implicação mútua: a violência não é apenas o suplemento necessário do poder, o próprio poder (político) está sempre-já na raiz de toda relação de violência aparentemente "não política". A violência aceita e a relação direta de subordinação no Exército, na Igreja, na família e em outras formações sociais "não políticas" são, em si, a "reificação" de certa luta e decisão ético-*política* – a análise crítica deve discernir o processo *político* oculto que sustenta essas relações "não políticas" ou "pré-políticas". Na sociedade humana, o político é o princípio estruturador englobante, de modo que toda neutralização de um conteúdo parcial como algo "não político" é um gesto político por excelência.

Os (ab)usos* da aparência

Dentre essas quatro renegações do momento político propriamente dito, o caso mais interessante e politicamente pertinente é o da metapolítica, em que (dito nos termos da matriz lacaniana dos quatro discursos) o lugar do "agente" é ocupado pelo *saber***: Marx apresentou sua posição como a do "materialismo *científico*", isto é, a metapolítica é uma política que se legitima pela referência direta ao *status* científico de seu saber (é seu saber que permite à metapolítica traçar uma linha de distinção entre aqueles que estão mergulhados nas ilusões político-ideológicas e o Partido fundamentando sua intervenção histórica no saber de processos socioeconômicos reais). Esse saber (da sociedade de classes e das relações de produção no marxismo) suspende a oposição clássica entre *Sein* e *Sollen*, entre o Ser e o Dever, entre o que É e o Ideal ético: o Ideal ético na direção do qual o sujeito revolucionário se esforça é diretamente fundamentado no (ou coincide com o) saber científico "objetivo" e "desinteressado" dos processos sociais – essa coincidência abre espaço para a violência "totalitária", visto que, dessa forma, os atos que violam as normas mais elemen-

---

[23] Ver o capítulo 2 de Slavoj Žižek, *The Plague of Fantasies*, cit.

* *(Mis)uses*: o jogo de palavras em inglês permite a leitura de "usos" (*uses*) e "maus usos" (*misuses*), mas também de "abusos" (*misuses*). (N. T.)

** Na teoria lacaniana dos discursos, exposta de forma mais detalhada ao longo do *Seminário 17* ("O avesso da psicanálise"), é o discurso chamado de "universitário" (ou de "discurso da universidade") aquele que traz o saber (S_2) no godê reservado ao agente (acima e à esquerda). Sua estruturação é a seguinte: $\frac{S_2}{S_1} \longrightarrow \frac{a}{\$}$. (N. T.)

tares da decência ética podem ser legitimados como fundamentados na (compreensão da) Necessidade histórica (a matança dos membros da "classe burguesa" é justificada pela compreensão "científica" de que essa classe já está, em si mesma, "condenada a desaparecer", uma vez passado seu "papel progressista" etc.).

Essa é a diferença entre a dimensão destrutiva – e até mesmo assassina – da adesão estrita ao Ideal ético e o totalitarismo moderno: o terrorismo dos jacobinos na Revolução Francesa baseava-se em sua adesão rigorosa ao ideal da *égaliberté* – em sua tentativa de realizar esse ideal diretamente, de impô-lo à realidade; essa coincidência entre o mais puro idealismo e a violência mais destrutiva, já analisada por Hegel no célebre capítulo de sua *Fenomenologia*, não consegue explicar o totalitarismo no século XX. O que faltou aos jacobinos foi a referência ao saber "científico" neutro/objetivo da história legitimando o exercício de poder incondicional. É apenas o revolucionário leninista, e não o jacobino, que ocupa então a posição propriamente perversa do puro instrumento da Necessidade histórica, que se tornou acessível por meio do conhecimento científico[24].

Aqui, Rancière segue a visão de Claude Lefort de que o espaço para o totalitarismo (comunista) foi aberto pela própria "invenção democrática": o totalitarismo é uma perversão inerente da lógica democrática[25]. Temos, primeiramente, a lógica do Mestre tradicional, que funda sua autoridade em uma razão transcendente (o Direito divino etc.); o que depois se torna visível com a "invenção democrática" é a lacuna que separa a pessoa positivada do Mestre do lugar que ele ocupa na rede simbólica – com a "invenção democrática", o lugar do Poder é afirmado como originalmente *vazio*, ocupado apenas temporariamente e de forma contingente por diferentes sujeitos. Em outras palavras, é evidente que (citando Marx) o povo não trata alguém como rei porque ele é um rei: ele é rei *porque* e *enquanto* as pessoas o tratam como tal. O totalitarismo leva em consideração essa ruptura estabelecida pela "invenção democrática": o Mestre totalitário aceita plenamente a lógica do "eu sou Mestre apenas enquanto você me trata como tal" – ou seja, sua posição não envolve uma referência a um fundamento transcendente; muito pelo contrário, o Mestre diz enfaticamente a seus seguidores: "Não sou nada em mim mesmo; toda a minha força vem de vocês; sou apenas a personificação de seus anseios mais pro-

---

[24] A propósito, *essa* versão da "liberdade como necessidade concebida", embora pareça hegeliana, é o oposto da identificação especulativa hegeliana da verdadeira Liberdade com a Necessidade: a liberdade hegeliana não é o ato de assumir livremente o papel de instrumento de uma Necessidade predeterminada.

[25] Ver Claude Lefort, *L'invention démocratique* (Paris, Fayard, 1981) [ed. bras.: *A invenção democrática: os limites da dominação totalitária*, trad. Maria Leonor Loureiro e Isabel Maria Loureiro, São Paulo, Autêntica, 2011].

214 / O sujeito incômodo

fundos; no momento em que eu perder minhas raízes em vocês, estou perdido...".
Sua legitimidade deriva dessa posição de puro servo do Povo: quanto mais ele
"modestamente" deprecia e instrumentaliza seu papel, mais enfatiza que está apenas expressando e realizando as ambições do Povo, que é o verdadeiro Mestre, e
mais poderoso e inalcançável se torna, visto que qualquer ataque a ele é efetivamente um ataque ao próprio Povo, a seus anseios mais íntimos... "O Povo" é dividido
então em indivíduos reais (propensos à traição e a todo tipo de fraqueza humana)
e *o* Povo encarnado no Mestre. Essas três lógicas (a do Mestre tradicional, a da regulada luta democrática pelo lugar vazio do Poder e a do Mestre totalitário)
encaixam-se nas três formas de renegação da política conceituada por Rancière: o
Mestre tradicional opera dentro do espaço da arquipolítica; a democracia envolve
a parapolítica, isto é, a gentrificação da política propriamente dita numa luta regulada (as regras das eleições e a democracia representativa...); o Mestre totalitário só
se torna possível dentro do espaço da metapolítica.

Talvez a distinção entre o Mestre comunista e o Mestre fascista resida no fato de
que, a despeito de todas as discussões sobre a ciência racial etc., a lógica mais profunda do fascismo não seja metapolítica, mas sim ultrapolítica: o Mestre fascista é um
guerreiro na política. O stalinismo, em sua forma mais "pura" (o período dos grandes
expurgos no fim dos anos 1930), é um fenômeno muito mais paradoxal do que gostariam de nos fazer crer as narrativas trotskistas a respeito da suposta traição da nova
nomenklatura à revolução autêntica: o stalinismo é antes um ponto de negatividade
(autorrelativa) radical que funcionou como uma espécie de "mediador evanescente"
entre a fase revolucionária "autêntica" do fim da década de 1910 e começo da década
de 1920 e a estabilização da *nomenklatura* como uma nova classe após a morte de
Stalin. Ou seja, o que caracteriza esse momento stalinista, esse verdadeiro "ponto
de loucura (revolucionária)", é a tensão intrínseca entre a nova *nomenklatura* e a figura do Líder levado a reiterados expurgos "irracionais", de modo que a *nomenklatura*
fosse incapaz de se firmar como uma nova classe: o ciclo (de "inicialização") retroali-
mentado de Terror envolvia potencialmente a todos, não apenas a população "comum", como também a alta *nomenklatura* – todos (com exceção do Um, o próprio
Stalin) estavam sob a ameaça permanente de serem liquidados.

Somos levados a crer, assim, que Stalin de fato perdeu a batalha contra a *nomenklatura* (e, com isso, a maior parte de seu poder "real") no fim da década de
1930, com o fim dos Grandes Expurgos (momento que, ironicamente, coincidiu
com a ridícula intensificação da adulação pública da figura de Stalin, com sua celebração como o maior gênio da humanidade etc., como se de certa forma a perda de
poder "real" estivesse sendo compensada por um ganho de poder simbólico). O
que a *nomenklatura* ofereceu a Stalin foi um papel comparável ao de um monarca
constitucional que "põe os pingos nos is", mas é privado de poder executivo real

(ou, ao menos, é obrigado a compartilhá-lo com seus pares, membros do círculo superior). Stalin, obviamente, não se conforma com um papel simbólico, e suas atividades após a Segunda Guerra Mundial (o complô dos médicos judeus, o expurgo antissemita etc.) evidenciam seu esforço para recuperar o poder, um esforço que, em última instância, é malsucedido. Assim, em seus últimos anos de vida, diante da resistência crescente da *nomenklatura*, Stalin se isolou cada vez mais como um louco paranoico, cujas palavras não possuíam mais uma capacidade performativa direta – suas palavras (digamos, suas acusações de traição contra os membros superiores da *nomenklatura*) já não "tinham influência". No último congresso do Partido Comunista do qual participou (em 1952), Stalin, em seu discurso, acusou Molotov e Kaganovich de traidores e espiões ingleses; após o discurso de Stalin, Molotov simplesmente se limitou a subir à tribuna e dizer que o camarada Stalin estava equivocado, visto que tanto ele como Kaganovich sempre foram e continuavam a ser bons bolcheviques – e, para surpresa dos delegados presentes, *nada aconteceu*: os dois acusados permaneceram em seus postos, o que seria impensável alguns anos antes.

Ainda com relação à mudança social real, ou ao "corte na substância do corpo social", a verdadeira revolução não foi a Revolução de Outubro, mas a coletivização do fim dos anos 1920. A Revolução de Outubro deixou intacta a substância do corpo social (a intricada rede de relações familiares e outras); nesse sentido, foi similar à revolução fascista, que também se limitou a impor uma nova forma de poder executivo à rede de relações sociais existente – precisamente para conservar essa rede de relações. Por essa razão, a revolução fascista foi um falso acontecimento, uma revolução – o semblante de uma mudança radical – que aconteceu para que "nada de fato mudasse", para que as coisas (isto é, as relações capitalistas fundamentais de produção) permanecessem basicamente as mesmas. Foi somente a coletivização forçada do fim dos anos 1920 que subverteu e desmembrou completamente a "substância social" (a rede de relações herdada), perturbando e cortando profundamente o tecido social mais fundamental[26].

Mas voltemos à ênfase básica de Rancière na ambiguidade radical do conceito marxista de "lacuna" entre a democracia formal (direitos humanos, liberdade polí-

---

[26] Por outro lado, a diferença entre capitalismo e comunismo está no fato de que o comunismo era percebido como uma Ideia cuja concretização fracassou, ao passo que o capitalismo funcionava "espontaneamente": não existe um *Manifesto Capitalista*. No caso do comunismo, podemos jogar o jogo de encontrar o culpado, acusando o Partido, Stalin, Lenin e até mesmo o próprio Marx pelos milhões de mortos, sua "lustração", ao passo que no capitalismo a culpa ou a responsabilidade não podem ser atribuídas a ninguém; as coisas apenas aconteceram, embora o capitalismo não venha sendo menos destrutivo em termos de custos humanos e ambientais, destruindo culturas autóctones e assim por diante.

tica etc.) e a realidade econômica de exploração e dominação. Essa lacuna entre a "aparência" de igualdade-liberdade e a realidade social das diferenças econômicas, culturais e outras pode ser lida ou na forma "sintomática" padrão (os direitos universais, a igualdade, a liberdade e a democracia são simplesmente uma forma de expressão necessária, porém ilusória, de seu conteúdo social concreto, o universo de exploração e dominação de classe), ou no sentido muito mais subversivo de uma tensão em que a "aparência" de *égaliberté*, precisamente, *não* é "mera aparência", mas revela uma efetividade própria, que permite pôr em movimento o processo de rearticulação das relações socioeconômicas reais mediante a progressiva "politização" dessas relações. (Por que as mulheres não deveriam votar? Por que as condições de trabalho não seriam motivo de preocupação política pública?...). Somos tentados aqui a lançar mão da velha expressão de Lévi-Strauss de "eficácia simbólica": a aparência de *égaliberté* é uma ficção simbólica que, enquanto tal, possui uma eficácia real própria – devemos resistir à tentação particularmente cínica de reduzi-la a uma mera ilusão que oculta uma realidade distinta.

A distinção entre *aparência* e o conceito pós-moderno de *simulacro* como algo já não claramente distinguível do Real torna-se crucial aqui[27]. O político enquanto o domínio da aparência (em oposição à realidade social de classes e outras diferenças, isto é, da sociedade enquanto corpo social articulado) não tem nada em comum com a ideia pós-moderna de que estamos entrando na era dos simulacros universalizados, em que a própria realidade se torna indistinguível de seu duplo simulado. O anseio nostálgico da autêntica experiência de estar perdido no dilúvio dos simulacros (visível em Paul Virilio), bem como a afirmação pós-moderna do admirável mundo novo de simulacros universalizados como sinal de que finalmente estamos nos livrando da obsessão metafísica pelo Ser autêntico (visível em Gianni Vattimo), deixam escapar a distinção entre simulacro e aparência: o que perdemos na atual "epidemia de simulações" não é o Real firme, verdadeiro, não simulado, mas *a própria aparência*. Dito em termos lacanianos: simulacro é imaginário (ilusão), ao passo que aparência é simbólico (ficção); quando a dimensão específica da aparência simbólica começa a se desintegrar, o Imaginário e o Real tornam-se cada vez mais indistinguíveis.

A chave para o atual universo de simulacros, no qual o Real é cada vez menos distinguível de sua simulação imaginária, está no recuo da "eficácia simbólica". Em termos sociopolíticos, esse domínio da aparência (da ficção simbólica) não é outro senão o do político como distinto do corpo social subdividido em partes. Há "apa-

---

[27] Ver Jacques Rancière, *La mésentente*, cit., p. 144-6 [ed. bras.: *O desentendimento: política e filosofia*, cit., p. 106-9].

rência" na medida em que uma parte não incluída no Todo do Corpo Social (ou incluída/excluída de modo contrário ao que ela reclama) simboliza sua posição como a de um Agravo, afirmando, contra as outras partes, que ela representa a universalidade da *égaliberté*. Estamos falando aqui da aparência em contraste com a "realidade" do corpo social estruturado. O velho lema conservador do "manter as aparências" ganha atualmente um novo giro: já não representa mais a "sabedoria" segundo a qual é melhor não perturbar demais as regras da etiqueta social, porque a consequência pode ser o caos. Hoje, o esforço para "manter as aparências" representa antes o esforço para preservar o espaço propriamente político contra a investida do abrangente corpo social pós-moderno, com sua multiplicidade de identidades particulares[28].

É desse mesmo modo que devemos ler a célebre máxima de Hegel em sua *Fenomenologia*: "o suprassensível é, pois, a aparência como aparência"*. Numa resposta sentimental a uma criança que indaga como é o rosto de Deus, um padre responde que sempre que ela vir um rosto humano irradiando benevolência e bondade, seja ele de quem for, ela terá um vislumbre do rosto de Deus... A verdade dessa platitude sentimental é que o Suprassensível (o rosto de Deus) torna-se discernível como uma aparência momentânea, fugaz, na "careta" de um rosto terreno. É *essa* dimensão – da "aparência" transubstanciando um fragmento de realidade em algo que, por um breve momento, irradia a Eternidade suprassensível – que está ausente na lógica do simulacro: no simulacro, que se torna indistinguível do Real, tudo está posto, e nenhuma outra dimensão transcendente "aparece" de fato nele e/ou por meio dele. Voltamos aqui à problemática kantiana do sublime: na célebre leitura de Kant sobre o entusiasmo que a Revolução Francesa suscitou no público esclarecido da Europa, os eventos revolucionários funcionaram como um sinal pelo qual a dimensão da Liberdade transfenomênica, de uma sociedade livre, *aparecia*. "Aparência", portanto, não é simplesmente o domínio dos fenômenos, mas está também

---

[28] Essa distinção crucial entre simulacro (sobrepondo-se ao Real) e aparência é facilmente discernível no domínio da sexualidade, como a distinção entre pornografia e sedução: a pornografia "mostra tudo", "sexo real", e, por essa mesma razão, produz um mero simulacro de sexualidade; já o processo de sedução consiste inteiramente no jogo de aparências, insinuações e promessas, evocando assim o domínio elusivo da Coisa sublime suprassensível.

* Na edição brasileira, esse trecho foi traduzido como "O suprassensível é, pois, o fenômeno como fenômeno" (Georg Wilhelm Friedrich Hegel, *Fenomenologia do espírito*, cit., p. 104). A respeito das ambiguidades, da semelhança e da escolha por "aparência" ou "fenômeno", é uma tarefa relevante para o leitor interessado ler as observações encontradas, por exemplo, em Nicola Abbagnano, *Dicionário de filosofia* (trad. Alfredo Bosi, São Paulo, Martins Fontes, 2007), p. 68-70, e também em Michael Inwood, *Dicionário Hegel* (trad. Álvaro Cabral, Rio de Janeiro, Zahar, 1997), p. 48. (N. T.)

nesses "momentos mágicos" nos quais uma outra dimensão numênica "comparece" ("reluz") em um fenômeno empírico/contingente.

Voltemos a Hegel então: "o Suprassensível é, pois, a aparência como aparência" não significa simplesmente que o Suprassensível não seja uma entidade positiva que está *para além* dos fenômenos, mas o poder inerente à negatividade que faz da aparência "uma mera aparência", isto é, algo que não é em si mesmo plenamente real, mas que está condenado a perecer no processo de autossuprassunção. Isso significa também que o Suprassensível só é efetivo como aparência redobrada, autorrefletida, autorreferente: o Suprassensível entra na existência sob a forma de uma aparência de Outra Dimensão que interrompe a ordem normal padrão das aparências como fenômenos.

Esse é também o problema do ciberespaço e da realidade virtual: o que a realidade virtual ameaça *não* é a "realidade", que está dissolvida na multiplicidade de seus simulacros, mas, ao contrário, a *aparência*. Assim, para combater o conhecido temor de que a realidade virtual do ciberespaço venha a solapar a realidade, não basta insistir na distinção entre realidade e Real (sustentando que a realidade virtual pode gerar um "senso de realidade", mas não o Real impossível); devemos introduzir também uma distinção — correlativa à que existe entre realidade e Real — no interior da ordem da aparência em si: a distinção entre a realidade fenomênica e as aparições "mágicas" (de Outra Dimensão) em seu interior. Em síntese, devemos distinguir aqui entre dois pares de opostos que não devem ser confundidos com a simples oposição entre aparência e realidade: o par realidade e seu simulacro e o par Real e aparência. O Real é uma careta da realidade – digamos, um rosto repulsivamente contorcido em que o Real de uma fúria mortal transparece/aparece. Nesse sentido, o próprio Real vem a ser uma aparência, um semblante fugidio cuja fugaz presença/ausência é discernível nas lacunas e descontinuidades da ordem fenomênica da realidade. A verdadeira oposição, portanto, é entre realidade/simulacro (que coincidem na realidade virtual) e Real/aparência. De modo mais detalhado, devemos distinguir quatro níveis de aparência:

- aparência no sentido simples de "ilusão", a representação/imagem falsa/distorcida da realidade ("as coisas não são o que parecem", como se diz por aí), ainda que, obviamente, seja necessário introduzir aqui uma distinção adicional entre aparência como mera ilusão subjetiva (que distorce a ordem transcendentalmente constituída da realidade) e aparência como ordem transcendentalmente constituída da própria realidade fenomênica, que é oposta à Coisa-em-si;
- aparência no sentido de ficção simbólica, ou (em termos hegelianos) aparência como essencial – digamos, a ordem dos costumes e títulos simbólicos ("o honorável juiz" etc.) que é "meramente uma aparência" (mas, se a perturbamos, a própria realidade social se desintegra);

- aparência no sentido de sinais indicando que há algo para além (da realidade fenomênica diretamente acessível), ou seja, a aparição do Suprassensível: o Suprassensível só existe na medida em que *aparece como tal* (como o vago pressentimento de que "há alguma coisa por baixo da realidade fenomênica");
- por fim (e é apenas aqui que encontramos o que a psicanálise chama de "fantasia fundamental", assim como o conceito fenomenológico mais radical de "fenômeno"), a aparência que preenche o *vazio* que se encontra no meio da realidade, isto é, a aparência que oculta o fato de que, por baixo dos fenômenos, não há nada para ocultar;

O problema de Kant é que ele tende a confundir esses dois últimos níveis. Ou seja, o paradoxo que se deve aceitar é que o reino da Liberdade numênica, do Deus supremo, aparece como tal (como numênico) apenas da perspectiva fenomênica do sujeito finito: em si mesmo, se nos aproximarmos demais, ele se converte no Real monstruoso... Nesse caso, Heidegger estava no caminho certo com sua insistência na temporalidade como horizonte último insuperável, isto é, da própria eternidade como uma categoria que só tem sentido no interior da experiência temporal de um sujeito finito: exatamente da mesma forma, aquilo de que Kant não tinha plena consciência era que a distinção entre (nossa experiência da) liberdade numênica e a imersão temporal nos fenômenos é uma distinção interna a nossa experiência temporal finita.

A pós-política

Hoje, no entanto, estamos diante de outra forma de denegação do político, a *pós-política* pós-moderna, que não se limita mais a apenas "recalcar" o político, tentando refreá-lo e acalmar os "retornos do recalcado", mas procura efetivamente "foracluí-lo", de modo que as formas pós-modernas de violência étnica, com seu caráter "irracional" excessivo, já não são simples "retornos do recalcado", mas representam um caso de foraclusão (a partir do Simbólico) que, como sabemos por Lacan, retorna no Real. Na pós-política, o conflito das visões ideológicas globais materializadas em diferentes partidos que competem pelo poder é substituído pela colaboração de tecnocratas esclarecidos (economistas, especialistas em opinião pública...) e multiculturalistas liberais; por meio de um processo de negociação de interesses, chega-se a um acordo na forma de um consenso mais ou menos universal. Assim, a pós-política dá ênfase à necessidade de se deixar para trás as velhas divisões ideológicas e enfrentar novas questões, armando-se com o saber especializado necessário e a livre deliberação para se levar em conta as reais necessidades e demandas do povo.

220 / O sujeito incômodo

A melhor fórmula para expressar o paradoxo da pós-política talvez seja a caracterização do novo trabalhismo como o "centro radical", proposta por Tony Blair: nos tais velhos tempos de divisão política "ideológica", o termo "radical" era reservado à extrema-esquerda ou extrema-direita. O centro, por definição, era moderado: medida pelos antigos padrões, a expressão "centro radical" é tão absurda quanto "moderação radical". O que torna "radical" o novo trabalhismo (ou a política de Bill Clinton nos Estados Unidos) é o abandono radical das "velhas divisões ideológicas", formulado numa paráfrase do lema de Deng Xiaoping em 1960: "Não importa se o gato é vermelho ou branco; o que interessa é que ele cace os ratos!". Com esse mesmo espírito, os defensores do novo trabalhismo gostam de ressaltar que devemos aceitar as boas ideias sem preconceito e aplicá-la, pouco importando suas origens (ideológicas). E quais são essas "boas ideias"? A resposta óbvia é *as ideias que funcionam*. E é aqui que encontramos a lacuna que separa o ato político propriamente dito da "administração das questões sociais", que se mantém dentro da estrutura das relações sociopolíticas existentes: o ato político (intervenção) propriamente dito não é apenas aquilo que funciona bem no interior da estrutura das relações existente, mas o que *muda a própria estrutura que determina como as coisas funcionam*. Dizer que as boas ideias são "as ideias que funcionam" significa que aceitamos de antemão a constelação (capitalista global) que determina o que funciona (por exemplo, se gastamos muito dinheiro com educação ou saúde, isso "não funciona" porque prejudica as condições de rentabilidade capitalista). Também podemos dizer isso nos termos da conhecida definição de política como "a arte do possível": a política autêntica é justamente o oposto, isto é, a arte do *impossível* – ela transforma os próprios parâmetros daquilo que é considerado "possível" na constelação existente[29].

Quando essa dimensão do impossível é eliminada, o político (o espaço de litígio em que os excluídos podem protestar contra o agravo/injustiça que sofrem) foracluído do simbólico retorna no Real como novas formas de *racismo*; esse "racismo pós-moderno" surge como a consequência derradeira da suspensão pós-política do político, da redução do Estado a um mero agente fiscalizador a serviço das necessidades (consensualmente estabelecidas) das forças de mercado e do humanitarismo multiculturalista tolerante: o "estrangeiro" cujo *status* nunca é devidamente "regulado" é o *resto indivisível* da transformação da luta política democrática num processo pós-político de negociação e fiscalização multiculturalista. No lugar do sujeito

---

[29] Nesse sentido, até mesmo a ida de Nixon à China e o posterior estabelecimento de relações diplomáticas entre Estados Unidos e China foram uma espécie de ato político, na medida em que se alteraram os parâmetros do que era considerado "possível" (ou "factível") no campo das relações internacionais – sim, pode-se fazer o impensável e conversar normalmente com o inimigo supremo.

político "classe trabalhadora", que luta por seus direitos universais, temos, de um lado, a multiplicidade de estratos ou grupos sociais particulares, cada um com seus problemas (a necessidade cada vez menor de trabalhadores manuais etc.) e, de outro, o imigrante, cada vez mais impedido de *politizar* sua situação de exclusão[30].

O contra-argumento óbvio é que, hoje, é a direita (política) que está cumprindo os atos, mudando corajosamente as próprias regras daquilo que é considerado aceitável-admissível na esfera do discurso público, desde a forma como o reaganismo e o thatcherismo legitimaram o debate sobre a redução dos direitos trabalhistas e dos benefícios sociais até a gradual legitimação do "debate aberto" sobre o nazismo na historiografia revisionista à la Ernst Nolte (o nazismo foi tão ruim assim? O comunismo não teria sido pior, isto é, o nazismo não poderia ser entendido como uma reação ao leninismo-stalinismo?). Aqui, no entanto, é crucial introduzir outra distinção: para Lacan, um verdadeiro ato não apenas transforma retroativamente as regras do espaço simbólico, como também perturba a fantasia subjacente – e aqui, a propósito *dessa* dimensão crucial, o fascismo *não* satisfaz o critério de ato. A "revolução" fascista é, ao contrário, o caso paradigmático de um pseudoacontecimento, de um tumulto espetacular destinado a ocultar o fato de que, no nível mais fundamental (o das relações de produção), *nada muda realmente*. A revolução fascista é, portanto, a resposta para a seguinte questão: o que temos de mudar para que, em última instância, nada mude realmente? Ou – nos termos da economia libidinal do espaço ideológico – longe de perturbar/"atravessar" a fantasia que subjaz e sustenta o edifício social capitalista, a revolução ideológica fascista apenas traz à tona a "transgressão intrínseca" fantasmática da situação ideológica burguesa "normal" (o conjunto de "preconceitos" implícitos de raça, sexo etc. que de fato determina a atividade dos indivíduos nela, ainda que não sejam reconhecidos publicamente).

Um dos clichês atuais é que estamos entrando numa nova sociedade medieval sob a forma de uma nova ordem mundial – o grão de verdade dessa comparação é que a nova ordem mundial, como na época medieval, é global, mas não universal, visto que aponta justamente para uma nova *ordem*, em que cada parte tem seu lugar estabelecido. Hoje, um partidário típico do liberalismo mistura o protesto dos trabalhadores contra a redução de direitos com a insistência dos direitistas na fidelidade à herança cultural ocidental: ele percebe ambos como restos lamentáveis da "idade da ideologia" que não têm relevância no universo pós-ideológico de hoje. As duas resistências à globalização, no entanto, seguem lógicas completamente incompatíveis: a direita insiste numa identidade comum *particular* (*ethnos* ou *habitat*), ameaçada pela fúria da globalização, enquanto para a esquerda a dimensão

---

[30] Ver Jacques Rancière, *La mésentente*, cit., p. 162.

222 / O sujeito incômodo

ameaçada é a da politização, da articulação das demandas *universais* "impossíveis" ("impossíveis" do interior do espaço existente da ordem mundial).

Aqui, devemos contrapor *globalização* e *universalização*: a globalização (não apenas no sentido de capitalismo global, de estabelecimento de um mercado mundial global, mas também no sentido da afirmação da "humanidade" como o ponto global de referência para os direitos humanos, legitimando a violação da soberania dos Estados, desde restrições comerciais até intervenções militares diretas em partes do mundo onde os direitos humanos globais são violados) é precisamente o nome para a lógica pós-política emergente que elimina progressivamente a dimensão de universalidade que aparece na politização propriamente dita. O paradoxo é que, aqui, não existe o *Universal* propriamente dito sem o processo de litígio político, da "parcela dos sem-parcela", de uma entidade fora dos gonzos que se apresenta/manifesta como substituta do Universal.

É preciso vincular o conceito de pós-político de Rancière com a ideia proposta por Balibar de uma crueldade excessiva e não funcional como característica da vida contemporânea[31]: uma crueldade cuja manifestação vai desde as chacinas "fundamentalistas" racistas e/ou religiosas até os acessos de violência "sem sentido" de adolescentes e sem-teto em nossas megalópoles, violência essa que somos tentados a chamar de *Isso*-Mal, uma violência que não se fundamenta em nenhuma razão utilitária ou ideológica. Toda essa conversa sobre os estrangeiros roubarem nossos empregos, ou a ameaça que representam para nossos valores ocidentais, não deve nos enganar: num exame mais atento, fica claro que essa conversa constitui sobretudo uma racionalização secundária superficial. A resposta que obtemos no fim das contas de um *skinhead* é que lhe faz bem espancar estrangeiros, que a presença deles o perturba... O que encontramos aqui é o *Isso*-Mal, isto é, o Mal estruturado e motivado pelo desequilíbrio mais elementar na relação entre o Eu e a *jouissance*, pela tensão entre o prazer e o corpo estranho da *jouissance* em seu próprio âmago. O Isso-Mal põe em cena o "curto-circuito" mais elementar na relação do sujeito com o objeto-causa primordialmente perdido de seu desejo: o que nos "incomoda" no "outro" (judeu, japonês, africano, turco...) é o fato de que ele parece gozar de uma relação privilegiada com o objeto – ou o outro possui o objeto-tesouro, que foi roubado de nós (por isso não o temos), ou representa uma ameaça a nossa posse do objeto[32].

O que devemos sugerir aqui, mais uma vez, é o "juízo infinito" hegeliano que afirma a identidade especulativa dessas explosões de violência "inúteis" e "excessi-

---

[31] Ver Étienne Balibar, "La violence: idéalité et cruauté", em *La crainte des masses*, cit.

[32] Para um leitura complementar a esse respeito, ver o capítulo 3 de Slavoj Žižek, *The Metastases of Enjoyment*, cit.

vas" – que não mostram nada além de um ódio nu e cru ("não-sublimado") em relação à Alteridade – e o universo multiculturalista pós-político de tolerância da diferença, no qual ninguém é excluído. É claro que emprego a expressão "não--sublimado" em seu sentido usual, que, nesse caso, representa o exato oposto de seu significado estritamente psicanalítico – em síntese, o que ocorre quando concentramos nosso ódio em um representante do Outro (oficialmente tolerado) é o próprio mecanismo de *sublimação* em sua forma mais elementar: a natureza abrangente da Universalidade concreta pós-política que responde por todos no nível da inclusão simbólica, essa visão e prática multiculturalista da "unidade na diferença" ("todos iguais, todos diferentes"), deixa aberto, como único caminho para marcar a Diferença, o gesto protossublimativo de elevar um Outro contingente (de raça, sexo, religião...) à condição de "Alteridade absoluta" da Coisa impossível, a derradeira ameaça a nossa identidade – essa Coisa que deve ser aniquilada para sobrevivermos. Nisso reside o paradoxo propriamente hegeliano: o advento final de uma "universalidade concreta" verdadeiramente racional – a abolição dos antagonismos, o universo "maduro" da coexistência negociada de grupos diferentes – coincide com seu oposto radical, com explosões de violência absolutamente contingentes.

A regra fundamental de Hegel é que esse excesso "objetivo" (o reino direto da universalidade abstrata que impõe sua lei "mecanicamente", com total desconsideração pelo sujeito capturado em sua teia) é sempre suplementado pelo excesso "subjetivo" (o exercício irregular e arbitrário do capricho). Encontramos uma excelente ilustração dessa interdependência em Balibar[33], que distingue duas formas opostas, porém complementares, de violência excessiva: a violência "ultraobjetiva" ("estrutural"), que é inerente às condições sociais do capitalismo global (a criação "automática" de indivíduos excluídos e dispensáveis, dos sem-teto aos desempregados), e a violência "ultrassubjetiva" dos recém-surgidos "fundamentalismos" étnicos e/ou religiosos (leia-se: racistas). Essa violência "excessiva" e "sem fundamento" contém seu próprio modo de saber: o da reflexão cínica impotente. Voltemos a nosso exemplo do *Isso*-Mal, do *skinhead* espancando estrangeiros: quando é pressionado a dar as razões de sua violência, e se for capaz de uma reflexão teórica mínima, esse *skinhead* começa de repente a falar como os assistentes sociais, os sociólogos e os psicólogos sociais, citando a pouca mobilidade social, o aumento da insegurança, a desintegração da autoridade paterna, a carência de amor materno em sua infância... Em síntese, ele dá a explicação psicossociológica mais ou menos precisa de seus atos tão cara aos liberais esclarecidos ansiosos para "entender" a juventude violenta como vítima de suas condições sociais e familiares.

---

[33] Ver Étienne Balibar, *La crainte des masses*, cit., p. 42-3.

224 / O sujeito incômodo

A fórmula esclarecida da eficiência da "crítica da ideologia", desde Platão ("Eles fazem porque não sabem o que estão fazendo", isto é, o saber em si é libertador; quando o sujeito que erra reflete sobre o que está fazendo, ele deixa de fazer o que faz), é invertida: o *skinhead* violento "sabe muito bem o que está fazendo, mas faz assim mesmo"[34]. O saber simbolicamente eficiente incorporado à *praxis* social real do sujeito desintegra-se, por um lado, numa violência "irracional" excessiva, sem fundamento político-ideológico, e, por outro, numa reflexão externa impotente que deixa intactos os atos do sujeito. Sob a forma desse *skinhead* reflexivo cinicamente impotente que, com um sorriso irônico, explica ao perplexo jornalista as raízes de seu comportamento violento carente de sentido, o tolerante multiculturalista esclarecido, inclinado a "entender" formas excessivas de violência, recebe sua própria mensagem de forma invertida e verdadeira. Em síntese, como diria Lacan, nesse ponto a comunicação entre ele e o "objeto" de seu estudo (o intolerante *skinhead*) é plenamente bem-sucedida.

A distinção entre essa violência "disfuncional" excessiva e a violência obscena que serve de suporte implícito para um conceito universal ideológico é crucial aqui (quando "os direitos do homem" não são "realmente universais", mas são "na verdade o direito dos homens brancos proprietários", qualquer tentativa de desconsiderar esse conjunto implícito subjacente de regras não escritas que limitam efetivamente a universalidade dos direitos depara com explosões de violência). Em nenhuma situação esse contraste é mais forte do que no caso dos afro-americanos: embora eles tenham formalmente o direito de participar da vida política pelo simples fato de serem cidadãos estadunidenses, o velho racismo democrático parapolítico impedia sua participação real impingindo silenciosamente sua exclusão (por ameaças físicas e verbais etc.). A resposta adequada a essa exclusão do Universal foi o grande movimento pelos direitos civis associado ao nome de Martin Luther King: esse movimento suspendeu o suplemento obsceno implícito que decretava a exclusão real dos negros da igualdade universal formal – é claro que foi fácil para esse gesto conquistar o apoio da ampla maioria do *establishment* de classe alta, branco e liberal, tachando seus oponentes de caipiras tolos brancos do Sul. Hoje, no entanto, o próprio terreno de luta mudou: o *establishment* liberal pós-político não apenas reconhece plenamente a lacuna entre a mera igualdade formal e sua realização/implementação, não apenas reconhece a lógica excludente da falsa universalidade ideológica, mas também a combate ativamente com uma vasta rede legal, psicológica e sociológica que vai desde a identificação dos problemas específicos de cada grupo e subgrupo

---

[34] Para uma descrição mais detalhada dessa atitude cínica, ver o capítulo 3 de Slavoj Žižek, *The Indivisible Remainder*, cit.

(não apenas homossexuais, mas também lésbicas afro-americanas, mães lésbicas afro-americanas, mães lésbicas afro-americanas desempregadas...) até a proposta de um conjunto de medidas ("ação afirmativa" etc.) para corrigir o erro.

O que esse procedimento tolerante impossibilita é o gesto de *politização* propriamente dita: embora as dificuldades de ser uma mãe lésbica afro-americana desempregada estejam perfeitamente catalogadas quanto a suas características mais específicas, o sujeito em questão "sente" de certo modo que há algo "errado" e "frustrante" no próprio esforço de fazer justiça a sua situação específica – do que essa mulher é privada é da possibilidade de elevação "metafórica" de seu "agravo" específico a um substituto do "agravo" universal. O único modo de articular essa universalidade – o fato de que eu, precisamente, *não* sou meramente aquele indivíduo específico exposto a um conjunto de injustiças específicas – consiste, então, em seu aparente oposto, na explosão de violência excessiva e totalmente "irracional". A velha regra hegeliana é de novo confirmada aqui: a única maneira que a universalidade tem de existir, de "afirmar" a si mesma "como tal", é na forma de seu oposto, daquilo que só pode aparecer como um "capricho" excessivo irracional. Essas violentas *passages à l'acte* atestam a existência de um *antagonismo* subjacente que não pode mais ser formulado/simbolizado em termos propriamente políticos. O único modo de contrabalançar essas explosões excessivas "irracionais" consiste em abordar a questão daquilo que todavia permanece foracluído na própria lógica pós-política tolerante/inclusiva, e articular essa dimensão foracluída num novo modo de subjetivação política.

Recordemos o exemplo-padrão de um protesto popular (manifestação em massa, greve, boicote) direcionado a um tema específico, isto é, focado numa demanda particular ("Não a tal novo imposto! Justiça para os presos! Não à exploração de tal recurso natural!"...) – a situação se politiza quando essa demanda particular passa a funcionar como uma condensação metafórica da oposição global contra Eles, os que estão no poder, de modo que o protesto não se refere mais apenas àquela demanda, mas à dimensão universal que ressoa naquela demanda em particular (por isso, muitas vezes os manifestantes ficam de certo modo desapontados quando aqueles que estão no poder, e contra os quais é dirigido o protesto, simplesmente acatam a demanda – como se, dessa forma, eles os frustrassem, privando-os do verdadeiro objetivo do protesto ao acatar a demanda). O que a pós-política tende a impedir é precisamente essa universalização metafórica das demandas particulares: a pós-política mobiliza o vasto aparato de especialistas, assistentes sociais etc. para reduzir a demanda (queixa) global de um grupo particular a apenas essa demanda precisa, com seu conteúdo particular – não admira que essa redução sufocante suscite os acessos "irracionais" de violência como única maneira de expressar a dimensão que está para além da particularidade.

Essa argumentação não deve ser confundida com o argumento, mencionado por muitos críticos conservadores, segundo o qual essas explosões de violência significam o retorno do recalcado de nossa anêmica civilização ocidental liberal. Nesse sentido, é exemplar a argumentação de Mario Vargas Llosa de que "o *hooligan* não é um bárbaro: ele é um produto refinado e terrível da civilização"[35]. Vargas Llosa toma como ponto de partida a observação de que o típico torcedor violento não é um *lumpemproletário* desempregado, mas um trabalhador de classe média bem de vida, isto é, um verdadeiro exemplo de boas maneiras e compaixão civilizada – seus acessos de violência são "retornos do recalcado", a reafirmação da orgia violenta cada vez mais proibida por nossas sociedades liberais civilizadas. Com uma enganosa referência a Freud, Vargas Llosa mistifica e naturaliza as explosões de violência: como se houvesse, na natureza humana, uma propensão permanente e irredutível a essas explosões de violência e, quando essas orgias sagradas não são mais permitidas como expressão legítima, essa propensão tivesse de encontrar outra forma de se expressar... Em claro contraste com essa linha de pensamento, meu ponto de vista é muito mais veemente: a violência étnica do *skinhead* neonazista não é o "retorno do recalcado" da tolerância multiculturalista liberal, mas é gerada diretamente *por essa tolerância*, sua verdadeira face oculta.

Há um eurocentrismo progressista?

Esse marco conceitual nos permite abordar o socialismo do Leste Europeu de outro modo. Nessa região, a passagem do socialismo real para o capitalismo real desencadeou uma série de inversões cômicas do sublime entusiasmo democrático, fazendo-o passar por ridículo. Os respeitáveis alemães orientais que se reuniam ao redor das igrejas protestantes e heroicamente desafiavam o terror da *Stasi* transformaram-se em consumidores de bananas e pornografia barata; os civilizados tchecos que se mobilizaram ao apelo de Václav Havel e outros ícones culturais transformaram-se subitamente em reles enganadores de turistas ocidentais... A decepção foi mútua: o Oeste, que começou idolatrando o movimento dissidente do Leste como uma reinvenção de sua própria democracia esgotada, rejeita decepcionado os atuais regimes pós-socialistas como uma mescla de oligarquia ex-comunista corrupta e/ou fundamentalistas étnicos e religiosos (até mesmo os liberais, cada vez menos numerosos, são suspeitos de não ser muito "politicamente corretos", passam a ser alvo de desconfiança: "onde está sua consciência feminina?" etc.); o que começou idolatrando

---

[35] Ver Mario Vargas Llosa, "Hooligans, the Product of a High Civilization", *The Independent*, 27 jun. 1998, The Weekend Review, p. 5.

o Oeste como o exemplo de democracia opulenta que deveria ser seguido encontra-se num turbilhão de comercialização e colonização econômica sem escrúpulos. Tanto esforço terá valido a pena?

O detetive Sam Spade, herói de *O falcão maltês**, de Dashiell Hammett, conta como foi contratado para encontrar um homem que havia abandonado emprego e família e desaparecido. Spade não consegue encontrá-lo, porém, anos mais tarde, acaba esbarrando no tal homem num bar em outra cidade. Com um novo nome, o homem levava uma vida incrivelmente similar àquela da qual havia fugido (um trabalho fixo maçante, uma nova esposa e filhos...); apesar da semelhança, no entanto, ele estava convencido de que o novo começo não havia sido em vão, que romper os laços e começar uma nova vida haviam valido a pena... Talvez o mesmo valha para a passagem do socialismo real para o capitalismo real nos países do Leste Europeu: apesar das entusiásticas expectativas frustradas, algo *aconteceu* no entremeio, na própria passagem, e é nesse Acontecimento situado no entremeio, esse "mediador evanescente", nesse momento de entusiasmo democrático, que devemos situar a dimensão crucial ofuscada pela normalização posterior.

É claro que as multidões que protestavam na República Democrática Alemã (RDA), na Polônia e na República Tcheca "queriam algo mais", um objeto utópico de Plenitude impossível chamado por uma infinidade de nomes ("solidariedade", "direitos humanos" etc.), e não *apenas* o que de fato obtiveram. Há duas reações possíveis a essa lacuna entre expectativas e realidade; a melhor forma de apreendê-las é fazendo referência à conhecida oposição entre o *tolo* e o *malandro*. O tolo é um cara simplório, um bobo da corte que pode dizer a verdade precisamente porque o "poder performativo" (a eficácia sociopolítica) de seu discurso encontra-se suspenso; já o malandro é o cínico que diz abertamente a verdade, um trapaceiro que tenta vender a admissão clara de sua desonestidade como honestidade, um pilantra que admite a necessidade de repressão ilegítima para que a estabilidade social possa ser mantida. Após a queda do socialismo, o malandro é um neoconservador partidário do livre mercado, que rejeita cruelmente todas as formas de solidariedade social como sentimentalismo contraproducente; o tolo, por sua vez, é um crítico social "radical" multiculturalista que, com seus procedimentos lúdicos destinados a "subverter" a ordem existente, acaba servindo como seu suplemento. Com relação ao Leste Europeu, o malandro tacha o projeto de "terceira via" do *Neues Forum* na ex-RDA como um utopismo desesperadamente obsoleto e exorta-nos a aceitar a cruel realidade do mercado, ao passo que o tolo insiste que o colapso do socialismo teria aberto de fato uma terceira via, uma possibilidade deixada inexplorada pela recolonização do Leste pelo Oeste.

---

* Ed. bras.: trad. Rubens Figueiredo, São Paulo, Companhia das Letras, 2001. (N. E.)

228 / O sujeito incômodo

Essa cruel inversão do sublime no ridículo fundamentou-se, é claro, no fato de que havia um duplo equívoco em ação na (auto)percepção pública dos movimentos de protesto social (desde o Solidariedade até o *Neues Forum*) nos últimos anos do socialismo Leste Europeu. Por um lado, havia as tentativas da *nomenklatura* governante para reinscrever esses eventos em seu marco político/policial, diferenciando os "críticos honestos", com quem se poderia discutir num clima calmo, racional e despolitizado, e o bando de extremistas provocadores, que estavam a serviço dos interesses estrangeiros[36]. A luta, portanto, era não apenas por aumento de salários e melhores condições de trabalho, mas também – e acima de tudo – para que os trabalhadores fossem reconhecidos como parceiros legítimos em negociação com os representantes do regime – no momento em que os poderes se viram obrigados a aceitar isso, a batalha de certo modo foi ganha[37]. Quando esses movimentos explodiram num amplo fenômeno de massas, suas demandas de liberdade e democracia (e solidariedade e...) também foram mal interpretadas pelos comentadores ocidentais, que viam nelas a confirmação de que as pessoas do Leste também queriam o que já tinham as pessoas do Oeste: eles traduziram automaticamente essas demandas como o conceito liberal-democrático ocidental de liberdade (jogo político de representação multipartidária cumulado com economia de mercado global).

Emblemática aqui, a ponto de ser caricatural, é a figura de Dan Rather, o repórter estadunidense, na Praça da Paz Celestial em 1989, parado em frente a uma réplica da Estátua da Liberdade e afirmando que aquela estátua dizia tudo que os estudantes exigiam (em síntese, se rasgássemos a pele amarela de um chinês encontraríamos um norte-americano). O que a estátua representava de fato era um anseio utópico que não tinha nada a ver com os Estados Unidos reais (onde, a propósito, o mesmo se passou com os primeiros imigrantes do país, para quem a visão da estátua representava um anseio utópico que logo foi esmagado). Assim, a percepção da mídia estadunidense forneceu outro exemplo da reinscrição da explosão daquilo que, como vimos, Étienne Balibar chama de *égaliberté* (a demanda incondicional por liberdade e igualdade que faz explodir qualquer ordem positiva) nos limites de uma dada ordem.

---

[36] Essa lógica foi levada a seu extremo absurdo na ex-Iugoslávia, onde a própria ideia de greve de trabalhadores era incompreensível, visto que, segundo a ideologia dominante, os trabalhadores já governavam pela autogestão de suas empresas. Contra quem, então, fariam greve?

[37] O interessante aqui é que, nessa luta com o socialismo em declínio, o próprio termo "político" funcionava de modo invertido: era o Partido Comunista (representando a lógica policial) que "politizava" a situação (falando de "tendências contrarrevolucionárias" etc.), ao passo que o movimento de oposição insistia em seu caráter fundamentalmente "apolítico", ético-cívico: eles apenas apoiavam os "valores simples", como a dignidade, a liberdade etc. (Não admira, portanto, que seu principal significante tenha sido o "apolítico" conceito de "solidariedade".)

A subjetivação política e suas vicissitudes / 229

Estamos condenados então a essa alternativa debilitante entre o tolo e o malandro, ou há um *tertium datur*? Talvez os contornos desse *tertium datur* possam ser discernidos mediante a referência ao legado europeu fundamental. Quando alguém diz "legado europeu", todo intelectual de esquerda que se dê ao respeito tem a mesma reação de Joseph Goebbels com relação à cultura: saca a pistola e começa a disparar acusações de imperialismo cultural eurocêntrico protofascista... Mas é possível imaginar uma apropriação à esquerda da tradição política europeia? Sim, se seguirmos Rancière e identificarmos como núcleo dessa tradição o gesto singular de subjetivação política democrática: foi essa politização propriamente dita que ressurgiu violentamente na desintegração do socialismo do Leste Europeu. Do meu próprio passado político, lembro-me que, após quatro jornalistas terem sido presos e levados a julgamento pelo Exército iugoslavo na Eslovênia, em 1988, participei do "Comitê pela proteção dos direitos humanos dos quatro acusados". Oficialmente, o objetivo do comitê era apenas garantir tratamento justo para os acusados; no entanto, o comitê transformou-se na principal força política de oposição, praticamente uma versão eslovena do Fórum Cívico tcheco ou do *Neues Forum* da Alemanha Oriental, o corpo que coordenava a oposição democrática, um representante *de facto* da sociedade civil-burguesa.

O programa do comitê consistia em quatro itens; os três primeiros concerniam diretamente aos acusados, ao passo que "o diabo nos detalhes" era o quarto item, que dizia que o comitê queria esclarecer toda a base da detenção dos quatro acusados e assim contribuir para criar circunstâncias em que detenções como aquela não fossem mais possíveis – uma forma codificada de dizer que o que almejávamos era a abolição do regime socialista existente. Nossa reivindicação – "Justiça para os quatro acusados" – passou a funcionar como a condensação metafórica da demanda pela derrocada global do regime socialista. Por essa razão, em praticamente todas as negociações diárias com o comitê, os funcionários do Partido Comunista nos acusavam de ter uma "agenda oculta", dizendo que a libertação dos quatro acusados não era nosso verdadeiro objetivo – que estávamos "explorando e manipulando a prisão e o julgamento em nome de objetivos políticos obscuros". Em resumo, os comunistas queriam um jogo "racional" e despolitizado: almejavam privar o *slogan* "Justiça para os quatro acusados" de sua conotação geral explosiva e reduzi-lo a seu significado literal, que dizia respeito a uma questão legal de menor importância; afirmavam cinicamente que éramos nós, o comitê, que nos comportávamos de maneira "não democrática" e manipulávamos o destino dos acusados, usando pressão global e chantagem, ao invés de nos concentrarmos no problema particular de sua situação.

Isto é a política propriamente dita: o momento em que uma demanda particular não é apenas parte da negociação de interesses, mas visa algo mais e passa a funcionar como a condensação metafórica da restruturação global de todo o espaço social. Há um claro contraste entre essa subjetivação e a atual proliferação da "política de identidade" pós-moderna, cujo objetivo é o exato oposto, isto é, precisamente a afirmação da identidade particular do indivíduo, de seu lugar particular dentro da estrutura social. A política de identidade pós-moderna de estilos de vida particulares (étnica, sexual etc.) encaixa-se perfeitamente na noção despolitizada de sociedade, na qual cada grupo em particular é "contabilizado", tem seu *status* específico (de vítima) reconhecido por meio da "ação afirmativa" ou outras medidas destinadas a assegurar a justiça social. O fato de esse tipo de justiça aplicado às minorias vitimadas requerer um intricado aparato policial – para identificar os grupos em questão; para punir aqueles que violam seus direitos (como definir legalmente o assédio sexual, a discriminação racial etc.?); para oferecer tratamento preferencial a fim de compensar os danos sofridos por determinado grupo – é profundamente significativo: aquilo que é amiúde exaltado como "política pós-moderna" (a busca por questões específicas cuja resolução deve ser negociada no seio da ordem global "racional", atribuindo a cada componente seu devido lugar) é, na verdade, o fim da política propriamente dita.

Assim, enquanto todos parecem concordar que o regime capitalista global liberal-democrático e pós-político de hoje é o regime do não-acontecimento (o regime do Último Homem, nos termos de Nietzsche), a pergunta a respeito de onde procurar/esperar o Acontecimento permanece em aberto. A solução óbvia é: na medida em que experimentarmos a vida social pós-moderna contemporânea como algo "não substancial", a resposta adequada é a multiplicidade de retornos apaixonados, com frequência violentos, às "raízes", às diferentes formas da "substância" étnica e/ou religiosa. O que é a "substância" na experiência social? É o violento momento emocional de "reconhecimento", quando tomamos consciência de nossas "raízes", de nosso "verdadeiro pertencimento", o momento em face do qual a distância reflexiva liberal é absolutamente impotente – subitamente, à deriva no mundo, vemo-nos nas garras de uma espécie de saudade absoluta de "casa", e todo resto, toda trivial preocupação cotidiana, torna-se sem importância[38]...

---

[38] Em outras palavras, substância é o nome para a *resistência inerte da falsidade*: quando, por exemplo, a percepção subjetiva racional nos diz que determinada ideia está errada, que é consequência de nossa percepção equivocada, de nossos "preconceitos cegos e supersticiosos", e ainda assim essa ideia persiste inexplicavelmente, estamos lidando com a substância. Longe de apontar para a Verdade, a substância é a persistência inerte da falsa aparência. Por isso, os arquétipos junguianos apontam para a dimensão da "substância psíquica": designam a dimensão das formações psíquicas inertes que retornam sempre, embora teoricamente já as tenhamos minado há muito tempo.

A subjetivação política e suas vicissitudes / 231

Aqui, no entanto, devemos endossar integralmente a afirmação de Badiou de que esses "retornos à Substancia" são, em si, impotentes perante a marcha global do capital: esses retornos são seu suplemento intrínseco, o limite/condição de seu funcionamento, visto que – como Deleuze já sublinhou anos atrás – a "desterritorialização" capitalista vem sempre acompanhada de "reterritorializações". Mais precisamente, há uma cisão inerente no campo das próprias identidades particulares, causada pela ofensiva da globalização capitalista: por um lado, temos os chamados "fundamentalismos", cuja fórmula básica é a da Identidade do próprio grupo, o que implica a prática de excluir o Outro ameaçador – a França para os franceses (contra os imigrantes argelinos), a América para os americanos (contra a invasão hispano-americana), a Eslovênia para os eslovenos (contra a presença excessiva de "sulistas", imigrantes das antigas repúblicas iugoslavas)[39]; por outro lado, temos a "política de identidades" pós-moderna multiculturalista, que visa a coexistência tolerante de grupos com estilos de vida "híbridos", em constante mudança, divididos em infinitos subgrupos (mulheres latinas, gays negros, homens brancos soropositivos, mães lésbicas...).

Essa crescente proliferação de grupos e subgrupos com suas identidades híbridas, fluidas e em constante transformação, cada qual lutando pelo direito de defender seu modo de vida e/ou cultura específica, essa incessante diversificação, é possível e imaginável apenas contra o pano de fundo da globalização capitalista; é a própria forma da globalização capitalista que afeta nosso senso de etnia e outras modalidades de pertença comunitária: o único vínculo entre esses variados grupos é o vínculo do capital, sempre pronto a satisfazer as demandas específicas de cada grupo ou subgrupo (turismo gay, música latina...). Além do mais, a oposição entre fundamentalismo e política de identidades pluralista pós-moderna é, no fim das contas, uma impostura que oculta uma solidariedade mais profunda (ou, nos termos de Hegel, uma identidade especulativa): um multiculturalista pode facilmente achar atraente até mesmo a identidade étnica mais "fundamentalista", mas apenas na medida em que seja a identidade do Outro supostamente autêntico (por exemplo, nos Estados Unidos, a identidade tribal dos nativos norte-americanos); em seu funcionamento social, um grupo fundamentalista pode facilmente adotar as estratégias pós-modernas da política de identidades, apresentando-se como uma das

---

[39] O comentário de Abraham Lincoln sobre o espiritismo ("Para aqueles que gostam desse tipo de coisa, acho que é o tipo de coisa de que gostariam") expressa perfeitamente esse caráter tautológico do fechamento em si do nacionalismo, e, por essa razão, funciona ainda melhor se o utilizarmos para caracterizar os nacionalistas, embora *não* funcione se tentarmos aplicá-lo aos democratas radicais autênticos – não se pode dizer do verdadeiro compromisso democrático: "Para aqueles que gostam desse tipo de coisa, é o tipo de coisa de que gostariam".

minorias ameaçadas em luta para preservar seu modo de vida específico e sua identidade cultural. Essa linha de separação entre a política multiculturalista de identidades e o fundamentalismo é, portanto, puramente formal; depende apenas do ponto de vista do qual o observador vê determinado movimento para a conservação de uma identidade de grupo.

Nessas condições, o Acontecimento na forma de um "retorno às raízes" só pode ser um semblante que se encaixa perfeitamente no movimento circular capitalista, ou – no pior dos casos – leva a uma catástrofe como o nazismo. O indicativo da atual constelação político-ideológica é o fato de que esses pseudoacontecimentos constituem as únicas aparências de Acontecimentos que parecem irromper (apenas o populismo de direita parece mostrar a paixão *política* autêntica de aceitação da *luta*, admitindo abertamente que, precisamente na medida em que reivindicamos falar de um ponto de vista universal, não procuramos agradar a todos, mas estamos prontos a introduzir uma *divisão* entre "Nós" e "Eles"). Observamos com certa frequência que até mesmo quem é de esquerda, apesar de abominar a ousadia de Buchanan nos Estados Unidos, de Le Pen na França ou de Haider na Áustria, sente uma espécie de alívio quando eles aparecem – finalmente, em meio à prevalência de uma administração pós-política asséptica dos assuntos públicos, há quem reviva a paixão política de divisão e confrontação, a crença comprometida com as questões políticas, mesmo que de forma deploravelmente repulsiva... Estamos, portanto, cada vez mais enclausurados num espaço claustrofóbico dentro do qual apenas podemos oscilar entre o não-acontecimento do bom funcionamento da nova ordem mundial global, capitalista e liberal-democrática, e os acontecimentos fundamentalistas (o surgimento de protofascismos locais etc.), os quais vêm perturbar temporariamente a superfície tranquila do oceano capitalista – não surpreende que, nessas circunstâncias, Heidegger tenha confundido o pseudoacontecimento da revolução nazista com o próprio Acontecimento. Hoje, mais do que nunca, devemos insistir que o único caminho aberto para a eclosão de um Acontecimento é aquele que rompe o círculo vicioso da globalização-com-particularização pela (re)afirmação da dimensão da Universalidade *contra* a globalização capitalista. Aqui, Badiou faz um interessante paralelo entre nosso tempo de dominação global estadunidense e o antigo Império Romano, que era também um Estado global "multiculturalista" onde prosperavam múltiplos grupos étnicos, unidos (não pelo capital, mas) pelo vínculo não substancial da ordem legal romana – assim, o que precisamos hoje é de um gesto que logre minar a globalização capitalista do ponto de vista da Verdade universal, da mesma forma que o cristianismo paulino fez com o império romano global.

Por essa razão, uma esquerda renovada deve endossar plenamente a afirmação paradoxal de Kierkegaard de que, com relação à tensão entre tradição e modernidade, *o cristianismo está do lado da modernidade*. Com a afirmação de que a fé

A subjetivação política e suas vicissitudes / 233

autêntica surge apenas quando abandonamos o humanismo "organicista" pagão, Kierkegaard promulga uma inversão total da relação entre Interior e Exterior (fé interna e instituição religiosa). Em sua violenta e apaixonada polêmica contra a "cristandade", ele não rejeita simplesmente a obediência à religião institucionalizada externa em nome de uma fé interior verdadeira: Kierkegaard sabe muito bem que esses dois aspectos (os rituais da instituição externa e uma convicção interior verdadeira) são estritamente codependentes, compõem os dois lados da "idade moderna", em que o ritual exterior sem vida é suplementado pelo sentimentalismo vazio da religião liberal de convicção interior ("os dogmas não importam, o que importa é o sentimento religioso interior autêntico"). Para Kierkegaard, a verdadeira religião é ao mesmo tempo mais "interna" (envolve um ato de fé absoluta que não pode nem sequer se externalizar pelo veículo universal da linguagem) e mais externa (quando acredito verdadeiramente, aceito que a fonte de minha fé não sou eu, que, de modo inexplicável, ela chega a mim de fora, de Deus – em Sua graça, Deus dirigiu-se a mim, não fui eu que me elevei até Ele).

Em outras palavras, não habitamos mais o universo aristotélico em que elementos (ontologicamente) inferiores movem-se espontaneamente e inclinam-se a seu objetivo, o Deus imóvel: no cristianismo, é o próprio Deus que "se move", que encarna num homem temporal/mortal. Quando Kierkegaard determina a fé como a pura interioridade que o crente é incapaz de simbolizar/socializar, de compartilhar com os outros (Abraão está absolutamente sozinho em face da terrível ordem de Deus para que sacrifique seu filho Isaac; não consegue nem sequer compartilhar sua dor com os outros), isso significa que aquilo que em sua fé é absolutamente interior, aquilo que resiste à mediação simbólica intersubjetiva, é a própria *externalidade* do Chamado religioso: Abraão é incapaz de compartilhar com os outros essa terrível injunção de Deus precisamente porque essa injunção não expressa de modo algum sua "natureza interior", mas é experimentada como uma intrusão radicalmente traumática que ataca o sujeito de fora, e o sujeito não pode internalizá-la, tomá-la como "sua" ou discernir nela um significado que possa ser compartilhado com os outros. A questão, portanto, é que o sujeito não pode externalizar a injunção de Deus *precisamente porque não pode internalizá-la*. Agora podemos ver de que modo Kierkegaard "supera" a oposição da "idade moderna" entre o ritual externo sem vida e a pura convicção sentimental interior: não por uma síntese pseudo-hegeliana, para que possamos restabelecer uma vida social autêntica em que os rituais sociais "externos" voltariam a ser permeados de uma convicção interior autêntica – isto é, em que os sujeitos participam integralmente de uma vida social orgânica (a visão do jovem Hegel da comunidade grega antes da divisão entre "subjetivo" e "objetivo"), mas endossando o paradoxo da fé autêntica em que a externalidade coincide com aquilo que é puramente interno.

234 / O sujeito incômodo

Talvez devamos retornar aqui à conhecida oposição kierkegaardiana entre a *reminiscência* socrática e a *repetição* cristã. O princípio filosófico socrático é o da reminiscência: a Verdade já habita profundamente em mim e, para descobri-la, tenho apenas de olhar profundamente em minha alma, a fim de "me conhecer". A Verdade cristã, em contrapartida, é a da Revelação, que é o exato oposto da reminiscência: a Verdade não é inerente, não é a (re)descoberta daquilo que já está em mim, mas é um Acontecimento, algo violentamente *imposto* a mim do Exterior, por meio de um encontro traumático que abala toda fundação do meu ser. (Por essa razão, a redefinição gnóstica do cristianismo pela Nova Era, nos termos de uma jornada da alma ao autodescobrimento interior e à purificação, é profundamente herética e deve ser implacavelmente rechaçada.) E Lacan, tal como Badiou, opta pela visão cristã-kierkegaardiana: ao contrário das equivocadas primeiras impressões, o tratamento psicanalítico, em seu aspecto mais fundamental, *não* é o caminho da recordação, do retorno à verdade interior recalcada, de seu vir à luz; seu momento crucial, o da "travessia da fantasia", designa antes o *renascimento* (simbólico) do sujeito, sua (re)criação *ex nihilo*, um salto pelo "ponto zero" da pulsão de morte para uma configuração simbólica inteiramente nova de seu ser.

Os três universais

Esses impasses demonstram que a estrutura do Universal é muito mais complexa do que parece. Balibar[40] foi quem elaborou os três níveis da universalidade que correspondem vagamente à tríade lacaniana do Real, do Simbólico e do Imaginário (RSI): a "real" universalidade da globalização, com o processo suplementar das "exclusões internas" (na medida em que, hoje, o destino de cada um de nós depende da intricada rede de relações existentes no mercado global); a universalidade da ficção que regula a hegemonia ideológica (a Igreja ou o Estado como "comunidades imaginadas" universais, que permitem ao sujeito tomar certa distância com relação à imersão em seu grupo social imediato – classe, profissão, sexo, religião... – e postular-se como sujeito livre); a universalidade de um Ideal, tal como exemplificado pela demanda revolucionária pela *égaliberté*, que continua a ser um excesso incondicional, pondo em movimento a insurreição permanente contra a ordem existente, e que, portanto, nunca pode ser "gentrificada", incluída na ordem existente.

A questão, obviamente, é que a fronteira entre esses três universais nunca é estável e fixa: a noção de liberdade e igualdade pode servir como a ideia hegemônica que nos permite nos identificar com nosso papel social particular (sou um artesão

---

[40] Ver em especial "Les universels", em Étienne Balibar, *La crainte des masses*, cit., p. 421-54.

A subjetivação política e suas vicissitudes / 235

pobre, mas, precisamente como tal, participo da vida de meu Estado-nação como um cidadão livre e igual...), ou como o excesso irredutível que desestabiliza a ordem social estabelecida. Aquilo que no universo jacobino era a universalidade desestabilizadora do Ideal, pondo em movimento o incessante processo de transformação social, converteu-se depois na ficção ideológica que permite a cada indivíduo identificar-se com seu lugar específico no espaço social. A alternativa aqui é: o universal é "abstrato" (potencialmente oposto ao conteúdo concreto) ou "concreto" (no sentido de que experimento meu modo particular de vida social como minha maneira específica de participar da ordem social universal)? Para Balibar, é claro, a tensão entre ambos é irredutível: o excesso de universalidade abstrata-negativa--ideal, sua força perturbadora-desestabilizadora, não pode jamais ser plenamente integrada ao todo harmonioso de uma "universalidade concreta"[41].

Há, porém, outra tensão, a tensão entre dois modos de "universalidade concreta", que hoje parece mais crucial. Ou seja, a "real" universalidade da atual globalização por meio do mercado envolve sua própria ficção (ou mesmo ideal) hegemônico de tolerância multiculturalista, de respeito e proteção dos direitos humanos etc.; envolve sua própria "universalidade concreta" pseudo-hegeliana de uma ordem mundial cujas características universais de mercado, direitos humanos e democracia permitem que cada "estilo de vida" específico floresça em sua particularidade. Surge inevitavelmente, portanto, uma tensão entre essa "universalidade concreta" pós-moderna, posterior ao Estado-nação, e a anterior "universalidade concreta" do Estado-nação.

A história do surgimento do Estado-nação é a história da "transubstanciação" (amiúde extremamente violenta) das comunidades locais e suas tradições numa nação moderna como "comunidade imaginada"; esse processo envolveu o recalque de modos de vida locais autênticos e/ou sua reinscrição na nova "tradição inventada" abrangente. Em outras palavras, a "tradição nacional" é uma tela que oculta *não* o processo de modernização, *mas a verdadeira tradição étnica em si em sua intolerável facticidade*[42]. O que

---

[41] Aqui, é evidente o paralelo com a oposição de Laclau entre a lógica da diferença (a sociedade como uma estrutura simbólica diferencial) e a lógica do antagonismo (a sociedade como "impossível", frustrada por uma cisão antagônica). Hoje, a tensão entre a lógica da diferença e a lógica do antagonismo assume a forma da tensão entre o universo liberal-democrático da negociação e o universo "fundamentalista" da luta de morte entre o Bem e o Mal, Nós e Eles.

[42] No início do século XX, quando Béla Bartók transcreveu centenas de canções folclóricas húngaras, ele provocou uma animosidade duradoura dos partidários da reviescência nacional romântica justamente por executar ao pé da letra o programa de reviescência das raízes étnicas autênticas... Na Eslovênia, a Igreja católica e os nacionalistas pintam um quadro idílico do campo no século XIX – não causa surpresa que, anos atrás, a publicação dos cadernos de notas etnológicas de um autor esloveno daquele tempo (Janez Trdina) tenha sido amplamente ignorada: eles descrevem a vida no campo cheia de fornicação de crianças e estupro, alcoolismo, violência brutal...

236 / O sujeito incômodo

acontece depois é o processo pós-moderno (aparentemente) oposto de retorno a modos de identificação mais locais, subnacionais; esses novos modos, no entanto, não são mais experimentados como diretamente substanciais – eles já são uma questão de livre escolha do "estilo de vida" de cada um. Todavia, não é suficiente opor a identificação étnica autêntica anterior à escolha arbitrária pós-moderna de "estilos de vida": essa oposição não dá conta de reconhecer em que medida aquela identificação nacional "autêntica" anterior era um fenômeno "artificial" violentamente imposto, baseado no recalque das tradições locais precedentes.

Longe de ser uma unidade "natural" da vida social, um marco equilibrado, uma espécie de enteléquia aristotélica para a qual progrediram todos os desenvolvimentos anteriores, a forma universal do Estado-nação é antes um equilíbrio precário e temporário entre a relação com uma Coisa étnica particular (o patriotismo, o *pro patria mori* etc.) e a função (potencialmente) universal do mercado. Por um lado, o Estado-nação "suprassume" as formas locais orgânicas de identificação em identificação "patriótica" universal; por outro lado, afirma-se como uma espécie de fronteira pseudonatural da economia de mercado, delimitando o comércio "interno" do "externo" – a atividade econômica é então "sublimada", elevada ao nível de Coisa étnica, legitimada como uma contribuição patriótica à grandeza da nação. Esse equilíbrio se vê constantemente ameaçado de ambos os lados: pelo lado das formas orgânicas anteriores de identificação particular, que não desaparecem simplesmente, mas continuam sua vida subterrânea, fora da esfera pública universal; e pelo lado da lógica imanente do capital, cuja natureza "transnacional" é inerentemente indiferente às fronteiras do Estado-nação. E as novas identificações étnicas fundamentalistas de hoje envolvem uma espécie de "dessublimação", um processo de desintegração dessa precária unidade da "economia nacional" em suas partes constitutivas: a função de mercado transnacional e a relação com a Coisa étnica[43].

Portanto, somente hoje, nas comunidades contemporâneas "fundamentalistas" étnicas, religiosas, de estilo de vida etc., é que a cisão entre a forma abstrata de comércio e a relação com a Coisa étnica particular, inaugurada pelo projeto iluminista, realiza-se completamente: o "fundamentalismo" ético ou religioso pós-moderno e a xenofobia de hoje não são apenas não "regressivos", mas, ao contrário, oferecem a prova definitiva de que a lógica econômica do mercado emancipou-se do apego à

---

[43] Um fato menor, porém bastante revelador, que testemunha esse "definhamento" do Estado-nação é a lenta difusão da obscena instituição das *penitenciárias privadas* nos Estados Unidos e em outros países do Ocidente: o exercício daquilo que deveria ser monopólio do Estado (a coerção e a violência física) vira objeto de um contrato entre o Estado e uma empresa privada, que exerce a coerção de indivíduos visando o lucro. O que temos nesse caso é o fim do monopólio do uso legítimo da violência, que (segundo Max Weber) define o Estado moderno.

Coisa étnica. Esse é o mais alto esforço especulativo da dialética da vida social: não consiste em descrever o processo de mediação da imediatez primordial (digamos, a desintegração da comunidade orgânica na sociedade individualista "alienada"), mas em explicar como esse processo de mediação característico da modernidade pode dar origem a novas formas de imediatez "orgânica", como as comunidades contemporâneas "escolhidas" ou "inventadas" (as "comunidades de estilo de vida": gays etc.)[44].

O multiculturalismo

Como então o universo do capital relaciona-se com a forma do Estado-nação em nossa era de capitalismo global? Talvez essa relação seja mais bem designada como "autocolonização": com o funcionamento multinacional direto do capital, não estamos mais lidando com a oposição convencional entre metrópole e colônias; uma empresa global, por assim dizer, corta o cordão umbilical com a nação-mãe e trata seu país de origem como mais um território a ser colonizado. É isto que tanto incomoda os populistas de direita patrioticamente orientados, de Le Pen a Buchanan: o fato de que as novas multinacionais têm exatamente a mesma atitude tanto em relação à população francesa ou norte-americana como à população do México, do Brasil ou de Taiwan. Não haveria uma espécie de justiça poética nesse giro autorreferente do capitalismo global de hoje, que funciona como uma espécie de "negação da negação", após o capitalismo nacional e sua fase internacionalista/colonialista? No princípio (idealmente, é claro), há o capitalismo dentro dos limites de um Estado-nação, com o consequente comércio internacional (o intercâmbio entre Estados-nações soberanos); na sequência, surge a relação de colonização, em que o país colonizador subordina e explora (economicamente, politicamente, culturalmente) o país colonizado; o momento final desse processo é o paradoxo da colonização, no qual só há colônias, e nenhum país colonizador – o poder colonizador não é mais um Estado-nação, mas a própria companhia global. A longo prazo, não apenas usaremos camisetas Banana Republic, mas também viveremos em uma república das bananas.

E, obviamente, a forma ideal de ideologia desse capitalismo global é o multiculturalismo, a atitude que, a partir de uma espécie de posição global vazia, trata *cada* cultura local como o colonizador trata os colonizados – como "nativos" cujos costumes devem ser cuidadosamente estudados e "respeitados". Ou seja, a relação entre o colonialismo imperialista tradicional e a autocolonização capitalista global é exatamente igual à relação entre o imperialismo cultural ocidental e o multicul-

---

[44] Ver Scott Lash e John Urry, *Economies of Signs and Space* (Londres, Sage, 1994).

238 / O sujeito incômodo

turalismo – assim como o capitalismo global envolve o paradoxo da colonização sem a metrópole Estado-nação colonizadora, o multiculturalismo envolve uma distância eurocêntrica paternalista e/ou uma espécie de respeito pelas culturas locais que não têm raízes em sua própria cultura particular. Em outras palavras, o multiculturalismo é uma forma autorreferencial e invertida de racismo, um "racismo com certa distância" – ele "respeita" a identidade do Outro, concebendo o Outro como uma comunidade "autêntica" fechada em si mesma, em relação à qual o multiculturalista mantém uma distância que é possibilitada por sua posição universal privilegiada. O multiculturalismo é um racismo que esvazia sua própria posição de todo conteúdo positivo (o multiculturalista não é um racista direto, não contrapõe ao Outro os valores *particulares* de sua própria cultura); no entanto, o multiculturalista conserva essa sua posição como um *ponto de universalidade vazio* privilegiado, a partir do qual se pode apreciar (e depreciar) adequadamente as outras culturas particulares – o respeito multiculturalista pela especificidade do Outro é a forma por excelência de afirmar sua própria superioridade.

Do ponto de vista da visão antiessencialista pós-marxista da política como campo de luta pela hegemonia, na qual não há regras preestabelecidas que definam seus parâmetros, não é difícil rechaçar a própria ideia de "lógica do capital" como, precisamente, o resto da antiga posição essencialista: longe de ser redutível a um efeito ideológico-cultural do processo econômico, a passagem do imperialismo cultural convencional ao multiculturalismo mais tolerante, com sua abertura para a riqueza das identidades híbridas (étnicas, sexuais etc.), é fruto de uma longa e penosa *batalha* político-cultural, cujo resultado final não poderia de modo algum ser garantido pelas coordenadas aprioristicas da "lógica do capital"... O ponto crucial, no entanto, é que essa batalha pela politização e pela afirmação de múltiplas identidades (étnicas, sexuais e outras) sempre se dá contra o pano de fundo de uma barreira invisível, porém das mais proibidoras: o sistema capitalista global sempre foi capaz de incorporar as vantagens da política pós-moderna de identidades, desde que elas não perturbassem a circulação do capital – ou seja, no momento em que uma intervenção política constitui uma ameaça a isso, um elaborado conjunto de medidas excludentes vem aniquilá-la.

E o que dizer do contra-argumento óbvio de que a neutralidade do multiculturalista é falsa, visto que sua posição privilegia silenciosamente o conteúdo eurocêntrico? Essa linha de argumentação está certa, mas pelas razões erradas. O pano de fundo ou as raízes culturais particulares que sempre sustentam a posição universal multiculturalista não são sua "verdade", oculta debaixo da máscara de universalidade ("o universalismo multiculturalista é de fato eurocêntrico..."), mas sim o oposto disso: a mancha das raízes particulares é a tela fantasmática que oculta o fato de que o sujeito já está totalmente "desarraigado", e sua verdadeira posição é o vazio da

A subjetivação política e suas vicissitudes / 239

universalidade. Recordemos aqui o exemplo citado por Darian Leader a respeito de um homem acompanhado de uma mulher num restaurante que, ao pedir uma mesa ao garçom, em vez de dizer "Uma mesa para dois, por favor", diz "Um quarto para dois, por favor". Devemos inverter a explicação freudiana típica ("É claro que sua mente já estava na noite de sexo que ele planejava para depois do jantar!"): essa intervenção da fantasia sexual subterrânea é antes a tela que serve como defesa contra a pulsão oral que importa mais para ele do que o sexo[45].

Na análise que faz da Revolução de 1848 na França (em *As lutas de classes na França de 1848 a 1850**), Marx fornece um exemplo similar desse duplo engano: o Partido da Ordem, que assumiu o poder após a revolução, apoiava publicamente a República, mas em segredo acreditava na Restauração – seus membros aproveitavam todas as oportunidades para zombar dos rituais republicanos e demonstrar, de todas as formas possíveis, "de que lado estava seu coração". O paradoxo, no entanto, era que a verdade de sua atividade residia na forma externa, da qual zombavam e desdenhavam em privado: essa forma republicana não era um mero semblante debaixo do qual espreitava o desejo monarquista – foi o apego secreto ao monarquismo que lhes permitiu desempenhar sua função histórica real: implementar a lei e a ordem republicana burguesa. O próprio Marx menciona que os membros do Partido da Ordem obtinham uma imensa satisfação com seus eventuais "lapsos de fala" monárquicos contra a república (referindo-se à França como um reino durante os debates parlamentares etc.): esses lapsos enunciavam suas ilusões fantasmáticas, que serviam como a tela que lhes permitia fechar os olhos para a realidade social do que estava acontecendo *na superfície*.

---

[45] Ver Darian Leader, *Why Do Women Write More Letters than They Post?* (Londres, Faber & Faber, 1996), p. 67-8 [ed. bras.: *Por que as mulheres escrevem mais cartas do que enviam?*, Rio de Janeiro, Rocco, 1998]. A inversão presente nessa anedota citada por Leader é lindamente ilustrada por um comercial alemão da Magnum, marca da gigante dos picolés. Primeiro vemos um casal abraçando-se apaixonadamente; quando decidem fazer amor, a garota pede ao rapaz que vá a um local próximo para comprar preservativos para que possam fazer sexo seguro. O rapaz vai até a máquina de venda automática de camisinhas e nota outra máquina, ao lado daquela, que vende sorvetes Magnum; ele vasculha os bolsos e se dá conta de que tem apenas uma moeda, o suficiente para comprar ou o preservativo ou o sorvete, mas não ambos. Após alguns momentos de desesperada hesitação, nós o vemos chupando apaixonadamente o sorvete, com a seguinte frase na tela: "Às vezes você tem de repensar suas prioridades!". Especialmente interessante aqui é a conotação fálica bastante óbvia do picolé Magnum, o "grande" pênis: na última cena, quando o rapaz aparece chupando o sorvete, seus gestos bruscos e rápidos imitam uma felação intensa; a mensagem para você repensar suas prioridades pode ser lida, portanto, de forma diretamente sexual: é melhor a experiência quase homoerótica do sexo oral do que a experiência heterossexual convencional...

* Ed. bras.: trad. Nélio Schneider, São Paulo, Boitempo, 2012. (N. E.)

240 / O sujeito incômodo

E, *mutatis mutandis*, o mesmo vale para o capitalismo de hoje, que ainda se aferra a uma herança cultural particular, identificando-a como a fonte secreta de seu sucesso (executivos japoneses preservando a cerimônia do chá ou o código Bushido etc.), ou para o caso inverso do jornalista ocidental em busca do segredo do sucesso dos japoneses: essa referência a uma fórmula cultural específica é uma tela para o anonimato universal do capital. O verdadeiro horror não reside no conteúdo particular oculto debaixo da universalidade do capital global, mas antes no fato de que o capital é efetivamente uma máquina global anônima seguindo cegamente seu curso; no fato de que não há nenhum agente secreto impulsionando-a. O horror não é o fantasma (particular vivo) na máquina (universal morta), mas a máquina (universal morta) no próprio âmago de cada fantasma (particular vivo). A conclusão que devemos tirar é que a problemática do multiculturalismo (a coexistência híbrida de diversos mundos-da-vida culturais) que hoje se impõe é a forma de aparição de seu oposto, a presença maciça do capitalismo como um sistema mundial *global*: isso atesta a homogeneização sem precedentes do mundo de hoje.

Visto que o horizonte da imaginação social não nos permite mais cogitar a ideia de um eventual fim do capitalismo – já que, por assim dizer, todo mundo aceita que o capitalismo *veio para ficar* – é como se a energia crítica tivesse, de fato, encontrado uma nova forma de extravasamento na luta pelas diferenças culturais, forma essa que não afeta a homogeneidade básica do sistema capitalista mundial. Lutamos então, em nossas batalhas de computador, pelos direitos das minorias étnicas, de gays e lésbicas, de diferentes estilos de vida e assim por diante, enquanto o capitalismo segue sua marcha triunfal – e a teoria crítica de hoje, à guisa de "estudos culturais", está fazendo o serviço final pelo desenvolvimento irrestrito do capitalismo ao participar ativamente do esforço ideológico para tornar invisível sua presença maciça: na forma predominante de "crítica cultural" pós-moderna, a própria menção e referência ao capitalismo como um sistema mundial costuma suscitar acusações de "essencialismo", "fundamentalismo" etc. O preço dessa despolitização da economia é que o próprio domínio da política está sendo despolitizado: a luta política propriamente dita é transformada em batalha cultural pelo reconhecimento de identidades marginais e tolerância de diferenças[46].

---

[46] Podemos argumentar, obviamente, que o movimento circular do próprio capital já é um fenômeno simbólico, e não algo externamente oposto à cultura (Lacan não sublinhou que o primeiro capítulo do Livro I d'*O capital* é um exercício magistral sobre a lógica do significante?); por outro lado, os próprios fenômenos culturais não deixam de ser lugares de produção material, presos na rede das relações socioeconômicas de poder. Mesmo sendo possível endossar ambas as considerações, devemos insistir que a lógica socioeconômica do capital se configura como o marco global que (sobre)determina a totalidade dos processos culturais.

A falsidade do liberalismo multiculturalista elitista está na tensão entre forma e conteúdo que já caracterizava o primeiro grande projeto ideológico de universalismo tolerante, o da maçonaria: a doutrina maçônica (a irmandade universal de todos os homens, baseada na luz da razão) vai de encontro à forma como ela se expressa e se organiza (uma sociedade secreta com rituais de iniciação); ou seja, a própria forma de expressão e articulação da maçonaria contradiz sua doutrina positiva. De forma estritamente homóloga, a atitude liberal "politicamente correta" de hoje, que se considera capaz de superar as limitações de sua identidade étnica ("cidadão do mundo" sem âncoras numa comunidade étnica em particular) funciona, *no interior de sua própria sociedade*, como um círculo estreito e elitista de classe média alta que se opõe claramente à maioria das pessoas comuns, menosprezadas por estarem presas em seus estreitos limites étnicos ou comunitários. Não surpreende, portanto, que a tolerância multiculturalista se veja presa no círculo vicioso de ao mesmo tempo conceder *demais e nunca o suficiente* à particularidade da cultura do Outro:

- por um lado, ela tolera o Outro desde que este não seja o Outro *real*, mas o Outro asséptico da sabedoria ecológica pré-moderna, dos ritos fascinantes etc. – no momento em que se deve lidar com o Outro *real* (digamos, o da clitorectomia, o da imposição às mulheres a ao uso do véu, o da tortura dos inimigos até a morte...), com o modo como o Outro regula a especificidade de sua *jouissance*, a tolerância cessa. Significativamente, o mesmo multiculturalista que se opõe ao eurocentrismo também se opõe, via de regra, à pena de morte, tomando-a como um resto dos bárbaros e primitivos hábitos de vingança – aqui, seu verdadeiro eurocentrismo oculto torna-se visível (toda a sua argumentação contra a pena de morte é estritamente "eurocêntrica", envolve as concepções liberais de dignidade humana e punição e baseia-se num esquema evolutivo que parte das violentas sociedades primitivas e desemboca nas sociedades tolerantes modernas, capazes de superar o princípio da vingança);
- por outro lado, o liberal multiculturalista tolerante às vezes aceita até mesmo as mais brutais violações aos direitos humanos, ou ao menos reluta em condená-las, temendo ser acusado de impor seus próprios valores ao Outro. Lembro-me, da minha juventude, dos estudantes maoistas pregando e praticando a "revolução sexual"; quando eram lembrados de que a China da Revolução Cultural maoista tinha uma atitude extremamente "repressiva" em relação à sexualidade, eles respondiam que a sexualidade tem um papel totalmente diferente em seu mundo-da-vida, de modo que não deveríamos impor a eles nossos padrões do que era "repressor" – a atitude dos chineses em relação à sexualidade parece "repressiva" apenas para nossos padrões ocidentais... Não encontramos a

242 / O sujeito incômodo

mesma posição hoje, quando os multiculturalistas nos advertem de que não devemos impor ao Outro nossa concepção eurocêntrica de direitos humanos universais? Além do mais, essa espécie de falsa "tolerância" não é evocada com frequência pelos porta-vozes do capital multinacional para legitimar o fato de que "os negócios vêm em primeiro lugar"?

O ponto-chave é afirmar a complementaridade desses dos excessos, do *demais* e do *não o suficiente*: se a primeira atitude é incapaz de perceber a *jouissance* cultural específica que até mesmo uma "vítima" pode experimentar numa prática específica de outra cultura que nos parece bárbara e cruel (muitas vítimas da clitorectomia a veem como uma forma de conquistar a dignidade propriamente feminina), a segunda atitude não percebe que o Outro se encontra dividido em si mesmo – os membros da outra cultura, longe de simplesmente se identificar com seus costumes, também podem tomar distância e rebelar-se – nesses casos, a referência à noção "ocidental" de direitos humanos pode muito bem servir como o catalisador que põe em movimento um protesto autêntico contra as coerções da cultura. Em outras palavras, não há um meio-termo feliz entre "demais" e "não o suficiente"; por isso, quando um multiculturalista responde a nossa crítica com um apelo desesperado, "Tudo que faço está errado – ou sou tolerante demais com as injustiças que o Outro sofre, ou sou acusado de impor meus valores ao Outro. Afinal, o que você quer que eu faça?", nossa resposta deve ser: "Nada! Enquanto você permanecer preso às suas falsas suposições, você não pode fazer nada". O que o multiculturalista liberal não consegue perceber é que as duas culturas envolvidas na "comunicação" (a dele e a do Outro) estão presas em seu próprio antagonismo, que as impediu de se tornar plenamente "elas mesmas" – e a única comunicação autêntica é a da "solidariedade numa luta comum", quando descubro que o impasse que me tolhe é o impasse que tolhe o Outro.

Isso significaria, portanto, que a solução está em reconhecer o caráter "híbrido" de cada identidade? É fácil exaltar o hibridismo do sujeito migrante pós-moderno, que não está mais ligado a raízes étnicas específicas e flutua livremente entre diferentes círculos culturais. Lamentavelmente, dois níveis sociopolíticos completamente distintos estão condensados aqui: por um lado, o acadêmico cosmopolita de classe alta ou média alta, que tem sempre os vistos apropriados que lhe permitem cruzar fronteiras sem nenhum problema para fazer seus negócios (acadêmicos, financeiros...) e, portanto, é capaz de "apreciar a diferença"; por outro lado, o trabalhador (i)migrante pobre, expulso de casa pela pobreza ou violência (étnica, religiosa...), para quem o celebrado "hibridismo" designa uma experiência traumática bastante tangível de nunca poder se estabelecer e legalizar sua situação, o sujeito para quem coisas simples como cruzar uma fronteira ou reunir-se a sua família

A subjetivação política e suas vicissitudes / 243

podem se transformar em uma experiência cheia de angústia e exigir um tremendo esforço. Para esse segundo sujeito, desarraigar-se de seu modo de vida tradicional é um choque traumático que desestabiliza toda sua existência – dizer a ele que deve desfrutar o hibridismo e a falta de identidade fixa de sua vida cotidiana, o fato de que sua existência seja migratória, nunca idêntica a si mesma etc., envolve o mesmo cinismo que está em ação na (versão popular da) celebração do esquizossujeito de Deleuze e Guattari, cuja existência pulverizada rizomática faz explodir o escudo protetor paranoico "protofascista" da identidade fixa: aquilo que para o sujeito em questão é uma experiência de extremo sofrimento e desespero, o estigma da exclusão, de ser incapaz de participar dos afazeres de sua comunidade, é celebrado – do ponto de vista do teórico pós-moderno externo, "normal" e plenamente adaptado – como a afirmação suprema da máquina desejante subversiva...

Por uma suspensão de esquerda da Lei

Como a esquerda que está ciente dessa falsidade do pós-modernismo multiculturalista reage a ela? Sua reação toma a forma do *juízo infinito* hegeliano, que postula a identidade especulativa de dois termos totalmente incompatíveis: "Adorno (o teórico crítico 'elitista' mais afetado) é Buchanan (a expressão mais baixa do populismo estadunidense de direita)"[47]. Ou seja: esses críticos do elitismo multiculturalista pós--moderno (de Christopher Lasch a Paul Piccone) assumem o risco de apoiar o populismo neoconservador, com suas ideias de reafirmação da comunidade, democracia local e cidadania ativa, como a única resposta politicamente relevante à predominância universal da "Razão instrumental", da burocratização e instrumentalização de nosso mundo-da-vida[48]. É fácil, obviamente, descartar o atual populismo tomando-o como uma formação reativa contrária ao processo de modernização e, como tal, inerentemente *paranoico*, em busca de uma causa maligna, de um agente secreto que puxa as cordinhas e, portanto, é responsável pelas desgraças da modernização (judeus, capital internacional, administradores multiculturalistas não patriotas, burocracia estatal...); o problema é, ao contrário, conceber o novo populismo como uma nova forma de "falsa transparência" que, longe de representar um sério obstáculo à

---

[47] Outro exemplo do juízo infinito em nossa Nova Era tecnológica seria: "O espírito (a iluminação transcendental, a tomada de consciência) é uma cápsula (a chamada "pílula de intensificação cognitiva").

[48] Ver Paul Piccone, "Postmodern Populism", *Telos* 103 (primavera de 1995). Devemos observar também a tentativa de Elizabeth Fox-Genovese de contrapor ao feminismo de classe média alta, interessado nos problemas da teoria literária e cinematográfica, nos direitos das lésbicas e etc., o "feminismo familiar", que se concentra nas preocupações reais das trabalhadoras comuns, e articula as questões concretas da sobrevivência na família, com filhos e carreira. Ver Elizabeth Fox--Genovese, *Feminism Is Not the Story of My Life* (Nova York, Doubleday, 1996).

244 / O sujeito incômodo

modernização capitalista, pavimenta seu caminho. O que esse grupo à esquerda defensor do populismo não percebe é que o populismo atual, longe de constituir uma ameaça para o capitalismo global, segue sendo seu produto inerente.

Paradoxalmente, os verdadeiros conservadores de hoje são antes os "teóricos críticos" de esquerda, que rejeitam tanto o multiculturalismo liberal como o populismo fundamentalista – que percebem claramente a cumplicidade entre o capitalismo global e o fundamentalismo étnico. Eles apontam para um terceiro domínio, que não pertence nem à sociedade de mercado global e nem às novas formas de fundamentalismo étnico: o domínio do *político*, o espaço público da sociedade civil-burguesa, da cidadania responsável ativa (a luta pelos diretos humanos, pela ecologia etc.). O problema, no entanto, é que essa mesma forma de espaço político se encontra cada vez mais ameaçada pela investida da globalização; consequentemente, não podemos simplesmente retornar a ela ou revitalizá-la: a lógica pós--Estado-nação do capital continua a ser o Real que espreita ao fundo, enquanto as três principais reações da esquerda ao processo de globalização (o multiculturalismo liberal, a tentativa de abranger o populismo, discernindo por trás de sua aparência fundamentalista uma resistência à "razão instrumental", e a tentativa de manter aberto o espaço do político) parecem inadequadas. Ainda que essa última abordagem se baseie numa percepção precisa da cumplicidade entre multiculturalismo e fundamentalismo, ela passa ao largo da questão crucial: *como vamos reinventar o espaço político nas atuais condições de globalização?* A politização de uma série de batalhas particulares que deixam intacto o processo global do capital é visivelmente insuficiente. Isso significa que devemos rechaçar a oposição que, no interior do marco da democracia liberal do capitalismo tardio, impõe-se como o eixo principal da luta ideológica: a tensão entre a tolerância liberal universalista pós-ideológica "aberta" e os "novos fundamentalismos" particularistas. Contra o centro liberal, que se apresenta como neutro, pós-ideológico, assentado na norma da Lei, devemos reafirmar o antigo tema da esquerda da necessidade de se suspender o espaço neutro da Lei.

É claro que tanto a esquerda como a direita envolvem seu próprio modo de suspensão da Lei em nome de um interesse mais elevado ou fundamental. A suspensão da direita, dos antidreyfusistas a Oliver North, reconhece sua violação da letra da Lei, mas justifica isso referindo-se a algum interesse nacional mais elevado: apresenta essa violação como um penoso autossacrifício em nome do bem da nação[49]. Quanto à suspensão da esquerda, basta mencionarmos dois filmes: *Sob*

---

[49] A formulação mais concisa da suspensão direitista das normas públicas (legais) foi dada por Éamon de Valera: "As pessoas não têm o direito de fazer o que não é direito" ["*The people has no right to do wrong*"].

fogo cerrado e *Horas de tormenta*. O primeiro se passa durante a revolução nicaraguense, quando um fotojornalista estadunidense se vê diante de um dilema perturbador: pouco antes da vitória da revolução, os somozistas matam um carismático líder sandinista; os sandinistas pedem ao fotógrafo que falsifique uma foto de seu líder morto, mostrando-o ainda vivo e desmentindo a afirmação de que os somozistas o teriam assassinado; dessa forma, o fotógrafo contribuiria com uma vitória rápida da revolução, abreviando a agonia de um prolongado banho de sangue. A ética profissional, obviamente, proíbe um ato como esse, já que violaria a objetividade imparcial da reportagem e transformaria o jornalista num instrumento da luta política; o jornalista, contudo, escolhe a opção de "esquerda" e falsifica a foto... Em *Horas de tormenta*, baseado na peça de Lillian Hellman, o dilema é ainda mais agudo: no fim dos anos 1930, uma família de imigrantes alemães, envolvidos na luta contra o nazismo, instala-se na casa de parentes distantes, uma idílica família de classe média de uma cidadezinha tipicamente norte-americana; em pouco tempo, no entanto, os alemães enfrentam uma ameaça inesperada na forma de um conhecido da família norte-americana, um direitista que chantageia os imigrantes e, por meio de seus contatos na Embaixada alemã, põe em risco os membros da resistência na própria Alemanha. O patriarca da família decide matá-lo, lançando seus anfitriões num complicado dilema moral: a solidariedade moralizadora vazia que tinham com as vítimas do nazismo acabou; agora eles têm de tomar partido e sujar as mãos, encobrindo um assassinato... Nesse caso também, a família opta pela alternativa "à esquerda". A "esquerda" é definida por essa disposição para suspender o marco moral abstrato – ou, parafraseando Kierkegaard, para realizar uma espécie de *suspensão política do Ético*[50].

A lição disso (que ganhou atualidade a propósito da reação do Ocidente à guerra na Bósnia) é que não há como ser parcial, visto que a própria neutralidade implica tomar partido (no caso da guerra na Bósnia, o próprio palavreado "equilibrado" sobre a "guerra tribal" étnica nos Bálcãs já endossava o ponto de vista sérvio): a equidistância liberal humanitária pode cair rapidamente em seu oposto, ou coincidir com ele, e passar a tolerar a mais violenta "limpeza étnica". Em síntese, aquele à esquerda não apenas viola a neutralidade imparcial do liberal como sustenta que *essa neutralidade não existe* e que a imparcialidade liberal é sempre-já tendenciosa. O clichê do centro liberal, obviamente, é que ambas as suspensões, a da direita e a da esquerda, no fim das contas dão no mesmo: uma ameaça totalitária à norma da

---

[50] Essa aceitação da violência, essa "suspensão política do Ético", é o limite que até mesmo a posição liberal mais "tolerante" não consegue ultrapassar – testemunha disso é o mal-estar dos estudos afro-americanos pós-colonialistas "radicais" com relação à ideia fundamental de Frantz Fanon do caráter inevitável da violência no processo de descolonização real.

lei. Toda a coerência da esquerda depende de se provar, ao contrário, que cada uma das duas suspensões segue uma lógica distinta. Enquanto a direita legitima sua suspensão do Ético por meio de sua posição universalista – isto é, por uma referência a sua identidade particular (religiosa, patriótica...) que prevalece sobre qualquer moral universal ou normal legal –, a esquerda legitima sua suspensão do Ético precisamente por meio de uma referência à verdadeira Universalidade futura. Ou, dito de outra forma, a esquerda aceita ao mesmo tempo o caráter antagônico da sociedade (não há posição neutra, a luta é constitutiva) *e* permanece universalista (falando em nome da emancipação universal): na perspectiva da esquerda, aceitar o caráter radicalmente antagônico – isto é, *político* – da vida social, aceitar a necessidade de "tomar partido", é o único modo de ser efetivamente *universal*.

Como devemos compreender esse paradoxo? Ele só pode ser concebido *se o antagonismo for inerente à própria universalidade*, isto é, se a própria universalidade for cindida em universalidade concreta "falsa", que legitima a divisão existente do Todo em partes funcionais, e em demanda impossível/real de uma universalidade "abstrata" (a *égaliberté* de Balibar, mais uma vez). O gesto político de esquerda por excelência (em contraste com o lema do "cada um no seu lugar" da direita) consiste então em questionar a ordem universal concreta existente em nome de seu sintoma, da parte daquilo que, apesar de ser inerente à ordem universal existente, não tem "lugar próprio" em seu interior (por exemplo, os imigrantes ilegais ou os sem-teto em nossas sociedades). Essa conduta de *identificar-se com o sintoma* é o avesso exato e necessário do habitual movimento crítico-ideológico de reconhecimento de um conteúdo particular por trás de uma noção universal abstrata, isto é, de denúncia da universalidade neutra como falsa ("o 'homem' dos direitos humanos é, na verdade, o homem branco proprietário"...): pateticamente afirmamos (e nos identificamos com) *o ponto de exclusão/exceção constitutivo, o "abjeto", da ordem positiva concreta, como o único ponto de verdadeira universalidade.*

É fácil demonstrar, por exemplo, que a subdivisão dos residentes de determinado país em cidadãos "plenos" e trabalhadores imigrantes temporários privilegia os cidadãos "plenos" e exclui os imigrantes do espaço público propriamente dito (da mesma forma que homem e mulher não são duas espécies de um gênero universal neutro da humanidade, visto que o conteúdo do gênero como tal envolve certa forma de "recalque" do feminino); muito mais produtiva, tanto do ponto de vista teórico quanto político (por abrir caminho para a subversão "progressista" da hegemonia), é a operação oposta de *identificar a universalidade com o ponto de exclusão* – em nosso caso, dizer que "somos todos trabalhadores imigrantes". Numa sociedade estruturada hierarquicamente, a medida da verdadeira universalidade reside no modo como as partes se relacionam com aqueles que estão "na base", excluídos por e de todos os outros (na ex-Iugoslávia, por exemplo, a universalidade

A subjetivação política e suas vicissitudes / 247

era representada pelos muçulmanos albaneses e bósnios, menosprezados por todas as outras nações). A patética afirmação de solidariedade de que "Sarajevo é a capital da Europa" foi também um caso típico dessa noção de exceção como materialização da universalidade: a forma como a Europa liberal esclarecida se relacionou com Sarajevo mostrou claramente o modo como ela se relacionava com ela mesma, com seu conceito universal.

Os exemplos mencionados aqui deixam claro que o universalismo à esquerda propriamente dito não supõe nenhum tipo de retorno a um conteúdo universal neutro (uma noção comum de humanidade etc.); ele se refere, antes, a um universal que vem a existir (ou, em termos hegelianos, que se torna "para si") somente num elemento particular que se encontra estruturalmente deslocado, "fora dos gonzos": no interior de um Todo social dado, o elemento que é impedido de articular sua identidade particular plena é precisamente aquele que representa sua dimensão universal. O *demos* grego representava a universalidade não porque abrangia a maioria da população ou ocupava a posição mais baixa na hierarquia social, mas *porque não tinha um lugar específico nessa hierarquia*, era um terreno de determinações conflituosas que se anulavam – ou, em termos mais contemporâneos, era um terreno de contradições performativas (eles eram tratados como iguais – faziam parte da comunidade do *logos* – para que fossem informados de que estavam excluídos dessa comunidade...). Para tomar um exemplo clássico de Marx, o "proletariado" representa a humanidade universal não porque é a classe baixa, a mais explorada, mas porque sua própria existência é "uma contradição viva", isto é, ela encarna o desequilíbrio e inconsistência fundamentais do Todo social capitalista. Podemos ver agora em que sentido preciso a dimensão do Universal opõe-se ao globalismo: a dimensão universal "evidencia-se por meio do" elemento deslocado sintomático que pertence ao Todo sem fazer parte dele. Por essa razão, a crítica do possível funcionamento ideológico da noção de hibridismo não deve de modo algum defender o retorno às identidades substanciais; trata-se, precisamente, de *afirmar o hibridismo como o lugar do Universal*[51].

Na medida em que a heterossexualidade normativa padrão representa a Ordem global na qual cada sexo tem um lugar próprio designado, as demandas gays não são

---

[51] A universalidade da qual estamos falando não é, portanto, uma universalidade positiva com um conteúdo determinado, mas uma universalidade vazia, uma universalidade sem um conceito positivo que possa especificar seus contornos, uma universalidade que só existe como a experiência da injustiça infligida ao sujeito particular que politiza sua situação. A resposta habermasiana a isso seria, obviamente, que o próprio fato de o sujeito experimentar sua situação como "injusta" aponta para uma estrutura normativa implícita que deve ser operativa em seu protesto; para Rancière, no entanto, esse é precisamente o engodo filosófico que deve ser evitado: toda tradução dessa "universalidade vazia" para um conteúdo positivo determinado já trai seu caráter radical.

apenas reivindicações para que a prática sexual e o comportamento gay sejam reconhecidos em sua especificidade, ao lado de outras práticas, mas algo que desarranja a própria ordem global e sua lógica hierárquica excludente; precisamente como tal, como "fora dos gonzos" em relação à ordem existente, os gays representam a dimensão da Universalidade (ou melhor, *podem* representá-la, visto que a politização nunca está inscrita diretamente em determinada posição social objetiva, mas implica um gesto de subjetivação). Judith Butler desenvolve uma argumentação poderosa contra a oposição abstrata e politicamente reacionária entre a batalha econômica e a batalha "meramente cultural" dos gays por seu reconhecimento[52]: longe de ser "meramente cultural", a forma social de reprodução sexual habita o próprio núcleo das relações sociais de produção, ou seja, a família heterossexual nuclear é componente-chave e condição das relações capitalistas de propriedade, troca etc.; por isso, a forma como a prática política gay questiona e mina a heterossexualidade normativa comporia uma ameaça ao próprio modo de produção capitalista... Minha reação a essa tese é dupla: apoio plenamente a política gay na medida em que ela "metaforiza" sua luta específica como algo que – caso seus objetivos sejam alcançados – solaparia os potenciais do capitalismo; no entanto, tendo a pensar que, ao longo da transformação em curso para um regime multiculturalista tolerante "pós-político", o sistema capitalista atual é capaz de neutralizar as demandas gays, absorvê-las como um "modo de vida" específico. A história do capitalismo não é justamente uma longa história de como o marco político-ideológico predominante logrou acomodar (e suavizar os limites subversivos de todos) os movimentos e demandas que pareciam ameaçar sua própria sobrevivência? Durante muito tempo, os libertários sexuais pensaram que a repressão sexual monogâmica fosse necessária para a sobrevivência do capitalismo; agora sabemos que o capitalismo pode não apenas "tolerar" como até mesmo incitar e explorar ativamente algumas formas "pervertidas" de sexualidade, sem mencionar a entrega promíscua aos prazeres sexuais. E se esse for o mesmo destino das demandas gays[53]? A recente proliferação de diferentes práticas e identidades sexuais (do sadomasoquismo à bissexualidade e às performances ao estilo *drag*), longe de ser uma ameaça ao atual regime de biopoder (para usar um termo foucaultiano), é precisamente a forma de sexualidade

---

[52] Ver Judith Butler, "Merely Cultural", *New Left Review*, v. 1, n. 227, jan.-fev. 1998, p. 33-44.

[53] Butler salienta que a diferença que caracteriza um movimento social particular não é sua diferença externa em relação a outros movimentos, mas sua própria diferença interna, sua "autodiferença" – seguindo Laclau, fico tentado a dizer que essa diferença é o lugar de inscrição do universal –, que a Universalidade é, em sua real existência, a autodiferença violenta e lancinante, o que impede um momento particular de alcançar sua autoidentidade (por exemplo, a autodiferença do movimento gay entre suas demandas particulares e seu ímpeto anticapitalista). Butler afirma que a Universalidade é o terreno do violento apagamento e da exclusão, e ressalta que, por essa razão, devemos nos opor a ela – ao contrário de Butler, fico tentado a dizer que, *por essa mesma razão, ela deve ser defendida*.

gerada pelas condições atuais do capitalismo global, que favorecem claramente o modo de subjetividade caracterizado por identificações múltiplas e variáveis.

O componente-chave da posição "de esquerda" é, portanto, a equiparação da afirmação do *Universalismo* com a posição militante *divisora* de quem se engaja numa luta: os verdadeiros universalistas não são aqueles que pregam a tolerância global das diferenças e uma unidade abrangente, mas aqueles que se engajam numa luta apaixonada pela afirmação da Verdade que os entusiasma. Os exemplos teóricos, religiosos e políticos não são poucos: desde são Paulo – cujo universalismo cristão incondicional (todos podem ser redimidos, porque aos olhos de Cristo não há gregos e judeus, homens e mulheres...) fez dele um militante protoleninista que lutava contra diferentes "desvios" –, passando por Marx – cujo conceito de luta de classes era o avesso necessário do universalismo de sua teoria, que apontava para a "redenção" de toda a humanidade – e Freud, até as grandes figuras políticas – quando De Gaulle, praticamente sozinho na Inglaterra em 1940, lançou seu apelo à resistência contra a ocupação alemã, ele presumia falar em nome da universalidade da França e, *por isso mesmo*, introduzir uma cisão radical, uma fissura entre seus seguidores e aqueles que preferiam a "luxúria egípcia" do colaboracionismo.

Para usar as palavras de Badiou, é crucial não traduzir os termos dessa luta (posta em movimento pela afirmação violenta e contingente da nova Verdade universal) para os termos da ordem do Ser, com seus grupos e subgrupos, concebendo-a como a batalha entre duas entidades sociais definidas por uma série de características positivas. Esse foi o "equívoco" do stalinismo, que reduziu a luta de classes a uma luta entre "classes" definidas como grupos sociais com um conjunto de traços positivos (seu lugar no modo de produção etc.). De uma perspectiva marxista verdadeiramente radical, ainda que exista um vínculo entre a "classe trabalhadora" como grupo social e o "proletariado" como a posição do militante que luta pela Verdade universal, esse vínculo não é uma conexão causal determinante, e é preciso distinguir estritamente os dois níveis: ser um "proletário" implica assumir certa *posição subjetiva* (de luta de classes destinada a alcançar a Redenção por meio da Revolução), que, em princípio, pode ser adotada por *qualquer* indivíduo – dito em termos religiosos, sejam quais forem suas (boas) obras, qualquer indivíduo pode ser "tocado pela Graça" e interpelado como sujeito proletário. A linha que separa os dois lados opostos na luta de classes não é, portanto, "objetiva", não é a linha que separa dois grupos sociais positivos, mas é, em última instância, *radicalmente subjetiva* – envolve a posição que os indivíduos assumem com relação ao Acontecimento-Verdade. A subjetividade e o universalismo não apenas não se excluem como são também as duas faces da mesma moeda: precisamente porque a "luta de classes" intima os indivíduos a adotarem a posição subjetiva de um "proletário" é que seu apelo é universal, visando a todos sem exceção. A divisão mobilizada por ela não é

250 / O sujeito incômodo

a divisão entre dois grupos sociais bem definidos, mas é aquela que atravessa "diagonalmente" a divisão social na Ordem do Ser, entre aqueles que se reconhecem no chamado do Acontecimento-Verdade, convertendo-se em seus seguidores, e aqueles que negam ou ignoram esse chamado. Em termos hegelianos, a existência do verdadeiro Universal (como oposto à falsa Universalidade "concreta" da ampla Ordem do Ser global) é a de uma luta interminável e incessantemente divisora; em última instância, é a divisão entre os dois conceitos (e práticas materiais) de Universalidade: entre quem defende a positividade da Ordem do Ser como o horizonte último do saber e da ação e quem aceita a eficácia da dimensão do Acontecimento-Verdade irredutível à Ordem do Ser (e inexplicável nos termos dessa ordem).

Essa é a derradeira lacuna que separa o nazismo do comunismo: no nazismo, o judeu é culpado simplesmente por ser judeu, por suas propriedades naturais diretas, por ser o que é; ao passo que, mesmo nos dias mais obscuros do stalinismo, um membro da burguesia ou da aristocracia não era culpado *per se*, isto é, diretamente por seu *status* social – havia sempre um mínimo de subjetivação envolvida; a participação na luta de classes baseia-se no ato subjetivo de decisão. De um modo perverso, a própria função da confissão no espetáculo dos julgamentos stalinistas atesta essa diferença: para que a culpa do traidor seja real, o acusado deve confessar, isto é, assumir subjetivamente sua culpa, em nítido contraste com o nazismo, em que uma confissão análoga por parte de um judeu de que estaria participando de uma conspiração contra a Alemanha não teria nenhum sentido.

Por essa razão, a tese dos historiadores revisionistas anticomunistas de que o Holocausto não apenas sucedeu aos expurgos dos inimigos da revolução na União Soviética como foi condicionado por eles (concebido como uma reação, ou melhor, uma ofensiva preventiva contra eles) é equivocada. Os revisionistas têm razão em salientar que a luta nazista contra o complô judeu era uma repetição/cópia da luta de classes comunista; no entanto, longe de desculpar os nazistas, esse fato revela ainda mais a diferença entre o nazismo e o comunismo: aquilo que para os comunistas era o antagonismo que habitava o próprio núcleo do edifício social era "naturalizado" na ideologia nazista como propriedade biológica de uma raça específica (os judeus). Assim, em vez da noção de sociedade como sendo dividida/atravessada pela luta de classes, na qual todos se veem obrigados a tomar partido, temos uma noção de sociedade como um corpo coletivo ameaçado por um inimigo externo: o judeu como intruso estrangeiro. Consequentemente, é equivocado conceber o terror revolucionário comunista e o Holocausto nazista como dois modos da mesma violência totalitária (a lacuna entre Nós e Eles, o inimigo, e a aniquilação do inimigo são justificados, no primeiro caso, nos termos da diferença de classe – é legítimo destruir os membros da classe adversária – e, no segundo caso, nos termos da diferença racial – é legítimo matar os judeus): o verdadeiro horror do nazismo

A subjetivação política e suas vicissitudes / 251

está na própria maneira como ele desloca/naturaliza o antagonismo social em diferença racial, tornando os judeus culpados pelo simples fato de serem judeus, independentemente do que faziam, de como subjetivavam sua condição.

A ambiguidade da identificação excrementícia

Para Rancière, a subjetivação envolve a afirmação de um *singulier universel*, a parte singular/excessiva do edifício social que dá corpo diretamente à dimensão da universalidade. Talvez essa lógica do *singulier universel* seja, como o pensamento de Badiou, profundamente cristológica: o derradeiro "singular universal", o indivíduo singular que representa a humanidade, não é o próprio Cristo? A revolução do cristianismo não assenta no fato de que, de acordo com a lógica da "identificação com o sintoma", ela oferece como ponto singular, que representa o verdadeiro Universal, não "o mais elevado dos homens", mas o resto excrementício inferior (somente pela identificação com esse resto, pela *imitatio Christi*, uma pessoa pode "alcançar a eternidade" e tornar-se de fato universal)? E talvez essa referência cristológica também torne tangível uma possível limitação da eficácia política do gesto de "identificação com o sintoma".

Todo o edifício teológico do cristianismo assenta nessa identificação excrementícia – na identificação com a pobre figura do Cristo sofredor agonizando entre dois ladrões. O artifício por meio do qual o cristianismo se tornou a ideologia dominante consistiu em combinar essa identificação excrementícia radical com o apoio absoluto à ordem social hierárquica existente: "ricos e pobres, virtuosos e pecadores, mestres e escravos, homens e mulheres, vizinhos e estrangeiros, estamos todos unidos em Cristo". Embora essa identificação excrementícia imponha compaixão e cuidado misericordioso para com os pobres (o tema do "não esquecer que eles também são filhos de Deus"), recordando aos ricos e poderosos que sua posição é precária e contingente, ainda assim ela os confirma nessa posição, e até mesmo proclama como pecado mortal qualquer rebelião declarada contra as relações de poder existentes. A afirmação de que "somos todos" (judeus, negros, gays, habitantes de Sarajevo...) pode funcionar então de um modo extremamente ambíguo: pode induzir *também* à afirmação precipitada de que nossos apuros são, na verdade, os mesmos das verdadeiras vítimas, isto é, uma universalização metafórica falsa do destino dos excluídos.

Pouco depois da publicação no Ocidente da trilogia *Arquipélago Gulag*, de Soljenitsin*, virou moda em alguns círculos "radicais" da esquerda ressaltar que "toda

---

* Ed. bras.: trad. Francisco A. Ferreira, Maria M. Llisto e José A. Seabra, 3. ed., São Paulo, Círculo do Livro, 1976. (N. E.)

252 / O sujeito incômodo

a nossa sociedade ocidental consumista é também um gigantesco *gulag*, em que estamos presos pelas correntes da ideologia dominante – e nossa situação é ainda pior, porque não termos consciência de nossa verdadeira condição". Numa discussão recente a respeito da clitorectomia, uma feminista "radical" afirmou pateticamente que, de certo modo, as ocidentais também são totalmente circuncidadas, tendo de se submeter a dietas estressantes, treinos físicos rigorosos e dolorosos *liftings* e cirurgias nos seios para continuar atraentes para os homens... Ainda que haja certa verdade em ambos os casos, há algo fundamentalmente falso na afirmação patética de um estudante de classe média alta de que "o campus [da Universidade] de Berkeley é também um gigantesco *gulag*". Não é profundamente significativo que o exemplo mais conhecido dessa identificação patética com o exilado/vítima seja a frase de J. F. Kennedy, "*Ich bin ein Berliner*" ["Sou um berlinense"], dita em 1963? (Uma afirmação que definitivamente não é a que Rancière tem em mente – e que, aliás, por causa de um erro gramatical, fez escutar em alemão algo como "Eu sou um sonho [de padaria]"*)

A saída dessa situação parece simples: a medida da autenticidade dessa identificação patética reside em sua eficácia sociopolítica. A que medidas efetivas ela equivale? Em síntese, como essa posição política de *singulier universel* afeta aquilo que Rancière chama de estrutura de *polícia*? Há uma distinção legítima entre as duas "polícias (ordens do ser)", uma é (ou tende a ser) autocontida e a outra é mais aberta à incorporação de demandas propriamente políticas? Existe algo como uma "polícia da política"? É claro, a resposta kantiana (compartilhada por Badiou) seria a de que toda identificação direta da polícia (a Ordem do Ser) com a política (o Acontecimento-Verdade), todo procedimento por meio do qual a Verdade se afirme diretamente como o princípio estruturador constitutivo da Ordem sociopolítica do Ser, conduz ao seu oposto, à "política da polícia", ao Terror revolucionário, cujo caso exemplar é o *désastre* stalinista. O problema é que, no momento em que tentamos fornecer a identificação com o sintoma, a afirmação do *universel singulier*, com um conteúdo determinado (o que *querem* realmente os manifestantes que proclamam pateticamente "somos todos trabalhadores imigrantes"? qual é sua *demanda* ao Poder Policial?), o velho contraste entre o universalismo radical da *égaliberté* e a afirmação pós-moderna das identidades particulares reaparece com uma vingança, como torna evidente o impasse da política gay, que teme perder sua especificidade quando os gays forem reconhecidos pelo discurso público: vocês

---

* Na Alemanha, além de identificar o cidadão berlinense, *Berliner* é também o nome dado a um sonho ou rosquinha recheada de geleia. Na frase proferida por Kennedy, foi o uso do artigo indefinido *ein* que fez com que *Berliner* fosse entendido dessa forma, e não como "cidadão berlinense". A frase correta teria sido: "*Ich bin Berliner*". (N. T.)

querem *direitos iguais* ou *direitos específicos* para salvaguardar seu modo de vida particular? A resposta, obviamente, é que o gesto patético do *singulier universel* funciona de fato como um gesto histérico destinado a evitar a decisão, *adiando* indefinidamente sua satisfação. Ou seja, o gesto do *singulier universel* viceja ao bombardear o edifício da Polícia/Poder com demandas *impossíveis*, com demandas que são "feitas para serem recusadas"; sua lógica é a do "exigindo que você faça isso, estou exigindo na verdade que você não faça isso, porque *não é disso que se trata*". A situação aqui é propriamente indecidível: não é apenas um projeto político radical frequentemente "traído" por um acordo com a Ordem Policial (a eterna queixa dos radicais revolucionários: uma vez que assumem, os reformistas mudam apenas a forma e acomodam-se aos velhos mestres), mas pode haver também o caso oposto de pseudorradicalização, que se adapta muito melhor às relações de poder existentes do que uma modesta proposta reformista[54].

A distinção adicional que deve ser feita aqui é entre os dois sujeitos opostos da enunciação da declaração que afirma o *universel singulier*: essa declaração é a declaração direta *da própria vítima excluída* (do *demos* na antiga Atenas, do *troisième état* na Revolução Francesa, dos judeus, dos palestinos, dos negros, das mulheres, dos gays... hoje), que propõe sua situação particular como representativa da universalidade da "humanidade", ou é a declaração de solidariedade feita por *outros*, pelo "público esclarecido" interessado? Como esses dois modos de funcionamento se relacionam entre si? A diferença em questão é a diferença entre o Público universal declarando "Somos todos *eles* (os sem-parcela excluídos)!" e os sem-parcela excluídos declarando "Somos o verdadeiro Universal (Povo, Sociedade, Nação...)!" – essa inversão, apesar de parecer puramente simétrica, nunca produz efeitos simétricos diretos. O que encontramos aqui é uma característica-chave do mecanismo que gera o semblante (ideológico): a inversão simétrica que produz um resultado assimétrico. Em Marx, por exemplo, a simples inversão da forma "desenvolvida" de equivalência em forma "geral" de equivalência (do estado em que a mercadoria A expressa seu valor na série de mercadorias *B, C, D, E, F...*, para o estado em que a própria mer-

---

[54] Nisso reside o traço de verdade da polêmica de Richard Rorty contra os elitistas "radicais" dos estudos culturais (ver Richard Rorty, *Achieving Our America* (Cambridge, Harvard University Press, 1998) [ed. bras.: *Para realizar a América: o pensamento de esquerda no século XX na América*, trad. Paulo Ghiraldelli Jr., Alberto Tosi Rodrigues e Leoni Henning, Rio de Janeiro, DP&A, 1999]): a pretexto de questionar radicalmente o espectro mítico do Poder, esses elitistas se encaixam perfeitamente na reprodução das *relações de poder existentes*, não configurando uma ameaça a elas. Ou, para parafrasearmos a tese de Walter Benjamin, a atitude declarada de oposição radical desses elitistas às relações sociais existentes coexiste com seu perfeito funcionamento *dentro* dessas relações, à semelhança da famosa histérica que se encaixa perfeitamente na rede de exploração contra a qual se queixa e efetivamente endossa sua reprodução.

cadoria A expressa – encarna – o valor das mercadorias *B, C, D, E, F*...) gera o efeito de fetichismo, isto é, confere a *A* a aura de mercadoria que possui um ingrediente misterioso que lhe permite funcionar como o equivalente de todas as outras.

Hegel com frequência também consegue produzir o mais profundo deslocamento especulativo, uma mudança em todo o terreno do pensamento, por meio de uma simples inversão simétrica. A afirmação: "O Si é a Substância" não é de forma alguma equivalente à afirmação: "A Substância é o Si": a primeira afirma a simples subordinação do Si à Substância ("Eu me reconheço como pertencendo à minha Substância social"), ao passo que a segunda envolve a subjetivação da própria Substância. Luís XIV não disse: "Eu sou o Estado"; o que ele disse foi: "*L'État c'est moi*"; apenas nessa segunda versão é que o Si finito é postulado como a verdade da própria Substância, de modo que quando Luís XIV emite um decreto não é apenas ele (esse indivíduo finito) que está falando, é a própria Substância que fala através dele (no sentido preciso do lacaniano "*moi, la vérité, je parle*"). Nisso, na necessidade dessa inversão, reside uma das percepções decisivas de Hegel: o gesto aparentemente modesto de afirmação da subordinação (pertença) do sujeito à Substância revela-se, cedo ou tarde, representando seu exato oposto, a subjetivação da própria Substância. Nisto reside também o núcleo do cristianismo: não apenas o homem é divino, mas *o próprio Deus teve de se tornar homem* (com todos os atributos finitos deste último). Por essa mesma razão, "a vida é uma ilusão" não é o mesmo que "ilusão é vida": "a vida é uma ilusão" representa a atitude barroca da consciência melancólica do caráter ilusório da vida terrena (à la Calderón), ao passo que "ilusão é vida" implica uma atitude nietzschiana positiva de abraçar e afirmar plenamente o jogo de aparências contra a busca "niilista" por uma realidade "verdadeira" transcendente – ou, se retomarmos nosso exemplo, "Nós (a nação) somos todos trabalhadores imigrantes" não é o mesmo que "Nós (trabalhadores imigrantes) somos a verdadeira nação".

Abraçar o ato

Este talvez seja o momento de retornarmos ao nosso ponto de partida: quão equipados para dar esse passo de universalização política estão os autores que mencionamos aqui? A referência a Althusser como ponto de partida de cada um deles é crucial. Como venho salientando, seus edifícios teóricos devem ser concebidos como quatro modos distintos de negar esse ponto de partida comum, de manter (ou melhor, de tomar) distância de Althusser; talvez até fosse possível conceituar suas diferenças relacionando-as às diferentes formas com as quais podemos negar/"recalcar" um núcleo traumático na psicanálise: denegação, renegação, recalque *stricto sensu* (coincidindo com o retorno do recalcado), foraclusão... Por quê?

A subjetivação política e suas vicissitudes / 255

Ainda que esses autores tenham realizado importantes progressos em relação a seu ponto de partida althusseriano (com o inabalável mérito de ter avançado além de Althusser sem ter caído num atoleiro pós-moderno e/ou desconstrucionista), todos parecem ter caído na armadilha da política "marginalista", aceitando a lógica das explosões momentâneas de uma politização radical "impossível" que contém as sementes de seu próprio fracasso e tem de voltar atrás em face da Ordem existente (os pares Acontecimento-Verdade *versus* Ordem do Ser, política *versus* polícia, *égaliberté versus* universalidade imaginária). Esse traço comum é intimamente ligado à redução do sujeito ao processo de *subjetivação*. O que Rancière visa é o processo por meio do qual uma "parcela dos sem-parcela" se envolve no litígio por seu lugar dentro da visibilidade social; o que Badiou visa é o engajamento baseado na fidelidade ao Acontecimento-Verdade; o que Balibar visa é um agente político que insiste em sua demanda "impossível" de *égaliberté* contra qualquer ordem positiva de sua efetivação. Em todos esses casos, a subjetivação não deve ser confundida, obviamente, com aquilo que Althusser tinha em mente quando elaborou o conceito de reconhecimento/desconhecimento e interpelação ideológicos: aqui, a subjetividade não é descartada como uma forma de desconhecimento; ao contrário, é afirmada como o momento em que o vazio/hiato ontológico torna-se palpável, como um gesto que abala a ordem positiva do Ser, da estrutura diferencial da Sociedade, da política como polícia.

É fundamental que se perceba o vínculo entre essa redução do sujeito à subjetivação e o modo como o edifício teórico desses autores se assenta na oposição básica de duas lógicas: *la politique/police* e *le politique* em Rancière, Ser e Acontecimento-Verdade em Badiou e ainda, talvez, a ordem universal imaginária *versus* a *égaliberté* em Balibar. Em todos esses casos, o segundo elemento é propriamente político, introduz a lacuna na ordem positiva do Ser: uma situação se torna "politizada" quando uma demanda particular passa a funcionar como substituto para o Universal impossível. Temos, portanto, diversas formas de oposição entre Substância e Sujeito, entre uma ordem ontológica positiva (polícia, Ser, estrutura) e uma lacuna de impossibilidade que impede o fechamento final dessa ordem e/ou perturba seu equilíbrio. A referência suprema dessas três formas de dualidade parece ser a oposição kantiana entre a ordem constituída da realidade objetiva e a Ideia de Liberdade que pode funcionar apenas como um ponto de referência regulador, visto que jamais se realiza ontológica e plenamente. A "justiça", a retificação da injustiça ontológica constitutiva e fundamental do universo, é apresentada como uma demanda incondicional impossível, possível apenas contra o pano de fundo de sua própria impossibilidade: no momento em que um movimento político tenta concretizar a Justiça, traduzi-la num estado de coisas real, passar da espectral *démocratie à venir* para a "democracia real", caímos na catástrofe totalitária – em termos kantianos, o Sublime se transforma no Monstruoso... É claro, esses dois níveis não são simplesmente externos: o espaço do Acontecimento-Verdade político é aberto pelo vazio sintomático na ordem do Ser, pela necessária inconsistência em sua ordem estrutural, pela presença constitutiva de um *surnuméraire*, de um elemento que está incluído na totalidade da Ordem, apesar de não haver lugar adequado para ele nessa totalidade e que, por essa razão – por ser um elemento sem qualquer especificação particular adicional – declara-se a materialização imediata do Todo. Por outro lado, a intervenção propriamente política tenta provocar uma mudança, uma restruturação na ordem da polícia (de modo que aquilo que até então era "invisível" e/ou "inexistente" em seu espaço se torne visível).

Duas conclusões hegelianas devem ser tiradas disso: 1) o próprio conceito de política envolve um conflito entre o político e o apolítico/policial – ou seja, a política é o antagonismo entre a política propriamente dita e a atitude apolítica ("desordem" e Ordem); 2) por essa razão, a "política" é um gênero que é sua própria espécie, que, em última instância, tem duas espécies: ela mesma e sua negação "corporativista"/policial. No entanto, apesar desse giro hegeliano, estamos lidando com uma lógica que inclui de antemão seu próprio fracasso, que vê seu pleno êxito como sua derradeira derrota, que se aferra a seu caráter marginal como sinal definitivo de sua autenticidade e, portanto, sustenta uma atitude ambígua com relação a seu oposto político-ontológico, a policial Ordem do Ser: essa lógica tem de se referir a essa ordem e *necessita* dela como um grande inimigo ("Poder") que deve estar lá para que possamos nos engajar em nossa atividade marginal/subversiva – a própria ideia de realizar uma total subversão dessa Ordem (uma "revolução global") é descartada como algo protototalitário.

Essa crítica não deve ser mal interpretada como estando baseada na tradicional oposição hegeliana entre universalidade concreta e universalidade abstrata: contra a afirmação da negatividade radical como o avesso da universalidade – da lógica do Dever que adia indefinidamente sua realização –, não estou defendendo a necessidade de se abraçar a ordem positiva "concreta" como o Bem supremo realizado. O movimento hegeliano, aqui, não é uma aceitação heroico-resignada da Ordem positiva como a única efetivação possível da Razão, mas põe em foco – para revelar – que a própria Ordem política/policial já se apoia numa série de atos *políticos* que foram renegados/reconhecidos equivocamente, que seu gesto fundador é político (no sentido radical do termo, como oposto ao policial) – em termos hegelianos, que a Ordem positiva não passa de uma positivação da negatividade radical.

Tomemos o conceito central de *mésentente* ("desentendimento") de Rancière, que ocorre quando a "parcela dos sem-parcela" excluída/invisível politiza sua condição e perturba a estrutura política/policial estabelecida do espaço social, sua subdivisão em partes, afirmando-se como substituta do Todo e exigindo a rearticulação de sua posição particular, isto é, um novo modo de visibilidade (uma mulher, por exemplo, "politiza" sua condição quando apresenta sua limitação ao espaço familiar *privado* como um caso de injustiça *política*). A relação ambígua entre o discurso explícito do poder/polícia e seu duplo obsceno não envolveria também uma espécie de *mésentente*? Acaso esse duplo obsceno (a mensagem nas "entrelinhas" negada publicamente) não é a condição "invisível", não pública, de possibilidade do funcionamento do aparelho policial? O poder, portanto, não é um domínio de visibilidade plano/exclusivo, uma máquina transparente para si mesma à qual "o povo" vem opor suas demandas para revelar, aceitar no espaço discursivo público suas demandas, isto é, para rejeitar/subverter o *status* (não) idêntico do qual desfruta no interior do discurso de poder/polícia; o oposto (quase) simétrico a isso é *a recusa do discurso público de poder/polícia a "escutar/compreender" a mensagem que ele produz nas entrelinhas*, o suporte obsceno de seu funcionamento – confrontado com a mensagem, ele a rechaça com desprezo, como algo que não está à altura de sua dignidade...

O que o Poder "se recusa a ver" não é tanto a (não-)parcela do "povo" excluída do espaço policial, mas o suporte invisível de seu próprio aparelho policial público. (Ou, nos termos de uma vulgar análise de classe: não há governo da aristocracia sem o suporte oculto – não reconhecido publicamente – do *lumpemproletariado*.) A questão aqui, portanto, é que a recusa marginalista radical de assumir a responsabilidade pelo Poder (em termos lacanianos: a demanda oculta por um Mestre na forma de sua provocação pública – recordemos o diagnóstico de Lacan a respeito do caráter histérico da rebelião estudantil de Maio de 1968) é correlata ao (ou o avesso do) vínculo oculto do poder com seu próprio suplemento obsceno renegado – o que uma intervenção política verdadeiramente "subversiva" tem de se esforçar para incluir no espaço público é, acima de tudo, esse suplemento obsceno no qual o Poder/Polícia se apoiam. A estrutura de polícia nunca é apenas uma ordem positiva: para poder funcionar, tem de trapacear, dar nomes errados etc.; *em síntese, tem de fazer política*, fazer aquilo que seus oponentes subversivos supostamente fazem.

No pensamento político de Kant, esse princípio basilar (equivalente ao imperativo categórico moral) é o "princípio transcendental da publicidade": "Todos os atos concernentes aos direitos de outras pessoas e cuja máxima não coincida com seu objetivo anunciado publicamente são errados. [...] Todos os princípios orientadores que necessitem de publicidade (para que não percam seus objetivos) estão de acordo com a justiça e a política"[55]. No domínio político, o erro ou o mal é um ato cujo propósito real contradiz seu objetivo publicamente anunciado: como Kant destaca repetidas vezes, até mesmo o pior dos tiranos finge publicamente trabalhar

---

[55] Immanuel Kant, "Perpetual Peace: A Philosophical Sketch", em *Political Writings* (Cambridge, Cambridge University Press, 1991), p. 129.

pelo bem do povo enquanto persegue seu próprio poder e riqueza. Podemos transpor essa mesma máxima para sua forma negativa: uma política é "errada (injusta)" quando sustenta que a revelação pública de seus reais propósitos (ou melhor, máximas) seria contraproducente: nem sequer um tirano pode afirmar *publicamente*: "Estou impondo essa lei para destruir meus inimigos e aumentar minha riqueza". É contra esse pano de fundo que deve ser situada a tese sobre o suplemento superegoico do discurso ideológico público: o suplemento obsceno superegoico é precisamente o suporte do texto ideológico público, um suplemento que, para ser eficaz, *tem de permanecer negado publicamente*: seu reconhecimento público é contraproducente. E nosso argumento aqui é que essa negação é constitutiva daquilo que Rancière chama de ordem da "polícia".

A noção do Ideal de *égaliberté* como uma demanda incondicional real/impossível traída em sua própria positivação, uma demanda que só pode se efetivar nesses breves momentos intermediários de Vácuo de Poder/Polícia, nos quais o "povo" se organiza "espontaneamente", à margem da maquinaria política representativa oficial (pensemos na fascinação de muitos da esquerda pela "democracia dos conselhos espontâneos" nos primeiros e "autênticos" estágios da revolução), leva os puristas revolucionários radicais a uma estranha proximidade com os conservadores que se esforçam para provar a necessária e inevitável traição ou "regressão ao terror" de toda revolução, como se a única concretização possível da *égaliberté* fosse o Khmer Vermelho ou o Sendero Luminoso. Somos tentados a afirmar que a política leninista é o verdadeiro contraponto dessa atitude marginalista kantiana de esquerda, que insiste em sua própria impossibilidade intrínseca. Ou seja, o que um verdadeiro leninista e um conservador têm em comum é o fato de que ambos rejeitam aquilo que se poderia chamar de uma "irresponsabilidade" liberal à esquerda (defender grandes projetos de solidariedade, liberdade etc., mas esquivar-se quando se tem de pagar o preço por elas com medidas políticas concretas e muitas vezes "cruéis"): como um autêntico conservador, o verdadeiro leninista não teme a *passage à l'acte*, não teme aceitar as consequências, por mais desagradáveis que sejam, ou pôr em prática seu projeto político. Kipling (de quem Brecht era um grande admirador) menosprezava os liberais ingleses que defendiam a liberdade e a justiça, contando silenciosamente com o auxílio dos conservadores para fazer o trabalho sujo por eles; o mesmo pode ser dito da relação dos sujeitos à esquerda liberais (ou "sociais-democratas") com os comunistas leninistas: o sujeito à esquerda e liberal rejeita os "acordos" social-democratas, quer uma verdadeira revolução, mas esquiva-se do preço real que se deve pagar por isso e prefere adotar a atitude da Bela Alma e não sujar as mãos. Em contraste com essa falsa posição à esquerda liberal (eles querem verdadeira democracia para o povo, mas sem polícia secreta para combater a contrarrevolução, sem que seus privilégios acadêmicos sejam ameaçados...), o leninista, assim como o conservador, é *autêntico* no sentido de *assumir plenamente as consequências de sua escolha*, de estar plenamente consciente do que significa de fato tomar o poder e exercê-lo.

Estou em condições agora de especificar o que me parece ser a fragilidade fatal da oposição protokantiana entre a ordem positiva do Ser (ou o *service des biens*, ou a política como Polícia) e a demanda radical e incondicional de *égaliberté*, que indica a presença do Acontecimento-Verdade (ou do Político), isto é, a oposição entre a ordem social *global* e a dimensão da Universalidade propriamente dita, que traça uma linha de separação nessa ordem global: o que ela deixa de fora é o "excesso" do gesto fundador do Mestre, sem o qual a ordem positiva do *service des biens* não pode se manter. Estamos apontando aqui para o excesso "não econômico" do Mestre sobre o bom funcionamento da ordem positiva policial do Ser. Numa sociedade pluralista, os partidos ou agentes políticos "radicais" marginais podem fazer o jogo das demandas incondicionais – "queremos isso (aumento de salário para os médicos e professores, melhores condições de aposentadoria e de seguridade social...) *pereat mundus*", deixando a cargo do Mestre a tarefa de encontrar uma forma de satisfazê-las – essa demanda incondicional se dirige ao Mestre político não apenas em sua capacidade como o administrador do *service des biens*, mas em sua capacidade como garantidor da sobrevivência da Ordem. Esse é outro aspecto crucial da posição do Mestre: ele não foge da responsabilidade de quebrar os ovos quando o povo pede uma omelete – de impor medidas necessárias, ainda que impopulares. Em síntese, o Mestre é aquele que renuncia para sempre ao direito de exclamar "Mas não era isso que eu queria!" quando as coisas dão errado.

Em última instância, essa posição é, obviamente, a de um impostor: a autoridade do mestre é uma ilusão; contudo, o próprio fato de que alguém se disponha a ocupar esse lugar insustentável tem um efeito apaziguador sobre seus súditos – podemos nos entregar a nossas pequenas demandas narcisistas cientes de que o Mestre está lá para garantir que a estrutura não venha abaixo. O heroísmo de um autêntico Mestre consiste precisamente em sua prontidão para assumir a posição impossível da responsabilidade final, e assumir o encargo de implementar medidas impopulares que impeçam que o sistema se desintegre. Essa foi a grandeza de Lenin após os bolcheviques tomarem o poder: em contraste com o fervor revolucionário histérico, preso a um círculo vicioso, o fervor daqueles que preferem estar na oposição e (pública ou veladamente) evitar o ônus de tomar uma atitude, de realizar a passagem da atividade subversiva para a responsabilidade pelo funcionamento do edifício social, Lenin abraçou com heroísmo a onerosa tarefa de realmente *conduzir o Estado* – fazendo todos os acordos necessários, mas também tomando medidas duras para garantir que o poder bolchevique não desmoronasse.

Portanto, quando Rancière ou Badiou rejeitam a política como uma Polícia que apenas cuida do bom *service des biens*, eles deixam de lado o fato de que a Ordem

260 / O sujeito incômodo

social não pode se reproduzir se estiver limitada aos termos do *service des biens*: deve haver aquele Um que assume a responsabilidade final, com a prontidão implacável para fazer os acordos necessários ou violar a letra da Lei para garantir a sobrevivência do sistema; e é totalmente equivocado interpretar essa função como a de um pragmático sem princípios que se aferra ao poder a qualquer custo. Os defensores do Político em oposição ao Policial deixam frequentemente de levar em consideração esse excesso inerente ao Mestre que sustenta o *service des biens* em si: eles não se dão conta de que o que estão combatendo, o que estão desafiando com sua demanda incondicional, *não é* o "serviço dos bens", mas a responsabilidade incondicional do Mestre. Em síntese, o que não percebem é que sua demanda incondicional de *égaliberté* não passa de uma provocação histérica dirigida ao Mestre, pondo à prova os limites de sua destreza: "Será que ele consegue desprezar – ou satisfazer – nossas demandas e ainda manter a aparência de onipotência?".

O teste do verdadeiro revolucionário, em oposição a esse jogo de provocação histérica, é a disposição heroica de suportar a conversão do afrouxamento subversivo do Sistema existente no princípio de uma nova ordem positiva que venha dar corpo a essa negatividade – ou, nos termos de Badiou, a conversão da Verdade em Ser[56]. Em termos filosóficos mais abstratos, o temor da iminente "ontologização" do ato político propriamente dito, de sua catastrófica transposição para a ordem positiva do Ser, é um falso temor que resulta de uma espécie de ilusão de óptica: ele deposita uma confiança excessiva no poder substancial da ordem positiva do Ser, passando ao largo do fato de que a ordem do Ser nunca é simplesmente dada, mas baseia-se em algum Ato precedente. *Não há Ordem do Ser como um Todo positivo ontologicamente consistente*: o falso semblante dessa Ordem apoia-se na auto-obliteração do ato. Em outras palavras, a lacuna do ato não é introduzida posteriormente na Ordem do Ser: ela já está lá o tempo todo como condição que efetivamente *sustenta* toda ordem do ser.

A formulação filosófica derradeira da oposição política entre polícia e política talvez seja a oposição derridiana entre ontologia e *obsidiologia* [*hauntology*]*, a

---

[56] Um dos méritos de Carl Schmitt foi ter identificado claramente essa vontade incondicional de assumir a responsabilidade como o núcleo da autoridade política para além – ou, antes, para aquém – da típica legitimação liberal daqueles que exercem o poder tendo como referência o bom serviço dos bens.

* Em francês, o neologismo *"hantologie"* joga com a homofonia com *"ontologie"* (ontologia), fazendo constar *"hantise"* (obsessão, o que "assombra"), marcando uma presença no presente de algo do passado. Em português, foi traduzido como "obsidiologia", fazendo referência igualmente ao "obsidente" (aquilo que cerca, que não se afasta). Ver Jacques Derrida, *Espectros de Marx* (trad. Ana Maria Skinner, Rio de Janeiro, Relume Dumará, 1994) e Ana Maria Skinner, "Espectros de Marx: por que esse plural?", em Evandro Nascimento e Paula Glenadel (orgs.), *Em torno de Jacques Derrida* (Rio de Janeiro, 7Letras, 2000), p. 70. (N. T.)

lógica impossível da espectralidade que impede/retarda/desloca para sempre o fechamento do edifício ontológico: o gesto propriamente desconstrucionista consiste em manter a abertura espectral, resistir à tentação do fechamento ontológico. Uma vez mais, é fácil traduzir isso em termos lacanianos: a espectralidade é outro nome para o semblante fantasmático que preenche a lacuna ontológica irredutível. O gesto verdadeiramente hegeliano seria, nesse caso, inverter esse conceito de espectralidade como o suplemento irredutível que é a condição de (im)possibilidade de qualquer ontologia: e, se houver necessidade de *um suporte ontológico mínimo da própria dimensão da espectralidade*, um *peu de réel* inerte que sustente a abertura espectral? Em certo sentido, Hegel concordaria com Kant que a tentativa direta de concretizar a negatividade abstrata da *égaliberté* (o que Kant teria caracterizado como o equivalente político do equívoco epistemológico de tratar as ideias reguladoras como constitutivas) leva inevitavelmente ao terror. A diferença entre ambos é que cada um chega a uma conclusão oposta: para Kant, isso significa que a *égaliberté* deve permanecer como um Ideal inacessível em devir, uma *démocratie à venir*, abordada lentamente, mas sempre a certa distância para evitar a Monstruosidade da negatividade absoluta abstrata; já para Hegel, isso significa que esse momento Monstruoso de negatividade abstrata absoluta, esse furor autodestrutivo que arrasta toda Ordem positiva, *sempre-já aconteceu*, visto que é o próprio fundamento da ordem racional positiva da sociedade humana. Em resumo, enquanto para Kant a negatividade absoluta designa um momento impossível do *futuro*, um futuro que jamais se tornará presente, para Hegel ela designa um momento impossível do *passado*, um passado que nunca foi completamente experimentado como presente, visto que seu recolhimento abre espaço para a mínima organização (social) do Presente. Há muitos nomes para essa irrupção da negatividade abstrata, desde Queda de Adão até Revolução Francesa, passando por Sócrates e pela crucificação de Cristo – em todos esses casos, um gesto negativo com efeito cáustico sobre a ordem (social) substancial dada fundou uma ordem mais elevada, mais racional.

PARTE III
DA SUJEIÇÃO À DESTITUIÇÃO SUBJETIVA

5
(Des)apegos apaixonados, ou Judith Butler como leitora de Freud

Por que perversão não é subversão?

Uma das principais conclusões que devemos tirar de "Kant com Sade" é que aqueles que, como Michel Foucault, defendem o potencial subversivo das perversões são levados, cedo ou tarde, à negação do Inconsciente freudiano. Essa negação assenta teoricamente no fato, sublinhado pelo próprio Freud, de que, para a psicanálise, a histeria e a psicose – *não a perversão* – oferecem um caminho para o Inconsciente: o Inconsciente *não* é acessível por meio das perversões. Na esteira de Freud, Lacan insistiu repetidas vezes que a perversão é sempre uma atitude socialmente construtiva, ao passo que a histeria é muito mais subversiva e ameaçadora para a hegemonia predominante. Pode parecer que a situação é o oposto: acaso os perversos não realizam e praticam abertamente aquilo que as histéricas apenas sonham em segredo? Ou, em relação ao Mestre: enquanto as histéricas se limitam a provocar o Mestre de forma ambígua – provocação que, no fundo, vem a ser um chamado ao Mestre para que reafirme sua autoridade de novo e de maneira ainda mais categórica –, não são justamente os perversos que, com efeito, logram minar sua posição? (É assim que costuma ser lida a tese freudiana de que a perversão é o negativo da neurose.) Esse próprio fato, no entanto, coloca-nos diante do paradoxo do Inconsciente freudiano: o Inconsciente *não* consiste nos enredos perversos secretos com que sonhamos acordados e (na medida em que permanecemos histéricos) evitamos realizar, enquanto os perversos heroicamente "os tornam reais". Quando fazemos isso, quando realizamos ("*acting out*") nossas fantasias perversas secretas, tudo é revelado, mas ainda assim o Inconsciente nos escapa. Por quê?

Porque o Inconsciente freudiano *não* é o conteúdo fantasmático secreto, mas algo que intervém *no entremeio*, no processo de tradução/transposição do conteúdo

266 / O sujeito incômodo

fantasmático secreto para o texto do sonho (ou do sintoma histérico). O Inconsciente é aquilo que, precisamente, é *ofuscado* pelo cenário fantasmático no *acting out* do perverso: este, com sua certeza sobre o que lhe é fonte de gozo, ofusca a lacuna, a "questão candente", a pedra no caminho, que "é" o núcleo do Inconsciente. O perverso é, portanto, o "transgressor inerente" por excelência. Ele traz à tona, encena, pratica as fantasias secretas que sustentam o discurso público predominante, enquanto a histérica desfila sua dúvida de que essas fantasias perversas secretas sejam "realmente *isso*"). A histeria não é simplesmente o campo de batalha entre os desejos secretos e as proibições simbólicas; ela também, e acima de tudo, articula a torturante dúvida a respeito de os desejos secretos realmente encerrarem aquilo que prometem – se nossa capacidade de gozar deve-se apenas às proibições simbólicas. Em outras palavras, o perverso evita o Inconsciente por que *conhece* a resposta (o que leva à *jouissance*, no Outro); ele não tem dúvidas; sua posição é inabalável; já a histérica duvida, isto é, sua posição é a do eterno e constitutivo (auto)questionamento: "O que o Outro quer de mim? O que sou para o Outro?"...

Essa oposição entre perversão e histeria é particularmente pertinente hoje, em nossa era de "declínio do Édipo", quando o modo paradigmático de subjetividade não é mais o sujeito integrado à Lei paterna mediante a castração simbólica, mas o sujeito "polimorficamente perverso" que obedece à injunção superegoica de gozar. A questão de como histericizar o sujeito capturado no circuito fechado da perversão (como devemos lhe inculcar a dimensão da falta e do questionamento) torna-se mais urgente diante do atual cenário político: o sujeito das relações de mercado do capitalismo tardio é perverso, ao passo que o "sujeito democrático" (o modo de subjetividade implicada na democracia moderna) é inerentemente histérico (o cidadão abstrato correlativo ao lugar vazio do Poder). Em outras palavras, a relação entre o *bourgeois* [burguês] preso nos mecanismos do mercado e o *citoyen* [cidadão] engajado na esfera política universal é, em sua economia subjetiva, a relação entre a perversão e a histeria. Assim, quando Rancière se refere a nossa época como "pós-política", ele aponta precisamente para esse deslocamento da histeria para a perversão no discurso político (o laço social): a "pós-política" é o modo perverso de administrar as questões sociais, o modo privado de dimensão "histericizada" universal/disjunta.

Ouvimos com frequência a alegação de que a histeria, hoje, não é mais sexualizada, devendo, ao contrário, ser situada no domínio da vitimização não sexual, da ferida de uma violência traumática que se abre no âmago de nosso ser. Contudo, lidamos com histeria na medida em que o sujeito vitimizado mantém uma atitude ambígua de fascinação com relação à ferida, na medida em que tira secretamente um prazer "perverso" dela, na medida em que a própria fonte de dor exerce um magnetismo – a histeria é precisamente o nome para essa atitude de fascinação ambivalente diante do objeto que nos amedronta e nos causa aversão. E esse excesso de prazer na dor é outro nome para *sexualização*: no momento em que ele se instala, a situação é sexualizada, e o sujeito é capturado no laço perverso. Em outras palavras, devemos nos aferrar à velha tese freudiana sobre o caráter fundamentalmente sexual da histeria: Dora não foi o caso paradigmático de histeria de Freud, sempre se queixando de ter sido vitimada pelas manipulações de seu pai e do Sr. K.?

O que complica essa questão é o fato de que, definitivamente, *não* devemos qualificar diretamente a homossexualidade (ou qualquer outra prática que viole a norma heterossexual) como uma "perversão". A pergunta que devemos fazer é: de que modo a homossexualidade está inscrita no universo simbólico do sujeito? Que atitude subjetiva a sustenta? Existe uma homossexualidade perversa (o sádico ou masoquista que finge possuir o conhecimento daquilo que, no Outro, conduz à *jouissance*); mas existe também uma homossexualidade histérica – eleita para enfrentar o enigma do "O que sou para o Outro? O que o Outro quer (de mim)?", e assim por diante. Para Lacan, portanto, não há correlação direta entre as formas da prática sexual (gay, hétero) e a economia simbólica subjetiva "patológica" (perversa, histérica, psicótica). Tomemos o caso extremo da coprofagia (comer fezes): nem mesmo essa prática é necessariamente "perversa", visto que pode muito bem estar inscrita numa economia histérica, isto é, pode muito bem funcionar como um elemento de provocação e questionamento histérico do desejo do Outro: "E se eu comer merda para testar que posição ocupo em relação ao desejo do Outro? Será que ele vai continuar a me amar quando me vir fazendo isso? Ou vai enfim me abandonar como seu objeto?". A coprofagia também pode funcionar como psicótica se, por exemplo, o sujeito identifica as fezes do parceiro como a substância divina milagrosa, de modo que, engolindo-as, entra em contato com Deus, recebe sua energia. Ou, é claro, pode funcionar como perversão se o sujeito, ao praticá-la, assume a posição de objeto-instrumento do desejo do Outro (se ele come as fezes para dar prazer a seu parceiro).

Num nível mais geral, é interessante observar que, quando um fenômeno novo é descrito, seu funcionamento histérico predominante, via de regra, passa despercebido, privilegiando-se o funcionamento perverso ou psicótico, supostamente mais "radicais". No caso do ciberespaço, por exemplo, somos constantemente bombardeados com interpretações que salientam como ele abre a possibilidade do jogo perverso polimórfico e a permanente reformulação da própria identidade simbólica, ou como ele envolve uma regressão à imersão incestuosa psicótica na Tela enquanto Coisa maternal que nos engole, privando-nos da capacidade de distanciamento e reflexão simbólica. Podemos argumentar, no entanto, que a reação mais comum de todos nós ao ciberespaço é ainda a da perplexidade histérica, de questionamento permanente: "Qual é a minha posição em relação a esse Outro anônimo? O que Ele quer de mim? Que tipo de brincadeira está fazendo comigo?"...

268 / O sujeito incômodo

Com relação a essa oposição crucial entre histeria e perversão, é importante observar que a *Filosofia da nova música**, de Adorno, essa obra-prima da análise dialética da "luta de classes na música", recorre precisamente às categorias de histeria e perversão para elaborar a oposição entre as duas tendências fundamentais da música moderna, representadas pelos nomes de Schoenberg e Stravinsky: a música "progressiva" de Schoenberg mostra os traços evidentes de uma extrema tensão histérica (reações carregadas de angústia diante de encontros traumáticos), ao passo que Stravinsky, com seu zigue-zague à maneira de um pastiche por todos os estilos musicais possíveis, exibe traços menos evidentes de perversão, isto é, de renúncia à dimensão da subjetividade propriamente dita, de adoção de uma atitude de exploração da multiplicidade polimorfa, sem compromisso subjetivo real com qualquer elemento ou modo específico.

E, para darmos a essa oposição um giro filosófico, somos tentados a declarar que foi essa fidelidade à verdade da histeria, contra a falsa transgressão do perverso, que levou Lacan a sustentar pateticamente em seus últimos anos de ensino: "Eu me insurjo contra a filosofia" (*"Je m'insurge contre la philosophie"*). A propósito dessa afirmação geral, a pergunta leninista que imediatamente se deve fazer é: que filosofia (singular) Lacan tinha em mente; que filosofia representava, para ele, a filosofia "como tal"? Seguindo a sugestão de François Regnault[1] (que chama a atenção para o fato de que Lacan fez essa afirmação em 1975, na esteira da publicação de *O anti-Édipo*), é possível argumentar que a filosofia sob ataque, longe de representar uma metafísica hegeliana tradicional, não é outra senão a de Gilles Deleuze, filósofo da perversão globalizada, se é que já houve alguma. Ou seja, a crítica de Deleuze à psicanálise "edipiana" não seria, pois, um caso exemplar de rejeição perversa da histeria? Contra o sujeito histérico que mantém uma atitude ambígua com relação à autoridade simbólica (como o psicanalista que reconhece as consequências patológicas do "recalque", mas ainda assim sustenta que o "recalque" é condição do progresso cultural, visto que fora da autoridade simbólica só há o vazio psicótico), o perverso vai bravamente até o limite, minando os próprios fundamentos da autoridade simbólica e endossando plenamente a produtividade múltipla do fluxo libidinal pré-simbólico... Para Lacan, obviamente, essa radicalização "antiedipiana" da psicanálise é o típico modelo de armadilha que se deve evitar a qualquer custo: o modelo de falsa radicalização subversiva que vai perfeitamente ao encontro da constelação de poder existente. Em outras palavras, para Lacan, o "radicalismo" do filósofo, seu questionamento destemido de todos os pressupostos, é o modelo do falso radicalismo transgressor.

---

* Ed. bras.: 3. ed., São Paulo, Perspectiva, 2009. (N. E.)
[1] François Regnault, *Conférences d'esthétique lacanienne* (Paris, Agalma, 1997).

(Des)apegos apaixonados, ou Judith Butler como leitora de Freud / 269

Para Foucault – um filósofo perverso, se é que já houve algum –, a relação entre a proibição e o desejo é circular, e de imanência absoluta: poder e resistência (contrapoder) pressupõem e geram um ao outro – isto é, as próprias medidas proibitivas que categorizam e regulam os desejos ilícitos efetivamente os produzem. Basta lembrarmos a figura proverbial do asceta cristão que, em suas detalhadas descrições das situações que deveriam ser evitadas porque provocavam tentações sexuais, exibe um conhecimento extraordinário a respeito do funcionamento da sedução (de como um mero sorriso, um olhar, um gesto defensivo das mãos ou um pedido de ajuda podem carregar uma insinuação sexual...). O problema aqui é que, depois de insistir que os mecanismos de poder disciplinadores produzem o próprio objeto sobre o qual eles exercem sua força (o sujeito não é apenas aquele que é oprimido pelo poder, mas surge como produto dessa opressão) –

> O homem de que nos falam e que nos convidam a liberar já é em si mesmo o efeito de uma sujeição [*assujettissement*] bem mais profunda que ele. Uma "alma" o habita e o leva à existência, que é ela mesma uma peça no domínio exercido pelo poder sobre o corpo. A alma, efeito e instrumento de uma anatomia política; a alma, prisão do corpo.[2]

– Foucault parece reconhecer tacitamente que essa continuidade absoluta da resistência ao poder não é suficiente para estabelecer uma resistência efetiva ao poder, uma resistência que não seja "parte do jogo", mas permita ao sujeito assumir uma posição que o exima do modo confessional/disciplinador do poder praticado desde o cristianismo primitivo até a psicanálise. Foucault pensava ter localizado essa exceção na Antiguidade: as noções antigas de "uso dos prazeres" e "cuidado de Si" ainda não envolviam uma referência à Lei universal. Todavia, a imagem da Antiguidade desenvolvida nos dois últimos livros de Foucault é, *stricto sensu*, fantasmática, é a fantasia de uma disciplina que, mesmo em sua versão mais ascética, não necessita de referência à Proibição/Lei simbólica dos prazeres sem sexualidade. Em seu esforço para romper o círculo vicioso entre poder e resistência, Foucault recorre ao mito de um Estado "anterior à Queda", no qual a disciplina era autoforjada, não um procedimento imposto por uma ordem moral universal culpabilizante. Nesse Além

---

[2]   Michel Foucault, *Discipline and Punish* (Nova York, Vintage, 1979), p. 30 [ed. bras. *Vigiar e punir* (trad. Raquel Ramalhete, 20 ed., Petrópolis, Vozes, 1999, p. 29). Aqui, Foucault nos permite especificar a definição althusseriana de interpelação como o processo que transforma indivíduos em sujeitos: esses misteriosos indivíduos cujo *status*, em Althusser, permanece indeterminado são os objetos e o produto das micropráticas disciplinadoras; são o material corporal sobre o qual essas práticas operam. Em outras palavras, a interpelação é para o sujeito aquilo que os indivíduos são para as micropráticas disciplinadoras.

fantasmático, encontramos os mesmos mecanismos disciplinadores citados, embora numa modalidade distinta, numa espécie de correlato à descrição mítica de Malinowski e Mead da sexualidade não reprimida do Pacífico Sul. Não surpreende que Foucault leia os textos pré-cristãos de forma totalmente distinta de sua prática usual de leitura: seus últimos dois livros aproximam-se muito mais da "história das ideias" acadêmica padrão. Em outras palavras, a descrição foucaultiana do Si na Antiguidade pré-cristã é o necessário suplemento romântico-ingênuo de sua descrição cínica das relações de poder após a Queda, em que o poder e a resistência se justapõem[3].

Assim, em *Vigiar e punir* e no primeiro volume de *História da sexualidade**, quando Foucault apresenta intermináveis variações sobre o tema do poder como produtivo, a propósito do poder político e educacional, bem como do poder sobre a sexualidade, ou quando enfatiza repetidas vezes que, ao longo do século XIX, longe de restringir e limitar seu objeto (a sexualidade "natural"), as tentativas "repressivas" de categorizar e disciplinar a sexualidade na verdade produziram e levaram a sua proliferação (o sexo foi afirmado como o "segredo" fundamental, o ponto de referência da atividade humana), acaso Foucault não está, de certo modo, defendendo a tese hegeliana de que a investigação reflexiva a respeito de um Em-si transcendente produz o próprio X inacessível que parece eludir indefinidamente sua apreensão final? (Podemos perceber isso claramente a propósito do misterioso "continente negro" da sexualidade feminina, que supostamente foge à compreensão do discurso patriarcal: esse misterioso Além não é o próprio produto do discurso masculino? O mistério feminino não é a suprema fantasia *masculina*?)

No que diz respeito à disciplina e ao controle, a questão para Foucault não é apenas que o objeto que essas medidas querem controlar e submeter já é o próprio efeito delas (disposições legais e criminais engendram suas próprias formas de transgressão criminosa etc.): o próprio sujeito que resiste a essas medidas disciplinadoras e tenta se esquivar de seu domínio é, no fundo de seu âmago, marcado por elas, formado por elas. O exemplo derradeiro de Foucault seria o do movimento

---

[3] Para essa crítica, obviamente, focalizamos o conceito foucaultiano específico de poder e resistência presente em *Vigiar e punir* e no primeiro volume de *História da sexualidade*: nessas duas obras, o conceito de Poder permanece limitado ao procedimento de disciplina-confissão-controle que tomou forma no cristianismo primitivo. Em suas entrevistas posteriores, quando fala sobre poder e contrapoder, Foucault muda imperceptivelmente de terreno e passa para uma espécie de ontologia geral nietzschiana do poder: o poder está em tudo e em todas as partes; é o próprio ar que respiramos, a matéria-prima de nossa vida. Essa ontologia geral do poder envolve também um conceito distinto de sujeito como a "dobra" do poder; esse sujeito não é mais o Si que, esperando ser libertado do poder repressivo, é efetivamente constituído por ele.

* Ed. bras.: trad. Maria Thereza Costa, Rio de Janeiro, Graal, 2009-2012, 3 v. (N. E.)

dos trabalhadores pela "libertação do trabalho" no século XIX: tal como já haviam assinalado as primeiras críticas libertárias, como *O direito à preguiça**, de Paul Lafargue), o trabalhador que queria se libertar era produto da ética disciplinadora, isto é, em sua própria tentativa de se libertar da dominação do capital, ele queria se estabelecer como o trabalhador disciplinado que trabalha para si mesmo, é seu próprio patrão (e, desse modo, perde o direito de resistir, visto que não pode resistir a si mesmo...). Nesse nível, Poder e Resistência estão efetivamente enlaçados num abraço mortal: não há Poder sem Resistência (para funcionar, o Poder precisa de um X que escape a sua compreensão); não há Resistência sem Poder (o Poder é formador do próprio núcleo em nome do qual o sujeito oprimido resiste ao domínio do Poder).

Não há nada mais disparatado, portanto, do que argumentar que Foucault, no primeiro volume de *História da sexualidade*, abre o caminho para os indivíduos rearticularem-ressignificarem-deslocarem os mecanismos de poder em que estão presos: o ponto principal e a força de sua poderosa argumentação residem justamente na afirmação de que as resistências ao poder são geradas pela mesma matriz à qual parecem opor-se. Em outras palavras, o propósito de seu conceito de "biopoder" é precisamente explicar como os mecanismos disciplinadores de poder podem constituir *diretamente* os indivíduos, penetrando nos corpos individuais e *contornando o nível da "subjetivação"* (isto é, toda problemática de como os indivíduos subjetivam ideologicamente suas condições e relacionam-se com suas condições de existência). Em certo sentido, portanto, é tolice criticar Foucault por não tematizar essa subjetivação: o que ele nos diz é que, para explicar a disciplina e a subordinação sociais, *temos* de contorná-la! Posteriormente, no entanto (a partir do segundo volume de *História da sexualidade*), ele é obrigado a retornar ao próprio tema banido da subjetivação: como os indivíduos subjetivam sua condição, como se relacionam com ela? (Ou, em termos althusserianos, como não são apenas indivíduos presos nos aparelhos disciplinadores do Estado, mas também sujeitos interpelados?)

Qual seria então a relação de Foucault com Hegel? Para Judith Butler[4], a diferença entre ambos está no fato de que Hegel não leva em consideração o efeito *proliferador* da atividade disciplinadora: em Hegel, o disciplinamento formativo opera sobre o corpo, que é pressuposto como um Em-si, dado como parte da natureza humana inerte, e gradualmente "suprassume"/media sua imediatez; Foucault, por sua vez, enfatiza como os próprios mecanismos disciplinadores desencadeiam a proliferação frenética daquilo que tentam estancar e regular: a própria

---

* Ed. bras.: trad. José Teixeira Coelho e Marilena Chaui, 2. ed., São Paulo, Hucitec/Editora da Unesp, 2000. (N. E.)

4 Judith Butler, *The Psychic Life of Power* (Stanford, Stanford University Press, 1997), p. 43.

272 / O sujeito incômodo

"repressão" da sexualidade suscita novas formas de prazer sexual[5]... No entanto, o que parece estar ausente em Foucault, o antidialético por excelência, é precisamente o giro autorreferencial propriamente hegeliano na relação entre a sexualidade e seu controle disciplinador: a autossondagem confessional não apenas revela novas formas de sexualidade, como *a própria atividade confessional torna-se sexualizada, dando origem a uma satisfação própria*: "A lei repressiva não é externa à libido que ela reprime, mas é uma lei repressiva que reprime de tal maneira que a repressão se torna uma atividade libidinal"[6].

Consideremos a leitura politicamente correta do discurso de ódio e assédio sexual: a armadilha à qual sucumbe esse esforço não é apenas o fato de nos fazer tomar consciência de (e então gerar) novas formas e camadas de humilhação e assédio (trocar "gordo", "burro", "ignorante" por "pessoa com problemas de peso" etc...); a questão é que essa própria atividade censora, por uma espécie de inversão dialética diabólica, começa a participar daquilo que se propõe a censurar e combater. Não é imediatamente evidente que, quando chamamos alguém de "mentalmente incapacitado", ao invés de "burro", uma distância irônica pode interpor-se e suscitar um excesso de agressividade humilhante? Acrescentamos um insulto à injúria, por assim dizer, pela dimensão suplementar de paternalismo cortês (é sabido que a agressividade travestida de polidez pode ser muito mais dolorosa do que palavras diretamente insultantes, uma vez que a violência é salientada pelo contraste entre o conteúdo agressivo e a forma de aparência cordial...). Em resumo, o que a explicação de Foucault a respeito dos discursos que disciplinam e regulam a sexualidade não leva em consideração é o processo pelo qual o próprio mecanismo de poder torna-se erotizado, isto é, contaminado por aquilo que tenta "reprimir". Não basta afirmar que o sujeito ascético cristão que, para afastar a tentação, enumera e categoriza suas várias formas acaba fazendo proliferar o objeto que tenta combater; a questão é antes compreender como o asceta que se flagela para resistir à tentação acaba encontrando prazer no próprio ato de infligir-se feridas.

O paradoxo em ação aqui é que o próprio fato de não haver um Corpo positivado preexistente em que se possa fundamentar ontologicamente nossa resistência aos mecanismos disciplinadores do poder é que torna possível a efetiva resistência. Ou seja: o argumento habermasiano usual contra Foucault e os "pós-estruturalistas" em geral é que, uma vez que negam a existência de qualquer padrão normativo

---

[5] Esse excesso corporal gerado pelos mecanismos disciplinadores não vem a ser o *plus-de-jouir* lacaniano? O fato de Hegel não levar esse excesso em consideração não seria correlato ao fato salientado por Lacan de que Hegel passa ao largo do mais-gozar que mantém o escravo em posição de servidão?

[6] Judith Butler, *The Psychic Life of Power*, cit., p. 49.

isento em relação ao contexto histórico contingente, eles são incapazes de fundar uma resistência ao edifício de poder existente. O contra-argumento foucaultiano é que os próprios mecanismos disciplinadores "repressivos" abrem espaço para a resistência, na medida em que geram um excedente em seu objeto. Apesar de a referência a uma essência feminina (desde o eterno feminino até a escrita feminina mais contemporânea) parecer fundamentar a resistência das mulheres à ordem simbólica masculina, essa referência confirma a feminilidade como a fundação preestabelecida sobre a qual opera a máquina discursiva masculina – a resistência é simplesmente a resistência do fundamento pré-simbólico a sua reelaboração simbólica. Se afirmarmos, porém, que o esforço patriarcal para conter e categorizar a feminilidade produz formas de resistência, abrimos espaço para uma resistência feminina que não é mais uma resistência em nome de um fundamento subjacente, mas uma resistência como o princípio ativo em excesso em relação à força opressora.

Para fugir do já conhecido exemplo da sexualidade, consideremos a formação de uma identidade nacional por meio da resistência à dominação colonialista: o que precede a dominação colonialista é a consciência étnica fechada em si mesma, que não tem uma vontade forte de resistir e afirmar sua identidade contra o Outro; apenas como reação à dominação colonialista é que essa consciência se transforma em vontade política ativa de afirmar sua identidade nacional contra o opressor – os movimentos de libertação nacional anticolonialistas são, *stricto sensu*, gerados pela opressão colonialista, ou seja, é essa mesma opressão que leva a um deslocamento da consciência étnica passiva de si, fundada na tradição mítica, à vontade eminentemente moderna de afirmar sua identidade étnica sob a forma de um Estado-nação. Somos tentados a dizer que a vontade de ter independência política em relação ao colonizador sob a forma de um novo Estado-nação independente é a prova definitiva de que o grupo ético colonizado está totalmente integrado ao universo ideológico do colonizador. Estamos lidando aqui com a contradição entre o conteúdo enunciado e a posição de enunciação: quanto ao conteúdo enunciado, o movimento anticolonialista concebe a si mesmo, obviamente, como um retorno a suas raízes pré-coloniais, uma afirmação de sua independência cultural etc., em relação ao colonizador; no entanto, a própria forma dessa afirmação já se encontra dominada pelo colonizador: é a forma da autonomia política do Estado-nação ocidental. Não surpreende, portanto, que o Partido do Congresso, na Índia, o qual conduziu à independência, tenha sido instigado pelos liberais ingleses e organizado por intelectuais indianos que estudavam em Oxford. O mesmo não vale para a multidão de investidas em busca de soberania nacional entre os grupos étnicos da ex-URSS? Embora os chechenos evoquem sua luta centenária contra a dominação russa, a forma dessa luta hoje é claramente resultado do efeito modernizador da colonização russa sobre a sociedade chechena tradicional.

274 / O sujeito incômodo

Em oposição a Butler, somos tentados então a salientar que Hegel *tinha* plena consciência do processo retroativo pelo qual o próprio poder opressor gera a forma de resistência. Esse mesmo paradoxo não está contido na concepção hegeliana da afirmação dos pressupostos, isto é, no fato de que a atividade de postular-mediar não apenas elabora o Fundamento imediato-natural pressuposto, mas transforma completamente o próprio núcleo de sua identidade? O próprio Em-si ao qual os chechenos se esforçam para retornar já é mediado-postulado pelo processo de modernização, que os privou de suas raízes étnicas.

Essa argumentação pode parecer eurocêntrica, condenando o colonizado a repetir o padrão imperialista europeu no próprio gesto de resistir a ele; no entanto, é possível interpretá-la de forma exatamente oposta. Se fundamentarmos nossa resistência ao eurocentrismo imperialista na referência a um núcleo de identidade étnica anterior, automaticamente adotamos a posição de uma vítima que resiste à modernização, de um objeto passivo sobre o qual operam os procedimentos imperialistas. Mas se concebermos nossa resistência como um excesso que resulta do modo brutal como a intervenção imperialista perturbou nossa identidade anterior, fechada em si mesma, nossa posição se torna muito mais forte, visto que podemos afirmar que nossa resistência se fundamenta na própria dinâmica inerente ao sistema imperialista – que o próprio sistema imperialista, por meio de seu antagonismo intrínseco, ativou as forças que provocarão sua derrocada. (A situação aqui é estritamente homóloga à da fundamentação da resistência feminina: se a mulher é "um sintoma do homem", o *locus* em que emergem os antagonismos inerentes à ordem simbólica patriarcal, isso não restringe o escopo da resistência feminina, mas dá a ela uma força detonadora ainda maior.) Ou, dito de outra forma, a premissa segundo a qual a resistência ao poder é imanente e inerente ao edifício do poder (no sentido de que é gerada pela dinâmica inerente desse edifício) não nos obriga a concluir que toda resistência é cooptada de antemão, incluída no jogo eterno que o Poder joga com ele mesmo – o ponto-chave é que, pelo efeito de proliferação, de produção de um excesso de resistência, o próprio antagonismo inerente de um sistema pode muito bem desencadear um processo que leva a sua ruina[7].

Aparentemente, o que falta em Foucault é esse conceito de antagonismo: a partir do fato de que toda resistência é gerada ("postulada") pelo próprio edifício de Poder, a partir dessa inerência absoluta de resistência ao Poder, Foucault parece chegar à

---

[7] Marx disse o mesmo a respeito do capitalismo: ele chegará ao fim não por causa da resistência de forças externas de tradição pré-capitalista, mas por sua suprema incapacidade de domar e refrear seu antagonismo inerente – como disse Marx, o limite do capitalismo é o próprio capital, e não as ilhas de resistência que aínda escapam de seu controle (a sexualidade, a natureza, as velhas tradições culturais...).

conclusão de que a resistência é cooptada de antemão, de que ela não dá conta de minar seriamente o sistema, ou seja, ele exclui a possibilidade de que o próprio sistema, em razão de sua inconsistência intrínseca, gere uma força cujo excesso ele já não seja capaz de controlar e que, assim, venha a implodir sua unidade, sua capacidade de se reproduzir. Em síntese, Foucault não considera a possibilidade de um efeito que escape ou supere sua causa, de modo que, embora surja como uma forma de resistência ao poder e seja absolutamente inerente a ele, esse efeito pode superá-lo e implodi-lo. (A observação filosófica pertinente aqui é que essa é a característica fundamental do conceito materialista dialético de "efeito": o efeito pode "exceder" sua causa, pode ser ontologicamente "superior" a sua causa.) Somos tentados a inverter o conceito foucaultiano de um edifício abrangente de poder que contém sempre-já sua transgressão, aquilo que supostamente lhe escapa: e se o preço a ser pago for o de que o mecanismo de poder não possa sequer controlar *a si mesmo*, devendo basear-se então numa protuberância obscena em seu próprio âmago? Em outras palavras: o que de fato frustra/elude o controle do Poder não é tanto o Em-si externo que ele tenta dominar, mas é antes o suplemento obsceno que sustenta sua própria operação[8].

E é por essa razão que falta a Foucault o conceito apropriado de sujeito: o sujeito, por definição, está em excesso em relação a sua causa e, como tal, irrompe com a inversão da repressão da sexualidade em sexualização das próprias medidas repressoras. Essa insuficiência do edifício teórico de Foucault pode ser discernida no modo como, no início de *História da loucura**, ele já oscila entre duas visões radicalmente opostas: a visão de que a loucura não é simplesmente um fenômeno que existe em si e é apenas secundariamente objeto de discursos, mas é *em si* produto de uma multiplicidade de discursos (médico, legal, biológico...) a seu respeito; e a visão oposta segundo a qual devemos "libertar" a loucura da influência que esses discursos exercem sobre ela e "deixar a loucura falar por si mesma"[9].

A interpelação ideológica

O trabalho de Judith Butler é de especial interesse aqui: embora parta da explicação foucaultiana da subjetivação como sujeição** por meio de práticas disciplinadoras

---

[8] A respeito desse suplemento obsceno do Poder, ver os capítulos 1 e 2 de Slavoj Žižek, *The Plague of Fantasies*, cit.

* Ed. bras.: trad. José Teixeira Coelho Neto, 9. ed., São Paulo, Perspectiva, 2012. (N. E.)

[9] Essa oscilação não é discernível também na passagem de Foucault de um extremo político ao outro, da fascinação com a Revolução Iraniana à imersão no estilo de vida radical da comunidade gay de São Francisco?

** Também referida amiúde como "assujeitamento". (N. T.)

276 / O sujeito incômodo

performativas, ela se dá conta das falhas que apontamos no edifício teórico de Foucault e procura suplementá-lo fazendo referência a uma série de outros conceitos e edifícios teóricos, desde Hegel, via a psicanálise, até o conceito althusseriano de interpelação ideológica como constitutiva da subjetividade, combinando essas referências de uma forma que passa longe da monstruosidade eclética a que usualmente se dá o nome de "síntese criativa".

Em sua leitura da dialética hegeliana do *mestre* e do *escravo*, Butler concentra-se no contrato oculto que os une: "O imperativo do mestre para o escravo consiste na seguinte formulação: seja meu corpo para mim, mas não me deixe saber que o corpo que você é é o meu corpo"[10]. A renegação por parte do mestre é, portanto, dupla: primeiro, o mestre renega seu próprio corpo, coloca-se como um desejo sem corpo e obriga o escravo a agir como seu corpo; segundo, o escravo tem de renegar o fato de que age apenas como o corpo do mestre e agir como um agente autônomo, como se seu trabalho corporal para o mestre não lhe fosse imposto, mas fosse sua atividade autônoma...[11] Essa estrutura de renegação dupla (e auto--ofuscante) expressa também a matriz patriarcal da relação entre o homem e a mulher: num primeiro movimento, a mulher é posta como mera projeção/reflexo do homem, sua sombra insubstancial, imitando histericamente mas incapaz de conquistar, de fato, a estatura moral de uma subjetividade idêntica a si mesma plenamente constituída; contudo, esse *status* de mero reflexo deve ser renegado, e à mulher deve ser concedida uma falsa autonomia, como se ela agisse como age no interior da lógica do patriarcado em razão de sua própria lógica autônoma (as mulheres são submissas, condolentes e abnegadas "por natureza"). O paradoxo que não devemos deixar de observar é que quanto mais o escravo (servo) concebe (equivocamente) sua posição como a de um agente autônomo, mais servo ele se torna; e o mesmo vale para a mulher: a forma acabada de sua servidão é conceber (equivocamente) a si mesma como agente autônomo quando age de uma forma "feminina" submisso-compassiva. Por isso, o rebaixamento weiningeriano ontológico da mulher como mero "sintoma" do homem – como materialização da fantasia masculina, como imitação histérica da verdadeira subjetividade masculina – é, quando assumido abertamente e admitido plenamente, muito mais subversivo do que a falsa afirmação direta da autonomia feminina – talvez a derradeira atitude

---

[10] Judith Butler, *The Psychic Life of Power*, cit., p. 47.
[11] Não encontramos aqui a mesma dupla renegação presente no fetichismo marxiano da mercadoria? Primeiro, uma mercadoria é privada de sua autonomia corpórea e reduzida a um veículo que encarna as relações sociais; em seguida, essa rede de relações sociais projeta-se numa mercadoria como sua propriedade material direta, como se uma mercadoria tivesse certo valor em si, ou como se o dinheiro fosse, em si mesmo, um equivalente universal.

feminista consista em declarar abertamente: "Eu não existo por mim mesma, sou apenas a fantasia do Outro materializada".

O mesmo vale para a relação entre o sujeito e a Instituição: a Instituição burocrática/simbólica não apenas reduz o sujeito a seu autômato, como também quer que ele renegue o fato de que é apenas seu autômato e aja (ou finja agir) como um agente autônomo – uma pessoa com toque humano e personalidade, e não apenas um burocrata sem rosto. A questão, obviamente, não é apenas que essa autonomização é duplamente falsa, visto que envolve uma dupla renegação, mas também que não há sujeito anterior à Instituição (anterior à linguagem como derradeira instituição): a subjetividade é produzida como vazio na própria submissão da substância vital do Real à Instituição. Assim, se – como Althusser teria afirmado – a percepção de que o sujeito sempre-já existiu anteriormente à interpelação é precisamente o efeito e a prova da interpelação bem-sucedida, acaso a afirmação lacaniana de um sujeito anterior à interpelação/subjetivação não repete a própria ilusão ideológica que Althusser se esforça para denunciar? Ou – para tomarmos outro aspecto do mesmo argumento crítico –, na medida em que a identificação ideológica tem êxito uma vez que me percebo como um "ser humano pleno" que "não pode ser reduzido a uma marionete, a um instrumento de um Outro ideológico", a tese sobre o fracasso necessário da interpelação não seria justamente o sinal de seu derradeiro êxito? Uma interpelação obtém pleno êxito precisamente quando percebo que "não sou só isso", mas "uma pessoa complexa que, entre outras coisas, também é isso"; em síntese, a distância imaginária com relação à identificação simbólica é o próprio sinal de seu êxito.

Para Lacan, no entanto, a dimensão da subjetividade que elude a identificação simbólica *não* é a riqueza/trama imaginária de experiências que me permite assumir uma distância ilusória com relação a minha identidade simbólica: o "sujeito barrado" ($) lacaniano é "vazio" não no sentido de uma "experiência de um vazio" psicológico-existencial, mas no sentido de uma dimensão de negatividade autorreferente que, *a priori*, elude o domínio do *vécu*, da experiência vivida. A velha história do príncipe que se disfarça de estribeiro para seduzir a princesa, sua prometida, a fim de se assegurar de que ela o ama por aquilo que ele realmente é, e não por seu título, não é apropriada, portanto, para demarcar a distinção com que estamos lidando aqui: o sujeito lacaniano como $ não é nem o título que constitui minha identidade simbólica nem o objeto fantasmático, esse "algo em mim" para além de minhas identidades simbólicas que me torna digno do desejo do Outro.

Uma coisa engraçada aconteceu num teatro esloveno tempos atrás: um *nouveau-riche* pouco cultivado procurava seu lugar na plateia após ter chegado com meia hora de atraso; coincidentemente, naquele mesmo instante, o ator em cena deveria dizer enfaticamente a frase: "Quem está perturbando meu silêncio?";

o pobre *nouveau-riche*, que não estava se sentindo à vontade no teatro por estar atrasado, reconheceu-se como o destinatário da frase – isto é, interpretou a frase como uma explosão de raiva do ator diante da súbita agitação na primeira fila – e respondeu alto, para todo mundo ouvir: "Meu nome é X. Peço desculpas pelo atraso, meu carro quebrou no caminho!". A questão teórica nesse infeliz incidente é que um "equívoco" semelhante define a interpelação *como tal*: sempre que nos reconhecemos no chamado do Outro, um mínimo desse equívoco está em operação; nosso reconhecimento no chamado é sempre uma equivocação, um ato de cair no ridículo assumindo pretensiosamente o lugar do destinatário que não é realmente o nosso...

Mas essa lacuna não indica um excesso do lado do "grande Outro" da instituição simbólica? Isto é, não é fato que hoje, mais do que nunca, nós, como indivíduos, somos interpelados sem nem sequer ter consciência disso? Nossa identidade é constituída para o grande Outro por uma série de arquivos de informação digitalizada (médica, policial, educacional...) que desconhecemos em sua maior parte, de modo que a interpelação funciona (determina nosso lugar e atividade no espaço social) sem qualquer gesto de reconhecimento por parte do sujeito em questão. Esse, no entanto, não é o problema que Althusser mira com seu conceito de interpelação; para ele, o problema é antes o da *subjetivação*: como os indivíduos subjetivam sua condição, como se experimentam como sujeitos? Se consto num arquivo secreto do Estado sem ter ciência disso, isso simplesmente não diz respeito a minha subjetividade. Muito mais interessante é o caso oposto, em que o sujeito se reconhece no chamado de um Outro que "não existe" – no chamado de Deus, por exemplo; para Althusser, meu reconhecimento no chamado interpelador do Outro é performativo no sentido de que o próprio gesto de reconhecimento *constitui* (ou "pressupõe") esse grande Outro – ou seja, Deus "existe" na medida em que os crentes se reconhecem ouvindo e (des)obedecendo ao Seu chamado; o político stalinista exerce seu poder na medida em que se reconhece como interpelado pelo grande Outro da História, servindo para seu progresso; um político democrático que "serve ao povo" constitui a agência (o Povo) cuja referência legitima sua atividade.

Se hoje, na forma de bancos de dados detalhados que circulam pelo ciberespaço corporativo e determinam aquilo que efetivamente somos para o grande Outro da estrutura do poder[12] – isto é, como nossa identidade simbólica é construída –, e nesse sentido somos "interpelados" pelas instituições mesmo sem estarmos cientes disso, ainda assim é preciso insistir que essa "interpelação objetiva" afeta minha subjetividade apenas pelo fato de *eu estar ciente de que, à margem do que eu possa*

---

[12] Esse ponto já foi levantado por Mark Poster em *The Second Media Age*, cit.

saber, circulam bancos de dados que determinam minha identidade simbólica aos olhos do "grande Outro" social. Minha própria ciência de que "a verdade está lá fora" – que circulam arquivos a meu respeito pela rede que, ainda que sejam factualmente "imprecisos", determinam performativamente meu *status* sociossimbólico – é que dá origem ao modo protoparanoico específico de subjetivação característico do sujeito de hoje: ela me constitui como um sujeito inerentemente relacionado a e perturbado por uma fração esquiva de uma base de dados na qual, para além do meu alcance, "meu destino está traçado".

Da resistência ao ato

O foco político do esforço teórico de Judith Butler é o antigo foco da esquerda: como é possível não apenas de fato resistir, mas também minar e/ou deslocar a rede sociossimbólica existente (o "grande Outro" lacaniano) que predetermina o espaço em que o sujeito pode somente existir[13]? Butler, obviamente, tem plena consciência de que o terreno dessa resistência não pode ser simples e diretamente identificado como o Inconsciente: a ordem do Poder existente também é sustentada por "apegos apaixonados" inconscientes – apegos que, para que possam cumprir sua função, devem permanecer publicamente não reconhecidos:

> Se o inconsciente escapa de uma dada injunção normativa, a que outra injunção se apega? O que nos leva a pensar que o inconsciente é menos estruturado pelas relações de poder que atravessam os significantes culturais do que a linguagem do sujeito? Se encontramos um apego à sujeição no nível do inconsciente, que tipo de resistência é forjada a partir daí?[14]

O caso mais proeminente desses "apegos apaixonados" inconscientes que sustentam o Poder é precisamente a erotização reflexiva inerente dos próprios mecanismos e procedimentos regulatórios do poder: num ritual obsessivo, o próprio funcionamento do rito compulsivo destinado a manter a tentação ilícita à distância torna-se fonte de satisfação libidinal. Assim, é a "reflexividade" envolvida na relação entre poder regulatório e sexualidade – a forma como os próprios procedimentos regulatórios repressores são libidinalmente investidos e funcionam como fonte de satisfação libidinal, esse giro reflexivo "masoquista" – que permanece inexplica-

---

[13] Significativamente, Butler identifica o "sujeito" com a posição simbólica ocupada no interior desse espaço e reserva o termo "psique" para a unidade mais ampla que, no indivíduo, engloba também aquilo que resiste a ser incluído no espaço simbólico.

[14] Judith Butler, *The Psychic Life of Power*, cit., p. 88.

280 / O sujeito incômodo

da na ideia habitual de "internalização" das normas sociais nas proibições psíqui-cas. O segundo problema da identificação precipitada do Inconsciente como lugar de resistência é que, mesmo que se conceda que o Inconsciente é o lugar de resis-tência que sempre impede o bom funcionamento dos mecanismos de poder, isto é, que a interpelação – o reconhecimento do sujeito em seu lugar simbólico designa-do – é sempre, em última instância, incompleta, frustrada, "acaso essa resistência faz algo para alterar ou expandir as injunções ou interpelações dominantes da for-mação do sujeito?". Em síntese, "[essa] sua resistência estabelece o caráter incom-pleto de qualquer esforço para produzir um sujeito por meios disciplinadores, mas continua incapaz de rearticular os termos dominantes do poder criador"[15].

Esse é o núcleo da crítica de Butler a Lacan: segundo ela, Lacan reduz a resis-tência à equivocação imaginária da estrutura simbólica; essa resistência, apesar de frustrar a plena realização simbólica, depende dela e afirma-a ao se opor a ela, sen-do incapaz de rearticular seus termos: "Para os lacanianos, o imaginário significa a impossibilidade da constituição discursiva – isto é, simbólica – da identidade"[16]. Seguindo essa linha, Butler chega a qualificar o próprio Inconsciente lacaniano como imaginário, isto é, como "aquilo que frustra qualquer esforço do simbólico para constituir a identidade sexuada de forma plena e coerente, um inconsciente que se mostra pelos lapsos e brancos que caracterizam o funcionamento do imagi-nário na linguagem"[17]. Contra esse pano de fundo, é possível afirmar então que, em Lacan, "a resistência psíquica pressupõe a continuação da lei em sua forma anterior, simbólica, e, nesse sentido, contribui para seu *status quo*. Dessa perspecti-va, a resistência aparece condenada a uma perpétua derrota"[18].

A primeira coisa que devemos notar é que Butler parece fundir dois usos radi-calmente opostos do termo "resistência": um é o uso *sociocrítico* (resistência ao po-der etc.) e o outro é o uso *clínico*, em vigor na psicanálise (a resistência do paciente a reconhecer a verdade inconsciente de seus sintomas, o significado de seus sonhos etc.). Quando Lacan determina de fato a resistência como "imaginária", ele tem em mente o desconhecimento da rede simbólica que nos determina. Por outro lado,

---

[15] Ibidem, p. 88-9.

[16] Ibidem, p. 96-7.

[17] Ibidem, p. 97. Aqui, Butler contradiz claramente Lacan, para quem o Inconsciente é "o *discurso do Outro*", ou seja, *simbólico*, e *não* imaginário – a frase mais conhecida de Lacan não é "o Incons-ciente é estruturado como uma linguagem"? "Lapsos e brancos" são inteiramente simbólicos para Lacan, dizem respeito ao (mal) funcionamento da rede significante. A situação, portanto, é o exato oposto do que afirma Butler: não é o Inconsciente que é a resistência imaginária à Lei sim-bólica; ao contrário, é a *consciência*, o *eu* consciente, que é a agência do desconhecimento imagi-nário da Lei simbólica inconsciente e da resistência a ela!

[18] Ibidem, p. 98.

para ele, a rearticulação radical da Ordem simbólica predominante é inteiramente possível – é a isso que se refere seu conceito de *point de capiton* (o "ponto de estofo" ou Significante-Mestre): quando surge um novo *point de capiton*, o campo sociossimbólico não apenas se desloca, como seu próprio princípio estruturante se altera. Somos tentados então a inverter a oposição entre Lacan e Foucault proposta por Butler (Lacan reduz a resistência a um obstáculo imaginário; Foucault, que tem uma concepção mais pluralista do discurso como um campo heterogêneo de práticas múltiplas, permite uma rearticulação e uma subversão simbólicas mais completas): é Foucault que insiste na imanência da resistência ao Poder, ao passo que Lacan franqueia a possibilidade de uma rearticulação radical de todo o edifício simbólico por meio de um *ato* propriamente dito, uma passagem pela "morte simbólica". Em resumo, é Lacan quem nos permite conceituar a distinção entre resistência imaginária (a falsa transgressão que reafirma o *status quo* simbólico e serve até como condição positiva de seu funcionamento) e a real rearticulação simbólica por meio da intervenção do Real de um *ato*.

É apenas nesse nível – se levarmos em conta os registros lacanianos de *point de capiton* e do ato como real – que pode ser estabelecido um diálogo significativo com Butler. A matriz da existência social de Butler (assim como de Lacan) é a da escolha forçada: para existirmos (no interior do espaço sociossimbólico), temos de aceitar a alienação fundamental, a definição de nossa existência nos termos do "grande Outro", a estrutura predominante do espaço sociossimbólico. No entanto, tal como Butler se apressa em acrescentar, isso não deve nos impor (o que ela percebe como) a visão lacaniana segundo a qual a Ordem simbólica é um dado que só pode ser efetivamente transgredido se o sujeito pagar o preço da exclusão psicótica; de modo que teríamos, por um lado, a falsa resistência imaginária à Norma simbólica e, por outro, o colapso psicótico, com a plena aceitação da alienação na Ordem simbólica (o objetivo do tratamento psicanalítico) como a única opção "realista".

A essa fixidez lacaniana do Simbólico, Butler opõe a dialética hegeliana do pôr e do pressupor: a Ordem simbólica não é apenas sempre-já pressuposta como o âmbito único da existência social do sujeito; essa própria Ordem só existe, só é reproduzida na medida em que os sujeitos nela se reconhecem e, por repetidos gestos performativos, nela assumem reiteradamente seus lugares. Isso, obviamente, abre a possibilidade de mudança dos contornos simbólicos de nossa existência sociossimbólica por meio de suas representações performativas deslocadas periodicamente. Esse é o ímpeto antikantiano de Butler: ela rejeita o simbólico lacaniano, *a priori*, como uma nova versão do marco transcendental que fixa de antemão as coordenadas de nossa existência, sem deixar espaço para o deslocamento retroativo dessas condições pressupostas. Numa passagem-chave, Butler pergunta:

282 / O sujeito incômodo

O que significaria para o sujeito desejar outra coisa que não sua "existência social" continuada? Se essa existência não pode ser desfeita sem cair em uma espécie de morte, a existência pode ser posta em risco, a morte pode ser cortejada ou perseguida, de modo a se expor e abrir à transformação o domínio do poder social sobre as condições de persistência da vida? O sujeito é compelido a repetir as normas pelas quais é produzido, mas a repetição estabelece um domínio de risco, pois, se não se consegue restabelecer a norma "de modo correto", fica-se sujeito a sanções ulteriores, veem-se ameaçadas as condições prevalentes de existência. E, no entanto, sem uma repetição que ponha em risco a própria vida – em sua organização presente –, como podemos começar a pensar a contingência dessa organização e reconfigurar performativamente os contornos das condições de vida?[19]

A resposta lacaniana é clara: "desejar outra coisa que não sua 'existência social' continuada e, assim, "cair em uma espécie de morte", arriscar um gesto pelo qual a morte venha a ser "cortejada ou perseguida", indica precisamente como Lacan reconceituou a pulsão de morte freudiana como a forma elementar do *ato ético*, o ato como irredutível a um "ato de fala" que, para seu poder performativo, dependa do conjunto preestabelecido de regras e/ou normas simbólicas.

Não é disso que trata a leitura lacaniana de *Antígona*? Antígona arrisca efetivamente toda a sua existência social, desafiando o poder sociossimbólico da cidade encarnado na figura do soberano (Creonte), caindo assim "em uma espécie de morte" (isto é, suportando a morte simbólica, a exclusão do espaço sociossimbólico). Para Lacan, não há ato ético propriamente dito sem que se assuma o risco dessa momentânea "suspensão do grande Outro", da rede sociossimbólica que garante a identidade do sujeito: um *ato* autêntico só se produz quando o sujeito arrisca um gesto que não é mais "coberto" pelo grande Outro. Lacan examina todas as versões possíveis dessa entrada no domínio "entre as duas mortes": não apenas Antígona após sua expulsão, mas também Édipo em Colono, o Rei Lear, o senhor Valdemar, de Poe, e assim por diante, até Sygne de Coûfontaine, da trilogia de Claudel – a situação comum a todos é que eles se encontram nesse domínio do morto-vivo, "entre a vida e a morte", no qual a causalidade do Destino simbólico se encontra suspensa.

Devemos criticar Butler por fundir esse ato em sua dimensão radical com a reconfiguração performativa de nossa condição simbólica por meio de seus deslocamentos repetitivos: essas duas instâncias não são a mesma – ou seja, devemos manter a distinção crucial entre uma simples "reconfiguração performativa", um deslocamento subversivo que permanece *no interior* de um campo hegemônico e, por assim dizer, lidera uma guerrilha interna para voltar os termos do campo hege-

---

[19] Ibidem, p. 28-9.

mônico contra ele mesmo – *e* o *ato* muito mais radical de reconfigurar profundamente todo o campo que redefine as próprias condições da performatividade sustentada socialmente. É, portanto, a própria Butler que acaba na posição de levar em conta precisamente as "reconfigurações" marginais do discurso preponderante – que permanece restrita a uma posição de "transgressão intrínseca", que precisa do Outro como ponto de referência, sob a forma de um discurso preponderante que só pode ser marginalmente deslocado ou transgredido[20].

Do ponto de vista lacaniano, Butler é, ao mesmo tempo, otimista demais e pessimista demais. Por um lado, ela superestima o potencial subversivo da perturbação do funcionamento do grande Outro por meio de práticas de reconfiguração/deslocamento performativos: essas práticas, em última instância, sustentam aquilo mesmo que pretendem subverter, visto que o próprio campo dessas "transgressões" já é levado em consideração, e é até mesmo engendrado, pela forma hegemônica do grande Outro – o que Lacan chama de "o grande Outro" são as normas simbólicas *e* suas transgressões codificadas. A ordem edipiana, essa descomunal matriz simbólica encarnada num vasto conjunto de instituições, práticas e ritos ideológicos, é uma entidade "substancial" enraizada profundamente demais para ser minada pelos gestos marginais de deslocamento performativo. Por outro lado, Butler não leva em conta o gesto radical de restruturação profunda da ordem simbólica hegemônica em sua totalidade.

A *"travessia da fantasia"*

É possível também solapar o nível mais fundamental de sujeição, o que Butler chama de "apegos apaixonados"? O nome lacaniano para os "apegos apaixonados" primordiais, dos quais depende a própria consistência do ser do sujeito, é obviamente *fantasia fundamental**. Portanto, o "apego à subjetivação", constitutivo do sujeito, não é outro senão a cena "masoquista" primordial na qual o sujeito "faz-se sofrer/vê-se sofrendo", isto é, assume *la douleur d'exister*, e, assim, provê um mínimo de

---

[20] Esse não é também o problema da posição homossexual "marginal", que funciona apenas como transgressão da norma predominante heterossexual e, assim, *necessita*, apoia-se nessa norma como seu pressuposto inerente? É testemunha a insistência obviamente exagerada de Butler na homossexualidade como uma experiência que, para a maioria dos indivíduos, envolve uma perda de identidade, como se imaginar a si mesmo envolvido num ato homossexual ainda fosse uma experiência traumática inaudita; é testemunha o mal-estar vivenciado por gays quando são ameaçados não pela censura, mas pela atitude permissiva de serem simplesmente e indiferentemente aceitos, não mais experimentados como uma subversão traumática – como se de certa forma fossem privados de seu ferrão subversivo...

* No Brasil, também é bastante difundido o termo "fantasma fundamental". (N. T.)

284 / O sujeito incômodo

suporte para seu ser (como o termo médio primordialmente recalcado "Papai está me batendo", da tríade "Batem numa criança", de Freud)*. Essa fantasia fundamental é totalmente *interpassiva*[21]: nela, é representada uma cena de sofrimento passivo (sujeição) que simultaneamente sustenta e ameaça o ser do sujeito – que sustenta esse ser apenas na medida em que permanece foracluída (recalcada primordialmente). Dessa perspectiva, abre-se uma nova abordagem das práticas artísticas de performance sadomasoquista: não é fato que, nelas, essa mesma foraclusão seja, no fim das contas, negligenciada? Em outras palavras: e se a assunção/representação pública da cena fantasmática dos "apegos apaixonados" primordiais for ainda mais subversiva do que a rearticulação e/ou deslocamento dialéticos dessa cena?

A diferença entre Butler e Lacan é que, para Butler, o recalque (foraclusão) primordial ou fundamental equivale à foraclusão do "apego apaixonado" primordial, ao passo que, para Lacan, a fantasia fundamental (a matéria de que são feitos os "apegos primordiais") já é um enchimento, uma formação que cobre certo vazio/lacuna. É aqui, nesse ponto em que a diferença entre Butler e Lacan torna-se quase imperceptível, que encontramos a derradeira lacuna que os separa. Butler interpreta esses "apegos primordiais", mais uma vez, como os pressupostos do sujeito, num sentido proto-hegeliano do termo, e, portanto, conta com a habilidade do sujeito para rearticular dialeticamente esses pressupostos de seu ser, para deslocá-los/reconfigurá-los: a identidade do sujeito "permanecerá sempre cravada em sua ferida, enquanto continuar a ser uma identidade, mas isso significa que as possibilidades de ressignificação reelaborarão e deslocarão o apego apaixonado à sujeição sem a qual a formação do sujeito – e sua re-formação – não podem ter êxito"[22]. Quando os sujeitos se veem confrontados com uma escolha forçada em que rejeitar uma interpelação injuriosa significa não existir – quando, sob o risco da não existência, os sujeitos são, por assim dizer, chantageados emocionalmente para que se identifiquem com a identidade simbólica imposta ("preto", "puta" etc.) –, eles podem ainda assim deslocar essa identidade, recontextualizá-la, fazê-la trabalhar para outros propósitos, voltá-la contra seu modo hegemônico de funcionamento, já que a identidade simbólica só conserva seu poder em virtude de sua repetitiva e incessante reencenação.

O que Lacan faz aqui é reintroduzir uma distinção entre dois termos que, em Butler, são assemelhados: a *fantasia fundamental*, que serve como o esteio fundamental do ser do sujeito, e a *identificação simbólica*, que já é uma resposta simbólica ao trauma do "apego apaixonado" fantasmático. A identidade simbólica que assumimos

---

* Os outros dois termos (ou tempos) seriam: "Papai bate na criança" e: "Papai bate na outra criança [que odeio]" (N. T.)

[21] Para uma explicação desse termo, ver o capítulo 3 de Slavoj Žižek, *The Plague of Fantasies*, cit.

[22] Judith Butler, *The Psychic Life of Power*, cit., p. 15.

numa escolha forçada, quando nos reconhecemos na interpelação ideológica, depende da renegação do "apego apaixonado" fantasmático que serve como seu esteio fundamental. (No exército, por exemplo, esse "apego apaixonado" é fornecido pelo vínculo homossexual que tem de ser renegado para que permaneça operativo[23].) Isso leva a uma distinção adicional entre as rearticulações simbólicas, ou variações sobre a fantasia fundamental que não conseguem minar sua influência (como as variações de "Papai está me batendo" na fantasia do "Batem numa criança", de Freud), e a possível "travessia", a colocação em perspectiva da fantasia fundamental – o objetivo último do tratamento psicanalítico é auxiliar o sujeito a desfazer-se desse "apego apaixonado" derradeiro que garante a consistência de seu ser e, assim, submeter-se àquilo que Lacan chama de "destituição subjetiva". Em sua essência, o "apego apaixonado" primordial à cena da fantasia fundamental não é "dialetizável": só é possível atravessá-lo.

A série de filmes de Dirty Harry, interpretado por Clint Eastwood*, é um caso exemplar da reconfiguração/variação dialética da fantasia: no primeiro filme, a fantasia masoquista é quase que diretamente reconhecida em toda sua ambiguidade, ao passo que nas produções subsequentes Eastwood parece ter acolhido a crítica politicamente correta e deslocado a fantasia para dar à história um tempero "progressista" mais aceitável – em todas essas reconfigurações, contudo, *a mesma fantasia fundamental continua em operação*: com o devido respeito à eficácia política de tais reconfigurações, elas não perturbam o núcleo duro fantasmático, mas até o sustentam. E, diferentemente de Butler, a aposta de Lacan é a de que até mesmo e também na política é possível realizar um gesto mais radical de "atravessar" a própria fantasia fundamental – apenas esses gestos que perturbam esse núcleo fantasmático são os *atos* autênticos[24].

---

[23] Ver o capítulo 2 de Slavoj Žižek, *The Plague of Fantasies*, cit.

* No Brasil, o primeiro filme da série recebeu o nome de *Perseguidor implacável*. (N. T.)

[24] A concepção lacaniana padrão de *ato* diz respeito ao gesto de modificar retroativamente suas próprias (pré-)condições discursivas, o "grande Outro" em que ele se baseia, o pano de fundo contra o qual se produz: um ato propriamente dito muda "milagrosamente" o próprio padrão pelo qual medimos e avaliamos nossa atividade; em outras palavras, é sinônimo daquilo que Nietzsche chamou de "transvaloração dos valores". Nesse sentido preciso, um ato envolve a escolha do "Pior" (*le pire*): o ato ocorre quando a escolha do pior (daquilo que, na situação, aparece como o pior) muda os próprios padrões do que é bom ou mau. Na política, por exemplo, a forma usual da reclamação dos centristas liberais pragmáticos é que não devemos ser demasiado radicais ou ir longe demais na defesa dos direitos dos gays, ou dos direitos de uma minoria ou...; que devemos levar em consideração o que a opinião da maioria ainda é capaz de engolir, e assim por diante. Nesse contexto, realizamos um ato propriamente dito quando fazemos o que os centristas pragmáticos consideram uma escolha catastrófica pelo "impossível", e quando esse gesto afeta milagrosamente o marco do que é considerado "aceitável". Contudo, o Lacan tardio dá um passo a mais e situa o ato num nível ainda mais radical: o da perturbação da própria fantasia fundamental enquanto marco derradeiro de nossa experiência de mundo.

286 / O sujeito incômodo

Isso nos obriga a redefinir o próprio conceito fundamental de identificação (social): visto que o apego apaixonado é operativo apenas na medida em que não o admitimos abertamente, apenas na medida em que o mantemos à distância, o que mantém uma comunidade unida não é o modo diretamente compartilhado de identificação com um mesmo objeto, mas é, antes, seu exato oposto: o modo compartilhado de *desidentificação*, de *delegação* do amor ou do ódio de seus membros a um outro agente, *por meio do qual* eles amam ou odeiam. A comunidade cristã, por exemplo, é mantida unida pela delegação compartilhada de sua crença a indivíduos escolhidos (santos, sacerdotes, talvez apenas Jesus) que supostamente "creem verdadeiramente". A função da identificação *simbólica* é, portanto, o próprio oposto da imersão direta no (ou da fusão com o) objeto de identificação: sua função é manter uma *distância apropriada* com relação ao objeto (por isso, a Igreja como Instituição sempre viu os fanáticos como seus maiores inimigos: por causa de sua identificação e crença diretas, eles ameaçam a distância graças à qual a instituição religiosa se mantém). Outro exemplo: se percebemos subitamente, num melodrama que mostra um casal fazendo amor, que o casal está realmente fazendo sexo (ou se, num *snuff movie*, percebemos que a vítima realmente está sendo torturada até a morte), isso *destrói* completamente a identificação apropriada com a realidade narrativa. Da minha juventude, lembro-me do espetáculo polonês *Faraó*, de 1960, no qual havia uma cena em que um cavalo era sacrificado: quando eu, espectador, percebi que o cavalo estava realmente sendo morto a golpes de lanças, isso instantaneamente bloqueou minha identificação com a história... E a questão é que o mesmo vale para a "vida real": nosso sentido de realidade é sempre sustentado por um mínimo de desidentificação (por exemplo, quando estamos conversando com outras pessoas, nós "recalcamos" nossa percepção de que todos suam, defecam e urinam).

Butler está certa ao salientar que a subjetividade envolve uma operação em dois níveis: um "apego apaixonado" primordial, uma submissão/sujeição a um Outro, *e* sua negação – isto é, a obtenção de um mínimo de distanciamento que abre o espaço da liberdade e da autonomia. Dito nos termos de Derrida, o "apego apaixonado" primordial é, portanto, a condição de (im)possibilidade da liberdade e da resistência: não há subjetividade fora disso, isto é, a subjetividade só pode se afirmar como obtenção de um distanciamento com relação a seu fundamento, que não pode jamais ser plenamente "suprassumido". No entanto, é teórica e politicamente crucial distinguir entre o "apego apaixonado" *fantasmático* primordial, que o sujeito é obrigado a recalcar/renegar para conquistar sua existência sociossimbólica, e a sujeição a essa própria ordem sociossimbólica, que dá ao sujeito um "mandato" simbólico determinado (um lugar de reconhecimento/identificação interpelador). Ainda que os dois não possam ser simplesmente opostos como o "bem" e o "mal" (a própria identificação sociossimbólica só pode se sustentar se conservar um suporte fantasmático não reconhecido), eles funcionam segundo lógicas distintas.

Essa confusão entre os "apegos apaixonados" fantasmáticos e a identificação sociossimbólica também explica o fato de que – surpreendentemente – Butler usa o par supereu e ideal do eu de uma forma pré-lacaniana e ingênua, definindo o supereu como a agência que mensura a lacuna entre o eu real do sujeito e o ideal do eu que o sujeito deve supostamente imitar, e considera o sujeito culpado pelo fracasso nessa tarefa. Não seria muito mais produtivo seguir os passos de Lacan e insistir na oposição entre os dois termos – no fato de que a culpa materializada na pressão exercida sobre o sujeito pelo supereu não é tão direta como parece: não é a culpa causada pela imitação frustrada do ideal do eu, mas a culpa mais fundamental de aceitar o ideal do eu (o papel simbólico determinado socialmente) como o ideal que deve ser seguido a princípio, e, portanto, a culpa de trair seu desejo mais fundamental (o "apego apaixonado" primordial, como Butler o chamaria)? Se seguirmos Lacan, podemos explicar o paradoxo básico do supereu, que reside no fato de que, quanto mais obedeço às ordens do ideal do eu, mais culpado sou – a questão para Lacan é que, seguindo as demandas do ideal do eu, eu me torno de fato culpado –, culpado de trair meu "apego apaixonado" fantasmático fundamental. Em outras palavras, longe de nutrir uma culpa "irracional", o supereu manipula a traição real do sujeito a seu "apego apaixonado" como o preço que ele teve de pagar para ingressar no espaço sociossimbólico e nele assumir um lugar predeterminado.

Então o que é o supereu em sua oposição à Lei simbólica? A figura parental que é simplesmente "repressora", aos moldes da autoridade simbólica, diz à criança: "Você vai ao aniversário da sua avó e vai se comportar bem, mesmo que morra de tédio – não interessa se você quer ir ou não, você vai!". A figura do supereu, ao contrário, diz à criança: "Embora saiba como sua avó gostaria muito de vê-lo, você deve visitá-la apenas se realmente quiser – se não, fique em casa!". O truque do supereu está justamente nessa falsa aparência de livre escolha que, como toda criança sabe, é uma escolha forçada que envolve uma ordem ainda mais enfática – não apenas "Você deve visitar sua avó, não interessa se quer ir ou não", mas também "Você deve visitar sua avó e, além do mais, *tem de gostar de estar indo visitá-la*!" –, o supereu ordena que *gozemos* fazendo aquilo que temos de fazer. O mesmo vale para a relação tensa entre amantes ou cônjuges – quando um diz ao outro "Você só deve visitar minha irmã se realmente quiser ir!", a ordem nas entrelinhas é obviamente: "Não apenas você deve concordar em visitar minha irmã, como também deve ficar contente com isso, deve ir por livre e espontânea vontade, para sua própria satisfação, e não como um favor para mim!". A prova disso é aquilo que aconteceria se o infeliz parceiro ou parceira tomasse a oferta como uma verdadeira livre escolha e respondesse "Não!" – a reação previsível do outro seria "Como você pode dizer isso? Como pode ser tão cruel? O que a pobre da minha irmã fez para você não gostar dela?".

O duplo laço melancólico

Nos últimos anos, Butler vem tentando suplementar sua crítica "construcionista" da psicanálise com uma explicação "positiva" da formação da identidade sexual (masculina ou feminina) que se aproxima do mecanismo freudiano de luto e melancolia. Ela se apoia na velha distinção freudiana entre foraclusão e recalque: o recalque é um ato levado a cabo pelo sujeito, um ato por meio do qual um sujeito (que já está posto como um agente) recalca parte de seu conteúdo psíquico; a foraclusão, por sua vez, é um gesto negativo de exclusão que fundamenta o sujeito, um gesto do qual depende a própria consistência da identidade do sujeito: esse gesto não pode ser "assumido" pelo sujeito, visto que essa assunção acarretaria sua desintegração.

Butler vincula essa foraclusão primária e constitutiva à homossexualidade: é a foraclusão do apego apaixonado à Semelhança (ao genitor do mesmo sexo) que deve ser sacrificada para que o sujeito ingresse no espaço da Ordem sociossimbólica e nela adquira uma identidade. Isso leva à melancolia constitutiva do sujeito, incluindo o giro reflexivo que define a subjetividade: recalcamos o apego primordial, isto é, passamos a odiar o amor ao genitor do mesmo sexo, e então, num gesto de inversão reflexiva propriamente dita, esse "ódio ao amor" se converte em "amor ao ódio" – "amamos odiar" aqueles que lembram um dos objetos primordialmente perdidos de amor (gays)... A lógica de Butler é impecável em sua simplicidade: Freud insiste que o resultado da perda de um objeto libidinal – o modo de superar a melancolia relacionada a essa perda – é a identificação com o objeto perdido: isso não vale também para nossas identidades sexuais? A identidade heterossexual "normal" não é o resultado de uma superação bem-sucedida da melancolia por meio da identificação com o objeto perdido do mesmo sexo, enquanto o homossexual é o que se recusa a reconciliar-se com essa perda e continua apegado ao objeto perdido? O primeiro resultado de Butler, portanto, é que a foraclusão primordial não é a proibição do incesto: a proibição do incesto já pressupõe a predominância da norma heterossexual (o desejo incestuoso recalcado é pelo genitor do sexo oposto), e essa norma em si passa a vigorar por meio da foraclusão do apego homossexual:

> O conflito edipiano presume que o desejo heterossexual já foi *consumado*, que a distinção entre heterossexual e homossexual foi inculcada [...] nesse sentido, a proibição do

incesto pressupõe a proibição da homossexualidade, pois presume a heterossexualização do desejo.[25]

O "apego apaixonado" primordial ao mesmo sexo é postulado como não apenas recalcado, mas também foracluído, no sentido radical de algo que nunca existiu positivamente, visto que foi excluído desde o princípio: "Na medida em que não são reconhecidos na heterossexualidade normativa, os apegos homossexuais não são constituídos simplesmente como desejos que surgiram e em seguida se tornaram proibidos; esses desejos são proscritos desde o princípio". Paradoxalmente, portanto, é a própria identificação "heterossexual" excessiva e compulsiva que – se levarmos em consideração o fato de que, para Freud, a identificação apoia-se na incorporação melancólica do objeto perdido – demonstra que o apego primordial era homossexual:

> Nesse sentido, a melancólica lésbica "mais verdadeira" é a mulher estritamente heterossexual, e o melancólico gay masculino "mais verdadeiro" é o homem estritamente heterossexual. [...] O homem heterossexual *torna-se* (imita, menciona, apropria-se, assume o *status* d)o homem que ele "nunca" amou e "nunca" confrontou; a mulher heterossexual *torna-se* a mulher que ela "nunca" amou e "nunca" confrontou.[26]

Aqui, Butler parece se envolver numa espécie de "junguianismo" à l'envers: o homem anseia não por seu homólogo feminino complementar (*animus* em busca de *anima* etc.), mas por sua semelhança – não é a semelhança que "recalca" a diferença, é (o desejo d)a diferença que foraclui (o desejo d)a semelhança... Mas o que dizer do fato, citado por Butler, de que o homem, permanecendo apegado à identificação compulsiva masculina, teme ser posto na posição "passiva" da feminilidade como um homem que deseja (outro) homem? O que temos aqui é o avesso da incorporação melancólica: se, nesse último caso, nós *nos tornamos* aquilo a que fomos obrigados a renunciar – *desejar como objeto* (um homem) –, *então*, no primeiro caso, *desejamos como objeto* aquilo que tememos *nos tornar* (uma mulher): um homem

> quer a mulher que ele nunca seria. Nem morto seria flagrado sendo ela: por isso ele a quer [...] Ele certamente não vai se identificar com ela, e não desejará outro homem. Essa negação do desejar, esse sacrifício do desejo ante a força da proibição, incorporará a homossexualidade como uma identificação com a masculinidade.[27]

---

[25] Judith Butler, *The Psychic Life of Power*, cit., p. 135.
[26] Ibidem, p. 146-7.
[27] Ibidem, p. 137-8.

290 / O sujeito incômodo

Encontramos aqui a ambiguidade fundamental do argumento de Butler, uma ambiguidade que também afeta o caráter inconclusivo de sua pertinente discussão a respeito dos travestis e transexuais: sua definição do "apego apaixonado" primordial foracluído oscila entre duas posições subjetivas *a partir das quais* um homem deseja outro homem – ele deseja outro homem *como homem* ou deseja ser *uma mulher* desejada por (e desejando) outro homem? Em outras palavras, minha identificação masculina heterossexual é a incorporação melancólica do meu apego foracluído a outro homem ou é uma defesa para não assumir a posição subjetiva de uma mulher (que deseja um homem)? Butler aborda essa ambiguidade mais adiante em seu texto, quando pergunta:

> Segue-se daí que, se ele deseja uma mulher, ele a deseja a partir de uma predisposição masculina ou essa predisposição é retroativamente atribuída à posição desejante como um meio de reter a heterossexualidade como forma de compreender a separatividade ou alteridade que condiciona o desejo?[28]

Obviamente, essa é uma pergunta retórica, isto é, Butler opta claramente pela segunda alternativa. Nesse caso, no entanto, por que na passagem citada ela associa o desejo por outro homem com a assunção de uma predisposição feminina, como se um homem "nem morto seria flagrado sendo ela", uma vez que isso significaria que ele deseja outro homem? Isso não indica que a perda primordial constitutiva da subjetividade não pode ser definida nos termos da foraclusão de um apego *homossexual*? Em outras palavras, *por que* um homem teme se tornar uma mulher, por que "nem morto seria flagrado sendo ela"? É apenas porque, como tal, ele desejaria (e seria desejado) por outro homem? Recordemos *Traídos pelo desejo*, de Neil Jordan, um filme que mostra o amor apaixonado entre dois homens, estruturado como uma relação heterossexual: o transexual negro Dil é um homem que deseja outro homem *como uma mulher*. Parece, portanto, muito mais produtivo postular como enigma central aquele da diferença sexual – *não* como a diferença simbólica já estabelecida (a normatividade heterossexual), mas, precisamente, como aquilo que escapa à apreensão da simbolização normativa.

Butler tem razão ao se opor à ideia platônico-junguiana de que a perda envolvida na sexuação é a perda do outro sexo (ideia que abre caminho para vários mitos andróginos obscurantistas sobre as duas metades, feminina e masculina, unidas num ser humano completo): é incorreto "supor desde o princípio que apenas e sempre perdemos o outro sexo, pois com frequência nos deparamos com o problema melancólico de

---

[28] Ibidem, p. 165.

ter perdido nosso sexo próprio para, paradoxalmente, vir a sê-lo[29]. Em resumo, o que o mito platônico-junguiano deixa de lado é que o obstáculo ou perda é estritamente *inerente*, e não externo; a perda que uma mulher tem de assumir para se tornar uma mulher não é a renúncia à masculinidade, mas é, paradoxalmente, a perda de algo que paradoxalmente a impedirá para sempre de se tornar plenamente uma mulher – a "feminilidade" é um disfarce, uma máscara que suplementa o fracasso na busca de se tornar uma mulher. Ou – dito nos termos de Lacan – a diferença sexual é o Real de um antagonismo, e não o Simbólico de uma oposição diferencial: a diferença sexual não é a oposição que atribui a cada um dos dois sexos sua identidade positiva, definida em oposição ao outro sexo (de modo que a mulher seja o que o homem não é, e vice-versa), mas é uma perda em comum em razão da qual a mulher nunca é plenamente uma mulher e o homem nunca é plenamente um homem – as posições "masculina" e "feminina" não são mais do que dois modos de enfrentar essa perda/obstáculo inerente.

Por essa razão, o paradoxo de "ter perdido nosso próprio sexo para vir a sê-lo" aplica-se ainda mais à diferença sexual: o que temos de perder para assumir a diferença sexual como o conjunto estabelecido de oposições simbólicas que definem os papéis complementares de "homem" e "mulher" é a própria diferença sexual como impossível/Real. Esse paradoxo dialético de como um ente pode *tornar-se* X apenas na medida em que renuncia diretamente a *ser* X é precisamente aquilo que Lacan denomina "castração simbólica": a lacuna entre o lugar simbólico e o elemento que ocupa esse lugar, a lacuna em face da qual um elemento pode *ocupar* seu lugar na estrutura apenas na medida em que *não seja* diretamente esse lugar.

Embora o título do *best-seller Homens são de Marte, mulheres são de Vênus*** pareça ser uma versão do axioma lacaniano "não há relação sexual" (não existe relação complementar entre os dois sexos, visto que são feitos de matérias diferentes, incompatíveis), o que Lacan tem em mente é completamente distinto: o homem e a mulher são incompatíveis não porque "vêm de planetas diferentes", cada qual com uma economia psíquica diferente etc., mas precisamente porque há um vínculo antagônico inextricável entre eles – ou seja, *porque eles são do mesmo planeta*, que é, por assim dizer, profundamente cindido. Em outras palavras, o erro da versão de *Homens são de Marte, mulheres são de Vênus* do axioma lacaniano "não há relação sexual" é que ela concebe cada um dos dois sexos como uma entidade positiva plenamente constituída, dada independentemente do outro sexo e, como tal, "fora de sincronia" com ele. Lacan, ao contrário, fundamenta a impossibilidade da relação sexual no fato de que a identidade de cada um dos dois sexos é dificultada de dentro pela relação antagônica com o outro

---

[29] Ibidem, p. 166.

* Ed. bras.: trad. Alexandre Jordão, Rio de Janeiro, Rocco, 1996. (N. E.)

292 / O sujeito incômodo

sexo, que impede sua plena realização. "Não há relação sexual" não porque o outro sexo é distante demais, completamente alheio a mim, mas *porque é muito próximo de mim*, é um intruso estrangeiro no centro da minha (impossível) identidade. Por conseguinte, cada um dos dois sexos funciona como o obstáculo inerente em razão do qual o outro sexo nunca pode ser "plenamente ele mesmo": o "homem" é aquilo em virtude de que a mulher não pode jamais se realizar plenamente como mulher, consumar sua autoidentidade feminina; e, vice-versa, a "mulher" materializa o obstáculo que impede a autorrealização do homem. Portanto, quando afirmamos que, para se tornar um homem, é preciso primeiro perder-se como homem, isso significa que a diferença sexual já está inscrita na própria ideia de "tornar-se um homem".

O real da diferença sexual

Este é o problema principal: quando Butler refuta a diferença sexual, tomando-a como "*fiador* primário da perda em nossas vidas psíquicas" – quando contesta a premissa de que "toda separação e perda [pode] ser rastreada à perda estrutural do outro sexo, por meio da qual surgimos como esse ser sexuado no mundo"[30] –, ela equipara silenciosamente a diferença sexual à norma simbólica heterossexual que determina o que é ser um "homem" ou uma "mulher", ao passo que, para Lacan, a diferença sexual é real justamente no sentido de que não pode jamais ser devidamente simbolizada, transposta/traduzida na norma simbólica que estabelece a identidade sexual do sujeito – "não existe essa coisa de relação sexual". Quando Lacan afirma que a diferença sexual é "real", ele está longe, portanto, de elevar uma forma de sexuação histórica contingente a uma norma trans-histórica ("se você não ocupa seu lugar próprio predeterminado na ordem heterossexual, como homem ou mulher, você é excluído, exilado num abismo psicótico fora do domínio do simbólico"): a afirmação de que a diferença sexual é "real" equivale à afirmação de que ela é "impossível" – impossível de simbolizar, de formular como uma norma simbólica. Em outras palavras, não é que haja homossexuais, fetichistas e outros perversos *apesar* do fato normativo da diferença sexual – isto é, como prova do fracasso da diferença em impor sua norma; não é que a diferença sexual seja o derradeiro ponto de referência que ancora a deriva contingente da sexualidade; é, ao contrário, por conta da lacuna que persiste sempre entre o real da diferença sexual e as formas determinadas das normas simbólicas heterossexuais que temos a multiplicidade de formas "perversas" de sexualidade. Esse é também o problema da acusação de que a diferença sexual envolve uma "lógica binária": na medida em que a diferença é real/impossível, ela é

---

[30] Judith Butler, *The Psychic Life of Power*, cit., p. 165.

precisamente *não* "binária", e, uma vez mais, é por isso que toda abordagem "binária" da diferença (toda tradução da diferença sexual em pares de características simbólicas opostas: razão *versus* emoção, ativo *versus* passivo) sempre fracassa.

Portanto, quando Butler se queixa de que "é infernal viver no mundo sendo chamado de real impossível – sendo chamado de traumático, inconcebível, psicótico"[31] –, a resposta lacaniana é que, em certo sentido, *todos estamos nesse "fora"*: os que pensam que estão "dentro" são justamente os psicóticos... Em resumo, a conhecida máxima de Lacan segundo a qual o louco não é apenas o mendigo que pensa ser rei, mas também o rei que acredita ser rei (isto é, que toma seu mandato simbólico de "rei" como diretamente fundado no real de seu ser) aplica-se também a sua afirmação da impossibilidade da relação sexual: o louco é aquele que, a partir do fato de que "não há relação sexual", conclui que o ato sexual (o ato da cópula) é impossível na realidade – ele confunde o vazio simbólico (a ausência da "fórmula" simbólica da relação sexual) com uma lacuna na realidade, isto é, confunde a ordem das "palavras" com a ordem das "coisas", o que é, precisamente, a definição mais elementar e sucinta de psicose[32].

Portanto, quando Lacan equipara o Real com aquilo que Freud chamou de "realidade psíquica", essa "realidade psíquica" não é apenas a vida psíquica interior dos sonhos, dos desejos etc., como oposta à realidade externa percebida, mas é o núcleo duro dos "apegos apaixonados" primordiais, que são reais no sentido preciso de que resistem ao movimento de simbolização e/ou mediação dialética:

> a expressão "realidade psíquica" não é simplesmente sinônimo de "mundo interior", "domínio psicológico" etc. Se a tomarmos no sentido mais elementar que tinha para Freud, essa expressão designa um núcleo heterogêneo e resistente no interior desse domínio, um núcleo que é o único verdadeiramente "real" em comparação com a maioria dos fenômenos psíquicos.[33]

Em que sentido, então, o complexo de Édipo alude ao Real? Vamos responder a essa pergunta com outra pergunta: o que Hegel e a psicanálise têm em comum quanto ao conceito de sujeito? Para ambos, o sujeito "livre", integrado à rede simbólica de reconhecimento mútuo, é o resultado de um processo em que intervêm cortes trau-

---

[31] Ver a entrevista de Butler com Peter Osborne em Peter Osborne (org.), *A Critical Sense* (Londres, Routledge, 1966), p. 83.

[32] Outro modo de dizer isso é que, para o psicótico, assim como para os cátaros, todo ato sexual é incestuoso.

[33] Jean Laplanche e Jean-Bertrand Pontalis, *The Language of Psychoanalysis* (Londres, Karnac, 1988), p. 315 [ed. bras.: *O vocabulário da psicanálise*, trad. Pedro Tamen, 4. ed., São Paulo, Martins Fontes, 2001].

máticos, "recalques" e lutas de poder, não algo primordialmente dado. Portanto, ambos visam uma espécie de gesto "metatranscendental" para responder pela própria gênese do marco transcendental prévio. Toda "historização", toda simbolização tem de "reencenar" a passagem do X pré-simbólico para a história. Quanto ao Édipo, por exemplo, é fácil fazer o jogo da historização e demonstrar que a constelação edípica está imersa num contexto patriarcal específico; é necessário um esforço intelectual muito maior para discernir, na própria contingência histórica do complexo de Édipo, uma das reencenações da lacuna que abre o horizonte da historicidade.

Em seus escritos mais recentes, Butler parece ceder a esse respeito, aceitando a distinção-chave entre diferença sexual e "construção social de gênero": o *status* da diferença sexual não é diretamente o de uma formação sociossimbólica contingente; ao contrário, a diferença sexual indica o domínio enigmático que se encontra no meio, nem a biologia nem ainda o espaço de construção sociossimbólica. O que nos interessa aqui é salientar que esse domínio intermediário é o próprio "corte" que sustenta a lacuna entre o Real e a multiplicidade contingente das formas de sua simbolização. Em síntese: sim, é claro, o modo como simbolizamos a sexualidade não é determinado pela natureza, ele é o resultado de uma complexa e contingente luta de poder sociossimbólica; no entanto, esse espaço de simbolização contingente, essa lacuna entre o Real e sua simbolização, deve ser sustentado por um corte, e "castração simbólica" é o nome lacaniano para esse corte. A castração simbólica, portanto, não é o derradeiro ponto de referência simbólica que de certo modo limita o livre fluxo da multiplicidade de simbolizações: ela é, ao contrário, o próprio gesto que sustenta e mantém aberto o espaço das simbolizações contingentes[34].

Assim, recapitulando: o atrativo da explicação de Butler da diferença sexual é que nos permite ver o estado aparentemente "natural" das coisas (a aceitação psíquica da diferença sexual "natural") como resultado de um processo "patológico" reduplicado – do recalcamento do "apego apaixonado" ao mesmo sexo. O problema, no entanto, é: se concordamos que o ingresso na Lei simbólica que regula a sexualidade humana é pago com uma renúncia fundamental, essa renúncia é de fato a renúncia ao apego ao mesmo sexo? Quando Butler faz a pergunta crucial, "Há alguma parte do corpo que não seja preservada na sublimação, que permaneça não sublimada?" (isto é, não incluída na trama simbólica), a resposta dela é: "Eu diria que esse resto corpóreo sobrevive para determinado sujeito no modo do já, se

---

[34] De certo modo, portanto, a castração simbólica é o exato oposto do conhecido fenômeno patológico da pessoa que sente um membro que já não possui (como o proverbial soldado que ainda sente dor na perna que perdeu em batalha): a castração *simbólica* designa antes o estado em que não sentimos (ou, mais precisamente, não manipulamos livremente e não dominamos) o órgão (pênis) que ainda possuímos verdadeiramente...

não sempre, destruído, numa espécie de perda constitutiva. O corpo não é um terreno em que ocorre uma construção; ele é uma destruição por ocasião da qual um sujeito é formado"[35]. Essa afirmação não aproxima Butler do conceito lacaniano de *lamela*, do órgão sem corpo morto-vivo?

> Esse órgão deve ser chamado de irreal, no sentido de que o irreal não é o imaginário e precede o subjetivo que ele condiciona, por estar diretamente às voltas com o real. [...] Nossa lamela representa aqui a parte do ser vivo que se perde no que ele se produz pelas vias do sexo.[36]

Esse órgão sem corpo que "é" a libido não simbolizada é precisamente "assexual" – nem masculino nem feminino, mas aquilo que *ambos* os sexos perdem ao ingressar na sexuação simbólica. O próprio Lacan apresenta seu conceito de lamela como um mito em pé de igualdade com o mito platônico (em *O banquete**) sobre as origens da diferença sexual, e devemos ter em mente aqui uma diferença fundamental: para Lacan, aquilo que os dois sexos perdem para ser Um não é a metade perdida complementar, mas um terceiro objeto assexual. Poderíamos dizer que esse objeto é marcado por uma Semelhança; no entanto, essa Semelhança não é a semelhança do "mesmo sexo", mas é antes a Semelhança assexual mítica, a libido ainda não marcada pelo corte da diferença sexual[37].

---

[35] Judith Butler, *The Psychic Life of Power*, cit., p. 92.

[36] Jacques Lacan, "Positions of the Unconscious", em Richard Feldstein, Bruce Fink e Maire Jaanus (orgs.), *Reading Seminar XI* (Albany, Suny Press, 1995), p. 274 [ed. bras.: "Posição do inconsciente", em *Escritos*, cit., p. 861].

* Ed. bras.: trad. J. Cavalcante de Souza, 7. ed., Rio de Janeiro, Difel, 2012. (N. E.)

[37] A propósito, na psicanálise o *status* do corpo não é meramente "psicossomático", isto é, o corpo não é tratado apenas como o meio da inscrição de um impasse simbólico, como no caso da histeria de conversão: ainda que a psicanálise rejeite uma causalidade corporal direta dos transtornos psíquicos (enfoque que enclausura a psicanálise nos limites da ordem médica), ela insiste no fato de que um processo psíquico patológico sempre remete ao Real de uma perturbação orgânica, que funciona como a gota d'água que desencadeia o processo de cristalização do sintoma. Quando tenho uma dor de dente violenta, o dente em si torna-se rapidamente objeto de investimento libidinal narcísico: chupo, toco com a língua, aperto e inspeciono com os dedos, observo e analiso o dente no espelho etc.; em síntese, a dor em si converte-se em fonte de *jouissance*. Nessa mesma linha, Sandór Ferenczi conta o caso extremo de um homem que teve de remover os testículos por causa de uma infecção perigosa: essa remoção (uma castração "real") desencadeou um violento ataque de paranoia, uma vez que "ressuscitou" – atualizou, resgatou – as fantasias homossexuais que estavam adormecidas havia muito tempo (o mesmo ocorre com frequência nos casos de câncer do reto). Em casos como esses, a causa da paranoia não está na incapacidade do sujeito de sustentar a perda de sua virilidade, de sua postura masculina fálica: o que ele é incapaz de sustentar é antes a confrontação com sua fantasia passiva fundamental, que dá forma à "outra cena primordialmente recalcada" (foracluída) de sua identidade subjetiva e foi repentinamente atualizada em sua própria realidade psíquica. Ver Paul-Laurent Assoun, *Corps et symthöme: clinique du corps* (Paris, Anthropos, 1997), v. 1, p. 34-43.

Em termos socioeconômicos, somos tentados a afirmar que o próprio capital é o Real de nossa época. Ou seja, quando Marx descreve a louca circulação do capital que aprimora a si mesma, cuja rota solipsista de autofecundação alcança hoje seu apogeu nas especulações metarreflexivas no mercado de futuros, chega a ser simplista afirmar que o espectro desse monstro autogerador segue seu caminho indiferente a qualquer preocupação humana ou ambiental, é uma abstração ideológica, e não devemos jamais esquecer que, por trás dessa abstração, há pessoas reais e objetos naturais em cujas capacidades produtivas e recursos a circulação do capital se baseia, e dos quais se alimenta como um gigantesco parasita. O problema é que essa "abstração" não está apenas em nossa percepção equivocada (de especuladores financeiros) da realidade social – ela é "real" no sentido preciso de que determina a estrutura dos próprios processos sociais materiais: o destino de estratos inteiros de população, e às vezes de países inteiros, pode ser decidido pela dança especulativa "solipsista" do capital, que persegue seu objetivo de rentabilidade com afável indiferença ao fato de que seu movimento afetará a realidade social. Aqui, encontramos a diferença lacaniana entre realidade e Real: a "realidade" é a realidade social das pessoas reais envolvidas na interação e nos processos produtivos, ao passo que o Real é a inexorável lógica espectral "abstrata" do capital, que determina o que ocorre na realidade social.

Essa referência ao Real também nos permite responder a uma das críticas recorrentes a Lacan, segundo a qual ele é um formalista que, kantianamente, afirma um vazio transcendental apriorístico ao redor do qual o universo simbólico é estruturado, um vazio que pode ser preenchido por um objeto positivo contingente[38]. Será que Lacan é realmente uma espécie de estruturalista kantiano, que afirma a prioridade ontológica da ordem simbólica sobre os elementos materiais contingentes que ocupam seus lugares (defendendo, por exemplo, que o pai "real" não passa de um portador contingente da função estrutural puramente formal da proibição simbólica)? O que ofusca essa clara distinção entre a forma simbólica vazia e seu conteúdo positivo contingente é precisamente o *Real*: uma mancha que sutura o marco vazio a uma parte de seu conteúdo, o "resto indivisível" de uma materialidade contingente "patológica" que, por assim dizer, "dá cor" à universalidade supostamente neutra do marco simbólico e passa a funcionar como uma espécie de cordão umbilical com o qual o marco vazio da forma simbólica é "ancorado" a seu conteúdo. Esse curto-circuito entre forma e conteúdo fornece a mais sucinta rejeição ou subversão do (que é geralmente percebido como) "formalismo kantiano": o

---

[38] Essa crítica ao formalismo aparece usualmente associada à crítica oposta: a de que Lacan estaria demasiado marcado por um conteúdo histórico específico, o modo de socialização edipiano patriarcal, elevando-o a um *a priori* transcendental da história humana.

próprio marco transcendental-formal que forma o horizonte, a condição de possibilidade, do conteúdo que surge em seu interior, é enquadrado por uma parte de seu conteúdo, visto que ele se encontra ligado a um ponto particular no interior de seu conteúdo. Aquilo com que estamos lidando aqui é o paradoxo de uma espécie de "*a priori* patológico": um elemento patológico (no sentido kantiano da contingência intramundana) que sustenta a consistência do marco formal dentro do qual ele sobrevém.

Essa é também uma das possíveis definições do *sinthome* lacaniano como real: a formação contingente patológica que sustenta o marco universal apriorístico. Nesse sentido preciso, o *sinthome* lacaniano é um "nó": um fenômeno intramundano particular cuja existência é experimentada como contingente; contudo, no momento em que o tocamos ou nos aproximamos demais, esse "nó" se desfaz e, com ele, todo o nosso universo – isto é, o próprio lugar de onde falamos e percebemos a realidade se desintegra; nós perdemos literalmente o chão... A melhor ilustração para esse fenômeno talvez seja o tema melodramático patriarcal do "abrir a porta errada" (a esposa que por acaso enfia a mão no bolso do casaco do marido e encontra uma carta de amor, o que arruína toda a sua vida familiar), tema esse que é elevado a uma potência maior na ficção científica (a personagem abre acidentalmente uma porta errada e dá de cara com uma reunião secreta de alienígenas). No entanto, não é necessário nos envolvermos com essas excentricidades: basta pensarmos no caso elementar do frágil equilíbrio de uma situação em que podemos formalmente tomar uma atitude (fazer uma pergunta específica, executar uma determinada ação), mas espera-se que *não* a tomemos, como se uma regra não especificada a proibisse – se tomamos a tal atitude, toda a situação explode.

A respeito desse ponto, podemos elaborar a linha de separação entre Marx e os sociólogos "burgueses" da modernidade, que dão ênfase aos traços universais da vida pós-tradicional (o indivíduo moderno não está mais diretamente inserido numa tradição particular, mas experimenta a si mesmo como um agente universal pego num contexto particular contingente e livre para escolher seu modo de vida; assim, ele mantém uma relação refletida com seu mundo-da-vida, contando com manuais do tipo "como fazer...?" até mesmo em suas atividades mais "espontâneas" (sexualidade, lazer). Em nenhum outro lugar esse paradoxo da reflexividade é mais evidente do que nas tentativas desesperadas de romper com os modos refletidos da modernidade e retornar a uma vida "holística" mais espontânea: tragicomicamente essas tentativas são amparadas por um exército de *especialistas* que nos ensinam como descobrir nosso verdadeiro e espontâneo Eu... É provável que não haja nada mais científico do que o cultivo de "alimentos orgânicos": é preciso recorrer à ciência avançada para *diminuir* os efeitos danosos da agricultura industrial. A "agricultura orgânica", portanto, é uma espécie de "negação da negação" hegeliana, o terceiro elo na tríade cujos dois primeiros elementos são a agricultura "natural" pré-industrial e sua negação/mediação, a agricultura industrializada: trata-se de um retorno à natureza, a uma forma orgânica de fazer as coisas: mas esse mesmo retorno é "mediado" pela ciência.

Os sociólogos tradicionais da modernidade concebem essa "reflexividade" como um traço universal quase transcendental que se expressa de forma específica nos diferentes domínios da vida social: na política, como a substituição da estrutura autoritária orgânica tradicional pela democracia formal moderna (e seu contraponto inerente, a insistência formalista no princípio da autoridade para seu próprio bem); na economia, como a predominância da comoditização e das relações de mercado "alienadas" sobre as formas mais orgânicas dos processos coletivos de produção; no domínio ético, como a divisão dos costumes [*mores*] tradicionais em legalidade externa formal e certa moral interior do indivíduo; no ensino, como a substituição do saber introdutório tradicional pelas formas refletidas do saber científico transmitidas pelo sistema escolar; na arte, como a liberdade do artista de escolher dentre a infinidade de "estilos" disponíveis; e assim por diante. A "reflexividade" (ou suas diversas encarnações, até a "Razão instrumental" da Escola de Frankfurt) é concebida assim como uma espécie de *a priori* histórico, uma forma que "constitui", molda diferentes estratos da vida social na mesma forma universal. Marx, no entanto, dá mais uma volta crucial nesse parafuso: para ele, nem todos os domínios "empíricos" particulares da vida social têm a mesma relação com esse marco universal; nem todos são casos de um material positivo passivo moldado por esse marco – há um conteúdo "patológico" particular atípico no qual se fundamenta a própria forma universal de reflexividade, ao qual ela se liga por meio de uma espécie de cordão umbilical, e pelo qual o próprio marco dessa forma é demarcado; para Marx, obviamente, esse conteúdo particular é o universo social da troca de mercadorias[39].

E não estaríamos diante do mesmo paradoxo no caso do registro lacaniano de fantasia (o *objeto a* enquanto objeto fantasmático) como suplemento da não existência da relação sexual? Justamente por não haver uma fórmula/forma simbólica universal da relação complementar entre os dois sexos, qualquer relação entre eles tem de ser suplementada por um enredo "patológico" particular, uma espécie de muleta fantasmática que é a única capaz de sustentar nossa "relação sexual real com outra pessoa" – se o nó da fantasia se desata, o sujeito perde sua capacidade universal de se envolver na atividade sexual. Por conseguinte, a crítica de que Lacan é um formalista protokantiano deve ser lançada de volta conta seus responsáveis: os

---

[39] Foi Alfred Sohn-Rethel, um "companheiro de viagem" da Escola de Frankfurt, que descreveu em detalhes essa ideia da forma-mercadoria como geradora secreta da forma universal da subjetividade transcendental. Ver Alfred Sohn-Rethel, *Geistige und körperliche Arbeit* (Frankfurt, Suhrkamp, 1970).

"construcionistas sociais" é que são demasiado "formalistas"; de modo impecavelmente kantiano, eles pressupõem o espaço contingente de simbolização como simplesmente dado, e não fazem a pergunta-chave pós-kantiana metatranscendental de Hegel: como se sustenta esse espaço de historicidade, da multiplicidade de modos contingentes de simbolização[40]?

O logro masoquista

A elaboração de Judith Butler sobre a lógica da identificação melancólica com o objeto perdido oferece, na verdade, um modelo teórico que nos permite evitar o malfadado conceito de "internalização" das normas sociais externamente impostas: o que essa concepção simplista de internalização deixa de lado é o giro reflexivo por meio do qual, na eclosão do sujeito, o poder externo (a pressão que ele exerce sobre o sujeito) não é simplesmente internalizado, mas desaparece, é perdido; e essa perda é internalizada na forma da "voz da consciência", a internalização que engendra o espaço interno:

> Na ausência de regulação explícita, o sujeito emerge como aquele para o qual o poder se tornou voz, e a voz, o instrumento regulatório da psique [...] o sujeito é produzido, paradoxalmente, por esse recolhimento do poder, por sua dissimulação e fabulação da psique como um *topos* que fala.[41]

---

[40] Em sua crítica a Lacan, Henry Staten propõe uma versão específica desse ponto (ver *Eros in Mourning* (Baltimore, Johns Hopkins University Press, 1995). Para Staten, Lacan se inscreve na linhagem platônico-cristã que desvaloriza todos os objetos empíricos positivos submetidos ao ciclo de geração e deterioração: para Lacan, assim como para Platão, todo objeto positivo finito é um mero semblante/engodo que trai a verdade do desejo. O mérito de Lacan consiste em tomar essa rejeição platônica de todos os objetos materiais finitos como dignos de amor a sua verdade, dissimulada por Platão: os objetos empíricos finitos não são cópias frágeis (ou substitutos) de seus Modelos eternos – além ou aquém deles não há nada, eles são lugares-tenentes de um Vazio primordial, do Nada. Nos termos de Nietzsche, Lacan revela a essência niilista do anseio metafísico pelos Objetos eternos que estão para além do ciclo mundano de geração e deterioração: o desejo por esses Objetos é um desejo pelo Nada, isto é, esses Objetos são metáforas da Morte. Aqui, Staten reduz Lacan a um defensor pós-moderno da impossibilidade do encontro autêntico com a Coisa: nenhum objeto positivo preenche ou se encaixa adequadamente ao vazio estrutural que sustenta o desejo; tudo que podemos ter são semblantes furtivos, de modo que estamos fadados à repetitiva experiência do *ce n'est pas ça*... O que falta aqui é o avesso dessa lógica do Vazio primordial que não pode jamais ser preenchido por um objeto adequado: um conceito correlato de um objeto excessivo *surnuméraire* para o qual não há lugar na estrutura simbólica. Se, para Lacan, o desejo é de fato sustentado por um Vazio que não pode jamais ser preenchido, a libido, ao contrário, é o Real de um *objeto* excessivo que permanece deslocado para sempre, em busca de seu "lugar adequado".

[41] Judith Butler, *The Psychic Life of Power*, cit., p. 197-8.

300 / O sujeito incômodo

Essa inversão é encarnada em Kant, *o* filósofo da autonomia moral, que identifica essa autonomia com certo modo de sujeição, a saber: a sujeição (e até mesmo a humilhação) à Lei moral universal. O ponto-chave aqui é ter em mente a tensão entre as duas formas dessa Lei: longe de ser uma mera extensão ou internalização da lei externa, a Lei interna (o Chamado da Consciência) surge quando a lei externa não aparece, a fim de compensar essa ausência. Nessa perspectiva, libertar-nos da pressão externa exercida pelas normas encarnadas em nosso condicionamento social (no espírito do Esclarecimento) é estritamente equivalente à submissão ao Chamado interno incondicional da Consciência. Ou seja, a oposição entre as regulações sociais externas e a Lei moral interna é aquela entre a realidade e o Real: as regulações sociais ainda podem ser justificadas (ou fingir que são justificadas) pelas exigências da coexistência social (elas pertencem ao domínio do "princípio de realidade"), ao passo que a demanda da Lei moral é incondicional, não admite desculpas: "Você pode, porque deve", como disse Kant. Por essa razão, as regulações sociais tornam possível a coexistência pacífica, enquanto a Lei moral é uma injunção traumática que a desmantela. Somos tentados a dar um passo além e inverter, mais uma vez, a relação entre as normas sociais "externas" e a Lei moral interna: e se o sujeito inventa as normas sociais externas justamente para escapar da pressão insuportável da Lei moral? Não é muito mais fácil ter um Mestre externo a quem se possa enganar, em relação ao qual se possa manter uma distância mínima e um espaço privado, do que ter um Mestre êxtimo, um forasteiro, um corpo estranho no próprio coração do ser? A definição mínima de Poder (a agência experimentada pelo sujeito como a força que o pressiona de Fora, opondo-se a suas inclinações, impedindo-o de alcançar seus objetivos) não se baseia precisamente nessa *externalização* da compulsão intrínseca êxtima da Lei, daquilo que "está em você mais do que você mesmo"? Essa tensão entre as normas exteriores e a Lei interior, que também pode ter efeitos subversivos (por exemplo, de oposição à autoridade pública em nome de nossa posição moral interior), é negligenciada por Foucault.

O ponto crucial, uma vez mais, é que essa sujeição à Lei interna não "amplia" ou "internaliza" simplesmente a pressão externa, mas é correlata à suspensão da pressão externa, ao recolher-se-a-si-mesmo que cria o chamado "espaço livre interior". Isso nos leva de volta à problemática da *fantasia fundamental*: o que a fantasia fundamental encena é precisamente a cena da submissão/sujeição constitutiva que sustenta a "liberdade interior" do sujeito. Esse "apego apaixonado" primordial – isto é, a cena de submissão passiva representada na fantasia fundamental – deve ser distinguida do masoquismo no sentido clínico preciso e restrito: tal como elaborado em detalhe por Deleuze[42], esse masoquismo

---

[42] Ver Gilles Deleuze, *Coldness and cruelty* (Nova York, Zone, 1991) [ed. bras. *Sacher-Masoch: o frio e o cruel*, trad. Jorge Bastos, Rio de Janeiro, Zahar, 2009].

stricto sensu já envolve uma intricada atitude de negação do marco da realidade simbólica edipiana. O sofrimento do masoquista não atesta um gozo perverso da dor como tal, mas está inteiramente a serviço do prazer – o requintado espetáculo (mascarada) de tortura e dor, de humilhação, ao qual o sujeito masoquista se submete serve para burlar a vigilância atenta do supereu. Em resumo, o masoquismo clínico é um meio de o sujeito obter prazer, aceitando de antemão o castigo que lhe é imposto em troca pelo supereu – o espetáculo fraudulento do castigo serve para atestar o Real subjacente de prazer.

Imaginemos a cena típica do masoquismo moral: o sujeito masoquista de todos os dias encontra com frequência uma profunda satisfação ao imaginar que uma pessoa à qual está profundamente apegado o acusará de algum delito ou realizará um ato similar de acusação equivocada; a satisfação é obtida quando ele imagina a cena futura, na qual o amado, que o acusou sem razão, se arrependerá profundamente pela injusta acusação... Acontece o mesmo no teatro masoquista: a passividade do masoquista oculta sua atividade (é ele o diretor que monta a cena e diz ao dominador o que fazer com ele); sua dor moral mal encobre o prazer ativo na vitória moral que humilhará o outro. Uma cena intricada como essa só pode ter lugar no interior de um espaço já organizado pela ordem simbólica: o teatro masoquista baseia-se no *contrato* entre o masoquista e seu mestre (dominador).

A pergunta crucial que devemos fazer aqui tem a ver com o papel do logro no masoquismo dá fantasia fundamental: quem *essa* cena de sofrimento e submissão serve para enganar? A resposta lacaniana é que há um logro em operação nesse nível também: a fantasia fundamental proporciona ao sujeito um mínimo de ser, servindo como suporte para sua existência; em resumo, seu gesto enganador é: "Veja, eu sofro, logo sou, existo, participo da ordem positiva do ser". O que está em jogo na fantasia fundamental, portanto, não é culpa e/ou prazer, mas a própria existência, e é justamente esse logro da fantasia fundamental que o ato de "travessia da fantasia" serve para dissipar: atravessando a fantasia, o sujeito aceita o vazio de sua não existência.

Um bom exemplo lacaniano do logro masoquista é o do cidadão de um país onde se decapita quem diz em público que o rei é estúpido; se esse sujeito sonha que sua cabeça está para ser cortada, esse sonho não tem absolutamente nada a ver com algum tipo de desejo de morte etc.: significa apenas que o rei é estúpido, ou seja, a situação de sofrimento mascara o prazer de atacar a dignidade do rei[43]...

---

[43] Numa resenha crítica de meu primeiro livro, Jean-Jacques Lecercle declarou: "se ele [Žižek] não conhece a filosofia contemporânea, eu [Lecercle] sou o bispo de Ulan Bator". Imaginemos agora um seguidor meu que, por seu apego a mim, se sentisse incapaz de admitir para si mesmo que notou falhas sérias em meu conhecimento da filosofia contemporânea. Se esse discípulo fantasiar com Lecercle vestido como o bispo de Ulan Bator, isso significa apenas que considera falho meu conhecimento de filosofia contemporânea...

302 / O sujeito incômodo

Aqui, prazer e sofrimento são claramente a mascarada a serviço do prazer, destinada a enganar a censura do supereu. No entanto, essa estratégia de logro, na qual uma cena de dor e sofrimento é posta a serviço do prazer de enganar o supereu, só pode funcionar com base numa postura "sadomasoquista" mais fundamental, na qual o sujeito fantasia estar exposto a experiências dolorosas passivas e, portanto, disposto a aceitar, à margem de qualquer estratégia de engano, *a própria dor como fonte de satisfação libidinal*[44].

Nesse sentido, temos de reler as velhas ideias clássicas de Laplanche sobre a fantasia primária de sedução, na qual coincidem o giro reflexivo sobre si mesmo, a "fantasmatização", a sexualização e o masoquismo – ou seja, todos são gerados num único e mesmo gesto de "virada" [*"turning around"*][45]. Em seu comentário detalhado a respeito das três fases da fantasia freudiana do "Batem numa criança" (1. "Papai bate na criança que odeio; 2. "Papai está me batendo"; 3. "Papai bate na criança"), Laplanche insiste na diferença crucial entre a primeira e a segunda fases: ambas são inconscientes, representam a gênese secreta da fase consciente final da fantasia ("Papai bate na criança"); no entanto, enquanto a primeira fase é apenas a memória recalcada de um fato real presenciado pela criança (o pai batendo no irmão dela), e como tal pode ser relembrado no curso do tratamento analítico, a segunda fase é propriamente fantasmática e, justamente por essa razão, "primordialmente recalcada". Essa fase nunca foi imaginada de forma consciente, mas foi foracluída desde o princípio (temos aqui um caso perfeito do "apego apaixonado" primordial ao mesmo sexo, enfocado por Butler); por essa razão, nunca pode ser recordada (isto é, assumida subjetivamente pelo sujeito), mas apenas reconstruída retroativamente como o Real que deve ser pressuposto para se dar conta da fase final, consciente, da fantasia: *"o que é recalcado não é a lembrança, mas a fantasia derivada dela ou subjacente a ela*; nesse caso específico, não a cena real em que o pai teria batido em outra criança, mas a fantasia de ter apanhado do pai"[46].

---

[44] Numa elaboração mais pormenorizada, devemos diferenciar melhor as duas formas de masoquismo clínico: por um lado, o masoquismo "contratual" propriamente perverso, isto é, o masoquismo de um sujeito que é capaz de "externalizar" sua fantasia, passar ao ato e realizar seu roteiro masoquista numa interação efetiva com outro sujeito; por outro lado, o devaneio masoquista secreto (histérico), que é incapaz de suportar sua realização – quando o conteúdo desses devaneios masoquistas secretos é imposto ao sujeito na realidade, o resultado pode ser catastrófico: desde a absoluta humilhação e vergonha até a desintegração da própria autoidentidade.

[45] Ver Jean Laplanche, *Life and Death in Psychoanalysis* (Baltimore, Johns Hopkins University Press, 1976) [ed. bras. *Vida e morte em psicanálise*, trad. Cleonice Paes Barreto Mourão, Porto Alegre, Artes Médicas, 1985].

[46] Citação extraída de Jean Laplanche, "Aggressiveness and Sadomasochism", em Margaret A. F. Hanly (org.), *Essential Papers on Masochism* (Nova York, New York University Press, 1995), p. 122.

É crucial, portanto, a passagem da agressividade inicial voltada para fora (a satisfação de bater em outra criança ou de observar o pai batendo nela) para a cena fantasmática foracluída na qual o sujeito *se* imagina apanhando do pai – o papel da primeira fase é o da famosa "gota d'água", o tiquinho de realidade (uma cena presenciada pela criança na realidade) que dispara a formação fantasmática de uma cena que dá as coordenadas do "apego apaixonado" primordial. Mais uma vez, o que é primordialmente recalcado e, como tal, inacessível para sempre para a subjetivação (visto que a própria subjetivação se apoia nesse recalque) é a segunda fase. Na passagem da primeira para a segunda fase, várias coisas ocorrem simultaneamente:

- como salienta o próprio Freud, só na segunda fase a situação é propriamente *sexualizada*, ou seja, a passagem da fase 1 para a fase 2 é a passagem da agressividade pré-sexual para o "prazer na dor" propriamente sexualizado;
- essa sexualização é estritamente consubstancial com o gesto reflexivo de "introjeção": ao invés de atacar outro ser humano, eu fantasio sobre isso, imagino uma cena de submissão e dor; ao invés de ser um agente na interação real, eu me torno um observador impassível de uma cena "interior" que me fascina;
- além disso, no que diz respeito ao conteúdo, essa cena representa uma situação em que eu assumo uma posição passiva de ser submetido à humilhação e à dor, ou, ao menos, a posição de um observador impassível impotente.

A questão crucial é que esses três aspectos são estritamente consubstanciais: em sua forma mais radical, a sexualização *equivale* à "fantasmatização", que *equivale* a assumir a posição passiva de impotência, humilhação e dor:

> o processo de virada não deve ser pensado apenas no nível do conteúdo da fantasia, mas *no próprio movimento de fantasmatização*. A mudança para uma posição reflexiva não consiste apenas ou necessariamente em dar um conteúdo reflexivo à "frase" da fantasia; consiste também, e acima de tudo, em retratar a ação, internalizá-la, fazê-la entrar em si mesmo como fantasia. Fantasiar a agressão é invertê-la contra si mesmo, é agredir a si mesmo: esse é o momento do autoerotismo, no qual o elo indissolúvel entre a fantasia como tal, a sexualidade e o inconsciente é confirmado.[47]

O ponto de volta sobre si mesmo, portanto, não é apenas uma inversão simétrica de agressividade (destruir/atacar um objeto externo) em ser atacado por um

---

[47] Idem.

objeto externo; ele se baseia, ao contrário, no ato de "internalização" da passividade, de imaginar ativamente a cena da própria submissão impassível. No fantasiar, portanto, a clara oposição entre atividade e passividade é subvertida: ao "internalizar" uma cena em que apanho de outro, eu me imobilizo num duplo sentido (ao invés de ser ativo na realidade, assumo a posição passiva de um observador fascinado que somente imagina/fantasia uma cena da qual participa; dentro do próprio conteúdo dessa cena, eu me imagino numa posição passiva, imóvel, de humilhação e dor); no entanto, precisamente essa dupla passividade pressupõe minha participação ativa, isto é, a realização de uma volta sobre si mesmo por meio da qual, de forma autoerótica, eu mesmo (não um agente externo) impeço minha atividade externa, o fluxo espontâneo da energia, e "me domino", substituindo a atividade na realidade pela explosão do fantasiar. A propósito de sua definição de *pulsão* (oposta ao instinto), Lacan a coloca muito bem, salientando que a pulsão sempre – e por definição – envolve uma posição de "*se faire...*", de "fazer-se...": a pulsão escópica não é nem uma tendência voyeurista de ver nem a tendência exibicionista de ser visto, mas a "voz média", a atitude de "fazer-se visível", de obter satisfação libidinal sustentando ativamente a cena da própria submissão passiva. Consequentemente, do ponto de vista lacaniano, esse gesto primordial de "fantasmatização" é o próprio lugar de origem e o derradeiro mistério daquilo a que Kant e toda a tradição do idealismo alemão se refere como "imaginação transcendental", essa insondável capacidade de liberdade que permite ao sujeito desvencilhar-se de sua imersão em seu ambiente.

Mais tarde, Laplanche elaborou esse gesto de "fantasmatização" reflexiva na forma de uma teoria da cena originária de sedução como a verdadeira "cena primordial" da psicanálise: uma criança testemunhando impotente uma cena de interação sexual, ou sendo exposta a gestos (dos pais ou outros adultos) que carregam uma misteriosa conotação sexual que, para essa criança, é incompreensível. É nessa lacuna que se originam a sexualidade humana e o Inconsciente: no fato de que a criança (cada um de nós) é, em algum momento, um observador impotente, pega numa situação sexualizada que permanece insondável para ela, que ela não consegue simbolizar, integrar ao universo do significado (presenciar a relação sexual dos pais, ser submetida a carícias maternas excessivas etc.). Mas onde entra o Inconsciente nisso tudo? O Inconsciente que encontramos aqui, nessa cena originária de sedução, é o Inconsciente *do adulto (dos pais)*, não o da criança: quando uma criança é exposta a uma carícia materna excessiva, por exemplo, ela observa que a mãe faz algo que está além daquilo de que tem plena consciência, que tira dessas carícias uma satisfação cuja base ultrapassa sua própria compreensão. A máxima lacaniana segundo a qual "o Inconsciente é o discurso do Outro" deve ser tomada, portanto, quase que literalmente, para além das trivialidades habituais sobre eu não ser o sujeito/mestre do meu próprio discurso, já que é o grande Outro que fala através de mim e assim por diante: o encontro primordial do Inconsciente é o encontro com a inconsistência do Outro, com o fato de que o Outro (parental) não é realmente o mestre de seus atos e palavras, que ele emite sinais cujo significado ele tampouco conhece, que ele faz coisas cujo verdadeiro conteúdo libidinal lhe é inacessível. Podemos repetir aqui, então, a famosa máxima de Hegel de que os segredos dos egípcios (o significado de seus rituais e monumentos, insondáveis para nosso olhar ocidental moderno) são secretos também para os próprios egípcios: toda a construção da cena de sedução primordial como o terreno originário da sexualização só se sustenta se pressupomos que essa cena não é impenetrável e enigmática apenas para a criança observadora e/ou vitimada – o que desconcerta a criança observadora/vitimada é o fato de presenciar uma cena que é obviamente insondável também para os adultos ativos que a protagonizam –, que eles também "não sabem o que fazem".

Esse panorama nos permite lançar uma nova luz sobre a afirmação lacaniana (mencionada acima) de que "não há relação sexual": se o enigma e a confusão estivessem apenas do lado da criança, em sua (in)compreensão como algo misterioso daquilo que, para os pais, é uma atividade absolutamente natural e nada problemática, então definitivamente haveria uma relação sexual dita "normal". No entanto, a frase batida de que "dentro de todo adulto vive uma criança" não é sem fundamento, se for devidamente entendida no sentido de que, até mesmo quando dois adultos consencientes se envolvem numa relação sexual "normal e saudável", na privacidade de sua cama, eles nunca estão totalmente a sós: há sempre um *olhar de criança* "fantasmatizado" observando-os, um olhar – via de regra "internalizado" – que faz com que a atividade, em última instância, seja insondável para eles mesmos. Ou, dito de outro modo, a questão crucial da cena de sedução primordial não é que os adultos prejudiquem acidentalmente a criança, perturbando seu frágil equilíbrio com a exibição de sua *jouissance*; ao contrário, a questão é que o olhar da criança já está incluído, compreendido, desde o princípio na situação da sexualidade parental adulta, mais ou menos como a parábola kafkiana da Porta da Lei: assim como o homem do campo descobre no fim que a cena da entrada majestosa para o palácio da Lei foi representada apenas para seu olhar, a exibição sexual parental, longe de perturbar involuntariamente o equilíbrio da criança, é em certo sentido "apenas para o olhar da criança". A derradeira fantasia paradisíaca não é a dos pais copulando na frente do filho, que os observa e faz comentários? Estamos lidando, portanto, com a estrutura de um laço temporal: há sexualidade não apenas por causa de uma lacuna entre a sexualidade adulta e o olhar despreparado da criança, traumatizada pelo que vê, mas porque a perplexidade dessa criança continua susten-

306 / O sujeito incômodo

tando a própria atividade sexual adulta[48]. Esse paradoxo também explica o ponto cego do tema do assédio sexual: *não há sexo sem um elemento de "assédio"* (do olhar perplexo, violentamente chocado, traumatizado, pelo caráter inquietante do que está acontecendo). O protesto contra o assédio sexual, contra o sexo imposto de modo violento, é, em última instância, *o protesto contra o sexo enquanto tal*: se subtraímos da interação sexual seu caráter penosamente traumático, o que resta não é mais sexual. O sexo "maduro" entre os proverbiais adultos consencientes, privado do elemento traumático de imposição chocante, é por definição *dessexualizado*, transformado numa cópula mecânica.

Da minha juventude, lembro-me de algumas canções rimadas de teor obsceno que crianças de cinco anos costumavam recitar umas para as outras, canções essas que ressaltavam as absurdas façanhas sexuais de um lendário *"cowboy"* anônimo. Uma dessas cançonetas (que, obviamente, só rima em esloveno) diz o seguinte: "O *cowboy* sem chapéu/ trepa com uma mulher atrás da árvore./ Mas quando ela tenta escapar e correr/ por um instante ele vê sua bunda". O encanto – se é que podemos dizer assim – dessa rima infantil está no fato de que, da perspectiva da criança, não há nada de especialmente excitante no ato de cópula, o ato fala por si – o que é realmente excitante é o breve momento em que se veem as nádegas nuas de uma mulher[49]... E, é claro, meu argumento é que essa canção infantil está basicamente certa: ao contrário da perspectiva-padrão, que retrata o coito como o momento mais excitante, o auge da atividade sexual, devemos insistir que, para que o sujeito se excite e seja capaz de realizar o ato de cópula, é necessário que um elemento "parcial" particular o (ou a) fascine – como, no caso da referida canção, a breve visão das nádegas nuas. "Não há relação sexual" significa também que não existe representação direta do ato de cópula que possa nos excitar de imediato, que a sexualidade deve estar amparada por *jouissances* parciais – um olhar aqui, um toque ou apalpão ali – que de fato a esteiam. Mais uma vez, a resposta à crítica óbvia de que

---

[48] Essa constelação também não nos fornece a matriz elementar da problemática da *predestinação* (religiosa)? Quando a criança se pergunta "Por que nasci? Por que me quiseram?", os pais não conseguem satisfazê-la com a simples resposta: "Porque amávamos e desejávamos você!". Como meus pais podiam me amar quando eu ainda nem existia? Não é que eles tiveram de me amar (ou odiar – em suma, predestinar a minha sorte) e em seguida me gerar, assim como o Deus protestante decide o destino de um ser humano antes de seu nascimento?

[49] A propósito, por que o *cowboy* está *sem chapéu*? À parte o fato de que, em esloveno, "sem chapéu" rima com "trepa", poderíamos propor como razão para esse traço enigmático que, da perspectiva dos meninos, trepar com uma mulher é considerado uma atividade subserviente não viril – ele se humilha "servindo" a mulher, e é esse aspecto humilhante, essa perda da dignidade masculina, que é assinalado pela perda do chapéu. Ver as nádegas da mulher é percebido, portanto, como uma espécie de vingança pela humilhação do homem: agora é a vez dela de pagar por provocá-lo a trepar com ela...

as crianças não têm representação adequada do ato de cópula em si – isto é, seu horizonte de sexualidade é limitado a experiências como ver as nádegas de outra pessoa – é que, em certo nível fantasmático, continuamos crianças e nunca "crescemos" de fato, uma vez que, para uma pessoa verdadeiramente crescida e madura, haveria uma relação sexual – isto é, uma vez que um adulto poderia copular "diretamente", sem o suporte fantasmático de uma cena envolvendo um objeto parcial[50].

O caso supremo desse traço particular que sustenta a relação sexual impossível não seria o cabelo loiro preso num coque de *Um corpo que cai*, de Hitchcock? Na cena de amor no final do filme, quando Scottie abraça Judy, reformulada como a falecida Madeleine, durante o famoso beijo de 360 graus ele para de beijá-la por um brevíssimo instante para olhar de relance seu novo cabelo loiro, como para se assegurar de que esse traço em particular, que faz dela seu objeto de desejo, ainda está lá... Aqui, a oposição entre o vórtice que ameaça engolir Scottie (a "vertigem" do título original, a Coisa mortal) e o penteado em forma de caracol que imita a vertigem da Coisa, mas de forma miniaturizada, gentrificada. O penteado em caracol é o *objet petit a* que condensa a Coisa mortal impossível, e serve como seu substituto, permitindo-nos manter uma relação suportável com a Coisa sem ser engolido por ela.

O filme de Orson Welles *História imortal*, baseado num romance de Karen Blixen, não é interessante apenas porque aborda a relação ambígua entre mito e realidade: o velho comerciante rico quer reproduzir a narrativa mítica dos marinheiros sobre um velho marido rico que paga um jovem marinheiro para passar a noite com sua jovem esposa e lhe dar um herdeiro para sua fortuna – ele quer, por assim dizer, selar a lacuna entre o mito e a realidade, isto é, produzir um marinheiro que finalmente poderá contar essa narrativa mítica como algo que de fato aconteceu com ele (a tentativa fracassa, é claro: o marinheiro anuncia que dinheiro algum

---

[50] Esse vislumbre das nádegas nuas, que deve ser interpretado exatamente como o célebre exemplo do "brilho no nariz" citado por Freud em seu artigo sobre o fetichismo, diz em que reside o equívoco do pervertido fetichista: esse equívoco é correlato ao da posição heterossexual padrão, que descarta os objetos parciais como meras preliminares diante da "coisa real" (o ato sexual em si). Da correta percepção de que não há relação sexual (direta) – de que tudo que temos como suporte de nosso gozo são esses objetos parciais fetichistas que preenchem o vazio da relação sexual impossível –, o fetichista chega à conclusão equivocada de que esses objetos parciais é que são diretamente "a coisa em si", de que podemos nos livrar da referência ao ato sexual impossível e nos deter nos objetos parciais em si. A solução, portanto, é manter a tensão entre o vazio da relação sexual e os objetos parciais que escoram nosso gozo: ainda que esses objetos/cenas parciais sejam tudo que temos, eles se apoiam nessa tensão com o ato sexual ausente – eles pressupõem a referência ao vazio do ato (impossível).

308 / O sujeito incômodo

o induzirá a contar a alguém o que lhe aconteceu). Mais interessante é a encenação fantasmática da cena do ato sexual: por trás de uma cortina semitransparente, o casal faz amor numa cama iluminada, enquanto o velho comerciante permanece sentado, meio escondido, numa poltrona funda, num canto escuro, e ouve o ato sexual – temos aqui o Terceiro Olhar como derradeira garantia da relação sexual. Ou seja, é a própria presença dessa testemunha silenciosa, ouvindo o casal fazendo amor, que transubstancia aquilo que é, em última instância, um encontro entre um marinheiro contratado e uma prostituta de idade num evento mítico que transcende a condição material de ambos. Em outras palavras, o milagre que acontece não é o fato de que os amantes transcendem a situação miserável de sua vida real, esquecem-se das circunstâncias ridículas do encontro, mergulham um no outro e produzem um autêntico encontro de amor; eles conseguem transubstanciar aquela condição miserável no milagre de um autêntico encontro de amor precisamente *porque* sabem que estão fazendo aquilo para uma testemunha silenciosa, estão "dando vida a um mito" – os amantes se comportam como se não fossem mais míseras pessoas reais, mas *atores/agentes no sonho de outra pessoa*. A testemunha silenciosa, longe de se intrometer e estragar uma situação íntima, é o elemento constitutivo fundamental. Costuma-se dizer que, simples e despretensioso como é, *História imortal* é o derradeiro exercício de autorreflexão de Welles – e que o velho comerciante que monta a cena de amor (interpretado, é claro, pelo próprio Welles) é o substituto óbvio de Welles enquanto diretor. Talvez esse clichê deva ser invertido, e o velho comerciante observando a cena seja o substituto do espectador.

Aqui, contudo, a diferença entre Lacan e Laplanche é crucial: para Laplanche, a pulsão é consubstancial com a fantasia – ou seja, é a volta sobre si mesmo na "internalização" fantasmática que ocasiona a transformação do instinto em pulsão; para Lacan, ao contrário, há uma pulsão para além da fantasia. E o que significa essa pulsão para além da fantasia? Talvez outra diferença nos permita lançar alguma luz sobre esse ponto-chave: enquanto se poderia afirmar que, também para Lacan, a "origem" da psicanálise é a experiência traumática da criança com a insondável "mancha escura" da *jouissance* do Outro que perturba a calma de sua homeostase psíquica, Lacan determina a fantasia como uma *resposta* ao enigma dessa "mancha escura" (designado, no grafo do desejo, pela pergunta "*Che vuoi?*": "O que o Outro quer de mim? O que [enquanto objeto] eu sou para o Outro, para seu desejo?")[51]. A pulsão pré-fantasmática designaria então a atitude de expor-se à "mancha escura" do enigma do Outro sem preenchê-la com uma resposta fantasmática... Para

---

[51] Ver Jacques Lacan, "The subversion of the subject and the dialectis of desire", em *Écrits*, cit. [ed. bras. "Subversão do sujeito e dialética do desejo no inconsciente freudiano", em *Escritos*, cit.]

Lacan, portanto, a fantasia é uma "formação defensiva" mínima, um estratagema para evitar... o quê?

Devemos voltar ao conceito freudiano da *Hilflosigkeit* (desamparo/derrelição) original da criança. O primeiro traço que deve ser observado é que essa "derrelição" abrange dois níveis interconectados, mas ainda assim distintos: o desamparo puramente orgânico (a incapacidade da criança pequena de sobreviver, satisfazer suas necessidades mais elementares sem o auxílio dos pais), bem como a perplexidade traumática que ocorre quando a criança é lançada na posição de testemunha desamparada da interação sexual dos pais ou de outros adultos, ou entre um adulto (ou adultos) e ela: a criança se sente desamparada, sem um "mapa cognitivo," quando se depara com o enigma da *jouissance* do Outro, e é incapaz de simbolizar os misteriosos gestos e insinuações sexuais que presencia. É crucial para o "tornar-se humano" a justaposição desses dois níveis – a "sexualização" implícita do modo como os pais satisfazem as necessidades corporais da criança (por exemplo, quando a mãe alimenta a criança acariciando-a em excesso e a criança detecta nesse excesso o mistério da *jouissance* sexual).

De volta a Butler, portanto: a pergunta crucial diz respeito ao estatuto filosófico dessa *Hilflosigkeit* originária e constitutiva: esse não é outro nome para a lacuna do *desapego* primordial que desencadeia a necessidade de um "apego apaixonado" fantasmático primordial? Em outras palavras, e se invertêssemos a perspectiva e concebêssemos esse obstáculo que impede o *infans* de se adaptar plenamente a seu meio, esse "fora dos gonzos", também em seu aspecto positivo, como outro nome para o próprio abismo de liberdade, para o gesto de "desconectar" que liberta um sujeito da imersão direta em seu ambiente? Ou, dito de outro modo: sim, o sujeito é, por assim dizer, "chantageado" para submeter-se passivamente a alguma forma de "apego apaixonado" primordial, visto que, fora dele, ele simplesmente não existe; no entanto, essa não existência não é diretamente a ausência de existência, mas certa lacuna ou vazio na ordem do ser que "é" o próprio sujeito. A necessidade de um "apego apaixonado" para fornecer um mínimo de ser implica que o sujeito como "negatividade abstrata" – o gesto primordial de desapego de seu ambiente – *já está posto*. A fantasia é, portanto, uma formação defensiva contra o abismo primordial do desapego, da perda do (amparo no) ser, que "é" o próprio sujeito. Nesse ponto preciso, então, Butler deve ser suplementada: a irrupção do sujeito não é estritamente equivalente à sujeição (no sentido de "apego apaixonado", de submissão a alguma figura do Outro), visto que, para que ocorra o "apego apaixonado", a lacuna que "é" o sujeito já deve estar lá. Apenas se essa lacuna já estiver posta é que podemos explicar como é possível que o sujeito se desvencilhe do domínio da fantasia fundamental.

A oposição entre o apego e o desapego também poderia ser vinculada à antiga oposição metapsicológica freudiana entre pulsão de vida e pulsão de morte: em

*O ego e o id**, o próprio Freud as define como a oposição entre as forças de união/junção e as forças de separação/disjunção. O desapego, portanto, é a pulsão de morte em seu estado mais puro, o gesto de "desconjuntamento" que põe a ordem do Ser "fora dos gonzos", o gesto de desinvestimento, de "retraimento"/recolhimento do ser imerso no mundo, e o apego primordial é o movimento contra esse gesto negativo. Em última instância, essa tendência negativa de rompimento não é outra coisa senão a própria *libido*: o que põe o (futuro) sujeito "fora dos gonzos" não é outra coisa senão o encontro traumático com a *jouissance*[52].

A propósito dessa lacuna primordial, devemos evitar a tentação de concebê-la como o efeito da intervenção da Lei/Proibição paterna que perturba a díade incestuosa de Mãe e filho, obrigando-o a entrar na dimensão da castração/distância simbólica: a lacuna, a experiência do "corpo despedaçado", é primordial; ela é efeito da pulsão de morte, da intrusão de uma *jouissance* traumática/excessiva que perturba o bom equilíbrio do princípio do prazer, e a Lei paterna – que não é muito diferente da identificação imaginária com a imagem especular – é uma tentativa de gentrificar/estabilizar essa lacuna. Não devemos nos esquecer que, para Lacan, a Lei paterna edipiana está, em última instância, *a serviço do "princípio do prazer"*: é a agência da pacificação-normalização que, longe de perturbar o equilíbrio do prazer, "estabiliza o impossível", criando as mínimas condições para a coexistência suportável dos sujeitos. (Leituras equivocadas como essa alimentam nossa tentação de escrever uma espécie de introdução negativa de Lacan, tomando como ponto de partida um falso clichê a seu respeito, e em seguida descrever sua posição real pela correção desse clichê. Além do clichê sobre a Lei paterna como agência que introduz a lacuna, há também os clichês sobre o carretel do *Fort-Da*, significando a presença/ausência da Mãe; sobre a "palavra vazia" como balbucio sem autenticidade; sobre a *jouissance féminine* como o abismo místico fora do domínio simbólico; sobre a contemplação como o olhar do sujeito masculino que restringe a mulher ao papel de seu objeto etc...)

---

* Ed. bras.: trad. Jayme Salomão, *O ego e o id e outros trabalhos* (Rio de Janeiro, Imago, 1996), Edição Standard Brasileira, v. 19. (N. E.)

[52] Seria igualmente fecundo vincular a *Hilflosigkeit* freudiana ao conceito kantiano de Sublime, em especial ao Sublime dinâmico, que também expressa algo semelhante à cena kantiana de sedução primordial: a cena de um homem reduzido a uma partícula de poeira com que brincam os colossais poderes da natureza, embora observando esse espetáculo fascinante a uma distância segura, apreciando-a, portanto, como um observador passivo – essa satisfação não advém justamente do fato de que eu me observo reduzido a uma impotente partícula de poeira, vejo-me reduzido a um elemento desamparado, dominado pelas forças gigantescas que estão além da minha compreensão?

Do desejo à pulsão... e de volta

Nossas observações críticas a respeito de Judith Butler baseiam-se no pleno endosso de sua proposta básica sobre o vínculo profundo entre – até a derradeira identidade dos – dois aspectos ou modos de reflexividade: a reflexividade no sentido filosófico estrito de autorrelação negativa, que é constitutiva da subjetividade na tradição do idealismo alemão, de Kant a Hegel (o fato salientado em especial por Robert Pippin, entre outros, de que na relação com seu Outro o sujeito sempre-já se relaciona consigo mesmo, isto é, a consciência é sempre-já consciência-de-si), e a reflexividade no sentido psicanalítico da volta sobre si mesmo que define o gesto de "recalque primário" (a inversão da regulação do desejo em desejo de regulação etc.)[53]. Esse giro sobre si mesmo já é claramente discernível naquilo que talvez venha a ser a narrativa paradigmática da defesa contra a *jouissance* excessiva: a de Ulisses encontrando as sereias. A ordem que ele dá aos marinheiros antes do encontro é: "Prendei-me com calabres firmes, rente à carlinga, em nó inextricável. Se eu implorar, se eu ordenar que desateis cordames, devereis cingi-los mais e mais"[54]. A ordem para prender "com calabres firmes, em nó *inextricável*" é nitidamente exagerada no contexto das instruções de Circe: passamos do prender-se como defesa contra a *jouissance* excessiva do canto das sereias para o prender-se como fonte de satisfação erótica.

Essa reflexividade, no entanto, assume diferentes modalidades – não apenas entre filosofia e psicanálise, mas também no interior da própria psicanálise: a reflexividade da *pulsão* da qual tratamos neste capítulo não é igual à reflexividade histérica do *desejo* que examinamos no capítulo 2 (isto é, o fato de que a histeria é definida pela inversão da impossibilidade de satisfazer o desejo em desejo de manter o próprio desejo insatisfeito etc.). Como essas duas reflexividades estão relacionadas? A oposição aqui é entre perversão e histeria: se o desejo "enquanto tal" é histérico, a pulsão "enquanto tal" é perversa. Ou seja, histeria e perversão estão presas numa espécie de circuito mortal no qual cada uma pode ser concebida como reação a sua oposta. A pulsão define os parâmetros masoquistas do "apego apaixonado" primordial, da fantasia fundamental que garante um mínimo de ser ao sujeito; a subjetividade propriamente dita emerge então por meio da renegação histérica desse "apego apaixonado" primordial – por meio da recusa do sujeito de assumir a posição de objeto-instrumento da *jouissance* do Outro –, o sujeito histérico questiona incessantemente sua posição (a pergunta básica é: "O que eu sou para o Outro? Por que sou aquilo que o Outro diz que sou?"). Portanto, não é

---

[53] Esse tema da reflexividade já é anunciado e formulado no primeiro livro de Butler, em seu excelente ensaio sobre Hegel. Ver *Subjects of Desire* (Nova York, Columbia University Press, 1987).

[54] Homero, *Odisseia* (trad. Trajano Vieira, 2. ed., São Paulo, Editora 34, 2012).

apenas o desejo histérico que pode ser concebido como a renegação da fantasia fundamental endossada pelo perverso; a própria perversão (assumir a posição de objeto-instrumento da *jouissance* do Outro) também pode ser entendida como uma fuga na auto-objetificação que me permite evitar o impasse da incerteza radical a respeito daquilo que sou enquanto objeto – o perverso, por definição, *sabe* o que, como objeto, ele é para o Outro.

Desejo e pulsão são claramente opostos no que diz respeito ao modo como se relacionam com a *jouissance*. Para Lacan, o embaraço com relação à *jouissance* não é apenas o fato de ela ser inalcançável, sempre-já perdida, esquivando-se indefinidamente de nossa apreensão, mas é, sobretudo, o fato de que *jamais podemos nos livrar dela*, sua mancha se prolonga para sempre – é disso que se trata o mais-gozar lacaniano: a própria renúncia à *jouissance* engendra um resto/excedente de *jouissance*. O desejo representa a economia em que todo objeto do qual tomamos posse é "nunca *isso*", a "Coisa Real", aquela que o sujeito se esforça para conquistar, mas sempre lhe escapa; já a pulsão representa a economia oposta, na qual a mancha da *jouissance* sempre acompanha nossos atos. Isso explica também a diferença da reflexividade da pulsão e do desejo: o desejo deseja reflexivamente sua própria não satisfação, o adiamento do encontro com a *jouissance* – isto é, a fórmula básica da reflexividade do desejo é a conversão da impossibilidade de satisfação do desejo em desejo de não satisfação; a pulsão, ao contrário, encontra satisfação (isto é, macula-se com a mancha da satisfação) no próprio movimento destinado a "recalcar" a satisfação.

O que é então a pulsão, sobretudo em sua forma mais radical, a pulsão de morte? Observar os heróis wagnerianos pode ser muito útil: desde o primeiro caso paradigmático, o do Holandês Voador, todos têm uma paixão incondicional pela morte, pela paz final e pela redenção na morte. São heróis cujo infortúnio é que, em algum momento do passado, eles cometeram um ato inconfessável e foram condenados a pagar por isso não com a morte, mas com uma vida de eterno sofrimento, de errância, incapazes de cumprir sua função simbólica. Onde está a pulsão de morte? Ela *não* está no anseio de morrer, de encontrar paz na morte: a pulsão de morte, ao contrário, é o oposto de morrer, é o nome para a vida eterna "morta--viva", para o terrível destino de estar preso num ciclo infinito e repetitivo de vagar na dor e na culpa. O desaparecimento final do herói wagneriano (a morte do Holandês, de Wotan, Tristão, Amfortas) é, portanto, o momento de sua *libertação* das garras da pulsão de morte. No Ato III, Tristão não está desesperado por causa de seu medo de morrer: o que o atormenta é o fato de que, sem Isolda, ele *não pode morrer* e é condenado à saudade eterna – ele espera ansiosamente a chegada de Isolda para poder morrer. A possibilidade que o assusta não é morrer sem Isolda (a queixa habitual do amante), mas é uma vida interminável sem ela...

(Des)apegos apaixonados, ou Judith Butler como leitora de Freud / 313

Isso nos fornece uma pista do paradigmático canto wagneriano: precisamente a *queixa* (*Klage*) do herói, que expressa seu horror ante a condenação a uma vida de sofrimento eterno, a vagar ou viver como um monstro "morto-vivo", ansiando pela paz na morte (desde o primeiro exemplo, o grandioso monólogo introdutório do Holandês, até o lamento do agonizante Tristão e as duas grandes queixas do sofredor Amfortas). Ainda que não haja nenhuma grande queixa por parte de Wotan, o adeus final de Brunilda a ele (*"Ruhe, ruhe, du Gott!"* ["Descanse, descanse, ó Deus"]) aponta para a mesma direção: quando o ouro retorna ao Reno, Wotan pode finalmente morrer em paz. O comentário habitual sobre a suposta contradição na trama de *O anel do nibelungo* (por que os deuses continuam morrendo, apesar de terem saldado a dívida, isto é, apesar de o ouro ter retornado ao Reno?, essa dívida não era justamente a causa da queda dos deuses?) é equivocado: a dívida não paga, o "pecado original" que perturba o equilíbrio natural é o que *impede* Wotan de morrer – ele só pode morrer e encontrar a paz após liquidar sua dívida. Podemos ver também por que *Tannhäuser* e *Lohengrin* não são realmente óperas wagnerianas: falta-lhes um verdadeiro herói wagneriano[55]. Tannhäuser é "muito comum": dividido simplesmente entre o amor espiritual puro (por Elisabeth) e o excesso de gozo erótico mundano (dado por Vênus), ele é incapaz de renunciar aos prazeres mundanos, embora deseje se livrar deles; Lohengrin, ao contrário, é "demasiado celestial": uma criatura divina (um artista) que anseia viver como um mero mortal na companhia de uma mulher fiel, que confie inteiramente nele. Nenhum dos dois está na posição do verdadeiro herói wagneriano, condenado à existência "morta-viva" do sofrimento eterno[56].

Os heróis wagnerianos padecem da "doença até a morte" no sentido kierkegaardiano da expressão. Na ideia de "doença até a morte", Kierkegaard inverte o habitual desespero do indivíduo entre a certeza de que a morte é o fim, de que não há um Além de vida eterna, e o insaciável desejo de crer que a morte não é o fim:

---

[55] Ver Michel Tanner, *Wagner* (Londres, Flamingo, 1997).

[56] Outra oposição pode ser feita aqui entre os dois lamentos finais: o do agonizante Tristão e o de Amfortas, em *Parsifal*. Essa oposição diz respeito à relação de cada um com a triangulação edipiana. *Tristão* reproduz a típica situação edipiana (o roubo de Isolda, uma mulher que pertence a outro homem, da figura paterna do rei Marcos), ao passo que a estrutura subjacente de *Parsifal* – como apontou Lévi-Strauss – é antiedipiana, o inverso de Édipo. Em *Parsifal*, quem faz o lamento é a figura *paterna* de Amfortas, finalmente libertado por Parsifal. Em *Tristão*, o digno Marcos perdoa Tristão por sua paixão transgressora, enquanto em *Parsifal*, o jovem "assexuado" Parsifal, um "grande tolo", liberta a figura paternal de Amfortas das dolorosas consequências de seu pecado transgressor (deixando-se seduzir por Kundry). Essa inversão, esse deslocamento da mancha da transgressão do filho para o pai é o que faz de *Parsifal* uma obra de arte propriamente *moderna*, deixando para trás a tradicional problemática edipiana do filho que transgride a proibição paterna, rebela-se contra a autoridade do pai.

há uma outra vida, com sua promessa de redenção e bem-aventurança eternas. Para Kierkegaard, a "doença até a morte" envolve o paradoxo oposto do sujeito que sabe que a morte não é o fim, que ele possui uma alma imortal, mas não consegue enfrentar as demandas exorbitantes desse fato (a necessidade de abandonar os vãos prazeres estéticos e trabalhar para sua salvação) e deseja desesperadamente acreditar que a morte é o fim, que não há nenhuma demanda incondicional divina pesando sobre ele... Portanto, estamos aqui diante de um indivíduo que quer desesperadamente morrer, desaparecer para sempre, mas sabe que não pode, porque está condenado à vida eterna: é a imortalidade, e não a morte, que se transforma no horror supremo. Essa inversão, de certa forma, é análoga àquela que acabamos de mencionar, a passagem lacaniana do desejo para a pulsão: o desejo luta desesperadamente para alcançar a *jouissance*, o objeto final que sempre o elude; a pulsão, ao contrário, envolve a impossibilidade oposta: não a impossibilidade de chegar à *jouissance*, mas a impossibilidade de *livrar-se dela*.

A lição da pulsão é que *estamos condenados à jouissance*: não importa o que façamos, a *jouissance* estará lá; nunca nos libertaremos dela; mesmo em nosso esforço mais meticuloso para renunciar a ela, ela contaminará o próprio esforço para nos livrarmos dela (como o asceta que goza perversamente ao se autoflagelar). E a perspectiva da tecnologia genética contemporânea parece envolver um horror kierkegaardiano semelhante: ela traz a apavorante perspectiva não da morte, mas da imortalidade. Ou seja, o que faz as manipulações genéticas serem tão sinistras não é apenas o fato de que poderemos objetivar completamente a nossa existência (no genoma, serei confrontado com a fórmula daquilo que "sou objetivamente", isto é, um genoma funcionará como a versão final da velha fórmula mística hindu: "*Tat tvam asi*" – "Tu és isso"), mas também porque, de certa forma, eu me tornarei imortal e indestrutível, indefinidamente reproduzível, com meus duplos multiplicando-se a minha volta graças à clonagem[57]. Mais uma vez,

---

[57] Num nível muito mais despretensioso da vida cotidiana, um horror semelhante é experimentado com frequência por aqueles que trabalham usando computadores pessoais (PCs): o que continua a ser tão estranho no PC não é apenas o fato de que, por causa de um vírus ou de um mau funcionamento, podemos perder ou apagar sem querer o resultado de horas ou dias de trabalho, mas também a possibilidade oposta: uma vez que se escreva e registre uma coisa no computador, é praticamente impossível apagá-la. Como sabemos, ainda que se aplique a função *delete* a um texto, ele permanece no computador, só que não aparece mais registrado – por isso, os computadores possuem a função *undelete*, que permite resgatar o texto estupidamente deletado. Um simples PC contém então uma espécie de domínio espectral "morto-vivo" dos textos deletados, que ainda assim continuam a viver uma vida de sombra "entre as duas mortes", oficialmente apagados, mas ainda lá, aguardando serem recuperados. Este é o derradeiro horror do universo digital: tudo nele permanece inscrito para sempre, é praticamente impossível livrar-se de um texto, apagá-lo etc...

esse é o domínio das pulsões, da imortalidade assexuada por meio da clonagem repetitiva e infindável. Ou seja, o ponto crucial aqui é opor a clonagem genética à reprodução sexuada: a clonagem genética sinaliza o fim da diferença sexual como o impossível/real que estrutura nossas vidas e, como tal, marca também o fim do universo simbólico que habitamos como seres de linguagem mortais, finitos. Essa ideia de uma existência espectral morta-viva também nos permite explicar o paradoxo fundamental da pulsão de morte freudiano-lacaniana: tal como a "doença até a morte" kierkegaardiana, a pulsão de morte não é a marca da finitude humana, mas é seu próprio oposto: é o nome da "vida [espectral] eterna", o indício de uma dimensão na existência humana que persiste para sempre, para além de nossa morte física, e da qual jamais podemos nos livrar.

Podemos ver agora em que sentido preciso Lacan deve ser oposto a Heidegger: para Lacan, a pulsão de morte é precisamente o derradeiro nome freudiano para a dimensão que a metafísica tradicional designava como a da *imortalidade* – para uma pulsão, um "impulso", que persiste para além do ciclo (biológico) de geração e deterioração, para além do "destino de toda carne". Em outras palavras, na pulsão de morte, o conceito de "morte" funciona exatamente como o "*heimlich*" no *unheimlich* freudiano, isto é, coincidindo com sua negação: a pulsão de morte designa a dimensão daquilo que os filmes de terror chamam de "morto-vivo", uma vida estranha, imortal e indestrutível que persiste para além da morte. Essa é a "infinitude" compatível com o edifício teórico lacaniano: não a "infinitude espúria [má]" da luta interminável para alcançar o Objetivo ou Ideal final que escapa indefinidamente a nossa apreensão, mas uma infinitude *ainda pior* de *jouissance* que persiste para sempre, visto que nunca podemos nos livrar dela. A resposta de Lacan à "má infinitude" não é, portanto, a afirmação idealista pseudo-hegeliana de uma verdadeira infinitude positiva da Ideia, mas um gesto que vai "do mal ao pior": a afirmação de uma infinitude *ainda pior* de um "resto indivisível" de *jouissance* que sempre se agarra a tudo que fazemos...

Como a diferença sexual se relaciona com essa pulsão "morta-viva"? Jacques-Alain Miller[58] tenta introduzir a diferença sexual na conclusão do tratamento psicanalítico: as mulheres não se identificam plenamente com sua fantasia, "nem tudo" de seu ser está ligado a ela; por isso, para elas, é mais fácil tomar distância da fantasia, atravessá-la; ao passo que os homens, via de regra, esbarram num núcleo fantasmático condensado, um "sintoma fundamental", a fórmula básica da *jouissance* à qual são incapazes de renunciar, de modo que só lhes resta aceitá-la como uma

---

[58] Ver Jacques-Alain Miller, "Des semblants dans la relation entre les sexes", *La Cause Freudienne*, n. 36, Paris, 1997, p. 7-15.

316 / O sujeito incômodo

necessidade imposta. Em resumo, o "atravessar a fantasia" é concebido como feminino, e o "identificar-se com o sintoma" como masculino[59].

Miller aborda a tensão não resolvida entre desejo e pulsão discernível nessa solução
em outra de suas conferências ("Le monologue de *l'apparole*"[60]), em que se concentra
na obscura afirmação de Lacan: "*le pas-de-dialogue a sa limite dans l'interprétation, par
où s'assure le réel*" ["o não-diálogo tem seus limites na interpretação, pela qual garante
o real"]*. Miller interpreta esse "não-diálogo" como *l'apparole*, a fala que funciona
como o aparelho de *jouissance*, e não mais como o meio de comunicação de um significado; *l'apparole* não envolve intersubjetividade, nem mesmo como o grande Outro
vazio que está presente quando falamos num "monólogo interior", tentando esclarecer
nossos pensamentos; nem mesmo como o *jouis-sense* de ferir o Outro no núcleo de seu
ser, como é o caso da fala injuriosa – *l'apparole* envolve uma afirmação radicalmente
fechada em si mesma de *jouissance* da palavra vazia (sem significado). (Em síntese,
l'apparole está para *la parole* assim como *lalangue* está para *le langage*.)

Na medida em que, em *l'apparole*, estamos lidando com um circuito idiota-feliz
do aparelho que produz *jouissance*, essa não viria a ser justamente a própria definição de *pulsão*? Como, então, a interpretação limitaria esse circuito fechado em si
mesmo introduzindo a dimensão do Real? O Real aqui é o impossível, a impossibilidade da relação sexual: a balbuciação feliz de *l'apparole* é assexual; como tal, não
envolve nenhuma experiência do Real como impossível, isto é, de um Limite inerente traumático. A interpretação deve, portanto, "moderar" o sujeito em sua radiante imersão na balbuciação de *l'apparole*, fazendo-o enfrentar o Real impossível
da condição humana. A interpretação é concebida aqui não como ilimitada/infini-
ta ("há sempre um novo modo de ler um texto"), mas, ao contrário, como o gesto
de introdução de um *limite* no jogo irrestrito de *l'apparole*... O problema dessa
leitura é que ela identifica *l'apparole* com o reino irrestrito do "princípio do prazer",
que exclui a dimensão do Real. Nesse caso, no entanto, *l'apparole não* poderia ser
identificada com a pulsão, visto que a pulsão envolve o Real da compulsão à repetição que está, por definição, "além do princípio do prazer".

O problema com que Miller se digladia é central no Lacan dos últimos anos: após
penetrar no complexo (edipiano) da Lei/desejo, do desejo fundado na proibição, rumo

---

[59] Miller parece renunciar aqui à ideia de sintoma como *sinthome*, o nó de *jouissance além* da fantasia,
que persiste mesmo quando o sujeito atravessa sua fantasia fundamental, e reduzir esse sintoma a
um núcleo "condensado" de fantasia que regula o acesso do sujeito à *jouissance*.

[60] Jacques-Alain Miller, "Le monologue de l'apparole", *La Cause Freudienne*, n. 34, Paris, 1996, p. 7-18.

* "Não há diálogo, disse eu, mas esse não-diálogo tem seu limite na interpretação, através da qual se garante como no tocante ao número, o real", Jacques Lacan, *Outros escritos* (Rio de Janeiro, Zahar, 2003),
p. 548. (N. T.)

ao enigmático "continente negro" da pulsão e de sua satisfação no circuito repetido da *jouissance*, como (re)introduzir um Limite e em seguida *retornar* ao domínio da proibição/Lei, da comunicação de/e sentido? A única solução consistente aqui é que *l'apparole* (a versão lacaniana do "narcisismo primário" anterior à introdução da Lei simbólica) não seja "primordial", que haja algo que a preceda (ao menos logicamente) – isso é precisamente o que chamamos anteriormente de violência da imaginação pré- -sintética, que *não* deve ser identificada com o circuito radiante da pulsão autossatisfeita. Esse circuito da pulsão é a matriz derradeira da *autoafeição*, da circulação autoafetiva (o próprio Lacan evoca "[uma] só boca que se beijaria a si mesma"* como a imagem perfeita da pulsão; sua fórmula da pulsão – "*se faire...*" – já evoca a autoafeição); por outro lado, a imaginação pré-sintética é o oposto da autoafeição: representa uma espécie de "Big Bang" ontológico, a "violência" primordial de irromper da imersão e da clausura, explodindo o circuito fechado, despedaçando a unidade da Vida numa multiplicidade flutuante de "objetos parciais" monstruosos e espectrais.

A própria posição de Lacan a esse respeito não está livre de ambiguidades. Sua posição "oficial" é mais bem exemplificada por um texto breve, porém crucial, de seus *Escritos*, "Do *Trieb* de Freud e do desejo do psicanalista"[61]: o que o analisando tem de fazer quando chega ao final da análise, isto é, quando "retorna" do desejo (sustentado pela fantasia) para a pulsão? Deve entregar-se ao circuito fechado da pulsão? Diferentes tradições místicas e filosóficas, do misticismo cristão a Nietzsche, parecem defender este caminho: aceitar o circuito do "eterno retorno do mesmo", encontrar satisfação não ao atingir o Alvo [*Goal*], mas no próprio caminho que leva a ele, isto é, em reiteradamente errar o Alvo... Lacan, no entanto, insiste que "atravessar a fantasia" não é estritamente equivalente a passar da pulsão para o desejo: há um desejo que subsiste mesmo após atravessarmos nossa fantasia fundamental, um desejo que não é sustentado pela fantasia, e esse desejo, obviamente, é *o desejo do analista* – não o desejo de se tornar analista, mas o desejo que se ajusta à posição subjetiva do analista, o desejo de alguém que se submeteu à "destituição subjetiva" e aceitou o papel de abjeto excrementício, o desejo liberado da ideia fantasmática de que "há algo em mim mais que eu mesmo", um tesouro secreto que me faz digno do desejo do Outro. Esse desejo singular é o que, mesmo após eu assumir plenamente a "inexistência do grande Outro" – isto é, o fato de que a ordem simbólica é mero semblante – impede que eu mergulhe no circuito fechado em si mesmo da pulsão e sua satisfação debilitante. Presume-se, portanto, que o desejo do analista sustenta a comunidade analítica na falta de um suporte fantas-

---

* Jacques Lacan, *O seminário, livro 11*, cit., p. 170. (N. T.)

[61] Ver Jacques Lacan, "Du 'Trieb' de Freud au désir du psychanalyste", em *Écrits*, cit., p. 851-4 [ed. bras. "Do *Trieb* de Freud e do desejo do psicanalista", em *Escritos*, cit., p. 865-8].

318 / O sujeito incômodo

mático, torna possível um grande Outro comunal que evita o efeito transferencial do "sujeito suposto... [saber, crer, gozar]". Em outras palavras, o desejo do analista é a tentativa de Lacan de responder à pergunta: após termos atravessado a fantasia e aceitado a "inexistência do grande Outro", como retornarmos a um [novo] arranjo do grande Outro que torne mais uma vez possível a coexistência coletiva?

Não devemos perder de vista o fato de que, para Lacan, a pulsão não é "primordial", não é um fundamento primário do qual, pela intervenção da Lei simbólica, eclode o desejo. Uma leitura mais atenta do "grafo do desejo" lacaniano[62] mostra que a pulsão é uma montagem de elementos que irrompe como uma espécie de "subproduto necessário" do corpo instintivo capturado na rede da ordem simbólica. O fato de uma necessidade instintual ser capturada na rede de significantes significa que o objeto que satisfaz essa necessidade começou a funcionar como signo do amor do Outro[/Mãe]*; por conseguinte, a única maneira de fugir do impasse da escravização do sujeito por ordem do Outro é pela intervenção da Proibição/Lei simbólica, que torna impossível a plena satisfação do desejo. Todos os conhecidos paradoxos do desejo são engendrados dessa forma, desde um "Não posso amá-lo(a), a menos que renuncie a você" até um "Não me dê o que lhe peço, porque não é *isso*"; o desejo é definido por esse *ce n'est pas ça*, isto é, seu propósito mais elementar e derradeiro é sustentar-se enquanto desejo, em seu estado de não satisfação[63]. A pulsão, por sua vez, representa a possibilidade paradoxal de que o sujeito, sempre impedido de alcançar seu Alvo (e assim satisfazer plenamente seu desejo), pode encontrar satisfação no próprio movimento circular de perder repetidamente seu objeto, de dar voltas em torno dele; fecha-se, assim, a lacuna consti-

---

[62] Ver Jacques Lacan, "Subversão do sujeito e dialética do desejo no inconsciente freudiano", cit.

* No original, "[M]Other", que pode ser tanto *Mother* (Mãe) como *Other* (Outro). (N. T.)

[63] O célebre truísmo de Jenny Holzer: "Proteja-me daquilo que quero", expressa de forma muito precisa a ambiguidade fundamental envolvida no fato de o desejo ser sempre desejo do Outro. Podemos interpretá-lo como: "Proteja-me do desejo excessivo e autodestrutivo que me habita e que eu mesmo sou incapaz de dominar" – ou seja, como uma referência irônica ao senso comum chauvinista que diz que a mulher, deixada por conta própria, vê-se presa numa fúria autodestrutiva, por isso necessita ser protegida de si mesma pela benevolente dominação do homem; ou, de forma ainda mais radical, como indicativo do fato de que, em nossa sociedade patriarcal, o desejo da mulher é radicalmente alienado, ela deseja aquilo que o homem espera que ela deseje, deseja ser desejada etc... – nesse caso, "proteja-me daquilo que quero" significa: "aquilo que quero já é imposto a mim pela ordem sociossimbólica patriarcal, que me diz o que desejar, de modo que a primeira condição para a minha libertação é romper o círculo vicioso do meu desejo alienado e aprender a formulá-lo de forma autônoma". O problema, obviamente, é que essa segunda leitura implica uma oposição deveras ingênua entre o desejo alienado "heterônomo" e o desejo verdadeiramente autônomo – e se o desejo como tal for sempre "desejo do Outro", de modo que, em última instância, não há como escapar do impasse histérico do "eu exijo que você recuse aquilo que exijo de você, porque não é *isso*"?

tutiva do desejo; a volta fechada em si mesma de um movimento repetitivo circular substitui o esforço infinito. Nesse sentido preciso, a pulsão equivale à *jouissance*, pois esta, em sua forma mais elementar, é "prazer na dor", um prazer perverso dado pela experiência dolorosa de repetidamente errar o alvo[64].

O fato de a pulsão ser um "subproduto" deve também ser tomado no sentido preciso que esse termo adquiriu na teoria contemporânea da ação racional[65]: em contraste com o desejo, que pode ser caracterizado como uma atitude intencional, a pulsão é algo em que o sujeito se vê capturado, uma espécie de força acéfala que persevera em seu movimento repetitivo. Por essa razão, podemos propor como lema ético da psicanálise o célebre *ne pas céder sur son désir*, "não ceda de seu desejo"; já o lema complementar "não ceda de sua pulsão" não tem sentido, porque é supérfluo: o problema da pulsão não é como traí-la, mas como romper o circuito, as amarras de seu poder inerte sobre nós... Por essa mesma razão, Lacan fala de "*desejo* do analista", *nunca* de "*pulsão* do analista": na medida em que o analista é definido por uma certa atitude subjetiva – a da "destituição subjetiva" –, a especificidade de sua posição pode ser determinada apenas no nível do desejo. A pulsão é pré-subjetiva/acéfala, não é o nome *de* uma atitude subjetiva: podemos somente assumir uma atitude *com relação* a ela.

Em termos religiosos, esse é o problema das diferentes *heresias*. A Igreja cristã, enquanto instituição social, funciona efetivamente como a garantia do desejo humano, que só pode vicejar sob a proteção da Lei paterna (o Nome-do-Pai): longe de proibir as paixões do corpo (a sexualidade), a Igreja se esforça para regulá-las. Desenvolveu em sua longa história uma série de estratégias para "domesticar" o excesso de *jouissance* que não pode ser contido pela Lei paterna (por exemplo, a opção que se deu às mulheres de se tornarem freiras e assim alcançarem a *jouissance féminine* das experiências místicas). A façanha da heresia cátara (*a* heresia, se é que já houve alguma) foi precisamente solapar esse papel estratégico da Igreja na regulação do prazer sexual (o papel enfatizado por Foucault), isto é, desconsiderar literalmente o corpo, rezar e praticar a verdadeira castidade (para os cátaros, *toda* união sexual é incestuosa)[66]. O paradoxo, obviamente, é que essa renúncia radical do prazer sexual não apenas *não* priva o sujeito da *jouissance*, como até a intensifica

---

[64] Mesmo que a pulsão seja concebida como um subproduto secundário do desejo, ainda podemos sustentar que o desejo é uma defesa contra a pulsão: o paradoxo é que o desejo funciona como uma *defesa contra seu próprio produto*, contra sua própria excrescência "patológica", isto é, contra a *jouissance* sufocante gerada pelo movimento circular fechado em si mesmo da pulsão.

[65] Ver Jon Elster, *Sour Grapes* (Cambridge, Cambridge University Press, 1982).

[66] Segundo os ensinamentos cátaros, nosso mundo terreno foi criado pelo Diabo, isto é, o Criador que, no início da Bíblia, fez o mundo que conhecemos (aquele que disse: "Faça-se a luz!" etc.) não era ninguém menos que *o próprio Diabo*.

320 / O sujeito incômodo

(o asceta tem um acesso à *jouissance* muito mais profundo do que o prazer sexual habitual). Essa é a conexão entre a heresia cátara e o amor cortês: quando, ao invés de se permitir o prazer sexual dentro dos limites da Lei, a sexualidade do corpo é totalmente proibida, essa proibição da derradeira união sexual, essa estrutura de *amor interruptus* prolongada *ad infinitum*, dá origem ao amor cortês, no qual o desejo se converte em pulsão – no qual a satisfação é dada pelo próprio adiamento indefinido da união sexual, que leva a uma satisfação "real". De certa forma, portanto, os cruzados cristãos que combateram os cátaros tinham razão de suspeitar que a renúncia ascética aos prazeres mundanos entre os cátaros era profundamente ambígua, visto que gerava uma *jouissance* muito mais intensa, capaz de minar o próprio poder regulador da Lei simbólica paterna.

Nossa conclusão, portanto, é que desejo e pulsão, em certo sentido, *pressupõem--se reciprocamente*: não podemos falar de um sem o outro. A pulsão não é simplesmente o circuito fechado da autossatisfação que irrompe como subproduto do desejo, nem o desejo é o resultado do recuo diante do circuito da pulsão. Consequentemente, e se o desejo e a pulsão forem duas formas de evitar o impasse da negatividade que é o sujeito – pela obtenção de satisfação no movimento circular repetitivo da pulsão, ou então pela busca metonímica interminável do objeto perdido do desejo? Ambas as formas, a do desejo e a da pulsão, envolvem dois conceitos de subjetividade totalmente distintos. Já que têm sido escritos elogios teóricos suficientes sobre o notório "sujeito do desejo" (o sujeito dividido/frustrado pela Lei/Proibição simbólica, o Vazio da negatividade preso na eterna busca de seu objeto-causa perdido – dizer que "sou um sujeito desejante" equivale a dizer "sou a falta, a lacuna na ordem do Ser..."), talvez seja a hora de focalizar a subjetividade muito mais misteriosa gerada pelo movimento circular da pulsão.

A *doxa* fundamental de Lacan a respeito da pulsão, como vimos, é bem clara: a pulsão envolve uma espécie de giro autorreflexivo, não apenas uma simples reversão do modo ativo em modo passivo: na pulsão escópica, por exemplo, o desejo de "ver tudo" não é simplesmente invertido na proclividade de ser visto pelo Outro, mas sim no entremeio muito mais ambíguo de *se faire voir*, de se fazer ver[67]. (Essa reversão do desejo em pulsão também pode ser especificada a propósito da escolha: no nível do sujeito do desejo, há escolha, inclusive da escolha forçada fundamental – ou seja, o sujeito *escolhe*; entramos no nível da pulsão quando o ato de escolha é convertido em um *se faire choisir*, "fazer-se escolher" – como na predestinação, na qual o sujeito religioso não escolhe simplesmente Deus, mas "faz-se escolhido" por Ele. Ou, dito de outro modo, a única – mas elevada e crucial – liberdade que me é

---

[67] Ver o capítulo 14 de Jacques Lacan, *O seminário, livro 11*, cit.

(Des)apegos apaixonados, ou Judith Butler como leitora de Freud / 321

concedida na pulsão é a liberdade de escolher o inevitável, de abraçar livremente meu Destino, o que me acontecerá de qualquer jeito). Entretanto, que tipo de *subjetividade* – se de fato há alguma – está envolvida nessa reversão do desejo em pulsão[68]? Duas séries de exemplos cinematográficos e/ou literários talvez sejam mais adequadas para ilustrar o paradoxo da pulsão.

- O caso do jogo temporal na ficção científica (o sujeito viaja ao passado – ou ao futuro – e encontra um ente misterioso que sempre se esquiva de seu olhar, até que finalmente se dá conta de que esse ser "impossível" é *o próprio sujeito*; ou o caso oposto, no qual o sujeito viaja ao passado com o objetivo expresso de engendrar a si mesmo, ou ao futuro para presenciar a própria morte...). Para não cairmos em velhos exemplos como *De volta para o futuro*, lembramos *Estrada perdida*, de David Lynch. Um ingrediente crucial do universo lynchiano é a presença constante de uma frase, uma cadeia significante, que ressoa como um Real que persiste e sempre retorna – uma espécie de fórmula básica que suspende e afeta o fluxo linear de tempo: em *Duna*, temos a frase "O dorminhoco deve acordar"; em *Twin Peaks*, "As corujas não são o que parecem"; em *Veludo azul*, "Papai quer foder"; e, é claro, em *Estrada perdida*, a famosa frase que contém as primeiras e as últimas palavras ditas no filme, "Dick Laurent está morto", anunciando a morte da figura paterna obscena (Sr. Eddy) – toda a narrativa do filme desenvolve-se no intervalo de tempo entre esses dois momentos. No começo do filme, Fred, o herói, ouve essas palavras no interfone de sua casa; no fim, pouco antes de fugir, ele mesmo as diz pelo interfone – portanto temos uma situação circular: primeiro uma mensagem que é ouvida, mas não é compreendida pelo herói, depois o próprio herói pronuncia essa mensagem. Em resumo, o filme todo é baseado na impossibilidade de o herói *encontrar a si mesmo*, como nas famosas cenas de viagem no tempo nas histórias de ficção científica, em que o herói, voltando para trás, encontra a si mesmo num tempo anterior...

Não temos aqui uma situação como aquela da psicanálise em que, no princípio, o paciente se vê perturbado por uma mensagem obscura e indecifrável, porém persistente (o sintoma), que o bombardeia de fora, por assim dizer; em seguida, na conclusão do tratamento, o paciente é capaz de assumir essa mensagem como sua, pronunciando-a na primeira pessoa do singular? O circuito temporal que estrutura *Estrada perdida* é, portanto, o próprio circuito do tratamento psicanalítico, em que, após um longo desvio, voltamos ao ponto de partida com outra perspectiva. Em seu primeiro *Seminário*, Lacan evoca essa estrutura

---

[68] Remeto-me aqui ao artigo não publicado de Alenka Zupančič, "La subjectivation sans sujet".

322 / O sujeito incômodo

temporal-circular do sintoma quando sublinha que o sintoma freudiano é como um sinal portador de uma mensagem que *não* vem, como era esperado, do "passado profundamente enterrado" de antigos traumas, mas do *futuro* (do Sujeito) – do futuro em que, pelo trabalho do tratamento psicanalítico, o sentido desse sintoma terá sido compreendido[69]. (Nesse sentido, a tomada de 360 graus do abraço apaixonado do casal de *Um corpo que cai*, de Hitchcock, durante a qual o fundo atrás deles nos transporta do presente – Scottie beija Judy reformulada em Madeleine no quarto ordinário de hotel em que ela mora – para o passado – Scottie beija a própria Madeleine pouco antes de ela saltar do velho armazém da Missão Juan Bautista – e de volta ao presente, ilustra perfeitamente o circuito temporal da pulsão, o modo como seu movimento se volta para si mesmo. Talvez a "vertigem" do título original do filme se refira justamente ao modo como qual Scottie é capturado no circuito infindável da pulsão.)

• O caso da narrativa em que, num primeiro momento, nós (o sujeito de cujo ponto de vista é contada a história) nos deparamos com um objeto terrível (a Coisa Estranha, o Monstro, o Assassino...), apresentado como o ponto com que nenhuma identificação é possível; subitamente, no entanto, nós, os espectadores, somos violentamente lançados na perspectiva da própria Coisa Estranha. Lembramos exemplos como *Frankenstein* (o romance), em que, após o Monstro ser apresentado como a Coisa Horrorosa Estranha, somos subitamente arremessados na perspectiva *dela* – ou seja, *ela* é autorizada a contar seu lado da história[70]. No excepcional *Quando um estranho chama*, de Fred Walton, também somos arremessados de repente no ponto de vista do assassino patológico compulsivo, apresentado na primeira parte do filme como a Alteridade absoluta – sem mencionar *Psicose*, de Hitchcock, em que, após a Mãe ser construída como a Coisa aterrorizante, acompanhamos a ação em algumas cenas (como o assassinato do detetive Arbogast) do ponto de vista *dela*[71].

Em todos esses casos, a Coisa-para-além-da-representação inacessível/traumática torna-se "subjetivada": essa subjetivação não "humaniza" a Coisa, de-

---

[69] "[...] o que vemos sob a volta do recalcado é o sinal apagado de algo que só terá o seu valor no futuro, pela sua realização simbólica, a sua integração na história do sujeito", *The Seminar of Jacques Lacan, Book 1: Freud's paper on technique* (Nova York, Norton, 1988), p. 159 [ed. bras.: *O seminário, livro 1: Os escritos técnicos de Freud*, trad. Betty Milan, Rio de Janeiro, Zahar, 1986, p. 186].

[70] A respeito do exemplo supremo da Coisa Monstruosa na cultura popular contemporânea, o do alienígena, Ridley Scott menciona numa entrevista que, se fosse autorizado a filmar a sequência de seu *Alien*, contaria a história do ponto de vista do Alien.

[71] Para uma análise mais detalhada dessa subjetivação da Coisa em *Psicose*, ver Slavoj Žižek, "Hitchcock's Universe", em Slavoj Žižek (org.), *Everything You Ever Wanted to Know about Lacan (but Were Afraid to Ask Hitchcock)* (Londres, Verso, 1993).

monstrando que aquilo que pensávamos ser um Monstro é, na verdade, uma pessoa comum, vulnerável? A Coisa mantém sua Alteridade insuportável, e é *como tal* que se subjetiva. Ou, dito nos termos da visão, a Coisa é primeiro construída como o X inacessível ao redor do qual circula meu desejo, como o ponto cego que quero ver, mas ao mesmo tempo temo e evito ver, sendo intenso demais para meus olhos; em seguida, na mudança para a pulsão, eu (o sujeito) "me faço ver" como Coisa – num giro reflexivo, eu *me* vejo como *Isso*, a Coisa--objeto traumático que eu não queria ver.

Mais uma vez, não encontramos o exemplo definitivo dessa Coisa impossível que "*é*" nós mesmos no tema da chamada *Isso*-Máquina da ficção científica, um mecanismo que materializa diretamente nossas fantasias não confessadas (de *O planeta proibido*, de Fred Wilcox, a *Solaris*, de Andrei Tarkovski)? A última variação sobre esse tema é *Esfera* (1997), de Barry Levinson, em que uma gigantesca nave espacial é descoberta no meio do Pacífico, depois de permanecer trezentos anos no fundo do oceano. Os três cientistas que entram nela descobrem pouco a pouco que a misteriosa Esfera no centro da nave pode penetrar a mente deles: ela conhece seus maiores medos e passa a materializá-los, a torná-los realidade[72]...

Embora seja desinteressante, *Esfera* merece nossa atenção pelo título: como Lacan mostrou num capítulo de seu seminário sobre a transferência, dedicado a esse mesmo tema ("La dérision de la sphère" ["A derrisão da esfera"])[73], a fascinação que a forma intocável, impenetrável, fechada e contida da esfera exerce sobre nós reside no fato de que ela expressa perfeitamente, no nível imaginário, a foraclusão da castração, de um corte que assinalaria a presença de uma falta e/ou excesso. E, paradoxalmente, posto que nosso acesso à realidade é condicionado pelo corte da castração, o *status* dessa esfera, longe de encarnar a perfeição ontológica, é *stricto sensu* pré-ontológico: a Esfera-Coisa aparece para nós como algo que, em termos cinematográficos, poderia ser designado como um objeto borrado, um objeto que

---

[72] Embora pareça difícil imaginar um filme mais diferente de *Mera coincidência* [*Wag the Dog*, literalmente, "abane o cão"], do próprio Berry Levinson, filmado no mesmo ano, esses dois filmes não estão ligados? A Esfera não é a Zona em que, uma vez que entramos nela, o rabo (nossas sombras fantasmáticas) abana o cachorro (nossos Eus, que supostamente controlam nossas personalidades)? *Mera coincidência*, história de um especialista em relações públicas que trama um espetáculo midiático em torno de uma guerra com a Albânia para desviar a atenção pública de um escândalo sexual em que o presidente se envolve poucas semanas antes de sua reeleição, e *Esfera* tratam do poder do puro semblante fantasmático, do modo como esse semblante fantasmático pode moldar a nossa própria (experiência da) realidade.

[73] Jacques Lacan, *Le séminaire, livre VIII: Le transfert* (Paris, Seuil, 1991), p. 97-116 [ed. bras.: *O seminário, livro 8: a transferência*, trad. Dulce Duque Estrada, Rio de Janeiro, Zahar, 1992)].

por definição, *a priori*, está fora de foco[74]. Isso é muito bem apresentado no filme de Levinson, no qual a Esfera é perfeitamente redonda, mas ao mesmo tempo é uma coisa viva, vibrante e ondulante, como se sua superfície fosse composta por uma infinidade de ondas microscópicas.

A Esfera, portanto, é semelhante à superfície do oceano de Solaris no filme de Tarkovski, em sua mobilidade global, absolutamente calma e infinita – embora esteja em perfeita paz, ela é ao mesmo tempo extremamente agitada, sempre resplandecente, de modo que é impossível fixá-la, segurá-la em sua existência positiva. Como tal, a Esfera não é nada em si mesma – puro instrumento, um espelho que não reflete/materializa a realidade, mas apenas o Real das fantasias fundamentais do sujeito. No filme, quando o personagem de Dustin Hoffman repreende furiosamente Samuel Jackson (que interpreta o matemático afro-americano) porque ele não quer divulgar o que há na esfera, Jackson retruca furiosamente: "Mas você também esteve lá! Você sabe tão bem quanto eu que *não há nada na esfera*!". Ou seja, nada além daquilo que o próprio sujeito coloca nela – ou, para citarmos a clássica formulação de Hegel a respeito do conteúdo do Além suprassensível: "Fica patente que, por trás da assim chamada cortina que deve cobrir o interior, nada há para ver; a não ser que nós entremos lá dentro – tanto para ver como para que haja algo ali atrás que possa ser visto"[75].

Portanto, é crucial ter em mente que, precisamente como Real, como Coisa impossível, a Esfera é uma entidade de *puro semblante*, uma entidade anamorficamente deformada "em si", uma superfície ondulante, resplandecente, fora de foco, que esconde (ou é sustentada por) Nada; *como tal*, é o perfeito veículo neutro para as fantasias fundamentais. *Esfera* também deixa claro que o conceito de Zona ou Coisa em que nossos desejos são diretamente realizados deve ser situado na linhagem do velho tema dos três desejos dos contos de fadas, analisado por Freud: o aroma de uma saborosa salsicha leva uma mulher a dizer que gostaria de uma semelhante, o que faz a salsicha aparecer prontamente em seu prato; aborrecido com a estupidez de tal desejo,

---

[74] Encontramos um equivalente aproximado em *Desconstruindo Harry*, de Woody Allen, no qual Robin Williams interpreta um personagem que é, por assim dizer, ontologicamente um borrão, indistinto, fora de foco: seus contornos são desfocados não apenas para quem olha para ele, não apenas quando ele é parte de um fundo igualmente fora de foco – eles também são desfocados quando o personagem está entre aqueles que podemos ver com bastante nitidez. Essa ideia (infelizmente um *hápax*, uma ideia que pode ser usada apenas uma única vez) de uma pessoa que é anamórfica, para quem não há perspectiva adequada que torne nítidos seus contornos (mesmo quando ele olha para as próprias mãos, elas lhe parecem borradas) expressa de modo ingênuo, porém adequado, o registro lacaniano da mancha constitutiva da realidade.

[75] Georg Wilhelm Friedrich Hegel, *Phenomenology of Spirit*, cit., p. 103 [ed. bras. *Fenomenologia do espírito*, cit., p. 118].

o marido deseja que a salsicha lhe fique pendurada no nariz; restaria a eles o terceiro e último desejo, a ser usado então para que a salsicha voltasse para a mesa...* A visão por trás desse tema, obviamente, é a incomensurabilidade entre o verdadeiro desejo do sujeito e sua formulação numa determinada demanda: nosso desejo nunca está realmente no desejo explícito que somos capazes de formular – ou seja, nunca desejamos realmente aquilo que queremos ou almejamos –, por essa razão, não há nada mais terrível – mais indesejável, precisamente – do que uma Coisa que realiza inexoravelmente nosso verdadeiro desejo... Por isso, a única maneira de evocar o desejo é oferecer o objeto *e imediatamente retirá-lo*, como na bela cena de sedução de *Um toque de esperança*, quando, em frente ao seu apartamento, já tarde da noite, a moça diz ao rapaz que está tentando seduzir: "Não quer subir para tomar um café?". "Eu não tomo café..." "Não tem problema... estou sem café!"[76]

A coincidência da total alteridade com a absoluta proximidade é crucial para a Coisa: a Coisa é até mais "nós mesmos", nosso núcleo inacessível, do que o Inconsciente – é uma Alteridade que "é" diretamente nós mesmos, encenando o núcleo fantasmático de nosso ser. Assim, a comunicação com a Coisa fracassa não porque ela é demasiado estranha, arauto de um Intelecto que supera infinitamente nossas capacidades limitadas, jogando conosco um jogo perverso cuja lógica está sempre fora de nosso alcance, mas porque nos leva para perto demais daquilo que, em nós mesmos, deve permanecer a certa distância, se quisermos manter a consistência de nosso universo simbólico. Nessa mesma Alteridade, a Coisa engendra os fenômenos espectrais que obedecem aos nossos caprichos idiossincráticos mais recônditos: se há um titereiro que "mexe as cordinhas", somos nós mesmos, "a Coisa que pensa" em nosso âmago.

E o derradeiro exemplo dessa coincidência entre o núcleo de meu ser e a derradeira externalidade da Coisa estranha não seria Édipo, que, à procura do assassino de seu pai, acaba descobrindo que é ele mesmo? Nesse sentido preciso, podemos afirmar que a *Triebschicksale* de Freud, os "destinos/vicissitudes da pulsão", é profundamente justifi-

---

* Freud relata essa jocosa historieta em seu texto *Das Unheimlich*, traduzido para o português como "O estranho" ou "O inquietante". (N. T.)

[76] *Esfera*, infelizmente, estraga a lucidez dessa percepção reduzindo-a à trivial sabedoria da Nova Era: no final, os três heróis sobreviventes decidem que, já que até mesmo para eles, três seres humanos civilizados e altamente esclarecidos, o contato com a Esfera (isto é, a oportunidade de traduzir na realidade, de materializar seus medos e sonhos mais recônditos) levou a resultados (auto)destrutivos, é preferível esquecer (apagar de suas memórias) a experiência que tiveram com a Esfera – a humanidade ainda não está espiritualmente madura para um dispositivo como aquele. A mensagem final do filme, portanto, é a tese resignada e conservadora de que, dado nosso estado imperfeito, é melhor não explorar muito a fundo nossos segredos íntimos – se o fizermos, podemos fazer vir à tona forças tremendamente destrutivas...

cada, até mesmo tautológica: a "pulsão" freudiana é, em última instância, outro nome para "Destino", para a reversão por meio da qual o círculo do Destino cumpre/fecha a si mesmo (quando o Destino alcança Édipo, ele é confrontado com o fato de ser ele mesmo o monstro que procurava). E, para entender como essa dimensão do Destino se justapõe ao circuito temporal, lembremo-nos do tema-padrão trágico da ficção científica, o do cientista que viaja ao passado para nele intervir e mudar (desfazer) retroativamente um presente catastrófico; de súbito (quando já é tarde demais), ele se dá conta de que não apenas o resultado (a catástrofe presente) continua o mesmo, como *sua própria tentativa de mudar o presente intervindo retroativamente no passado produziu a própria catástrofe que ele queria evitar* – sua intervenção estava incluída desde o princípio no curso das coisas. Nessa verdadeira reversão dialética, a realidade alternativa que o agente queria criar vem a ser a própria realidade catastrófica presente.

Para aqueles que estão familiarizados com a filosofia hegeliana, essas duas características da pulsão – sua circularidade temporal e a impiedosa e inexorável identificação do sujeito com a Coisa inacessível, cuja falta ou recolhimento sustenta o espaço do desejo – evocam dois aspectos fundamentais do processo dialético hegeliano: Hegel não reitera repetidas vezes que o processo dialético tem estrutura circular (o sujeito do processo, a Ideia absoluta, não é dado de antemão, mas é gerado pelo próprio processo – de modo que, num paradoxal curto-circuito temporal, o Resultado final *causa a si mesmo* retroativamente, gera sua próprias causas) e também que a matriz básica do processo dialético vem a ser a do autorreconhecimento do sujeito no Em-si de sua Alteridade absoluta (lembremo-nos da figura-padrão de Hegel segundo a qual devo reconhecer minha própria substância na força que parece resistir e frustrar meu impulso)?

Isso significa que a "pulsão" é inerentemente metafísica, que fornece a matriz elementar do circuito fechado da teleologia e do autorreconhecimento na Alteridade? Sim, mas com uma leve torção: é como se, na pulsão, esse circuito fechado de teleologia estivesse minimamente deslocado em virtude do fracasso que o põe em movimento. Pode parecer que a pulsão seja um caso paradigmático do círculo fechado de autoafeição, do corpo do sujeito afetando a si mesmo no interior do domínio da Mesmidade – como vimos, o próprio Lacan não sugeriu, como metáfora suprema da pulsão, lábios beijando a si mesmos? Devemos ter em mente, no entanto, que essa reversão reflexiva sobre si mesmo, constitutiva da pulsão, apoia-se num *fracasso* constitutivo fundamental. A definição mais sucinta da reversão constitutiva da pulsão é o momento em que, em nosso engajamento resoluto numa atividade (atividade dirigida a um objetivo), o trajeto em direção a esse objetivo, os gestos que executamos para alcançá-lo, passam a funcionar como o objetivo em si, como um fim em si mesmo, como algo que proporciona sua própria satisfação. Todavia, esse circuito fechado de satisfação circular, de movimento repetitivo que encontra satisfação em seu próprio circuito circular, conta com o fracasso da tentativa de atingir o alvo em que miramos: a autoafeição da pulsão nunca está plenamente fechada em si mesma, conta com certo X radicalmente inacessível que sempre se esquiva de sua apreensão: a repetição da pulsão é a repetição de um fracasso. E – de volta ao idealismo alemão – esse mesmo fracasso não é claramente discernível na própria estrutura fundamental da *Selbstbewusstsein*, da consciência-de-si? Não está claro já em Kant que há uma consciência reflexa *transcendental*, que sou consciente de "mim mesmo" apenas na medida em que sou, em última instância, inacessível para mim mesmo em minha dimensão numênica (*transcendente*), como o "eu, ele ou isso (a Coisa) que pensa" (Kant)? Portanto, a lição elementar da consciência-de--si transcendental é que ela é o oposto da autotransparência e autopresença plenas: tenho consciência de mim mesmo, sou compelido a voltar reflexivamente sobre mim mesmo, apenas na medida em que nunca posso "me encontrar" em minha dimensão numênica, como a Coisa que de fato sou[77].

Podemos agora apontar com precisão a oposição entre o sujeito do desejo e o sujeito da pulsão: enquanto o sujeito do desejo se fundamenta na *falta* constitutiva (ele ex-siste na medida em que está em busca do Objeto-Causa perdido), o sujeito da pulsão se fundamenta num *excesso* constitutivo – ou seja, na presença excessiva de alguma Coisa que é intrinsecamente "impossível" e não deveria estar ali, em nossa realidade presente, – a Coisa que, obviamente, é em última instância o próprio sujeito. A cena-padrão da "atração fatal" entre homem e mulher é a do desejo masculino arrebatado e fascinado por uma *jouissance féminine* mortal: uma mulher é dessubjetivada, capturada no circuito fechado em si mesmo da pulsão acéfala, alheia à fascinação que exerce sobre o homem, e é precisamente essa ignorância autossuficiente que a torna irresistível; o exemplo mítico paradigmático dessa cena, obviamente, é o de Ulisses fascinado pelo canto das sereias, esse puro *jouis-sense*. Mas o que acontece quando a Mulher-Coisa se torna subjetivada? Essa talvez seja a inversão libidinal mais misteriosa de todas: o momento em que a Coisa "impossível" se subjetiva. Em seu breve ensaio sobre "O silêncio das sereias"*, Franz Kafka fez essa inversão: seu argumento é que Ulisses estava tão absorvido em si mesmo, em seus próprios anseios, que não percebeu que as sereias não cantavam, apenas o fitavam, paralisadas por sua imagem[78]. E, mais uma vez, o ponto essen-

---

[77] Ver o capítulo 1 de Slavoj Žižek, *Tarrying with the Negative*, cit.

* Em *Narrativas do espólio*, trad. Modesto Carone, São Paulo, Companhia das Letras, 2002. (N. E.)

[78] Ver Franz Kafka, "The Silence of the Sirens", em George Steiner e Robert Fagles (orgs.), *Homer: A Collection of Critical Essays* (Englewood Cliffs, Prentice-Hall, 1963). E para uma leitura lacaniana do texto de Kafka, ver Renata Salecl, "The Silence of the Feminine *Jouissance*", em Slavoj Žižek (org.), *Cogito and the Unconscious*, cit.

cial nesse caso é que essa inversão não é simétrica: a subjetividade das sereias subjetivadas não é idêntica à subjetividade do desejo masculino paralisado pelo olhar irresistível da Mulher-Coisa. Quando o desejo se subjetiva, quando é assumido subjetivamente, o fluxo de palavras é posto em movimento, uma vez que o sujeito pode finalmente reconhecê-lo, integrá-lo a seu universo simbólico; quando a pulsão se subjetiva, quando o sujeito vê a si mesmo como a Coisa ameaçadora, essa outra subjetivação é, ao contrário, assinalada pelo súbito assalto do *silêncio* – a estúpida balbuciação da *jouissance* é interrompida, e o sujeito se *desembaraça* de seu fluxo. A subjetivação da pulsão é esse próprio recolhimento, esse distanciamento em relação à Coisa que sou, essa percepção de que *o Monstro lá fora sou eu*.

O sujeito da pulsão, portanto, está relacionado com o sujeito do desejo, como Édipo em Colono está relacionado com o Édipo-"padrão" que, sem saber, matou o pai e casou-se com a mãe: é o sujeito que recebe sua mensagem de volta do Outro e é compelido a assumir seu ato, isto é, a identificar-se como a Coisa má que ele estava procurando. Seria esse reconhecimento razão suficiente para que viesse a cegar a si mesmo? É aqui que a diferença sexual deve ser levada em consideração: talvez uma mulher seja mais capaz de suportar essa identificação do núcleo de seu próprio ser com a Coisa má. No Museu do Louvre, alguns metros à esquerda da *Monalisa*, perdida entre obras muito mais aclamadas, está *Salomé recebendo a cabeça de João Batista*. Bernardino Luini (1480-1532), discípulo de Leonardo da Vinci em Milão, sentimentalizou o estilo do mestre: é conhecido por sua série de retratos da Virgem Maria, pintada como uma figura bela, um tanto sonhadora. O que chama a atenção em *Salomé* é justamente o fato de que ela é retratada no mesmo estilo de suas Virgens Marias: apesar do horror do momento registrado (Salomé recebe a cabeça de João Batista sobre uma bandeja, e a pintura é dominada por duas cabeças, a de Salomé e a de João Batista, contra um fundo escuro), a expressão de Salomé está longe do extático. Ela não está prestes a abraçar e beijar freneticamente a cabeça – o objeto parcial finalmente conseguido (um equivalente estrito da "cabeça ensanguentada" mencionada na passagem de *Jenaer Realphilosophie*, de Hegel). Sua expressão é um tanto melancólica, constrangida, o olhar fixo em algum ponto distante não especificado – agora que tem aquilo que pedia, o objeto finalmente conseguido não é "devorado", mas simplesmente rodeado, tornado indiferente... Essa pintura talvez seja o mais perto que se pode chegar da representação do momento singular de irrupção do sujeito da pulsão.

6
ÉDIPO: PARA ONDE?

Os três pais

Desde os primeiros tempos de *Complexos familiares*, Lacan se concentrou na *historicidade* do complexo de Édipo e de seu descobrimento por Freud[1]. Na moderna família nuclear burguesa, as duas funções do pai, que antes estavam separadas, encarnadas em pessoas diferentes (o apaziguador Ideal do Eu, o ponto de identificação ideal, e o impiedoso supereu, o agente da proibição cruel; a função simbólica do totem e o horror do tabu), são *unidas numa única e mesma pessoa*. (A personificação disjunta das duas funções explica a aparente "tolice" de alguns aborígenes, para quem o verdadeiro pai de uma criança seria uma pedra, um animal ou um espírito: os aborígenes sabiam muito bem que a mãe havia engravidado do pai "real"; apenas separavam o pai real de sua função simbólica.) A ambígua rivalidade com a figura paterna, que surge com a unificação das duas funções na família nuclear burguesa, criou as condições psíquicas para o moderno individualismo ocidental, criativo e dinâmico; contudo, ao mesmo tempo, lançou as sementes da subsequente "crise do Édipo" (ou, em termos mais gerais, com relação às figuras de autoridade, a "crise de investidura" do fim do século XIX)[2]: a autoridade simbólica foi cada vez mais manchada pela marca da obscenidade e, consequentemente, por assim dizer, minada de dentro. O argumento de Lacan,

---

[1] Jacques Lacan, *Les complexes familiaux dans la formation de l'individu (1938)* (Paris, Navarin, 1984) [ed. bras.: *Os complexos familiares na formação do indivíduo*, trad. Marco Antônio Coutinho Jorge e Potiguara Mendes da Silveira Júnior, Rio de Janeiro, Zahar, 2002].

[2] Ver Eric Santner, *My Own Private Germany* (Princeton, Princeton University Press, 1996) [ed. bras.: *A Alemanha de Schreber: uma história secreta da modernidade*, trad. Vera Ribeiro, Rio de Janeiro, Zahar, 1997].

330 / O sujeito incômodo

obviamente, é que essa identidade é a "verdade" do complexo de Édipo: ele só pode "funcionar normalmente" e realizar sua tarefa de integração da criança à ordem sociossimbólica na medida em que essa identidade permanece oculta – no momento em que é postulada como tal, a figura da autoridade paterna torna-se potencialmente um obsceno *jouisseur* (a palavra em alemão é *Luder*), no qual coincidem impotência e fúria excessiva, um "pai humilhado" preso numa rivalidade imaginária com o filho.

Temos aqui o caso paradigmático de uma dialética propriamente histórica: precisamente por ser "filho de sua época vitoriana" (como nunca se cansam de repetir muitos críticos historicistas da psicanálise), Freud conseguiu expressar esse traço universal que permanece invisível em seu funcionamento "normal". Outro grande exemplo desse estado de crise como momento histórico único que permite entrever a universalidade é, obviamente, o de Marx, que articulou a lógica universal do desenvolvimento histórico da humanidade com base em sua análise do capitalismo como um sistema excessivo de produção (desequilibrado). O capitalismo é uma formação monstruosa contingente cujo estado "normal" é o "deslocamento" permanente, uma espécie de "aberração da história", um sistema social preso no círculo vicioso superegoico de incessante expansão – precisamente como tal, vem a ser a "verdade" de toda a história "normal" precedente[3].

Assim, em sua primeira teoria da historicidade do complexo de Édipo, Lacan já estabelece a conexão entre a problemática psicanalítica do Édipo como a forma elementar de "socialização", da integração do sujeito à ordem simbólica, e os habituais *topoi* sociopsicológicos sobre a caracterização da modernidade pela competitividade individualista – como, nas sociedades modernas, os sujeitos não estão mais totalmente imersos no (e identificados com o) lugar social particular em que nasceram, mas podem – ao menos em princípio – transitar livremente entre diferentes "papéis". O surgimento do indivíduo moderno "abstrato" que se relaciona com seu "modo de vida" particular como com algo com o qual não está diretamente identificado – isto é, que depende de um conjunto de circunstâncias contingentes; essa experiência fundamental de que as particularidades do meu nascimento e *status* social (sexo, religião, riqueza etc.) não me determinam totalmente,

---

[3] No entanto, após essa descrição da crise da forma empírico-social do complexo de Édipo, Lacan (na década de 1950) não reformulou Édipo como uma espécie de marco formal-transcendental, independente das circunstâncias históricas concretas, e inscrito na própria estrutura da linguagem (a proibição paterna edipiana simplesmente exemplifica a perda, a proibição da *jouissance*, inerente à ordem simbólica como tal...)? Num gesto estritamente homólogo, Louis Althusser resolve a crise "empírica" do marxismo como a ferramenta para a análise social concreta, transformando-a num edifício teórico formal-estrutural sem vínculo direto com determinado conteúdo histórico. O que essa crítica (da resolução de uma crise "empírica" pelo recurso à ordem simbólica formal apriorística) não leva em consideração é que, no Lacan dos anos 1970, a historicidade retorna com fôlego.

Édipo: para onde? / 331

não dizem respeito à minha identidade mais íntima – é fruto de uma mutação no funcionamento do complexo de Édipo: a unificação dos dois lados da autoridade paterna (o Ideal do Eu e o supereu proibitivo) na única e mesma pessoa do "pai real" descrito anteriormente.

Outro aspecto dessa dualidade é a distinção crucial entre o "grande Outro" como a ordem simbólica, o anônimo sistema de circuitos que medeia toda comunicação intersubjetiva e leva a uma irredutível "alienação" como preço pela entrada nesse circuito, e a relação "impossível" do sujeito com uma alteridade que não é ainda o grande Outro simbólico, mas o Outro como Coisa Real. A questão é que não devemos identificar precipitadamente essa Coisa Real com o objeto incestuoso de desejo, tornado inacessível pela proibição simbólica (isto é, a Coisa maternal); essa Coisa é *o próprio Pai*, a saber, o obsceno Pai-*Jouissance* anterior ao seu assassinato e consequente elevação a agência da autoridade simbólica (Nome-do-Pai). É por essa razão que, no nível da narrativa mítica, Freud se viu obrigado a suplementar o mito edipiano com outra narrativa mítica, a do "pai primevo" de *Totem e tabu* – a lição desse mito é o inverso exato daquela de Édipo; ou seja, longe de ter de lidar com o pai que intervém como o Terceiro, o agente que impede o contato direto com o objeto incestuoso (e assim sustenta a ilusão de que sua aniquilação nos daria acesso livre a seu objeto), é o assassinato do Pai-Coisa (a *realização* do desejo edipiano) que dá origem à proibição simbólica (o pai morto retorna como seu Nome). E o que ocorre no atual vituperado "declínio do Édipo" (o declínio da autoridade simbólica paterna) é precisamente o retorno de figuras que funcionam segundo a lógica do "pai primevo", desde líderes políticos "totalitários" até o assediador sexual paterno. Por quê? Quando a autoridade simbólica "apaziguadora" é suspensa, o único modo de evitar o debilitante impasse do desejo, sua impossibilidade inerente, é localizar a causa de sua inacessibilidade numa figura despótica que representa o *jouisseur* primevo: não podemos gozar porque *ele* se apropria de todo gozo...

Podemos ver agora em que consiste precisamente a passagem crucial de Édipo para *Totem e tabu*. No "complexo de Édipo", o parricídio (e o incesto com a mãe) tem o *status* de desejo inconsciente – nós, sujeitos (masculinos) comuns, sonhamos com isso, visto que a figura paterna impede nosso acesso ao objeto materno, perturba nossa simbiose com ele; ao passo que o próprio Édipo vem a ser a figura excepcional, o único que de fato *o fez*. Em *Totem e tabu*, em contrapartida, o parricídio não é o objeto de nossos sonhos, o alvo de nosso desejo inconsciente, mas é, como Freud salientou mais de uma vez, um fato pré-histórico que "teve de ocorrer": o assassinato do pai é um acontecimento que teve de ocorrer na realidade para que ocorresse a passagem do estado animal para a Cultura. Ou, dito ainda de outra forma, no mito--padrão de Édipo, Édipo é *a exceção que fez* aquilo com que nós apenas sonhamos (matar o pai etc.), ao passo que, em *Totem e tabu, nós todos o fizemos*, e esse crime universalmente compartilhado fundou a comunidade humana... Em síntese, o acontecimento traumático não é algo com que sonhamos, alimentando uma perspectiva futura que nunca acontece e, portanto, por esse adiamento, sustenta o estado de Cultura (visto que a realização desse desejo, isto é, a consumação da união incestuosa com a mãe, aboliria a distância/proibição simbólica que define o universo da Cultura); o acontecimento traumático é, antes, aquilo que *sempre-já tinha de acontecer*, no momento em que estamos na ordem da Cultura.

Então como explicar que, apesar de termos realmente assassinado o pai, o resultado não tenha sido a desejada união incestuosa? Nesse paradoxo reside a tese central de *Totem e tabu*: o real portador da proibição, aquele que impede nosso acesso ao objeto incestuoso, não é o pai vivo, mas o pai *morto*, o pai que, após sua morte, retorna como Nome, isto é, como personificação da Lei/Proibição simbólica. O que a matriz de *Totem e tabu* representa é, portanto, a necessidade estrutural do parricídio: a passagem da força bruta direta para o governo da autoridade simbólica, da Lei proibidora, assenta sempre num ato (renegado) de crime primordial. Essa é a dialética do "apenas me traindo você pode provar que me ama": o pai é elevado a símbolo venerado da Lei apenas depois de sua traição e morte. Essa problemática desvela também caprichos de ignorância – não do sujeito, mas do Outro: "o pai está morto, mas não sabe", isto é, não sabe que seus amados seguidores (sempre-já) o traíram. Por outro lado, isso significa que o pai "realmente pensa que é pai", que sua autoridade emana diretamente de sua pessoa, e não apenas do lugar simbólico vazio que ele ocupa e/ou preenche. O que o fiel sectário esconde da figura paterna do Líder é precisamente essa lacuna entre o Líder na imediatez de sua personalidade e o lugar simbólico que ele ocupa, a lacuna por conta da qual o pai como pessoa real é absolutamente impotente e ridículo (a ilustração perfeita aqui, obviamente, é a figura do rei Lear, que foi violentamente confrontado com essa traição e com o subsequente desmascaramento de sua impotência – privado de seu título simbólico, ele é reduzido à condição de um velho louco, caduco e furioso). A lenda herética segundo a qual Cristo ordenou a Judas que o traísse (ou ao menos deixou que tomasse conhecimento pelas entrelinhas de seu desejo...) é bem fundamentada, portanto: nessa necessidade de trair o Grande Homem, que por si só pode assegurar sua fama, reside o derradeiro mistério do Poder.

A relação entre Michael Collins e Eamon De Valera na luta pela independência da Irlanda ilustra outro aspecto dessa necessidade de trair. Em 1921, o problema de Valera foi que ele viu a necessidade de fazer um acordo com o governo britânico, assim como os resultados catastróficos de um eventual retorno a um estado de guerra, mas ele próprio não desejava fechar esse acordo e, portanto, assumir a responsabilidade pública por ele, visto que isso o forçaria a expor publicamente sua impotência, sua limitação (De Valera tinha plena consciência de que o governo britânico jamais aceitaria duas exigências fundamentais: o *status* independente dos seis condados de Ulster e a renúncia à Irlanda como República, isto é, o não reconhecimento do rei inglês como soberano da Commonwealth e, portanto, da Irlanda). Para manter o carisma, De Valera manipulou outro (Collins) para concluir o acordo, reservando para si a liberdade de negá-lo em público, mas depois aceitar veladamente seus termos; dessa forma, o semblante de seu carisma estaria salvo. O próprio De Valera chegou a dizer de Collins e outros membros da delegação irlandesa que foram a Londres: "Precisamos de bodes expiatórios". A tragédia de Collins foi que ele assumiu voluntariamente esse papel de "mediador evanescente", do sujeito cuja posição pragmática comprometedora permite ao Mestre conservar seu carisma messiânico: "Podemos dizer que a arapuca está armada"[4], escreveu ele após ter aceitado encabeçar a delegação a Londres; no entanto, após assinar o tratado, disse numa sombria premonição: "Talvez eu tenha assinado minha sentença de morte"[5]. O velho clichê do líder pragmático pós-revolucionário que trai o idealista revolucionário é invertido: é o idealista nacionalista apaixonado (De Valera) que explora e então trai o realista pragmático, a verdadeira figura fundadora[6].

---

[4] Tim Pat Coogan, *De Valera* (Londres, Arrow Books, 1995), p. 249.

[5] Ibidem, p. 278.

[6] A comparação usual entre as duplas De Valera-Collins e Robespierre-Danton (Robespierre permitiu que Danton ganhasse as batalhas e depois o sacrificou) é, portanto, profundamente equivocada: o próprio Collins era uma espécie de combinação de Danton com Robespierre, ao passo que De Valera estava mais próximo de uma figura napoleônica. Duas citações podem lançar uma luz sobre a relação deles na fase crucial da negociação com o governo britânico e a assinatura do tratado de 1921. A primeira, da biografia autorizada de Valera, descreve as razões por que ele não foi a Londres para concluir ele próprio as negociações, mas insistiu que a delegação fosse encabeçada por Collins: "De Valera considerava vital que, naquela etapa, o símbolo da República [isto é, ele mesmo!] se mantivesse intacto, não se comprometendo em nenhum sentido com qualquer arranjo que nossos plenipotenciários tivessem de fazer [...] era necessário conservar intacto o Chefe do Estado e símbolo, por isso solicitou não participar" (Tim Pat Coogan, *De Valera*, cit., p. 247). O principal argumento de Collins para não ir a Londres era completamente diferente dessa autonomeada posição de "símbolo vivo da República". Para ele: "tanto na Inglaterra como na Irlanda, a lenda de Michael Collins existiu. Ela me retratou como uma ameaça misteriosa, ativa, ardilosa, desconhecida, inexplicável [...]. Leve-me para a ribalta de uma conferência em Londres e rapidamente descobrirá o barro comum do qual sou feito. O glamour da figura legendária desaparecerá" (idem, p. 248). De Valera e Collins não se referem às razões factuais concernentes a suas respectivas habilidades nem aos perigos e complicações do processo de negociação, mas ao dano que a participação nas negociações poderia trazer a seu *status* simbólico propriamente mítico: De Valera temia perder *seu* status de símbolo da República, o qual não deveria ser manchado por questões mundanas de negociações sujas envolvendo concessões; Collins, por sua vez, temia perder seu *status* de Agente invisível, cuja onipresença espectral minguaria tão logo fosse trazido à luz e mostrado como um sujeito comum. Em termos lacanianos, o que encontramos aqui é a oposição entre S_1 e o *objet petit a*, entre o Mestre simbólico sustentado pelo carisma de suas insígnias públicas e seu duplo espectral, o misterioso objeto que, ao contrário, exerce seu poder apenas quando é "semivisto", quando nunca está plenamente presente à luz do dia.

334 / O sujeito incômodo

Mas como é possível essa inversão? Na matriz de *Totem e tabu*, ainda falta alguma coisa: não basta ter o pai assassinado retornando como a agência da proibição simbólica; para que essa proibição seja efetiva, exerça realmente seu poder, é preciso que seja sustentada por um ato positivo de Vontade. Essa percepção preparou o caminho para a última variação freudiana da matriz edipiana, a de *Moisés e o monoteísmo*, texto em que também lidamos com *duas* figuras paternas. Essa dualidade, no entanto, não é a mesma de *Totem e tabu*: aqui, as duas figuras não são o Pai-*Jouissance* pré-simbólico obsceno/não-castrado ou o pai (morto) como portador da autoridade simbólica (o Nome-do--Pai), mas o velho Moisés egípcio, aquele que impôs o monoteísmo – que dispensou as velhas superstições politeístas e introduziu a ideia de um universo determinado e governado por uma Ordem racional única), e o Moisés semita, que não é ninguém menos que Jeová (Yahweh), o deus cioso que demonstra uma fúria vingativa quando se sente traído por seu povo. Em síntese, *Moisés e o monoteísmo* inverte mais uma vez a matriz de *Totem e tabu*: o pai que é "traído" e morto por seus seguidores/filhos *não é* o Pai--*Jouissance* primordial obsceno, mas o próprio pai "racional" que encarna a autoridade simbólica, a figura que personifica a estrutura racional unificada do universo (*logos*). Em vez do pai primordial obsceno pré-simbólico, que após seu assassinato retorna na forma de seu Nome, de autoridade simbólica, temos agora a autoridade simbólica (*logos*) traída, assassinada por seus seguidores/filhos, que retorna na forma da figura superegoica ciosa e implacável do Deus repleto de fúria assassina[7]. Apenas aqui, após essa segunda inversão da matriz edipiana, é que chegamos à célebre distinção pascalina entre o Deus dos filósofos (Deus como a estrutura universal do *logos*, identificado com a estrutura racional do universo) e o Deus dos teólogos (o Deus de amor e ódio, o inescrutável "Deus obscuro" da Predestinação "irracional" caprichosa).

Uma vez mais, a questão crucial é que esse Deus *não* é o mesmo que o Pai--*Jouisseur* primordial obsceno: em contraste como pai primordial dotado de um *saber* da *jouissance*, o traço fundamental desse Deus intransigente é que ele diz "não!" para a *jouissance* – trata-se de um Deus possuído por uma ignorância feroz ("*la féroce ignorance de Yahvé*"[8]), por uma atitude de "nego-me a saber, não quero escutar nada sobre as suas sórdidas e secretas formas de *jouissance*"; um Deus que bane o universo da tradicional sabedoria sexualizada, um universo em que ainda há um semblante da derradeira harmonia entre o grande Outro (a ordem simbólica) e a *jouissance*, a ideia de um macrocosmo regulado por uma tensão sexual subjacente entre os "princípios"

---

[7] Para uma descrição concisa dessas mudanças, ver Michael Lapeyre, *Au-delà du complexe d'Œdipe* (Paris, Anthropos-Economica, 1997).

[8] Título do capítulo 9 de Jacques Lacan, *Le séminaire, livre XVII: l'envers de la psychanalyse* (Paris, Seuil, 1991) [ed. bras.: *O seminário, livro 17: o avesso da psicanálise*, trad. Ari Roitman, Rio de Janeiro, Zahar, 1992].

masculino e feminino (*Yin* e *Yang*, Luz e Trevas, Terra e Céu). Trata-se do Deus protoexistencialista cuja existência – para atribuir anacronicamente a ele a definição sartriana de homem – não apenas coincide com sua essência (como o Deus medieval de são Tomás de Aquino), mas precede sua essência; por isso, ele fala por tautologias, não apenas no que concerne a suas *quidditas* ("Sou o que sou"), mas também, e acima de tudo, no que concerne ao *logos*, às *razões* por que ele faz o que faz – ou, mais precisamente, as razões de suas injunções, daquilo que nos pede ou proíbe de fazer: a inexorável insistência de suas ordens é baseada, em última instância, num "Assim é porque digo que assim seja". Em síntese, esse Deus é o Deus da Vontade pura, de um abismo caprichoso que está além de qualquer ordem racional global do *logos*, um Deus que não tem de dar *explicações* daquilo que faz.

Na história da filosofia, essa fenda no edifício racional global do macrocosmo, na qual surge a Vontade Divina foi aberta originalmente por Duns Scotus, mas é a F. W. J. Schelling que devemos as descrições mais penetrantes desse abismo assustador da Vontade. Schelling opôs a Vontade ao "princípio da razão suficiente": a Vontade pura é sempre idêntica a si mesma, respalda-se em seu próprio ato – "Quero porque quero!". Em suas descrições, irradiando uma beleza poética impressionante, Schelling salienta como as pessoas comuns se escandalizam quando se deparam com alguém cuja conduta ostenta essa Vontade incondicional: há algo de fascinante e particularmente hipnótico nisso; é como ser enfeitiçado... A ênfase que Schelling coloca no abismo da Vontade pura tem como alvo, é claro, o suposto "panlogismo" de Hegel: o que Schelling quer provar é que o sistema lógico universal hegeliano é, em si, *impotente* – é um sistema de puras *potencialidades* e, como tal, necessita do ato "irracional" suplementar da Vontade pura para se *atualizar*.

Esse Deus é o Deus que *fala* a seus seguidores/filhos, a seu "povo" – a intercessão da *voz* é crucial nesse caso. Como afirma Lacan em seu seminário não publicado sobre a *Angústia* (1960-1961), a voz (o "ato de fala" real) acarreta a *passage à l'acte* da rede significante, sua "eficácia simbólica" Essa voz é inerentemente sem significado, e até mesmo absurda; é apenas um gesto negativo que dá expressão à fúria maligna e vingativa de Deus (todo significado já se encontra na ordem simbólica que estrutura nosso universo), mas é precisamente como tal que ela atualiza o significado puramente estrutural, transformando-o numa experiência de Sentido[9]. Obviamente, esse é outro modo de dizer que, por meio da expressão da Voz que manifesta sua Vontade, Deus *se subjetiva*. O velho Moisés egípcio, traído e morto por seu povo, era o Um oniabrangente do *logos*, a estrutura substancial racional do

---

[9] Para uma exposição mais detalhada a respeito dessa distinção, ver o capítulo 2 de Slavoj Žižek, *The Indivisible Remainder*, cit.

336 / O sujeito incômodo

universo, a "escritura" acessível aos que sabem ler o "Grande Livro da Natureza", e não ainda o Um oniexcludente da subjetividade que impõe sua Vontade incondicional sobre sua criação. E, uma vez mais, o ponto crucial que não devemos deixar escapar é que esse Deus, embora alógico, "caprichoso", vingativo e "irracional", *não é* o Pai-*Jouissance* "primordial" pré-simbólico, mas é, ao contrário, o agente da proibição levado por uma "feroz ignorância" a respeito dos modos de *jouissance*.

O paradoxo que devemos ter em mente é que esse Deus da Vontade infundada e da feroz fúria "irracional" é o Deus que, por intermédio de Sua proibição, consuma a destruição da antiga sabedoria sexualizada e abre espaço para o saber "abstrato" dessexualizado da ciência moderna: há um saber científico "objetivo" (no sentido pós-cartesiano moderno do termo) somente se o próprio universo do saber científico estiver suplementado e sustentado por essa figura "irracional" excessiva do "pai real". Em síntese, o "voluntarismo" de Descartes (ver sua infame afirmação de que 2 + 2 seriam 5, se essa fosse a Vontade de Deus – não há verdades eternas diretamente consubstanciais com a Natureza Divina) é o avesso necessário do moderno saber científico. O saber aristotélico pré-moderno e medieval não era ainda um saber científico racional "objetivo" precisamente porque lhe faltava esse elemento excessivo de Deus como a subjetividade da Vontade "irracional" pura: em Aristóteles, "Deus" equivale diretamente a sua Natureza racional eterna; Ele não é nada mais do que a Ordem lógica das Coisas. Outro paradoxo é que esse Deus "irracional" como a figura paterna proibidora abre espaço também para todo o desenvolvimento da modernidade, até mesmo para a ideia desconstrucionista da identidade sexual como uma formação sociossimbólica contingente: no momento em que essa figura proibidora recua, caímos no conceito neo-obscurantista junguiano dos arquétipos masculino e feminino, que hoje prospera.

Esse paradoxo é crucial para não nos equivocarmos completamente a respeito da lacuna que separa a autoridade propriamente dita da Lei/Proibição simbólica e a mera "regulação por regras": o domínio das regras simbólicas, para que contem realmente como tal, deve ser baseado numa autoridade tautológica *além das regras*, que diga: "É assim porque digo que assim seja"[10]. Em síntese, para além da Razão

---

[10] Por essa razão, a forma como o neurótico obsessivo e o perverso se relacionam com as regras é exatamente oposta: o obsessivo segue suas regras para amenizar o impacto traumático da Lei/Proibição simbólica, sua insuportável injunção incondicional – ou seja, para ele, as regras existem para *normalizar* o excesso traumático da Lei (se você seguir regras claras e explícitas, não terá porque se preocupar com a opressão ambígua de sua consciência; a Igreja católica foi sempre muito hábil na manipulação de regras: se você se sente em pecado, o padre lhe prescreve um conjunto de procedimentos – um certo número de orações, boas ações etc. – que, uma vez cumpridos, libertarão você do sentimento de culpa); já o perverso estabelece (e segue) regras para dissimular o fato de que não existe Lei subjacente em seu universo psíquico, ou seja, suas regras servem como uma espécie de lei *Ersatz*.

divina há o abismo da Vontade de Deus, de sua Decisão contingente, que sustenta até mesmo as Verdades Eternas. Acima e além de abrir caminho para a liberdade reflexiva moderna, essa mesma lacuna também abre espaço para a tragédia moderna. Em termos políticos, a diferença entre a tragédia clássica e a tragédia moderna é a diferença entre a *tirania* (tradicional) e o *terror* (moderno)[11]. O *herói* tradicional se sacrifica pela Causa, resiste à pressão do Tirano e cumpre seu Dever, custe o que custar; como tal, ele é apreciado, seu sacrifício lhe confere uma aura sublime, seu ato se inscreve no registro da Tradição como exemplo a ser seguido. Adentramos no domínio da tragédia moderna quando a própria lógica do sacrifício pela Coisa nos obriga a sacrificar a própria Coisa; nisso reside o dilema de Sygne, de Paul Claudel, que é obrigada a trair sua fé para provar sua fidelidade absoluta a Deus. Sygne não sacrifica sua vida empírica por aquilo que lhe importa mais do que a própria vida: ela sacrifica precisamente aquilo que é "nela mais do que ela mesma", e sobrevive como mera carapaça de seu eu anterior, privada de seu *agalma* – entramos assim no domínio da *monstruosidade do heroísmo*, quando nossa fidelidade à Causa nos impele a transgredir o limiar de nossa "humanidade". Não é prova da mais elevada e absoluta fé que, por amor a Deus, eu esteja disposto a perder, a expor à condenação eterna minha Alma imortal? É fácil sacrificar nossa vida com a certeza de que, dessa forma, nossa Alma eterna será redimida – muito pior é sacrificar nossa alma por amor a Deus!

Talvez a suprema ilustração histórica desse dilema – da lacuna que separa o herói (sua resistência à tirania) da vítima do terror – seja dada pela vítima stalinista: essa vítima não é alguém que compreende finalmente que o comunismo era uma miragem ideológica, tornando-se ciente da positividade de uma vida ética simples à margem da Causa ideológica; a vítima stalinista não pode se retirar para uma vida ética simples, porque já renunciou a ela em nome da Causa comunista. Esse dilema explica a impressão de que, embora o destino das vítimas dos grandes julgamentos-espetáculo stalinistas (de Bukharin a Slansky) tenha sido horrendo, falta a dimensão propriamente trágica – isto é, essas vítimas *não* foram heróis trágicos, mas algo muito mais horrível e, ao mesmo tempo, mais burlesco: elas foram privadas da própria dignidade que daria a seu destino uma dimensão propriamente trágica. Por essa razão, Antígona não pode servir como modelo da resistência ao poder stalinista: se a usamos dessa forma, reduzimos o terror stalinista a mais uma versão de tirania. Antígona conserva a referência ao desejo do grande Outro (realizar o ritual simbólico e enterrar decentemente o finado irmão) em oposição à (pseudo)lei do tirano – a referência que, precisamente, *falta* aos julgamentos-espetáculo stalinistas.

---

[11] Ver Jacques Lacan, *O seminário, livro 8: a transferência*, cit.

338 / O sujeito incômodo

Ao humilhar a vítima, o terror stalinista a priva da própria dimensão que poderia lhe conferir uma beleza sublime: a vítima vai além de um certo limiar, "perde sua dignidade" e é reduzida a puro sujeito privado do *agalma*, "destituído", incapaz de recompor a narrativa de sua vida.

O terror, portanto, não é o poder de corrupção que solapa a atitude ética de fora; ao contrário, ele a mina de dentro, mobilizando e explorando ao máximo a lacuna inerente ao projeto ético em si, a lacuna que separa a Causa ética como real da Causa em sua dimensão simbólica (valores etc.) – ou, dito em termos político--legais, a lacuna que separa o Deus do ato puro de decisão do Deus das Proibições e Mandamentos positivos. A suspensão kierkegaardiana da Ética (simbólica) não envolve também um passo além da tragédia? O herói ético é um herói trágico, ao passo que o cavaleiro da Fé habita o terrível domínio que está além ou entre as duas mortes, visto que sacrifica (ou está pronto a sacrificar) aquilo que lhe é mais precioso, seu *objet petit a* (no caso de Abraão, seu filho). Em outras palavras, o argumento de Kierkegaard não é que Abraão é obrigado a escolher entre seu dever para com Deus e seu dever para com a humanidade (essa escolha seria simplesmente trágica), mas sim que tem de escolher entre as duas facetas do dever para com Deus e, portanto, entre as duas facetas do próprio Deus: Deus como universal (o sistema das normas simbólicas) e Deus como o ponto de absoluta singularidade que suspende a dimensão do Universal.

Por essa razão precisa, a leitura de Derrida (da leitura de Kierkegaard) do gesto de Abraão em *Dar a morte*[12], em que ele interpreta o sacrifício de Abraão não como uma exceção hiperbólica, mas como algo que realizamos repetidamente, todos os dias, em nossa experiência ética mais trivial, não parece suficiente. Segundo Derrida, toda vez que escolhemos obedecer ao dever para com um indivíduo, nós negligenciamos – esquecemos – nosso dever para com todos os outros (visto que *tout autre est tout autre*, todo outro é completamente outro) – se cuido dos meus filhos, sacrifico os filhos dos outros; se ajudo a alimentar e vestir *essa* outra pessoa, abandono outros, e assim por diante. O que se perde nessa redução do dilema de Abraão a uma espécie de culpa constitutiva heideggeriana do *Dasein*, que nunca pode usar/realizar todas as suas possibilidades, é a natureza autorreferencial desse dilema: o impasse de Abraão não reside no fato de que, em nome do supremo *tout autre* (Deus), ele tenha de sacrificar um outro *tout autre*, seu companheiro terreno mais amado (o filho), mas no fato de que, em nome de seu Amor por Deus, ele tenha de sacrificar aquilo que a própria religião fundada em sua fé ordena que

---

[12] Ver Jacques Derrida, *Donner la mort* (Paris, Galilée, 1995) [ed. port.: *Dar a morte*, trad. Fernanda Bernardo, Coimbra, Palimage, 2013].

ele ame. A cisão, portanto, é inerente à própria fé; trata-se da divisão entre o Simbólico e o Real, entre o edifício *simbólico* da fé e o *ato* puro e incondicional de fé – *o único modo de provar nossa fé é trair aquilo mesmo que essa fé ordena que amemos.*

O declínio da eficácia simbólica

Podemos ver agora por que Lacan se refere a esse Deus proibidor como o "pai real", o "agente da castração": a castração simbólica é outro nome para a lacuna entre o grande Outro e a *jouissance*, para o fato de que os dois não podem nunca ser "sincronizados". Podemos ver também em que sentido preciso a perversão põe em cena a renegação da castração: a ilusão fundamental do perverso é que possui um saber (simbólico) que lhe permite regular seu acesso à *jouissance* – ou, dito em termos mais contemporâneos, o sonho do perverso é transformar a atividade sexual numa atividade instrumental, orientada para um propósito, uma atividade que possa ser projetada e executada de acordo com um plano bem definido. Hoje, portanto, quando se fala do "declínio da autoridade paterna", é *esse* pai, o pai do "Não!" intransigente, que está em retirada; na ausência de seu "Não!" proibidor, novas formas de harmonia fantasmática entre a ordem simbólica e a *jouissance* podem vicejar – esse retorno ao conceito substancial da Razão-como-Vida à custa do "pai real" proibidor é do que se trata a atitude "holística" da Nova Era (a Terra ou o macrocosmos como uma entidade viva)[13]. O que esses impasses indicam é que hoje, de certo modo, "o grande Outro já não existe mais" – mas em *que* sentido? Devemos ser muito específicos sobre o que significa essa não existência. De certa forma, ocorre com o grande Outro o mesmo que ocorre com Deus, segundo Lacan (não é que, hoje, Deus esteja morto; Deus está morto desde o princípio, só que ele não sabia disso...): *ele nunca existiu em primeiro lugar*, isto é, a não existência do grande Outro é equivalente, em última análise, ao fato de que o grande Outro é a ordem *simbólica*, a ordem das ficções simbólicas que operam num nível diferente daquele da causalidade material direta. (Nesse sentido, o único sujeito para quem o grande Outro *existe* é o psicótico, aquele que atribui às palavras uma eficácia material direta.) Em síntese, a "não existência do grande Outro" é estritamente correlata à ideia de crença, de fé simbólica, de confiança cega no que dizem os outros.

---

[13] Um sinal de que nem mesmo a Igreja resiste a essa mudança na atitude fundamente são as pressões populares sobre o papa para que eleve Maria ao *status* de corredentora: espera-se que o papa torne a Igreja católica viável para o terceiro milênio pós-paterno, proclamando um dogma que afirme que o único caminho para nós, pecadores mortais, ganharmos a misericórdia divina é rogando a Maria – Maria serve como nossa mediadora; se a convencermos, ela intercederá por nós junto a seu filho, Jesus Cristo.

340 / O sujeito incômodo

Num dos filmes dos Irmãos Marx, Groucho, ao ser pego mentindo, responde furiosamente: "Em que você acredita, nos seus olhos ou nas minhas palavras?". Essa lógica aparentemente absurda demonstra com perfeição o funcionamento da ordem simbólica, na qual a máscara-mandato simbólico é mais importante do que a realidade direta do indivíduo que veste essa máscara e/ou assume esse mandato. Esse funcionamento envolve a estrutura da renegação fetichista: "Sei muito bem que as coisas são como as vejo (que esse indivíduo é fraco e corrupto), mas, ainda assim, trato-o com respeito, porque ele usa a insígnia de juiz, de modo que, quando ele fala, é a Lei que fala através dele". De certo modo, portanto, eu acredito de fato nas palavras dele, não em meus olhos – ou seja, eu acredito num Outro Espaço (o domínio da pura autoridade simbólica) que importa mais do que a realidade de seu porta-voz. A cínica redução à realidade, portanto, cai por terra: quando um juiz fala, há de certo modo mais verdade em suas palavras (as palavras da Instituição da Lei) do que na realidade direta da pessoa do juiz – se nos limitamos ao que vemos, simplesmente perdemos a questão. É esse paradoxo que Lacan visa com seu "*les non-dupes errent*": os que não se permitem cair no engano/ficção simbólica e continuam a acreditar em seus olhos são os que mais erram. O que o cínico que "só acredita em seus olhos" não vê é a eficácia da ficção simbólica, o modo como essa ficção estrutura nossa experiência da realidade.

A mesma lacuna está em operação em nossa mais íntima relação com o próximo: agimos *como se* não soubéssemos que esse outro cheira mal, secreta excreções etc. – um mínimo de idealização, de renegação fetichista, serve de base para nossa coexistência. E essa mesma renegação não explicaria a beleza sublime do gesto idealizador discernível de Anne Frank aos comunistas norte-americanos que acreditavam na União Soviética? Apesar de sabermos que o comunismo stalinista foi uma coisa chocante, ainda assim admiramos as vítimas da caça às bruxas de McCarthy, que persistiram heroicamente em sua crença no comunismo e no apoio à União Soviética. A lógica é a mesma de Anne Frank, que, em seus diários, expressa sua crença na benevolência suprema da humanidade, apesar dos horrores cometidos contra os judeus na Segunda Guerra Mundial: o que torna sublime essa afirmação da crença (numa bondade essencial da humanidade ou no caráter verdadeiramente humano do regime soviético) é a própria lacuna entre ela e a evidência factual esmagadora contra ela, isto é, a ativa *vontade de renegar* o verdadeiro estado das coisas. Talvez resida nisso o gesto *metafísico* mais elementar: nessa recusa em aceitar o Real em sua estupidez, renegá-lo e sair à procura de Outro Mundo por trás dele[14].

---

[14] Hegel, obviamente, levou essa busca metafísica ao ponto de autorreferência; para ele, "o suprassensível é a *aparência como aparência*" ["o fenômeno como fenômeno"], isto é, o Outro Mundo por trás da aparência é, precisamente, algo que *aparece*, é a *aparência* de que existe um Outro Mundo para além do mundo fenomênico sensível.

Em sua leitura do texto de Freud sobre o fetichismo, Paul-Laurent Assoun[15] sugere que a diferença sexual é responsável por duas abordagens distintas da lacuna que existe entre o que meus olhos me dizem e a ficção simbólica – da lacuna que separa o visível do invisível. Quando um menino vê uma menina nua, ele opta por não acreditar em seus olhos (e aceitar o fato de que as meninas são diferentes); ele continua a acreditar na "palavra", a ficção simbólica, que o levou a esperar um pênis também na menina; então ele renega sua percepção imediata, interpretando-a como um engodo superficial, e passa a buscar, a formular hipóteses que expliquem essa lacuna (meninas têm pênis menores, quase invisíveis; o pênis delas ainda vai crescer; ele foi cortado...). Em síntese, a renegação do menino empurra-o na direção de um "metafísico espontâneo", de um crente no Outro Mundo por trás dos fatos visíveis. A menina, ao contrário, "acredita em seus olhos", aceita o fato de que não possui "aquilo", e isso lhe abre um conjunto distinto de opções, desde a famosa "inveja do pênis" e a busca de substitutos (filhos etc.) até a atitude cínica de desconfiança fundamental acerca da ordem simbólica (e se o poder fálico masculino for apenas mero semblante?).

Na história da filosofia, há três grandes exemplos anedóticos desse "acredite nas minhas palavras, não nos seus olhos": Diógenes, o Cínico, que refutou a tese eleata de que não existe movimento simplesmente dando alguns passos e, como salienta Hegel, derrotou o discípulo que aplaudiu o Mestre – isto é, acreditou mais em seus olhos do que nas palavras da argumentação (para Diógenes, essa referência direta à experiência, ao "que seus olhos lhe dizem", não conta na filosofia; a tarefa do filósofo é demonstrar, por meio da argumentação, a verdade ou a inverdade daquilo que vemos); a história medieval dos monges escolásticos que discutiam a respeito de quantos dentes teria um asno e ficaram escandalizados quando um membro mais jovem do grupo propôs que fossem simplesmente a um estábulo e fizessem a contagem; e, finalmente, a história de Hegel insistindo que só havia sete planetas ao redor do Sol, mesmo após a descoberta do oitavo.

Hoje, com as novas tecnologias digitais que permitem falsificações perfeitas de imagens documentais, sem falar da Realidade Virtual, a injunção: "Acredite nas minhas palavras (argumentação), não no fascínio dos seus olhos" é mais pertinente do que nunca. Em outras palavras, a lógica do "em que você acredita: nos seus olhos ou nas minhas palavras?" – isto é, a lógica do "sei muito bem, mas mesmo assim... (eu acredito)" – pode funcionar de dois modos distintos: o da *ficção* simbólica e o do *simulacro* imaginário. No caso da ficção simbólica eficaz do juiz en-

---

[15] Ver Paul-Laurent Assoun, *La voix et le regard* (Paris, Anthropos-Economica, 1995), v. 1, p. 64 e seg. [ed. bras.: *O olhar e a voz*, trad. Celso Pereira de Almeida, Rio de Janeiro, Companhia de Freud, 1999].

vergando a toga, "sei muito bem que essa pessoa é fraca e corrupta, mas, mesmo assim, trato-a como se (eu acreditasse que) o Outro simbólico estivesse falando através dela": nego o que meus olhos me dizem e escolho acreditar na ficção simbólica. No caso do simulacro da realidade virtual, ao contrário, "sei muito bem que o que vejo é uma ilusão gerada pela parafernália digital, mas, mesmo assim, aceito imergir nele, me comportar como se acreditasse nele" – nego o que meu saber (simbólico) me diz e escolho acreditar apenas em meus olhos.

Na história da filosofia moderna, a lógica do "em que você acredita: nos seus olhos ou nas minhas palavras?" encontrou sua expressão mais forte no ocasionalismo de Malebranche: não apenas não existe nenhuma prova sensível para o dogma central do ocasionalismo (segundo o qual Deus é o único agente causal), como também esse dogma é diretamente contrário a toda experiência sensível, que nos leva a acreditar que os objetos externos atuam diretamente sobre nossos sentidos, causando sensações em nossa mente. Assim, quando Malebranche tenta convencer seus leitores a acreditar em suas palavras, e não naquilo que veem, o enigma central que ele tem de explicar é: *por que* Deus criou o universo de forma que nós, seres humanos mortais, somos necessariamente vítimas da ilusão de que os objetos sensíveis atuam diretamente sobre nossos sentidos? A explicação de Malebranche é moral: se pudéssemos perceber diretamente o verdadeiro estado das coisas, nosso amor por Deus seria invencível, instintivo, e não fruto do nosso livre-arbítrio e da compreensão racional adquirida com a libertação da tirania de nossos sentidos; ou seja, não haveria espaço para nossa atividade moral, para nossa luta para anular as consequências da Queda e recuperar a Benevolência perdida. Malebranche, portanto, delineia os contornos da posição filosófica que explica a limitação epistemológica do homem (o fato de que o saber do homem é limitado aos fenômenos, que o verdadeiro estado das coisas está fora de seu alcance) por referência aos fundamentos morais: apenas um ser marcado por essa limitação epistemológica pode ser um ser moral, isto é, pode adquirir a Benevolência como resultado de uma decisão livre e da luta interior contra a tentação. Essa atitude (adotada depois por Kant) opõe-se diretamente à equação platônica padrão entre Conhecimento e Bem (o mal é consequência de nossa ignorância, ou seja, não podemos conhecer a verdade e continuar a ser maus, porque, quanto mais sabemos, mais próximos estamos de ser bons): certa ignorância radical é a condição positiva de nosso ser moral.

Então o que é a eficácia simbólica? Todos conhecemos a velha história do louco que pensava ser um grão de milho; logo depois de ser finalmente curado e mandado de volta para casa, voltou ao sanatório e explicou seu pânico ao médico: "Encontrei uma galinha no caminho e fiquei com medo de ser comido por ela". Diante da surpresa do médico, que indaga "Mas qual é o problema agora? Você já sabe que não é um grão de milho, mas um ser humano que não pode ser comido por uma galinha!", o louco responde: "Sim, *eu sei* que não sou mais um grão de milho, mas *a galinha sabe*?"... Essa história, sem sentido no nível da realidade factual, em que somos um grão ou não, é absolutamente sensata se substituirmos "grão" por uma característica que determina minha identidade *simbólica*. Coisas semelhantes não acontecem o tempo todo em nossa relação com os diferentes níveis da burocracia? Suponhamos que uma empresa de alto nível concorde com a minha demanda e me dê um alto cargo; contudo, leva algum tempo até que a nomeação seja corretamente executada e chegue aos níveis administrativos mais baixos, que cuidam dos benefícios correspondentes ao cargo (salário maior etc.) – todos conhecemos a frustração causada por um burocrata subalterno que dá uma olhada na decisão que apresentamos e retruca com indiferença: "Desculpe, ainda não fui devidamente informado sobre essa nova medida, então não posso ajudar...". Não é como se nos dissessem "Desculpe, para nós você ainda é um grão de milho, e não um ser humano"? Em síntese, há um momento misterioso em que uma decisão ou medida se torna de fato operativa, registrada pelo grande Outro da instituição simbólica.

O caráter misterioso desse momento pode ser mais bem ilustrado por uma coisa engraçada que aconteceu na última campanha eleitoral na Eslovênia, quando um membro do partido governista foi abordado por uma senhora de sua base eleitoral local com um pedido de ajuda. Ela estava convencida de que o número de sua casa (não o convencional 13, mas 23) lhe dava azar – no momento que a casa recebeu o novo número, em razão de uma reorganização administrativa qualquer, começaram os infortúnios (roubos, uma tempestade arrancou o telhado da casa, os vizinhos começaram a incomodá-la), então ela pedia ao candidato que desse um jeito com as autoridades municipais para que o número fosse trocado. O candidato fez uma sugestão simples à senhora: por que ela mesma não fazia isso? Por que ela simplesmente não pintava ou substituía o número, por exemplo, adicionando outro número ou uma letra (digamos, 23-A ou 231, no lugar de 23)? A senhora respondeu: "Sim, eu tentei fazer isso há algumas semanas, troquei o 23 por 23A, *mas não funcionou*! A má sorte continua. Não se pode ludibriá-la, isso tem de ser resolvido da maneira correta, pela instituição do governo em questão". O "isso" que não pode ser tapeado desse modo é o grande Outro lacaniano, a instituição simbólica.

É disto, portanto, que se trata a eficácia simbólica: ela diz respeito a um mínimo de "reificação" em razão da qual não basta todos nós, os indivíduos em questão, sabermos um fato para que ele se torne operativo – "isso", a instituição simbólica, também deve saber/"registrar" esse fato para que se sucedam as consequências performativas do ato de afirma-lo. Em última instância, esse "isso", é claro, pode ganhar corpo no olhar do grande Outro absoluto, do próprio Deus. Ou seja, não encontramos exatamente o mesmo problema da pobre senhora nos católicos que não praticam a contracepção direta, mas têm relações sexuais apenas fora do

344 / O sujeito incômodo

período de ovulação? Quem eles esperam ludibriar dessa forma? Como se Deus não pudesse ler seus pensamentos e saber que o que eles realmente querem é fazer o sexo por prazer, sem intenção de procriar? A Igreja sempre foi extremamente sensível a essa lacuna entre a mera existência e sua inscrição/registro específico: crianças que morriam antes de serem batizadas não podiam ser enterradas em solo consagrado, uma vez que ainda não estavam devidamente inscritas na comunidade de crentes. A "eficácia simbólica" diz respeito, portanto, ao ponto em que, quando o Outro da instituição simbólica me confronta com a escolha do "em que você acredita, na minha palavra ou nos seus olhos?", eu escolho a palavra do Outro sem titubear, abrindo mão do testemunho factual dos meus olhos[16].

A ideia de *blockbuster* é um excelente exemplo da duplicação da ordem do ser positivo na ordem da nomeação, isto é, da inscrição simbólica no grande Outro. A princípio, o termo funcionava como uma referência direta de um filme que rendia muito dinheiro; depois passou a ser usado para se referir a um filme com uma grande produção, com a perspectiva de uma campanha publicitária gigantesca e grandes bilheterias – é claro que esse filme, depois, podia ser um grande fracasso de bilheteria. Assim, em relação aos dois *O mensageiro*, o italiano *Il postino* e o fracasso com Kevin Costner, é perfeitamente coerente afirmar que *O mensageiro* é um *blockbuster* fracassado, ao passo que *Il postino* não é um *blockbuster*, apesar de ter rendido muito mais dinheiro do que *O mensageiro*. Essa lacuna, obviamente, pode ter algumas consequências curiosas. Na Iugoslávia dos anos 1970, as legendas, via de regra, *subtraduziam* as expressões vulgares que abundavam nos filmes hollywoodianos da época – digamos, quando um personagem falava "Vá se foder!", a legenda em esloveno dizia "Vá para o inferno!" ou algo igualmente moderado. Nos anos 1980, no entanto, quando todas as barreiras da censura caíram na Iugoslávia, ao mesmo tempo que Hollywood se tornava ligeiramente mais contida (talvez por influência da Maioria Moral da era Reagan), os tradutores, como que para se vingar dos longos anos de repressão, começaram a *sobretraduzir* as expressões vulgares – digamos, quando um personagem dizia um simples "Vá para o inferno!", a legenda dizia "Vá foder a puta da sua mãe!" ou algo semelhante...

Dito em termos filosóficos: a inscrição simbólica significa que o próprio Em-si, a forma como a coisa de fato é, já está posto para nós, observadores. Consideremos as duas celebridades já falecidas Madre Teresa e princesa Diana. Segundo o clichê, Diana, mesmo quando estava engajada em suas obras de caridade, comprazia-se com a atenção da mídia, manipulando cuidadosamente a difusão dos detalhes mais

---

[16] Essa também é a medida do verdadeiro amor: mesmo quando flagro minha companheira (ou companheiro) na cama com outro homem (ou mulher), acabo privilegiando as palavras dela (ou dele) – os protestos verbais de inocência –, apesar do fato concreto e estúpido visto por meus olhos...

Édipo: para onde? / 345

íntimos de sua vida privada (seu patrocínio secreto à biografia de Morton); já Madre Teresa, uma verdadeira santa, fazia silenciosamente seu trabalho de caridade longe dos holofotes da mídia, nas terríveis favelas de Calcutá... O problema nessa oposição, porém, é que *todos sabíamos que Madre Teresa fazia seu trabalho longe do foco da mídia*, e isso, precisamente, foi o que a tornou famosa; essa imagem de Madre Teresa criada pela mídia foi o que a fez ser recebida por presidentes e ter um funeral de Estado... Assim, essa oposição entre Diana fazendo uma maratona de compras com o novo namorado e Madre Teresa cuidando de mendigos doentes num hospital sombrio em Calcutá é uma oposição midiática por excelência.

Aqui, a lacuna entre a realidade e a ordem de seu registro simbólico é crucial – a lacuna em virtude da qual o registro simbólico é, em última instância, contingente. Devo mencionar aqui a recente tendência a retratar o presidente dos Estados Unidos como um assassino brutal (*Poder absoluto, Crime na Casa Branca*): essa tendência faz pouco caso de uma proibição que vigorou até pouco tempo atrás: um filme desse tipo era impensável há alguns anos. É como o detetive das séries de TV que, em algum momento da década de 1960, não precisou mais ser uma figura "nobre": podia ser aleijado, gay, mulher... Essa súbita percepção de que a proibição não tem importância é crucial: podemos ter um presidente que é um assassino, mas a Presidência ainda conserva o carisma... Isso não significa que "foi sempre assim": foi sempre assim *em* si, mas não *para* si. Se um filme como *Poder absoluto* fosse feito nos anos 1950, o impacto ideológico teria sido traumático; após a mudança no sistema de proibição simbólica, a honestidade pessoal do presidente deixou de importar, o sistema se acomodou à mudança...

Em cada transformação social, devemos procurar essa mudança simbólica crucial: na era hippie, os homens de negócios podiam vestir jeans, ser barbados etc., mas ainda assim ser especuladores implacáveis. Esse momento de mudança é o momento crucial em que o sistema reestrutura suas regras para se acomodar às novas condições, incorporando o momento originalmente subversivo. Essa é, portanto, a verdadeira história subjacente à desintegração do Código Hays de autocensura em Hollywood – por um breve período nos anos 1960, de repente "tudo era possível", os tabus começaram a ser derrubados (referências explícitas a drogas, sexo, homossexualidade, tensão racial, até um retrato mais simpático dos comunistas); "o sistema", no entanto, seguiu incólume: nada mudou de fato. Nesse aspecto, o capitalismo é muito mais flexível do que o comunismo, que foi incapaz de proporcionar esses alívios radicais: quando Gorbachev tentou afrouxar gradualmente as restrições do sistema a fim de fortalecê-lo, o sistema se desintegrou.

O grande Outro, portanto, é a ordem da mentira, do mentir com sinceridade. Tomemos Bill Clinton e Monica Lewinsky: todos sabemos (ou, ao menos, supomos) que eles fizeram aquilo; no entanto, apoiamos Clinton enquanto isso pôde ser escondido do olhar do grande Outro... Temos aqui, então, o paradoxo do grande Outro em sua forma mais pura. A maioria das pessoas acreditava que havia acontecido algo entre eles; elas acreditavam que Clinton estava mentindo quando negava isso; ainda assim, elas o apoiavam. Apesar de (elas assumirem o fato de) Clinton ter mentido quando negou seu caso com "aquela mulher", Monica Lewinsky, ele *mentiu com sinceridade,* com convicção, de certa maneira acreditando em sua própria mentira, levando-a a sério – esse paradoxo também deve ser levado a sério, já que aponta um elemento-chave da eficácia de uma afirmação ideológica. Em outras palavras, enquanto a mentira de Clinton não foi percebida/registrada pelo grande Outro, enquanto ele conseguiu manter as aparências (da "dignidade" presidencial), o próprio fato de todos saberem (ou presumirem) que ele estava mentindo serviu como uma base adicional para a identificação do público com ele – não apenas sua popularidade não foi prejudicada pela consciência pública de que ele estava mentindo e de que houvera de fato alguma coisa entre ele e Monica Lewinsky, como ela até aumentou. Nunca devemos nos esquecer de que o carisma do Líder é sustentado pelas próprias características (sinais de fraqueza, de "humanidade" comum...) que parecem debilitá-lo. Essa tensão foi habilmente manipulada e levada ao extremo por Hitler: em seus discursos para grandes multidões, ele representou várias vezes a cena de que "perdia a calma", de que enveredava num *acting out* histérico, gritando desamparadamente e agitando as mãos como uma criança mimada que se sente frustrada porque suas demandas não são prontamente atendidas – mais uma vez, essas características que pareciam contradizer a respeitabilidade impassível do Líder sustentaram a identificação das multidões para com ele.

Todos esses paradoxos apresentam uma semelhança fundamental com o modo como o ciberespaço afeta a identidade simbólica do sujeito. O pobre louco que, ao dar de cara com uma galinha, adotou a atitude do "sei muito bem que sou um homem, mas... (será que o Outro sabe?)" – em resumo, ele acreditava que a mudança de identidade ainda não havia sido registrada pelo grande Outro, que, para o grande Outro, ele ainda era um grão de milho. Agora imaginemos o caso bastante comum de um homem tímido e inibido que, no ciberespaço, participa de uma comunidade virtual em que adota o papel de uma mulher promíscua; sua posição é a do "sei muito bem que, na realidade, sou só um cara tímido, recatado, mas por que não poderia me permitir bancar a mulher promíscua, fazendo coisas que jamais faria na vida real?" – contudo as coisas são tão simples e diretas? E se, na vida real, a personalidade desse homem (o Eu que ele adota, a forma como se comporta em sua interação social real) for uma espécie de "formação de defesa" secundária, uma identidade que ele adota como uma máscara para "recalcar" ou manter sob controle seu "Eu interior", o núcleo duro de sua identidade fantasmática, que consiste em ser uma mulher promíscua, e para o qual ele só encontra escape em seu fantasiar privado ou nos jogos sexuais anônimos das comunidades virtuais? No *Seminário 11*, Lacan faz referência ao antigo paradoxo chinês de Chuang-Tzu, que sonha que é uma borboleta e depois se pergunta: "Como posso saber que não sou uma borboleta que está sonhando que é um homem?". Não podemos pensar a mesma coisa a respeito do nosso tímido membro da comunidade virtual? Não será ele, na verdade, uma mulher promíscua sonhando que é um homem inibido?

A tentação que devemos evitar aqui é a conclusão pós-moderna óbvia de que não possuímos uma identidade sociossimbólica fixa e definitiva, mas vagamos, mais ou menos livremente, entre uma multiplicidade inconsistente de Eus, cada qual exibindo um aspecto parcial de nossa personalidade, sem nenhum agente unificador que assegure a consistência derradeira desse "pandemônio". A hipótese lacaniana do grande Outro implica a afirmação de que todas essas identificações parciais distintas não têm o mesmo *status* simbólico: há um nível em que a eficácia simbólica se estabelece, um nível que determina minha posição sociossimbólica. Esse nível não é o da "realidade" como oposta ao jogo da minha imaginação – o argumento de Lacan não é que, por trás da multiplicidade de identidades fantasmáticas, há um núcleo duro de um "Eu real"; estamos lidando com uma ficção simbólica, mas uma ficção que, por razões contingentes que nada têm a ver com sua natureza inerente, possui poder performativo – é socialmente operativa, estrutura a realidade sociossimbólica da qual eu participo. O *status* de uma mesma pessoa, inclusive de suas características mais "reais", pode aparecer sob uma luz completamente diferente no momento em que muda a modalidade de sua relação com o grande Outro.

Portanto, o problema hoje não é que os sujeitos sejam mais dispersos do que eram antes, nos supostos bons tempos do Eu idêntico a si mesmo; o fato de que "o grande Outro não existe mais" implica que a ficção simbólica que confere um *status* performativo a um certo nível da minha identidade, determinando quais de meus atos mostrarão "eficácia simbólica", deixou de ser plenamente operativa. Talvez o grande exemplo dessa mudança seja dado pelas tendências recentes do cristianismo. O cristianismo propriamente dito – a crença na ressurreição de Cristo – é a expressão religiosa suprema do poder da ficção simbólica como veículo da universalidade: a morte do Cristo "real" é "suprassumida" no Espírito Santo, isto é, na comunidade espiritual dos crentes. Esse núcleo autêntico do cristianismo, articulado primeiro por são Paulo, hoje está sob ataque: o perigo surge na forma da (má) leitura dualista/gnóstica da Nova Era, que reduz a ressurreição à metáfora do crescimento espiritual "interior" da alma individual. O que se perde, assim, é o próprio princípio central do cristianismo, já enfatizado por Hegel: a ruptura com a lógica de pecado e punição do Velho Testamento, isto é, a crença no *milagre* da Graça que "anula" retroativamente nossos pecados passados. Esta é a "boa nova" do Novo

348 / O sujeito incômodo

Testamento: o milagre da *creatio ex nihilo*, de um Novo Começo, do início de uma nova vida "a partir do nada", é possível. (Obviamente, a *creatio ex nihilo* é factível apenas no interior de um universo simbólico, como o estabelecimento de uma nova ficção simbólica que suprime a anterior.) E o ponto crucial é que esse Novo Começo é possível apenas por meio da Graça Divina – seu ímpeto deve vir *de fora*; não é resultado do esforço interior do homem para superar suas limitações e elevar sua alma acima dos interesses materiais egotistas; nesse sentido preciso, o Novo Começo propriamente cristão é absolutamente incompatível com a problemática gnóstica pagã da "purificação da alma". Portanto, o que está realmente em jogo nas tentativas pop-gnósticas da Nova Era para reafirmar uma espécie de "ensinamento secreto de Cristo" que estaria por trás do dogma paulino oficial é o esforço para anular o "Acontecimento-Cristo", reduzindo-o a uma continuação da linhagem gnóstica precedente.

Outro aspecto importante dessa (má) leitura do cristianismo é a crescente obsessão da pseudociência popular com o mistério da suposta sepultura de Jesus e/ou de sua progênie (fruto de um suposto casamento com Maria Madalena) – *best-sellers* como *O Santo Graal e a linhagem sagrada** e *The Tomb of God*, que focam a região de Rennes-le-Château, no Sul da França, tecem numa narrativa longa e coerente o mito do Graal, os cátaros, os templários, os franco-maçons etc.; essas narrativas tentam tomar o lugar do poder decrescente da *ficção simbólica* do Espírito Santo (a comunidade de crentes) pelo *Real corpóreo* de Cristo e/ou de seus descendentes. E, mais uma vez, o fato de que Jesus deixou seu corpo ou descendentes corpóreos diretos serve para minar a narrativa cristã-paulina da Ressurreição: o corpo de Cristo não ressuscitou; "a verdadeira mensagem de Jesus se perdeu com a Ressurreição"[17]. Essa "mensagem verdadeira" reside supostamente na promoção da "senda da autodeterminação, que é distinta da obediência à palavra escrita"[18]: a redenção resulta da viagem interior da alma, e não de um gesto de perdão externo; isto é, a "Ressurreição" deve ser entendida como renovação/renascimento interior da alma em sua jornada de autopurificação. Ainda que os defensores desse "retorno do/no Real" promovam sua descoberta como a exumação do segredo herético e subversivo que a Igreja enquanto Instituição reprimiu durante muito tempo, podemos refutar essa afirmação com a pergunta: e se essa exumação do "Segredo" estiver a serviço da "anulação", da eliminação do núcleo verdadeiramente traumático e subversivo do ensinamento cristão, do *skandalon* da Ressurreição e do perdão retroativo dos pecados, isto é, do caráter singular do Acontecimento da Ressurreição?

---

*   Ed. bras.: trad. Nadir Ferrari, Rio de Janeiro, Nova Fronteira, 1994. (N. E.)

[17]   Richard Andrews e Paul Schellenberger, *The Tomb of God* (Londres, Warner Books, 1997), p. 433.

[18]   Ibidem, p. 428.

Essas inversões sinalizam que, hoje, a não existência do grande Outro alcançou uma dimensão muito mais radical: o que se deteriora cada vez mais é precisamente a *crença* simbólica que persiste contra todo dado cético. Talvez a faceta mais chamativa desse novo *status* da não existência do grande Outro seja o florescimento de "comissões" destinadas a decidir os chamados dilemas éticos que surgem à medida que o incessante crescimento tecnológico afeta nosso mundo-da-vida[19]: não só o ciberespaço, mas também campos tão diversos quanto a medicina e a biogenética, por um lado, e as regras de conduta sexual e proteção dos direitos humanos, por outro, confrontam-nos com a necessidade de inventar as regras básicas da conduta ética apropriada, visto que não temos nenhuma forma de grande Outro, nenhum ponto de referência simbólico que sirva de âncora moral segura e sem problemas.

Em todos esses domínios, o *différend* parece ser irredutível – isso significa que, cedo ou tarde, nós nos vemos numa zona nebulosa cuja névoa não pode ser dissipada pela aplicação de uma regra universal única. Encontramos aqui uma espécie de contraponto ao "princípio da incerteza" da física quântica: há, por exemplo, um obstáculo estrutural para determinar se um comentário é assédio sexual ou tem ligação com o discurso de ódio racista. Confrontado com um enunciado dúbio, um radical "politicamente correto" tende *a priori* a acreditar na vítima querelante (se a vítima tomou como assédio, então é assédio...), ao passo que um liberal ortodoxo reacionário tende a acreditar no acusado (se ele afirma com sinceridade que não foi assédio, então deve ser inocentado...). A questão, obviamente, é que essa indecidibilidade é estrutural e inevitável, uma vez que é o grande Outro (a trama simbólica na qual estão inseridos vítima e agressor) quem "decide", em última instância, o significado, e o campo do grande Outro é aberto por definição: ninguém pode dominar e regular seus efeitos.

Esse é o problema da substituição das expressões agressivas por outras "politicamente corretas": quando substituímos "miopia" por "problema visual", não há como termos certeza de que essa substituição não gerará, como novo efeito, uma atitude paternalista e/ou uma agressividade irônica, ainda mais humilhante na medida em que é travestida de benevolência. O equívoco dessa estratégia "politicamente correta" é que ela subestima a resistência da linguagem que falamos à regulação consciente de seus efeitos, em especial os efeitos que envolvem relações de poder. Assim, para sair desse impasse, nomeia-se uma comissão para formular, de maneira basicamente arbitrária, regras precisas de conduta... O mesmo acontece com a medicina e a biogenética (em que ponto uma experiência ou intervenção

---

[19]   Ver Jaques-Alain Miller e Eric Laurent, "L'Autre qui n'existe pas et ses comités d'éthique", *La Cause Freudienne*, n. 35, Paris, 1997, p. 7-20.

350 / O sujeito incômodo

aceitáveis, ou até mesmo desejáveis, transformam-se em manipulação inaceitável?), na aplicação dos direitos humanos universais (em que ponto a proteção dos direitos da vítima converte-se em imposição dos valores ocidentais?), nos hábitos sexuais (qual é a conduta adequada, não patriarcal, de sedução?), sem mencionar o caso óbvio do ciberespaço (qual é o *status* do assédio sexual numa comunidade virtual? Como distinguir "meras palavras" de "fatos"?). O trabalho dessas comissões cai num círculo vicioso sintomático: por um lado, tentam legitimar suas decisões, remetendo-se ao mais avançado conhecimento científico (que, no caso do aborto, diz que um feto não tem consciência de si ou experiência da dor; que, no caso de um doente terminal, define o limiar para além do qual a eutanásia é a única solução significativa); por outro lado, têm de evocar um critério ético não científico para orientar e estabelecer um limite ao avanço científico inerente.

O essencial nesse caso é não confundir a necessidade de inventar regras específicas com a necessidade da *phronesis*, isto é, com a visão, formulada por Aristóteles, de que a aplicação direta de normas universais a situações concretas não é possível – é preciso sempre levar em conta a "torção" que a norma universal dá à situação específica. Nesse caso-padrão, temos a nossa disposição um texto "sagrado", universalmente aceito, que fornece o horizonte de nossas escolhas (por exemplo, a Bíblia na tradição cristã), de modo que o problema de "interpretação" é efetivar o texto da tradição a cada nova situação, ou seja, descobrir como esse texto "fala conosco" – hoje, o que falta é precisamente esse ponto de referência aceito universalmente, de modo que somos lançados num processo de (re)negociação e (re)invenção simbólicas radicalmente abertas e intermináveis, sem nem mesmo o semblante de um conjunto anterior de normas pressupostas. Ou – dito nos termos de Hegel – quando falo das "regras que devem ser seguidas", já pressuponho a atitude refletida de me adaptar estrategicamente a uma situação, impondo regras a mim mesmo (e aos outros); o que se perde quando se adota essa atitude é aquilo que Hegel chamou de *Substância* social, o "Espírito objetivo" como verdadeira Substância do meu ser, que é posta sempre-já como o terreno em que os indivíduos prosperam, ainda que só se mantenha viva por meio da incessante atividade desses indivíduos. Portanto, quando os defensores da comunidade virtual descrevem com entusiasmo o desafio que o ciberespaço representa para nossa capacidade de invenção ética, de pôr à prova novas regras de participação em todos os aspectos da vida comunitária virtual, devemos ter em mente que essas regras (re)inventadas *tomam o lugar da falta de uma Lei/Proibição mais fundamental*: elas tentam fornecer um marco viável de interação para sujeitos narcisistas pós-edipianos. É como se as "comissões de ética" tomassem o lugar da falta do grande Outro como "pequenos grandes Outros", aos quais o sujeito transfere sua responsabilidade e dos quais espera receber uma fórmula que resolverá seu impasse.

É crucial distinguir esse declínio da autoridade paterna simbólica da lacuna edipiana padrão que separa a pessoa real do pai de sua função/lugar simbólico – o fato de que o pai real se revela sempre um impostor, incapaz de viver à altura de seu mandato simbólico. Como sabemos, nisto reside o problema do histérico: a figura central de seu universo é o "pai humilhado", isto é, ele é obcecado pelos sinais de fraqueza e fracasso do pai real, e o critica incessantemente por não viver à altura de seu mandato simbólico – por trás da rebelião do histérico e do desafio à autoridade paterna há um apelo oculto por uma autoridade paterna renovada, por um pai que seja de fato um "verdadeiro pai" e encarne de forma adequada seu mandato simbólico. Hoje, no entanto, a própria função simbólica do pai é que é cada vez mais minada, isto é, está perdendo sua eficácia performativa; por isso, o pai já não é mais visto como o *Ideal do Eu*, o portador (mais ou menos fracassado, inadequado) da autoridade simbólica, mas, como o *eu ideal*, o competidor imaginário – o resultado é que os sujeitos nunca "crescem" realmente, e hoje lidamos com indivíduos de trinta e quarenta anos que, em termos de economia psíquica, permanecem adolescentes imaturos em competição com seus pais[20].

A sociedade de risco e seus inimigos

O impasse fundamental encarnado na existência de diferentes "comissões de ética" é o foco da recém-popularizada teoria da "sociedade de risco"[21]. Os exemplos paradigmáticos dos riscos a que essa teoria se refere são o aquecimento global, o buraco na camada de ozônio, a doença da vaca louca, o perigo das usinas nucleares como fonte de energia, as consequências imprevisíveis da manipulação genética na agricultura, entre outros. Todos esses casos exemplificam aquilo que é comumente referido como "baixa probabilidade – grandes consequências": ninguém sabe quão grandes

---

[20] Paul Verhaeghe (ver artigo não publicado "The Colapse of the Father Function and Its Effects on Gender Roles") chama a atenção para outra característica interessante dessa suspensão da autoridade simbólica paterna: na medida em que a autoridade paterna é o "dispositivo" que permite ao sujeito ingressar no universo simbólico, a "redução" da linguagem a formas de comunicação que combina linguagem com outros tipos de signos (digamos, a substituição da escrita por signos icônicos: quando lidamos com um computador, em vez de escrever ordens, usamos cada vez mais o mouse para escolher o signo icônico apropriado) também não é um indício da suspensão da autoridade paterna?

[21] Ver o clássico de Ulrich Beck, *Risk Society: Towards a New Modernity* (Londres, Sage, 1992) [ed. bras.: *Sociedade de risco: rumo a uma outra modernidade*, trad. Sebastião Nascimento, São Paulo, Editora 34, 2010]; e Anthony Giddens, *The Consequences of Modernity* (Cambridge, Polity Press, 1990) [ed. bras.: *As consequências da modernidade*, trad. Raul Fiker, São Paulo, Editora da Unesp, 1991]. Para uma visão geral dessa teoria, ver Jane Franklin (org.), *The Politics of the Risk Society* (Oxford, Polity Press, 1998).

352 / O sujeito incômodo

são os riscos; a probabilidade de uma catástrofe global é pequena; no entanto, se ocorrer a catástrofe, será a derradeira. Biólogos nos advertem de que o uso crescente de medicamentos e de produtos químicos em nossa comida pode extinguir a espécie humana, não por culpa de uma catástrofe ecológica direta, mas simplesmente porque nos tornarão inférteis – esse desfecho parece improvável, mas ainda assim seria catastrófico. Outro aspecto crucial é que essas novas ameaças são "riscos produzidos": resultam de intervenções econômicas, tecnológicas e científicas dos seres humanos na natureza que perturbam tão radicalmente os processos naturais que não é mais possível fugir da responsabilidade, deixando que a própria natureza encontre um modo de restabelecer o equilíbrio perdido. É igualmente absurdo buscar uma virada de Nova Era contra a ciência, visto que, na maioria das vezes, essas ameaças são invisíveis, indetectáveis, sem as ferramentas diagnósticas da ciência.

Todas as noções atuais de ameaça ecológica, desde o buraco na camada de ozônio até o risco de fertilizantes e aditivos químicos para a fertilidade humana, são estritamente dependentes do saber científico (em geral, do tipo mais avançado). Embora os efeitos do "buraco na camada de ozônio" sejam observáveis, sua explicação causal pela referência a esse "buraco" é uma hipótese científica: não existe um "buraco" diretamente observável no céu. Esses riscos são gerados, portanto, por uma espécie de circuito autorreflexivo, isto é, eles não são riscos externos (como um cometa vindo em direção à Terra), mas consequência imprevista dos esforços tecnológicos e científicos dos indivíduos para controlar suas vidas e aumentar sua produtividade. Talvez o exemplo supremo da inversão dialética pela qual uma nova visão científica, ao invés de simplesmente ampliar nosso domínio da natureza, gera novos riscos e incertezas, seja dado pela possibilidade de que, em uma ou duas décadas, a genética será capaz não apenas de identificar toda a herança genética de um indivíduo, mas até manipular tecnologicamente os genes individuais para obter resultados e mudanças desejados (eliminar uma tendência a desenvolver câncer etc.). Contudo, longe de resultar em plena previsibilidade e certeza, essa auto-objetivação radical (situação em que, enquanto uma fórmula genética, poderei confrontar aquilo que "sou objetivamente") gerará incertezas ainda mais radicais acerca dos efeitos psicossociais reais desse saber e de sua aplicação. (O que será da ideia de liberdade e responsabilidade? Quais serão as consequências imprevisíveis dessa interferência nos genes?)

Essa conjunção de baixa probabilidade e grandes consequências torna virtualmente impossível a estratégia aristotélica de evitar ambos os extremos: é como se fosse impossível hoje assumir uma posição racional moderada entre o alarmismo (os ambientalistas que pintam uma catástrofe global iminente) e o acobertamento (a minimização do perigo). A estratégia de minimização pode sempre enfatizar o fato de que o alarmismo, na melhor das hipóteses, toma como certas conclusões que não são totalmente baseadas em observações científicas; a estratégia alarmista, por sua vez, é plenamente justificada quando retruca que, quando for possível prever a catástrofe com absoluta certeza, já será tarde demais. O problema é que não há um caminho científico objetivo, ou de outra ordem, que dê plena certeza da existência e da extensão: não se trata simplesmente de empresas exploradoras ou agências de governo subestimando os perigos – de fato, não há como estabelecer com certeza a extensão do risco; os próprios cientistas e especuladores são incapazes de dar uma resposta definitiva; somos bombardeados diariamente com novas descobertas que invertem os consensos anteriores. E se descobrirmos que a gordura previne o câncer? E se o aquecimento global for, na verdade, o resultado de um ciclo natural e tivermos de lançar ainda mais dióxido de carbono na atmosfera?

Não há *a priori* nenhuma medida adequada entre o "excesso" de alarmismo e a procrastinação indecisa do "não é caso para pânico, ainda não chegamos a resultados conclusivos". Por exemplo, em relação ao aquecimento global, é claramente sem sentido a lógica do "devemos evitar ambos os extremos, tanto a emissão descontrolada de dióxido de carbono como o fechamento imediato de milhares de fábricas, e agir de forma gradual"[22]. Mais uma vez, essa impenetrabilidade não é apenas uma questão de "complexidade", mas de reflexividade: as novas opacidade e impenetrabilidade (a incerteza radical acerca das derradeiras consequências de nossas ações) não se devem ao fato de que somos marionetes nas mãos de um Poder global transcendente (Destino, Necessidade Histórica, Mercado...); ao contrário, devem-se ao fato de que "ninguém está no comando", *não existe esse poder*, não há um "Outro do Outro" manipulando as cordinhas. Essa opacidade se baseia no próprio fato de que nossa sociedade atual é totalmente "reflexiva", na constatação de que nenhuma Natureza ou Tradição fornece uma base sólida sobre a qual possamos nos apoiar, e até mesmo os mais íntimos de nossos impulsos (orientação sexual etc.) são cada vez mais vivenciados como coisas que devemos escolher. Como alimentar e educar uma criança? Como agir num momento de sedução sexual? O que e como devemos comer? Como relaxar e se divertir? Todas essas esferas são cada vez mais "colonizadas" pela reflexividade, isto é, vivenciadas como algo que deve ser aprendido e decidido. O melhor exemplo de reflexividade na arte não é o papel crucial do *curador*? Sua função não se limita à mera seleção: por meio de sua seleção

---

[22] Por essa mesma razão, a angústia gerada pela sociedade de risco é a do supereu: o que caracteriza o supereu é precisamente a falta de "medida adequada", ou seja, obedecemos a seus comandos não o suficiente e/ou em demasia; não importa o que façamos, o resultado é errado e somos culpados. O problema do supereu é que seus comandos nunca podem ser traduzidos numa regra positiva a ser seguida: o Outro que nos endereça uma injunção exige alguma coisa de nós, mas nunca estamos em condições de saber o que exatamente é essa demanda...

354 / O sujeito incômodo

ele (re)define o que é arte hoje. Ou seja, as exposições de arte hoje mostram objetos que, ao menos do ponto de vista tradicional, não têm nada a ver com arte (até excrementos humanos e animais mortos), então por que são vistos como arte? *Porque o que vemos é a escolha do curador*. Quando visitamos uma mostra hoje, não observamos obras de arte – o que observamos é o conceito de arte do curador. Em resumo, o verdadeiro artista não é o criador, mas o curador, sua atividade de seleção.

O derradeiro impasse da sociedade de risco reside na lacuna entre saber e decisão, entre a cadeia de razões e o ato que resolve o dilema (em termos lacanianos, entre S_2 e S_1): não há ninguém que "conheça realmente" o efeito global – no nível do saber positivo, a situação é radicalmente "indecidível", porém *nós temos de decidir*. Essa lacuna, obviamente, sempre existiu: quando um ato de decisão se fundamenta numa cadeia de razões, acaba sempre "colorindo-as" retroativamente, de modo que respaldem essa decisão – basta pensarmos no crente que tem plena consciência de que as razões de sua crença são compreensíveis apenas para aqueles que decidiram crer... O que encontramos na sociedade de risco contemporânea, no entanto, é algo muito mais radical: o oposto da escolha forçada da qual trata Lacan, isto é, de uma situação em que me encontro livre para escolher, desde que faça a escolha certa, de modo que o que me resta é executar o gesto vazio de fingir realizar voluntariamente aquilo que me foi imposto[23]. Na sociedade de risco contemporânea lidamos com algo inteiramente distinto: a escolha é realmente "livre" e, por essa razão, é experimentada como algo ainda mais frustrante – vemo-nos com frequência na posição de ter de decidir a respeito de questões que afetarão fundamentalmente nossa vida, mas sem uma base adequada de conhecimentos.

Com relação a esse ponto crucial, aquilo que Ulrich Beck chama de "segundo Iluminismo" é, portanto, o oposto exato do propósito do "primeiro Iluminismo": promover uma sociedade em que as decisões mais fundamentais perderiam seu caráter "irracional" e se fundamentariam em boas razões (numa compreensão correta do estado de coisas); o "segundo Iluminismo" impõe a cada um de nós o fardo

---

[23] O que vem a ser um gesto vazio? Na Eslovênia, havia tensão entre o primeiro-ministro e o presidente da República: este, embora a constituição reduza seu papel a funções protocolares, almejava desempenhar um papel mais amplo, com poder efetivo. Quando ficou claro que o representante esloveno no encontro de líderes europeus organizado por Jacques Chirac seria o primeiro-ministro, os jornalistas foram informados que o presidente havia escrito uma carta a Chirac explicando que, infelizmente, não poderia estar presente na cúpula, e que o primeiro-ministro iria em seu lugar... Esse é o gesto vazio mais puro: apesar de estar claro que o primeiro-ministro deveria ir à França para representar a Eslovênia, o presidente agiu como se o fato de o primeiro-ministro ir não fosse "natural", mas fruto de uma decisão sua – presidente – de não ir e deixar que o primeiro-ministro assumisse seu lugar. É assim que se faz de uma derrota uma vitória – transformar em resultado de uma decisão livre (a retirada) o fato de não poder ir de todo modo.

de tomar decisões cruciais, que podem afetar nossa própria sobrevivência, sem qualquer fundamentação no Conhecimento – todos os painéis governamentais, comissões de ética e outros existem para ocultar essa abertura e essa incerteza radicais. Mais uma vez, longe de ser experimentada como libertadora, essa compulsão a decidir livremente é vivenciada como uma aposta obscena e angustiante, como uma espécie de inversão irônica da predestinação: sou considerado responsável por decisões que me vejo obrigado a tomar sem um conhecimento adequado da situação. A liberdade de decisão do sujeito da "sociedade de risco" não é a liberdade de alguém que pode escolher livremente seu destino, mas a liberdade angustiante de alguém que é constantemente compelido a tomar decisões sem ter noção de suas consequências. Não há garantia de que a politização democrática das decisões cruciais, a participação ativa de milhares de indivíduos interessados, vai necessariamente aprimorar a qualidade e a precisão das decisões e, assim, reduzir os riscos – somos tentados aqui a citar a resposta de um católico devoto a uma crítica liberal ateia que afirmava que os católicos eram estúpidos por acreditar na infalibilidade do papa: "Nós, católicos, ao menos acreditamos na infalibilidade de *uma única pessoa*; a democracia não confia na ideia muito mais arriscada de que a maioria das pessoas, milhões de pessoas, são infalíveis?".

O sujeito se vê então na situação kafkiana de ser culpado sem saber do quê (se é que é realmente culpado): sou assombrado pela perspectiva de que tomei decisões que colocarão em perigo a mim ou aos que amo, mas só saberei a verdade (se vier a sabê-la) quando for tarde demais. Recordemos aqui da figura de Forrest Gump, o "mediador evanescente" perfeito, o próprio oposto do Mestre (aquele que registra simbolicamente um acontecimento por meio de sua nominação, por sua inscrição no grande Outro): Gump é apresentado como o espectador inocente que, apenas por fazer o que faz, sem saber desencadeia uma mudança de proporções históricas. Quando visita Berlim para jogar futebol e inadvertidamente lança a bola contra o muro, ele inicia o processo que leva à queda do Muro de Berlim; quando visita Washington e ocupa um quarto no complexo Watergate, ele percebe coisas estranhas acontecendo do outro lado do jardim no meio da madrugada, chama o segurança e desencadeia os acontecimentos que culminariam com a queda de Nixon. Essa não é a metáfora insuperável da situação para a qual apontam os proponentes do conceito de "sociedade de risco", uma situação em que somos obrigados a dar passos cujos efeitos derradeiros estão além do nosso alcance?

Em que sentido preciso o conceito de "sociedade de risco" supõe a não existência do grande Outro? O aspecto mais óbvio seria o fato – salientado repetidas vezes por Beck e Giddens – de que vivemos hoje numa sociedade que sobrevém à Natureza e à Tradição: em nosso engajamento ativo com o mundo que nos rodeia, não tomamos mais a Natureza como fundamento e recurso permanente de nossa atividade (há sempre o risco e perigo de que nossa atividade venha a perturbar e desarranjar o ciclo estável de reprodução natural) ou a Tradição como a forma substancial dos costumes que predeterminam nossa vida. A ruptura, no entanto, é mais radical. Ainda que a dissolução de todos os vínculos tradicionais seja o tema habitual da modernização capitalista do século XIX, repetidamente descrita por Marx (o tema do "tudo que é sólido desmancha no ar"), toda a questão da análise de Marx é que essa dissolução inaudita de todas as formas tradicionais, longe de levar a uma sociedade em que os indivíduos vivam sua vida de forma livre e coletiva, engendra sua própria forma de Destino anônimo à moda das relações de mercado. Por um lado, o mercado envolve uma dimensão fundamental de risco: trata-se de um mecanismo impenetrável que pode, de forma completamente inesperada, arruinar os esforços de um trabalhador honesto e enriquecer um especulador desonesto – ninguém sabe qual será o resultado da especulação. No entanto, apesar de nossos atos poderem carregar consequências involuntárias e imprevistas, persiste a ideia de que são coordenados pela infame "mão invisível do mercado", premissa básica da ideologia do livre mercado: cada um de nós persegue seus próprios interesses, e o resultado do choque e da interação dessa multiplicidade de atos individuais e intenções conflitantes é o bem-estar global. Nessa ideia da "astúcia da Razão", o grande Outro sobrevive como a Substância social da qual todos participamos com nossos atos, como a misteriosa agência espectral que, de algum modo, restabelece o equilíbrio.

A ideia marxista fundamental, por certo, é que essa figura do grande Outro, a Substância social alienada – isto é, o mercado anônimo enquanto forma moderna de Destino – pode ser suplantada, e a vida social pode ser entregue de volta ao controle do "intelecto coletivo" da humanidade. Desse modo, Marx permaneceu dentro dos limites da "primeira modernização", que visava o estabelecimento de uma sociedade autotransparente regulada pelo "intelecto coletivo"; não surpreende que esse projeto encontre sua realização deturpada no Socialismo real, que, apesar da extrema incerteza com relação ao destino de cada indivíduo (ao menos nos tempos dos paranoicos expurgos políticos), talvez tenha sido a tentativa mais radical de suspender a incerteza que é própria da modernização capitalista. O (modesto) atrativo do Socialismo real é mais bem exemplificado pelo *slogan* eleitoral do Partido Socialista de Slobodan Milošević na primeira eleição "livre" da Sérvia: "Conosco não há incerteza!". Ainda que a vida fosse pobre e sem graça, não havia necessidade de se preocupar com o futuro; a modesta existência de cada um estava garantida, o Partido cuidava de tudo, isto é, todas as decisões eram tomadas por Eles. Apesar do desprezo que tinham pelo regime, de certa forma a população confiava "Neles", contava com "Eles", acreditava que alguém segurava as rédeas e cuidava de tudo. Havia uma espécie perversa de libertação nessa possibilidade de transferir o fardo da responsabilidade para o Outro. Eva Hoffman, no relato da viagem que fez à Polônia, país de sua juventude, após a queda do comunismo, conta que o cinza infame e desolado dos subúrbios socialistas, com seus edifícios de concreto deprimentes ao longo de avenidas largas, sem nenhum cartaz ou luz de neon, parecia diferente, e ainda mais opressivo, em 1990:

> Conheço esse cinza; cheguei até mesmo a amá-lo, como parte do estado de ânimo e do clima em que cresci aqui, e que me penetrou até os ossos, com uma consoladora melancolia. Então por que ele parece mais desolador do que antes? Suponho que esteja captando-o com antenas diferentes, sem os filtros protetores do sistema, que justificavam e explicavam tanta coisa: até mesmo o cinza. A monotonia, em parte, era obra deles, uma questão não apenas econômica, mas de puritanismo deliberado [...] agora essa vizinhança é apenas o que é, penúria despida de significado.[24]

O que vemos aqui é o aspecto perversamente libertador da alienação no Socialismo real: a realidade não era verdadeiramente "nossa" (das pessoas comuns), mas pertencia a Eles (a *nomenklatura* do Partido); o cinza dava testemunho da norma opressiva Deles e, paradoxalmente, tornava mais fácil suportar a vida; podia-se contar piadas sobre os problemas cotidianos, por exemplo a falta de coisas triviais como sabão ou papel higiênico – ainda que sofrêssemos as consequências materiais desses problemas, ríamos à custa Deles, contávamos as piadas de uma posição liberada, isenta. Agora que Eles estão fora do poder, somos repentina e violentamente compelidos a assumir esse cinza monótono: ele não pertence mais a Eles, agora é nosso... O que acontece hoje, com a sociedade de risco "pós-moderna", é que não há uma "Mão Invisível" cujo mecanismo, cego como se espera que seja, de alguma forma restabelece o equilíbrio; não há essa Outra Cena em que as contas são todas devidamente escrituradas, nenhum Outro Lugar ficcional em que, da perspectiva do Juízo Final, nossos atos serão devidamente situados e nós prestaremos contas deles. Não apenas não sabemos a que os nossos atos equivalerão de fato, como também não existe um mecanismo global que regule nossas interações – é *isso* que significa a não existência propriamente "pós-moderna" do grande Outro. Foucault se referiu às "estratégias sem sujeito" que o Poder utiliza para sua reprodução – aqui nós temos quase o exato oposto: sujeitos presos às consequências imprevisíveis de seus atos, mas sem estratégia global dominando e regulando suas interações. Indivíduos que continuam presos ao paradigma modernista tradicional buscam desesperadamente outra agência que se possa legitimamente alçar à posição do Sujeito

---

[24] Eva Hoffman, *Exit into History* (Londres, Minerva, 1993).

358 / O sujeito incômodo

Suposto Saber e, de certa forma, garantir nossas escolhas: as comissões de ética, a comunidade científica, a autoridade governamental e, até mesmo, o grande Outro paranoico, o Mestre secreto das teorias da conspiração.

Mas o que há de errado com a teoria da sociedade de risco? Ela não endossa integralmente a não existência do grande Outro e tira todas as consequências ético--políticas disso? O problema é que, paradoxalmente, essa teoria é muito específica e, ao mesmo tempo, muito geral: apesar de toda ênfase no fato de que a "segunda modernização" nos obriga a transformar as antigas ideias a respeito da agência humana, da organização social etc., até as formas mais íntimas de nos relacionarmos com nossa identidade sexual, a teoria da sociedade de risco subestima o impacto da nova lógica social emergente sobre o próprio *status* fundamental da objetividade; por outro lado, concebendo o risco e a produção de incertezas como traços universais da vida contemporânea, essa teoria oculta as raízes socioeconômicas concretas desses riscos. E tenho convicção de que a psicanálise e o marxismo, via de regra desprezados pelos teóricos da sociedade de risco como expressões antiquadas da primeira onda modernizadora (a luta da agência racional para trazer à tona o Inconsciente imperscrutável; a ideia de uma sociedade autotransparente controlada pelo "intelecto comum"), podem contribuir para um esclarecimento crítico desses dois pontos.

O Unbehagen *na sociedade de risco*

A psicanálise não é uma teoria que lamenta a desintegração dos velhos modos de estabilidade e sabedoria tradicional, situando neles a causa das neuroses modernas e instigando-nos a descobrir nossas raízes na sabedoria arcaica ou num autoconhecimento profundo (versão junguiana), nem é apenas outra versão do saber reflexivo moderno, que nos ensina a penetrar e dominar os segredos mais íntimos de nossa vida psíquica. O objeto próprio da psicanálise, aquilo que ela visa, são antes as consequências inesperadas da desintegração das estruturas tradicionais que regulavam a vida libidinal. Por que o declínio da autoridade paterna e dos papéis sociais fixos e de gênero cria novas angústias, ao invés de inaugurar um Admirável Mundo Novo de indivíduos engajados no criativo "cuidado de Si", desfrutando do processo contínuo de deslocamento e ressignificação de suas múltiplas identidades fluidas? O que a psicanálise pode fazer é concentrar-se no *Unbehagen* [mal-estar] da sociedade de risco: nas novas angústias geradas pela sociedade, que não podem ser simplesmente desprezadas como resultado da tensão ou lacuna entre a adesão dos sujeitos às antigas ideias de responsabilidade e identidade pessoal (como os papéis fixos de gênero e a estrutura familiar) e a nova situação de identidades e escolhas fluidas, variáveis.

O que o advento da "sociedade de risco" afeta não é apenas a Tradição ou outra referência simbólica confiável, mas a própria Instituição simbólica no sentido muito mais fundamental do funcionamento da ordem simbólica: com o advento da sociedade de risco, a dimensão performativa da confiança e do compromisso simbólicos é potencialmente minada. O problema dos teóricos da sociedade de risco, portanto, é que eles subestimam o caráter radical dessa mudança: apesar de toda a insistência no fato de que, na atual sociedade de risco, a reflexividade é universalizada, portanto a Natureza e a Tradição não existem mais, e, apesar do discurso sobre o "segundo Iluminismo" abolir as convicções ingênuas da primeira onda de modernização, eles deixam intacto o modo fundamental de "subjetividade" do sujeito: o sujeito continua a ser o sujeito moderno, capaz de raciocinar e refletir livremente, de decidir e escolher seu conjunto de normas, e assim por diante. O erro aqui é o mesmo cometido pelas feministas que querem acabar com o complexo de Édipo etc., mas esperam que a forma básica de subjetividade gerada pelo complexo de Édipo (o sujeito livre para raciocinar e decidir...) sobreviva intacta. Em síntese, e se não forem os pessimistas pós-modernos que chegam a uma conclusão catastrófica porque medem o mundo pelos padrões antigos, mas forem, ao contrário, os próprios teóricos da sociedade de risco que, de forma não problemática, contam com o fato de que, nas condições de desintegração da Confiança simbólica, o sujeito reflexivo do Iluminismo/Esclarecimento de algum modo, inexplicavelmente, sobreviva ileso?

Essa desintegração do grande Outro é o resultado direto da reflexividade universalizada: ideias como "confiança" baseiam-se num mínimo de aceitação *não refletida* da Instituição simbólica – em última instância, confiança envolve sempre um salto de fé: quando confio em alguém, confio simplesmente porque acredito em sua palavra, e não por motivos racionais que me dizem para fazer isso. Dizer "Confio em você porque decidi, após reflexão racional, confiar em você" supõe o mesmo paradoxo presente em: "Depois de ponderar prós e contras, decidi obedecer ao meu pai". Um sintoma dessa desintegração da Confiança fundamental é o surgimento recente de um grupo de renovação cristã nos Estados Unidos que, de maneira muito adequada, intitula-se "Guardiões da Promessa": seu pleito é um apelo desesperado para que os homens assumam novamente o mandato simbólico de responsabilidade, o fardo da decisão, em oposição ao sexo feminino, fraco e histérico, incapaz de suportar as tensões da vida contemporânea. O argumento que se deve apresentar contra isso não é que estamos lidando com uma reinscrição patriarcal conservadora da diferença sexual (mulheres frágeis e histéricas *versus* homens cuja Palavra deve voltar a ser sua Caução), mas que essa própria ênfase explícita em promessas que devem ser mantidas já é parte de uma economia histérica – uma confiança que precisa ser reafirmada dessa maneira pública e ritualizada, por assim dizer, já compromete suas próprias credenciais.

360 / O sujeito incômodo

A incapacidade da teoria da sociedade de risco de extrair todas as consequências da reflexivização é claramente discernível no tratamento da família. Essa teoria está certa ao salientar que a relação entre pais e filhos na família tradicional era o último bastião da escravidão legal nas sociedades ocidentais: grande parte da sociedade – os menores de idade – era privada de responsabilidade e autonomia plenas e mantida numa condição de escravidão em relação aos pais (que controlavam sua vida e eram responsáveis por seus atos). Com a modernização reflexiva, as crianças passaram a ser tratadas como sujeitos responsáveis, com liberdade de escolha (nos processos de divórcio, elas podem influenciar a decisão a respeito da guarda; podem processar os pais se entenderem que seus direitos foram violados etc.). Em resumo, a paternidade e a maternidade deixaram de ser conceitos naturais e substanciais e tornaram-se, de certa forma, politizados: converteram-se em outro domínio de escolha reflexiva. No entanto, o avesso dessa reflexivização das relações familiares – na qual a família perde o caráter de entidade imediata substancial cujos membros não são sujeitos autônomos – acaso não é a progressiva *"familiarização" da própria vida profissional pública*? Instituições que supostamente deveriam funcionar como um antídoto para a família passam a funcionar como famílias substitutas, como suplentes da família, permitindo de certa forma o prolongamento da dependência familiar e da imaturidade: escolas – e até mesmo universidades – estão assumindo funções terapêuticas; empresas são uma nova casa familiar, e assim por diante. A situação-padrão em que, após o período de educação e dependência, eu me autorizo a entrar no universo adulto da maturidade e da responsabilidade é duplamente invertida: como criança, sou reconhecido como um ser maduro e responsável e, ao mesmo tempo, minha infância é prolongada indefinidamente; ou seja, nunca sou realmente obrigado a "crescer", já que todas as instituições que sucedem à família funcionam como famílias *Ersatz*, oferecendo um ambiente compassivo para meus esforços narcisistas...

Para compreender todas as consequências dessa mudança, teríamos de retornar à tríade hegeliana de família, sociedade civil-burguesa (a livre interação dos indivíduos que gozam de liberdade reflexiva) e Estado: essa construção de Hegel é fundamentada na distinção entre a esfera privada da família e a esfera pública da sociedade civil-burguesa, uma distinção que está desaparecendo, na medida em que a própria família está se tornando politizada, parte do domínio público; por outro lado, a vida profissional pública está se tornando "familiarizada", isto é, os sujeitos participam dela como membros de uma grande família, não como indivíduos responsáveis "maduros". Portanto, o problema aqui não é a autoridade patriarcal e a luta emancipadora contra ela, como muitas feministas continuam a afirmar; o problema são as novas formas de dependência que surgem do próprio declínio da autoridade simbólica patriarcal. Foi Max Horkheimer, em seu estudo sobre autoridade e família na década de 1930, que chamou a atenção para as consequências ambíguas da desintegração gradual da autoridade paterna na sociedade capitalista moderna: longe de ser simplesmente célula elementar e geradora de personalidades autoritárias, a família nuclear moderna era, simultaneamente, a estrutura que gerava o sujeito crítico "autônomo", capaz de enfrentar a ordem social predominante em nome de suas convicções éticas, de modo que o resultado imediato da desintegração da autoridade paterna é também o surgimento daquilo que os sociólogos chamam de personalidade conformista "orientada para o outro"[25]. Hoje, com a passagem para a personalidade narcisista, esse processo está ainda mais forte, tendo ingressado numa nova fase.

Com relação à constelação "pós-moderna" (ou ao que os teóricos da sociedade de risco chamam de modernização reflexiva característica da segunda modernidade e/ou do segundo Iluminismo – talvez essa ênfase insistente no fato de que eles se opõem ao pós-modernismo deva ser vista como uma negação da proximidade não admitida entre eles[26]), em que o patriarcado está fatalmente enfraquecido, de modo que o sujeito experimenta a si mesmo como livre de qualquer restrição tradicional, sem nenhuma Proibição simbólica internalizada, propenso a experimentar sua existência e perseguir seu projeto de vida etc., temos de levantar a grave questão dos "apegos apaixonados" renegados que sustentam a nova liberdade reflexiva do sujeito liberado das restrições da Natureza e/ou da Tradição: e se a desintegração da autoridade simbólica pública ("patriarcal") for paga (ou compensada) com um "apego apaixonado" ainda mais forte (e renegado) à sujeição, tal como parece indicar – entre outros fenômenos – o aumento do número de casais

---

[25] Ver Max Horkheimer, "Authority and the Family", em *Critical Theory* (Nova York, Continuum, 1995) [ed. bras.: "Autoridade e família", em *Teoria crítica: uma documentação*, trad. Hilde Cohn, São Paulo, Perspectiva/ Edusp, 1990].

[26] Isso não significa, obviamente, que a diferença entre a teoria da pós-modernidade e a teoria da segunda modernidade seja meramente nominal, outro nome para o mesmo fenômeno; ao contrário, estamos lidando aqui com a cisão inerente entre dois conceitos fundamentalmente incompatíveis de pós-modernidade em voga hoje: por um lado, a ideia de que a pós-modernidade põe fim à lógica da modernidade, desdobrando todo seu potencial (versão de Fredric Jameson – não admira que muitas de suas definições de pós-modernidade coincidam com as da segunda modernidade); por outro lado, a ideia de que a pós-modernidade nega as características básicas da modernização (reflexividade racional) em favor de uma nova forma de imediatez (a atitude holística da Nova Era ou qualquer outra versão do "paradigma pós-cartesiano"). Nesse contexto, é interessante que as discussões recentes sobre a globalização põem em foco, mais uma vez, a questão da modernização em seus diferentes aspectos (reflexividade globalizada, a dissolução dos últimos laços sociais tradicionais...): temos cada vez mais consciência de que a *"pós-modernidade" não passou de um esforço de reconciliar-se com a modernização acelerada*. Os acontecimentos turbulentos em todas as esferas da vida, da "globalização" econômica e cultural à reflexivização dos domínios mais íntimos, não demonstram que ainda temos de aprender a lidar com o impacto real da modernização?

362 / O sujeito incômodo

lésbicos "sadomasoquistas", em que a relação entre as duas mulheres obedece à matriz estrita e rigorosamente encenada de Mestre/Escravo (quem dá as ordens é "ativa" e quem obedece é "passiva", e para tornar-se "ativa" é preciso submeter-se a um árduo processo de aprendizagem)? Embora seja errado ler essa dualidade "ativa/passiva" como um sinal da "identificação com o agressor (masculino)", não é menos errado tomá-la como uma imitação paródica das relações patriarcais de dominação; estamos lidando aqui com o genuíno paradoxo da relação Mestre/Escravo como forma de coexistência livremente escolhida que proporciona uma profunda satisfação libidinal.

Assim, a situação-padrão é invertida: não temos mais a Ordem pública da hierarquia, da repressão e da regulação severa, subvertida por atos secretos de transgressão libertadora (quando rimos em segredo de nosso pomposo Mestre, pelas costas dele); ao contrário, o que temos são relações sociais públicas entre indivíduos livres e iguais, nas quais o "apego apaixonado" a uma forma extrema de dominação e submissão estritamente reguladas torna-se a fonte transgressora secreta de satisfação libidinal, o suplemento obsceno da esfera pública de liberdade e igualdade. A relação Mestre/Escravo, rigidamente codificada, torna-se a própria forma de "transgressão intrínseca" dos sujeitos que vivem numa sociedade em que todas as formas de vida são experimentadas como uma questão de livre escolha de estilo de vida. E essa inversão paradoxal é o próprio objeto da psicanálise: a psicanálise não lida com o pai severo e autoritário que nos impede de gozar, mas com o pai obsceno que ordena que gozemos e, desse modo, nos torna muito mais efetivamente frígidos ou impotentes. O Inconsciente não é a resistência secreta contra a Lei; o Inconsciente é a própria Lei proibidora.

Portanto, a resposta da psicanálise ao *topos* de reflexivização global de nossa vida na sociedade de risco não é que existe uma substância pré-reflexiva denominada Inconsciente que resiste à mediação reflexiva; a resposta é enfatizar outro modo de reflexividade, um modo que foi negligenciado pelos teóricos da sociedade de risco: a reflexividade que está no cerne do sujeito freudiano. Essa reflexividade frustra os planos do sujeito pós-moderno livre para escolher e redesenhar sua identidade. Como vimos, há numerosas variações dessa reflexividade na psicanálise: na histeria, a impossibilidade de satisfazer um desejo é reflexivamente transformada em desejo de não satisfação, em desejo de manter o próprio desejo insatisfeito; na neurose obsessiva, lidamos com a inversão da regulação "repressora" do desejo em desejo de regulação – esse giro reflexivo "masoquista", por meio do qual os próprios procedimentos regulatórios repressores são libidinalmente investidos e funcionam como uma fonte de satisfação libidinal, fornece a chave do funcionamento dos mecanismos de poder: esses mecanismos reguladores do poder são operativos apenas na medida em que são secretamente sustentados pelo próprio elemento que visam "reprimir".

Talvez o exemplo supremo dessa reflexividade universalizada de nossa vida (e, portanto, do recuo do grande Outro, da perda da eficácia simbólica) seja um fenômeno conhecido de grande parte dos psicanalistas: a crescente ineficiência da *interpretação* psicanalítica. A psicanálise tradicional ainda confiava numa concepção substancial de Inconsciente como o "continente negro" não refletido, a insondável Substância "descentrada" do ser do sujeito que deveria ser arduamente penetrada, refletida, mediada pela interpretação. Hoje, no entanto, as formações do Inconsciente (dos sonhos aos sintomas histéricos) perderam definitivamente a inocência: as "associações livres" de um analisando instruído típico consistem, muitas vezes, em tentativas de fornecer uma explicação psicanalítica para suas perturbações, o que torna plenamente lícito dizer que não temos apenas interpretações junguianas, kleinianas, lacanianas etc. de um sintoma, mas sintomas que são eles mesmos junguianos, kleinianos, lacanianos etc., isto é, sintomas cuja realidade implica uma referência implícita a uma determinada teoria psicanalítica. O resultado lamentável dessa reflexivização global da interpretação (tudo se transforma em interpretação, o Inconsciente interpreta a si mesmo...) é, obviamente, que a interpretação do analista perde sua "eficácia simbólica" performativa e deixa o sintoma intacto em sua estúpida *jouissance*. Em outras palavras, o que ocorre no tratamento psicanalítico é similar ao paradoxo (já mencionado) do *skinhead* neonazista que, quando é compelido a dar as razões de sua violência, começa a falar como os assistentes sociais, os sociólogos e os psicólogos sociais, citando a diminuição da mobilidade social, o aumento da insegurança, a dissolução da autoridade paterna, a falta de amor materno na infância – quando o grande Outro enquanto substância de nosso ser social se desintegra, a unidade da prática e sua reflexão intrínseca desintegram-se na violência bruta e em sua interpretação impotente e ineficaz.

Essa impotência da interpretação é também um dos avessos necessários da reflexividade universalizada aclamada pelos teóricos da sociedade de risco: é como se nosso poder reflexivo só pudesse florescer dependendo e extraindo sua força de um suporte substancial "pré-reflexivo" mínimo, que não se deixa apreender, de modo que sua universalização seja paga com essa ineficácia, isto é, com o paradoxal reaparecimento do Real bruto da violência "irracional", impenetrável e insensível à interpretação reflexiva. E a tragédia é que, diante desse impasse da ineficácia de suas intervenções interpretativas, mesmo os psicanalistas que resistem à óbvia solução falsa de abandonar o campo da psicanálise propriamente dita e buscar refúgio na bioquímica ou no condicionamento físico, hoje se veem tentados a trilhar o caminho direto do Real: sustentam que, visto que o Inconsciente já é sua própria interpretação, resta ao psicanalista apenas *agir, atuar*; assim, ao invés do ato do analisando (digamos, produzindo *actes manqués*) e da interpretação do analista, temos um

364 / O sujeito incômodo

paciente interpretando e um analista introduzindo um corte no fluxo da interpretação por meio de um ato (por exemplo, encerrando a sessão)[27].

Assim, nos termos da Escola de Frankfurt, a escolha que enfrentamos a propósito da segunda modernidade é mais uma vez aquela entre Adorno/Horkheimer e Habermas. A ruptura crucial de Habermas com Adorno e Horkheimer é a negação do conceito fundamental de *dialética* do Esclarecimento destes últimos: para Habermas, fenômenos com os regimes políticos totalitários e a denominada alienação da vida moderna são gerados, em última instância, não pela dialética inerente ao próprio projeto de modernidade e Esclarecimento, mas por sua concretização inconsequente – eles testemunham o fato de que a modernidade é um projeto inacabado. Em contraste, Adorno e Horkheimer permanecem fiéis ao antigo procedimento dialético hegeliano e marxista de leitura do excesso perturbador que ocorre na concretização de um projeto como um ponto sintomático no qual irrompe a verdade desse projeto: o único modo de chegar à verdade de um conceito ou projeto é concentrar-se naquilo em que o projeto deu errado.

É a economia política, estúpido!

Quanto às relações socioeconômicas de dominação que acompanham a constelação "pós-moderna", é digna de comentário a imagem pública de Bill Gates[28]; o que interessa não é a exatidão factual (Gates é realmente assim?), mas o próprio fato de que determinada figura comece a funcionar como um ícone, preenchendo

---

[27] Em *La fin de l'interprétation* (disponível na internet), Jacques-Alain Miller tentou resolver esse impasse situando o analista no nível do *jouis-sense* pré-simbólico, tagarelice sem sentido, algo como o fluxo rizomático de *Finnegans Wake*, de James Joyce. Essa referência a Joyce é significativa na medida em que Joyce é o caso paradigmático do artista *reflexivo*: suas obras, em especial *Finnegans Wake*, não são externas a suas interpretações, mas levam em conta, de antemão, possíveis interpretações e entram em diálogo com elas. Visto que a interpretação ou explicação teórica de uma obra de arte visa "enquadrar" seu objeto, podemos dizer que essa dialética joyciana fornece outro exemplo de como o enquadramento já está sempre incluído no – é parte do – conteúdo enquadrado: a teoria sobre a obra está compreendida na obra; a obra é uma espécie de golpe preventivo nas possíveis teorias sobre ela. Portanto, em vez do S_2 da interpretação (a cadeia do Saber) que se soma ao S_1 do significante interpretado, elucidando seu significado, temos em *Finnegans Wake* um gigantesco e polimorfo S_1 que não apenas resiste a se subordinar ao S_2 interpretativo, como o engole de certa forma (absorve suas interpretações) de antemão em sua própria dança louca de *jouis-sense*... Mas essa é realmente a única saída? Essa solução não vai simplesmente do mal ao pior, substituindo o delírio da interpretação pela imersão no pesadelo da Coisa pré-simbólica/pré-discursiva?

[28] Inspiro-me aqui nas longas discussões que mantive com Renata Salecl, a quem devo também muitas das ideias expressas neste capítulo. Ver Renata Salecl, *(Per)Versions of Love and Hate* (Londres, Verso, 1998).

uma rachadura fantasmática – se os traços não correspondem ao "verdadeiro" Bill Gates, eles são mais indicativos da estrutura fantasmática subjacente. Gates não é mais o Pai-Mestre patriarcal tampouco o Grande Irmão empresarial que faz girar um rígido império burocrático, instalado numa cobertura inacessível e guardado por um exército de secretárias e representantes. Ao contrário, ele é uma espécie de *pequeno irmão*: sua própria banalidade funciona como indicação do oposto, de uma dimensão monstruosa tão sinistra que nem pode ser tornada pública na forma de um título simbólico. O que encontramos aqui, de forma mais violenta, é o impasse do Duplo que é ao mesmo tempo igual nós *e* o anunciador de uma dimensão inquietante e propriamente monstruosa – uma indicação disso é o modo como as manchetes, as ilustrações e as fotomontagens apresentam Bill Gates: como uma pessoa comum, cujo sorriso forçado implica, ainda assim, uma dimensão subjacente, totalmente distinta, de monstruosidade por trás da representação que ameaça arranhar essa imagem de pessoa comum[29]. A esse respeito, outro traço crucial do ícone Bill Gates é o fato de ser (visto como) um ex-hacker que deu certo – devemos conferir ao termo "hacker" toda a conotação subversiva/marginal/anti-*establishment* daqueles que querem perturbar o bom funcionamento das grandes empresas burocráticas. No nível fantasmático, a ideia subjacente é que Bill Gates é um vândalo subversivo marginal que se deu bem e se veste como um respeitável CEO.

Em Bill Gates, o Pequeno Irmão, o típico cara feio, coincide e contém a figura do Gênio do Mal que visa o controle total de nossa vida. Nos antigos filmes de James Bond, esse Gênio do Mal era caracterizado como uma figura excêntrica, que se vestia de forma extravagante ou com um uniforme maoísta protocomunista – no caso de Bill Gates, essa paródia ridícula não é mais necessária; o Gênio do Mal é o reverso do vizinho ao lado. Em outras palavras, o que encontramos no ícone de Bill Gates é uma espécie de inversão do tema do herói dotado de superpoderes, que na vida real não passa de um cara comum, desajeitado, confuso (como o Super--Homem, que em sua existência cotidiana é um jornalista quatro-olhos desajeitado): aqui é o cara mau que é caracterizado por essa espécie de divisão[30]. Assim, a

---

[29] Nos anos 1960 e 1970, era possível comprar cartões-postais de teor levemente pornográfico, com uma garota de biquíni ou vestido: quando mexíamos um pouco o cartão, ou quando o olhávamos de uma posição diferente, a roupa desaparecia como que por mágica e podíamos ver a garota completamente nua. Não há algo similar na imagem de Bill Gates, cujas características benevolentes, vistas de uma perspectiva ligeiramente diferente, adquirem magicamente uma dimensão ameaçadora e sinistra?

[30] Essa tendência já era discernível no excelente filme de Bryan Singer, *Os suspeitos* (1995), em que o invisível e onipotente Mestre-Criminoso não é ninguém menos que o assustado e desajeitado personagem vivido por Kevin Spacey.

banalidade de Bill Gates não é da mesma ordem da ênfase dos chamados traços humanos comuns do Mestre patriarcal tradicional. O fato de esse Mestre tradicional nunca ter estado à altura de seu mandato – ter sido sempre imperfeito, marcado por alguma fraqueza ou fracasso – não apenas não impediu sua autoridade simbólica, como ainda lhe serviu de suporte, evidenciando a lacuna constitutiva entre a função puramente formal da autoridade simbólica e o indivíduo empírico que ocupa esse posto. Em contraste com essa lacuna, a banalidade de Bill Gates aponta para uma concepção diferente de autoridade: a autoridade do supereu obsceno que opera no Real.

Um velho tema de conto de fadas europeu é o dos zelosos anões (controlados em geral por um mago malvado) que à noite, enquanto as pessoas estão dormindo, saem de seu esconderijo e fazem o trabalho que seria delas (cozinham, arrumam a casa...); assim, quando acordam, elas encontram tudo magicamente feito. Esse tema sobrevive na ópera *Das Rheingold* [*O ouro do Reno*], de Richard Wagner (os nibelungos trabalham em cavernas subterrâneas, governados por um mestre cruel, o anão Alberico) e no filme *Metrópolis*, de Fritz Lang, em que operários escravizados vivem e trabalham nas profundezas da terra para produzir a riqueza dos governantes capitalistas. Essa matriz dos escravos "subterrâneos", dominados por um mestre maligno e manipulador, remete à velha dualidade dos dois modos do Mestre: o Mestre simbólico público e o secreto Mago malvado que manipula as cordinhas e trabalha nas madrugadas; acaso os dois Bills que controlaram os Estados Unidos, Clinton e Gates, não são a exemplificação perfeita dessa dualidade? Quando é dotado de autoridade simbólica, o sujeito age como um apêndice desse título simbólico, ou seja, é o grande Outro, a Instituição simbólica, que age por meio dele. (Lembremos nosso exemplo anterior do juiz, que pode ser uma pessoa corrupta e desprezível, mas, no momento em que enverga a toga e outras insígnias, suas palavras são as palavras da própria Lei.) Por outro lado, o Mestre "invisível" (cujo caso paradigmático é a figura antissemita do "judeu" que, invisível aos olhos públicos, mexe as cordinhas da vida social) é uma espécie de duplo estranho da autoridade pública: ele tem de agir nas sombras, irradiando uma onipotência espectral, à semelhança de um fantasma[31].

Esta, portanto, é a conclusão que devemos tirar do ícone Bill Gates: como a desintegração da autoridade simbólica patriarcal, do Nome-do-Pai, dá origem a uma nova figura do Mestre que é simultaneamente nosso igual, nosso companheiro, nosso duplo imaginário e – *por isso mesmo* – fantasmaticamente dotado de outra

---

[31] Ver Slavoj Žižek, "'I Hear You with My Eyes'; or the Invisible Master", em Renata Salecl e Slavoj Žižek (orgs.), *Gaze and Voice as Love Objects* (Durham, Duke University Press, 1996).

dimensão, a do Gênio do Mal. Em termos lacanianos: a suspensão do Ideal do Eu, do traço de identificação simbólica – ou seja, a redução do Mestre a um ideal imaginário – cria necessariamente seu avesso monstruoso, a figura superegoica do Gênio do Mal onipotente que controla nossa vida. Nessa figura, o imaginário (semblante) e o real (da paranoia) se sobrepõem, em razão da suspensão da eficácia simbólica adequada.

A razão de insistirmos no fato de que estamos lidando aqui com a imagem de Bill Gates enquanto ícone é porque seria mistificador alçar o Bill Gates "real" a uma espécie de Gênio do Mal que lidera uma conspiração para obter controle global sobre todos nós. Aqui, mais do que nunca, é crucial ter em mente a lição da dialética marxista a respeito da fetichização: a "reificação" das relações entre as pessoas (o fato de assumirem a forma de uma "relação entre coisas" fantasmagórica) é sempre duplicada pelo processo aparentemente oposto, isto é, pela falsa "personalização" ("psicologização") daquilo que, na verdade, são processos sociais objetivos. Foi na década de 1930 que a primeira geração de teóricos da Escola de Frankfurt chamou a atenção – no exato momento em que as relações globais de mercado começavam a exercer uma dominação plena, fazendo o sucesso ou o fracasso do produtor individual depender de ciclos inteiramente fora de seu controle – para o conceito de um "gênio dos negócios" carismático assentado na "ideologia capitalista espontânea", atribuindo o sucesso ou o fracasso do homem de negócios a um misterioso *je ne sais quoi* de sua personalidade[32]. O mesmo não se aplica hoje, mais ainda do que no passado, agora que a abstração das relações de mercado que governam nossa vida chegou ao extremo? O mercado editorial está saturado de manuais de psicologia que nos aconselham como ter sucesso, como levar vantagem sobre sócios ou concorrentes – em resumo, fazendo nosso sucesso depender de uma "atitude" apropriada de nossa parte.

Assim, de certa forma, somos tentados a inverter a célebre formulação de Marx: no capitalismo contemporâneo, *as objetivas "relações entre coisas" no mercado tendem a assumir a forma fantasmagórica de pseudopersonalizadas "relações entre pessoas"*. Não, Bill Gates não é um gênio, bom ou mau, mas um oportunista que soube aproveitar o momento e, como tal, é fruto do delírio do sistema capitalista. A questão, portanto, não é "Como Gates conseguiu?", mas sim "Como o sistema capitalista está estruturado, o que há de errado nele que permite que um indivíduo consiga um poder tão desproporcional?". Um fenômeno como o de Bill Gates parece indicar sua própria solução: quando lidamos com uma rede global

---

[32] Adorno assinalou que o próprio aparecimento da psicologia como "ciência", tendo por "objeto" a psique do indivíduo, é estritamente correlato ao predomínio das relações impessoais na vida econômica e política.

gigantesca, formalmente de propriedade de um único indivíduo ou empresa, não é fato que, em certo sentido, a propriedade se torna irrelevante para o funcionamento (não há competição que valha a pena; o lucro está garantido...), portanto é possível simplesmente cortar o cabeça e socializar toda a rede, sem grande prejuízo para o funcionamento? Tal ação não equivale a uma conversão puramente formal, que apenas une *de facto* o que já se encontra unido – o coletivo de indivíduos e a rede de comunicação global que todos eles utilizam – e constitui a substância de sua vida social?

Isso nos conduz ao segundo aspecto de nosso distanciamento crítico com relação à teoria da sociedade de risco: o modo como ela aborda a realidade do capitalismo. Num exame mais atento, essa noção de "risco" não apontaria então para um domínio estrito e precisamente definido no qual esses riscos seriam engendrados: o domínio do uso descontrolado da ciência e da tecnologia nas condições do capitalismo? O caso paradigmático de "risco", que não é apenas um risco entre muitos, mas o risco "como tal", é o de uma nova invenção científico-tecnológica posta em uso por uma empresa privada sem debate e controle público democrático, suscitando um espectro de consequências catastróficas imprevistas. No entanto, esse tipo de risco não está enraizado no fato de que a lógica do mercado e do lucro é fazer com que empresas privadas prossigam seu curso e usem as inovações científicas e tecnológicas (ou simplesmente expandam sua produção) sem levar em conta o impacto a longo prazo de sua atividade sobre o meio ambiente e a saúde da espécie humana?

Assim – apesar de toda a conversa sobre uma "segunda modernidade" que nos obriga a abandonar os velhos dilemas ideológicos entre esquerda e direita, capitalismo *versus* socialismo etc. –, acaso a conclusão a ser tirada não seria justamente a de que, na atual situação global, em que empresas privadas sem controle político público tomam decisões que podem afetar a todos nós, até mesmo nossas chances de sobrevivência, a única solução reside numa espécie de socialização direta do processo produtivo – num movimento rumo a uma sociedade na qual as decisões globais sobre a orientação fundamental do desenvolvimento e do uso das capacidades produtivas à disposição da sociedade sejam tomadas, de certa forma, por toda a coletividade de pessoas afetadas por tais decisões? Os teóricos da sociedade de risco falam com frequência da necessidade de irmos contra o reinado do mercado global "despolitizado" com um movimento em direção a uma *repolitização* radical, que tiraria a tomada de decisão das mãos dos planejadores e especialistas do Estado para designá-las aos indivíduos e grupos interessados (por meio da revitalização da cidadania ativa, do debate público etc.). Contudo, esses mesmos teóricos se abstêm de questionar os próprios fundamentos da lógica anônima das relações de mercado e do capitalismo global, que se impõem cada vez mais como o Real "neutro" aceito por todas as partes e, como tal, cada vez mais despolitizado[33].

Dois filmes ingleses relativamente recentes, ambos sobre a desintegração traumática da identidade masculina ao velho estilo da classe operária, mostram duas versões opostas desse impasse da despolitização. *Um toque de esperança* trata da relação entre a luta política "real" (a luta dos mineiros contra o fechamento de minas ameaçadas, justificado em termo de progresso tecnológico) e a expressão simbólica idealizada da comunidade de mineiros, a banda de música. A princípio, os dois aspectos parecem se opor: para os mineiros presos à luta pela sobrevivência econômica, a atitude de que "só a música interessa!" do velho maestro (que está morrendo de um câncer de pulmão) parece apenas uma insistência fetichizada inútil numa forma simbólica vazia, sem substância social. Contudo, quando os mineiros perdem a luta política, a atitude de que "só a música interessa!", a insistência para que toquem e participem de uma competição nacional, torna-se um gesto simbólico de desafio, um ato de afirmação da fidelidade à luta política – como diz um deles, quando não há mais esperança, restam apenas princípios para seguir... Em síntese, o *ato* ocorre quando chegamos a esse entrecruzamento, ou melhor, a esse curto-circuito de níveis, de modo que a insistência na forma vazia (vamos continuar tocando na nossa banda, aconteça o que acontecer) torna-se o símbolo da fidelidade ao conteúdo (a luta contra o fechamento das minas, a favor da continuidade do modo de vida dos mineiros). A comunidade de mineiros pertence a uma tradição condenada a desaparecer; todavia, é precisamente aqui que devemos evitar cair na armadilha que consiste em acusar os mineiros de defender o velho estilo de vida machista e reacionário da classe operária: o princípio de comunidade discernível aqui é aquilo por que vale a pena lutar, e em hipótese alguma deve ser deixado para o inimigo.

Nosso segundo exemplo, *Ou tudo ou nada*, é – assim como *A sociedade dos poetas mortos* ou *Luzes da cidade* – um daqueles filmes cuja linha narrativa avança para o clímax final, nesse caso a apresentação de cinco desempregados num clube de *strip-tease*. O gesto final – "indo até o fim", exibindo o pênis para o salão lotado – implica um ato que – embora de modo oposto ao de *Um toque de esperança* –

---

[33] Entre os defensores da política da sociedade de risco, é comum sublinhar, como sinal de que estamos indo na direção de uma nova era "para além da esquerda e da direita", que nem mesmo George Soros, a própria encarnação da especulação financeira, compreendeu que o império irrestrito do mercado representa um perigo maior do que o totalitarismo comunista e, portanto, deve ser restringido por medidas sociopolíticas – mas será que essa percepção é suficiente? Em vez de celebrar esse fato, não deveríamos antes nos perguntar se isso não prova o contrário, isto é, que a nova política "para além da esquerda e da direita" não representa uma ameaça ao reinado do capital?

370 / O sujeito incômodo

remete ao mesmo: a aceitação da perda. O heroísmo do gesto final de *Ou tudo ou nada* não é a insistência na forma simbólica (tocar na banda) quando a substância social já se desintegrou, mas, ao contrário, a aceitação daquilo que, da perspectiva ética masculina operária, só pode parecer a derradeira humilhação: revelar a falsa dignidade masculina. (Recordemos o célebre diálogo inicial, quando um dos protagonistas diz que, depois que viu mulheres urinando de pé, ele compreendeu que os homens estavam perdidos, que o tempo deles havia chegado ao fim.) A dimensão tragicômica do impasse está no fato de que o espetáculo carnavalesco (de *strip-tease*) é protagonizado não pelos bem dotados *strippers* profissionais, mas por homens de meia-idade tímidos e recatados, que definitivamente não são nenhuma beleza: o *heroísmo* é que eles aceitam realizar o ato, embora saibam que sua aparência física não é apropriada. Essa lacuna entre a execução e a evidente impropriedade dos executantes confere ao ato sua dimensão propriamente sublime – de divertimento vulgar, o ato torna-se uma espécie de exercício espiritual de abandono de um falso orgulho. (Embora o mais velho do grupo, o ex-contramestre, seja informado pouco antes do espetáculo que havia conseguido um novo emprego, sua decisão é a de permanecer unido aos companheiros num ato de fidelidade: a razão do espetáculo não é apenas ganhar o dinheiro tão necessário, mas é uma questão de princípio.)

O que devemos ter em mente, no entanto, é que ambos os atos, o de *Um toque de esperança* e o de *Ou tudo ou nada*, são atos de perdedores, isto é, duas maneiras de aceitar a perda catastrófica: insistir na forma vazia por fidelidade ao conteúdo perdido ("Quando não há esperança, restam os princípios"); renunciar heroicamente aos últimos vestígios de falsa dignidade narcísica e realizar o ato para o qual se é grotescamente inadequado. E o triste é que, de certa forma, essa é a nossa situação hoje: após o colapso da proposta marxista de que o próprio capitalismo geraria, na forma do proletariado, a força que o destruiria, nenhum dos críticos do capitalismo, nenhum daqueles que descrevem de forma tão convincente o turbilhão mortal para o qual nos sugou o chamado processo de globalização, tem uma proposta bem alinhavada de como podemos nos livrar do capitalismo. Em síntese, não estou defendendo um simples retorno às velhas ideias de luta de classes e revolução socialista: a pergunta sobre como se pode realmente minar o sistema capitalista global não é retórica – *isso talvez nem seja possível*, pelo menos num futuro previsível.

Há, portanto, duas atitudes possíveis: ou a esquerda atual se engaja nostalgicamente no encantamento ritualista das velhas fórmulas, seja as do comunismo revolucionário, seja as da social-democracia reformista do Estado de bem-estar, abrindo mão dessa conversa de nova sociedade pós-moderna como um falatório vazio e tendencioso que esconde a cruel realidade do capitalismo atual; ou ela aceita o capitalismo global como "o que temos para hoje" e adota a dupla estratégia de prometer aos trabalhadores que será mantido o máximo do Estado de bem-estar e aos empregadores que as regras do jogo (capitalista global) serão respeitadas e as exigências "irracionais" dos trabalhadores serão firmemente censuradas. Assim, na atual política de esquerda, parece que estamos reduzidos à escolha entre a atitude ortodoxa "sólida" de aderir com orgulho, por princípio, à velha toada (comunista ou social-democrata), apesar de sabermos que esse tempo já passou, e a atitude de "centro radical" do novo trabalhismo, indo até o fim, livrando-nos dos últimos vestígios do discurso de esquerda propriamente dito... Paradoxalmente, a grande vítima da queda do Socialismo real foi seu maior oponente histórico ao longo do século XX, a própria social-democracia reformista.

A grande novidade da atual era pós-política do "fim da ideologia" é, portanto, a despolitização radical do campo econômico: o modo como funciona a economia (a necessidade de cortar benefícios sociais etc.) é aceito como uma simples visão objetiva das coisas. No entanto, enquanto essa despolitização da esfera econômica for aceita, todo o discurso a respeito de cidadania ativa, discussões públicas que levem a decisões coletivas responsáveis etc., permanecerá limitado a questões "culturais" (diferenças religiosas, sexuais, étnicas e de estilo de vida), sem intervir no nível em que são tomadas de fato as decisões de longo prazo que nos afetam. Em síntese, a única forma efetiva de criar uma sociedade em que decisões arriscadas de longo prazo advenham de um debate público, envolvendo todos os interessados, é certo tipo de limitação radical da liberdade do capital, de subordinação do processo de produção ao controle social – a *repolitização radical da economia*. Ou seja, se o problema da pós-política de hoje ("administração dos assuntos sociais") é que ela diminui cada vez mais a possibilidade de um ato político propriamente dito, essa diminuição se deve justamente à despolitização do econômico, à aceitação comum do capital e dos mecanismos de mercado como ferramentas/procedimentos neutros que devem ser explorados.

Podemos ver agora por que a pós-política de hoje não pode alcançar a dimensão propriamente política da universalidade: porque ela exclui tacitamente da politização a esfera da economia. O domínio das relações capitalistas globais de mercado é a Outra Cena da chamada repolitização da sociedade civil, defendida pelos partidários da "política de identidade" e de outras formas pós-modernas de politização: toda a conversa a respeito das novas formas de política que estão surgindo por toda parte, concentradas em questões particulares (direitos dos gays, ecologia, minorias étnicas...), toda essa atividade incessante das identidades fluidas, variáveis, de construção de múltiplas coalizões *ad hoc* etc., têm algo de inautêntico e, em última instância, são semelhantes ao neurótico obsessivo que fala sem parar e é freneticamente ativo justamente para garantir que algo – aquilo que *realmente interessa* –

não seja perturbado, permaneça imobilizado[34]. Assim, ao invés de celebrar as novas liberdades e responsabilidades trazidas pela "segunda modernidade", torna-se muito mais importante concentrar-se naquilo que *permanece o mesmo* nessa fluidez e nessa reflexividade global, naquilo que serve como o próprio motor dessa fluidez: a lógica inexorável do capital. A presença espectral do capital é a figura do grande Outro que não apenas continua operativo quando se desintegram as encarnações tradicionais do grande Outro simbólico, como é a causa direta dessa desintegração: longe de ser confrontado com o abismo de sua liberdade – ou seja, carregado com o peso de responsabilidade que não pode ser aliviado com a ajuda da Tradição ou da Natureza –, o sujeito de hoje talvez esteja, mais do que nunca, preso a uma compulsão inexorável que rege efetivamente sua vida.

A ironia da história é que, nos antigos países comunistas do Leste Europeu, os primeiros a aprender essa lição foram os comunistas "reformados". Por que tantos comunistas voltaram ao poder através de eleições livres em meados da década de 1990? Tal retorno é a prova definitiva de que esses Estados entraram realmente no capitalismo. Ou seja: o que os ex-comunistas representam hoje? Em virtude de suas relações privilegiadas com os capitalistas emergentes (em sua maioria, membros da antiga *nomenklatura* que "privatizou" as empresas que eles comandavam), os ex--comunistas são principalmente o partido do grande capital; além do mais, para apagar os rastros de sua breve, mas traumática experiência com uma sociedade civil politicamente ativa, via de regra todos defendem ferozmente uma desideologização rápida, um retraimento do engajamento ativo da sociedade civil num consumismo passivo e apolítico – os dois traços que caracterizam o capitalismo contemporâneo. Os dissidentes se surpreenderam ao descobrir que desempenharam o papel de "mediadores evanescentes" no caminho do socialismo para o capitalismo, no qual quem governa é a mesma classe de antes, agora com uma nova roupagem. É errado, portanto, afirmar que o retorno dos ex-comunistas ao poder mostra que as pessoas

---

[34] A resposta à pergunta – "Por que privilegiamos o nível econômico da lógica do capital em detrimento das outras esferas da vida sociossimbólica (processos políticos, produção cultural, tensões étnicas...)? Esse privilégio não é essencialista na medida em que negligencia a pluralidade radical da vida social, o fato de que seus múltiplos níveis não podem ser concebidos como dependentes do papel crucial atribuído a uma de suas agências?" – é clara: é óbvio que estamos lidando hoje com a proliferação de múltiplas formas de politização (não apenas a habitual luta por democracia e justiça social, mas também todas as novas formas de agentes políticos feministas, gays, ambientais, de minorias étnicas etc.); no entanto, o próprio espaço para essa proliferação de multiplicidade é sustentado pelo estágio recente do desenvolvimento do capitalismo, isto é, pela globalização pós-Estado-nação e pela colonização reflexiva dos últimos vestígios de "privacidade" e imediatez substancial. O feminismo contemporâneo, por exemplo, é estritamente correlato ao fato de que, em décadas recentes, a família e a vida sexual foram "colonizadas" pela lógica do mercado e são vividas, portanto, como algo pertencente à esfera das livres escolhas.

estavam descontentes com o capitalismo e sentiam falta da antiga segurança socialista – numa espécie de "negação da negação" hegeliana, apenas com o retorno dos ex-comunistas ao poder é que o socialismo pôde ser negado –, ou seja, o que os analistas políticos consideram (equivocadamente) um "descontentamento com o capitalismo" é, na verdade, um descontentamento com o entusiasmo ético-político para o qual não há lugar no capitalismo "normal"[35]. Portanto, devemos resgatar a antiga crítica marxista da "reificação": hoje, ressaltar a lógica econômica "objetiva" despolitizada contra as formas supostamente "antiquadas" das paixões ideológicas é *a* forma ideológica predominante, visto que a ideologia é sempre autorreferencial, isto é, sempre se define por uma distância com relação ao Outro negado e denunciado como "ideológico"[36]. Exatamente por essa razão – porque *a economia despolitizada é a "fantasia fundamental" renegada da política pós-moderna* –, um *ato* propriamente político implica necessariamente a repolitização da economia: numa dada situação, um gesto só é considerado um *ato* se perturbar ("atravessar") sua fantasia fundamental.

Na medida em que a esquerda moderada, de Tony Blair a Bill Clinton, aceita plenamente essa despolitização, presenciamos uma estranha inversão de papéis: a única força política séria que continua questionando o domínio irrestrito do mercado é a extrema-direita populista (Buchanan nos Estados Unidos, Le Pen na França). Quando Wall Street reagiu negativamente à queda do desemprego, Buchanan foi o único a levantar a questão óbvia de que aquilo que é bom para o capital obviamente não é bom para a maioria da população. Em contraste com o velho ditado segundo o qual a extrema-direita diz aos quatro ventos aquilo que a direita moderada pensa em segredo, mas não ousa dizer em público (a afirmação clara de racismo, de necessidade de uma autoridade forte e da hegemonia cultural dos "valores ocidentais" etc.), estamos caminhando para uma situação em que a extrema-direita diz abertamente aquilo que a *esquerda* moderada pensa em segredo, mas não se atreve a dizer em público (a necessidade de frear a liberdade do capital).

Também não devemos nos esquecer de que as atuais milícias sobrevivencialistas de direita parecem uma versão caricatural dos grupos militantes dissidentes da

---

[35] Retroativamente, podemos tomar consciência de quão profundamente incorporado ao quadro ideológico socialista estava o fenômeno da chamada "dissidência", em que extensão essa "dissidência", com seu "moralismo" utópico (pregando a solidariedade social, a responsabilidade ética etc.), constituiu o núcleo ético renegado do socialismo: talvez um dia os historiadores percebam que – no mesmo sentido em que Hegel afirmou que o verdadeiro resultado espiritual da Guerra do Peloponeso, seu Fim espiritual, foi o livro de Tucídides – a "dissidência" foi o verdadeiro resultado espiritual do socialismo real...

[36] Ver a introdução de Slavoj Žižek, *Mapping Ideology* (Londres, Verso, 1995) [ed. bras.: *Um mapa da ideologia*, trad. Vera Ribeiro, Rio de Janeiro, Contraponto, 1996].

374 / O sujeito incômodo

extrema-esquerda dos anos 1960: em ambos os casos encontramos uma lógica anti-institucional radical – ou seja, o derradeiro inimigo é o aparato estatal repressivo (FBI, exército, sistema judiciário), que ameaça a própria sobrevivência do grupo, e o grupo é organizado como um corpo disciplinado rígido a fim de resistir a essa pressão. O contraponto exato é alguém da esquerda, como Pierre Bourdieu, que defende a ideia de uma Europa unificada num forte "Estado social", garantindo um mínimo de direitos sociais e bem-estar contra a investida violenta de globalização: é difícil fugir da ironia quando vemos a esquerda radical erguendo barreiras contra o corrosivo poder global do capital, tão fervorosamente celebrado por Marx. Portanto, mais uma vez, é como se os papéis se invertessem: a esquerda defende um Estado forte como último garantidor das liberdades sociais e civis contra o capital, ao passo que a direita demoniza o Estado e seus aparelhos como grande máquina terrorista.

Devemos reconhecer, obviamente, o tremendo impacto libertador da politização pós-moderna de domínios que até então eram considerados apolíticos (feminismo, política gay, ecologia, questões étnicas e minoritárias): o fato de que essas questões não apenas passaram a ser vistas como inerentemente políticas, mas também possibilitaram novas formas de subjetivação política reformulou radicalmente toda a nossa paisagem política e cultural. Não se trata, portanto, de subestimar esse tremendo avanço em favor do retorno de uma nova versão do chamado essencialismo econômico; ao contrário, a questão é que a despolitização da economia abre espaço para a nova direita populista e sua ideologia da maioria moral, que hoje é o principal obstáculo para a realização das próprias demandas (feministas, ecológicas...) em que se focam as formas pós-modernas de subjetivação política. Em resumo, o que defendo é um "retorno à primazia da economia", não em detrimento das questões suscitadas pelas formas pós-modernas de politização, mas precisamente para criar as condições para uma realização mais eficaz das demandas feministas, ecológicas etc.

Outro indicador da necessidade de uma espécie de politização da economia é a perspectiva abertamente "irracional" da concentração quase monopolista de poder nas mãos de um único indivíduo ou corporação, como Rupert Murdoch ou Bill Gates. Se a próxima década trouxer a unificação da multiplicidade de mídias num único aparelho, com características de computador, televisão, videofone, audiofone, vídeo e leitor de CD, e se a Microsoft conseguir o monopólio quase total desse novo veículo universal de comunicação, controlando não apenas a linguagem utilizada por ele, mas também as condições de sua aplicação, então estaremos muito perto da absurda situação em que um único agente, livre de controle público, dominará a estrutura básica de comunicação de nossa vida e, de certa maneira, será mais forte do que qualquer governo. Isso abre caminho para cenários paranoicos: visto que a linguagem digital que todos nós usamos é desenvolvida por homens, construída por programadores, não é possível imaginar a empresa proprietária do software instalando um ingrediente secreto no programa que a torne capaz de nos vigiar, ou um vírus que ela possa ativar para interromper nossas comunicações? Quando as companhias biogenéticas garantem a propriedade de nossos genes patenteando-os, elas suscitam um paradoxo similar de possuir as partes mais íntimas do nosso corpo, de modo que já somos propriedade de uma empresa sem saber.

A perspectiva que enfrentamos, portanto, é que tanto a rede de comunicação que utilizamos como a linguagem genética de que somos feitos passarão a ser propriedade privada e serão administradas por empresas (ou, talvez, por uma empresa), longe do controle público. Uma vez mais, o caráter absurdo dessa perspectiva – o controle privado da própria base pública de nossa comunicação e reprodução, a própria rede de nosso ser social – não impõe uma espécie de socialização como a única solução? Em outras palavras, o impacto da chamada revolução da informação no capitalismo não é o exemplo máximo da velha tese marxiana segundo a qual "em certa etapa de seu desenvolvimento, as forças produtivas materiais da sociedade entram em conflito com as relações de produção existentes ou – o que é apenas uma expressão jurídica disso – com as relações de propriedade no seio das quais elas tinham se movido até então"[37]? Os dois fenômenos que mencionamos (as consequências globais imprevisíveis das decisões tomadas por empresas privadas e o absurdo patente da "posse' do genoma de uma pessoa ou dos meios individuais utilizados para a comunicação), aos quais devemos acrescentar o antagonismo contido na ideia de ser proprietário de *conhecimento* (científico) (visto que o conhecimento é, por natureza, indiferente a sua propagação, isto é, ele não se desgasta por causa de seu uso e difusão universais), não explicariam por que o capitalismo atual tem de recorrer a estratégias cada vez mais absurdas para *sustentar a economia de escassez na esfera da informação* e, assim, conter no marco da propriedade privada e das relações de mercado o demônio que deixaram escapar (por exemplo, inventando sempre novas formas de *prevenir* a cópia livre de informações digitais)? Em resumo, será que a perspectiva da "aldeia global" de informação não é o sinal do *fim* das relações de mercado (que, por definição, baseiam-se na lógica da escassez), ao menos na esfera da informação digital?

Após a queda do socialismo, o maior temor do capitalismo ocidental é que outra nação ou grupo étnico derrote o Ocidente em seus próprios termos capitalistas, combinando a produtividade do capitalismo com uma forma de tradição social alheia ao mundo ocidental: nos anos 1970, o objeto de temor e fascinação era o Japão; hoje, após um breve interlúdio com o Sudeste Asiático, as atenções se voltam

---

[37] Karl Marx, "Preface to *A Critique of Political Economy*", em *Selected Writings* (Oxford, Oxford University Press, 1977), p. 389 [ed. bras.: "Prefácio", em *Contribuição à crítica da economia política*, trad. Maria Helena Barreiro Alves, 2. ed., São Paulo, Martins Fontes, 1983].

cada vez mais para a China como a próxima superpotência, combinando capitalismo com a estrutura política comunista. Em última instância, esses medos dão origem a formações puramente fantasmáticas, como a imagem da China superando o Ocidente em produtividade, mas conservando sua estrutura sociopolítica autoritária – somos tentados a designar essa combinação fantasmática como "modo asiático de produção *capitalista*". Contra esses temores, devemos ressaltar que a China, cedo ou tarde, pagará o preço pelo desenvolvimento desenfreado do capitalismo com novas formas de agitação e instabilidade sociais: a "fórmula campeã" que combina o capitalismo com o modo de vida "fechado" da Ásia está fadada a explodir. Hoje, mais do que nunca, devemos reafirmar a velha fórmula de Marx de que o limite do capitalismo é o próprio capital: o perigo para o capitalismo ocidental não vem de fora, dos chineses ou de outro monstro que nos derrote em nosso próprio jogo e nos prive de nosso individualismo liberal ocidental, mas do limite inerente a seu próprio processo de colonização de domínios novos (não apenas geográficos, mas também culturais, psíquicos etc.), de erosão das últimas esferas de resistência do ser substancial não refletido, que deve acabar numa espécie de implosão, quando o capital não tiver mais nenhum conteúdo substancial além de si mesmo para se alimentar[38]. Devemos tomar literalmente a metáfora de Marx do capital como uma entidade vampiresca: o capital precisa de uma espécie de "produtividade natural" pré-reflexiva (talentos nos diferentes domínios da arte, inventores na ciência etc.) para se alimentar de seu sangue e se reproduzir; quando o círculo se fecha, quando a reflexividade se torna inteiramente universal, todo o sistema se vê ameaçado.

Outro sinal que aponta para a mesma direção é que, na esfera daquilo que Adorno e Horkheimer chamaram de *Kulturindustrie*, a dessubstancialização e/ou reflexividade do processo de produção chegou a um nível que ameaça todo o sistema com uma implosão global. Até mesmo na arte erudita, a moda das exposições em que "tudo é permitido" e pode passar por objeto de arte, inclusive corpos mutilados de animais, evidencia essa necessidade desesperada do capital cultural de colonizar e incluir em seu circuito até mesmo os estratos mais extremos e patológicos da subjetividade humana. Paradoxalmente – e não sem ironia –, a primeira tendência musical que, em certo sentido, foi "fabricada", explorada por um período curto e imediatamente esquecida, já que não tinha substância musical para sobreviver e chegar ao *status* de "clássico" como o primeiro rock dos Beatles e dos Rolling Stones, não foi outra senão o *punk*, que, concomitantemente, marcou a forte intrusão do protesto violento da classe trabalhadora na cultura pop dominante – numa espécie de versão paródica do

---

[38] Entre os marxistas atuais, Fredric Jameson é quem enfatiza esse aspecto de forma mais consistente.

Édipo: para onde? / 377

juízo infinito hegeliano, no qual os opostos coincidem, a energia bruta do protesto social coincidiu com o novo nível de pré-fabricação comercial, que, por assim dizer, cria o objeto que vende a partir de si mesmo, sem necessidade de um "talento natural" que surja e subsequentemente seja explorado, como o Barão de Münchhausen, que para se salvar do pântano puxou a si mesmo pelos cabelos.

Acaso não encontramos a mesma lógica na política, em que a questão é cada vez menos seguir um programa global coerente e cada vez mais tentar adivinhar, por meio de pesquisas de opinião, "o que as pessoas querem" e oferecer isso a elas? Mesmo em teoria, não acontece o mesmo nos estudos culturais anglo-saxões, ou na própria teoria da sociedade de risco[39]? Os teóricos envolvem-se cada vez menos com o trabalho teórico substancial, limitando-se a redigir "intervenções" curtas que, na maioria das vezes, mostram apenas a ânsia para seguir as últimas tendências teóricas (no feminismo, por exemplo, teóricos perspicazes notaram que o construcionismo social radical – o gênero como algo encenado performativamente etc. – havia saído de moda, as pessoas haviam se cansado dele, então redescobriram a psicanálise, o Inconsciente; nos estudos pós-coloniais, a última tendência é opor-se ao multiculturalismo como uma falsa solução...). A questão, portanto, não é simplesmente que os estudos culturais ou a teoria da sociedade de risco sejam insuficientes por causa de seu conteúdo: uma comoditização inerente é discernível na própria forma do modo social de funcionamento daquilo que supostamente seriam as últimas versões da esquerda acadêmica norte-americana ou europeia. *Essa* reflexividade, que é também parte importante da "segunda modernidade", é o que os teóricos da sociedade reflexiva de risco tendem a deixar de lado[40].

---

[39] Ao menos naquilo que diz respeito aos estudos culturais, falo aqui não da posição condescendente de um crítico que assume a posição segura de observador externo, mas como alguém que participou de estudos culturais – eu, por assim dizer, "me incluo fora dessa"...

[40] Segundo Jean-Claude Milner, *Le salaire de l'idéal* (Paris, Seuil, 1997), a mesma reflexividade determina o *status* da nova classe dominante, a "burguesia assalariada": o critério da classe dominante não é mais primeiramente a propriedade, mas cada vez mais o fato de pertencer ao círculo daqueles que são conhecidos como "experts" (gerentes, administradores do governo, advogados, acadêmicos, jornalistas, médicos, artistas...) e, por isso, recebem mais que os assalariados médios. Milner salienta que, ao contrário das enganosas aparências (sustentadas por uma vasta rede de diplomas universitários etc.), esse pertencimento ao círculo dos experts não se fundamenta, em última análise, em nenhuma qualificação "real", mas é resultado de uma luta sociopolítica no decurso da qual alguns estratos profissionais ganham acesso à "burguesia assalariada" privilegiada: estamos lidando aqui com um círculo fechado de autorreferência, isto é, recebe-se mais se se cria a impressão de que se deve receber mais (um apresentador de televisão ganha muito mais do que um cientista cujas invenções podem mudar todo panorama industrial). Em síntese, aquilo que Marx caracterizou como uma exceção paradoxal (o estranho caso em que o preço determina o valor, ao invés de apenas expressá-lo, como o cantor de ópera que é bem pago não porque seu canto tenha grande valor, mas porque é visto como mais valioso porque é bem pago) virou regra hoje.

378 / O sujeito incômodo

Retornos no Real

A lição fundamental de *A dialética do Esclarecimento* ainda é relevante hoje: ela está diretamente relacionada com aquilo que os teóricos da sociedade de risco e da modernização reflexiva exaltam como o advento do "segundo Iluminismo". A respeito desse segundo Iluminismo, quando os sujeitos se libertam do peso da Natureza e/ou Tradição, a questão acerca de seus "apegos apaixonados" inconscientes deve ser colocada novamente – os chamados "fenômenos obscuros" (expansão dos fundamentalismos, neorracismos etc.) que acompanham essa "segunda modernidade" não podem ser desconsiderados como simples fenômenos regressivos, como restos do passado que simplesmente desaparecerão quando os indivíduos assumirem a plena liberdade e a responsabilidade impostas pela segunda modernidade[41].

Os defensores do "segundo Iluminismo" louvam Kant – portanto a questão de "Kant com Sade" surge mais uma vez. Sade conseguiu estender a lógica utilitária da instrumentalização às relações sexuais: o sexo não é mais um fenômeno confinado à esfera privada, a salvo da crueldade utilitária da vida profissional pública; ele também deve se submeter às regras utilitárias da troca equivalente que estruturam o que Hegel chamou de sociedade civil-burguesa. Com a "segunda modernidade", a atitude que até então era reservada ao âmbito público como oposta à vida privada (a reflexividade, o direito de escolher o próprio modo de viver, ao invés de aceitá-lo como algo imposto pela tradição...) penetrou na mais íntima esfera privada da sexualidade – não nos surpreende que o preço disso seja o aumento das práticas "sádicas" que encenam a sexualidade como o domínio do contrato e da exploração mútua. E é precisamente nesse ponto que podemos ver que nossas duas críticas à teoria da sociedade de risco – que é *muito geral* (evitando localizar o fator gerador de risco na especificidade da economia capitalista de mercado) e, ao mesmo tempo, *muito específica* (não levando em consideração o modo como a não existência do grande Outro afeta o *status* da subjetividade) – convergem. Trata-se da mesma lógica "específica" de comoditização reflexiva das esferas íntimas que, pelo modo como afeta a subjetividade, debilita a figura-padrão do sujeito moderno, autônomo e livre[42].

---

[41] É interessante assinalar que os teóricos da segunda modernidade seguem Habermas, que também tende a tratar fenômenos como o fascismo ou a alienação econômica não como resultados inerentes ao Esclarecimento, mas como evidências de que o Esclarecimento é um "projeto inacabado" – uma estratégia similar de certa forma à dos falecidos regimes socialistas, que atribuíam a culpa pelas desgraças presentes aos "restos do passado" (burguês ou feudal).

[42] Dito de outro modo: a teoria da segunda modernidade suprime a dupla impossibilidade e/ou cisão antagônica: por um lado, a cumplicidade antagônica entre a reflexivização progressiva e os violentos retornos da identidade substancial que caracteriza a política do corpo; por outro lado, a cumplicidade antagônica entre a liberdade reflexiva e a necessidade "irracional" de sujeição que caracteriza o sujeito "pós-moderno".

Portanto, devemos rechaçar a narrativa do processo que conduz da ordem edipiana patriarcal às identidades contingentes múltiplas da pós-modernidade (ou segunda modernidade): o que essa narrativa oblitera são as novas formas de dominação geradas pelo "declínio do Édipo"; por essa razão, aqueles que continuam a localizar o inimigo em Édipo se veem forçados a insistir que a pós-modernidade é um projeto inacabado e que o patriarcado edipiano continua levando uma vida oculta e impedindo-nos de realizar o pleno potencial de nossa individualidade pós-moderna automoldável. Esse esforço propriamente histérico para romper com o passado edipiano situa o perigo de maneira equivocada: ele não está nos restos do passado, mas na necessidade obscena de dominação e sujeição engendrada pelas novas formas "pós-edipianas" de subjetividade. Em outras palavras, testemunhamos hoje uma mudança não menos radical que a passagem da ordem patriarcal pré-moderna diretamente legitimada pela cosmologia sexualizada (masculino e feminino como dois princípios cósmicos) para a ordem patriarcal moderna que introduziu o conceito abstrato-universal de homem; como sempre ocorre com esse tipo de ruptura, devemos ter muito cuidado para evitar a armadilha de medir os novos padrões pelos antigos – essa cegueira leva ou a visões catastróficas de desintegração total (a visão da sociedade emergente como uma sociedade de narcisistas protopsicóticos, sem nenhuma noção de dever e confiança) ou a uma celebração não menos falsa da nova subjetividade pós-edipiana, que não consegue explicar as novas formas de dominação oriundas da própria subjetividade pós-moderna.

O que a psicanálise nos permite fazer é focalizar esse "suplemento" obsceno e renegado do sujeito reflexivo que se libertou das coerções da Natureza e da Tradição: como afirma Lacan, o sujeito da psicanálise não é outro senão o sujeito da ciência moderna. Comecemos, pois, pela chamada "cultura da reclamação", com sua lógica subjacente de *ressentimento*: longe de aceitar alegremente a não existência do grande Outro, o sujeito o responsabiliza por seu próprio fracasso e/ou impotência, como se *o Outro fosse culpado pelo fato de não existir*, isto é, como se a impotência não fosse desculpa – o grande Outro é responsável por não poder fazer nada: quanto mais "narcisista" for a estrutura do sujeito, mais ele depositará a culpa no grande Outro e afirmará sua dependência com relação a ele[43]. A principal característica da "cultura da reclamação" é um apelo, dirigido ao grande Outro, para que intervenha e ponha as coisas em ordem (para que compense a minoria étnica ou sexual prejudicada etc...) – como exatamente isso será feito é, uma vez mais, uma questão para as várias "comissões" ético-legais.

---

[43] Ver Robert Hughes, *Culture of Complaint* (Oxford, Oxford University Press, 1993) [ed. bras.: *Cultura da reclamação*, trad. Marcos Santarrita, São Paulo, Companhia das Letras, 1993].

O traço específico da "cultura da reclamação" é a torção legalista, isto é, o esforço para traduzir a reclamação nos termos de uma obrigação legal do Outro (em geral o Estado) de me indenizar. Pelo quê? Pelo próprio *mais-gozar* insondável do qual sou privado e cuja falta me faz sentir desprivilegiado. A cultura da reclamação, portanto, não é a versão atual da histeria, da demanda histérica impossível dirigida ao Outro, uma demanda que, na verdade, *quer ser recusada*, visto que o sujeito baseia sua existência em sua queixa "Eu sou na medida em que faço o Outro responsável e/ou culpado pela minha infelicidade"? Ao invés de minar a posição do Outro, os reclamantes desprivilegiados dirigem-se a ele: traduzindo sua demanda nos termos da queixa legalista, *acabam confirmando a posição do Outro pelo próprio gesto de atacá-lo*. Há uma lacuna intransponível entre essa lógica de reclamação e o verdadeiro ato "radical" ("revolucionário") que, em vez de se queixar ao Outro e esperar que ele aja – isto é, deslocando a necessidade de agir para o Outro – suspende o marco legal existente e *realiza ele próprio o ato*[44]. Consequentemente, essa "cultura da reclamação" é correlata à prática sadomasoquista de automutilação: elas constituem os dois aspectos opostos, porém complementares, da relação conturbada com a Lei, relacionando-se entre si como a histeria e a perversão. A prática sadomasoquista *encena os enredos fantasmáticos* (de humilhação, estupro, vitimização...) *que traumatizam o sujeito histérico*. O que possibilita essa passagem da histeria à perversão é a mudança na relação entre Lei e *jouissance*: para o sujeito histérico, a Lei ainda se configura como a agência que proíbe o acesso à *jouissance* (portanto ele só pode fantasiar a respeito da obscena *jouissance* escondida sob a figura da Lei); já para o perverso, a Lei emana da própria figura que encarna a *jouissance* (portanto ele pode assumir diretamente o papel desse Outro obsceno como instrumento de *jouissance*)[45].

---

[44] Essa passagem da esquerda tradicional para a esquerda "pós-moderna" costuma ser descrita pelo lema "da redistribuição ao reconhecimento": a esquerda social-democrata tradicional visava a redistribuição da riqueza e do poder social em benefício dos explorados-desfavorecidos-sem poder, ao passo que a esquerda "pós-moderna" atual põe em primeiro plano a luta multiculturalista pelo reconhecimento de uma identidade de grupo (étnica, estilo de vida, orientação sexual, religiosa...). Mas e se ambas fizerem parte da mesma lógica de *ressentimento*, sinalizada/camuflada pelo prefixo "re-"? E se ambas vitimizarem os excluídos/desfavorecidos, esforçando-se para culpar os governantes/endinheirados e exigir uma reparação? E se, por conseguinte, uma certa dose de crítica marxista antiquada for apropriada nesse caso: e se nosso foco devesse mudar da redistribuição para o próprio modo de produção que causa a distribuição e o reconhecimento não equitativo?

[45] A ferida masoquista autoinfligida tem, assim, diferentes propósitos na histeria e na perversão: na histeria, o objetivo é negar a castração (firo a mim mesmo para ocultar o fato de que a ferida da castração *já está lá*); na perversão, firo a mim mesmo para renegar o *fracasso/falta da castração* (isto é, faço isso para impor o semblante de uma Lei).

O resultado paradoxal da mutação na não existência do grande Outro – do colapso crescente da eficácia simbólica – é a proliferação de diferentes versões de *um grande Outro que existe de verdade, no Real,* não apenas como ficção simbólica. Obviamente, a crença num grande Outro que existe no Real é a definição mais sucinta de paranoia; por isso, os dois traços que caracterizam a posição ideológica dos dias de hoje – o distanciamento cínico e a plena confiança na fantasia paranoica – são estritamente codependentes: o sujeito típico de hoje é aquele que, embora demonstre certa desconfiança cínica com relação a qualquer ideologia pública, entrega-se sem nenhuma restrição a fantasias paranoicas sobre conspirações, ameaças e formas excessivas de gozo do Outro. A desconfiança com relação ao grande Outro (a ordem das ficções simbólicas), a recusa do sujeito a "levá-lo a sério", baseia-se na crença de que existe um "Outro do Outro", um agente secreto invisível e todo-poderoso que "mexe as cordinhas" e comanda o show: por trás do Poder público e visível existe outra estrutura de poder obscena e invisível. Esse outro agente oculto faz o papel do "Outro do Outro" no sentido lacaniano, o papel de metagarantia da coerência do grande Outro (a ordem simbólica que regula a vida social).

É aqui que devemos buscar as raízes do impasse da narrativização, isto é, do tema do "fim das grandes narrativas": em nossa era, em que – na política e na ideologia, assim como na literatura e no cinema – as narrativas globais e abrangentes ("a luta da democracia liberal com o totalitarismo" etc.) não parecem mais possíveis, a única forma de chegar a uma espécie de "mapa cognitivo" global é pela narrativa paranoica de uma "teoria da conspiração". É simplista demais tachar as narrativas conspiratórias de reação paranoica protofascista à infame "classe média", que se sente ameaçada pelo processo de modernização: essas narrativas funcionam como uma espécie de significante flutuante do qual as diferentes opções políticas podem se apropriar, o que lhes permite obter um mapa cognitivo mínimo – não apenas o populismo e o fundamentalismo de direita, mas também o centro liberal (o "mistério" do assassinato de Kennedy[46]) e as correntes da esquerda (lembremos, por exemplo, a velha obsessão da esquerda norte-americana pela ideia de que uma misteriosa agência do governo estaria

---

[46] O filme *JFK, a pergunta que não quer calar*, de Oliver Stone, é exemplar nesse sentido. Stone é o mais importante *metanacionalista* de Hollywood; uso o termo "metanacionalista" em paralelo com o "metarracismo" de Balibar (o paradoxo contemporâneo do racismo formulado nos termos de seu próprio oposto, isto é, do medo dos ataques racistas: "os grupos étnicos deveriam ser mantidos separados para impedir a violência racista..."). Stone parece destruir os grandes mitos político-ideológicos norte-americanos, mas o faz de forma "patriótica", de modo que, num nível mais profundo, sua própria subversão reafirma o patriotismo norte-americano como uma atitude ideológica.

382 / O sujeito incômodo

fazendo experimentos com gases neurológicos que permitiriam regular o comportamento da população...)[47].

Outra versão do retorno do Outro no Real é discernível na ressexualização junguiana do universo proposta pela Nova Era ("homens são de Marte, mulheres são de Vênus"): segundo essa leitura, haveria uma identidade arquetípica subjacente, profundamente ancorada, que proporcionaria uma espécie de porto seguro em meio ao alvoroço da confusão contemporânea de papéis e identidades; dessa perspectiva, a origem da crise atual não estaria na dificuldade para superar a tradição dos papéis sexuais fixos, mas no equilíbrio perturbado do homem moderno, que dá ênfase demais ao aspecto consciente-masculino e negligencia o aspecto compassivo-feminino. Ainda que compartilhe com o feminismo seu viés anticartesiano e antipatriarcal, essa tendência reescreve a agenda feminista como reafirmação das raízes femininas arquetípicas reprimidas em nosso competitivo universo mecanicista masculino. Uma versão adicional desse Outro *real* é a figura do pai como assediador de suas filhas jovens, ponto focal da chamada síndrome da falsa memória: aqui também o pai suspenso como agente da autoridade simbólica – isto é, a personificação da função simbólica – "retorna no Real". (O que causa a controvérsia é a convicção daqueles que defendem a rememoração dos abusos sexuais sofridos na infância de que o assédio sexual cometido pelo pai não é algo simplesmente fantasiado nem tampouco uma mistura indissolúvel de fatos e fantasias, mas um fato concreto, algo que, na maioria das famílias, "aconteceu realmente" na infância da filha; essa obstinação é comparável à insistência não menos obstinada de Freud no assassinato do "pai primordial" como um acontecimento real na pré-história da humanidade.)

Não é difícil discernir aqui o vínculo entre a síndrome da falsa memória e a angústia: a síndrome da falsa memória é uma formação sintomática que permite ao

---

[47] Um exemplo notável de filme sobre a conspiração da esquerda-liberal é *Barracuda* (1978), com sua engenhosa "volta do parafuso" a mais na fórmula-padrão dos desastres naturais: por que tubarões e outros peixes começam repentinamente a atacar banhistas numa idílica cidade de veraneio nos Estados Unidos? Ocorre que a cidade sediava uma experiência ilegal de uma misteriosa agência governamental que adicionava à água uma droga ainda não testada que elevava os níveis de agressividade (o objetivo do experimento era desenvolver meios de aumentar a combatividade da população dos Estados Unidos após a desmoralizadora influência do *flower power*, na década de 1960), e a agressividade dos peixes era causada pela água despejada no oceano. A série *Arquivo X* vai ainda mais longe e consegue inverter a operação ideológica padrão de trocar todos os nossos medos sociais e psíquicos (de estrangeiros, grandes empresas, outras raças, forças da natureza...) por animais que atacam (tubarões, formigas, pássaros...) ou pelo monstro sobrenatural que consegue encarnar tudo isso: em *Arquivo X*, é a Conspiração de Estado – o sombrio Outro Poder por trás do poder público – que é apresentada como uma espécie de equivalente geral oculto por trás da infinidade de ameaças "sobrenaturais" (lobisomens, extraterrestres...), isto é, a série de horrores sobrenaturais é trocada pela Coisa Social alienada.

sujeito escapar da angústia refugiando-se na relação antagônica com o Outro-assediador parental. Ou seja, devemos ter em mente que, para Lacan, e em contraste com a *doxa* freudiana, a angústia não surge quando o objeto-causa do desejo é perdido (como quando falamos da "angústia de castração", referindo-nos em geral ao medo de que o sujeito masculino seja privado de seu membro viril, ou ainda da "angústia do nascimento", expressando o temor de ser separado da mãe); ao contrário, a angústia surge (e assinala) quando o objeto-causa do desejo se encontra muito próximo, quando e se chegamos perto demais dele. Podemos apreciar a destreza lacaniana nesse ponto: em contraste com a concepção habitual de que o medo tem um objeto determinado (aquilo que tememos), ao passo que a angústia é uma disposição que carece de objeto determinado/positivo que sirva de causa, para Lacan é o medo que, apesar da aparência enganosa, não tem objeto-causa determinado (quando tenho medo de cachorros, por exemplo, não é o animal em si que temo, mas o vazio "abstrato" irrepresentável que está por trás dele); e a angústia *tem* um objeto-causa determinado – é a própria proximidade excessiva desse objeto que a desencadeia[48]...

Para deixar esse ponto mais claro, temos de ter em mente que, da perspectiva lacaniana, o desejo é, em última instância, o desejo do Outro: a pergunta enigmática do desejo não é "O que eu quero realmente?", mas "O que o Outro realmente quer de mim? O que sou, enquanto objeto, para o Outro?" – eu (o sujeito), como o objeto-causa do desejo do Outro, sou o objeto cuja proximidade excessiva desencadeia a angústia: a angústia surge quando sou reduzido à posição do objeto trocado/usado pelo Outro. Nesse mesmo sentido, no caso da síndrome da falsa memória, a relação antagônica com o assediador parental permite que eu evite a angústia gerada pelo fato de que eu *sou* o objeto (incestuoso) direto do desejo parental, que eu me *desejo* como tal.

Um último exemplo: no artigo "Ideology and Its Paradoxes" ["A ideologia e seus paradoxos"], Glyn Daly chama a atenção para o tema do "deciframento do código" na atual ideologia popular, desde as tentativas pseudocientíficas da Nova Era de usar a tecnologia computacional para quebrar uma espécie de código fundamental que dá acesso ao destino futuro da humanidade (o código da Bíblia, o código contido nas pirâmides egípcias...) até a cena paradigmática dos *thrillers* ciberespaciais em que o herói (ou, mais frequentemente, a heroína, como Sandra

---

[48] Por essa razão, do ponto de vista clínico, a angústia não é um sintoma, mas uma reação que ocorre quando o sintoma do sujeito – a formação que lhe permitiu manter uma distância apropriada do objeto-Coisa traumático – evapora, cessa de funcionar: nesse momento, quando o sujeito se vê privado do papel de regulador de seu sintoma e, portanto, é exposto diretamente à Coisa, a angústia surge para assinalar uma proximidade excessiva da Coisa.

384 / O sujeito incômodo

Bullock em *A rede*), debruçado sobre um computador, luta contra o tempo para vencer o obstáculo do "acesso negado" e acessar informações ultrassecretas (por exemplo, sobre as atividades de uma agência governamental secreta envolvida num complô contra a liberdade e a democracia, ou outro crime igualmente grave). E acaso esse tema não representa uma tentativa desesperada de reafirmar a existência do grande Outro, isto é, pressupor um Código ou Ordem secreta que atesta a presença de um Agente que manipula as cordinhas de nossa caótica vida social?

A Lei vazia

No entanto, outra afirmação ainda mais inquietante a respeito do Outro é discernível na ideia supostamente "libertadora" dos sujeitos compelidos a (re)inventar as regras de sua coexistência sem nenhuma garantia de uma metanorma; a filosofia ética de Kant pode servir como caso paradigmático. Em *Sacher-Masoch: o frio e o cruel*, Deleuze oferece uma formulação insuperável da concepção kantiana radicalmente nova de Lei moral:

> a lei não depende mais do Bem: pelo contrário, o Bem depende da lei. Isso significa que a lei não tem mais que se fundar, não pode mais se fundar num princípio superior do qual tiraria o seu direito. Significa que a lei deve valer por si mesma e se fundar em si mesma, que ela não tem outra fonte senão sua própria forma; [...] fazendo da lei um fundamento último, Kant dotava o pensamento moderno de uma das suas principais dimensões: o objeto da lei se furta essencialmente. [...] a lei, definida por sua pura forma, sem matéria e sem objeto, sem especificação, é tal que não se sabe nem se pode saber o que ela é. Ela age sem ser conhecida. Ela define uma área de errância em que todos somos culpados, isto é, em que já transgredimos os limites antes de saber o que ela exatamente é – a exemplo de Édipo. E a culpabilidade e o castigo sequer nos fazem saber o que é a lei, deixando-a na indeterminação, que corresponde à extrema precisão do castigo.[49]

A lei kantiana, portanto, não é meramente uma forma vazia aplicada a um conteúdo empírico aleatório a fim de determinar se esse conteúdo satisfaz os critérios de adequação técnica – a forma vazia da Lei funciona antes como a promessa de um conteúdo ausente que (jamais) virá. Essa forma não é o molde neutro universal da pluralidade de diferentes conteúdos empíricos; ela testemunha a persistente incerteza a respeito do conteúdo de nossos atos – nunca sabemos se o conteúdo determi-

---

[49] Gilles Deleuze, *Coldness and cruelty*, cit., p. 82-3 [Ed. bras.: *Sacher-Masoch*, cit., p. 82-4].

nado que justifica a especificidade de nossos atos é o correto, isto é, se agimos realmente de acordo com a Lei e não fomos guiados por motivos patológicos ocultos. Kant anuncia então o conceito de Lei que culmina em Kafka e na experiência do "totalitarismo" político moderno: visto que, no caso da Lei, seu *Dass-Sein* (o fato da Lei) precede seu *Was-Sein* (aquilo que é a Lei), o sujeito se vê numa situação em que, mesmo sabendo que *existe* uma Lei, nunca sabe (e, *a priori, não pode* saber) *que* Lei é essa – uma lacuna separa *a* Lei de suas encarnações positivas. Portanto, o sujeito é *a priori*, em sua própria existência, culpado: culpado sem saber de que é culpado (e culpado por essa exata razão), infringindo a lei sem conhecer suas regras exatas[50]...

O que temos aqui, pela primeira vez na história da filosofia, é a afirmação da Lei como *inconsciente*: a experiência da Forma sem conteúdo é sempre o indício de um conteúdo recalcado – quanto mais intensamente o sujeito se aferra à forma vazia, mais traumático se torna o conteúdo recalcado.

A lacuna que separa essa versão kantiana do sujeito que reinventa as regras de sua conduta ética e a versão foucaultiana pós-moderna é facilmente discernível: apesar de ambas afirmarem que, em última instância, o juízo ético exibe a estrutura do juízo estético (na qual, ao invés de apenas aplicar uma regra universal a uma situação particular, temos de (re)inventar a regra universal em cada situação concreta singular), para Foucault isso significa apenas que o sujeito é lançado numa situação em que tem de dar forma a seu projeto ético sem ter suporte numa Lei transcendente(al); enquanto para Kant essa própria ausência de Lei – no sentido específico de um conjunto determinado de normas universais positivas – torna ainda mais patente a insuportável pressão da Lei moral como pura injunção vazia para que se cumpra com o Dever. De uma perspectiva lacaniana, portanto, é aqui que encontramos a distinção crucial entre as regras a ser criadas e sua Lei/Proibição

---

[50] Segundo a narrativa corrente a respeito da modernidade, o que a distingue até mesmo das versões mais universais da Lei pré-moderna (cristianismo, judaísmo etc.) é a suposição de que o indivíduo mantém uma relação refletida com as normas éticas. As normas não existem simplesmente para serem aceitas; o sujeito deve não apenas medir seus atos em função delas, como também a adequação dessas normas, isto é, como elas se encaixam na metarregra mais ampla que legitima o uso delas: essas normas são realmente universais? Tratam todos os homens – e mulheres – de forma igual e com dignidade? Permitem a livre expressão de suas aspirações mais íntimas? Essa narrativa corrente nos apresenta um sujeito que é capaz de estabelecer uma relação reflexiva livre com todas as normas que decide seguir – cada norma deve ser submetida ao juízo de sua razão autônoma. Mas o que Habermas não considera é o avesso dessa distância reflexiva com relação às normas éticas expressa pela citação de Deleuze: visto que, com relação a qualquer norma que eu seguir, jamais posso estar certo de que se trata da norma correta a ser seguida, o sujeito é pego na difícil situação de saber *que* há normas que devem ser seguidas, sem nenhuma garantia externa de *quais* são essas normas... Não há nenhuma liberdade reflexiva moderna advinda da submissão imediata às normas universais sem que haja essa situação de culpa *a priori*.

subjacente: apenas quando a Lei enquanto conjunto de normas simbólicas universais positivas não aparece – deparamos com a Lei em seu aspecto mais radical, a Lei no aspecto do Real de uma injunção incondicional. O paradoxo que devemos enfatizar nesse caso reside na natureza precisa da Proibição imposta pela Lei moral: em seu nível mais fundamental, essa Proibição não é a proibição que veta a realização de um ato positivo que violaria a Lei, mas a proibição autorreferencial que veta a confusão da Lei "impossível" com qualquer prescrição e/ou proibição simbólica positiva, isto é, a reivindicação do *status de* Lei para qualquer conjunto positivo de normas – em última instância, a Proibição significa que *o próprio lugar da Lei deve permanecer vazio.*

Nos termos freudianos clássicos: em Foucault, temos um conjunto de regras regulando o "cuidado de Si" em seu "uso dos prazeres" (em síntese, um emprego plausível do "princípio do prazer"), ao passo que em Kant a (re)invenção das regras obedece a uma injunção que se origina "além do princípio do prazer". Naturalmente, a resposta foucaultiana/deleuziana seria que, em última instância, Kant é vítima de uma ilusão de perspectiva que o leva a ver (equivocamente) a imanência radical das normas éticas (o fato de o sujeito ter de inventar as normas que regulam sua conduta autonomamente, por sua própria responsabilidade e a sua custa, sem um grande Outro que leve a culpa por isso) como seu oposto exato: como uma transcendência radical, pressupondo a existência de um Outro transcendente inescrutável que nos aterroriza com sua injunção incondicional, ao mesmo tempo que veta nosso acesso a ele – somos compelidos a cumprir nosso Dever, mas somos para sempre impedidos de saber claramente que Dever é esse... A resposta freudiana é que essa solução (a tradução do inescrutável Chamado do Dever do Outro em imanência) apoia-se numa *renegação do Inconsciente*: o fato que em geral passa despercebido é que a rejeição da parte de Foucault da explicação psicanalítica da sexualidade envolve a inteira rejeição do Inconsciente freudiano. Se lermos Kant em termos psicanalíticos, veremos que a lacuna entre as regras autoinventadas e sua Lei subjacente não é outra senão a lacuna entre as regras (conscientemente pré--conscientes) que seguimos e a Lei como inconsciente: a lição básica da psicanálise é que o Inconsciente, em seu aspecto mais radical, não é o tesouro dos desejos ilícitos "recalcados", mas *a própria Lei fundamental.*

Portanto, mesmo no caso de um sujeito narcisista empenhado no "cuidado de Si", seu "uso dos prazeres" é sustentado pela injunção incondicional inconsciente do supereu para gozar – a prova suprema não é o sentimento de culpa que o atormenta quando *fracassa* em sua busca por prazer? O fato de que – segundo a maioria das pesquisas de opinião – as pessoas vejam cada vez menos atração na atividade sexual não aponta nessa direção? Essa estranha indiferença ao intenso prazer sexual contrasta drasticamente com a ideologia oficial de que nossa sociedade pós-moderna se inclina à recompensa instantânea e à busca do prazer: o sujeito contemporâneo dedica sua vida ao prazer e encontra-se tão profundamente envolvido em atividades preparatórias (corrida, massagem, bronzeamento, cremes e loções...) que o atrativo do Alvo oficial de seus esforços acaba desaparecendo. Numa breve caminhada pela Christopher Street ou por Chelsea, encontramos centenas de gays dedicando uma energia extraordinária à musculação, obcecados pela terrível perspectiva de envelhecer, empenhados no prazer, embora vivam, obviamente, em permanente ansiedade e assombrados pelo fracasso derradeiro.

O que está minado hoje, em nossas sociedades pós-edipianas "permissivas", é a *jouissance* sexual enquanto "apego apaixonado" fundamental, ponto focal desejado/proibido em torno do qual gravita nossa vida. (Desse ponto de vista, até mesmo a figura do "assediador sexual" paterno tem a imagem nostálgica daquele que ainda é capaz de desfrutar "daquilo".) Mais uma vez, o supereu teve êxito em sua tarefa: a injunção direta do "Goza!" é muito mais efetiva para impedir o acesso do sujeito ao gozo do que a Proibição explícita que sanciona o espaço para sua transgressão. A lição é que o inimigo fundamental das experiências sexuais intensas não é a rede "repressora" de proibições sociais, mas o "cuidado de Si" narcisista. A utopia de uma nova subjetividade pós-psicanalítica, engajada na busca de novos prazeres corporais para além da sexualidade, inverteu-se em seu oposto: o que temos, em vez disso, é um tédio desinteressado – e parece que a intervenção direta da dor (práticas sexuais sadomasoquistas) é o único caminho remanescente para alcançar a experiência intensa do prazer.

Na última página do *Seminário 11*, Lacan sustenta que "qualquer abrigo onde pudesse instituir-se uma relação vivível, temperada, de um sexo ao outro, necessita a intervenção – é o que ensina a psicanálise – desse medium que é a metáfora paterna"[51]: longe de obstruir sua efetivação, a Lei paterna garante suas condições. Não surpreende, então, que o recuo do grande Outro, da Lei simbólica, acarrete o mau funcionamento da sexualidade "normal" e o aumento da indiferença sexual. Como apontou Darian Leader[52], o fato de que, em *Arquivo X, tantas coisas acontecem "lá fora"* (onde mora a verdade: ameaça de alienígenas etc...) é estritamente correlativo ao fato de que *nada acontece "aqui"*, entre os dois heróis (Gillian Anderson e David Duchovny), isto é, não existe sexo entre eles. A Lei paterna suspensa (que possibilitaria que houvesse sexo entre os heróis) "retorna no Real" sob a forma da multiplicidade de aparições espectrais "mortas-vivas" que intervêm em nossa vida cotidiana.

---

[51] Jacques Lacan, *O seminário, livro 11*, cit., p. 260.
[52] Ver Darian Leader, *Promessas que os amantes fazem quando já é tarde demais*, cit.

388 / O sujeito incômodo

Essa desintegração da autoridade paterna tem duas facetas. De um lado, as normas proibitivas *simbólicas* são cada vez mais substituídas por ideais *imaginários* (sucesso social, aptidão física...); de outro lado, a falta de proibição simbólica é suplementada pelo ressurgimento de figuras ferozes do supereu. Portanto, temos um sujeito que é extremamente narcisista – que vê tudo como uma ameaça potencial a seu precário equilíbrio imaginário (note-se a universalização da lógica da vítima; todo contato com outro ser humano é vivenciado como uma ameaça potencial: se o outro fuma, se me olha com cobiça, ele está me ferindo); no entanto, longe de permitir que o sujeito flutue livremente nesse equilíbrio imperturbado, esse fechamento narcisista em si mesmo deixa o sujeito aos (não tão) ternos cuidados da injunção superegoica de gozar.

A chamada subjetividade "pós-moderna" envolve, portanto, uma espécie de *"superegoização" direta do Ideal imaginário*, causada pela ausência de Proibição simbólica adequada; paradigmáticos, nesse sentido, são os hackers "pós-modernos", essas figuras extravagantes contratadas pelas grandes empresas para manter o hobby de programar num ambiente informal. Eles estão sob a injunção de ser o que são, de seguir suas idiossincrasias mais íntimas, com permissão para ignorar as normas sociais do vestir-se e comportar-se (obedecendo apenas a algumas regras elementares de tolerância diante das idiossincrasias dos outros); eles parecem concretizar uma espécie de utopia protossocialista de superação da oposição entre trabalho alienado – com que se ganha dinheiro – e hobby/atividade privada – que se faz por prazer nos fins de semana. De certo modo, o trabalho dos hackers é seu hobby, por isso nos fins de semana passam horas na frente da tela do computador: quando somos pagos para nos dedicar ao nosso hobby, o resultado é que somos expostos a uma pressão do supereu incomparavelmente mais forte do que a da boa e velha "ética protestante do trabalho". Reside nisto o paradoxo intolerável dessa "desalienação" pós-moderna: a tensão não é mais entre os meus mais íntimos impulsos criativos idiossincráticos e a Instituição que não os aprecia ou quer destruí-los para me "normalizar": o que a injunção superegoica de uma empresa pós-moderna como a Microsoft visa é precisamente esse núcleo da minha criatividade idiossincrática – eu me torno inútil para eles no momento em que começo a perder o "diabinho da perversidade", no momento em que perco meu lado "contracultural" subversivo e começo a me comportar como um sujeito maduro "normal". Portanto, estamos lidando aqui com uma estranha aliança entre o núcleo subversivo rebelde da minha personalidade, meu "diabinho da perversidade", e a corporação externa.

Do falo ao ato

O recuo do grande Outro apresenta, portanto, duas consequências relacionadas, porém opostas: por um lado, esse fracasso da ficção simbólica induz o sujeito a se aferrar cada vez mais a *simulacros* imaginários, aos espetáculos sensuais que hoje nos bombardeiam por toda parte; por outro lado, esse recuo desencadeia a necessidade da violência no Real do corpo (perfurar a carne com *piercings*, introduzir complementos protéticos no corpo). Como essa violência contra o corpo está relacionada com a estrutura da castração como condição do empoderamento simbólico? Em nossas narrativas e mitos populares, de *Robocop* a Stephen Hawking, uma pessoa somente se torna um herói com poderes sobrenaturais após ter sido vítima de um acidente ou doença traumáticos que literalmente devastaram seu corpo: Robocop se torna a máquina policial perfeita quando seu corpo é artificialmente recomposto e complementado após um acidente quase fatal; o conhecimento de Hawking da "mente de Deus" está claramente correlacionado a sua doença incapacitante... A análise-padrão de Robocop tenta opor os elementos "progressivos" – um ciborgue que suspende a distinção entre humano e máquina – e os elementos "regressivos" – a natureza "fálica" óbvia, aguda e agressiva, de seu equipamento metálico, que serve como prótese para seu corpo mutilado). Essas análises, no entanto, *passam ao largo do principal*: o que é "fálico" no estrito sentido lacaniano é a própria estrutura da prótese mecânica artificial que suplementa a ferida de nosso corpo, visto que o falo como significante é essa prótese que empodera quem a tem à custa de uma mutilação traumática.

Aqui é crucial manter a distinção entre o falo como *significado* (o "significado do falo") e o *significante* fálico: o significado fálico é a parcela de *jouissance* integrada à ordem simbólica paterna (o falo como símbolo de virilidade, poder penetrante, força de fertilidade e fecundação etc.), ao passo que o falo como significante representa o preço que o sujeito masculino tem de pagar para assumir o "significado do falo", aquilo que ele significa. Lacan especifica esse "significado do falo" como o número "imaginário" (a raiz quadrada de -1), um número "impossível" cujo valor não pode ser positivado, mas "funciona": encontramos "o significado do falo" quando, a propósito de algum conceito, sentimos com entusiasmo que *"é isso*, a coisa real, o verdadeiro significado!", ainda que jamais sejamos capazes de explicar *o que*, precisamente, é esse significado. Por exemplo, num discurso político, o Significante-Mestre (Nossa Nação) é uma espécie de significante vazio que representa a plenitude impossível do significado, isto é, seu significado é "imaginário" no sentido de que é impossível positivar seu conteúdo – quando perguntamos a um membro da Nação em que consiste a identidade de sua Nação, a resposta será sempre: "Não sei dizer, é uma coisa que você sente, *é isso*, é o que diz respeito à nossa vida...".

390 / O sujeito incômodo

Então por que, em nossa era pós-moderna, a "ferida da castração" precisa voltar a se inscrever no corpo, como uma ferida em sua própria carne? Nos velhos tempos da subjetividade moderna, um indivíduo não tinha nenhuma necessidade de sacrificar parte de sua carne (circuncisão, ordálio iniciático ritualizado que oferece risco à vida, tatuagem...) para obter um *status* simbólico: o sacrifício era puramente simbólico, isto é, um ato simbólico de renúncia a todo conteúdo substancial positivo[53]. Essa renúncia revela a estrutura precisa da "perda de uma perda" que define a tragédia moderna. O filme sérvio *Yanez* mostra o destino de um oficial do Exército iugoslavo, de origem étnica eslovena, casado com uma macedônia, que é pego no turbilhão da desintegração da Iugoslávia: quando estoura o conflito entre a Eslovênia, que declara independência, e o Exército iugoslavo, que tenta manter a Eslovênia na Iugoslávia, o oficial sacrifica suas raízes étnicas (eslovenas) – a própria substância de seu ser – por fidelidade à Causa universal (a unidade iugoslava), apenas para descobrir depois que a triste realidade dessa Causa universal, pela qual havia sacrificado o que mais importava a ele, era a Sérvia corrupta e carente do regime nacionalista de Slobodan Milošević, No fim do filme, o herói aparece bêbado e solitário, inteiramente entregue à perda...

Um duplo movimento de renúncia similar – de sacrificar tudo, a própria substância de nosso ser, por uma Causa universal e depois ser obrigado a enfrentar a vacuidade dessa Causa – é constitutivo da subjetividade moderna[54]. Hoje, no entanto, esse duplo movimento de renúncia parece ter deixado de ser operativo, visto que os sujeitos estão cada vez mais apegados a sua identidade substancial particular, relutando em sacrificá-la por uma Causa universal (é disso que se trata a chamada "política das identidades", assim como a busca das "raízes" étnicas). Seria essa a razão por que o corte da castração simbólica deve voltar a se inscrever no corpo, sob a forma de alguma horrível mutilação, como preço pelo empoderamento simbólico do sujeito?

É crucial aqui a diferença entre o corte tradicional (pré-moderno) no corpo (circuncisão etc.) e o corte pós-moderno[55]: ainda que à primeira vista pareçam semelhantes – isto é, ainda que o corte pós-moderno pareça um "retorno aos procedimentos pré-modernos de marcar o corpo" –, suas economias libidinais intrín-

---

[53] Não foi são Paulo que enfatizou essa diferença em Romanos 2, 26-29? "Se um pagão não circuncidado observa os preceitos da Lei, não será tido como circuncidado, ainda que não o seja? [...] De fato, aquilo que faz o judeu não é o que se vê, nem é a marca visível na carne que faz a circuncisão. Pelo contrário, o que faz o judeu é aquilo que está escondido, e circuncisão é a do coração; e isso vem do espírito e não da letra da Lei [...]."

[54] Para uma descrição mais detalhada desse duplo movimento de "sacrifício de um sacrifício", ver o capítulo 2 de Slavoj Žižek, *The Indivisible Remainder*, cit.

[55] Aqui, inspiro-me mais uma vez em Renata Salecl, *(Per)Versions of Love and Hate*, cit.

secas são opostas – como com o pós-modernismo, que pode parecer um retorno às formas arcaicas pré-modernas, mas, na realidade, essas mesmas formas já são "mediadas", colonizadas pela modernidade, de modo que o pós-modernismo assinala o momento em que a modernidade não precisa mais lutar contra as formas tradicionais, pode usá-las diretamente – hoje, o astrólogo ou o pastor fundamentalista, em seu modo próprio de atividade, já se encontra marcado pela modernidade. Uma das definições de modernidade é o aparecimento do *corpo nu* "natural" no espaço simbólico: nudismo e outras formas de celebração da nudez – não como parte de rituais secretos iniciáticos e transgressivos (como nas sociedades pagãs pré-modernas), mas como busca pelo prazer de afirmar a beleza "inocente" do corpo natural – são fenômenos claramente modernos[56].

Devemos resgatar aqui o movimento de Hegel a propósito da súbita ascensão da natureza como *topos* na arte do século XVII: precisamente porque o Espírito retornou a si mesmo, ou seja, é capaz de compreender a si mesmo e não precisa mais da natureza como meio de sua expressão simbólica, a natureza se tornou perceptível em sua inocência, como é em si, como um objeto belo de contemplação, e não como símbolo de batalha espiritual; nesse sentido, quando o sujeito moderno "internaliza" a castração simbólica como "perda de uma perda", o corpo não tem mais de suportar o peso da castração e, portanto, está redimido, livre para ser celebrado como objeto de prazer e beleza. Esse aparecimento do corpo nu não mutilado é estritamente correlato à imposição dos procedimentos disciplinadores descritos em detalhes por Foucault: com o advento da modernidade, quando o corpo não é mais marcado, ele se torna objeto de regulações disciplinadoras estritas, destinadas a ajustá-lo.

Podemos distinguir, então, quatro etapas na lógica do "corte no corpo". Primeiro, nas sociedades tribais pagãs pré-Judeia, "estou marcado, logo sou", isto é, o corte em meu corpo (tatuagem etc.) representa minha inscrição no espaço simbólico – fora do qual eu não sou nada, sou mais um animal do que um membro da sociedade humana. Em seguida vem a lógica judaica da circuncisão, "um corte para

---

[56] Aqui, devemos enfatizar a diferença entre as práticas sadomasoquistas de automutilação e as práticas de tatuagem e outras versões de inscrição na superfície do corpo: a tatuagem envolve a relação entre a pele nua e seu recobrimento pela roupa, isto é, o problema da tatuagem é como transformar a pele nua em roupa, como fechar a lacuna entre ambas; de modo que, mesmo estando nus, já estamos vestidos de certa forma; por outro lado, a prática sadomasoquista de automutilação corta a superfície da pele, revelando a carne viva que está por baixo dela. O que é ameaçado em ambos os casos é a noção de corpo nu, de superfície nua da pele: seja por inscrições simbólicas diretas que a encobrem, seja pela abertura de um acesso à "carne viva" que está por baixo; em síntese, o que temos se reunimos ambas as práticas é um corpo que, quando está realmente desnudo, não é mais um corpo nu, mas uma massa de carne viva.

pôr fim a todos os cortes", isto é, o corte excepcional/negativo estritamente correlato à proibição da infinidade pagã de cortes: "Não fareis incisões em vossa carne
por um morto ou tatuagem alguma em vosso corpo. Eu sou o Senhor" (Levítico,
19,28)[57]. Com o cristianismo, esse corte excepcional é "internalizado", não há
cortes. Qual, afinal, é a diferença entre a abundância pré-moderna de modos para
dar forma ao corpo (tatuagem, perfuração, mutilação de órgãos...) e a quarta etapa,
o corte "neotribal" pós-moderno no corpo?

Dito em termos um tanto simplificados: o corte tradicional ia *do Real para o Simbólico*, enquanto o corte pós-moderno vai na direção oposta: *do Simbólico para o Real*.
O propósito do corte tradicional era inscrever a forma simbólica na carne, "gentrificar" a carne, marcar sua inclusão no grande Outro, sua sujeição a ele; o propósito das
práticas de mutilação corporal sadomasoquistas pós-modernas é justamente o oposto –
garantir, dar acesso à "dor da existência", um mínimo do Real corporal no universo
de simulacros simbólicos. Em outras palavras, a função do corte "pós-moderno" no
corpo é servir não como a marca da castração simbólica, mas, ao contrário, assinalar
a resistência do corpo contra a submissão à Lei sociossimbólica. Quando uma garota
perfura as orelhas, as bochechas e os lábios vaginais com anéis, a mensagem não é de
submissão, mas de "desafio à carne": ela converte aquilo que, na sociedade tradicional, era o modo de submissão ao grande Outro simbólico da Tradição em seu oposto,
na exibição idiossincrática de sua individualidade.

Apenas deste modo a reflexivização se torna totalmente global: quando – dito
em termos hegelianos– ela "perdura por si mesma em sua alteridade", isto é, quando (o que anteriormente era) seu oposto passa a funcionar como sua expressão –
como na arquitetura pós-moderna, em que um falso retorno aos estilos tradicionais
exibe os caprichos da individualidade reflexiva. A velha máxima *"plus ça change,
plus c'est la même chose"* ["quanto mais as coisas mudam, mais permanecem as mesmas"] deve ser complementada com seu oposto: *"plus c'est la même chose, plus ça
change"* ["quanto mais permanecem as mesmas, mais as coisas mudam"]; o sinal
dessa mudança histórica radical é o fato de que as características que definiam a
economia sexual patriarcal continuam válidas, desde que funcionem de outra maneira. Basta recordarmos o fenômeno "Rule Girls"[58]: trata-se aparentemente de
uma tentativa de restabelecer as velhas regras de sedução (as mulheres são procura-

---

[57] Contra esse pano de fundo, podemos compreender por que, em seu seminário (não publicado) sobre
a angústia (1962-1963), Lacan salientou que a prática judaica da circuncisão *não* é em absoluto uma
versão da castração (como parece implicar uma linha de associação vulgar e ingênua), mas sim seu
exato oposto: o efeito da circuncisão não é aquele de um corte traumático, mas de apaziguamento,
isto é, a circuncisão permite ao sujeito encontrar seu lugar designado na ordem simbólica.

[58] Analisado por Renata Salecl em *(Per)Versions of Love and Hate*, cit.

das e devem se mostrar inacessíveis, isto é, manter o *status* de objeto elusivo e nunca demonstrar interesse ativo pelos homens por quem se sentem atraídas etc.); entretanto, ainda que o *conteúdo* dessas "regras" seja, para fins práticos, o mesmo das velhas regras que regulavam o processo "patriarcal" de sedução, a *posição* subjetiva *de enunciação* é radicalmente diferente: estamos lidando com sujeitos emancipados totalmente "pós-modernos" que, para aumentar seu prazer, adotam reflexivamente um conjunto de regras. Portanto, mais uma vez, a adoção de um procedimento passado é "transubstanciado" e serve como meio de expressão de seu oposto, de liberdade reflexiva "pós-moderna"[59].

Isso nos leva ao que somos tentados a chamar de antinomia da individualidade pós-moderna: a injunção para "ser você mesmo", desconsiderar a pressão do entorno e alcançar a autorrealização, afirmando plenamente seu potencial criativo singular, acaba esbarrando cedo ou tarde no paradoxo de levar quem o obedece a sentir-se completamente isolado daquilo que o circunda, sem absolutamente nada, lançado num vazio da mais pura e simples estupidez. O avesso inerente do "seja seu verdadeiro Eu'" é, portanto, a injunção a cultivar uma remodelação permanente, em conformidade com o postulado pós-moderno da plasticidade infinita do sujeito... Em síntese, a extrema individualização se transforma em seu oposto, levando à derradeira crise de identidade: os sujeitos experimentam a si mesmos como radicalmente incertos, sem nenhuma "expressão própria", trocando uma máscara (imposta) por outra, uma vez que, em última instância, o que está por trás da máscara é *nada*, um tenebroso vazio que eles tentam freneticamente preencher com sua atividade compulsiva, ou se deslocando entre hobbies e maneiras de se vestir cada vez mais idiossincráticos, a fim de acentuar sua identidade individual. Podemos ver aqui como a individualização extrema (o esforço para ser fiel ao seu Eu, fora dos papéis sociossimbólicos impostos) tende a coincidir com seu oposto, com a estranha e angustiante sensação de perda de identidade – isso não é a confirmação defi-

---

[59] A tríade de corte pré-moderno, moderna ausência de corte e retorno pós-moderno ao corte forma, assim, uma espécie de tríade hegeliana da "negação da negação" – não no sentido de que, na pós-modernidade, retornamos ao corte num nível supostamente mais elevado, mas num sentido muito mais preciso: na sociedade pré-moderna, o corte no corpo efetua a inscrição do sujeito na ordem simbólica (o grande Outro); na sociedade moderna, temos *um grande Outro que é operativo sem o corte* – isto é, o sujeito se inscreve no grande Outro sem a mediação do corte no corpo (como era o caso no cristianismo, o corte é internalizado-espiritualizado em um gesto interior de renúncia); na sociedade pós-moderna, ao contrário, temos *o corte, mas sem o grande Outro*. Portanto, é somente na sociedade pós-moderna que a perda do grande Outro (a ordem simbólica substancial) é plenamente consumada: nela, retornamos ao traço que caracteriza a primeira fase (há novamente o corte no corpo), mas esse corte representa agora o exato oposto da primeira fase – ou seja, ele não assinala a inscrição no grande Outro, mas sua radical não-existência.

nitiva do *insight* de Lacan de que só podemos alcançar um mínimo de identidade e "ser nós mesmos" aceitando a alienação fundamental na rede simbólica?

O resultado paradoxal desse hedonismo profundamente narcisista é, portanto, que o próprio gozo é cada vez mais externalizado: na completa reflexividade de nossa vida, qualquer apelo direto a nossa própria experiência é invalidado: não confio mais na minha experiência direta, mas espero que o Outro me diga como realmente me sinto, como na piada da conversa de dois behavioristas: "Me diga como estou me sentindo hoje!", "Bem. E eu?". Mais precisamente, essa externalização da minha experiência mais íntima é muito mais inquietante do que a habitual redução behaviorista: a questão não é simplesmente que o que importa é a forma como me comporto na realidade externa observável, e não meus sentimentos íntimos; em oposição à redução behaviorista da experiência interior, conservo meus sentimentos, *mas esses mesmos sentimentos estão externalizados*. O paradoxo supremo da individuação, no entanto, é que essa completa dependência com relação aos outros – "sou o que sou" apenas pelas relações que tenho com os outros (veja-se a obsessão pós-moderna pelas "relações" de qualidade) – gera o efeito oposto da dependência química, em que sou dependente não de outro sujeito, mas de uma droga que fornece diretamente uma *jouissance* excessiva. A heroína ou o crack não seriam a figura definitiva do mais-gozar: um objeto ao qual estou preso, que ameaça me devorar na *jouissance* excessiva que suspende o grande Outro, isto é, todos os laços simbólicos? A relação do usuário de droga com a droga não é, portanto, a ilustração definitiva da fórmula lacaniana $\$\lozenge a$?

Essa antinomia também pode ser formulada como a antinomia entre o *simulacro* (das máscaras que uso, dos papéis que represento no jogo das relações intersubjetivas) e o *Real* (da violência e dos cortes traumáticos no corpo). Mais uma vez, o ponto-chave aqui é reafirmar a "identidade especulativa" hegeliana entre estes dois opostos: o preço do reinado global dos simulacros é a violência extrema contra o Real do corpo. (Há muito tempo, Lacan nos deu a fórmula dessa coincidência paradoxal de opostos: quando a eficácia simbólica é suspensa, o Imaginário cai no Real.) Então como romper esse círculo vicioso? Toda tentativa de retornar à autoridade simbólica edipiana é claramente autodestrutiva e só pode levar a espetáculos ridículos, como o dos Guardiões da Promessa. O que é necessário é a afirmação de um Real que, em vez de cair num círculo vicioso com sua contraparte imaginária, (re)introduza a dimensão da impossibilidade que destrói o Imaginário; em resumo, o que é necessário é um *ato* como oposto à mera atividade – o ato autêntico que envolve a perturbação ("atravessamento") da fantasia.

Sempre que um sujeito se mostra "ativo" (especialmente quando é levado a uma hiperatividade frenética), a pergunta que devemos fazer é: que fantasia subjacente sustenta essa atividade? O ato – como oposto à atividade – acontece apenas quando esse pano de fundo fantasmático específico é perturbado. Nesse sentido preciso, o ato, para Lacan, está ao lado do sujeito enquanto real, em oposição ao significante (ao "ato de fala"): somente podemos concretizar nossos atos de fala na medida em que aceitamos a alienação fundamental na ordem simbólica e o suporte fantasmático necessário para o funcionamento dessa ordem; por sua vez, o ato como real é um acontecimento que se produz *ex nihilo*, sem nenhum suporte fantasmático. Como tal, o ato como objeto deve também ser oposto ao sujeito, ao menos no sentido lacaniano padrão do sujeito dividido "alienado": o correlato do ato é um sujeito dividido, mas não no sentido de que, por causa dessa divisão, o ato é sempre frustrado, deslocado etc. – ao contrário, o ato em seu *tiquê* traumático é o que divide o sujeito, o qual jamais pode subjetivá-lo, assumi-lo como "seu", afirmar-se como seu autor-agente – o ato autêntico que realizo é sempre, por definição, um corpo estranho, um intruso que me fascina/atrai e ao mesmo tempo me repugna, de modo que, quando me aproximo demais dele, isso leva à minha *afânise*, à minha autoeliminação. Se há um sujeito para o ato, não se trata do sujeito da subjetivação, da integração do ato no universo da integração e do reconhecimento simbólicos, da assunção do ato como "meu", mas é o sujeito "acéfalo" estranho, pelo qual o ato se produz como aquilo que, nele, "é mais do que ele mesmo". O ato designa, portanto, o nível em que as divisões e os deslocamentos fundamentais, comumente associados ao "sujeito lacaniano" (a divisão entre o sujeito do enunciado e o sujeito da enunciação; o "descentramento" do sujeito com relação ao grande Outro simbólico etc.) são momentaneamente suspensos – no ato, o sujeito, como afirma Lacan, *postula a si mesmo como sua própria causa*, e não está mais determinado pelo objeto-causa descentrado.

Por essa razão, a descrição de Kant de que um conhecimento direto da Coisa em si (o Deus numênico) nos privaria de nossa liberdade e nos transformaria em bonecos sem vida, se tirássemos dele o imaginário cênico (o fascínio da Majestade Divina), reduzindo-o ao essencial (uma entidade que executa "automaticamente" aquilo que faz, sem nenhum esforço ou tumulto interno), paradoxalmente corresponde muito bem à definição do ato (ético) – esse ato é, precisamente, algo que "só ocorre" de forma inesperada, é uma ocorrência que surpreende também (e até mais) seu próprio agente (após um ato autêntico, minha reação é sempre "Nem eu sei como consegui fazer isso, só aconteceu!"). O paradoxo, portanto, é que, num ato autêntico, a mais alta liberdade coincide com a mais extrema passividade, com uma redução a um autômato sem vida que executa seus gestos às cegas. A problemática do ato nos obriga, então, a aceitar a mudança radical de perspectiva que está implicada no conceito moderno de finitude: o que é tão difícil de aceitar não é o fato de que o ato verdadeiro em que as dimensões numênica e fenomênica coincidem está para sempre fora de nosso alcance; o verdadeiro trauma reside na percepção oposta de que *existem atos*, eles *acontecem*, e temos de nos haver com eles.

396 / O sujeito incômodo

Na crítica a Kant implícita nesse conceito de ato, Lacan se aproxima de Hegel, que também afirmava que a unidade do numênico e do fenomênico, adiada *ad infinitum* em Kant, é precisamente o que se produz cada vez que um ato autêntico é realizado. O equívoco de Kant foi pressupor que somente há um ato quando ele é adequadamente "subjetivado", isto é, realizado com uma Vontade pura (uma Vontade livre de qualquer motivação "patológica"); e, uma vez que nunca podemos ter certeza de que aquilo que fiz foi de fato inspirado pela Lei moral (isto é, há sempre a suspeita de que realizei um ato moral para encontrar prazer na estima de meus pares etc.), o ato moral se converte em algo que nunca ocorre de fato (não há santos neste mundo), apenas pode se postular como o ponto final de uma aproximação assintótica infinita da purificação da alma – por essa razão, isto é, para garantir a possibilidade do ato, Kant teve de propor o postulado da imortalidade da alma (que, como sabemos, equivale a seu oposto, à fantasia sadiana da imortalidade do *corpo*)[60] –, somente dessa forma podemos esperar que, após uma aproximação infindável, chegaremos ao ponto de ser capazes de realizar um verdadeiro ato moral.

O ponto fundamental da crítica de Lacan é, portanto, que um ato autêntico *não* – como Kant assume baseando-se em evidências enganosas – pressupõe seu agente "no nível do ato" (com sua vontade purificada de todas as motivações patológicas etc.) – é não apenas possível como até inevitável que o agente *não* esteja "no nível de seu ato", que fique desagradavelmente surpreso com a "loucura que acaba de fazer" e seja incapaz de se haver com ela. Esta, aliás, é a estrutura habitual dos atos heroicos: alguém que durante muito tempo levou uma vida oportunista de manobras e arranjos, súbita e inexplicavelmente até para si mesmo, decide ser firme, custe o que custar – foi exatamente desse modo que Giordano Bruno, após uma longa história de ataques covardes e recuos, inesperadamente decidiu agarrar-se a seus pontos de vista. Portanto, o paradoxo do ato reside no fato de que, embora não seja "intencional" no sentido usual do termo de ser conscientemente desejado, ele é aceito como algo pelo qual seu agente é totalmente responsável – "Não posso fazer de outra forma, porém estou totalmente livre para fazê-lo".

Por conseguinte, essa concepção lacaniana do ato também nos permite romper com a ética desconstrucionista da finitude irredutível, de que nossa situação é sempre a de um ser deslocado, preso numa falta constitutiva, de modo que só nos resta assumir heroicamente essa falta, o fato de que nossa situação é a de um ser lançado num contexto finito impenetrável[61]; o corolário dessa ética, obviamente, é que a

---

[60] Ver Alenka Zupančič, "The Subject of the Law", em Slavoj Žižek (org.), *SIC2* (Durham, Duke University Press, 1998).

[61] Por essa razão, Lacan deve ser rigorosamente contraposto à tendência pós-secular de dar à teologia um giro desconstrucionista, reafirmando o Divino como a dimensão da insondável Alteridade, como a "condição indesconstrutível de desconstrução".

derradeira fonte das catástrofes totalitárias e outras é a presunção humana de poder superar essa condição de finitude, falta e deslocamento, e "agir como Deus", em total transparência, superando sua divisão constitutiva. A resposta lacaniana é que esses atos absolutos/incondicionais ocorrem, mas não na forma (idealista) de um gesto autotransparente realizado por um sujeito movido por uma Vontade pura que os planeja em detalhe – esses atos ocorrem, ao contrário, como uma *tiquê* totalmente imprevisível, um acontecimento milagroso que destrói nossa vida. Em termos um pouco mais enfáticos, é dessa forma que a dimensão "divina" está presente em nossa vida, e as diferentes modalidades da traição ética estão relacionadas precisamente com os diferentes modos de trair o ato-acontecimento: a verdadeira fonte do Mal não é um homem finito e mortal que age como Deus, mas o homem que nega que milagres divinos ocorrem e reduz a si mesmo a mais um ser finito e mortal.

Devemos reler a matriz lacaniana dos quatro discursos como as três formas de se haver com o trauma do ato (do analista)[62]; a essas três estratégias de negação do ato, devemos acrescentar uma quarta propriamente psicótica: visto que um ato autêntico envolve a escolha do Pior, visto que ele é, por definição, catastrófico (para o universo discursivo existente), temos apenas de provocar uma catástrofe e o ato se produzirá... (Reside nisso o ato "terrorista" desesperado de tentar "acordar" as massas embaladas no sono ideológico, desde a RAF na Alemanha dos anos 1970 até o Unabomber). Obviamente devemos resistir a essa tentação, mas devemos resistir igualmente à tentação oposta das diferentes modalidades de dissociação entre o ato e suas consequências "catastróficas" intrínsecas.

Na medida em que o ato político por excelência é uma revolução, surgem duas estratégias opostas aqui: podemos tentar separar a nobre Ideia da Revolução de sua abominável realidade (lembremos a celebração de Kant do sentimento sublime que a Revolução Francesa suscitou no público esclarecido de toda a Europa, um sentimento que caminhava de mãos dadas com o completo desdém pela realidade dos acontecimentos revolucionários) ou podemos idealizar o ato revolucionário autêntico, e depois lamentar sua traição deplorável, porém inevitável (lembremos a nostalgia de trotskistas e outros radicais de esquerda pelos primeiros dias da Revolução, pelos conselhos de trabalhadores surgindo "espontaneamente" por toda parte, contra o Termidor, isto é, a posterior ossificação da Revolução numa nova estrutura estatal hierárquica). Contra todas essas tentações, devemos insistir na necessidade incondicional de endossar plenamente o ato em todas as suas consequências. Fidelidade não é fidelidade aos princípios traídos pela facticidade contingente de seu cumprimento, mas fidelidade às *consequências* impostas pelo pleno cumprimento dos princípios

---

[62] Ver, neste volume, o final do capítulo 3.

(revolucionários). No horizonte daquilo que precede o ato, o ato surge sempre e por definição como uma mudança "do Mal para o Pior" (a crítica habitual dos conservadores contra os revolucionários: sim, a situação é ruim, mas sua solução é ainda pior...). O heroísmo propriamente dito do ato é assumir plenamente esse Pior.

Para além do bem

Isso significa que há, no entanto, algo intrinsecamente "terrorista" em todo ato autêntico, em seu gesto de redefinir por completo as "regras do jogo", inclusive da própria autoidentidade elementar de seu perpetrador – um ato político propriamente dito desencadeia a força de negatividade que destrói a própria fundação de nosso ser. Assim, quando alguém da esquerda é acusado de preparar o terreno para o terror maoista ou stalinista com suas propostas supostamente sinceras e benevolentes, deve aprender a evitar a armadilha liberal que consiste em tomar a acusação por seu valor de face e tentar se defender, declarando-se inocente ("Nosso socialismo será democrático, respeitará os direitos humanos, a dignidade, a felicidade; não haverá linha partidária obrigatória e universal..."): não, a democracia liberal não é nosso horizonte último; por mais difícil que pareça, a horrível experiência do terror político stalinista *não* deve nos levar a abandonar o princípio do terror – devemos nos aplicar ainda mais na procura do "bom terror". A própria estrutura do verdadeiro ato político não é, por definição, a de uma escolha forçada e, como tal, "terrorista"? Em 1940, quando a Resistência Francesa chamou os indivíduos para se juntarem a suas fileiras e se oporem ativamente à ocupação alemã da França, a estrutura implícita desse apelo não era a de um "sinta-se à vontade para escolher entre nós e os alemães", mas a de um "você *tem* de nos escolher! Se escolher a cooperação, estará renunciando à sua própria liberdade!". Numa autêntica escolha de liberdade, escolho o que sei que *tenho* de fazer.

Foi Bertolt Brecht que, em sua peça "didática" *Die maßnahme* [A medida], expôs esse potencial "terrorista" do ato, definindo o ato como a disposição de um indivíduo de aceitar sua própria eliminação ("segunda morte"): o jovem que se junta aos revolucionários, e põe em risco a vida deles com sua compaixão humanista pelos sofredores trabalhadores, aceita ser jogado num buraco onde seu corpo se desintegrará sem deixar nenhuma pista[63]. Nesse caso, a revolução é ameaçada pelo resto de humanidade ingênua, isto é, pela visão do outro não apenas como mais uma figura da luta de classes, mas também, e primeiramente, como um ser humano sofredor. Contra essa confiança nos sentimentos de dependência do outro, Brecht

---

[63] Para uma leitura detalhada de *Die maßnahme*, de Brecht, ver o capítulo 5 de Slavoj Žižek, *Enjoy Your Symptom*, cit.

oferece a identificação "excrementícia" do sujeito revolucionário com o terror necessário para eliminar os vestígios do próprio terror, portanto aceitando a necessidade da derradeira autoeliminação: "Quem és tu? Estás fedendo, sai do quarto que acaba de ser limpo! Tomara que sejas a última imundície para eliminar!"[64].

Em sua célebre obra *Mauser* (1970), Heiner Müller tentou escrever uma refutação dialética de Brecht, confrontando essa figura da traição da revolução por causa da compaixão humanista ("Não posso matar os inimigos da revolução, porque também vejo neles seres humanos que sofrem, vítimas desamparadas pegas no processo histórico") com a figura oposta do carrasco revolucionário que se identifica excessivamente com seu trabalho brutal (ao invés de executar os inimigos com a necessária insensibilidade, ciente de que seu trabalho mortífero é a medida dolorosa porém necessária para a construção de um Estado em que não seja mais necessário matar, ele eleva a destruição dos inimigos da revolução a um fim em si, sentindo-se realizado na orgia destrutiva)[65]. No fim da peça, é o carrasco revolucionário, agora uma máquina mortífera, e não o humanista compassivo, que acaba sendo declarado inimigo da revolução e condenado à morte pelo Coro do Partido. No entanto, longe de simplesmente solapar a mensagem de *Die maßnahme* com esse contraexemplo dialético, a execução do carrasco revolucionário em *Mauser* oferece um exemplo perfeito da "última imundície para eliminar". Uma revolução é realizada (*não* traída) quando "devora os próprios filhos", o excesso necessário para colocá-la em movimento. Em outras palavras, a derradeira posição ética revolucionária não é a de simples devoção e fidelidade à Revolução, mas é, antes, a da aceitação voluntária do papel de "mediador evanescente", do carrasco excessivo que deve ser executado (como o "traidor") para que a Revolução possa alcançar seu objetivo final.

Mais precisamente, em *Mauser* o carrasco não é executado simplesmente por desfrutar como um fim em si a matança que realiza em nome da Revolução; ele não está preso numa espécie de orgia pseudobatailliana de (auto)destruição[66]; a questão é que ele quer "matar os mortos de novo", apagar os mortos da memória histórica, dispersar seus corpos, fazê-los desaparecer completamente, de modo que uma nova era comece do zero, numa folha em branco – em síntese, levar àquilo que Lacan, seguindo Sade, chamou de "segunda morte". Paradoxalmente, no entanto, é esse o objetivo dos três revolucionários de *Die maßnahme*: o jovem camarada não deve apenas ser morto, seu próprio desaparecimento deve desaparecer, não deve restar nenhum traço dele, sua

---

[64] Bertolt Brecht, "The Measure Taken", em *The Jewish Wife and Other Short Plays* (Nova York, Grove Press, 1965), p. 97.

[65] Ver Heiner Müller, "Mauser", em *Revolutionsstücke* (Stuttgart, Reclam, 1995).

[66] Bertolt Brecht, "The Measure Taken", cit., p. 106.

aniquilação deve ser *total* – o jovem camarada "deve desaparecer, e totalmente"[67]. Assim, quando os três revolucionários pedem ao jovem que diga "Sim!" a seu destino, o que querem é que ele endosse livremente essa autoeliminação, isto é, sua segunda morte. Esse é o aspecto de *Die maßnahme* que fica de fora em *Mauser*: o problema com que Brecht se digladia não é a destruição total, a "segunda morte", dos *inimigos* da revolução, mas a terrível tarefa do *próprio* revolucionário, que é aceitar e endossar *sua segunda morte*, "apagar totalmente a si mesmo do quadro". Por essa razão também, não podemos mais opor (como faz Müller) a obliteração destrutiva total da vítima ao cuidado respeitoso com os mortos, à assunção plena do peso do assassinato, quando a vítima é morta em nome da revolução: no fim de *Die maßnahme*, numa cena que remete à *pietá*, quando os três camaradas tomam gentilmente o jovem amigo nos braços, eles o carregam para o precipício onde o jogarão – ou seja, estão providenciando sua obliteração total, o desaparecimento de seu desaparecimento...

Mas há um terceiro caminho entre a evitação histérica humanista do ato e a superidentificação perversa com o ato ou estamos presos no círculo vicioso da violência em que a própria tentativa de romper radicalmente com o passado acaba reproduzindo suas piores características? Nisso reside o deslocamento de Müller com relação a Brecht: o ato de auto-obliteração defendido por Brecht não funciona; a negação revolucionária do passado acaba presa num círculo de repetição daquilo que ela mesma nega, de modo que a história parece dominada por uma compulsão mortal à repetição. O terceiro caminho defendido pelo Coro do Partido, em *Mauser*, envolve um paradoxo interessante: conseguimos manter distância do ato de violência revolucionária (matar os inimigos da revolução) na medida em que concebemos a nós mesmos como o instrumento do grande Outro, isto é, na medida em que nos identificamos como aquele por meio do qual o próprio grande Outro – História – age. Essa oposição entre a sobreidentificação direta (em que o ato violento se transforma numa orgia (auto)destrutiva como um fim em si) e a identificação de si próprio como instrumento do grande Outro da História (em que o ato violento parece o meio de criar as condições em que atos desse tipo não serão mais necessários), longe de ser exaustiva, designa precisamente os dois modos de abster-se da dimensão própria do ato ético. Ainda que o ato não deva ser confundido com a

---

[67] Essa disjunção entre o Bem e o ato ético também nos permite resolver o seguinte impasse: se aceitamos a ideia de um "Mal diabólico" (o Mal elevado ao *status* de dever ético kantiano, ou seja, realizado por uma questão de princípio, e não por qualquer proveito patológico), até que ponto esse paralelo com o Bem se sustenta? Pode haver também uma "voz da Consciência Má", que nos torna culpados quando não realizamos nosso dever com o Mal radical? Podemos também sentir culpa por *não* cometer um crime terrível? O problema desaparece no momento em que cortamos o vínculo entre o âmbito ético propriamente dito e a problemática do Bem (e do Mal como seu complemento sombrio).

orgia (auto)destrutiva como um fim em si, ele é um "fim em si" no sentido de que é privado de qualquer garantia no grande Outro (um ato é, por definição, "autorizado apenas por si mesmo", exclui qualquer autoinstrumentalização, qualquer justificação pela referência a alguma figura do grande Outro). Além disso, se há uma lição que devemos aprender com a psicanálise, é que, em última instância, a sobreidentificação e a autoinstrumentalização direta coincidem: a autoinstrumentalização perversa (postular a si mesmo como instrumento do grande Outro) torna-se necessariamente violência como um fim em si – dito em termos hegelianos, a "verdade" da afirmação do perverso de que ele realiza seu ato como instrumento do grande Outro é seu exato oposto: ele encena a ficção do grande Outro para ocultar a *jouissance* que extrai da orgia destrutiva de seus atos.

Onde está o Mal hoje? O espaço ideológico predominante dá duas respostas opostas: a fundamentalista e a liberal. De acordo com a primeira, Bill Clinton é Satanás (como alguém o chamou numa mesa redonda na CNN) – não abertamente mal, mas sutilmente corroendo nossos padrões morais por considerá-los irrelevantes: que importância tem mentir, cometer perjúrio, obstruir a justiça, desde que a economia continue crescendo...? Desse ponto de vista, a verdadeira catástrofe moral não é uma explosão de violência, mas a sutil perda das âncoras morais numa próspera sociedade consumista, em que as coisas funcionam bem – o horror do Mal é que ele não parece horrível, envolve-nos numa vida de prazeres sem nenhum significado. Em síntese, para um fundamentalista conservador, Clinton é, de certa forma, pior do que Hitler, porque Hitler (nazismo) era um Mal diretamente experimentado como tal e provoca um ultraje moral, ao passo que com a imoralidade de Clinton somos arrastados para a lassidão sem nem sequer nos darmos conta disso...

Ainda que essa atitude possa parecer totalmente estranha a uma posição liberal de esquerda, não é verdade que, como assinalei anteriormente, mesmo os liberais de esquerda hoje sentem um estranho alívio diante de figuras como Buchanan, nos Estados Unidos, ou Le Pen, na França? Aqui, ao menos, temos alguém que rompe abertamente com o embaraço do consenso liberal e, por uma defesa apaixonada de uma posição repulsiva, permite que nos engajemos numa autêntica luta política. (É fácil discernir nessa posição a repetição da velha atitude da esquerda diante da tomada de poder de Hitler: para o Partido Comunista Alemão, os nazistas eram melhores do que o regime parlamentar burguês ou até mesmo os sociais-democratas, visto que com eles ao menos sabíamos onde estávamos pisando, eles obrigavam a classe trabalhadora a abandonar a última ilusão liberal parlamentar e a aceitar a luta de classes como a derradeira realidade.) Em contraste com essa posição, a versão liberal situa a figura do Mal no próprio Bem, em seu aspecto fundamentalista, fanático: Mal é a atitude de um fundamentalista que tenta extirpar, proibir, censurar etc. todas as atitudes e práticas que não se encaixam em seu quadro de Bem e Verdade.

402 / O sujeito incômodo

Essas duas visões opostas também podem ser utilizadas algumas vezes para condenar como "mal" um mesmo evento – recordemos o caso de Mary Kay Letourneau, uma professora de 36 anos que foi presa por causa de um envolvimento amoroso com um aluno de 14 anos, uma das grandes histórias de amor recentes em que o sexo ainda é associado a uma autêntica transgressão social: esse envolvimento foi condenado tanto pelos fundamentalistas da Maioria Moral (como um caso ilegítimo e obsceno) quanto pelos liberais politicamente corretos (como um caso de abuso de menor).

O velho mote hegeliano, frequentemente citado, de que o Mal está nos olhos de quem vê, daquele que vê o Mal em tudo, encontra hoje uma dupla confirmação: cada uma das duas posições opostas, a liberal e a conservadora, define o Mal, em última instância, como uma categoria reflexa, como o olhar que erroneamente percebe/projeta o Mal em seu oponente. Para os tolerantes liberais multiculturalistas, o Mal não é o olhar conservador muito virtuoso que vê corrupção moral em tudo? Para os conservadores da Maioria Moral, o Mal não estaria precisamente nessa tolerância multiculturalista que, *a priori*, condena qualquer posicionamento passional e luta engajada como excludentes e potencialmente totalitários? Mais uma vez, é o *ato* que nos permite cortar o nó górdio desse entrelaçamento entre Bem e Mal, do Mal que reside reflexivamente nos olhos de quem o vê. Na medida em que definimos a ética nos termos do Bem, esse nó górdio é nosso destino e, se quisermos ser "radicais", cedo ou tarde acabaremos numa fascinação enganosa e falsamente romântica com o Mal diabólico ou radical – a única saída é forçar uma *disjunção entre o Bem e o domínio do ato ético*. Como disse Lacan, um ato ético por definição envolve um movimento "para além do Bem" – não "para além do Bem e do Mal", mas simplesmente para além do Bem.

O fato de que os atos ainda são possíveis hoje é demonstrado pelo caso de Mary Kay Letourneau. Para identificar os verdadeiros contornos do ato de Mary Kay, devemos situá-lo nas coordenadas globais que determinam o destino do amor sexual. Hoje, a oposição entre a reflexivização e a nova imediatez equivale àquela entre a sexualidade sob o regime da ciência e a espontaneidade da Nova Era. Em última instância, ambos os termos levam ao fim da sexualidade propriamente dita, da paixão sexual. A primeira opção – intervenção médico-científica na sexualidade – é mais bem exemplificada pelo famoso Viagra, a pílula da potência que promete recuperar a capacidade erétil do homem de forma puramente bioquímica, burlando todos os problemas relacionados à inibição psicológica. Quais serão os efeitos psíquicos do Viagra, se ele cumprir integralmente o que promete?

Para aqueles que sustentam que o feminismo impôs uma ameaça à masculinidade (a autoconfiança dos homens foi seriamente abalada quando se viram constantemente atacados por mulheres emancipadas que queriam se libertar da dominação patriarcal e ter a iniciativa do contato sexual e ao mesmo tempo exigiam plena satisfação sexual de seus parceiros), o Viagra abre uma saída fácil para essa situação estressante: os homens não precisam mais se preocupar; eles sabem que não terão problemas de desempenho. Por outro lado, as feministas podem alegar que o Viagra finalmente priva a potência masculina de sua mística e, de fato, iguala os homens às mulheres... No entanto, o mínimo que se pode dizer contra esse segundo argumento é que ele simplifica o modo como funciona a potência masculina: o que realmente lhe confere um *status* mítico é a ameaça da impotência. Na economia psíquica sexual do homem, a sombra onipresente da impotência, a ameaça de que, no próximo encontro sexual, meu pênis se recusará a ficar ereto é crucial para a própria definição do que é a potência masculina.

Permito-me lembrar aqui minha própria descrição do paradoxo da ereção: a ereção depende inteiramente de mim, da minha mente (como diz a piada: "Qual é o objeto mais leve do mundo? O pênis, porque é o único que podemos levantar com um simples pensamento!"), mas é ao mesmo tempo aquilo sobre o qual, em última instância, não tenho nenhum controle (se eu não estiver no clima, não há força de vontade que dê jeito – é por isso que, para santo Agostinho, o fato de a ereção fugir do controle da vontade é uma punição divina pela arrogância e presunção do homem, por seu desejo de se tornar mestre do universo...). Nos termos da crítica de Adorno à comoditização e à racionalização: a ereção é um dos últimos vestígios da espontaneidade autêntica, algo que não pode ser totalmente dominado pelos procedimentos racional-instrumentais. Essa pequena lacuna – o fato de que nunca é diretamente o "eu", meu Eu, que decide livremente a ereção – é crucial: um homem sexualmente potente suscita certa atração e inveja não porque pode ter ereções à vontade, mas porque esse X insondável que – embora além do controle consciente – decide a ereção não é problema para ele.

O ponto crucial aqui é distinguir entre o pênis (o órgão erétil) e o falo (o significante da potência, da autoridade simbólica, da dimensão – simbólica, não biológica – que confere autoridade e/ou potência) em mim. Assim como (já assinalamos) um juiz, que em si pode ser um indivíduo sem valor, exerce a autoridade no momento em que enverga a insígnia que lhe confere autoridade legal, no momento em que não fala mais por si mesmo, uma vez que é a própria Lei que fala por meio dele, a potência do indivíduo masculino funciona como um sinal de que outra dimensão simbólica está ativa nele: o "falo" designa o suporte simbólico que confere a meu pênis a dimensão de potência propriamente dita. Dada essa distinção, para Lacan, a "angústia de castração" não tem nenhuma relação com o medo do homem de perder o pênis: o que nos angustia é antes a ameaça de que a autoridade do significante fálico revele-se uma fraude. Por isso, o Viagra é o derradeiro agente da castração: se o homem toma o comprimido, seu pênis funciona, mas ele é privado

404 / O sujeito incômodo

da dimensão fálica da potência simbólica – o homem que consegue copular graças ao Viagra é um homem com pênis, mas sem falo.

Assim, podemos realmente imaginar como afetará a economia sexual a transformação da ereção em algo que se pode atingir por meio de uma intervenção médico--mecânica (um comprimido)? Dito em termos um tanto machistas: o que restará da ideia da mulher de ser atraente para um homem, de excitá-lo eficazmente? Além do mais, a ereção ou sua ausência não são uma espécie de sinal que nos permite saber qual é nossa verdadeira atitude psíquica? Transformar a ereção num estado mecanicamente alcançável é de certa forma análogo a privar-se da capacidade de sentir dor – como o homem poderá saber qual sua verdadeira reação ou atitude? De que modo sua insatisfação ou resistência encontrará vazão, se é privada do simples sinal de impotência? A definição habitual de um homem sexualmente voraz é que, quando está excitado, ele não pensa com a cabeça, mas com o pênis – o que acontece, porém, quando a cabeça assume completamente? O acesso à dimensão comumente referida como a da "inteligência emocional" não ficará impedido, talvez decisivamente? É fácil celebrar o fato de que não teremos mais de lutar contra nossos traumas psicológicos, as inibições e os medos ocultos não poderão mais atrapalhar ou impedir nossa capacidade sexual; no entanto, esses mesmos medos e inibições não desaparecerão por causa disso – eles persistirão naquilo que Freud chamou de "Outra Cena", apenas privados de sua capacidade de vazão, esperando para explodir de forma provavelmente muito mais violenta e (auto)destrutiva. Em última análise, essa transformação da ereção num procedimento mecânico *dessexualizará* o ato de copulação.

No extremo oposto desse espectro, a sabedoria da Nova Era parece oferecer uma saída para esse impasse. Mas o que tem de fato a nos oferecer? Voltemos a sua versão popular, o grande *best-seller A profecia celestina**, de James Redfield. Segundo o livro, o primeiro "novo lampejo" que abrirá caminho para o "despertar espiritual" da humanidade é a consciência de que não existem encontros casuais: como nossa energia psíquica é parte da Energia do universo, que determina secretamente o curso das coisas, os encontros casuais têm sempre uma mensagem dirigida a nós, à nossa situação concreta; eles ocorrem como uma resposta a nossos anseios e indagações (por exemplo, se estou preocupado e acontece algo inesperado – a visita de um amigo que não via há muito tempo, um problema no trabalho –, esse incidente certamente contém uma mensagem relevante para o problema que me preocupa). Vivemos, assim, num universo em que tudo tem um significado, numa espécie de universo protopsicótico em que esse significado é discernível na própria contingência do Real, e o que tem interesse especial são as consequências de tudo isso para a intersubjetividade. Segundo *A profecia celestina*, vive-

---

* Ed. bras.: trad. Marcos Santarrita, Rio de Janeiro, Objetiva, 1994. (N. E.)

mos hoje numa falsa competição com nossos semelhantes, buscando neles aquilo que falta em nós, projetando neles nossas fantasias em torno dessa falta, dependendo deles; e como a harmonia definitiva é impossível, porque o outro jamais pode me dar o que procuro, a tensão é irredutível. Contudo, após a renovação espiritual, aprenderemos a *encontrar em nós mesmos* aquilo que procuramos em vão nos outros (nosso complemento masculino ou feminino): cada ser humano se tornará um ser platônico completo, livre da dependência exclusiva do outro (líder ou parceiro(a) amoroso(a)), livre da necessidade de sugar energia do outro. Quando um sujeito verdadeiramente livre entra em relação com outro ser humano, ele está além do apego apaixonado ao outro: o parceiro é, para ele, apenas o veículo de uma mensagem; ele é capaz de discernir no outro mensagens relevantes para sua própria evolução e crescimento... Encontramos aqui o avesso necessário da elevação espiritualista da Nova Era: o fim do apego apaixonado ao Outro, o surgimento de um eu autossuficiente para quem seu Outro-parceiro não é mais um sujeito, é apenas o portador de uma mensagem endereçada a ele.

Na psicanálise, também encontramos a posição do portador de uma mensagem: o sujeito não tem consciência de que encarna certa mensagem, como naquelas histórias de detetive em que a vida de alguém é ameaçada de repente, um misterioso agente tenta matá-lo – obviamente, o sujeito sabe algo que não deveria saber, compartilha um conhecimento proibido (digamos, o segredo que pode pôr o chefão da máfia na prisão); o ponto-chave, nesse caso, é que *o sujeito não tem a menor ideia de que conhecimento é esse*, sabe apenas que sabe alguma coisa que não deveria saber... Essa posição, porém, é o oposto da percepção da ideologia da Nova Era de ver o Outro como o portador de uma mensagem que é relevante para mim: na psicanálise, o sujeito não é o leitor (potencial), mas o portador de uma mensagem endereçada ao Outro e, portanto, em princípio, inacessível ao próprio sujeito.

De volta a Redfield: meu argumento é que esse lampejo supostamente elevado da sabedoria espiritual coincide com nossa experiência cotidiana mais banal. Se tomarmos ao pé da letra a descrição que Redfield faz do estado ideal de maturidade espiritual, ela já nos diz muito sobre a experiência interpessoal comercializada cotidianamente no capitalismo tardio, na qual as paixões propriamente ditas desaparecem e o Outro não é mais um abismo insondável que oculta e anuncia aquilo que é "em mim mais do que eu mesmo", mas o portador de mensagens para o sujeito consumista autossuficiente. A Nova Era não nos oferece nem um complemento espiritual para a vida cotidiana comercializada; ela nos dá a versão mistificada/espiritualizada dessa vida cotidiana comercializada...

Então qual é o caminho para sair desse impasse? Estamos condenados à oscilação depressiva entre a objetivação científica e a cultura da Nova Era, entre o Viagra e *A profecia celestina*? O caso de Mary Kay mostra que ainda há uma saída. Não deixa de surpreender o ridículo que é definir esse caso de amor apaixonado e invulgar como um

406 / O sujeito incômodo

caso de uma mulher que *estupra* um menor de idade; no entanto, praticamente ninguém se atreveu a defender em público a dignidade ética de seu ato; surgiram dois padrões de reação: alguns simplesmente a condenaram como uma pessoa má, plenamente responsável por esquecer o senso básico de dever e decência, deixando-se levar e envolvendo-se num caso com um menino de sexto ano escolar; outros – como seu advogado de defesa – refugiaram-se na parafernália psiquiátrica, medicalizando o caso, tratando-a como doente, descrevendo-a como uma pessoa que sofre de "desordem bipolar" (nova denominação para estados maníaco-depressivos). Quando era tomada por um desses ataques maníacos, ela simplesmente não tinha consciência do perigo que corria – ou – como disse o advogado, repetindo o pior clichê antifeminista – "a única pessoa para a qual Mary Kay representa uma ameaça é ela mesma – ela é o maior perigo para ela mesma" (ficamos tentados a acrescentar: com um advogado de defesa como esse, quem precisa de acusação?). Nesse mesmo sentido, a Dra. Julie Moore, psiquiatra que "avaliou" Mary Kay, insistiu enfaticamente que o problema "não era psicológico, mas médico", e deveria ser tratado com drogas que estabilizassem seu comportamento: "Para Mary Kay, a moral começa com um comprimido". Era bastante desconfortável ouvir a psiquiatra medicalizando brutalmente a paixão de Mary Kay, privando-a da dignidade de uma autêntica posição subjetiva: ela afirmou que, quando Mary Kay falava de seu amor pelo menino, não deveria ser levada a sério – ela era transportada para um paraíso particular, desconectado das exigências e obrigações do entorno social...

A noção de "transtorno bipolar" popularizada pelos programas de Oprah Winfrey revela-se interessante: sua premissa básica é a de que a pessoa que sofre desse distúrbio sabe a diferença entre certo e errado, sabe o que é certo e bom para ela (os pacientes são, via de regra, mulheres), mas, quando está num estado maníaco, ela vai em frente e toma decisões impulsivas, suspendendo a capacidade de juízo racional que diz o que é certo e bom para ela. Mas essa suspensão não é um dos elementos constitutivos do conceito do *ato* autêntico de estar verdadeiramente apaixonado? Nesse sentido, é crucial a compulsão incondicional de Mary Kay de fazer algo que ela sabia muito bem que ia contra seu próprio Bem: a paixão que sentia era muito forte; ela tinha plena consciência de que, para além de todas as obrigações sociais, o próprio núcleo de seu ser estava em jogo... Esse impasse nos permite especificar a relação entre ato e saber. Édipo não sabia o que estava fazendo (quando matou o próprio pai), mas ele o fez; Hamlet sabia o que tinha de fazer, por isso procrastinava e era incapaz de realizar o ato.

Há, porém, uma terceira posição: a de – entre outras – Sygne de Coûfontaine, personagem central do drama *O refém*, de Paul Claudel[68], uma versão do *je sais*

---

[68] Para uma leitura mais pormenorizada de *O refém*, de Paul Claudel, ver o capítulo 2 de Slavoj Žižek, *The Indivisible Remainder*, cit.

bien, mais quand même – Sygne sabia muito bem, tinha plena consciência da terrível realidade do que tinha de fazer (destruir sua alma eterna), mas ela o fez. (Não acontece o mesmo com o herói *noir*, que não é simplesmente enganado pela *femme fatale*, mas tem plena consciência de que a ligação com ela terminará numa catástrofe total, que ela o trairá, e mesmo assim vai em frente e envolve-se com ela?) O fato de que a fórmula de Sygne coincide com a fórmula do cinismo não deve nos enganar: o ato de Sygne representa o oposto radical do cinismo. Estamos lidando aqui com a estrutura do juízo especulativo hegeliano, com uma afirmação que pode ser lida de duas formas opostas: como o mais reles cinismo ("Sei que o que vou fazer é a mais pura depravação, mas, que se dane, quem se importa, vou mais é fazer...") e como a mais trágica cisão ("Tenho plena consciência das consequências catastróficas do que vou fazer, mas não posso evitar, é meu dever incondicional fazer, então vou em frente...").

Um anúncio alemão dos cigarros Davidoff manipulava habilmente essa lacuna entre o saber e o ato – essa suspensão do saber no ato, esse "faço mesmo sabendo das consequências catastróficas do meu ato" – para neutralizar o efeito do aviso obrigatório em toda propaganda de cigarros (uma variação do tema: "Fumar é prejudicial à saúde"): a imagem de um homem experiente fumando é acompanhada da frase "Quanto mais você sabe", sugerindo a conclusão: se você é realmente ousado, quanto mais sabe dos perigos do cigarro, mais confiança deve demonstrar, assumindo o risco e continuando a fumar – isto é, recusando-se a parar de fumar por razões ligadas a sua própria sobrevivência... Essa propaganda é a contrapartida lógica da obsessão com saúde e longevidade que caracteriza o indivíduo narcisista hoje. E essa fórmula da cisão trágica não expressa perfeitamente o dilema de Mary Kay?

Essa, portanto, é a triste realidade de nossa sociedade liberal, tolerante e capitalista tardia: a própria capacidade de *agir* é brutalmente medicalizada, tratada como um acesso maníaco segundo o padrão de "transtorno bipolar" e, como tal, submetida a tratamento bioquímico. Não encontramos aqui nossa própria contrapartida liberal-democrática da velha tentativa soviética de diagnosticar a dissidência como uma desordem mental (a prática centrada no infame Instituto Scherbsky, em Moscou)? Não surpreende, portanto, que parte da sentença era que Mary Kay se submetesse a terapia (seu advogado chegou a justificar sua segunda transgressão – ela foi vista com o amante num carro, tarde da noite, um dia depois de solta, o que lhe rendeu uma sentença abusiva de mais de seis anos de prisão – como resultado do fato de não ter recebido regularmente a medicação prescrita).

A própria Oprah Winfrey, que dedicou um de seus programas a Mary Kay, mostrou seu pior lado: ela estava certa em rejeitar a retórica da "personalidade bipolar" como conversa jurídica, mas pela razão errada – como mera desculpa para que Mary Kay evitasse a *culpa* fundamental por seu comportamento irresponsável.

408 / O sujeito incômodo

Embora dissesse ser neutra e não tomar partido, Oprah referiu-se o tempo todo ao amor de Mary Kay com um distanciamento zombador ("aquilo que ela *pensava que fosse* amor..." etc.) e afinal fez apaixonadamente a pergunta aguardada pelos colegas e pelo marido de Mary Kay, as chamadas pessoas de bem: "Como pôde fazer isso, sem pensar nas consequências catastróficas do seu ato? Como pôde não apenas pôr em risco, mas abandonar e renunciar a tudo aquilo que era a substância da sua vida – família, três filhos, carreira?". Essa suspensão do "princípio de razão(ões) suficiente(s)" não era justamente a própria definição do *ato*? Sem dúvida, o momento mais deprimente do julgamento foi quando, sob pressão do meio, Mary Kay reconheceu, entre lágrimas, que sabia que o que estava fazendo era legalmente e moralmente errado – um momento de *traição ética* no sentido preciso de um "compromisso com o desejo", se é que já houve algum. Em outras palavras, sua *culpa*, naquele momento, residia precisamente na renúncia de sua paixão. Quando reafirmou depois sua *fidelidade* incondicional a seu amor (declarando com dignidade que aprendera a ser fiel e verdadeira consigo mesma), temos um caso patente de alguém que, após quase sucumbir à pressão do meio, supera a culpa e resgata a compostura ética, decidindo *não ceder de seu desejo*.

O falso argumento definitivo contra Mary Kay, sugerido por um psicólogo no programa de Oprah Winfrey, foi o da simetria de gêneros: imaginemos o caso "Lolita" oposto em que um professor de 34 anos se envolve com uma aluna de 13 anos – não é verdade que nesse caso insistiríamos de forma muito mais inequívoca em sua culpa e responsabilidade? Esse argumento é enganoso e errado, não apenas pela mesma razão por que a argumentação dos que se opõem à ação afirmativa (de auxílio às minorias desprivilegiadas), alegando se tratar de um caso de racismo às avessas, é errada (o fato é que homens estupram mulheres, e não o contrário...)[69]. Num nível mais radical, devemos insistir na singularidade, na absoluta idiossincrasia, do ato

---

[69] Uma análise comparativa detalhada entre o caso de Mary Kay e o de Lolita, de Nabokov (se me permitem a comparação de um caso da "vida real" com um de ficção) ajuda-nos imediatamente a apontar essa diferença: em *Lolita* (uma história que é mais inaceitável em nossos tempos politicamente corretos do que era quando o romance foi publicado pela primeira vez – recordemos os problemas que a distribuição da nova versão cinematográfica enfrentou nos Estados Unidos), Humbert vê em Lolita uma "ninfeta", uma menina entre nove e quatorze anos que é *potencialmente* uma mulher: o encanto de uma ninfeta reside na própria indefinição de suas formas – ela parece mais um menino do que uma mulher madura. Assim, enquanto Mary Kay, a mulher, tratou o jovem amante como um companheiro crescido, no caso de Lolita ela é, para Humbert, uma fantasia masturbatória, o produto de *sua* imaginação solipsista – como Humbert diz no romance, "O que possuí loucamente não foi ela, mas minha própria criação, uma outra Lolita, fantasiosa"). Por conseguinte, a relação entre eles era de exploração-provocação, cruel de ambas as partes (ela é uma menina cruel com ele; ele a reduz ao objeto abusado de sua imaginação solipsista masturbatória), em contraste com a paixão sincera entre Mary Kay e seu jovem amante.

ético propriamente dito – esse ato implica sua própria normatividade inerente que o torna "certo"; não existe nenhuma norma externa neutra que nos permita decidir de antemão, pela simples aplicação a um caso, qual é seu estatuto ético.

A lição fundamental, portanto, é que devemos complementar o conceito lacaniano do "entre as duas mortes" com "entre as duas pulsões de morte": a escolha derradeira é aquela entre duas pulsões de morte. O primeiro aspecto da pulsão de morte é a estupidez indestrutível do gozo superegoico. Uma excelente ilustração dessa compulsão superegoica estúpida é dada pelo filme *O máscara* (1994), de Charles Russell, com Jim Carrey, a história de um caixa de banco bobo, frequentemente humilhado pelos amigos e pelas mulheres, que adquire poderes extraordinários quando coloca uma velha máscara misteriosa que ele encontrou numa praia. Há uma série de detalhes que se revelam essenciais para a compreensão da história. Quando a máscara é lançada na areia, ela está presa aos restos viscosos de um cadáver em decomposição, já mostrando aquilo que sobra da "pessoa por trás da máscara" depois que se identifica totalmente com ela: uma massa viscosa como a do sr. Valdemar no conto de Poe, quando ele ressuscita da morte, esse "resto indivisível" do Real. Outro aspecto crucial é o fato de que o herói, antes de encontrar a máscara, é apresentado como um espectador compulsivo de desenhos animados: quando põe a máscara verde e é dominado por ela, pode se comportar na "vida real" como um herói de desenho animado (desviar de balas, rir e dançar de maneira insana, esbugalhar os olhos e mostrar a língua quando está excitado) – em resumo, torna-se um "morto-vivo", entra no domínio fantasmático espectral da perversão irrestrita, da "vida eterna", no qual não há morte (ou sexo), no qual a plasticidade da superfície corporal não é mais limitada pelas leis físicas (rostos podem se esticar infinitamente; tenho o poder de cuspir para fora do meu corpo as balas que foram disparadas contra mim; depois de cair do alto de um arranha-céu, estatelado no chão, posso me recompor e sair andando...).

Esse universo é inerentemente *compulsivo*, isto é, mesmo aqueles que o observam não conseguem resistir ao feitiço. Basta lembrarmos, talvez, a cena suprema do filme em que o herói, usando a máscara verde, é cercado por uma grande força policial (dezenas de viaturas, helicópteros...): para sair desse impasse, ele usa as luzes focadas nele como refletores de palco e começa a dançar e cantar uma versão hollywoodiana maluca de uma canção latina sedutora – os policiais não conseguem resistir ao feitiço e também começam a dançar e cantar como se fizessem parte de um número musical (uma jovem policial chora, visivelmente lutando contra o poder da máscara, mas acaba sucumbindo ao feitiço e junta-se ao herói num número popular de canto e dança...). É crucial aqui a estupidez intrínseca dessa compulsão: ela representa o modo como cada um de nós cai no feitiço inexplicável dessa *jouissance* estúpida, como quando não resistimos a assoviar ou cantarolar uma canção vulgar cuja melodia insiste em nos atormentar. Essa compulsão é particularmente êxtima: imposta de fora, mas dando vazão aos nossos caprichos mais íntimos – como diz o próprio herói, num momento de desespero: "Quando ponho a máscara, perco o controle, posso fazer tudo que eu quiser!". "Ter controle sobre si mesmo", portanto, não depende apenas da ausência de obstáculos à realização de nossas intenções: sou capaz de exercer controle sobre mim mesmo apenas na medida em que um obstáculo fundamental me impede de fazer "tudo que eu quiser" – no momento em que esse obstáculo desaparece, sou pego numa compulsão demoníaca, à mercê daquilo que é "em mim mais do que eu mesmo". Quando a máscara – o objeto morto – ganha vida tomando posse de nós, seu domínio sobre nós é o de um "morto-vivo", de um *autômato* monstruoso que se impõe a nós – a lição que devemos tirar disso não é que nossa fantasia fundamental, o núcleo de nosso ser, é em si uma Coisa monstruosa, uma máquina de *jouissance*[70]?

Por outro lado, contra essa estúpida injunção superegoica ao gozo, que domina e regula cada vez mais o universo perverso de nossa experiência capitalista tardia, a pulsão de morte designa o gesto oposto, o esforço desesperado para escapar das garras da vida eterna "morta-viva", do terrível destino de ser capturado pelo interminável círculo repetitivo da *jouissance*. A pulsão de morte não está relacionada

---

[70] Outro aspecto interessante do filme é que, no desfecho, ele evita o clichê da "pessoa real por trás da máscara": ainda que, no fim, o protagonista jogue a máscara de volta no mar, ele é capaz de fazer isso exatamente na medida em que incorpora em seu comportamento real elementos daquilo que fazia quando estava dominado por ela. E nisto reside nosso "amadurecimento": não simplesmente em descartar as máscaras, mas em aceitar "às cegas" sua eficácia simbólica – num tribunal, quando o juiz veste sua "máscara" (suas insígnias oficiais), passamos a tratá-lo como se de fato estivesse sob o feitiço da Instituição simbólica da Lei, que agora fala através dele... Seria errado concluir, contudo, que a máscara é apenas uma versão mais "primitiva" da eficácia simbólica, do poder exercido sobre nós pela autoridade simbólica: é crucial manter uma distinção entre a autoridade simbólica propriamente dita, que opera num nível estritamente "metafórico", e a obscena literalidade "totêmica" da máscara. Não surpreende que o herói, quando coloca a máscara, assuma em geral uma feição animal: no espaço fantasmático dos desenhos animados, os animais (Tom, Jerry etc.) são percebidos exatamente como seres humanos usando uma máscara e/ou uma fantasia de animal (tomemos a cena-padrão em que a pele de um animal é rasgada e o que aparece por baixo dela é a pele humana normal. Para parafrasearmos Lévi-Strauss, o que *O máscara* apresenta é, assim, um caso de "totemismo nos dias de hoje", de eficácia fantasmática da máscara animal totêmica que é inoperativa no espaço público atual: quando o herói confronta o psicólogo que escreveu um *best-seller* sobre máscaras, o psicólogo responde calmamente às perguntas do herói, explicando que todos usamos máscaras no sentido metafórico da expressão; numa das cenas cruciais do filme, logo na sequência, o protagonista tenta convencer o psicólogo de que, em seu caso, a máscara é de fato um objeto mágico – mas, quando a coloca, ela continua sendo um pedaço morto de madeira entalhada; o efeito mágico não se produz, de modo que o personagem é reduzido a imitar, de forma ridícula, os gestos frenéticos que é capaz de realizar quando está sob o feitiço da máscara...

com a finitude de nossa existência temporal contingente, mas designa o esforço para escaparmos da dimensão que a metafísica tradicional descreve como a da *imortalidade*, a vida indestrutível que subsiste para além da morte. Muitas vezes, a linha que separa essas duas modalidades de pulsão de morte é quase imperceptível: a que faz a separação entre nossa aquiescência à cega compulsão de repetir prazeres intensos, como ilustra o adolescente vidrado na tela do videogame, e a experiência totalmente distinta de atravessar a fantasia.

Portanto, não habitamos entre as duas mortes, como propôs Lacan, mas nossa derradeira escolha é entre as duas pulsões de morte: a única forma de nos salvarmos da estúpida pulsão de morte superegoica do gozo é abraçar a pulsão de morte em sua dimensão disruptiva de atravessamento da fantasia. Somente podemos derrotar a pulsão de morte com a própria pulsão de morte – portanto, mais uma vez, a derradeira escolha é entre o mal e o pior. E o mesmo vale para a posição ética propriamente freudiana. A injunção superegoica "Goza!" escora-se, em última instância, em alguma figura do Mestre "totalitário". *Du darfst!* (Você pode!), o *slogan* de uma marca alemã de derivados de carne livres de gordura, oferece uma fórmula mais sucinta de como age o Mestre "totalitário". Ou seja: devemos rejeitar a explicação convencional dos novos fundamentalismos de hoje como uma reação à angústia da liberdade excessiva de nossa "permissiva" sociedade liberal capitalista tardia, oferecendo-nos uma âncora firme ao nos estipular proibições enérgicas – esse clichê de indivíduos que "fogem da liberdade" refugiando-se no abrigo totalitário das ordens estritas é profundamente enganoso.

Também devemos rejeitar a tese freudiano-marxista padrão segundo a qual o fundamento libidinal do sujeito (fascista) totalitário é a chamada estrutura de "personalidade autoritária": o indivíduo que encontra satisfação obedecendo compulsivamente à autoridade, reprimindo impulsos sexuais espontâneos, temendo a insegurança e irresponsabilidade etc. A passagem do Mestre autoritário tradicional para o Mestre totalitário é crucial aqui: ainda que na superfície o Mestre totalitário também imponha ordens severas, obrigando-nos a renunciar a nossos prazeres e a nos sacrificar por algum Dever mais elevado, sua verdadeira injunção, discernível entre as linhas de suas palavras explícitas, é exatamente o oposto – o chamado à *transgressão* desembaraçada e desenfreada. Longe de nos impor um firme conjunto de padrões que devem ser obedecidos incondicionalmente, o Mestre totalitário é a agência que suspende o castigo (moral) – ou seja, sua injunção secreta é: "*Você pode!* As proibições que parecem regular a vida social e assegurar um mínimo de decência são, em última instância, inúteis, um mero artifício para manter o cidadão comum à distância, enquanto você tem permissão para matar, estuprar e saquear o Inimigo, entregar-se e gozar excessivamente, violar as proibições morais corriqueiras... *contanto que siga a Mim*". Obediência ao Mestre é, portanto, o operador que nos permite recusar ou transgredir as regras morais cotidianas: todas as coisas obscenas com que você sonhou um dia, tudo aquilo a que você teve de renunciar quando se subordinou à Lei simbólica patriarcal, tudo isso agora lhe é permitido, sem nenhum castigo, exatamente como a carne alemã livre de gordura que você pode comer à vontade sem risco a sua saúde...

É aqui, porém, que encontramos a última e fatal armadilha que devemos evitar. O que a ética psicanalítica opõe a esse "Você pode!" totalitário não é um elementar "Você não deveria!", uma proibição ou limitação fundamental que deve ser respeitada incondicionalmente ("Respeite a autonomia e a dignidade do próximo! Não se intrometa em seu espaço fantasmático!"). A posição ética de (auto)limitação, do "Não entre!" em todas as suas versões, inclusive na guinada ecológico-humanista ("Não mexa com a engenharia genética e a clonagem!", "Não se intrometa demais nos processos naturais!", "Não tente violar as sagradas regras democráticas e arriscar uma violenta convulsão popular!", "Respeite os usos e costumes das outras comunidades étnicas!"), é, em última instância, incompatível com a psicanálise. Devemos rejeitar o costumeiro jogo liberal-conservador de luta contra o totalitarismo com um conjunto firme de padrões étnicos, cujo abandono levaria supostamente à catástrofe: não, o Holocausto e o *gulag* não ocorreram porque as pessoas se esqueceram das regras básicas da decência humana e "soltaram a besta que existe dentro delas", dando asas à realização irrestrita de seus impulsos assassinos. Portanto – mais uma vez mais, e pela última vez –, a escolha é entre o mal e o pior; o que a ética freudiana opõe à versão superegoica "má" do "Você pode!" é um outro "Você pode!" ainda mais radical, um *Scilicet** ("Você está autorizado a..." – título do anuário editado por Lacan no princípio da década de 1970) que não é mais garantido por nenhuma figura do Mestre. A máxima lacaniana "Não ceda do seu desejo" endossa plenamente o paradoxo pragmático que determina que você seja livre: ele exorta você a ousar.

---

* Do latim "a saber", "isto é", "vale dizer". (N. T.)

ÍNDICE REMISSIVO

A

aborto, 194

ato

    autêntico, 394-7

    ético, 402, 408-9

Adorno, Theodor, 29, 124, 243, 367

    Dialética do Esclarecimento (com Horkheimer),
        30, 43, 68, 364, 376, 378

    Dialética Negativa, 110

    Filosofia da nova música, 268

Agamben, Giorgio, 15

Albânia, 323

Alemanha, 208

Alien (filme), 175

alimentos orgânicos, 297-8

Allen, Woody, 324

alma

    [*ver* imortalidade]

Althusser, Louis, 23, 39, 125, 254, 269

    "althusseriano(s)", 145-6

    e Badiou, 146, 164

    e Lacan, 330

    [*ver também* interpelação; sobredeterminação]

anamorfose, 95, 97-8, 324

Andrews, Richard, 348

Anstoss (Fichte), 66-7, 179

anticapitalismo, 24

antissemitismo, 204

Antígona (Sófocles), 15, 70-1, 181, 282, 337

aparência, 215-9

aquecimento global, 352-3

Arendt, Hannah, 211

Aristóteles, 44-5, 336, 350

Arquivo X (série de TV), 382, 387

Assoun, Paul-Laurent, 295, 341

atomismo, 147

atonalidade, 149

autenticidade, 15, 33

    [*ver também* ato autêntico; Deus; substância]

autoerotismo, 303-4

autoridade paterna, 313, 330-1, 339, 350-1, 358,
    360-4, 388

    [*ver também* pai(s)]

B

Badinter, Robert, 153

Badiou, Alain, 23, 33, 42, 65, 145-66, 169, 171-4,
    177-87, 190-2, 201-3, 231-2, 234, 249, 251-2,
    255, 259-60

    e Althusser, 147, 163-4

    cristianismo, 233

    globalização, 232-3

    e Hegel, 165

    sobre Heidegger, 41

    e Kant, 186-7

    e Lacan, 159, 170, 172-3, 179-88, 233-4

    e Laclau, 191-2, 201-3

    e Rancière, 251

    substância, 231

    [*ver também* Acontecimento-Verdade]

Baliber, Étienne, 23, 145, 190, 192, 203, 207, 222-3,
    228, 234-5, 246, 255, 381

    e Althusser, 145-6

    universalidade, 234-6

    [*ver também* égaliberté]

Balmès, François, 8-10, 12, 16-7, 19

414 / O sujeito incômodo

Barracuda (filme), 382
Bartók, Bela, 124, 235
Beck, Ulrich, 351, 354-5
Beethoven, Ludwig van, 124
Bejahung/Verwerfung (Freud), 7, 9, 11
Benjamin, Walter, 40, 110, 156, 253
Blair, Tony, 220, 373
Blixen, Karen, 307
blockbusters, 344
bolchevismo, 32
Bosch, Hieronymus, 57, 71, 74
Bósnia, 245
Bourdieu, Pierre, 41, 374
Brazil (filme), 175
Breazeale, Daniel, 66-7
Brecht, Bertold, 258, 398-400
Brown, Wendy, 91
Bruno, Giordano, 396
Buchanan, Patrick, 232, 237, 243, 373, 401
burocracia, 117
Butler, Judith, 23, 39, 129, 248, 265, 274-6, 279-90,
  292-5, 299, 302, 309, 311
  e Foucault, 271-3
  Hegel, 271-2
  reflexividade, 311-2

C

Cabaret (filme), 157-8
campos de concentração, 15-6
capitalismo, 92, 215, 240, 330-1, 370-2
  como Real, 295-7
  [*ver também* anticapitalismo; Marx; marxismo]
Carrey, Jim, 409
Carpenter, John, 76
Carr, John Dickson, 134
cartesianismo, 7, 21-2, 24, 31, 35-6, 84, 150, 177,
  191-2
  [*ver também cogito*; Descartes]
Cassirer, Ernst ,48-9, 184
Castoriadis, Cornelius, 45-6
cátaros, 319-20, 348
Chechênia, 273-4
China, 59, 220, 241, 376
ciberespaço, 175
Chuang-Tzu, 347
cigarro, 407
circuncisão, 390-2
  para Lacan, 392
cristianismo, 17-8, 111-2, 137-9, 159-72, 177, 204-5,
  251-2, 254-5, 261, 272, 286, 317, 319-20, 332,
  347-8
  para Badiou, 148-9

  como progressista, 232-3
classe média, 205-6
classe operária, 156, 220-1
  proletariado e, 249
Claudel, Paul, 337, 406-7
Clinton, Bill, 220, 345-6, 366, 373, 401
clitorectomia, 241, 251-2
Coen (irmãos), 134
Código Hays, 345
cogito, 17-9, 21-2, 43-5, 56, 84, 122-3
  como sexista, 123
  [*ver também* cartesianismo; Descartes]
coisa em si [*Ding an sich*] (Kant), 52, 78, 195, 200,
  307, 395
Collins, Michael, 332-3
comunidade europeia, 374
comunismo, 32-3, 215, 221, 250-1, 337, 356-7
  colapso do, 207-8, 226-7, 345-6, 370-2
  [*ver também* bolcheviques; China, Marx;
    marxismo; Revolução Russa]
  [*ver também* genocídio; judeus; holocausto;
    nazismo]
conselhos de trabalhadores, 117
Coogan, Tim Pat, 333
coprofagia, 267
Corpo que cai, Um (filme), 307, 322
crime, 101, 117-8, 125-6, 153
cultura da reclamação (Hughes), 378-80

D

Daly, Glyn, 383
De Gaulle, Charles, 249
De Man, Paul, 86
De Valera, Eamon, 244, 332-3
desconstrução (Derrida), 30, 201, 254-5
  Badiou sobre a, 151-2
Deleuze, Gilles, 39, 91-3, 231, 242-3, 300-1, 386
  Kant e, 384-5
  anti-Édipo, 268
democracia, 32-3
Demócrito, 147-8
Deng Xiaoping, 220
Derrida, Jacques, 72, 80, 151-2, 178, 260, 286
  sobre Descartes, 56
  Heidegger e, 29-30, 338
  Laclau *versus*, 192
  [*ver também* desconstrução; *hantologie*
    (obsidiologia)]
Descartes, René, 56, 138, 336, 382
  [*ver também* cartesianismo; *cogito*]
desejo (Lacan), 311-28
  [*ver também* comunismo; Marx; marxismo]

Deus, 12, 17, 19, 34, 47-8, 77, 99, 119, 165, 167-8, 170, 173, 217, 219, 233, 254, 278, 313, 320-1, 342-4,
  na modernidade, 138-42, 334-9
  Schelling sobre, 108-9, 335
  como coisa-em-si, 395
Diana, princesa
  [ver Spencer, Diana]
Ding an sich (Kant)
  [ver coisa em si]
Diógenes de Sinope (Diógenes, o Cínico)
direitos civis, 224-5
direitos humanos, 198-9
Dirty Harry (Clint Eastwood), 285
disciplina, 58-9, 126-7
dissidentes, 373
divórcio, 153
Dolar, Mladen, 114
Dostoiévski, Fiódor Mikhailovich, 170
Dormindo com o inimigo (filme), 134
Doyle, Arthur Conan, 78
drogas, 394
dualidade fato/valor, 35-6, 49

E
Eastwood, Clint, 285
ecologia, 31-2, 150-1, 351-2
Édipo, 174-6, 181, 265-6, 283, 293-4, 310, 325-6, 331, 406
  historicidade do, 329-30
eficácia simbólica (Lacan), 216, 335, 339, 342-4, 347, 363, 367, 381, 394, 410
égaliberté (Balibar), 23, 117, 190, 207, 213, 216-7, 228, 234, 246, 252, 255, 258-61
Eles vivem (filme), 76
Elster, Jon, 319
Engels, Friedrich, 160-1
entendimento (Kant), 54-5, 106, 117
  Hegel, 51-3, 106, 117-8, 203
  Kant, 50-1, 62
Entwurf (Heidegger), 37
Eraserhead (filme), 75
Erasmo de Roterdã, 176
ereção, 403-4
Escola de Frankfurt, 42-3, 298, 364, 367
  [ver também Adorno; Benjamin; Habermas; Horkheimer; Sohn-Rethel]
Esclarecimento, 24, 30, 56, 199, 300, 359, 364, 378
  [ver também Iluminismo]
Esfera (filme), 323-5
Eslovênia, 92, 229-31, 235, 343, 354, 390
espécie/gênero, 125

espontaneidade, 47-9, 53, 82-4, 119
essência/aparência, 80-1, 106-7, 119-20, 219
Estado, 196
Estrada perdida (filme), 321
estudos culturais, 153, 183, 240-1, 253, 376-7
eternidade, 48-9
ética, 49
eurocentrismo, 237-8, 241-2, 273-4
Exército, 211-2
existencialismo, 335
  [ver também Cassirer; Heidegger; Sartre]

F
falo, 389
Fanon, Frantz, 245
fascismo, 32, 149, 215-6, 221, 378
  comunismo e, 213-5
  Hegel e, 115-6
  ideologia do, 203-5
  [ver também nazismo]
feminismo, 372, 382
  Viagra e o, 402-3
fetichismo da mercadoria (Marx), 260-1, 276
Ficthe, Johann Gottlieb, 44, 61, 66-8, 112, 179
  [ver também Anstoss]
Fields, W. C., 94
Finnegans Wake (Joyce), 364
física quântica, 78, 80, 89, 349
Forrest Gump (filme), 355
Fosse, Bob, 157-8
Foucault, Michel, 58, 127-8, 171, 177, 192, 248, 265, 269-75, 281, 300, 319, 357, 385-6, 391
  Hegel e, 271-2
  Kant e, 385-6
  Nietzsche e, 270
Fox-Genovese, Elizabeth, 243
Frank, Anne, 340
Frankenstein (Shelley), 322
Freud, Sigmund, 211, 249, 293, 324
  Butler sobre, 287-8
  crítica da subjetividade, 7
  Marx, 329-30
  Dora, 267
  O ego e o id, 310-1
  Moisés e o monoteísmo (M&M), 334
  Totem e tabu, 332, 334
  [ver também Bejahung; Hilflosigkeit; inconsciente; pulsão; pulsão-de-morte; psicanálise; Schreber; Unheimlichkeit; Verwerfung]
fundamentalismo, 231-2, 236-7, 401, 411
Furet, François, 155

416 / O sujeito incômodo

G

Gates, Bill, 364-7, 374
gays, 247-8, 252-3, 275, 386-7
  [*ver também* homossexualidade]
genocídio, 14-5
  [*ver também* campos de concentração; holocausto;
    judeus; nazismo]
Giddens, Anthony, 24, 351, 355
Gilliam, Terry, 175
globalização, 221, 231-2, 234, 243-4, 373-4
Goebbels, Joseph, 229
Goldwyn, Sam, 132
Gorbachev, Mikhail, 345
Gosto de sangue (filme), 134
gozo
  [*ver jouissance*]
Greene, Graha, 161
Guattari, Félix, 243
guerra, 101, 115, 116-7, 128, 211

H

Habermas, Jürgen, 30-1, 43, 101, 189, 199, 207,
  364, 378, 385
  versus Foucault, 272-3
hackers, 365, 388
Haider, Jörg, 232
Hamlet (Shakespeare), 406
Hammett, Dashiell, 227
Hawking, Stephen, 389
Hegel, Georg Wilhelm Friedrich, 145-6, 233, 281,
  341
  Badiou e, 164-5
  Butler sobre, 273-4
  concreto/abstrato, 111
  cristianismo, 347-8
  dialética, 326-7
  entendimento, 51-2, 105, 203
  Estado, 195-6
  facismo e, 115-6
  Fenomenologia do espírito, 95, 99, 104-6, 113-5,
    117, 125-6, 213, 217, 324
  Foucault e, 271-2
  Gymnasialreden, 126-7
  Hösle sobre, 100, 102-3, 107-8
  imaginação, 51-2
  Jenaer Realphilosophie, 51, 56, 77, 328
  Kant e, 77-8, 82-3, 97, 105-7, 135, 261
  Lacan e, 128-9, 395
  Lenin sobre, 168
  linguagem, 55, 107-8
  Lógica, 99-2, 118, 119-21
  moralidade, 125-6

"negros", 59
  política, 256
  psicanálise e, 293-4
  relação "mestre/escravo", 276
  Schmitt e, 136
  sexualidade, 102-4
  subjetividade, 56-7, 98-102, 253-4
  System der Sittlichkeit, 116
  terror, 115
  universalidade, 111-5, 118, 120-1, 123, 125,
    135-6, 222-4
Heidegger, Martin, 232
  Badiou sobre, 41-2
  Benjamin e, 40-1
  Chamado da Consciência, 68-9
  crítica da subjetividade, 7, 14, 22-3
  debate em Davos, 48-9
  Derrida e, 29-30, 338
  Husserl sobre, 85
  Kant e o problema da metafísica, 43-51, 66-7
  Kant e, 218-9
  Lacan e, 7-19, 30-1, 314-5
  linguagem, 7-8
  nazismo e, 15, 22-3, 30, 33-5, 41, 232
  Ser e tempo, 31, 35-45, 69, 87-8, 163
  sobre Kant, 43-50, 52-3, 60, 66-72, 74, 83-4,
    86-8, 184
  tecnologia, 31-5
  Wagner e, 31-2, 43
  [*ver também* ser-no-mundo; ser-para-a-morte]
Hellman, Lillian, 245
Henrich, Dieter, 31
hantologie (Derrida), 260
  [*ver também* obsidiologia]
herança, 221
heresia, 319-20
hibridismo, 242-3, 247
Hilflosigkeit (Freud), 309-10
histeria, 135, 186, 265-8, 295, 311, 362, 380
História imortal (filme), 307-8
Hitchcock, Alfred, 307, 322
Hitler, Adolf, 401
Hobbes, Thomas, 137
Hoffman, Eva, 73, 357
Holbein, Hans, 98
holocausto, 15, 156, 181, 250-1
  [*ver também* campos de concentração; genocídio;
    judeus; nazismo]
homossexualidade, 266-7, 283, 287-90, 302
  [*ver também* gays]
Homens são de marte, mulheres são de Vênus (Gray), 291
honestidade, 197-8

Índice remissivo / 417

Horas de tormenta (filme), 244-5
Horkheimer, Max
  [ver Adorno, *Dialética do Esclarecimento* (com
    Horkheimer)]
Hösle, Vittorio, 100-2, 107-8
Hughes, Robert, 379
humanismo, 176-7
Husserl, Edmund, 85-6
hybris, 96, 150-1, 180

I

I Love Lucy (série de TV), 97
idealismo/materialismo, 60-3, 86
identidade política, 23, 224-5, 229-32, 247-8, 252-3,
  371, 373-4, 390
Igreja, 211-2
Igreja católica, 17, 104, 197, 235, 336, 339
Iluminismo, 236
  segundo, 354-5, 361
  [*ver também* Esclarecimento]
imaginação, 55, 63-4
  como autoerotismo, 303-4
  Hegel sobre a, 51-3
  Heidegger sobre a, 61-2
  Kant sobre a, 45-7, 49-51, 53-4, 59-61, 81-2
  o sublime e a, 63-4
  transcendental, 70, 81-3
  Wilson sobre a, 89-90
imortalidade, 184-5, 396, 410-1
inconsciente (Freud), 84-6, 164, 304-5
  Butler e o, 279-80
  recusado por Foucault, 386
  perversão e, 265
indústria cultural, 376-7
infinitude, 151-2
interpelação (Althusser), 38-9, 147, 163, 255, 269,
  276-8
intersubjetividade, 99-102
irracionalismo, 17-8
Iugoslávia, 34, 228, 246, 344, 390

J

jacobinismo, 213, 235
Jameson, Fredric, 29, 40-1, 161, 189, 204, 210, 361,
  376
Japão, 208, 375
JFK, a pergunta que não quer calar [*JFK*] (filme), 381
Jordan, Neil, 290
jouissance (Lacan), 15, 62, 73, 103, 128, 132, 170-1,
  174, 186-8, 222, 241-2, 26-7, 295, 305-6, 308-10,
  319-20, 327-8, 331, 334, 339, 363, 380, 387,
  389, 394, 401

como inevitável , 314-7
féminine, 310, 319, 327
Heidegger e a, 14-5
em *O máscara* (filme), 409-10
Ulisses e a, 311-2, 327
Joyce, James, 364
judeus, 205, 250-1
  [*ver também* campos de concentração; genocídio;
    holocausto; nazismo]
Jung, Carl, 230, 289-91, 336, 358, 363, 382

K

Kafka, Franz, 70, 98, 168, 327, 385
Kaganovich, Lazar Moiseyevich, 215
Kant, Immanuel, 22-3, 53, 76-7, 112, 178-9, 251-2,
  299-300, 342-3, 395-6
  Badiou e, 157-8, 203
  Deleuze sobre, 384-5
  disciplina, 57-9
  Fichte e, 67
  Foucault e, 385-6
  Hegel e, 77, 83, 97, 105-7, 135, 261
  Heidegger e, 43-50, 53, 63, 67-72, 74, 83-8,
    184, 218-9
  imaginação, 45-6, 49-51, 53-4, 59-61, 81-2
  Lacan e, 129-30, 265, 296-9
  Laclau e, 203
  materialismo/idealismo de, 60-1, 86-7
  moralidade, 46-7, 62, 68-9
  política, 257
  Sade e, 171
  universalidade, 111-2
  [*ver também* coisa-em-si]
Kennedy, John F., 252
  [*ver também JFK*]
Kierkegaard, Søren, 17, 37, 110, 112, 137-8, 160,
  232-4, 245, 313-4, 338
King, Martin Luther, 224
Kipling, Rudyard, 258
Kobe, Zdravko, 55
Kris, Ernst, 131

L

l'apparole (Lacan), 316-7
Lacan, Jacques, 94-5, 182, 202, 310
  Althusser e, 330
  anamorfose, 98
  angústia, 383
  ato autêntico, 395-7
  ato ético, 402
  Badiou e, 160, 171-3, 179-88
  Bejahung/Verwerfung, 7-9

418 / O sujeito incômodo

Butler e, 280-7, 291-3
"castração simbólica", 294
cogito, 17-9
como leitor do cristianismo, 234
Complexes familiaux, 329
Deleuze e, 268-9
desejo, 317-20, 412
"Do Trieb de Freud e do desejo do psicanalista",
    317
esfera, 323
falo, 389
Hegel e, 128-9, 395
Heidegger e, 7-18, 30, 315-6
inconsciente, 85, 304-5
Kant e, 129-30, 296-9
"Kant com Sade", 171-2, 265
Laplanche e, 307-8
Maio de 1968, 257
Marx e, 199, 241
Miller sobre, 315-7
nada, 129-30
pulsão, 101-3, 326-7
ritual de mutilação, 14
São Paulo e, 167-9, 171-3
Schmitt e, 136-7
sexualidade, 291-3, 305-7, 387
Staten sobre, 299
subjetividade, 276-7
[ver também l'apparole; desejo; jouissance; lamela;
    objet petit a; point de capiton; sinthome; sutura;
    eficácia simbólica]
Laclau, Ernesto, 23, 39, 115, 132, 146, 163, 178-80,
    191-3, 196-9, 235, 248
    Badiou e, 191, 201-3
    classe, 206
    universal, 122-3, 195-9
Lacoue-Labarthe, Philippe, 15
Lafargue, Paul, 271
lamela (Lacan), 74, 88, 174-5, 184, 295
Lang, Fritz, 366
Lapeyre, Michel, 334
Laplanche, Jean, 302-5
    Lacan e, 308-9
Lash, Scott, 237
Laurent, Eric, 349
Le Pen, Jean-Marie, 232, 237, 373, 401
Leader, Darian, 131, 135, 239, 387
Lebensphilosophie, 18
Lecercle, Jean-Jacques, 301
Lefort, Claude, 213
Leibniz, Gottfried Wilhelm, 138
Lenin, 60-1, 215, 259

sobre Hegel, 168
Letourneau, Mary Kay, 402, 405-8
Lévi-Strauss, Claude, 216, 313, 410
Levinson, Barry, 323-4
Lewinsky, Monica, 345-6
liberalismo, 201-2
liberdade, 65-6
    transcendental, 46-8, 82
    [ver também imaginação; subjetividade]
Lincoln, Abraham, 78-9, 231
linguagem
    Hegel sobre a, 53, 107-8
    Heidegger sobre a, 9-10
    Lacan sobre a, 13-4, 16-7
    protolinguagem, 76-7
    psicose, 8-10
Llosa, Mario Vargas, 226
Locke, John, 55
logos, 16-9, 55-7, 79, 118, 223, 247, 297-8, 334-5
Luini, Bernardino, 328
Luís XIV, 254
Lukács, György, 156
Lutero, Martinho, 176
Lynch, David, 72, 75, 77, 79, 96-7, 321
Lyotard, Jean-François, 29, 189-90
loucura, 84, 103, 115-6, 181-2
    Foucault sobre a, 275

M
maçons, 241, 348
Malebranche, Nicolas, 122, 138-42, 160, 342
Malinowski, Bronislaw, 91, 270
Mallarmé, Stéphane, 163
maoismo, 187, 241
Marx, Groucho, 340
Marx, Karl, 17, 191, 193, 198-9, 247-9, 297-9, 377
    capitalismo, 274
    fetichismo da mercadoria, 261, 276
    Freud e, 330
    história, 108-9
    O capital, 240
    As lutas de classes na França de 1848 a 1850, 239
    Manifesto Comunista, 356
    prefácio para uma Crítica da economia política,
        375
marxismo, 358, 370-1
    Heidegger e o, 7
    história e, 156
    crítica da ideologia e, 78-9
    como metapolítica, 209
    neoliberalismo e, 210
    política e, 198-201

Índice remissivo / 419

como ciência, 212
Maio de 1968, 257
mal, 107, 117-8, 125-6, 169, 222-3, 400-3
Máscara, O (filme), 409-10
masoquismo, 129, 171, 300-4
matemática, 60-1, 147
materialismo dialético, 79-81, 275
materialismo/idealismo, 60-3, 86
McCarthy, Joseph, 340
Mead, Margaret, 91, 270
Meillassoux, Quentin, 19
Mera coincidência (filme), 323
mésentente (Rancière), 23, 180, 206, 216, 221, 256-7
Metropolis (filme), 366
milícias, 373-4
Miller, Jacques-Alain, 315-6, 349, 364
Milner, Jean-Claude, 377
Milošević, Slobodan, 356, 390
Mitterrand, François, 152-3
Moisés, 19
Molotov, Vyacheslav Mikhailovich, 215
moralidade, 47-9, 62, 68-9, 106, 300
    crítica da (em Hegel), 125-6
Mouffe, Chantal, 146, 191
Mozart, Wolfgang Amadeus, 124
mulheres, 276-7
Müller, Heiner, 399-400
multiculturalismo, 231-3, 237-42, 377
multiplicidade, 55, 147, 190
Murdoch, Rupert, 374
mutilação, 13-5

N

Nabokov, Vladimir, 408
Nancy, Jean-Luc, 30, 125
narrativa, 381
nacionalismo, 235-8, 273
natureza, 391
nazismo, 151, 156-8, 162, 204, 221, 250-1, 401
    Heidegger e o, 15, 22-3, 30, 33-5, 41, 232
    "raízes" e, 232
    [*ver também* campos de concentração; genocídio;
        judeus; holocausto]
"negação da negação", 89, 91-2, 94-6, 298
neoliberalismo, 210
new age, 404-5
Nietzsche, Friedrich, 179, 189, 230, 270, 285, 299,
    317
    são Paulo e, 169-70
    Wagner, 31
    Genealogia da moral, 129-32
Nixon, Richard, 220

Nolte, Ernst, 221
nomenklatura, 207, 214-5, 228, 357, 372

O

objet petit a (Lacan), 13, 66, 128, 130, 137, 159,
    185, 307, 333, 338
ocasionalismo (Malebranche), 140-1, 342
organon, 105
Osborne, Peter, 293
Ou tudo ou nada (filme), 369-70

P

pais, 329-31, 350-1, 360-1
    [*ver também* autoridade paterna]
parcialidade, 156
patriarcado
    [*ver* pai(s); autoridade paterna]
pena de morte, 241
pênis, 402-4
    [*ver também* falo]
penitenciárias privadas, 236
Perseguidor implacável [*Dirty Harry*] (filme), 285
perversão, 265, 336, 380
phronesis, 150, 350
Piccone, Paul, 243
Pippin, Robert, 36, 47, 311
Platão, 49, 70, 151, 224, 299
    Parmênides, 209
    Timaeus, 77
Poe, Edgar Allan, 108, 174, 282, 409
Polônia, 207, 227, 356-7
polícia, 256-9
política, 200-1, 207-12, 219-21
    Hegel e a, 256-7
    Kant sobre a, 257-8
    [*ver também* identidade política]
politicamente correto, 241, 272, 285, 349, 402, 408
Popper, Karl, 121
pós-comunismo
    [*ver* colapso do comunismo]
pós-política (Rancière), 219, 222
Poster, Mark, 39, 278
pós-modernismo, 23-4, 80, 189, 252-3, 255, 347,
    357, 361, 371-2
    Badiou *versus*, 150-4
    Heidegger e o, 29
    identidade política e, 229-32, 373-4
    mutilação e, 391-2
Praça da Paz Celestial (China), 228
Princesa Diana
    [*ver* Spencer, Diana]
proletariado, 156, 207-8, 247, 249-50

420 / O sujeito incômodo

psicanálise, 186-7, 358-63, 379, 405
    Badiou e a, 182-3
    Hegel e a, 293-4
    política e, 211
    [ver também Freud; Lacan]
psicose, 265
    Lacan, 7-13, 24-5, 57
Psicose (filme), 322
pulsão (Freud), 101-2, 202, 303-4, 317-20, 325-7
    desejo e, 311-28
pulsão de morte (Freud), 16, 57-8, 72, 74, 87-8,
    129-31, 164, 169, 173, 179-83, 203, 234, 282,
    309-12, 315, 409-11
punk, 376-7

Q

Queda, A (Bíblia), 90-1, 99-100, 174, 261, 269-70

R

racismo, 220, 222-6, 363
    Heidegger e o, 33, 35
    [ver também nazismo]
Rancière, Jacques, 22-3, 145, 178, 180, 190, 192,
    213, 215-6, 221-2, 228, 247, 266-7
    Badiou e, 251, 255, 259-60
    Lyotard e, 190-1
    política, 206-7
    subjetividade, 251
    [ver também mésentente; pós-política]
Rather, Dan, 228
realidade virtual, 218, 341-2
realismo socialista, 193
Redfield, James, 404-5
reflexividade, 353-4, 362-3
Regnault, François, 268
regulação, 135
resistência, 280-1
ressentimento, 31, 379
Reve, Karel van het, 121
revolução, 39-40, 100-1, 397-8, 401
    [ver também Revolução Francesa; Revolução
        Iraniana; marxismo; Revolução Russa]
Revolução Iraniana, 375
Revolução Francesa
    Badiou sobre a, 148, 154-5, 158, 187
    Hegel sobre a, 261
    Kant sobre a, 106, 158, 207, 213, 217, 397
Revolução Russa, 33, 110-1, 157-8, 215
    como Acontecimento-Verdade, 149
    [ver também bolcheviques; comunismo; Lenin;
        marxismo]
Rimbaud, Arthur, 159

Roberts, Julia, 134
Robocop (filme), 389
Rogozinski, Jacob, 59, 62, 64, 70, 83
Rorty, Richard, 253
Russell, Charles, 76-7, 160, 409

S

São Paulo, 22-3, 161-2, 164-70, 171, 173, 177,
    347-8, 390
    Badiou sobre, 154-5
    protoleninista, 249
    [ver também cristianismo]
Sade, marquês de, 171, 378
    Lacan sobre, 265
    [ver também sadomasoquismo]
sadomasoquismo, 361-2, 380, 391
    [ver também Sade]
Salecl, Renata, 127, 327, 364, 366, 390, 392
Sarajevo, 247, 251
Sartre, Jean-Paul, 335
Schellenberger, Paul, 348
Schelling, Friedrich Wilhelm Joseph, 42-3, 56-7, 65,
    77, 104, 107, 119-20, 145, 194
    sobre Deus, 108-9, 335
Schmitt, Carl, 136-7, 191, 210, 260
Schoenberg, Arnold, 268
Schopenhauer, Arthur, 31
Schreber, Daniel Paul, 57, 139
Schumann, Robert, 73, 124
Schürmann, Reiner, 29
Scott, Ridley, 322
Scotus, Duns, 335
Sérvia, 356, 390
sexualidade
    Hegel, 102-3
    Lacan, 291-3, 304-7, 387
    [ver também jouissance; subjetividade]
Shelley, Mary, 322
ser-no-mundo (Heidegger), 84
ser-para-a-morte (Heidegger), 88, 183
simulacro, 216-8, 341-2, 389, 392, 394
síndrome da falsa memória, 382-3
Singer, Bryan, 365
singulier universel, 207-9, 234, 251-3
sinthome (Lacan), 194-5, 297, 316
situação, 147, 154-7, 159, 179, 187
Skinner, Quentin, 200
Sob fogo cerrado (filme), 244-5
sobredeterminação (Althusser), 125
sociedade de risco, 351-60, 367-9, 377-8
Sohn-Rethel, Alfred, 298
Solaris (filme), 323-4

Solidariedade (Polônia), 196-7, 207, 228
  [*ver também* comunismo, colapso do]
Soljenitsin, Alexander, 251-2
Soros, George, 369
Spencer, Diana, 344-5
Spinoza, Baruch, 119, 145
stalinismo, 130, 151, 187, 206, 210, 214, 221,
  249-50, 278, 337-8, 340, 398
  [*ver também* bolchevismo; comunismo;
    marxismo]
Staten, Henry, 299
Stone, Oliver, 381
Stravinsky, Igor, 268
subjetividade
  "absoluta", 95-6, 109-10, 142
  Badiou e a, 201-2
  cartesiana, 7, 21-2, 24, 30, 84-5, 150, 177, 191-2
  [*ver também cogito*; Descartes]
  do capitalismo, 266
  "comoditização" e, 298, 378
  desconstrução da, 30
  desejo, pulsão e, 321-3
  o mal e a, 118
  feminina, 73
  Foucault e a, 274-5, 385
  Hegel e a, 98-103
  como lacuna, 177-9
  "kantiana", 45
  Kant e a, 385
  "lacaniana", 395
  Lacan e a, 180-1, 276-7
  Laclau e a, 201-2
  pós-moderna, 387-8
  Rancière e a, 251
  substância e, 253-4
  universalidade e, 249
  [*ver também* imaginação; intersubjetividade;
    jouissance; loucura; sexualidade]
sublime, 61-5, 71-3, 84, 86, 159, 217-8, 256, 310
substância, 230-1, 350
Sumii, Sue, 208-9
Suspeitos, Os (filme), 365
sutura (Lacan), 194
sintoma, 150

T
Tanner, Michael, 313
Tarkovski, Andrei, 323-4
tatuagens, 390
Taylor, Charles, 108-9, 118, 120, 189
tecnologia, 31-2, 34-5
teoria do caos, 80-1

tempo, 45, 64-5
terror, 115, 213, 253, 398
Teresa, Madre, 344-5
Toque de esperança, Um (filme), 325, 369-70
totalitarismo, 30, 34, 213, 369, 381, 385, 412
  [*ver também* comunismo; fascismo]
Traídos pelo desejo (filme), 290
Trdina, Janez, 235
Trotski, Leon, 214, 397
  Acontecimento-Verdade (Badiou), 22-3, 33, 44,
    67, 173, 178-9, 182-4, 249-50, 255, 258-9
  Badiou sobre o, 147-50, 152-9, 160-6
  desconstrução e, 201-2
  em Heidegger, 70-1
  imortalidade e, 184
  em Lacan, 183-6
  Laclau e o, 191-2
tirania, 336-7

U
Ulisses, 311, 327
Unheimlich (Freud), 71, 315, 325
universalidade, 111-5
  antagonismo, 245-7, 273-4
  Balibar, 190-1, 234
  versus capitalismo, 231-2
  Hegel ("universalidade concreta"), 111-5, 118,
    121, 123-4, 136
  particularidade e, 118-9
  singulier universel, 207-9, 234-5, 251-3
  subjetividade e, 249-50
Urry, John, 237

V
Verhaeghe, Paul, 351
Viagra, 402-5
vida nua, 15
violino, 123-4

W
Wagner, Richard, 31, 43, 94, 312-3, 366
Walton, Fred, 322
Wilson, Colin, 89-90
Winfrey, Oprah, 406-8
Wittgenstein, Ludwig, 16, 84

Y
Yanez (filme), 390

Z
Zupanči, Alenka, 321, 396

Ilustração original do tratado "La Dioptrique" [A dióptrica], de René Descartes, sobre as propriedades da luz, um dos três ensaios publicados pelo autor em 1637 junto com o *Discurso do método*.

Publicada 420 anos após o nascimento do filósofo e matemático francês René Descartes, esta edição foi composta em Adobe Garamond Pro, corpo 11/13,2, e impressa em papel Avena 70 g/m², pela gráfica Ave-Maria, para a Boitempo, em junho de 2016, com tiragem de 5 mil exemplares.